EUROPA-FACHBUCHREIHE
für wirtschaftliche Bildung

Volkswirtschaftslehre

5. Auflage

VERLAG EUROPA-LEHRMITTEL · Nourney, Vollmer GmbH & Co.
Düsselberger Straße 23 · 42781 Haan-Gruiten

Europa-Nr.: 95019

Autoren:

Albers, Hans-Jürgen	Prof. Dr., Dipl.-Hdl.	Böbingen/Rems
Albers-Wodsak, Gabriele	Dr., Dipl.-Kfm., Oberstudienrätin	Böbingen/Rems
Manstein, Harald	Dipl.-Kfm., Oberstudiendirektor	Aachen
Maur-Manstein, Inge	Dipl.-Kfm., Oberstudienrätin	Aachen

Leitung des Arbeitskreises und Lektorat

Albers, Hans-Jürgen	Prof. Dr., Dipl.-Hdl.	Böbingen/Rems

Das vorliegende Buch wurde auf **der Grundlage der neuen amtlichen Rechtschreibregeln** erstellt.

5. Auflage 2002

Druck 5 4 3 2 1

Alle Drucke derselben Auflage sind parallel einsetzbar, da bis auf die Behebung von Druckfehlern untereinander unverändert.

ISBN 3-8085-9505-1

Alle Rechte vorbehalten. Das Werk ist urheberrechtlich geschützt. Jede Verwertung außerhalb der gesetzlich geregelten Fälle muss vom Verlag schriftlich genehmigt werden.

© 2002 by Verlag Europa-Lehrmittel, Nourney, Vollmer GmbH & Co., 42781 Haan-Gruiten

http://www.europa-lehrmittel.de

Umschlaggestaltung: Satz+Layout Werkstatt Kluth GmbH, 50374 Erftstadt

Satz: Satz+Layout Werkstatt Kluth GmbH, 50374 Erftstadt
Druck: Druckhaus Arns GmbH & Co. KG, 42853 Remscheid

Vorwort

Das vorliegende Lern- und Arbeitsbuch enthält die Gegenstände der allgemeinen Volkswirtschaftslehre. Es berücksichtigt den gegenwärtigen Erkenntnisstand der Wirtschaftstheorie und Wirtschaftspolitik und gibt aktuelle Entwicklungen der Wirtschaftsrealität wieder. Grundlage der Inhaltsauswahl sind entsprechende Lehrpläne verschiedener Bundesländer.

Die oftmals komplexen Zusammenhänge werden übersichtlich und verständlich dargestellt. Die Kapitel sind einheitlich aufgebaut:
- Inhalt des Kapitels
- Erkenntnisleitende Fragestellungen am Beginn jedes Abschnitts
- Hinführung zum Problem
- Sachdarstellung
- Zusammenfassung des Kerninhalts in Merksätzen
- Aufgaben zum Üben und Vertiefen

Die Sachdarstellung enthält zahlreiche Übersichten und Schaubilder, die die Gegenstände einprägsam strukturieren und Zusammenhänge offen legen. Tabellen mit aktuellen Daten zeigen die Sachverhalte in ihren realen Dimensionen. Praxisnahe Beispiele, Texte, Zeitungsausschnitte und sonstige Verweise stellen den notwendigen Zusammenhang zwischen Theorie und Praxis her; sie ermöglichen die Anwendung der Erkenntnisse auf reale Situationen und fördern das Verständnis wirtschaftlicher Situationen des privaten, beruflichen und gesellschaftlichen Lebensbereichs.

Ein ausführliches Inhaltsverzeichnis erleichtert die Orientierung und ein umfangreiches Stichwortverzeichnis erlaubt das gezielte Aufsuchen einzelner Gegenstände.

Das Buch eignet sich sowohl für den Einsatz im volkswirtschaftlichen Unterricht als auch zum eigenständigen Lernen, z. B. im Rahmen von Vor- und Nachbereitungen.

Bevorzugte Zielgruppen sind Schülerinnen und Schüler an Wirtschaftsgymnasien, gymnasialen Oberstufen, Berufsfachschulen, Fachoberschulen, Berufsoberschulen und vergleichbaren Schulformen, Studierende an Fachschulen, Berufsakademien, Verwaltungs- und Wirtschaftsakademien und im wirtschaftswissenschaftlichen Grundstudium an Universitäten sowie Teilnehmerinnen und Teilnehmer an Kursen, Lehrgängen und Seminaren der Weiterbildung und Umschulung.

Verlag und Verfasser sind für konstruktive Kritik und für Anregungen dankbar.

Böbingen, im Dezember 1995

Vorwort zur 4. Auflage

Für die 3. Auflage wurden zahlreiche Daten aktualisiert und ergänzt. Die Kapitel
2 Wirtschaftskreislauf und Volkswirtschaftliche Gesamtrechnung
8 Geldtheorie und Geldpolitik
9 Außenwirtschaft
wurden grundlegend überarbeitet und in weiten Teilen neu gefasst.

In Texten, Beispielen usw. wurde eine Umstellung auf Euro vorgenommen. Offizielle Statistiken, die noch in DEM geführt werden, wurden unverändert übernommen.

Die Autoren

Inhaltsübersicht

Erkenntnisobjekt, Gegenstände und Methoden der Volkswirtschaftslehre 9

1 Grundtatbestände und Grundprobleme des Wirtschaftens 13

2 Wirtschaftskreislauf und Volkswirtschaftliche Gesamtrechnung 34

3 Nachfrage am Gütermarkt 83

4 Angebot am Gütermarkt 103

5 Markt und Preisbildung 134

6 Wirtschaftsordnungen 186

7 Träger und Ziele der Wirtschaftspolitik 208

8 Geldtheorie und Geldpolitik 231

9 Außenwirtschaft 305

10 Beschäftigung, Konjunktur und Wachstum 364

11 Einkommensverteilung 420

12 Ökonomie und Ökologie 444

Stichwortverzeichnis 477

Inhaltsverzeichnis

Erkenntnisobjekt, Gegenstände und Methoden der Volkswirtschaftslehre . 9	1.3.1 Boden 19
	1.3.2 Arbeit 20
	1.3.3 Kapital 20
1 Grundtatbestände und Grundprobleme des Wirtschaftens 13	1.4 **Arbeitsteilung** 22
	1.5 **Grundsätze wirtschaftlichen Handelns** 25
1.1 **Grundfragen des Wirtschaftens** .. 13	1.5.1 Transformationskurve 25
1.2 **Grundbegriffe** 14	1.5.2 Das ökonomische Prinzip 27
1.2.1 Bedürfnisse 14	1.5.3 Erfolgskennziffern 28
1.2.2 Güter 16	1.6 **Probleme der Nutzung von Produktionsfaktoren** 29
1.3 **Volkswirtschaftliche Produktionsfaktoren** 18	*Aufgaben* 31

2	**Wirtschaftskreislauf und Volkswirtschaftliche Gesamtrechnung** . 34		3.3.2	Nachfrage und Einkommen: Bilanzgerade	87
2.1	**Wirtschaftskreislauf**	34	3.3.3	Weitere Bestimmungsgrößen der Nachfrage	90
2.1.1	Einfacher Wirtschaftskreislauf	36			
	Exkurs: Die Gleichheit von I und S	37	**3.4**	**Gesamtnachfrage aller Haushalte nach einem Gut**	93
2.1.2	Vollständiger Wirtschaftskreislauf	39			
2.2	**Volkswirtschaftliche Gesamtrechnung**	.43	**3.5**	**Elastizitäten der Nachfrage**	94
			3.5.1	Direkte Preiselastizität	94
2.2.1	Aufgabe und Struktur der Volkswirtschaftlichen Gesamtrechnung .	43	3.5.2	Kreuzpreiselastizität	97
			3.5.3	Einkommenselastizität	99
2.2.2	Gesamtwirtschaftliches Produktionskonto	46		*Aufgaben*	100
2.2.3	Inlandsprodukte, Nationaleinkommen und Volkseinkommen . . .	49	**4**	**Angebot am Gütermarkt**	103
			4.1	**Grundlagen der Angebotstheorie**	104
2.2.3.1	Inlandsprodukt und Nationaleinkommen	49	4.1.1	Prämissen der Angebotstheorie . .	104
			4.1.2	Bestimmungsgrößen der Angebotsmenge	105
2.2.3.2	Brutto- und Nettogrößen, Volkseinkommen	52			
2.2.3.3	Nominale und reale Größen	55	**4.2**	**Produktionsfunktionen**	107
2.2.3.4	Einkommen der privaten Haushalte	56	4.2.1	Produktionsfunktion vom Typ A (Ertragsgesetz)	108
2.2.4	Entstehungs-, Verwendungs- und Verteilungsrechnung	58	4.2.2	Produktionsfunktion vom Typ B . .	110
2.3	**Zur Aussagefähigkeit von Inlandsprodukt und Nationaleinkommen** .	60	**4.3**	**Kostenfunktionen und Erlösfunktion**	113
			4.3.1	Kostenbegriffe	113
2.3.1	Zur Problematik des Inlandsprodukts als Leistungsmaßstab . . .	61	4.3.2	Kostenfunktionen	115
			4.3.2.1	Kostenfunktion Typ A	115
2.3.2	Zur Problematik des Nationaleinkommens als Wohlstandsmaßstab	63	4.3.2.2	Kostenfunktion Typ B	116
			4.3.2.3	Minimalkostenkombination	118
			4.3.3	Erlösfunktion	121
	Aufgaben	65	4.3.4	Gewinnmaximale Menge	122
			4.3.4.1	Gewinnmaximale Menge Typ A . .	122
			4.3.4.2	Gewinnmaximale Menge Typ B .	123
3	**Nachfrage am Gütermarkt**	69	**4.4**	**Angebot und Angebotsveränderungen**	125
3.1	**Nachfrager am Gütermarkt**	70			
3.2	**Nachfrage der privaten Haushalte**	72	4.4.1	Individuelles Angebot	125
3.2.1	Zur Theorie der Haushaltsnachfrage	72	4.4.2	Gesamtangebot	127
			4.4.3	Verschiebungen der Angebotskurven	128
3.2.2	Ziel der Haushaltsnachfrage: Nutzenmaximierung	74	4.4.4	Angebotselastizität	129
3.2.2.1	Nutzen und Nutzenmessung	74		*Aufgaben*	131
3.2.2.2	Nutzenmaximum bei Konsum eines Gutes: Erstes GOSSENsches Gesetz	75	**5**	**Markt und Preisbildung**	134
			5.1	**Markt**	135
3.2.2.3	Nutzenmaximum bei Konsum mehrerer Güter: Zweites GOSSENsches Gesetz . . .	77	5.1.1	Marktbegriff und Marktfunktionen	135
			5.1.2	Allgemeines Marktmodell und Preismechanismus	138
3.2.3	Darstellung der Nutzenabwägung durch Indifferenzkurven	80	5.1.2.1	Marktgleichgewicht	139
3.2.4	Tatsächliches Nachfrageverhalten der privaten Haushalte	81	5.1.2.2	Marktungleichgewichte	139
			5.1.3	Marktarten	144
3.3	**Bestimmungsgrößen der Haushaltsnachfrage nach einem Gut** . .	84	5.1.4	Vollkommener und unvollkommener Markt	145
			5.1.5	Marktformen	146
3.3.1	Nachfrage und Preis: Individuelle Nachfragekurve	84	**5.2**	**Preisbildung**	148
			5.2.1	Angebotspreis	149

5.2.2	Marktpreisbildung 151		7.3.1	Allgemeines Ziel: Gesamtwirtschaftliches Gleichgewicht 212	
5.2.2.1	Preisbildung im Polypol 151		7.3.2	Die Ziele des Stabilitätsgesetzes: Das magische Viereck 213	
5.2.2.1.1	Preisbildung im vollkommenen Polypol 152		7.3.2.1	Stabilität des Preisniveaus 214	
5.2.2.1.2	Preisbildung im unvollkommenen Polypol 157		7.3.2.2	Hoher Beschäftigungsstand 217	
5.2.2.2	Preisbildung im Oligopol 160		7.3.2.3	Außenwirtschaftliches Gleichgewicht 218	
5.2.2.2.1	Preisbildung im homogenen Oligopol 161		7.3.2.4	Stetiges und angemessenes Wirtschaftswachstum 220	
5.2.2.2.2	Preisbildung im heterogenen Oligopol 165		7.3.3	Weitere Zielsetzungen 222	
5.2.2.3	Preisbildung im Monopol 166		7.3.3.1	Verteilungsgerechtigkeit 222	
5.2.2.3.1	Monopole im Modell und in der Realität 166		7.3.3.2	Umweltschutz 224	
5.2.2.3.2	Gewinnmaximaler Preis des Monopolisten 168		**7.4**	**Zielbeziehungen** 227	
5.2.2.4	Vergleich der Marktversorgung im Monopol und im vollkommenen Polypol 172			*Aufgaben* 228	
5.3	**Preisdifferenzierung** 174		**8**	**Geldtheorie und Geldpolitik** 231	
5.4	**Funktionen des Marktpreises** .. 176		**8.1**	**Grundlagen der Geldtheorie und Geldpolitik** 232	
5.5	**Staatliche Eingriffe in die Preisbildung** 177		8.1.1	Begriff und Funktionen des Geldes 232	
	Aufgaben 180		8.1.2	Formen und Arten des Geldes ... 235	
			8.1.3	Geldmengen 236	
6	**Wirtschaftsordnungen** 186		8.1.4	Währungssysteme 239	
6.1	**Begriff und Notwendigkeit von Wirtschaftsordnungen** 186		**8.2**	**Binnenwert des Geldes** 241	
6.2	**Grundtypen von Wirtschaftsordnungen (Wirtschaftssysteme)** 187		8.2.1	Kaufkraft des Geldes 242	
			8.2.2	Kaufkraft des Lohnes und Lebensstandard 244	
6.3	**Freie Marktwirtschaft** 190		8.2.3	Messung des Binnenwertes 245	
6.3.1	Modell einer Freien Marktwirtschaft 190		8.2.3.1	Lebenshaltungskostenindex 245	
6.3.2	Vor- und Nachteile einer Freien Marktwirtschaft 191		8.2.3.2	Harmonisierter Verbraucherpreisindex (HVPI) 247	
6.4	**Zentralverwaltungswirtschaft** .. 193		**8.3**	**Geldwertschwankungen** 248	
6.4.1	Grundzüge der Zentralverwaltungswirtschaft .. 193		8.3.1	Inflation 248	
6.4.2	Vor- und Nachteile der Zentralverwaltungswirtschaft .. 195		8.3.1.1	Begriff „Inflation" 248	
			8.3.1.2	Inflationsarten 249	
6.5	**Soziale Marktwirtschaft** 198		8.3.1.3	Inflationsursachen 250	
6.5.1	Grundzüge der Sozialen Marktwirtschaft 200		8.3.1.4	Formen importierter Inflation 254	
6.5.2	Rolle des Staates in der Sozialen Marktwirtschaft 201		8.3.1.5	Inflationsfolgen 255	
			8.3.2	Deflation 258	
	Aufgaben 206		**8.4**	**Geldentstehung und Geldverkehr** 259	
			8.4.1	Geldproduzenten 259	
7	**Träger und Ziele der Wirtschaftspolitik** 208		8.4.2	Geldschöpfung 260	
7.1	**Gegenstände der Wirtschaftspolitik** 208		8.4.2.1	Geldschöpfung der Zentralbank .. 260	
			8.4.2.2	Geldschöpfung der Geschäftsbanken 262	
7.2	**Träger der Wirtschaftspolitik** .. 209		8.4.2.3	Ableitung des Geldschöpfungsmultiplikators 268	
7.3	**Ziele der Wirtschaftspolitik** ... 212		8.4.3	Kreditmarkt, Geldmarkt, Kapitalmarkt 270	
			8.4.4	Geldangebot und Geldnachfrage . 271	
			8.5	**Europäische Währungsunion (EWU)** 274	

8.5.1	Ziele und Entwicklung der Europäischen Währungsunion ... 274	9.6.2	Die Zahlungsbilanz Deutschlands 339
8.5.2	Institutionen der Europäischen Währungsunion 276	**9.7**	**Zahlungsbilanz-ungleichgewichte** 342
8.5.2.1	Europäisches System der Zentralbanken (ESZB) und Europäische Zentralbank (EZB) 277	9.7.1	Ursachen von Zahlungsbilanzungleichgewichten 342
8.5.2.2	Deutsche Bundesbank 280	9.7.2	Folgen von Zahlungsbilanzungleichgewichten 343
8.5.3	Wechselkursmechanismus II (WKM II) 281	9.7.3	Wirtschaftspolitische Möglichkeiten zur Behebung von Zahlungsbilanzungleichgewichten 345
8.6	**Geldpolitik der Europäischen Zentralbank (EZB)** 282		
8.6.1	Grundlagen der Geldpolitik 282	**9.8**	**Internationale Organisationen zur Regelung außenwirtschaftlicher Beziehungen** 347
8.6.2	Geldpolitische Instrumente der EZB 286		
8.6.2.1	Offenmarktgeschäfte 288	9.8.1	Internationale Währungsprobleme 347
8.6.2.2	Ständige Fazilitäten 295	9.8.2	Europäische Union (EU) 349
8.6.2.3	Mindestreserve 297	9.8.3	Internationaler Währungsfonds (IWF) 353
	Aufgaben 300	9.8.4	Welthandelsorganisation (WTO) 357
9	**Außenwirtschaft** 305	9.8.5	Organisation für wirtschaftliche Zusammenarbeit und Entwicklung (OECD) 358
9.1	**Bedeutung des Außenhandels** ... 306		
9.1.1	Umfang und Struktur des Außenhandels 306		*Aufgaben* 359
9.1.2	Beweggründe für den Außenhandel 309	**10**	**Beschäftigung, Konjunktur und Wachstum** 364
9.1.2.1	Mangelnde Liefermöglichkeiten im Inland 309	**10.1**	**Beschäftigung** 364
9.1.2.2	Kostenunterschiede zwischen In- und Ausland 310	10.1.1	Grundlagen der Beschäftigungstheorie und Beschäftigungspolitik 365
9.1.2.3	Präferenzenvielfalt und Produktdifferenzierung 312	10.1.1.1	Begriff und Messung von „Beschäftigung" 365
9.1.3	Vor- und Nachteile außenwirtschaftlicher Beziehungen 313	10.1.1.2	Angebot und Nachfrage auf dem Arbeitsmarkt 368
9.2	**Wechselkurs und Wechselkursrechnung** 316	10.1.1.3	Formen von Arbeitslosigkeit .. 369
9.2.1	Wechselkurs 316	10.1.2	Bestimmungsgrößen der Beschäftigung 371
9.2.2	Wechselkursrechnung 319	10.1.2.1	Das Problem: Zusammenhang von Nachfrage, Produktion, Beschäftigung und Volkseinkommen 372
9.3	**Wechselkurssysteme** 320		
9.3.1	System fester Wechselkurse 321		
9.3.2	System flexibler Wechselkurse ... 322		
9.3.2.1	Devisenmarkt 323	10.1.2.2	Gesamtwirtschaftliche Nachfrage 374
9.3.2.2	Wechselkursbildung 324	10.1.2.2.1	Nachfrage der Haushalte: Konsum- und Sparfunktion ... 375
9.3.3	Vor- und Nachteile fester und flexibler Wechselkurse 327	10.1.2.2.2	Nachfrage der Unternehmen: Investitionsfunktion 379
9.4	**Außenhandel** 328		
9.4.1	Wechselkurse und Außenhandel . 328	10.1.2.3	Marktgleichgewicht und Gleichgewichtseinkommen ... 380
9.4.2	Preise und Außenhandel 331		
9.5	**Das reale Austauschverhältnis: Terms of Trade** 333	10.1.2.4	Nachfrageschwankungen 384
		10.1.2.4.1	Multiplikator 384
9.6	**Zahlungsbilanz** 336	10.1.2.4.2	Akzelerator 388
9.6.1	Struktur der Zahlungsbilanz 336	10.1.2.4.3	Verknüpfung von Multiplikator und Akzelerator 390

10.2	**Konjunktur**	391
10.2.1	Begriff und Messung von „Konjunktur"	391
10.2.2	Ursachen konjunktureller Schwankungen	392
10.2.3	Konjunkturphasen	393
10.2.4	Konjunkturindikatoren	394
10.2.5	Konjunkturpolitik	396
10.2.5.1	Aufgabe und Möglichkeiten staatlicher Konjunkturpolitik	396
10.2.5.2	Instrumente staatlicher Konjunkturpolitik	397
10.2.5.3	Grenzen staatlicher Konjunkturpolitik	401
10.2.5.4	Grundkonzepte der Konjunkturpolitik	402
10.2.5.4.1	Nachfrageorientierte Konjunkturpolitik	402
10.2.5.4.2	Angebotsorientierte Konjunkturpolitik	405
10.3	**Wachstum**	408
10.3.1	Begriff und Messung von „Wirtschaftswachstum"	408
10.3.2	Bedeutung von Wirtschaftswachstum	409
10.3.3	Bestimmungsfaktoren wirtschaftlichen Wachstums	410
10.3.4	Probleme quantitativen Wachstums	411
10.4	**Zum Zusammenhang von Wachstum und Beschäftigung**	413
	Aufgaben	415
11	**Einkommensverteilung**	420
11.1	**Grundbegriffe der Einkommensverteilung**	421
11.1.1	Einkommensentstehung	421
11.1.2	Formen der Einkommensverteilung	422
11.1.2.1	Primärverteilung	422
11.1.2.1.1	Funktionelle Einkommensverteilung	422
11.1.2.1.2	Personelle Einkommensverteilung	424
11.1.2.2	Sekundärverteilung	424
11.2	**Messung der Primärverteilung und ihre Beschaffenheit in Deutschland**	425
11.2.1	Lohnquote und Arbeitseinkommensquote als Maßstäbe der funktionellen Einkommensverteilung	426
11.2.2	Pro-Kopf-Einkommen, Lorenz-Kurve und Gini-Koeffizient als Maßstäbe der personellen Einkommensverteilung	428
11.3	**Ursachen ungleicher Einkommensverteilung**	431
11.4	**Zum Problem „Verteilungsgerechtigkeit"**	432
11.5	**Verteilungskriterien**	434
11.5.1	Leistungsprinzip	435
11.5.2	Bedarfsprinzip	436
11.6	**Maßnahmen zur Beeinflussung der Einkommensverteilung**	438
11.6.1	Maßnahmen der Tarifpartner zur Beeinflussung der Primärverteilung	438
11.6.2	Maßnahmen des Staates zur Einkommensumverteilung (Sekundärverteilung)	440
	Aufgaben	441
12	**Ökonomie und Ökologie**	444
12.1	**Das Spannungsverhältnis zwischen Ökonomie und Ökologie**	445
12.2	**Das Problem: Ökonomie und Umwelt**	448
12.3	**Ursachen des Umweltproblems**	455
12.3.1	Bevölkerungswachstum und Industrialisierung	455
12.3.2	Externe Kosten: Umwelt zum Nulltarif?	457
12.3.3	Wettbewerb und Wettbewerbsfähigkeit	459
12.4	**Umweltprinzipien**	461
12.4.1	Nachhaltigkeitsprinzip („Sustainable Development")	462
12.4.2	Vorsorgeprinzip	463
12.4.3	Verursacherprinzip	464
12.5	**Grundlagen und Instrumente staatlicher Umweltpolitik**	467
	Aufgaben	472
	Stichwortverzeichnis	477

Erkenntnisobjekt, Gegenstände und Methoden der Volkswirtschaftslehre

Die Beschäftigung mit wirtschaftlichen Fragen reicht in die Ursprünge menschlichen Daseins zurück. Erste Ansätze systematischen Arbeitens finden sich bereits bei den Philosophen der Antike. Vor allem PLATON und ARISTOTELES setzten sich mit wirtschaftlichen Problemen im Rahmen der „Politik" und „Gesellschaftslehre" auseinander. Als wissenschaftliche Disziplin im engeren Sinne ist die Volkswirtschaftslehre (früher oft auch Nationalökonomie oder Politische Ökonomie genannt) jedoch vergleichsweise jung. Seit etwa der zweiten Hälfte des 16. Jahrhunderts, als sich in Europa das Wirtschaftssystem des Merkantilismus entwickelte, wurden die Auseinandersetzungen mit wirtschaftlichen Problemen zahlreicher und systematischer. Von einer eigenständigen wissenschaftlichen Disziplin kann aber wohl erst seit Beginn des 18. Jahrhunderts gesprochen werden, als in Deutschland, England, Frankreich und Italien erste zusammenfassende Schriften entstanden, die ein das Wissen der damaligen Zeit umfassendes Lehrgebäude enthielten.

> „Wir sind der Meinung, dass es unendlich viele Dinge gibt, die wichtiger sind als Wirtschaft: Familie, Gemeinde, Staat, alle sozialen Integrationsformen überhaupt bis hinauf zur Menschheit, ferner das Religiöse, das Ethische, das Ästhetische, kurz gesagt, das Menschliche, das Kulturelle überhaupt. Alle diese großen Bereiche ... sind wichtiger als die Wirtschaft. Aber sie alle können ohne die Wirtschaft nicht existieren; für sie alle muss die Wirtschaft das Fundament, den Boden bereiten."
>
> *Rüstow, A.: Wirtschaft als Dienerin der Menschlichkeit. In: Aktionsgemeinschaft Soziale Marktwirtschaft (Hrsg.): Was wichtiger ist als Wirtschaft. – Ludwigsburg 1960, S. 8*

Wissenschaftliche Disziplinen bestimmen sich vor allem durch ihr Erkenntnisobjekt, das den Gegenstand der Betrachtung kennzeichnet und in der Regel durch eine Systematik in zweckmäßige Arbeitsgebiete eingeteilt ist, sowie durch spezifische Methoden zur Erkenntnisgewinnung.

Was Volkswirtschaftslehre ist ...

Noch vor wenigen Jahren wünschten sich die angehenden Studenten, die Volkswirtschaftslehre möglichst in einem Satz definiert zu bekommen. Der starken Nachfrage entsprach denn auch ein nicht minder kräftiges Angebot von Definitionen.

...

Mit einem Wort: Keine Definition ist erschöpfend, keine ist aber auch wirklich notwendig. Dennoch könnte die folgende den Zweck einer allgemeinen Einführung erfüllen:

▶ Die Volkswirtschaftslehre behandelt und prüft die Gesichtspunkte, nach denen sich der Einzelne und die Gesellschaft im Zeitablauf entscheiden, die stets *knappen* Produktionsmittel – sei es mit oder ohne Verwendung von Geld – zur Güterproduktion heranzuziehen, und wie das Produktionsergebnis auf den heutigen und zukünftigen Konsum der einzelnen Individuen und der Gesellschaftsgruppen aufgeteilt wird.

Samuelson, Paul A.: Volkswirtschaftslehre. Bd. I. – Köln ³1965, S. 19 ff.

■ Erkenntnisobjekt der Volkswirtschaftslehre

Erkenntnisobjekt der Volkswirtschaftslehre sind „generell Erscheinungen des Wirtschaftslebens" (WOLL). Untersucht werden Bedingungen und Beweggründe der Entscheidungen und Handlungen von Individuen und Institutionen, soweit sie sich auf die Verwendung knapper Mittel beziehen („wirtschaften"). In Anlehnung an SAMUELSON[1] hat die Volkswirtschaftslehre vor allem drei Grundfragen zum Gegenstand: WAS soll produziert werden, WIE soll produziert werden und FÜR WEN soll produziert werden.

■ Gegenstände der Volkswirtschaftslehre

In der Literatur finden sich etliche Vorschläge zur Unterteilung des Gegenstandsbereichs der Volkswirtschaftslehre. Dies allein schon deutet darauf hin, dass eine allseits befriedigende Systematik nicht besteht. Eine schlüssige Gliederung bereitet auch deswegen Schwierigkeiten, weil sich im deutschsprachigen Raum eine Aufteilung der Wirtschaftswissenschaft in die beiden weitgehend eigenständigen Disziplinen Betriebswirtschaftslehre und Volkswirtschaftslehre entwickelt hat. Diese Aufteilung ist so weitgehend, dass sie zu unterschiedlichen Studienabschlüssen (z. B. „Diplom-Kaufmann/-frau" und „Diplom-Volkswirt/in") führt.

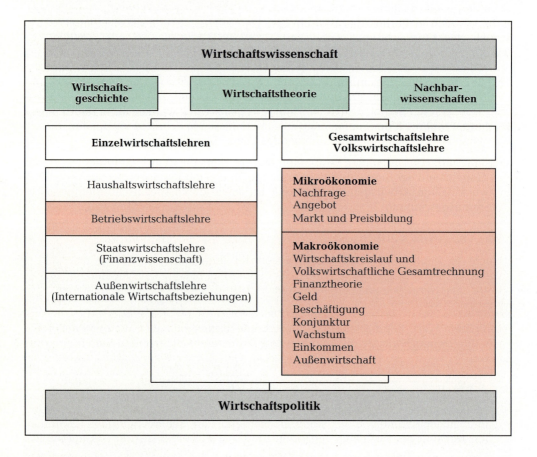

---

1 SAMUELSON, Paul A., amerikanischer Nationalökonom, 1979 erster Nobelpreisträger für Wirtschaftswissenschaften

Die **Betriebswirtschaftslehre** ist eine Einzelwirtschaftslehre. Sie betrachtet wirtschaftliche Aktivitäten in Unternehmen, insbesondere im Zusammenhang mit dem Güterangebot.

Die **Volkswirtschaftslehre** ist eine Gesamtwirtschaftslehre. Allerdings weist sie in Teilgebieten (z. B. Theorie der Nachfrage, Theorie des Angebots) beträchtliche Ähnlichkeiten mit einzelwirtschaftlichen Betrachtungen auf. Darüber hinaus beschäftigt sich die Theorie der Nachfrage hauptsächlich mit der Nachfrage der privaten Haushalte, die spezifischen Nachfragebedingungen der Unternehmen und des Staates bleiben weitgehend unberücksichtigt. In ähnlicher Weise beschäftigt sich die Theorie des Angebots fast ausschließlich mit dem Angebot des Sektors „Unternehmen" und vernachlässigt das Angebotsverhalten der anderen Sektoren.

Zur weiteren Unterteilung der Volkswirtschaftslehre werden häufig die aus dem angelsächsischen Sprachraum übernommenen Begriffe **Mikroökonomie** und **Makroökonomie** verwendet, wobei der Mikroökonomie die mehr einzelwirtschaftlichen und der Makroökonomie die gesamtwirtschaftlichen Aspekte zugeordnet sind.

Eine Gliederung der Wirtschaftswissenschaft nach Akteuren bzw. Wirtschaftssektoren führt zu vier Einzelwirtschaftslehren: Haushaltswirtschaftslehre, Betriebswirtschaftslehre, Staatswirtschaftslehre und Außenwirtschaftslehre. Während sich die Betriebswirtschaftslehre zu einer breit gefächerten eigenständigen Disziplin entwickelt hat, bestehen für die übrigen Wirtschaftssektoren keine eigenständigen Wirtschaftslehren; sie werden – mehr oder weniger umfassend – durch Teilgebiete der Volkswirtschaftslehre abgedeckt. Die wirtschaftlichen Aktivitäten des Staates finden in der „Finanzwissenschaft" oder „Finanztheorie" und die außenwirtschaftlichen Beziehungen in der „Außenwirtschaftslehre" ihren Niederschlag. Das wirtschaftliche Handeln der privaten Haushalte wird – in einer weitgehend auf Nachfrageaspekte reduzierten Form – in der Nachfragetheorie behandelt.

■ Methoden der Volkswirtschaftslehre

Neben allgemeinen Methoden wissenschaftlichen Handelns verfügt jede Disziplin auch über spezifische bzw. bevorzugte Arbeitsmethoden. Typisch für die Volkswirtschaftslehre ist die Arbeit mit Theorien, Hypothesen und Modellen.

Volkswirtschaftliche Aussagen liegen in Form von **Theorien** vor. Die aus der Beobachtung wirtschaftlicher Vorgänge gewonnenen Einsichten über Sachverhalte werden durch **Termini** sprachlich bestimmt; die dahinter stehenden Begriffe durch **Definitionen** in ihrem Gegenstand festgelegt und in ihrem Umfang abgegrenzt. Die Erkenntnisse über Zusammenhänge und über Ursache-Wirkungs-Verhältnisse werden in **Hypothesen** ausgedrückt („Wenn der Preis eines Gutes sinkt, steigt die Nachfrage nach diesem Gut"). Eine Hypothese ist eine Aussage über eine vermutete Beziehung zwischen einem auslösenden Faktor und einem Ereignis. Regelhafte Beobachtungen, die also nur in Ausnahmefällen nicht zutreffen, werden häufig als **Gesetze** bezeichnet („Gesetz der Nachfrage"). Die Zusammenfassung mehrerer, sachlich verwandter Hypothesen und deren Verallgemeinerung führt zu einer Theorie („Theorie der Nachfrage").

Die in der Wirtschaftsrealität beobachtbaren Phänomene sind zumeist in ein vielfältiges Netz von Zusammenhängen eingebunden. In dieser Komplexität sind die Gegenstände kaum darstell- und handhabbar. Daher werden der Beschreibung von Vorgängen und der Untersuchung von Folgen oft Modelle zugrunde gelegt. Ein **Modell** ist einerseits ein System von Hypothesen und andererseits ein vereinfachtes Abbild der Wirklichkeit, welches unter Verzicht auf Vollständigkeit und Spezifikationen die wesentlichen Elemente eines Phänomens darstellt. So werden z. B. Abhängigkeiten bei der Güternachfrage an einem Modellmarkt mit nur zwei unterschiedlichen Gütern dargestellt („Zwei-Güter-Modell").

Die Modellbedingungen, insbesondere die vereinfachenden Annahmen, werden als **Prämissen** bezeichnet („Auf einem Markt bieten *viele Anbieter* das *gleiche Gut* an"). Eine häufig verwendete Prämisse ist die **Ceteris-paribus**-Annahme (Ceteris-paribus-Klausel). „Ceteris paribus" (c. p.) bedeutet „unter sonst gleich bleibenden Bedingungen". Diese Annahme ist notwendig, um bei mehreren Wirkungsbeziehungen den Zusammenhang zwischen *einem bestimmten* auslösenden Faktor und *seinen* Folgen deutlich machen zu können. Die Wirkungen anderer Einflussgrößen werden für den Beobachtungszeitraum als konstant unterstellt.

Ceteris-paribus-Klausel (c. p.)

Eine Frage an die Wirtschaftstheorie kann lauten: „Wie verändert sich die Nachfragemenge nach einem Gut x, wenn der Preis dieses Gutes steigt?"

Die Nachfrage nach einem Gut hängt von mehreren Faktoren ab: Preis des Gutes, Preise anderer Güter, Einkommen, Nutzenschätzungen der Nachfrager.

In der Realität kann es vorkommen, dass mehrere Einflussgrößen *gleichzeitig* wirksam werden. So kann einerseits der Preis für das Gut steigen, das Einkommen der Nachfrager steigen und die Wertschätzung des Gutes bei den Nachfragern steigen, z. B. weil es in Mode gekommen ist.

Für normales Nachfrageverhalten gilt:
- Bei steigendem Preis sinkt die Nachfragemenge.
- Steigendes Einkommen und steigende Wertschätzung erhöhen die Güternachfrage.

Sind die Effekte aus Einkommen und Wertschätzung in ihrer Wirkung auf die Nachfragemenge stärker als die Wirkung der Preiserhöhung, so steigt die Nachfrage nach dem Gut.

Beobachtbar sind also drei auslösende Faktoren (Preissteigerung, Einkommenssteigerung, steigende Wertschätzung) und eine Wirkung (steigende Nachfragemenge). Unter der Oberfläche hat jedoch jeder Faktor eine eigene Wirkung entfaltet. Die Eingangsfrage gilt der Wirkung eines bestimmten Faktors; sein Einfluss muss also von den Einflüssen der übrigen Faktoren isoliert werden.

Die vollständige Antwort müsste demnach lauten: „Wenn der Preis eines Gutes steigt und wenn im Betrachtungszeitraum die Preise anderer Güter, das Einkommen und die Nutzenschätzungen der Güter gleich bleiben, sinkt die Nachfragemenge."

In Kurzform lautet die Antwort: „Wenn der Preis eines Gutes steigt, sinkt c. p. die Nachfragemenge."

1 Grundtatbestände und Grundprobleme des Wirtschaftens

1.1	**Grundfragen des Wirtschaftens**
1.2	**Grundbegriffe**
1.2.1	Bedürfnisse
1.2.2	Güter
1.3	**Volkswirtschaftliche Produktionsfaktoren**
1.3.1	Boden
1.3.2	Arbeit
1.3.3	Kapital
1.4	**Arbeitsteilung**
1.5	**Grundsätze wirtschaftlichen Handelns**
1.5.1	Transformationskurve
1.5.2	Das ökonomische Prinzip
1.5.3	Erfolgskennziffern
1.6	**Probleme der Nutzung von Produktionsfaktoren**

1.1 Grundfragen des Wirtschaftens

Worin besteht das Grundproblem wirtschaftlichen Handelns?

„Man gönnt sich ja sonst nichts", ein Slogan über die Verwirklichung einer Wunschvorstellung. Um sich einen seiner Wunschträume zu erfüllen, wird auf die Erfüllung anderer Wünsche verzichtet.

Warum können sich die Menschen nicht alle Wünsche erfüllen, von denen sie träumen? Die Natur liefert nur einen kleinen Teil der Dinge, nach denen wir uns sehnen, frei Haus. Nur im Schlaraffenland sind Träume Wirklichkeit. Das Schlaraffenland selber bleibt allerdings eine Utopie.

Wir können uns heute vieles leisten, von dem frühere Generationen nur träumten. Viele Wünsche sind Wirklichkeit geworden, viele Wünsche bleiben aber unerfüllt. Die Wünsche wachsen grundsätzlich schneller als ihre Umsetzung in die Wirklichkeit. So sind die Wünsche nach bestimmten Gütern meistens größer als die von diesen Gütern vorhandenen Mengen. Durch Güterproduktion wird dieses Ungleichgewicht gemildert.

Ziel einer Volkswirtschaft ist die bestmögliche Versorgung der Bevölkerung mit Gütern.

Dabei müssen folgende Fragen geklärt werden:
- **Was soll produziert werden?**
  Es sollen Güter hergestellt werden, die möglichst viele Wünsche der Menschen erfüllen.
- **Wie soll produziert werden?**
  Die Herstellung von Gütern soll so erfolgen, dass bei sparsamem Mitteleinsatz ein hoher Ertrag erreicht wird.

- **Für wen soll produziert werden?**
  Mit dieser Frage wird die Verteilung der produzierten Güter angesprochen: Die Güter sollen so an die Menschen verteilt werden, dass die Belange sowohl des Einzelnen als auch die der Gesellschaft angemessen berücksichtigt werden.

Diese allgemeinen Antworten auf die gestellten Grundfragen werden durch die jeweilige Gesellschafts- und Wirtschaftsordnung eines Staates[1] in unterschiedlicher Weise konkretisiert.

1.2 Grundbegriffe

1.2.1 Bedürfnisse

Was sind Bedürfnisse und wie können sie eingeteilt werden?

Jeder Mensch hat Wünsche. Die Volkswirtschaft nennt diese Wünsche **Bedürfnisse**. Bedürfnisse sind zahlenmäßig unbegrenzt. Sie sind darauf gerichtet, das Leben zu sichern und zu gestalten. Das Vorhandensein von Bedürfnissen wird bestimmt

- von einem Mangelempfinden und
- von der Absicht, diesen Mangel zu beseitigen.

Die Volkswirtschaftslehre hinterfragt nicht die Bedürfnisursache. Erkenntnisobjekt sind vielmehr die Auswirkungen der bestehenden unbegrenzten Bedürfnisse. Nur die Bedürfnisse, die wirtschaftliches Handeln auslösen, sind volkswirtschaftlich relevant. Diese Bedürfnisse werden durch den Einsatz bestimmter Mittel befriedigt, die die Volkswirtschaftslehre als **Güter** bezeichnet.

Bedürfnisse können nicht immer durch bereits vorhandene Güter befriedigt werden. Bedürfnisse bewirken Innovationen, die zur Bereitstellung neuer Güter und zur entsprechenden Bedürfnisbefriedigung führen. Moderne Industriegesellschaften nutzen diesen Innovationsprozess auch in umgekehrter Richtung. Sie motivieren die Menschen durch Werbung, Bedürfnisse nach bereits vorhandenen Gütern zu entwickeln. Es werden Bedürfnisse geweckt.

■ **Einteilung der Bedürfnisse**

Natur- und Umweltkatastrophen legen offen, welche grundlegenden Bedürfnisse der Mensch befriedigen muss, um sein Überleben zu sichern. Hilfsaktionen für Not leidende Menschen sind zunächst darauf abgestellt, die Versorgung mit Nahrungsmitteln, Kleidung und Unterkunft zu gewährleisten. Gegenüber diesen existenzsichernden Bedürfnissen sind die Ansprüche der Menschen in den modernen Industriegesellschaften sehr viel weiter gehend. Eine Handvoll Reis genügt nicht, die Kleidung muss der Mode entsprechen, die Wohnung muss beheizt und klimatisiert sein, um nur einige Beispiele zu nennen.

Viele Bedürfnisse sind ausschließlich darauf gerichtet, die menschliche Existenz zu sichern. Andere Bedürfnisse zielen darauf ab, sich einem allgemein vorhandenen Le-

---

[1] Vgl. Kapitel 6.

bensstandard anzugleichen oder ihn zu übertreffen. Diese unterschiedlichen Zielrichtungen der Bedürfnisse sind Grundlage einer Systematisierung der Bedürfnisse unter dem Aspekt der Dringlichkeit:

- **Existenzbedürfnisse** sind ausschließlich darauf gerichtet, das menschliche Leben zu sichern durch Nahrung, Kleidung und Wohnung.
- **Kulturbedürfnisse** übersteigen die biologisch existenzsichernden Ansprüche. Sie zielen darauf ab, sich kulturell und gesellschaftlich einem vorhandenen Anspruchsniveau anzupassen. Die Bedürfnisse, die sich an dem gesellschaftlichen Anspruchsniveau orientieren, können auch als Zivilisationsbedürfnisse bezeichnet werden.
- **Luxusbedürfnisse** übersteigen das gesellschaftlich übliche Anspruchsniveau.

Diese Einteilung der Bedürfnisse lässt eine eindeutige Abgrenzung und Zuordnung der einzelnen Bedürfnisse allerdings nicht zu. Die Schnittmengen sind vielfältig. Es ist nur schwer festzustellen, welcher Bedürfniskategorie ein bestimmtes Bedürfnis entspricht. Kaviar kann als Nahrungsmittel sowohl das Existenzbedürfnis nach „Essen", gleichzeitig aber auch das Luxusbedürfnis nach einem seltenen und teuren Genussmittel befriedigen.

Andere Einteilungskriterien sind denkbar. Eine ebenfalls übliche Einteilung der Bedürfnisse in **Individual-** und **Kollektivbedürfnisse** strukturiert nicht unterschiedliche Bedürfnisarten, sondern zeigt auf, wer eine mögliche Realisierung der Bedürfnisse effizient leisten kann. Viele Menschen haben das Bedürfnis nach Nahrung. Dieses Bedürfnis kann individuell befriedigt werden. Das Bedürfnis der Menschen nach umfassender Sicherheit ist dagegen wirkungsvoll nur kollektiv – gemeinschaftlich – zu befriedigen durch Polizei, Rechtsprechung, Sozialversicherung u. a. m.

Die Anpassung der Bedürfnisse an bestimmte **personen-, situations- oder gesellschaftsabhängige** Gegebenheiten legt scheinbar weitere Strukturierungsmöglichkeiten offen. Allerdings handelt es sich auch hierbei um Einteilungen, die darauf abzielen, durch welche Güter die Bedürfnisse befriedigt werden sollen. Es ist jedoch schwer abzugrenzen, ob es sich im Einzelfall um ein anderes Bedürfnis oder um eine andere Befriedigungsmöglichkeit handelt.

Unterschiedliche Situationen können zu unterschiedlichen Zielvorstellungen hinsichtlich der Befriedigung der Bedürfnisse führen. Bei einer Wanderung wird deftige Nahrung und wetterfeste Kleidung bevorzugt. Bei einem festlichen Anlass wünscht man kulinarische Delikatessen und trägt elegante Kleidung.

Bedürfnisse	
Einteilungskriterien	Bedürfnisarten
Dringlichkeit	Existenzbedürfnisse Kulturbedürfnisse Luxusbedürfnisse
Realisierbarkeit	Individualbedürfnisse Kollektivbedürfnisse

Auch gesellschaftliche Normen können Bedürfnisse prägen. Darüber hinaus haben sich in unterschiedlichen Gesellschaften – historisch, geografisch oder soziokulturell bedingt – verschiedene Vorstellungen von der Befriedigung gleicher Bedürfnisse entwickelt. Die Essgewohnheiten, die ein Hungerbedürfnis beseitigen, sind z. B. in Europa andere als in Asien. Entsprechendes gilt für Kleidung, Wohnung und anderes.

Durch die von der Kaufkraft abhängige Entscheidung, ein bestimmtes Bedürfnis durch ein bestimmtes Gut zu befriedigen, wird aus dem Bedürfnis der **Bedarf**. Bedarf sind also die mit Kaufkraft ausgestatteten Bedürfnisse. Wird der Bedarf am Markt wirksam, dann bezeichnet man ihn als **Nachfrage**.

- Bedürfnis ist ein Mangelempfinden verbunden mit der Absicht, diesen Mangel zu beseitigen.
- Die Volkswirtschaftslehre beschäftigt sich nur mit den Bedürfnissen, die wirtschaftliches Handeln auslösen.
- Bedürfnisse sind unbegrenzt.
- Bedürfnisarten können u.a. nach den Kriterien „Dringlichkeit" und „Realisierung" eingeteilt werden.
- Bedürfnisse und die Art und Weise ihrer Befriedigung sind personen-, situations- und gesellschaftsabhängig.
- Bedarf sind die mit Kaufkraft ausgestatteten Bedürfnisse.
- Nachfrage bedeutet das Wirksamwerden des Bedarfs am Markt.

1.2.2 Güter

Was sind Güter und wie können Güter eingeteilt werden?

Güter sind Mittel zur Bedürfnisbefriedigung. Die meisten Güter werden von der Natur dem Menschen nicht in ausreichendem Umfang und nicht in konsumreifer Form zur Verfügung gestellt. Güter, die in ausreichender Menge ohne gezielte menschliche Anstrengungen verfügbar sind, werden als **freie Güter** bezeichnet. Die Anzahl der freien Güter ist sehr gering. Ihr Vorhandensein kann nur geografisch und zeitlich eingegrenzt an Einzelbeispielen veranschaulicht werden (Schnee im Winter, Sand in der Wüste). Luft und Trinkwasser, die früher freie Güter waren, sind keine freien Güter mehr. Ihre Reinerhaltung erfordert gezielte menschliche Anstrengungen (Filteranlagen, Katalysatoren).

Güter, die nicht ohne gezielte menschliche Anstrengungen zur Verfügung stehen, bezeichnet man als **knappe Güter**. Das Bedürfnis nach diesen Gütern ist mengenmäßig größer als die vorhandene Gütermenge. Die Besitzwünsche nach diesen Gütern lösen folglich wirtschaftliche Tätigkeiten aus. Knappe Güter werden deshalb auch als **wirtschaftliche Güter** bezeichnet.

■ Einteilung der wirtschaftlichen Güter

Wirtschaftliche Güter können nach unterschiedlichen Kriterien eingeteilt werden, wobei die meisten Güter mehreren Kategorien zugeordnet werden können.

Güter werden nach der Beschaffenheit in **materielle Güter** bzw. **Sachgüter** (Brot, Straße) und **immaterielle Güter** bzw. **Dienstleistungen** (Arbeit einer Raumpflegerin, Entwurf eines Architekten, Beratung durch einen Anwalt) unterteilt.

Nach dem Verwendungsort lassen sich Güter unterscheiden in solche, die in Haushalten, und solche, die in Unternehmen verwendet werden. Ist der Verwendungsort ein Haushalt, so spricht man von **Konsumgütern** (z.B. Heizöl im privaten Wohnhaus). Ist der Verwendungsort eine Unternehmung, so handelt es sich – auch bei einem von der Sache her identischen Gut – um ein **Produktionsgut** (z.B. Heizöl im Betrieb).

Nach der Wiederholbarkeit der Nutzung kann man Güter in **Gebrauchsgüter** und **Verbrauchsgüter** einteilen. Gebrauchsgüter (z. B. eine Ölheizung) können über einen längeren Zeitraum hinweg genutzt werden. Verbrauchsgüter (z. B. Heizöl) verzehren sich bei einem einzigen Nutzungsakt.

Es gibt Güter, die Wirtschaftssubjekte als Individuen benötigen und nutzen (z. B. PKW). Diese Güter werden deshalb als **Individualgüter** bezeichnet. Können Güter in effizienter Weise nur durch die Allgemeinheit zur kollektiven Nutzung bereitgestellt werden, so spricht man von **Kollektivgütern** (Gesundheits-, Bildungs-, Verkehrswesen u. a.).

Nach der Gleichartigkeit der Güter unterteilt man in **homogene Güter** (= gleichartig) und **heterogene Güter** (= verschiedenartig). Als homogen kann z. B. Dieselkraftstoff unterschiedlicher Herstellerfirmen angesehen werden.

Als heterogen wären – um in demselben Bereich zu bleiben – Benzin und Diesel zu bezeichnen.

Güter		
Einteilungskriterien	**Güterarten**	**Beispiele**
Beschaffenheit	Sachgüter (materielle Güter)	Brot, Straße, Heizöl Schreibmaschine
	Dienstleistungen (immaterielle Güter)	Arbeit der Raumpflegerin Arbeit des Architekten
Verwendungsort	Konsumgüter	Ölheizung, Heizöl, Schreibmaschine, Arbeit der Raumpflegerin im **Haushalt**
	Produktionsgüter	Ölheizung, Heizöl, Schreibmaschine, Arbeit der Raumpflegerin in der **Unternehmung**
Wiederholbarkeit der Nutzung	Gebrauchsgüter	Straße, Ölheizung Schreibmaschine
	Verbrauchsgüter	Brot, Heizöl
Bereitstellung	Individualgüter	Auto, Brot
	Kollektivgüter	Straße, Krankenhaus
Gleichartigkeit der Güter	homogene Güter	Diesel von verschiedenen Herstellern
	heterogene Güter	Diesel und Benzin
Verhältnis der Güter zueinander	komplementäre Güter	Autostraße und Auto CD-Player und CD-Platte
	substitutive Güter	Butter und Margarine PKWs zweier Hersteller

Nach dem Verhältnis der Güter zueinander werden **komplementäre Güter,** d. h. sich in der Nutzung ergänzende Güter (Autostraße und Auto), und **substitutive Güter,** sich gegenseitig ersetzende Güter, unterschieden. Als klassisches Beispiel wird hierfür in der Regel Butter und Margarine angeführt. Man könnte auch als Beispiel die PKW zweier Hersteller anführen. Eine absolute Festlegung, welche Güter substitutive Güter sind, ist objektiv kaum möglich. Es ist immer eine Frage individueller Beurteilung, ob zwei Güter dieselbe Funktion erfüllen und daher austauschbar sind.

- Güter sind Mittel zur Bedürfnisbefriedigung.
- Freie Güter sind ohne menschliche Anstrengungen verfügbar. Die Anzahl der freien Güter ist sehr gering.
- Knappe Güter sind Güter, die nicht ohne gezielte menschliche Anstrengungen zur Verfügung stehen.
- Knappe Güter werden auch als wirtschaftliche Güter bezeichnet, da ihre Knappheit wirtschaftliches Handeln auslöst.
- Wirtschaftliche Güter lassen sich nach unterschiedlichen Gesichtspunkten einteilen.

1.3 Volkswirtschaftliche Produktionsfaktoren

Was wird für die Herstellung von Gütern benötigt?

Zwischen den unbegrenzten Bedürfnissen und den begrenzt vorhandenen Gütern besteht ein mengenmäßiges Spannungsverhältnis; diese **Knappheit** spiegelt ein Grundproblem jeder Volkswirtschaft wider. Durch die Produktion von Gütern (= Herstellung von Sachgütern und Bereitstellung von Dienstleistungen) soll dieses Spannungsverhältnis verringert werden. Könnten Güter in beliebiger Menge produziert werden, so müsste das durch die Knappheit verursachte Spannungsverhältnis zwischen Bedürfnissen und Gütern auszugleichen sein. Ein solcher Ausgleich ist nicht möglich, da die zur Güterproduktion erforderlichen Ressourcen nur begrenzt verfügbar sind. Ressourcen, d. h. die Vielzahl der Elemente, die an der Güterproduktion beteiligt sind, werden in der Volkswirtschaftslehre zu den **Produktionsfaktoren Boden, Arbeit und Kapital** zusammengefasst.

Produktion ist das Zusammenwirken – die Kombination – der Produktionsfaktoren zum Zwecke der Güterherstellung. Bei diesem Prozess ist zur Herstellung eines bestimmten Gutes zwar der Einsatz aller drei Faktoren erforderlich, jedoch ist die jeweilige Menge und Güte jedes einzelnen Faktors nicht festgelegt. Die Produktionsfaktoren können sich in bestimmten Grenzen gegenseitig ersetzen, sie sind substituierbar. Beim Produktionsprozess stellen die Faktoren in ihren konkret zum Einsatz kommenden Quantitäten und Qualitäten die Einbringungsmenge – den **Input** – dar. Das Ergebnis dieses Produktionsprozesses ist die Ausbringungsmenge an Gütern – der **Output**. Die Kombination der Produktionsfaktoren Boden (B), Arbeit (A) und Kapital (K) ergibt als Output die Produktionsleistung (Y) einer Volkswirtschaft.

Der funktionale Zusammenhang wird mathematisch dargestellt in der volkswirtschaftlichen Produktionsfunktion:

Y = f (B, A, K)

Für die Leistungsfähigkeit einer Volkswirtschaft kommt es nicht nur auf die Menge der Produktionsfaktoren an, sondern auch auf deren Qualität.

Boden und Arbeit sind naturgegebene, nicht produzierte, also ursprüngliche – originäre – Produktionsfaktoren. Der dritte Produktionsfaktor, das Kapital, ist aus den Faktoren Boden und Arbeit entstanden.

Produktionsfaktoren		
originär		derivativ
Boden	Arbeit	Kapital

Das Kapital muss produziert werden. Man bezeichnet es deshalb auch als abgeleiteten – derivativen – Produktionsfaktor. Eine andere Einteilung der Produktionsfaktoren ist möglich, indem die sachlichen Produktionsfaktoren Boden und Kapital dem „menschlichen" Produktionsfaktor Arbeit gegenübergestellt werden.

Der quantitative und qualitative Einsatz der Produktionsfaktoren muss sich an der Tatsache orientieren, dass die Ressourcen knapp sind. Diese Knappheit zwingt den Menschen zum Wirtschaften.

Wirtschaften bedeutet den sparsamen Umgang mit knappen Ressourcen.
Ziel wirtschaftlichen Handelns ist die Befriedigung möglichst vieler Bedürfnisse der Menschen.

1.3.1 Boden

Volkswirtschaftlich ist **Boden** ein naturgegebener, ein **originärer Produktionsfaktor**, der die Naturelemente wie Wasser, Luft und Sonnenlicht in ihrer ökologischen Gesamtheit mit einbezieht.

Deshalb wird der Produktionsfaktor Boden auch als Produktionsfaktor Natur bezeichnet. Der Mensch als Wirtschaftssubjekt nutzt den Boden in unterschiedlicher Weise und Intensität. Der Boden wird im Produktionsprozess eingesetzt als Anbaufaktor, Abbaufaktor und Standortfaktor.

Produktionsfaktor Boden	
Merkmale	Arten
gebundener Standort	Anbaufaktor (für reproduzierbare Güter)
	Abbaufaktor (für nicht reproduzierbare Güter)
freier Standort	Standortfaktor (für Produktionsstätten)

Als **Anbaufaktor** ist der Boden in der Land-, Forst- und Fischwirtschaft die Grundlage der Nahrungsmittelproduktion und Lieferant für pflanzliche Rohstoffe (Baumwolle, Holz usw.). Pflanzliche Produkte sind reproduzierbar und vermehrbar.

Werden dem Boden Erze, Kohle, Öl u.a. abgewonnen, also nicht reproduzierbare und nicht vermehrbare Rohstoffe, so dient der Boden als **Abbaufaktor.**

Der Boden als **Standortfaktor** gibt Auskunft, an welchen Orten die Produktion stattfindet, als Anbau- und Abbaufaktor legt er fest, an welchen Orten die Produktion von land-

und forstwirtschaftlichen Erzeugnissen sowie die Rohstoffgewinnung durch den Bergbau stattfinden muss. Bei einer solchen Ortsgebundenheit der Produktionsstätten spricht man volkswirtschaftlich von einem **gebundenen Standort**. Ist der Standort für Produktionsstätten frei wählbar, so spricht man von einem **freien Standort**.

1.3.2 Arbeit

Der zweite originäre Produktionsfaktor ist die Arbeit. Die Volkswirtschaftslehre versteht unter dem Produktionsfaktor **Arbeit** jede menschliche Tätigkeit, die wirtschaftliches Handeln plant, gestaltet und ausführt. Erst die menschliche Arbeitskraft ermöglicht die Produktion von Gütern.

Produktionsfaktor Arbeit	
Merkmale	Arten
Anforderung	geistig körperlich
Ausbildung	gelernt angelernt ungelernt
Verantwortung	selbstständig unselbstständig
	leitend ausführend

Nach der Art der Anforderung wird zwischen geistiger und körperlicher Arbeit unterschieden. Überwiegend geistige Arbeit plant und gestaltet die Kombination der Produktionsfaktoren. Überwiegend körperliche Arbeit führt die Tätigkeiten aus, die bei der Herstellung wirtschaftlicher Güter anfallen.

Außerdem kann der Produktionsfaktor Arbeit differenziert werden nach der Ausbildung in gelernte, angelernte und ungelernte Arbeit oder nach dem Grad der Verantwortung in selbstständige, unselbstständige, leitende und ausführende Arbeit.

Eine klare Trennung zwischen leitender und ausführender Arbeit, selbstständiger und unselbstständiger Arbeit gibt es nicht.

Die Einteilung des Produktionsfaktors Arbeit nach Anforderung, Ausbildung und dem Grad der Verantwortung legt offen, dass die Qualität der Arbeit von der Leistungsfähigkeit einerseits und der Leistungsbereitschaft der Menschen andererseits getragen wird.

1.3.3 Kapital

Als **Kapital** gelten in der Volkswirtschaftslehre alle im Produktionsprozess eingesetzten Produktionsgüter. Das Kapital ist als derivativer Produktionsfaktor nicht ursprünglich vorhanden, sondern durch das Zusammenwirken der Produktionsfaktoren Boden und Arbeit entstanden.

Der volkswirtschaftliche Produktionsfaktor Kapital ist **Real- bzw. Sachkapital.** Er umfasst alle Produktionsgüter, die als Gebrauchsgüter wie Gebäude, Werkzeuge und Maschinen oder als Verbrauchsgüter wie Roh-, Hilfs- und Betriebsstoffe im Produktionsprozess benötigt werden. Unter **Geldkapital** werden in diesem Zusammenhang alle finanziellen Mittel verstanden, die der Unternehmung für den Erwerb von Realkapital zur Verfügung stehen.

Das Realkapital selbst muss erst produziert werden, um anschließend eine Verbesserung des Produktionsergebnisses herbeizuführen. Die Produktionsausweitung erfolgt über einen **Produktionsumweg.** Kennzeichen einer entwickelten Volkswirtschaft sind lange

Produktionsumwege. Hierbei muss kurzfristig auf die Produktion von Konsumgütern und damit auf Konsum zugunsten der Produktion von Produktionsgütern verzichtet werden. Dieser Konsumverzicht bedeutet volkswirtschaftlich **Sparen**. Werden die Produktionsgüter im Produktionsprozess als Realkapital eingesetzt, so spricht man von **Investieren**. Sparen und Investieren sind volkswirtschaftlich unabdingbar. Da Produktionsgüter durch Nutzung verschleißen, müssen sie ersetzt werden, damit in Zukunft eine mindestens ebenso hohe Güterproduktion wie in der Gegenwart sichergestellt ist. Soll die zukünftige Güterproduktion über das gegenwärtige Niveau hinaus angehoben werden, so müssen Produktionsgüter ersetzt und darüber hinaus zusätzliche Produktionsgüter hergestellt werden. Die Höhe der gegenwärtigen Investitionen entscheidet über die Höhe der zukünftigen Güterproduktion.

Der Vorgang der Bildung von Realkapital (= investieren) wird häufig veranschaulicht am Beispiel der Romanfigur des Robinson Crusoe von Daniel Defoe.

> Robinson Crusoe wird als einziger Überlebender nach einem Schiffsunglück auf eine einsame, unbewohnte Insel verschlagen. Er verfügt zunächst nur über die beiden Produktionsfaktoren Boden und Arbeit. Um seinen Lebensunterhalt zu sichern, fängt er Fische mit der Hand, eine Arbeit, die mithilfe eines Fangnetzes ergiebiger wäre. Dies weiß auch Robinson Crusoe aufgrund seiner Lebenserfahrung. Deshalb beschließt er, eine Zeitlang weniger zu essen und einen Teil der Nahrungsmittel aufzubewahren, um über sie verfügen zu können, wenn er seine Arbeitskraft zur Herstellung des Fangnetzes einsetzt. Volkswirtschaftlich entsteht durch die Herstellung des Fangnetzes ein Produktionsgut, es wird Realkapital gebildet. Robinson Crusoe leistet vorübergehend Konsumverzicht (= Sparen), weil er weiß, dass er durch den Einsatz des Fangnetzes (= Investieren) in Zukunft weniger Zeit benötigt, um seinen Lebensunterhalt sicherzustellen. Dies gestattet ihm bei gleich bleibendem Zeitaufwand die Herstellung von zusätzlichen Konsum- oder Produktionsgütern.

Die Investitionen, die für Produktionsgüter wie Gebäude, Werkzeuge und Maschinen getätigt werden, sind **Anlageinvestitionen**. Werden Investitionen durchgeführt als Ersatz von Anlagen, die aufgrund von technischem und nutzungsbedingtem Verschleiß aus dem Produktionsprozess ausscheiden, so handelt es sich um **Ersatzinvestitionen**. Alle darüber hinausgehenden Anlageinvestitionen werden als **Erweiterungsinvestitionen** bezeichnet.

Investitionsarten		
Bruttoinvestitionen		
Anlageinvestitionen		Lagerinvestitionen (Veränderung des Lagerbestandes)
Ersatzinvestitionen	Erweiterungsinvestitionen	
	Nettoinvestitionen	

Neben den Anlageinvestitionen gibt es die **Lager- bzw. Vorratsinvestitionen**. Hierbei handelt es sich um die Veränderung der Lagerbestände an Roh-, Hilfs- und Betriebsstoffen sowie an halbfertigen und fertigen Produkten. Die Erhöhung der Lagerbestände stellt eine positive Investition, die Verminderung der Lagerbestände eine negative Investition dar.

Die Summe der Ersatz-, Erweiterungs- und Lagerinvestitionen während einer bestimmten Wirtschaftsperiode wird als **Bruttoinvestition** bezeichnet. Die Differenz zwischen Bruttoinvestition und Ersatzinvestitionen ist die **Nettoinvestition;** sie setzt sich zusammen aus Erweiterungs- und Lagerinvestitionen.

- Die volkswirtschaftlichen Produktionsfaktoren sind Boden, Arbeit und Kapital.
- Die Produktion von Gütern geschieht durch die Kombination der Produktionsfaktoren.
- Die volkswirtschaftliche Produktionsfunktion lautet: $Y = f(B, A, K)$.
- Boden ist ein naturgegebener Produktionsfaktor, der alle Naturelemente mit einbezieht; er wird als Anbau-, Abbau- und Standortfaktor genutzt.
- Arbeit ist jede menschliche Tätigkeit, die wirtschaftliches Handeln plant, gestaltet und ausführt.
- Der Produktionsfaktor Kapital umfasst alle im Produktionsprozess eingesetzten Produktionsgüter (Sach- oder Realkapital).
- Konsumverzicht (= Sparen) ist Voraussetzung für Kapitalbildung (= Investieren).
- Bruttoinvestitionen sind die Summe aller Ersatz-, Erweiterungs- und Lagerinvestitionen.
- Nettoinvestitionen sind die Summe aller Erweiterungs- und Lagerinvestitionen.

1.4 Arbeitsteilung

Was ist Arbeitsteilung und welche Auswirkungen hat sie?

In der ursprünglichen Form – der familiären Arbeitsteilung – wurden Tätigkeiten zur Beschaffung der lebensnotwendigen Dinge zwischen den Menschen nach Geschlecht, Alter und besonderen Fähigkeiten aufgeteilt. So waren Frauen für die Feldbestellung zuständig, Männer und Kinder für die Herden. Manche Familienmitglieder zeigten besonderes Geschick bei der Fertigung von Keramikgefäßen, Steinwerkzeugen oder Waffen. Jeder Einzelne übte diejenigen Tätigkeiten aus, für die eine besondere Eignung vorlag. So nahmen die Fertigkeiten bei den ausgeübten Tätigkeiten und damit die Qualität sowie die Quantität der Erzeugnisse immer mehr zu. Die Arbeitsteilung führt also zu einer Steigerung der Arbeitsergiebigkeit, auch als Arbeitsproduktivität bezeichnet.[1]

Aus dieser Erkenntnis heraus sind im Laufe der Geschichte als Arten der **personalen Arbeitsteilung** – als erste Grundform der Arbeitsteilung – handwerkliche Berufe entstanden **(Berufsbildung),** mit umfassenden Ver- und Bearbeitungskenntnissen von Werkstoffen wie z. B. der Beruf des Schmiedes, des Steinmetzes oder des Zimmermanns. Verfeinerte Ver- und Bearbeitungstechniken des Werkstoffes und bessere Werkzeuge

---

[1] Vgl. Abschnitt 1.5.3 Erfolgskennziffern.

ließen immer neue Berufe entstehen. Von bestehenden Berufen spalteten sich neue Berufsformen ab **(Berufsspaltung)**. Aus dem Schmied wurde der Kunst- oder Hufschmied, neben dem Steinmetz entwickelte sich der Beruf des Stuckateurs und der des Maurers, neben dem Beruf des Zimmermanns der des Schreiners und des Tischlers.

Berufsbildung und Berufsspaltung vollzogen sich nicht nur im handwerklichen Bereich, sondern auch bei den überwiegend geistigen Berufen wie dem des Arztes, des Anwalts usw. Auch in diesem Bereich ist die Berufsspaltung weit fortgeschritten, wie dies u. a. die Vielzahl unterschiedlicher Arten von Fachärzten belegt.

Neben dieser fortschreitenden personalen Arbeitsteilung in Form von Berufsbildung und Berufsspaltung entwickelt sich seit dem Zeitalter der industriellen Revolution die Arbeitszerlegung in den Betrieben. **Arbeitszerlegung** bedeutet die Aufspaltung der anfallenden Arbeitsvorgänge in kurze Teilvorgänge, die oft aus nur wenigen Handgriffen bestehen.

Die zweite Grundform – die **betriebliche Arbeitsteilung** – unterscheidet die inner- und die zwischenbetriebliche Arbeitsteilung. Die **innerbetriebliche Arbeitsteilung** soll das Produktionsergebnis durch Produktions- und Funktionsteilung verbessern. Merkmal der **Produktionsteilung** ist die Zerlegung des Produktionsprozesses in verschiedene selbstständige Teilprozesse. Es entstehen innerbetriebliche Produktionsabschnitte. Kennzeichen der **Funktionsteilung** ist die Schaffung von betrieblichen Aufgabenbereichen wie Beschaffung, Lagerung, Produktion, Verwaltung und Absatz.

Die **zwischenbetriebliche Arbeitsteilung** vollzieht sich entsprechend den Wirtschaftsstufen zunächst als **vertikale Arbeitsteilung**. Hierbei gehört zum **primären Sektor** die Urproduktion mit der Landwirtschaft, Forstwirtschaft, Bergbau u. a. Im **sekundären Sektor** findet die Weiterverarbeitung der im primären Bereich gewonnenen Rohstoffe und Produkte statt. Der **tertiäre Sektor** umfasst die Dienstleistungsbetriebe des Handels (Groß- und Einzelhandel), des Transportwesens, der Versicherungen, der Banken u. a.

Arbeitsteilung			
Personale Arbeitsteilung	**Betriebliche Arbeitsteilung**		**Territoriale Arbeitsteilung**
	innerbetrieblich	zwischenbetrieblich	
Berufsbildung Berufsspaltung Arbeits- zerlegung	Produktionsteilung Funktionsteilung – Beschaffung – Lagerung – Produktion – Verwaltung – Absatz	vertikal – primärer Sektor – sekundärer Sektor – tertiärer Sektor horizontal (nach Material- oder Branchenaspekt)	regional international

Innerhalb dieser Wirtschaftsstufen findet die zwischenbetriebliche Arbeitsteilung als **horizontale Arbeitsteilung** statt. Wie beim primären und tertiären Sektor schon beispielhaft genannt, erfolgt im sekundären Sektor eine arbeitsteilige Weiterverarbeitung, vor allem unter dem Material- oder Branchenaspekt (Glasherstellung, Reifenindustrie, Lebensmittelindustrie u. a.). Eine einzelne Unternehmung führt in der Regel nicht den gesamten Produktionsprozess zur Herstellung eines Fertigerzeugnisses (von der Rohstoffgewinnung bis zum fertigen Produkt) allein durch. So bezieht z. B. ein Autohersteller Reifen, Autofenster, Bleche u. a. von Herstellern dieser Produkte und verarbeitet sie zu fertigen Automobilen. Er bezieht Rohstoffe und Fertigerzeugnisse von anderen Unternehmungen und setzt seine Fertigprodukte an andere Unternehmungen und an Haushalte ab. Beschaffung und Absatz erfolgen mithilfe von Transportunternehmungen, Banken, Handel, Versicherungen u. a.

Als dritte Grundform der Arbeitsteilung hat sich die **geografische** Arbeitsteilung oder auch **territoriale Arbeitsteilung** entwickelt. Es handelt sich um die Produktionsteilung zwischen Regionen **(regionale Arbeitsteilung)** bzw. Volkswirtschaften **(internationale Arbeitsteilung).** Der Grund für die territoriale Arbeitsteilung ist der Kostenunterschied bei der Produktion von bestimmten Gütern in verschiedenen Regionen oder Volkswirtschaften.

Ursache für Kostenunterschiede sind z. B. unterschiedliche klimatische Bedingungen.[1] So gedeiht Wein besser in warmen Ländern wie Spanien, qualitativ gute Wolle lässt sich hingegen relativ kostengünstiger in Ländern wie England bzw. Neuseeland herstellen.

Andere Gründe für den Kostenunterschied sind z. B. Rohstoffvorkommen (Erdöl in Arabien oder Nigeria, Kohle im Ruhrgebiet), Stand der technischen Entwicklung (Computer und Autos in Japan, Europa und den USA), Lohnkosten (Textilindustrie in Südostasien).

Jede Form der dargestellten Arbeitsteilung führt zur quantitativen und qualitativen Verbesserung der Güterversorgung. Nicht vergessen werden dürfen jedoch in diesem Zusammenhang die mit der Arbeitsteilung verbundenen möglichen Gefahren für den einzelnen Menschen, für Unternehmungen, Regionen und ganze Volkswirtschaften. Sehr starke Spezialisierung kann beim einzelnen Menschen zu Gesundheitsschäden führen und zu Schwierigkeiten, wenn der Arbeitsplatz gewechselt werden muss. Eine identische Arbeit ist möglicherweise nicht zu finden, für eine andere Arbeit liegt keine Qualifikation vor. Unternehmungen, Regionen und ganze Volkswirtschaften können ebenfalls in Gefahr geraten bei zu starker Spezialisierung. Werden die gefertigten Produkte nicht mehr im bisherigen Umfang nachgefragt, so können Unternehmungen, Regionen und ganze Volkswirtschaften in wirtschaftliche Schwierigkeiten geraten mit allen negativen Folgen für die Beschäftigten bzw. für die Bevölkerung (z. B. Verlust der wirtschaftlichen Bedeutung der Kohle und seine Folgen für das Ruhrgebiet).

- Arbeitsteilung ist die Verteilung von bestimmten Tätigkeiten bei der Güterproduktion auf verschiedene Menschen, Unternehmungen, Regionen und Volkswirtschaften.
- Arbeitsteilung erhöht die Arbeitsproduktivität.
- Arbeitsteilung kann nach drei Grundformen unterschieden werden:
  1. personale Arbeitsteilung, 2. betriebliche Arbeitsteilung und
  3. territoriale Arbeitsteilung.
- Personale Arbeitsteilung wird begründet durch Berufsbildung, Berufsspaltung und Arbeitszerlegung.
- Betriebliche Arbeitsteilung untergliedert sich in inner- und zwischenbetriebliche Arbeitsteilung.
- Innerbetriebliche Arbeitsteilung erfolgt als Produktions- und Funktionsteilung.
- Zwischenbetriebliche Arbeitsteilung erfolgt als vertikale Arbeitsteilung nach Produktionsstufen bzw. Sektoren, als horizontale Arbeitsteilung innerhalb der einzelnen Sektoren.
- Territoriale Arbeitsteilung ist die Arbeitsteilung zwischen Regionen und zwischen Volkswirtschaften.

---

1 Vgl. hierzu Kap. 9: Außenwirtschaft.

1.5 Grundsätze wirtschaftlichen Handelns

Welche Güter sollen hergestellt werden und wie soll die Güterherstellung erfolgen?

Den unbegrenzten menschlichen Bedürfnissen steht die begrenzte Menge der Güter zu ihrer Befriedigung gegenüber. Die Knappheit der Güter ist Folge der Knappheit der Produktionsfaktoren Boden, Arbeit und Kapital.

Die Menschen können also nicht alle Güter haben, die sie sich wünschen. Die Knappheit der Ressourcen zwingt die Menschen zu folgenden Entscheidungen:

- Welche alternativen Gütermengen können mithilfe der knappen Produktionsfaktoren hergestellt werden?
- Welche der technisch möglichen Produktionsverfahren sind unter der Zielsetzung eines sparsamen Umgangs mit den Produktionsfaktoren zu wählen?
- Wie kann der Erfolg des wirtschaftlichen Handelns gemessen werden?

1.5.1 Transformationskurve

Welche alternativen Gütermengen können mithilfe der knappen Produktionsfaktoren hergestellt werden?

Die alternativen Produktionsmöglichkeiten, zwischen denen gewählt werden kann, lassen sich mithilfe der **Transformationskurve** (Produktionsmöglichkeitenkurve) am Beispiel einer Volkswirtschaft verdeutlichen, in der nur zwei Güterarten – Konsumgüter und Produktionsgüter – bzw. zwei Güter aus den genannten Güterarten – z. B. Brot und Lastkraftwagen – hergestellt werden.

> **Beispiel**
>
> Setzt die Volkswirtschaft ihre gesamten Produktionskapazitäten für die Herstellung von Brot ein, kann sie 12,5 Mio. Stück Brot produzieren, aber keinen LKW (Punkt M). Verwendet sie ihre Kapazitäten nur für die Produktion von LKW, kann sie 50 LKW herstellen, aber kein Brot (Punkt N). Alle Punkte auf einer Linie zwischen M und N sind mögliche Gütermengenkombinationen, bei deren Herstellung alle vorhandenen Produktionsfaktoren eingesetzt werden.
>
> Die Mengenkombination in Punkt A ermöglicht die Herstellung von 10 Mio. Broten bei gleichzeitiger Herstellung von 20 LKW. Die Mengenkombination B ermöglicht die Herstellung von 5 Mio. Broten bei gleichzeitiger Herstellung von 40 LKW. Beim Wechsel der Mengenkombination von A nach B kostet der Mengenzuwachs von 20 LKW den Verlust von 5 Mio. Broten. Umgekehrt kostet beim Wechsel der Mengenkombination von B nach A der Mengenzuwachs von 5 Mio. Broten den Verlust von 20 LKW. Man kann nicht gleichzeitig 10 Mio. Brote und 40 LKW herstellen, sondern nur die den Punkten A und B entsprechend zugeordneten Mengen Brot und LKW.
>
> Alle anderen Mengenkombinationen, die Punkten auf der dargestellten Kurve zugeordnet werden können, sind gleichfalls möglich, ebenso jeder Punkt – wie C – unterhalb der Kurve. Im Punkt C sind die verfügbaren Ressourcen jedoch nicht ausgelastet.

Es wäre durchaus möglich, von einem Gut mehr zu produzieren, ohne jeden Verzicht auf die Produktion des anderen Gutes. Da in C die Produktionsfaktoren nicht voll beschäftigt sind, könnten sogar von beiden Gütern höhere Mengen hergestellt werden. Die Verwendung der verfügbaren Ressourcen wäre bei dieser Mengenkombination nicht effizient. Eine Mengenkombination oberhalb der Kurve – wie D – ist mit den zur Verfügung stehenden Produktionsfaktoren nicht realisierbar.

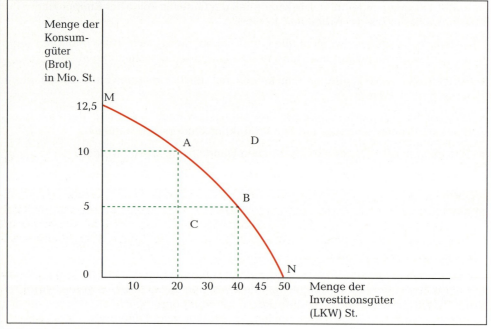

Transformationskurve

Die Transformationskurve zeigt nicht nur an, welche Mengenkombinationen verschiedener Güterarten mit den verfügbaren Ressourcen hergestellt werden können, sondern zeigt auch an, auf wie viele Mengeneinheiten eines Gutes verzichtet werden muss, wenn von einem anderen Gut mehr hergestellt werden soll.

> Die Transformationskurve zeigt die Gütermengenkombinationen an, die in einer Volkswirtschaft bei Auslastung aller Produktionsfaktoren hergestellt werden können.

Der Wert des Verzichtes auf ein bestimmtes Gut (= Nutzenentgang) zugunsten eines anderen Gutes wird ausgedrückt durch den Begriff der **Opportunitätskosten (opportunity costs).** Ein Beispiel veranschaulicht diesen Begriff. Ein Konsument kann vor die Entscheidung gestellt werden, ob er sich für 6 € eine Eintrittskarte für einen Kinofilm kaufen will oder lieber ein Taschenbuch. Entscheidet er sich für die Kinokarte, so muss er auf das Buch verzichten (oder umgekehrt). Die Kinokarte kostet ihn das Buch.

Diese Überlegungen gelten nicht nur für den Konsumbereich des Einzelnen, sondern auch im Produktionsbereich einer jeden Volkswirtschaft. Sind alle Produktionsfaktoren voll beschäftigt, so kann kurzfristig kein zusätzliches Gut produziert werden. Also muss entschieden werden, welche Güter in welchen Mengen zu produzieren sind. Die Mehrproduktion eines Gutes verursacht Kosten in Form von Nutzenentgang durch den Verzicht auf Teilmengen anderer Güter.

Grundsätze wirtschaftlichen Handelns 27

1.5.2 Das ökonomische Prinzip

Welche der technisch möglichen Produktionsverfahren sind unter der Zielsetzung eines sparsamen Umgangs mit den Produktionsfaktoren zu wählen?

Beim Produktionsprozess können die Faktoren, wie schon gezeigt, in unterschiedlichen Mengen und Qualitäten miteinander kombiniert werden. Jedoch ist angesichts der knappen Ressourcen nur eine solche Kombinationsart wirtschaftlich vertretbar, bei der der Mitteleinsatz und das Produktionsergebnis in einem optimalen Verhältnis zueinander stehen. Umgesetzt wird diese Forderung durch die Beachtung des **ökonomischen Prinzips**.

Beispiel

Für die Produktion von Pullovern stehen einem Unternehmen 50.000 GE für den Einsatz von Produktionsfaktoren zur Verfügung. In der Vergangenheit produzierte das Unternehmen mit 50.000 GE 800 Pullover.

Durch die Wahl eines günstigeren Produktionsverfahrens gelingt es dem Unternehmen, bei gleichem Mitteleinsatz den Produktionsertrag auf eine Menge von 1000 Pullovern zu steigern. Das Unternehmen könnte sich auch dafür entscheiden, weiterhin 800 Pullover herzustellen. Jetzt würde die Wahl des günstigeren Produktionsverfahrens dazu führen, dass der benötigte Mitteleinsatz sich verringert.

Ob der Hersteller den Ertrag maximiert bei festgelegtem Einsatz **(Maximalprinzip)** oder den Einsatz minimiert bei festgelegtem Ertrag **(Minimalprinzip),** immer wird das günstigste Verhältnis beider Größen angestrebt.

Minimalprinzip
  Ein vorgegebenes Ziel mit möglichst geringem (= minimalem) Mitteleinsatz erreichen

Maximalprinzip
  Mit vorgegebenem Mitteleinsatz ein größtmögliches (= maximales) Ziel erreichen

Mithilfe des ökonomischen Prinzips versucht der Unternehmer, seinen Gewinn zu maximieren **(Gewinnmaximierungsprinzip).**

Analog gilt das ökonomische Prinzip auch für den Verbraucher – den privaten Haushalt – bei der Auswahl der Güter. Durch die Kaufentscheidungen legt der private Haushalt fest, welche Güter und wie viele Güter er konsumiert. Der Einsatz ist in diesem Fall das Einkommen oder ein Teil des Einkommens, das Ziel ist der durch die erworbenen Güter gestiftete Nutzen. Diese Kaufentscheidungen führen, wenn sie entsprechend dem ökonomischen Prinzip vorgenommen werden, zur **Nutzenmaximierung.**

Neben den Unternehmungen und privaten Haushalten tritt der Staat als Wirtschaftssubjekt auf. Ziel des Staates ist dabei die **Maximierung des Allgemeinwohls.** Auch der Staat sollte sich zur Erreichung einer optimalen Zielverwirklichung an die Bedingungen des ökonomischen Prinzips halten, weil die Möglichkeiten seines Mitteleinsatzes begrenzt sind.

1.5.3 Erfolgskennziffern

> Wie kann der Erfolg des wirtschaftlichen Handelns gemessen werden?

Wenn man den Erfolg wirtschaftlichen Handelns messen will, werden Kennziffern benötigt, die es erlauben, die Einsatzgröße und Ertragsgröße während einer Wirtschaftsperiode miteinander in Relation zu setzen. Solche Erfolgskennziffern sind **Produktivität, Wirtschaftlichkeit, Rentabilität.**

■ Produktivität

Die Produktivität erfasst das Verhältnis zwischen dem Ergebnis des Produktionsprozesses (z. B. Stück, t) und den eingesetzten Faktormengen (z. B. Arbeitszeit, Rohstoffmenge in kg).

$$\text{Produktivität} = \frac{\text{Produktionsergebnis (Output)}}{\text{Faktoreinsatz (Input)}}$$

Die Produktivität misst also die mengenmäßige Ergiebigkeit der genutzten Produktionsfaktoren.

Wegen der Schwierigkeit, für die unterschiedlichen Faktorleistungen (Rohstoffmenge, Maschinenstunden usw.) einen gemeinsamen Nenner zu finden und den gesamten Faktoreinsatz mengenmäßig auszudrücken, wird durch die Bildung von Teilproduktivitäten das Produktionsergebnis auf nur jeweils einen Faktor bezogen.

$$\text{Arbeitsproduktivität} = \frac{\text{Produktionsergebnis}}{\text{Arbeitseinsatz}}$$

$$\text{Kapitalproduktivität} = \frac{\text{Produktionsergebnis}}{\text{Kapitaleinsatz}}$$

$$\text{Bodenproduktivität} = \frac{\text{Produktionsergebnis}}{\text{Bodeneinsatz}}$$

■ Wirtschaftlichkeit

Die Wirtschaftlichkeit misst das Verhältnis der in Geld bewerteten Leistungen (das wertmäßige Produktionsergebnis) zu den Kosten (die in Geld bewerteten Faktoreinsatzmengen).

$$\text{Wirtschaftlichkeit} = \frac{\text{Leistung (in Geldeinheiten)}}{\text{Kosten (in Geldeinheiten)}}$$

■ Rentabilität

Die Rentabilität wird ermittelt, indem der in einem Jahr erzielte Gewinn zum eingesetzten Kapital in Beziehung gesetzt wird. Üblich ist dabei die Prozentangabe.

Die Rentabilität kann als Verhältnis des Gewinns zum Eigenkapital oder zum Gesamtkapital ermittelt werden. Sie ist ein wichtiger Maßstab für die Ertragskraft einer Unternehmung, da sie Auskunft über die Verzinsung des eingesetzten Kapitals gibt.

$$\text{Rentabilität} = \frac{\text{Gewinn x 100}}{\text{Kapitaleinsatz}}$$

$$\text{Eigenkapitalrentabilität} = \frac{\text{Gewinn x 100}}{\text{Eigenkapital}}$$

$$\text{Gesamtkapitalrentabilität} = \frac{\text{(Gewinn + Zinsen) x 100}}{\text{Eigenkapital + Fremdkapital}}$$

Bei den Zinsen handelt es sich um Zinsen für das eingesetzte Fremdkapital. Ohne den Einsatz von Fremdkapital wären die gezahlten Zinsen zusätzlicher Gewinn. Aus diesem Grunde müssen bei der Berechnung der Gesamtkapitalrentabilität Gewinn und Zinsen berücksichtigt werden.

- Die Transformationskurve zeigt die Gütermengenkombinationen an, die in einer Volkswirtschaft bei Auslastung aller Produktionsfaktoren hergestellt werden können.
- Unter Opportunitätskosten versteht man den Nutzenentgang durch den Verzicht auf ein Gut zugunsten eines anderen Gutes.
- Das ökonomische Prinzip fordert ein optimales Verhältnis zwischen Mitteleinsatz und Ertrag zur Verwirklichung wirtschaftlicher Zielsetzungen sowohl im Produktions- als auch im Konsumbereich.
- Das ökonomische Prinzip gibt es in der Ausprägung des Maximalprinzips (maximaler Ertrag bei festgelegtem Mitteleinsatz) und in der Ausprägung des Minimalprinzips (minimaler Mitteleinsatz zur Erreichung eines festgelegten Ertrages).
- Wirtschaftliche Erfolgskennziffern sind Produktivität, Wirtschaftlichkeit und Rentabilität.

1.6 Probleme der Nutzung von Produktionsfaktoren

Welche Gefahren entstehen für Mensch und Natur durch die intensive Nutzung der knappen Ressourcen?

Bei der Messung des Erfolgs von wirtschaftlichem Handeln werden nur die direkt zurechenbaren Kosten für den Faktoreinsatz in der jeweiligen Wirtschaftsperiode erfasst. Diese sind von der Unternehmung zu tragen. Außer Acht gelassen werden jedoch solche Kosten, die durch den Produktionsprozess einzelner Unternehmen zwar verursacht werden, ihnen aber in der Regel nicht direkt zugeordnet werden können. Hierbei handelt es sich um Umweltschädigungen, die sich häufig an geografisch weit entfernten Orten oder erst in späteren Jahren herausstellen. Die Kosten ihrer Beseitigung sind dann von der Allgemeinheit zu tragen.

Der Schutz des Bodens in seiner Gesamtheit durch alle Menschen ist nur dann leistbar, wenn ein ausgewogenes Verhältnis zwischen der Ertragskraft des Bodens und der Weltbevölkerung besteht. Es muss daher die Frage nach den Kapazitätsgrenzen des Bodens als Nahrungsmittellieferant im Hinblick auf gegenwärtige und zukünftige Weltbevölkerungszahlen gestellt werden.

In den vergangenen Jahrhunderten wuchs die Erdbevölkerung vergleichsweise langsam an. Man schätzt, dass im Jahre 1700 ungefähr 600 Millionen Menschen auf der Erde lebten. Im Jahre 1850 wird die Weltbevölkerung auf 1,2 Milliarden Menschen geschätzt. 100 Jahre später zählt die Weltbevölkerung 2,5 Milliarden. 1990 hat sich die Weltbevölkerung mit 5 Milliarden Menschen innerhalb von nur 40 Jahren erneut verdoppelt. Dieser Trend ist ungebrochen und übertrifft die Voraussagen des Engländers Robert Malthus in seinem „An Essay on the Principle of Population" von 1798.

Malthus stellte aufgrund der Bevölkerungsentwicklung in England die These auf, dass sich der Bevölkerungszuwachs in einer geometrischen Reihe (1 – 2 – 4 – 8 – 16 – 32 ...), die Nahrungsmittelvermehrung nur in einer arithmetischen Reihe (2 – 4 – 6 – 8 – 10 ...) vollzieht.

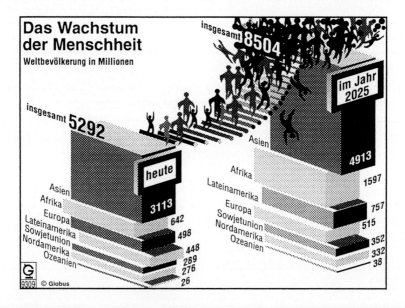

Auch die Nahrungsmittelproduktion ist stärker gestiegen, als Malthus dies vorhersagte. Chemie und Gentechnik ermöglichen überproportionale Produktionssteigerungen auf dem Ernährungssektor. Eine weitere Steigerung ist denkbar. Neben den schon bestehenden weltweiten Belastungen des ökologischen Systems dürften damit allerdings weitere Umweltbelastungen einhergehen. Darüber hinaus scheinen zusätzliche Gefahren durch gentechnische Manipulationen für den Planeten Erde vorprogrammiert zu sein.

Eine weitere Gefahr ergibt sich aus der zunehmenden weltweiten Produktion und dem damit verbundenen Rohstoffabbau. Nach aktuellen wissenschaftlichen Erkenntnissen scheint nicht die Verknappung von Rohstoffen, sondern die wenig umweltschonende Nutzung der Rohstoffe das eigentliche Problem zu sein. Häufig werden bei Abbau, Transport und Verarbeitung Umweltgefährdungen sowie Umweltschädigungen in Kauf genommen.

Nicht nur die Beschaffung von Rohstoffen und ihre Verarbeitung in der Industrie belasten die Umwelt. Auch die im Produktionsprozess entstandenen Produkte sowie die im Produktionsprozess eingesetzten Maschinen erweisen sich in zunehmendem Maße als umweltschädigend. Das bei der Produktion eingesetzte Kapital wird ständig umfangreicher und muss aufgrund von technischer Veraltung in immer kürzeren Abständen ersetzt werden. Auch andere industrielle Produkte werden kurzlebiger. Die daraus folgenden Entsorgungsprobleme werden erst jetzt erkannt – wirksame Lösungsmöglichkeiten sind noch nicht in Sicht. So werden sich z.B. die gefährlichen Folgen der heutigen FCKW-Freisetzung für die Erdatmosphäre und die Gesundheit der Menschen zum Teil erst in Jahrzehnten auswirken.

Die zerstörerischen Auswirkungen einer übermäßigen Inanspruchnahme der natürlichen Ressourcen werden immer sichtbarer (überdüngte Böden mit der Schädigung der Nahrungsmittel und damit letztlich des Menschen; sterbende Wälder aufgrund des „sauren" Regens; Ölverschmutzung der Weltmeere u. a. m.). In Industrieländern und in Entwicklungsländern muss ein Umdenken stattfinden. Die Natur – die Umwelt – muss auch zukünftigen Generationen einen ökologisch ausgeglichenen Lebensraum bieten. Die Entscheidungsträger in Wirtschaft und Politik sind gefordert, das langfristig Notwendige zum Überleben der Natur und damit des Menschen zu veranlassen und zu bewirken. Darüber hinaus ist jeder Einzelne gefordert, seinen Beitrag zur Vermeidung von Umweltschädigungen zu leisten.

Aufgaben zum Üben und Vertiefen

1 Welches Ziel hat die Volkswirtschaft?

2 Nennen Sie die „Grundfragen des Wirtschaftens"!

3 Wie stellt sich das mengenmäßige Verhältnis zwischen den Bedürfnissen und den Mitteln dar, mit denen diese Bedürfnisse befriedigt werden können?

4 Nehmen Sie kritisch Stellung zu
 a) dem Begriff „Bedürfnis" und
 b) den Kategorien der Bedürfnisse, die durch die Einteilungskriterien entstanden sind!

5 Erläutern Sie den Begriff „Güter"!

6 Nach welchen Kriterien lassen sich die wirtschaftlichen Güter einteilen?

7 Beschreiben Sie folgende Güterarten:
 a) Konsumgüter, b) Produktionsgüter, c) Gebrauchsgüter, d) Verbrauchsgüter, e) homogene Güter, f) heterogene Güter!

8 Nennen und erläutern Sie die Produktionsfaktoren!

9 Warum ist das mengenmäßige Spannungsverhältnis zwischen Bedürfnissen und wirtschaftlichen Gütern nicht auszugleichen?

10 Wie lautet die volkswirtschaftliche Produktionsfunktion?

11 Unterscheiden Sie zwischen dem Anbau- und dem Abbauboden.
In welchen Bereichen könnte der Anbauboden den Abbauboden zunehmend entlasten?

12 In welcher Eigenschaft wird der Boden bei den folgenden Produktionsarten genutzt?
a) Klärwerk, b) Krabbenzucht, c) Busbahnhof, d) Gewinnung von Braunkohle.

13 Definieren Sie den Produktionsfaktor Arbeit und stellen Sie in einer Übersicht Merkmale sowie Arten des Produktionsfaktors Arbeit dar!

14 Definieren Sie den Begriff „Wirtschaften"!

15 Erklären Sie den Produktionsfaktor „Kapital"!

16 Welche der folgenden Sachen stellen Realkapital dar?
a) Aktienbesitz, b) Verwaltungsgebäude einer Großbank, c) die gelagerten Rohstoffe im Industriebetrieb, d) der aufgenommene Kredit, e) die gelagerten Steine in der Baustoffhandlung, f) der Fertigungsroboter im Automobilwerk, g) die Luxuslimousine des Handelsvertreters, h) das Bankguthaben der Großhandlung.

17 Was versteht man unter dem Begriff „Produktionsumweg"?

18 Erläutern Sie die Aussage „Sparen und Investieren sind volkswirtschaftlich unabdingbar"!

19 Systematisieren und erläutern Sie mithilfe einer Übersicht die unterschiedlichen Investitionsarten!

20 Wie werden die folgenden volkswirtschaftlichen Vorgänge bezeichnet?

a) Eine Aktiengesellschaft führt 25 Mio. € den Rücklagen zu, um Neuanschaffungen vorzunehmen.

b) Von diesen 25 Mio. € werden verwendet:
 b1) 15 Mio. € für den Neubau eines Lagergebäudes
 b2) 5 Mio. € für die Anschaffung zusätzlicher Maschinen
 b3) 3 Mio. € für den Ersatz technisch überholter Maschinen
 b4) 2 Mio. € für die Vergrößerung des Vorrats an Rohstoffen und Fertigerzeugnissen.

21 Definieren Sie den Begriff „Arbeitsteilung"!

22 Erstellen Sie eine Übersicht über die verschiedenen Formen der Arbeitsteilung und erläutern Sie die Formen der Arbeitsteilung!

23 Welchen Sektoren sind die folgenden Unternehmen zuzuordnen?
a) Sparkasse, b) Arzneimittelgroßhandlung, c) Versicherung, d) Möbelfabrik, e) Kaufhaus, f) Molkerei, g) Stahlwerk.

24 Welche Aussage macht die Transformations- oder Produktionsmöglichkeitenkurve?

25 Erklären Sie den Begriff „Opportunitätskosten"!

26 Nehmen Sie zu folgender Formulierung Stellung:
„Mit möglichst geringem Mitteleinsatz soll ein größtmögliches Ziel erreicht werden"!

27 Nennen Sie die jeweiligen Ziele, die

  a) die Unternehmung,
  b) der private Haushalt,
  c) der Staat durch Anwendung des ökonomischen Prinzips zu verwirklichen suchen!

28 Zeigen Sie anhand von Formeln Möglichkeiten auf, wie der Erfolg wirtschaftlichen Handelns gemessen werden kann!

29 Welche Kosten werden durch den Produktionsprozess einzelner Unternehmen zwar verursacht, diesen Unternehmen aber nicht direkt zugeordnet?

30 Welche Prognosen wurden von R. Malthus zur Bevölkerungsentwicklung und zur Nahrungsmittelproduktion aufgestellt?

31 Welche Gefahr ist nach jetzigen Erkenntnissen mit dem Rohstoffabbau verbunden?

2 Wirtschaftskreislauf und Volkswirtschaftliche Gesamtrechnung

2.1	**Wirtschaftskreislauf**
2.1.1	Einfacher Wirtschaftskreislauf
	Exkurs: Die Gleichheit von I und S
2.1.2	Vollständiger Wirtschaftskreislauf
2.2	**Volkswirtschaftliche Gesamtrechnung**
2.2.1	Aufgabe und Struktur der Volkswirtschaftlichen Gesamtrechnung
2.2.2	Gesamtwirtschaftliches Produktionskonto
2.2.3	Inlandsprodukte, Nationaleinkommen und Volkseinkommen
2.2.3.1	Inlandsprodukt und Nationaleinkommen
2.2.3.2	Brutto- und Nettogrößen, Volkseinkommen
2.2.3.3	Nominale und reale Größen
2.2.3.4	Einkommen der privaten Haushalte
2.2.4	Entstehungs-, Verwendungs- und Verteilungsrechnung
2.3	**Zur Aussagefähigkeit von Inlandsprodukt und Nationaleinkommen**
2.3.1	Zur Problematik des Inlandsprodukts als Leistungsmaßstab
2.3.2	Zur Problematik des Nationaleinkommens als Wohlstandsmaßstab

In entwickelten Volkswirtschaften bestehen vielfältige Beziehungen zwischen den verschiedenen Wirtschaftssubjekten. Ursache der Tauschbeziehungen ist die Arbeitsteilung. Da jedes Wirtschaftssubjekt nur einen Teil der von ihm benötigten Güter selbst herstellt, ist es darauf angewiesen, sich die weiteren Güter im Tauschwege zu besorgen. Dabei werden Arbeit gegen Geld, Geld gegen Güter oder Güter gegen Güter getauscht. Auf diese Weise werden ständig wirtschaftliche Vorgänge **(Transaktionen)** zwischen Haushalten, Unternehmen, staatlichen Einrichtungen und dem Ausland abgewickelt.

Da zwischen den Wirtschaftssubjekten ständig Güter und Geld hin und her fließen, hat sich für die grafische Darstellung der Transaktionen die Bezeichnung **Wirtschaftskreislauf**[1] eingebürgert. Die zahlenmäßige Erfassung der Transaktionen zwischen den Wirtschaftseinheiten findet in der **Volkswirtschaftlichen Gesamtrechnung** (VGR) statt.

2.1 Wirtschaftskreislauf

Wie lassen sich die vielfältigen Transaktionen zwischen den verschiedenen Wirtschaftseinheiten übersichtlich darstellen?

Für eine grafische Darstellung werden die **Kreislaufelemente** Pole und Ströme benötigt.

Pole sind die am Kreislauf beteiligten Größen. Um die Vielzahl der Tauschvorgänge überschaubar zu machen, werden gleichartige Wirtschaftseinheiten zu Wirtschaftssektoren zusammengefasst (aggregiert):

- Alle privaten Haushalte bilden den Wirtschaftssektor private **Haushalte.**
- Alle Unternehmen bilden den Wirtschaftssektor **Unternehmen.**

---
1 Die erste Darstellung der Wirtschaftsbeziehungen als Kreislauf stammt von François Quesnay (1694–1774), französischer Volkswirtschaftler und Leibarzt Ludwigs XV., niedergelegt in dem Buch „Tableau économique" (1758).

- Alle staatlichen Einrichtungen bilden den Wirtschaftssektor **Staat**.

   Staat: Bund, Länder, Gemeinden und Sozialversicherung.

- Alle an den Tauschvorgängen beteiligten ausländischen Wirtschaftseinheiten bilden zusammen den Sektor **Ausland (Übrige Welt)**.

Die inländischen Haushalte, Unternehmen und staatlichen Einrichtungen bilden die drei Binnensektoren. „Ausland" oder „Übrige Welt" ist eine Sammelbezeichnung für alle Wirtschaftseinheiten jenseits der Landesgrenzen; eine Differenzierung in ausländische Haushalte, ausländische Unternehmen usw. findet nicht statt.

Wirtschaftssektoren	
Haushalte	Binnensektoren
Unternehmen	
Staat	
Ausland	

Durch die Zusammenfassung gleichartiger Wirtschaftseinheiten zu einem Wirtschaftssektor werden in der Kreislaufanalyse nur die Beziehungen zwischen den Sektoren betrachtet (z. B. zwischen Unternehmen und Haushalten). Die Beziehungen innerhalb der Sektoren (z. B. zwischen Unternehmen) werden nicht sichtbar.

Ströme geben als Geld- und Güterströme die Geld- und Güterbewegungen zwischen den Polen wieder; sie werden als Pfeile zwischen den beteiligten Elementen dargestellt. Leistungen, die einem Sektor zufließen, werden als **Zuströme**, Leistungen, die ein Sektor abgibt, als **Abströme** bezeichnet.

Das Vermögensänderungskonto wird weiter unten erläutert.

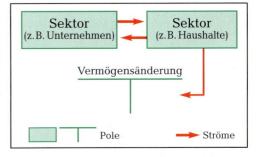

   Der **Wirtschaftskreislauf** stellt die Transaktionen zwischen den Wirtschaftssektoren dar.

Das Kreislaufmodell wird im Folgenden stufenweise entwickelt. Ausgehend von einem einfachen Modell aus nur zwei Sektoren, werden Schritt für Schritt Erweiterungen vorgenommen, bis alle Sektoren und Stromgrößen enthalten sind.

Als **„geschlossene Wirtschaft"** wird eine Volkswirtschaft bezeichnet, die keine Beziehungen zum Ausland unterhält. Dies ist jedoch nur ein Zwischenstadium im Kreislaufmodell. In der Realität haben alle Volkswirtschaften in mehr oder weniger großem Umfang grenzüberschreitende Wirtschaftsbeziehungen und sind daher **„offene Wirtschaften"**.

Stufen der Kreislaufdarstellung		
Stufe	Bezeichnung	Beteiligte Sektoren
1.	**Einfacher Wirtschaftskreislauf** (Kreislauf einer geschlossenen Wirtschaft ohne staatliche Aktivität)	Haushalte, Unternehmen
2.	**Erweiterter Wirtschaftskreislauf** (Kreislauf einer geschlossenen Wirtschaft mit staatlicher Aktivität)	Haushalte, Unternehmen, Staat
3.	**Vollständiger Wirtschaftskreislauf** (Kreislauf einer offenen Wirtschaft mit staatlicher Aktivität)	Haushalte, Unternehmen, Staat, Ausland

Im Folgenden werden der einfache und der vollständige Wirtschaftskreislauf ausführlich dargestellt.

> - Wirtschaftskreislauf ist eine bildhafte Bezeichnung für die Darstellung der Transaktionen zwischen den Wirtschaftssektoren.
> - Die grafische Darstellung des Wirtschaftskreislaufs besteht aus den Kreislaufelementen „Pole" und „Ströme". Pole sind die an den Transaktionen beteiligten Sektoren: Haushalte, Unternehmen, Staat und Ausland. Ströme sind Pfeile zwischen den Polen, die Güter- und Geldströme symbolisieren.
> - Die Entwicklung des Kreislaufmodells erfolgt in Stufen. Ausgehend von einem einfachen Kreislaufmodell mit zur zwei Sektoren werden Schritt für Schritt die weiteren Sektoren hinzugefügt.
> - Als „geschlossene Wirtschaft" wird eine Volkswirtschaft ohne Auslandsbeziehungen bezeichnet; eine Volkswirtschaft mit Auslandsbeziehungen wird als „offene Wirtschaft" bezeichnet.

2.1.1 Einfacher Wirtschaftskreislauf

Welche Beziehungen bestehen zwischen den Sektoren „Haushalte" und „Unternehmen"?

Der einfache Wirtschaftskreislauf beschränkt sich auf die Beziehungen zwischen den Sektoren „Haushalte" und „Unternehmen". Die Beziehungen sind überschaubar:

- Die Haushalte stellen den Unternehmen die Produktionsfaktoren, insbesondere den Faktor Arbeit, zur Verfügung.
- Dafür erhalten die Haushalte von den Unternehmen Einkommen (Y)[1]. Da es sich hierbei um Entgelte für die Produktionsfaktoren (Lohn, Zinsen, Miete, Pacht) handelt, werden sie auch **Faktoreinkommen** genannt.
- Die Einkommen fließen für Käufe von Konsumgütern (C) von den Haushalten an die Unternehmen zurück.
- Die Unternehmen liefern ihrerseits Konsumgüter an die Haushalte.

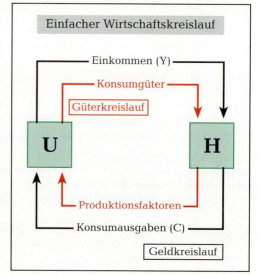

Zwischen Haushalten und Unternehmen fließen also zwei **Güterströme** (Produktionsfaktoren, Konsumgüter) und jeweils gegenläufig zwei **Geldströme** (Einkommen, Aus-

---

[1] Y = engl. Yield (Einkommen, Ertrag, Verdienst)

gaben für Konsumgüter). Da dies immer so ist, genügt es, wenn nur einer der beiden Ströme dargestellt wird.

Im Kreislaufmodell werden nur Geldströme dargestellt.

Beschränkt sich die Betrachtung auf die bisher genannten Ströme, ergibt sich eine besondere Modellstufe des Kreislaufs. Wenn die Haushalte ihr gesamtes Einkommen für den Kauf von Konsumgütern ausgeben und die Unternehmen die gesamten Produktionskapazitäten für die Herstellung von Konsumgütern verwenden, verändert sich die Wirtschaft nicht. Der Prozess von Produktion und Konsumtion wiederholt sich von Periode zu Periode in gleicher Weise; wir sprechen dann von einer **stationären Wirtschaft,** einer Wirtschaft also, die sich nicht verändert.

Reale Volkswirtschaften sind nicht stationär. Die Haushalte geben nur einen Teil ihres Einkommens für Konsumgüter aus, einen Teil sparen sie. Die Unternehmen stellen nicht nur Konsumgüter, sondern auch Investitionsgüter her. Die Wirtschaft unterliegt also Veränderungen; eine solche Wirtschaft wird als **evolutorische Wirtschaft** bezeichnet. Da dies der Normalfall ist, wird die Bezeichnung im Folgenden nicht immer ausdrücklich mitgeführt.

Durch die Berücksichtigung von **Sparen** (S) und **Investitionen** (I) muss die bisherige Kreislaufdarstellung um diese beiden Ströme ergänzt werden. Ein weiterer Wirtschaftssektor ist hieran nicht beteiligt. Durch Sparen und Investitionen werden jedoch Vermögen verändert; dies schlägt sich auf dem **Vermögensänderungskonto** nieder.

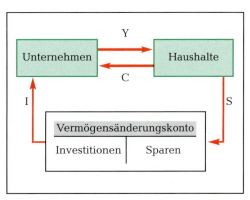

Der einfache Wirtschaftskreislauf enthält folgende Ströme:

Y = Faktoreinkommen der Haushalte

C = Konsumausgaben der privaten Haushalte

S = Sparen der privaten Haushalte

I = Investitionen der Unternehmen.

Da Einkommen und Güterwert gleich groß sind, gilt für den Zusammenhang zwischen den Strömen:

$Y = C + S$

$Y = C + I$

$I = S$

■ Exkurs: Die Gleichheit von I und S

Die unter den Annahmen des einfachen Wirtschaftskreislaufs sich ergebende Gleichheit von I und S (I = S) überrascht zunächst, da es äußerst unwahrscheinlich ist, dass die Sparabsichten der Millionen Haushalte und die Investitionsabsichten der vielen Unternehmen einer Volkswirtschaft in ihrer Summe genau gleich groß sind. Die Gleichheit ergibt sich jedoch nicht bei den im Vorhinein (ex ante) geplanten Größen, sondern im Nachhinein (ex post); d.h., am Ende einer Wirtschaftsperiode sind die realisierten Ersparnisse genauso hoch wie die realisierten Investitionen.

Die formelmäßige Gleichheit von I und S lässt sich auch sachlich nachvollziehen. Hierbei soll ein einfaches Zahlenbeispiel helfen.

Die Unternehmen produzieren Produktions- und Konsumgüter; da der Staat (noch) nicht beteiligt ist, entstehen nur Kosten für die Produktionsfaktoren (Löhne, Mieten, Pachten, Zinsen, Gewinn). Es gilt:

- Der Produktionswert entspricht den Produktionskosten.
- Die Produktionskosten sind für die Besitzer der Produktionsfaktoren Einkommen.
- Der Produktionswert aller Güter ist so hoch wie die Summe aller Einkommen.

Bei einem Produktionswert von 100 GE ergibt sich folgende Situation:

Unternehmen			Haushalte	
Gesamt-produk-tion	Produktions-güter (Investitionen) 20	=	Ersparnis 20	Einkom-men
	Konsumgüter	=	Konsum-ausgaben	
100	80		80	100

Die Haushalte verwenden ihr Einkommen entweder für den Kauf von Gütern oder für Sparen. Der Wert der an die Haushalte verkauften Güter entspricht den Ausgaben der Haushalte für Konsumgüter (C). Wenn die Haushalte für 80 GE Güter kaufen, verkaufen die Unternehmen für 80 GE Konsumgüter an die Haushalte.

Als Investitionen (I) gelten alle hergestellten Güter, die nicht als Konsumgüter an die Haushalte verkauft werden. Im Beispiel beträgt das **Sparen** der Haushalte 20 GE. Da sie dieses Geld nicht für Konsumgüter ausgeben, leisten sie in Höhe der Ersparnis einen **Konsumverzicht.** Man kann auch sagen: In Höhe des Sparens verzichten die Haushalte auf eine Inanspruchnahme der Produktionskapazitäten. Die so freibleibenden Produktionskapazitäten können für die Herstellung von Produktionsgütern (Investitionsgütern) verwendet werden. Im Beispiel verbleibt für die Produktionsgüterherstellung ein Wert von 20 GE. Er ist zwangsläufig genauso hoch wie der Verzicht der Haushalte auf Konsumgüter.

Die Gesamtmenge der Investitionen **(Bruttoinvestitionen)** setzt sich zusammen aus Investitionen für Ersatz oder Erweiterung von Produktionskapazitäten **(Anlageinvestitionen)** und aus Bestandsänderungen bei der Lagerhaltung **(Vorratsinvestitionen).**

Während die Unternehmen in der Regel ihre Anlageinvestitionen so durchführen, wie sie geplant waren, können sie die Höhe der Vorratsinvestitionen nicht selbst bestimmen. Wenn im oben gewählten Zahlenbeispiel die Haushalte sich aus irgendwelchen Gründen im Laufe der Wirtschaftsperiode entschließen, statt 20 GE lieber 25 GE zu sparen, geben sie nur 75 GE für Konsumgüter aus. Die Unternehmen können hergestellte Konsumgüter im Wert von 5 GE nicht absetzen und müssen sie unfreiwillig aufs Lager nehmen. Da Lagerzuwächse aber auch Investitionen sind, finden in Höhe von 5 GE **ungeplante Investitionen** statt. Ein Teil der ursprünglich als Konsumgüter gedachten Produktion wird so zu Investitionen.

Wollen im umgekehrten Falle die Haushalte ihre Güternachfrage erhöhen, z. B. auf 85 GE, können sie die zusätzlichen 5 GE gar nicht ausgeben, da keine Güter dafür vorhanden sind. Es findet **ungeplantes Sparen** statt.

In der Realität werden die Unternehmen die Preise heraufsetzen, wenn die Nachfrage größer ist als das Angebot. Dann geben zwar die Haushalte mehr Geld für Güter aus, bekommen aber nicht mehr Güter. Auch dies ist eine Form ungewollten Sparens. Durch die höheren Preise steigen die Gewinne der Unternehmen und damit bei den Haushalten die Einkommen aus Unternehmergewinn. Nutznießer dieses Sparens ist der Teil der Haushalte, dem Einkommen aus Unternehmergewinnen zufließt.

Die ungeplanten Investitionen und Ersparnisse stellen somit ex post die Gleichheit von I und S her:

$$I_{geplant} + I_{ungeplant} = S_{geplant} + S_{ungeplant}$$

- Der einfache Wirtschaftskreislauf (Kreislauf einer geschlossenen Wirtschaft ohne staatliche Aktivität) beschränkt sich auf die Beziehungen zwischen den Sektoren „Haushalte" und „Unternehmen".
- Als Geldströme fließen von den Unternehmen zu den Haushalten Faktoreinkommen (Y) und von den Haushalten zu den Unternehmen Ausgaben für Konsumgüterkäufe (C).
- Im Modell der stationären Wirtschaft finden keine Investitionen und kein Sparen statt. Produktions- und Konsumtionsprozess wiederholen sich von Periode zu Periode unverändert.
- Im Modell der evolutorischen Wirtschaft finden Veränderungen statt. Durch Sparen verändert sich das Geldvermögen der Haushalte und durch Investitionen das Sachvermögen der Unternehmen.
- Die Geldströme „Sparen" (S) und „Investitionen" (I) werden vom Pol „Vermögensänderungskonto" erfasst.
- In einer geschlossenen Volkswirtschaft ohne staatliche Aktivität ist ex post in jeder Periode die Höhe der Investitionen gleich der Höhe des Sparens.

2.1.2 Vollständiger Wirtschaftskreislauf

Welche Beziehungen bestehen zwischen den Sektoren „Haushalte", „Unternehmen", „Staat" und „Ausland"?

Für den Schritt vom einfachen zum vollständigen Wirtschaftskreislauf müssen zusätzlich die Sektoren „Staat" und Ausland" eingeführt werden.

■ Beziehungen zwischen Staat, Haushalten und Unternehmen

Wird das aus den Sektoren „Unternehmen" und „Haushalte" bestehende einfache Kreislaufmodell um den Sektor **„Staat"** ergänzt, ergibt sich der erweiterte Wirtschaftskreislauf (Kreislauf einer geschlossenen Wirtschaft mit staatlicher Aktivität). Zur Erinnerung: Zum Sektor Staat zählen alle Einrichtungen der Gebietskörperschaften (Bund, Länder, Gemeinden und Gemeindeverbände) und der Sozialversicherung. Unternehmen in staatlichem Besitz zählen nicht zum Sektor Staat, sondern zum Sektor Unternehmen.

Die bisherige Darstellung muss um die Geldströme, die zwischen Staat und Haushalten einerseits und Staat und Unternehmen andererseits fließen, ergänzt werden. Der Saldo aus Einnahmen und Ausgaben des Staates wird als (positive oder negative) Ersparnis auf dem Vermögensänderungskonto festgehalten.

Der Staat unterhält zum einen normale Beziehungen zu anderen Wirtschaftssektoren. So kauft er etwa bei Unternehmen Güter ein (z. B. Einrichtungsgegenstände für Schulen) und zahlt Löhne und Gehälter für seine Beschäftigten. Zum anderen bestehen jedoch auch besondere Beziehungen:

- Die Leistungen an den Staat sind oft nicht freiwillig. Aufgrund seiner hoheitlichen Befugnisse kann der Staat andere Wirtschaftssubjekte zu bestimmten Leistungen *verpflichten* (z. B. Steuern, Beiträge zur gesetzlichen Sozialversicherung).
- Güter, die der Staat anbietet, werden in der Regel nicht über den Markt getauscht; für sie besteht auch kein Marktpreis. Ein Teil der Güter wird ohne unmittelbares Entgelt angeboten (z. B. Bildung, innere und äußere Sicherheit, Verkehrswege). Für andere Güter erhebt der Staat Gebühren (z. B. Müllabfuhrgebühr, Parkgebühr) und Beiträge (z. B. Kindergartenbeiträge, Straßenerschließungsbeiträge).
- Zahlreichen Leistungen steht keine unmittelbare Gegenleistung gegenüber. Solche Leistungen werden **Transferleistungen** oder **Übertragungen** genannt. Zu ihnen gehören Steuern, Sozialbeiträge und Sozialleistungen wie Rente, Arbeitslosengeld, Kindergeld usw. Für den Empfänger handelt es sich jeweils um Transfereinkommen, für den Zahlenden um Transferzahlungen.

> **Transferleistungen (Übertragungen)** sind Leistungen, denen keine unmittelbare Gegenleistung gegenübersteht.

Transaktionen zwischen Haushalten und Staat	
Haushalte an Staat	Steuern, Gebühren, Beiträge Arbeitnehmerbeiträge zur Sozialversicherung
Staat an Haushalte	Einkommen für Arbeitnehmer im öffentlichen Dienst Transferzahlungen (z. B. Sozialleistungen)

Transaktionen zwischen Unternehmen und Staat	
Unternehmen an Staat	Steuern, Gebühren, Beiträge Arbeitgeberbeiträge zur Sozialversicherung Einkommen (z. B. Dividende für Unternehmensanteile)
Staat an Unternehmen	Ausgaben für Güterkäufe Subventionen

■ Beziehungen zwischen Ausland und Binnensektoren

Durch die Hinzunahme des Sektors **„Ausland"** wird das Kreislaufmodell vollständig. Hinter dem Sammelbegriff „Ausland" verbergen sich ausländische staatliche Stellen, ausländische Unternehmen und ausländische Haushalte. Eine entsprechende Differenzierung findet jedoch nicht statt. Alle grenzüberschreitenden Transaktionen werden ohne weitere Unterscheidung als Transaktionen mit dem Ausland dargestellt. Das Statistische Bundesamt erfasst diese Vorgänge auf dem Konto **„Übrige Welt"**.

Moderne Volkswirtschaften verfügen über eine Vielzahl von Wirtschaftsbeziehungen zum Ausland[1]. Diese **Außenverflechtungen** sind Folge weltweiter Handelsbeziehungen und zunehmender internationaler Arbeitsteilung. Die wichtigsten Beziehungen zum Ausland sind:

- **Exporte** (Ex) von Gütern
- **Importe** (Im) von Gütern.

Die Differenz – oder der Saldo – zwischen den Exporten und Importen ist der **Außenbeitrag** (Ex – Im):

- Ex > Im: positiver Außenbeitrag; Nettoabfluss von Gütern; Nettozufluss von Geld
- Ex < Im: negativer Außenbeitrag; Nettozufluss von Gütern; Nettoabfluss von Geld

In Höhe des Außenbeitrags wächst oder sinkt das Vermögen einer Volkswirtschaft; der Wert wird entsprechend auf dem Vermögensänderungskonto festgehalten.

Wichtig für die Darstellung der Auslandsbeziehungen ist, sich daran zu erinnern, dass im Wirtschaftskreislauf nur die Geldströme dargestellt werden. Hinter „Exporten" ver-

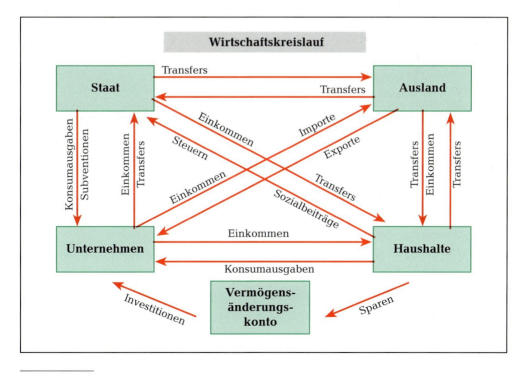

---

1 Wirtschaftliche Beziehungen zum Ausland werden vertieft im Kapitel „Außenwirtschaft" behandelt.

bergen sich die Zahlungen des Auslands für die inländischen Ausfuhren; der Geldstrom für Exporte fließt also vom Ausland zum Inland; genauer: zum Sektor Unternehmen. Entsprechend fließt der Geldstrom für Importe von den Unternehmen zum Ausland.

An den außenwirtschaftlichen Beziehungen sind die Unternehmen mit ihren Exporten und Importen zwar vorrangig, aber nicht ausschließlich beteiligt. Beispielsweise erzielen die Haushalte Einkommen vom Ausland und beziehen von dort Übertragungen; Unternehmen leisten Einkommenszahlungen und der Staat Transferzahlungen an das Ausland.

Werden alle Transaktionen einer Volkswirtschaft dargestellt, ergibt sich der **vollständige Kreislauf** (Kreislauf einer offenen Wirtschaft mit staatlicher Aktivität).

Zahler \ Empfänger	Haushalte	Unternehmen	Staat	Ausland
Haushalte		Ausgaben für Konsumgüter	Transferzahlungen (Direkte Steuern, Abgaben, Sozialversicherungsbeiträge)	z. B. Überweisungen von Gastarbeitern 1)
Unternehmen	Faktoreinkommen		– Transferzahlungen (Direkte und indirekte Steuern, Abgaben, Sozialversicherungsbeiträge) – Faktoreinkommen (z. B. Dividende)	– Zahlungen für Importe – Faktoreinkommen
Staat	– Faktoreinkommen – Transferzahlungen (z. B. Renten, Sozialleistungen)	– Ausgaben für Konsumgüter – Subventionen		Transferzahlungen (z. B. Renten, Sozialleistungen)
Ausland	– Faktoreinkommen – Transferzahlungen	Zahlungen für Exporte	Transferzahlungen	

1) Die Zahlungen der privaten Haushalte für Tourismus zählen als Zahlungen für Importe und laufen über den Sektor „Unternehmen".

- Der vollständige Wirtschaftskreislauf (Kreislauf einer offenen Wirtschaft mit staatlicher Aktivität) gibt die Beziehungen zwischen den Sektoren „Haushalte", „Unternehmen", „Staat" und „Ausland" wieder.
- Von den Haushalten zum Staat fließen Steuern, Gebühren, Beiträge sowie Arbeitnehmerbeiträge zur Sozialversicherung.
- Vom Staat an die Haushalte fließen Einkommen und Transferzahlungen.
- Von den Unternehmen an den Staat fließen Steuern, Gebühren, Beiträge, Arbeitgeberbeiträge zur Sozialversicherung sowie Einkommen.
- Vom Staat an die Unternehmen fließen Ausgaben für Güterkäufe sowie Subventionen.
- Transferleistungen (Übertragungen) sind Leistungen, denen keine unmittelbare Gegenleistung gegenübersteht.

- Die wichtigsten Beziehungen zum Ausland sind Exporte und Importe von Gütern.
- Die Differenz (der Saldo) zwischen Exporten und Importen wird Außenbeitrag genannt.

2.2 Volkswirtschaftliche Gesamtrechnung

Zwischen dem Kreislaufmodell und der Volkswirtschaftlichen Gesamtrechnung bestehen enge Beziehungen. Während der Wirtschaftskreislauf die Beziehungen zwischen den Sektoren in Strömen darstellt, werden in der Volkswirtschaftlichen Gesamtrechnung die Transaktionen zahlenmäßig erfasst und auf Konten festgehalten.[1]

2.2.1 Aufgabe und Struktur der Volkswirtschaftlichen Gesamtrechnung

Welche Aufgabe hat die Volkswirtschaftliche Gesamtrechnung und wie ist sie aufgebaut?

Wenn in der Zeitung steht, dass im vergangenen Jahr das Bruttoinlandsprodukt um 2,5 % gewachsen ist, die Einkommen der privaten Haushalte um 4 % gestiegen sind, die Ausgaben der öffentlichen Hände um 6 % zugenommen haben usw., dann stammen diese Erkenntnisse aus der Volkswirtschaftlichen Gesamtrechnung.

Die deutsche Volkswirtschaftliche Gesamtrechnung entspricht in ihren Aufgaben und in ihrer Struktur dem **Europäischen System Volkswirtschaftlicher Gesamtrechnungen (ESVG).**[2] Mit der Einführung des ESVG ist sichergestellt, dass die Erfassung und Verarbeitung der volkswirtschaftlichen Daten in allen EU-Ländern in gleicher Weise geschieht. Das ESVG basiert auf dem „System of National Accounts" (SNA) der UNO.

■ Aufgabe der Volkswirtschaftlichen Gesamtrechnung

Die Volkswirtschaftlichen Gesamtrechnungen haben die Aufgabe, ein möglichst umfassendes, übersichtliches, hinreichend gegliedertes, quantitatives **Gesamtbild** des wirtschaftlichen Geschehens zu geben, in das alle Wirtschaftseinheiten (Personen, Institutionen) mit ihren für die Beschreibung des Wirtschaftsablaufs wichtigen wirtschaftlichen Tätigkeiten und damit verbundenen Vorgängen einbezogen sind. Um das Bild übersichtlich zu gestalten, wird die Vielzahl der Wirtschaftseinheiten und ihrer Tätigkeiten zu großen Gruppen (Wirtschaftsbereiche, Sektoren) zusammengefasst.

Statistisches Jahrbuch 2001 für die Bundesrepublik Deutschland

---

1 In der Volkswirtschaftlichen Gesamtrechnung werden jedoch andere Sektoren unterschieden als im Kreislaufmodell.

2 Mit der Übernahme des ESVG durch das Statistische Bundesamt im Jahre 1999 sind zahlreiche Veränderungen verbunden. U.a. wird an Stelle des bisherigen **Sozialprodukts** jetzt das **Nationaleinkommen** verwendet.

> Die Volkswirtschaftlichen Gesamtrechnungen haben in erster Linie die Aufgabe, den arbeitsteiligen und komplexen Wirtschaftsablauf in seinen Grundzusammenhängen überschaubar darzustellen und damit für die Analyse nutzbar zu machen. ... Im Mittelpunkt der ... VGR steht ... die Ermittlung der in der Volkswirtschaft in einem bestimmten Zeitabschnitt produzierten Güter und Dienstleistungen sowie der im Zusammenhang damit entstandenen Einkommen.
>
> Deutsche Bundesbank: Monatsbericht Dezember 1999, S. 52

Die **Volkswirtschaftliche Gesamtrechnung** (VGR) ist eine Art nationaler Buchführung, in der alle wichtigen wirtschaftlichen Aktivitäten der Wirtschaftseinheiten erfasst und nach dem Prinzip der doppelten Buchführung auf Konten festgehalten werden.

Zu den wichtigen Aufgaben der VGR gehört es, Auskunft zu geben über

- die Entstehung des Bruttoinlandsprodukts (Entstehungsrechnung)
- die Verwendung des Bruttoinlandsprodukts (Verwendungsrechnung)
- die Verteilung des Volkseinkommens (Verteilungsrechnung)[1]

> Die Volkswirtschaftliche Gesamtrechnung hat die Aufgabe, umfassende Daten über das wirtschaftliche Geschehen bereitzustellen.

■ Struktur der Volkswirtschaftlichen Gesamtrechnung

Die Volkswirtschaftliche Gesamtrechnung

- arbeitet mit aggregierten Größen
- gliedert die Wirtschaftseinheiten nach Sektoren und Wirtschaftsbereichen
- fasst die Aktivitäten in bestimmten Tätigkeiten zusammen.

Aggregierte Größen

Aggregation bedeutet Zusammenfassung gleichartiger Größen. Im Rahmen der VGR geschieht dies in zweifacher Weise:

- Gleichartige Wirtschaftseinheiten werden zu Sektoren und Wirtschaftsbereichen zusammengefasst.
- Gleichartige Tätigkeiten der Wirtschaftseinheiten werden addiert und summarisch gebucht.

Festgehalten wird also nicht die Einkommenszahlung, die ein bestimmtes Unternehmen X an einen bestimmten Haushalt Y zahlt, sondern wie viel Einkommen die Unternehmen einer Volkswirtschaft insgesamt an die Haushalte dieser Volkswirtschaft gezahlt haben.

Sektoren und Wirtschaftsbereiche

Sektoren und **Wirtschaftsbereiche** sind die am Wirtschaftsprozess beteiligten aggregierten Wirtschaftseinheiten.

---

[1] Weil in der VGR mehrere Rechnungen enthalten sind, wird oft auch die Pluralform „Volkswirtschaftliche Gesamtrechnungen" verwendet.

Volkswirtschaftliche Gesamtrechnung

Sektoren in der Volkswirtschaftlichen Gesamtrechnung

- **Nichtfinanzielle Kapitalgesellschaften:** hierzu gehören Kapitalgesellschaften wie AG und GmbH, Personengesellschaften wie OHG und KG, rechtlich unselbstständige Eigenbetriebe des Staates und der privaten Organisationen ohne Erwerbszweck wie Krankenhäuser und Pflegeheime, sowie Wirtschaftsverbände.
- **Finanzielle Kapitalgesellschaften:** vor allem Banken und Versicherungen.
- **Staat:** Bund, Länder, Gemeinden und Sozialversicherung.
- **Private Haushalte:** private Haushalte, selbstständige Landwirte, Einzelunternehmer, Händler, Gastwirte, selbstständige Verkehrsunternehmer, selbstständige Versicherungsvertreter, „Freiberufler" usw.
- **Private Organisationen ohne Erwerbszweck:** politische Parteien, Gewerkschaften, Kirchen, Wohlfahrtsverbände, Vereine usw.
- **Übrige Welt:** Gesamtheit der Wirtschaftseinheiten, die ihren ständigen Sitz/Wohnsitz außerhalb des Wirtschaftsgebietes haben.

Quelle: Statistisches Bundesamt

Einen einheitlichen Sektor „Unternehmen" gibt es nach dem ESVG in der Volkswirtschaftlichen Gesamtrechnung nicht mehr. Unternehmen finden sich in den Sektoren nichtfinanzielle und finanzielle Kapitalgesellschaften sowie private Haushalte.

Wirtschaftsbereiche gliedern die Wirtschaftseinheiten nach der Art der ausgeübten Tätigkeiten. Die Volkswirtschaftliche Gesamtrechnung unterscheidet sechs Wirtschaftsbereiche.

Sektoren und Wirtschaftsbereiche		
Sektoren der VGR	Wirtschaftsbereiche der VGR	Sektoren nach Fourastié[1]
Nichtfinanzielle Kapitalgesellschaften	Land-, Forstwirtschaft, Fischerei	Primärer Sektor (Landwirtschaft)
Finanzielle Kapitalgesellschaften	Produzierendes Gewerbe	Sekundärer Sektor (Industrie)
Staat	Baugewerbe	Sekundärer Sektor (Industrie)
Private Haushalte	Handel, Gastgewerbe, Verkehr	Tertiärer Sektor (Dienstleistungen)
Private Organisationen ohne Erwerbszweck	Finanzierung, Vermietung, Unternehmensdienstleister	Tertiärer Sektor (Dienstleistungen)
Übrige Welt	Öffentliche und Private Dienstleister	Tertiärer Sektor (Dienstleistungen)

---

[1] Jean Fourastié, französischer Ökonom, teilte die Wirtschaft zur Erfassung des langfristigen Strukturwandels in den primären, sekundären und tertiären Sektor ein.

Tätigkeiten sind die Aktivitäten der Wirtschaftseinheiten. Für jeden Sektor wird für jede Tätigkeit ein Konto geführt.

Konten in der Volkswirtschaftlichen Gesamtrechnung		
Konten		**Gegenstand**
Produktionskonto		Produktion von Waren und Dienstleistungen
Einkommenskonten	Einkommensentstehungskonto	Entstehung der Erwerbs- und Vermögenseinkommen
	Einkommensverteilungskonto	Verteilung der Erwerbs- und Vermögenseinkommen
	Einkommensverwendungskonto	Verwendung der Einkommen
Vermögensänderungskonten	Reinvermögensänderungskonto	Vermögensbildung durch Sparen
	Sachvermögensänderungskonto	Vermögensbildung durch Anlageinvestitionen, Vorratsveränderungen
	Finanzierungskonto	Veränderungen der Forderungen und Verbindlichkeiten

- Die Volkswirtschaftliche Gesamtrechnung (VGR) hat die Aufgabe, umfassende Daten über das wirtschaftliche Geschehen bereitzustellen.
- Die VGR arbeitet mit aggregierten Größen und gliedert sich nach Sektoren, Wirtschaftsbereichen und Tätigkeiten.
- Aggregation bedeutet die Zusammenfassung gleichartiger Größen.
- Sektoren und Wirtschaftsbereiche sind die am Wirtschaftsprozess beteiligten aggregierten Wirtschaftseinheiten.
- Tätigkeiten sind die Aktivitäten der Wirtschaftseinheiten.

2.2.2 Gesamtwirtschaftliches Produktionskonto

Wie ist das gesamtwirtschaftliche Produktionskonto aufgebaut und welche Größen enthält es?

Der Überblick über das System der Volkswirtschaftlichen Gesamtrechnung lässt erkennen, dass es sich um ein weit verzweigtes und tief gestaffeltes Kontensystem handelt. Alle Konten ausführlich zu behandeln, würde eine umfangreiche Darstellung erfordern. Für allgemeine Betrachtungen enthält das gesamtwirtschaftliche Produktionskonto alle wichtigen Größen; es wird daher im Folgenden näher betrachtet.

Das **gesamtwirtschaftliche Produktionskonto** erfasst alle mit der Herstellung von Gütern (Waren und Dienstleistungen) zusammenhängenden Vorgänge. Es stellt die Zusammenfassung der Produktionskonten aller Sektoren der Volkswirtschaft dar.

Volkswirtschaftliche Gesamtrechnung

Die linke Seite des gesamtwirtschaftlichen Produktionskontos enthält den Aufwand, der für die Herstellung der Güter erforderlich war; die rechte Seite weist die Verwendung der Güter nach.

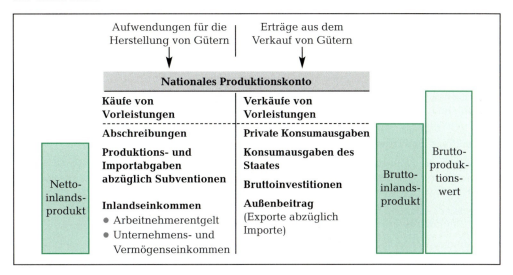

Das gesamtwirtschaftliche Produktionskonto ist Ausgangspunkt für die Ermittlung zahlreicher wichtiger gesamtwirtschaftlicher Größen. Seine rechte Seite liefert den **Bruttoproduktionswert**. Nach Abzug der Vorleistungen ergibt sich das **Bruttoinlandsprodukt**. Wird das Bruttoinlandsprodukt um die Abschreibungen vermindert, ergibt sich das **Nettoinlandsprodukt**.

Das **Inlandseinkommen** stellt die Summe aller im Inland entstandenen Faktoreinkommen dar; es entspricht der gesamtwirtschaftlichen **Wertschöpfung**.

Wertschöpfung ist die in den Wirtschaftsbereichen erbrachte Leistung.

- Das gesamtwirtschaftliche Produktionskonto erfasst alle mit der Herstellung von Gütern zusammenhängenden Vorgänge.
- Die linke Seite des gesamtwirtschaftlichen Produktionskontos enthält den Aufwand, die rechte Seite gibt Auskunft über die Verwendung der Güter.
- Das gesamtwirtschaftliche Produktionskonto ist Ausgangspunkt für die Ermittlung zahlreicher wichtiger gesamtwirtschaftlicher Größen.

■ **Bestandteile des gesamtwirtschaftlichen Produktionskontos:**

Vorleistungen: Waren und Dienstleistungen, die von anderen Wirtschaftseinheiten bezogen werden und in die eigene Produktion eingehen.

Beispiel: Ein Autohersteller bezieht Reifen von einem Reifenhersteller.

Bei einer gesamtwirtschaftlichen Betrachtung sind Käufe und Verkäufe von Vorleistungen gleich hoch, da jeder Kauf bei einer anderen Wirtschaftseinheit gleichzeitig einen Verkauf darstellt.

Abschreibungen: Wertminderungen des Anlagevermögens im Lauf der Periode durch Verschleiß und wirtschaftliches Veralten. Die Abschreibungen in der Volkswirtschaftlichen Gesamtrechnung sind zu Wiederbeschaffungspreisen bewertet.

Produktions- und Importabgaben: Indirekte Steuern, Zölle u.Ä.

Subventionen: Zahlungen ohne Gegenleistung, die der Staat oder Institutionen der Europäischen Union an gebietsansässige Produzenten leisten, um den Umfang der Produktion, die Verkaufspreise oder die Entlohnung der Produktionsfaktoren zu beeinflussen.

Produktions- und Importabgaben und Subventionen werden in der Regel als Saldo ausgewiesen („Produktions- und Importabgaben abzüglich Subventionen").

Arbeitnehmerentgelt: Bruttoeinkommen aus unselbstständiger Arbeit (Bruttolöhne und -gehälter, Arbeitgeberbeiträge zur Sozialversicherung, an Lebensversicherungsunternehmen und an Pensionskassen).

Unternehmens- und Vermögenseinkommen: Einkommen aus Unternehmertätigkeit und Vermögen **(Betriebsüberschuss/Selbstständigeneinkommen);** einschl. **kalkulatorischer Unternehmerlohn.**

Private Konsumausgaben: Waren- und Dienstleistungskäufe für Konsumzwecke. Die privaten Konsumausgaben setzen sich zusammen aus **Konsumausgaben der privaten Haushalte** zuzüglich **Konsumausgaben der privaten Organisationen ohne Erwerbszweck.**

Konsumausgaben des Staates: Waren- und Dienstleistungskäufe des Staates.

Bruttoinvestitionen: Summe aller Investitionen.

Brutto-investitionen	Anlage-investitionen	Ausrüstungen	Maschinen und Geräte
			Fahrzeuge
		Bauten	
		Sonstige Anlagen	Nutztiere und Nutzpflanzen
			Immaterielle Anlagen[1]
	Vorratsveränderungen		
	Nettozugang an Wertsachen[2]		

1 Selbst erstellte Computerprogramme, Urheberrechte, Suchbohrungen und Sonstiges
2 Wertanlagen (Edelsteine, Edelmetalle, Antiquitäten, Kunstgegenstände u.Ä.) in der Praxis vor allem Käufe der privaten Haushalte von Goldbarren und nicht umlauffähigen Goldmünzen.

Werden die Bruttoinvestitionen um die Wertminderungen (Abschreibungen) vermindert, ergeben sich die **Nettoinvestitionen.**

Bruttoinvestitionen – Abschreibungen = Nettoinvestitionen

Exporte: Ausfuhr von Waren und Dienstleistungen.

Importe: Einfuhr von Waren und Dienstleistungen.

Exporte und Importe werden in der Regel als Saldo ausgewiesen. Der Saldo (Exporte – Importe) heißt **Außenbeitrag.**

2.2.3 Inlandsprodukt, Nationaleinkommen und Volkseinkommen

Volkswirtschaftliche Kennziffern, so genannte Leistungsindikatoren, werden für vielerlei Zwecke benötigt, z. B. um

- die Situation einer Volkswirtschaft in möglichst kurzer Form beschreiben zu können,
- feststellen zu können, ob eine Wirtschaft gewachsen oder geschrumpft ist,
- Vergleiche mit anderen Volkswirtschaften anstellen zu können.

Die wichtigsten Indikatoren für die Kennzeichnung der wirtschaftlichen Situation eines Landes sind das **Inlandsprodukt,** das **Nationaleinkommen** (früher: **Sozialprodukt**) und das **Volkseinkommen.**

> „Das **Inlandsprodukt** gibt in zusammengefasster Form ein Bild der wirtschaftlichen Leistung einer Volkswirtschaft in einer Periode. ...
>
> Das Bruttoinlandsprodukt, das die Produktion von Waren und Dienstleistungen im Inland ... misst, ist demnach ein Produktionsindikator. Das Bruttonationaleinkommen ... ist in erster Linie ein Einkommensindikator."
>
> *Statistisches Bundesamt*

2.2.3.1 Inlandsprodukt und Nationaleinkommen

Was drücken Inlandsprodukt und Nationaleinkommen aus?

Für das Verständnis des Zusammenhanges und des Unterschiedes zwischen Inlandsprodukt und Nationaleinkommen sind zwei Aspekte wichtig:

- Zusammenhang zwischen Produktion und Einkommen
- Unterschied zwischen Inlandskonzept und Inländerkonzept

■ **Zusammenhang zwischen Produktion und Einkommen**

Zwischen wirtschaftlicher Leistung (Güterproduktion) und Einkommen besteht ein enger Zusammenhang. Der Wert der wirtschaftlichen Leistung geht in Form von Einkommen an die verschiedenen Wirtschaftseinheiten; d. h., für jede wirtschaftliche Leistung entsteht irgendwo Einkommen. Im Prinzip sind also der Wert der produzierten Güter und die Einkommen gleich hoch.

Einkommen aus wirtschaftlicher Tätigkeit werden **Primäreinkommen** genannt. Primäreinkommen bestehen aus

- **Arbeitnehmerentgelt** (Löhne und Gehälter)
- **Unternehmens- und Vermögenseinkommen** (Gewinne, Mieten, Pachten, Zinsen).

> **Primäreinkommen:** Entgelte der Produktionsfaktoren; Einkommen aus wirtschaftlicher Tätigkeit (Arbeitnehmerentgelt sowie Unternehmens- und Vermögenseinkommen).
>
> **Sekundäreinkommen** (abgeleitete Einkommen): Einkommen ohne unmittelbare Gegenleistung; v. a. Transfereinkommen (Renten, Kindergeld, Sozialhilfe usw.).

> Wirtschaftliche Leistungen führen zu Primäreinkommen.
>
> Primäreinkommen = erwirtschaftete Einkommen
> (Erwerbseinkommen + Vermögenseinkommen)

■ Inlandskonzept und Inländerkonzept

An der Leistungserstellung in einem Land können auch Personen beteiligt sein, die jenseits der Grenzen wohnen.

Beispiel: Eine Person wohnt in Österreich und arbeitet in Deutschland.

Umgekehrt erbringen auch Personen, die im Inland wohnen, wirtschaftliche Leistungen in einem anderen Land.

Beispiel: Eine Person wohnt in Deutschland und arbeitet in Frankreich.

Wohnort und Leistungsort können also in unterschiedlichen Ländern liegen. Die grenzüberschreitenden Leistungen bzw. grenzüberschreitenden Einkommen machen den Unterschied zwischen Inlandskonzept und Inländerkonzept aus. Für die Klassifizierung „Inländer" oder „Ausländer" ist nicht die Staatsangehörigkeit, sondern der Sitz bzw. Wohnsitz entscheidend.

> **Inländer** (inländische Wirtschaftseinheiten): Personen und Institutionen, die ihren ständigen Sitz bzw. Wohnsitz im Inland haben.
>
> **Ausländer** (ausländische Wirtschaftseinheiten): Personen und Institutionen, die ihren ständigen Sitz bzw. Wohnsitz im Ausland haben.

Aussagen zur wirtschaftlichen Leistung eines Landes können sich

- auf die **im Inland** erbrachte Leistung
- oder auf die **von Inländern** erbrachte Leistung

beziehen.

■ Im Inland erbrachte wirtschaftliche Leistungen (Inlandskonzept)

Bei dieser Betrachtungsweise wird die wirtschaftliche Leistung gemessen, die in einem Land (= im Inland) erbracht wurde, egal ob die Leistungsträger im Inland oder im Ausland wohnen. Die Höhe der wirtschaftlichen Leistung entspricht dem Wert der im Inland hergestellten Güter (Waren und Dienstleistungen).

Diese Betrachtungsweise wird **Inlandskonzept** genannt; das Ergebnis ist das **Inlandsprodukt**.

Gemeinsames Merkmal der im Inlandsprodukt erfassten Wirtschaftseinheiten ist, dass sie an der Produktion im Inland beteiligt waren; daher wird das Inlandsprodukt auch als **Produktionsindikator** bezeichnet.

> Das deutsche **Inlandsprodukt** gibt an,
> - wie hoch die in Deutschland in einer Periode erbrachte wirtschaftliche Leistung ist, bzw.

- wie hoch der Wert der in einer Periode in Deutschland hergestellten Güter (Waren und Dienstleistungen) ist.

■ Von Inländern erbrachte wirtschaftliche Leistungen (Inländerkonzept)

Bei dieser Betrachtungsweise wird die wirtschaftliche Leistung gemessen, die von den Wirtschaftseinheiten mit Sitz/Wohnsitz im Inland (= Inländer) erbracht wurde, egal ob die Leistung im Inland oder im Ausland erbracht wurde.

Diese Betrachtungsweise wird **Inländerkonzept** genannt; das Ergebnis ist das **Nationaleinkommen** (früher: Sozialprodukt).

Gemeinsames Merkmal der im Inländerprodukt erfassten Wirtschaftseinheiten ist, dass ihr Einkommen im Inland zur Verfügung steht; daher wird das Inländerprodukt auch als **Einkommensindikator** bezeichnet.

Das deutsche **Nationaleinkommen** gibt an,

- wie hoch die wirtschaftliche Leistung der Inländer (Personen/Institutionen mit Wohnsitz/Sitz in Deutschland) ist, bzw.
- wie hoch die von Inländern (Personen/Institutionen mit Wohnsitz/Sitz in Deutschland) bezogenen Einkommen sind.

Inlandsprodukt		
Ausländer erbringen Leistungen im **Inland** und erhalten dafür Einkommen	**Inländer** erbringen Leistungen im **Inland** und erhalten dafür Einkommen	**Inländer** erbringen Leistungen im **Ausland** und erhalten dafür Einkommen
	Nationaleinkommen (Inländerprodukt)	

Inlandsprodukt und Nationaleinkommen haben einen großen gemeinsamen Kern: die Inlandsleistungen bzw. Inlandseinkommen der Inländer. Der Unterschied zwischen beiden Produkten ergibt sich aus den grenzüberschreitenden Leistungen bzw. Einkommen.

Inlandsprodukt

+ vom Ausland erhaltene Primäreinkommen

− ins Ausland gezahlte Primäreinkommen

= **Nationaleinkommen**

- Wirtschaftliche Leistungen führen zu Primäreinkommen.
- Primäreinkommen sind die Erwerbs- und Vermögenseinkommen.
- Nach dem Inlandskonzept werden die im Inland erbrachten wirtschaftlichen Leistungen erfasst.
- Nach dem Inländerkonzept werden die von Inländern erbrachten wirtschaftlichen Leistungen bzw. erzielten Einkommen erfasst.
- Das Inlandsprodukt gibt an, wie hoch die in einer Periode im Inland erbrachte wirtschaftliche Leistung (Wert der Güterproduktion) ist.

- Das Nationaleinkommen gibt an, wie hoch die in einer Periode von Inländern bezogenen Erwerbs- und Vermögenseinkommen sind.
- Der rechnerische Unterschied zwischen Inlandsprodukt und Nationaleinkommen ergibt sich aus dem Saldo der Primäreinkommen zwischen Inland und Ausland.

2.2.3.2 Brutto- und Nettogrößen, Volkseinkommen

Worin besteht der Unterschied zwischen Bruttoinlandsprodukt und Nettoinlandsprodukt und woraus besteht das Volkseinkommen?

Für tiefer gehende Fragestellungen werden sowohl beim Inlandsprodukt als auch beim Nationaleinkommen weitere Unterscheidungen vorgenommen nach:

- Brutto- und Nettogrößen
- Größen zu Marktpreisen und zu Faktorkosten.

„Das Inlandsprodukt und das Nationaleinkommen werden im Allgemeinen sowohl „brutto" als auch „netto" (d. h. nach Abzug der Abschreibungen) berechnet und dargestellt. Diese vier Größen werden zu Marktpreisen und das Nettonationaleinkommen zusätzlich zu Faktorkosten bewertet. Die Bewertung zu Marktpreisen bedeutet, dass „Produktions- und Importabgaben abzüglich Subventionen" enthalten sind, …"

Statistisches Bundesamt

■ Bruttoinlandsprodukt und Bruttonationaleinkommen

Zentrale Größe für die Berechnung der verschiedenen Produkte und Einkommen ist das **Bruttoinlandsprodukt (BIP)**.

Bruttoinlandsprodukt (BIP): Wert aller in einem Jahr in einem Land (= im Inland) produzierten Güter (Waren und Dienstleistungen).

Das **Bruttoinlandsprodukt** ist die wichtigste Größe zur Kennzeichnung der Leistung einer Volkswirtschaft.

Während sich das Bruttoinlandsprodukt unmittelbar als Ergebnis der statistischen Erhebungen im Inland ergibt, muss das **Bruttonationaleinkommen (BNE)** mithilfe weiterer Größen aus dem Bruttoinlandsprodukt errechnet werden:

		Deutschland 2000 (Mrd. €)
	Bruttoinlandsprodukt	2.033
+	vom Ausland erhaltene Primäreinkommen	110
−	ins Ausland gezahlte Primäreinkommen	125
=	**Bruttonationaleinkommen** (früher: Bruttosozialprodukt)	**2.018**

> **Bruttonationaleinkommen (BNE):** Summe der von allen Inländern erwirtschafteten Einkommen.

■ Nettoinlandsprodukt und Nettonationaleinkommen

Ein Teil der im Bruttoinlandsprodukt enthaltenen Produktionswerte wird benötigt, um den produktionsbedingten Verschleiß an Anlagen (Gebäuden, Maschinen) zu ersetzen. In der Volkswirtschaftlichen Gesamtrechnung werden hierfür **Abschreibungen** zu Wiederbeschaffungspreisen angesetzt **(Substanzerhaltungsprinzip).** In Höhe der Abschreibungen dient die Güterproduktion zum Ersatz bereits vorher vorhandener Werte; erst die über die Abschreibungen hinausgehende Güterproduktion ist im engeren Sinne neue Produktion.

> Die Differenz zwischen Brutto- und Nettogrößen besteht in den Abschreibungen.

Bruttoinlandsprodukt	Bruttonationaleinkommen
– Abschreibungen	– Abschreibungen
= **Nettoinlandsprodukt**	= **Nettonationaleinkommen**

■ Größen zu Marktpreisen und zu Faktorkosten

Die Güter gehen mit ihren **Marktpreisen** in das Bruttoinlandsprodukt und entsprechend auch in das Bruttonationaleinkommen ein. Zur korrekten Bezeichnung müssen die bisherigen Größen daher mit dem Zusatz „zu Marktpreisen" versehen werden.

In den Marktpreisen sind jedoch Elemente enthalten, die die wirtschaftliche Leistung verfälschen.

> **Beispiel**
>
> Ein Unternehmen hat in einer Wirtschaftsperiode 50 Güter zum Marktpreis von je 100 GE hergestellt. Sein Produktionswert geht mit dem Marktwert von 5.000 GE in das Inlandsprodukt ein. In der folgenden Periode stellt das Unternehmen wiederum 50 Güter her. Gleichzeitig erhöht die Regierung die Mehrwertsteuer um 2 %. Nun geht die (unveränderte) betriebliche Leistung mit einem Marktwert von 5.100 GE in das Inlandsprodukt ein. Der Zuwachs entspricht jedoch nicht einer Mehrleistung, sondern allein der im Marktpreis enthaltenen Mehrwertsteuer und deren Erhöhung.

> Durch Produktionsabgaben (indirekte Steuern) und Importabgaben (Zölle) werden die Güterpreise „künstlich" erhöht.

> **Beispiel**
>
> Einem Unternehmen entstehen Produktionskosten von insgesamt 1.000 GE. Dafür hat es 20 Produkteinheiten hergestellt. Um die Kosten decken zu können, muss es jede Produkteinheit für 50 GE verkaufen. In der folgenden Periode erhält das Unternehmen staatliche Subventionen in Höhe von 100 GE. Um die verbleibenden Kosten von 900 GE zu decken, kann es jetzt jede Produkteinheit für 45 GE verkaufen. Die unveränderte betriebliche Leistung geht jetzt nur mit 900 GE in das Inlandsprodukt ein.

> Durch Subventionen werden die Güterpreise „künstlich" gesenkt.[1]

Für die Ermittlung des tatsächlichen Wertes der hergestellten Güter müssen von dem zu Marktpreisen ermittelten Güterwert die Produktions- und Importabgaben abgezogen und die Subventionen hinzugezählt werden.

Die so ermittelten Werte ergeben die Preisbasis zu **Faktorkosten**. „Zu Faktorkosten" werden diese Größen bezeichnet, weil der Wert der wirtschaftlichen Leistung jetzt genau den Kosten für die Produktionsfaktoren entspricht.

> **Faktorkosten:** Kosten der Produktionsfaktoren

Nettoinlandsprodukt zu Marktpreisen	**Nettonationaleinkommen zu Marktpreisen**
− Produktions- und Importabgaben + Subventionen	− Produktions- und Importabgaben + Subventionen
= **Nettoinlandsprodukt zu Faktorkosten**	= **Nettonationaleinkommen zu Faktorkosten**

■ Volkseinkommen

Das Nettonationaleinkommen zu Faktorkosten entspricht dem **Volkseinkommen.** Das Volkseinkommen ist die Summe aller Erwerbs- und Vermögenseinkommen, die Inländern aus dem In- und Ausland zugeflossen ist.

> **Volkseinkommen = Nettonationaleinkommen zu Faktorkosten**
>
> **Volkseinkommen:** Summe aller Primäreinkommen (Erwerbs- und Vermögenseinkommen), die Inländern letztlich zugeflossen sind.

Inlandsprodukt- und Nationaleinkommensbegriffe	
Inlandskonzept	**Inländerkonzept**
Bruttoinlandsprodukt (zu Marktpreisen)	**Bruttoinlandsprodukt (zu Marktpreisen)**
	+ vom Ausland erhaltene Primäreinkommen − ans Ausland gezahlte Primäreinkommen
	= **Bruttonationaleinkommen (zu Marktpreisen)**
− Abschreibungen	− Abschreibungen
= **Nettoinlandsprodukt (zu Marktpreisen)**	= **Nettonationaleinkommen (zu Marktpreisen)**
− Produktions- und Importabgaben + Subventionen	− Produktions- und Importabgaben + Subventionen
= **Nettoinlandsprodukt (zu Faktorkosten)**	= **Nettonationaleinkommen (zu Faktorkosten)** = **Volkseinkommen**

---

[1] Ob ein Unternehmen tatsächlich den Marktpreis senkt, hängt von der Konkurrenzsituation ab. Wenn es seine Produkte nach wie vor für 50 GE verkaufen kann, wird es das auch tun. Dann erhöht sich entsprechend der Gewinn. An der Richtigkeit der Aussage, dass Subventionen die Kosten des Unternehmens und damit auch die auf Kostenbasis kalkulierten Preise senken, ändert das nichts.

Volkswirtschaftliche Gesamtrechnung

- Die wichtigsten gesamtwirtschaftlichen Leistungsindikatoren sind Inlandsprodukt und Nationaleinkommen.
- Das Bruttoinlandsprodukt (BIP) entspricht dem Wert aller in einer Periode (von In- und Ausländern) im Inland erbrachten wirtschaftlichen Leistungen.
- Das Bruttonationaleinkommen (BNE) entspricht der Summe der von allen Inländern (im In- und Ausland) erwirtschafteten Einkommen.
- Die Differenz zwischen Brutto- und Nettogrößen besteht in den Abschreibungen.
- Faktorkosten sind die Kosten für die Produktionsfaktoren.
- Größen zu Faktorkosten ergeben sich aus den Größen zu Marktpreisen abzüglich Produktions- und Importabgaben zuzüglich Subventionen.
- Das Nettonationaleinkommen zu Faktorkosten entspricht dem Volkseinkommen.
- Das Volkseinkommen ist die Summe aller Primäreinkommen (Erwerbs- und Vermögenseinkommen), die Inländern letztlich zugeflossen ist.

2.2.3.3 Nominale und reale Größen

Wodurch unterscheiden sich nominale von realen Größen?

Wenn Güter nicht nur mengenmäßig, sondern auch wertmäßig erfasst werden, muss ihr Wert in Geldeinheiten ausgedrückt werden. In die Ermittlung des Bruttoinlandsprodukts gehen die Güter mit ihrem Marktpreis ein. Das Ergebnis ist das so genannte **nominale Bruttoinlandsprodukt**[1].

Erneut Wachstum
WIESBADEN (...) Nach Mitteilung des Statistischen Bundesamtes nahm das Bruttoinlandsprodukt im vergangenen Jahr nominal um 4,2 Prozent zu. Real betrug das Wirtschaftswachstum 1,9 Prozent.

Marktpreise unterliegen Schwankungen. Wenn z. B. die Preise steigen, gehen die Güter mit einem höheren Betrag in das Bruttoinlandsprodukt ein. Damit wird ein Zuwachs vorgetäuscht; in Wirklichkeit handelt es sich aber nicht um einen Produktionszuwachs, sondern lediglich um höhere Preise. Der tatsächliche Zuwachs ergibt sich, wenn der zunächst gemessene nominale Zuwachs um die darin enthaltene Preissteigerung vermindert wird.

Beispiel

Ein Unternehmen hat in einer Wirtschaftsperiode 50 Güter zum Marktpreis von je 100 GE hergestellt. Sein Produktionswert geht mit 5.000 GE in das Bruttoinlandsprodukt ein. In der folgenden Periode stellt das Unternehmen 55 Güter her und erhöht gleichzeitig den Produktpreis um 10 % auf 110 GE. In das Bruttoinlandsprodukt dieser Periode geht ein Produktionswert von 6.050 GE ein. Das nominale „Wachstum" von 1.050 GE setzt sich zusammen aus 500 GE für die Mehrproduktion und 550 GE Preissteigerung. Das reale Wachstum betrug also lediglich 500 GE.

---

1 Nominal = zum Nennwert

> Der Unterschied zwischen nominalen und realen Größen liegt in den Preissteigerungen. Das reale Bruttoinlandsprodukt misst den Wert der hergestellten Güter **ohne** Preissteigerungen.

Um die tatsächliche Entwicklung einer Volkswirtschaft feststellen zu können, muss also das zu Marktpreisen ermittelte nominale Bruttoinlandsprodukt um die in den Marktpreisen enthaltenen Preissteigerungen bereinigt werden.

Nominales Bruttoinlandsprodukt (in jeweiligen Preisen)
− Preissteigerungen
= **Reales Bruttoinlandsprodukt** (zu Preisen eines Basisjahres; in konstanten Preisen)

Für die unterschiedlichen Erfassungsmöglichkeiten benutzt die Statistik bestimmte Bezeichnungen:

- **in jeweiligen Preisen** bedeutet, dass die Güter mit den aktuellen Preisen des jeweiligen Jahres erfasst wurden,
- **in Preisen von** ... oder **Preisbasis:** ... (ein bestimmtes Jahr wird angegeben) bedeutet, dass die Preise des angegebenen Jahres zu Grunde gelegt wurden.

Die Preisbereinigung geschieht in der Form, dass für einen Zeitraum von mehreren Jahren die Preise eines bestimmten Jahres **(Basisjahr)** festgeschrieben und für die Folgejahre zu Grunde gelegt werden **(konstante Preise)**. In der Regel wird alle fünf Jahre ein neues Basisjahr festgelegt.[1]

Da die Ermittlung des Nationaleinkommens auf dem Inlandsprodukt aufbaut, gibt es ebenfalls sowohl ein nominales als auch ein reales Nationaleinkommen.

> **Kaufkraftstandards (KKS)**
> Bei internationalen Vergleichen werden neben jeweiligen Preisen und Preisen eines Basisjahres auch **Kaufkraftstandards (KKS)** verwendet. Hierbei handelt es sich um Umrechnungsfaktoren, mit deren Hilfe Preisniveauunterschiede und Wechselkursschwankungen ausgeschaltet werden. Die **Kaufkraftparitäten** ergeben sich aus dem Verhältnis zwischen den in Landeswährung ausgedrückten Beträgen, die erforderlich sind, um in den verschiedenen Ländern einen Korb vergleichbarer und repräsentativer Waren zu erwerben.

- Nominale Größen erfassen die Güter zu ihren Marktpreisen.
- Reale Größen ergeben sich, wenn die (nominalen) Größen um die Preissteigerungen bereinigt werden.

2.2.3.4 Einkommen der privaten Haushalte

Welche Einkommen fließen den privaten Haushalten zu?

Den privaten Haushalten fließen zunächst einmal Einkommen aus wirtschaftlichen Tätigkeiten **(Primäreinkommen)** zu:

- Arbeitnehmerentgelt (Einkommen aus unselbstständiger Tätigkeit)

---

[1] Vgl. hierzu auch die Ausführungen zur Inflationsmessung, insbesondere zum „Warenkorb" im Kapitel „Geldtheorie und Geldpolitik".

- Einkommen aus selbstständiger Tätigkeit
- Vermögenseinkommen

Diese Primäreinkommen (Erwerbs- und Vermögenseinkommen) der privaten Haushalte

- erhöhen sich um **empfangene Übertragungen,**
- vermindern sich um **geleistete Übertragungen**

> **Übertragungen (Transfers):** Leistungen ohne unmittelbare Gegenleistung.
>
> *Empfangene Übertragungen:* Renten, Pensionen, Unterstützungen und ähnliche Zahlungen vom Staat oder von Unternehmen.
>
> *Geleistete Übertragungen:* Steuern, Sozialbeiträge, Beiträge zu Betriebskassen usw.

Primäreinkommen zuzüglich Saldo aus den Übertragungen ergibt das **verfügbare Einkommen.**

> **Verfügbares Einkommen:** Einkommensbetrag, der den Haushalten für privaten Konsum und Sparen zur Verfügung steht.

Einkommen der privaten Haushalte in Deutschland		
	2000	
Gegenstand	Gesamt (Mrd. €)	Durchschnitt je Haushalt (€)
Arbeitnehmerentgelt	1.084	28.677
+ Unternehmensgewinne	176	4.656
+ Vermögenseinkommen	266	7.037
= **Primäreinkommen**	**1.526**	**40.370**
+ Empfangene Übertragungen	473	12.513
− Geleistete Übertragungen	703	18.598
= **Verfügbares Einkommen**	**1.296**	**34.286**
Private Konsumausgaben	1.180	31.217
Sparen	116	3.069

> **Konsumquote:** Prozentualer Anteil der Konsumausgaben am verfügbaren Einkommen.
>
> **Sparquote:** Prozentualer Anteil des Sparens am verfügbaren Einkommen.

- Den privaten Haushalten fließen Einkommen aus wirtschaftlichen Tätigkeiten (Primäreinkommen; Einkommen aus Erwerbstätigkeit und Vermögen) sowie aus Übertragungen zu.
- Übertragungen (Transfers) sind Leistungen ohne unmittelbare Gegenleistung.
- Das Primäreinkommen zuzüglich empfangene Übertragungen abzüglich geleistete Übertragungen ergibt das verfügbare Einkommen.

- Die Konsumquote ist der prozentuale Anteil der Konsumausgaben am verfügbaren Einkommen.
- Die Sparquote ist der prozentuale Anteil des Sparens am verfügbaren Einkommen.

2.2.4 Entstehungs-, Verwendungs- und Verteilungsrechnung

Wie tragen die Wirtschaftsbereiche zum Inlandsprodukt bei, für wen wird das Inlandsprodukt verwendet und wie wird das Volkseinkommen verteilt?

„Von seiner **Entstehung** her gesehen ergibt sich das **Bruttoinlandsprodukt** aus der um die unterstellte Bankgebühr verminderte Summe der Bruttowertschöpfung der einzelnen Wirtschaftsbereiche zuzüglich der Gütersteuern und abzüglich der Gütersubventionen.

Auf der **Verwendungsseite** des Inlandsprodukts werden die Konsumausgaben der privaten Haushalte, ... des Staates, die Bruttoinvestitionen sowie der Außenbeitrag unterschieden. ...

Das **Volkseinkommen** (Nettonationaleinkommen zu Faktorkosten) als häufig genutzte Größe der **Verteilungsrechnung** ... umfasst das von Inländern empfangene Arbeitnehmerentgelt sowie die Unternehmens- und Vermögenseinkommen."

Statistisches Bundesamt

■ Entstehung des Bruttoinlandsprodukts

Die **Entstehungsrechnung** gibt Auskunft darüber, in welcher Höhe die einzelnen Wirtschaftsbereiche zum Bruttoinlandsprodukt beigetragen haben.

Entstehungsrechnung 2000	%
Land- und Forstwirtschaft, Fischerei	1,2
+ Produzierendes Gewerbe (ohne Baugewerbe)	25,1
+ Baugewerbe	4,8
+ Handel, Gastgewerbe und Verkehr	17,3
+ Finanzierung, Vermietung und Unternehmensdienstleister	30,5
+ Öffentliche und private Dienstleister	21,1
= **Bruttoinlandsprodukt**	**100,0**

■ Verwendung des Bruttoinlandsprodukts

Die **Verwendungsrechnung** gibt Aufschluss darüber, wo die hergestellten Güter verwendet wurden.

Verwendungsrechnung 2000	Mrd. Euro	%
Private Konsumausgaben	1.180	58,1
+ Konsumausgaben des Staates	383	18,8
+ Bruttoinvestitionen	461	22,7
= Inländische Verwendung	2.024	99,6
+ Außenbeitrag (Exporte – Importe)	8	0,4
= **Bruttoinlandsprodukt**	**2.032**	**100,0**

Zur Aussagefähigkeit von Inlandsprodukt und Nationaleinkommen

Deutsche
Bundesbank
Monatsbericht
Januar 2002

IX. Konjunkturlage

1. Entstehung und Verwendung des Inlandsprodukts, Verteilung des Volkseinkommens Deutschland

Position	1997	1998	1999	2000	2001	1998	1999	2000	2001	1998	1999	2000	2001
	Mrd DM			Mrd €		Veränderung gegen Vorjahr in %				Anteil in %			
in Preisen von 1995													
I. Entstehung des Inlandsprodukts													
Produzierendes Gewerbe (ohne Baugewerbe)	838,3	851,5	429,7	453,1	451,5	1,6	-1,3	5,4	-0,3	23,2	22,5	23,0	22,8
Baugewerbe	210,9	206,8	105,4	102,6	95,8	-2,0	-0,3	-2,7	-6,6	5,6	5,5	5,2	4,8
Handel, Gastgewerbe und Verkehr 1)	598,5	613,0	332,5	347,7	356,2	2,4	6,1	4,5	2,4	16,7	17,4	17,7	18,0
Finanzierung, Vermietung und Unternehmensdienstleister 2)	983,7	1 032,5	548,5	574,2	590,6	5,0	3,9	4,7	2,9	28,1	28,7	29,2	29,8
Öffentliche und private Dienstleister 3)	731,0	736,6	378,3	383,2	384,7	0,8	0,4	1,3	0,4	20,1	19,8	19,5	19,4
Alle Wirtschaftsbereiche	3 407,2	3 486,4	1 818,8	1 884,9	1 903,3	2,3	2,0	3,6	1,0	95,0	95,2	95,8	96,1
Nachr.: Unternehmenssektor	2 960,7	3 041,2	1 591,6	1 657,6	1 676,3	2,7	2,4	4,1	1,1	82,9	83,3	84,2	84,7
Wirtschaftsbereiche bereinigt 4)	3 253,9	3 319,7	1 726,3	1 785,7	1 798,6	2,0	1,7	3,4	0,7	90,5	90,3	90,7	90,8
Bruttoinlandsprodukt	3 599,5	3 669,9	1 911,1	1 968,5	1 980,0	2,0	1,8	3,0	0,6	100	100	100	100
II. Verwendung des Inlandsprodukts													
Private Konsumausgaben 5)	2 036,4	2 072,2	1 092,4	1 108,2	1 123,6	1,8	3,1	1,4	1,4	56,5	57,2	56,3	56,7
Konsumausgaben des Staates	712,9	721,3	374,7	379,3	384,2	1,2	1,6	1,2	1,3	19,7	19,6	19,3	19,4
Ausrüstungen	268,0	292,5	160,4	174,3	168,3	9,2	7,2	8,7	-3,4	8,0	8,4	8,9	8,5
Bauten	484,3	479,5	248,8	242,6	228,7	-1,0	1,5	-2,5	-5,7	13,1	13,0	12,3	11,6
Sonstige Anlagen 6)	36,1	40,0	23,2	25,3	26,8	10,7	13,7	8,9	6,0	1,1	1,2	1,3	1,4
Vorratsveränderungen 7)	-9,0	8,0	-4,1	3,1	-8,7	.	.	.	.	0,2	-0,2	0,2	-0,4
Inländische Verwendung	3 528,7	3 613,6	1 895,5	1 932,7	1 922,9	2,4	2,6	2,0	-0,5	98,5	99,2	98,2	97,1
Außenbeitrag	70,8	56,4	15,6	35,8	57,1	.	.	.	.	1,5	0,8	1,8	2,9
Exporte	1 008,4	1 077,3	581,8	658,8	692,3	6,8	5,6	13,2	5,1	29,4	30,4	33,5	35,0
Importe	937,6	1 020,9	566,2	623,0	635,2	8,9	8,5	10,0	2,0	27,8	29,6	31,6	32,1
Bruttoinlandsprodukt	3 599,5	3 669,9	1 911,1	1 968,5	1 980,0	2,0	1,8	3,0	0,6	100	100	100	100
in jeweiligen Preisen													
III. Verwendung des Inlandsprodukts													
Private Konsumausgaben 5)	2 111,8	2 172,8	1 149,6	1 182,8	1 220,7	2,9	3,5	2,9	3,2	57,6	58,2	58,4	59,2
Konsumausgaben des Staates	712,8	722,7	378,4	384,5	392,1	1,4	2,4	1,6	2,0	19,2	19,2	19,0	19,0
Ausrüstungen	268,4	293,5	159,4	174,8	170,3	9,4	6,2	9,7	-2,6	7,8	8,1	8,6	8,2
Bauten	481,1	475,3	245,3	240,6	227,3	-1,2	0,9	-1,9	-5,5	12,6	12,4	11,9	11,0
Sonstige Anlagen 6)	35,1	38,1	21,4	22,7	23,6	8,7	9,7	5,9	4,2	1,0	1,1	1,1	1,1
Vorratsveränderungen 7)	1,1	16,2	3,5	12,1	0,2	.	.	.	.	0,4	0,2	0,6	0,0
Inländische Verwendung	3 610,3	3 718,7	1 957,5	2 017,5	2 034,1	3,0	3,0	3,1	0,8	98,5	99,1	99,6	98,6
Außenbeitrag	50,2	54,9	16,8	8,0	29,6	.	.	.	.	1,5	0,9	0,4	1,4
Exporte	1 022,0	1 094,6	586,6	683,3	725,3	7,1	4,8	16,5	6,1	29,0	29,7	33,7	35,1
Importe	971,8	1 039,7	569,8	675,3	695,7	7,0	7,2	18,5	3,0	27,6	28,9	33,3	33,7
Bruttoinlandsprodukt	3 660,5	3 773,6	1 974,3	2 025,5	2 063,7	3,1	2,3	2,6	1,9	100	100	100	100
IV. Preise (1995=100)													
Privater Konsum	103,7	104,9	105,2	106,7	108,6	1,1	0,4	1,4	1,8	.	.	.	.
Bruttoinlandsprodukt	101,7	102,8	103,3	102,9	104,2	1,1	0,5	-0,4	1,3	.	.	.	.
Terms of Trade	97,8	99,8	100,2	95,7	95,7	2,0	0,4	-4,5	-0,0	.	.	.	.
V. Verteilung des Volkseinkommens													
Arbeitnehmerentgelt	1 973,9	2 015,2	1 058,3	1 089,2	1 109,6	2,1	2,7	2,9	1,9	71,5	72,3	72,3	72,7
Unternehmens- und Vermögenseinkommen	773,4	805,0	405,9	416,6	417,2	4,1	-1,4	2,6	0,1	28,5	27,7	27,7	27,3
Volkseinkommen	2 747,2	2 820,2	1 464,2	1 505,8	1 526,7	2,7	1,5	2,8	1,4	100	100	100	100
Nachr.: Bruttonationaleinkommen (Bruttosozialprodukt)	3 642,7	3 746,5	1 962,0	2 017,9	2 051,7	2,8	2,4	2,8	1,7	.	.	.	.

Quelle: Statistisches Bundesamt; Rechenstand: Januar 2002. Erstes vorläufiges Ergebnis. — **1** Einschl. Nachrichtenübermittlung. — **2** Kredit- und Versicherungsgewerbe, Grundstückswesen, Vermietung und Unternehmensdienstleister. — **3** Einschl. Häusliche Dienste. — **4** Bruttowertschöpfung nach Abzug unterstellter Bankgebühr, jedoch ohne Gütersteuern (saldiert mit Gütersubventionen). — **5** Einschl. Private Organisationen ohne Erwerbszweck. — **6** Immaterielle Anlageinvestitionen (u. a. EDV-Software, Urheberrechte) sowie Nutztiere und -pflanzen. — **7** Einschl. Nettozugang an Wertsachen.

■ Verteilung des Volkseinkommens

Gegenstand der **Verteilungsrechnung** ist die Verteilung des Volkseinkommens.

Verteilungsrechnung 2000	Mrd. Euro	%
Arbeitnehmerentgelt	1.085	72,0
+ Unternehmens- und Vermögenseinkommen	421	28,0
= **Volkseinkommen**	**1.506**	**100,0**

Das Unternehmens- und Vermögenseinkommen enthält recht unterschiedliche Einkommensformen. Neben den ausgeschütteten Gewinnen sind darin auch die Vermögenseinkommen der Privathaushalte und des Staates (Zinsen, Mieten, Pachten), unverteilte Gewinne der Unternehmen sowie der kalkulatorische Unternehmerlohn erfasst.[1]

Der Anteil des Arbeitnehmerentgelts am Volkseinkommen wird als **Lohnquote** bezeichnet. Höhe und Entwicklung der Lohnquote sind wichtige Aspekte für die **Lohnpolitik** der Tarifpartner.[2]

Lohnquote: Prozentualer Anteil des Arbeitnehmerentgelts am Volkseinkommen.

- Die Entstehungsrechnung erfasst das Produktionsergebnis der inländischen Wirtschaftsbereiche in einer bestimmten Wirtschaftsperiode.
- Die Verwendungsrechnung gibt Aufschluss darüber, wo die hergestellten Güter verwendet wurden.
- Die Verteilungsrechnung gibt Aufschluss über die Verteilung des Volkseinkommens.
- Die Lohnquote gibt den prozentualen Anteil der Arbeitnehmerentgelte am Volkseinkommen an.

2.3 Zur Aussagefähigkeit von Inlandsprodukt und Nationaleinkommen

Weil im **Inlandsprodukt** der Wert der gesamten wirtschaftlichen Leistung eines Landes erfasst wird, wird es oft als Maßstab für die Leistungskraft dieses Landes verwendet und mit der Leistungskraft anderer Länder verglichen.

Das **Nationaleinkommen** dient häufig als Maßstab für den Wohlstand der Bevölkerung, weil in ihm alle Einkommen (auch die Auslandseinkommen) erfasst werden.

Aussagen über Leistungsfähigkeit und Wohlstand eines Landes sind mit Inlandsprodukt und Nationaleinkommen jedoch nur begrenzt möglich.

---

1 Beim kalkulatorischen Unternehmerlohn handelt es sich um ein (unterstelltes) Entgelt für Arbeitsleistungen, die der Unternehmer im Unternehmen erbringt.
2 Vgl. zur Einkommensverteilung und zur Lohnquote ausführlich das Kapitel „Einkommensverteilung".

2.3.1 Zur Problematik des Inlandsprodukts als Leistungsmaßstab

Welche Aussagen kann das Inlandsprodukt über die Leistung einer Volkswirtschaft machen?

Die Eignung des Inlandsprodukts als Leistungsmaßstab wird vor allem durch zwei Aspekte eingeschränkt:

- Aussageprobleme
- Erfassungsmängel

■ Aussageprobleme

Die Höhe des Inlandsprodukts sagt zunächst einmal nur etwas über die wirtschaftliche Größe eines Landes aus. Je größer ein Land, desto höher ist in der Regel sein Inlandsprodukt. Größe allein ist aber noch keine Gewähr für Leistungsfähigkeit.

Zur Ermittlung der Leistungsfähigkeit liegt es daher nahe, neben der Höhe des Inlandsprodukts auch die Bevölkerungszahl zu berücksichtigen. Wird das Bruttoinlandsprodukt durch die Einwohnerzahl dividiert, ergibt sich das **Bruttoinlandsprodukt pro Kopf.** Für internationale Vergleiche wird meist das Bruttoinlandsprodukt pro Kopf verwendet.

$$\text{Bruttoinlandsprodukt pro Kopf} = \frac{\text{Bruttoinlandsprodukt}}{\text{Einwohnerzahl}}$$

Länder der EU 1999			
Land	Einwohner (Mio.)	BIP (Mrd. EUR)	BIP pro Kopf (EUR)
Belgien	10,2	234	22.916
Dänemark	5,3	164	30.839
Deutschland	82,0	1.982	24.145
Finnland	5,2	121	23.436
Frankreich	59,1	1.344	22.723
Griechenland	10,6	118	11.132
Großbritannien	59,2	1.304	22.043
Irland	3,7	88	24.057
Italien	57,4	1.099	19.141
Luxemburg	0,4	18	42.254
Niederlande	15,7	370	23.537
Österreich	8,1	197	24.231
Portugal	10,0	106	10.631
Schweden	8,9	223	25.113
Spanien	39,4	563	14.292
EU	375,2	7.931	21.134

■ Erfassungsmängel

Im Inlandsprodukt können nur Leistungen berücksichtigt werden, die offiziell und für die Statistiker erkennbar sind und die darüber hinaus mit einem Wert in Geld beziffert werden können. Da dies nicht bei allen wirtschaftlichen Vorgängen möglich ist, gibt das offizielle Inlandsprodukt die tatsächlich in einem Land erbrachte wirtschaftliche Leistung nur unvollständig wieder.

Erfassungsmängel sind:

- Im Inlandsprodukt werden nicht alle Leistungen erfasst.
- Im Inlandsprodukt werden Verluste nicht erfasst (Umweltabschreibungen).
- Im Inlandsprodukt werden bestimmte Leistungen zu Unrecht erfasst (Defensivausgaben).

Im Inlandsprodukt nicht erfasste Leistungen

Zu den Leistungen, die gar nicht bzw. nicht exakt erfasst werden, zählen alle Leistungen, die nicht über den Markt laufen. Dieser Teil der Wirtschaft wird auch als **Schattenwirtschaft** oder **informelle Wirtschaft** bezeichnet. Ihre statistische Erfassung ist nur begrenzt möglich.

- Die **Untergrundwirtschaft** (Schwarzarbeit; illegale Herstellung von und illegaler Handel mit Gütern usw.) wird nach den Regeln des ESVG und im Rahmen des Möglichen in das Bruttoinlandsprodukt einbezogen.
- Die **Selbstversorgungswirtschaft** (Eigenleistungen in Haus, Haushalt und Garten; Nachbarschaftshilfe) wird nicht in das Bruttoinlandsprodukt einbezogen.

Über den Umfang der Schattenwirtschaft lassen sich naturgemäß keine genauen Angaben machen. Schätzungen gehen jedoch davon aus, dass in Deutschland allein die Schwarzarbeit (von Unternehmern und Arbeitnehmern) etwa 15 Prozent des offiziellen Bruttoinlandsprodukts erreicht. Die Höhe der Schwarzarbeit ist von Land zu Land sehr unterschiedlich.

Schwarzarbeit in Europa	
Land	Anteil am BIP (%)
Italien	25,8
Belgien	21,4
Deutschland	15,0
Frankreich	14,3
Niederlande	13,6

Im Inlandsprodukt nicht erfasste Verluste (Umweltabschreibungen)

Wertverluste an betrieblichen Gebäuden und Maschinen werden in der Volkswirtschaftlichen Gesamtrechnung als Abschreibungen erfasst. Durch die Herstellung des Inlandsprodukts treten jedoch auch Verluste bei anderen Gütern ein. Abbau von Rohstoffen, Abholzung von Wäldern, Verbauung der Landschaft, Luft- und Wasserverschmutzung usw. stellen ebenfalls Schäden bzw. Verluste dar. Diese werden jedoch in der traditionellen Inlandsproduktberechnung nicht berücksichtigt. Minderungen des Wertes der Umwelt, die durch die Herstellung des Inlandsproduktes entstanden sind, müssten eigentlich in Form von **Umweltabschreibungen** erfasst und vom Inlandsprodukt abgezogen werden.

> **Beispiel**
>
> Wenn eine Stadt Arbeitslose einstellt, sie mit Kettensägen ausrüstet und sämtliche Bäume in der Stadt umlegen lässt, geht dieser Vorgang ausschließlich positiv in das Inlandsprodukt ein. Die Schäden an der Umwelt und in der Lebensqualität werden nicht berücksichtigt.

Im Inlandsprodukt zu Unrecht erfasste Leistungen (Defensivausgaben)

Etliche wirtschaftliche Aktivitäten sind notwendig, um Folgekosten des Wirtschaftsprozesses (Umweltschäden und sonstige Schäden) zu beseitigen oder zu reparieren. Die hierdurch entstehenden Kosten werden als **Defensivausgaben** bezeichnet. Durch diese Leistungen werden lediglich zuvor herbeigeführte Schäden wieder rückgängig gemacht. Während jedoch die Schäden nicht als Verluste gezählt werden, werden die Defensivausgaben als zusätzliche Leistungen behandelt und erhöhen das Inlandsprodukt. Nach einschlägigen Schätzungen entfallen rund 20 Prozent des Wirtschaftswachstums auf die Behebung von Umweltschäden.

> **Beispiel**
>
> Durch einen Unfall mit einem Gefahrguttransporter wird Erdreich verseucht. Die erforderlichen Aushub- und Sanierungsarbeiten kosten 1 Million €. Das Bruttoinlandsprodukt wächst um diesen Betrag. In Wirklichkeit wurde aber nichts zusätzlich geschaffen; bestenfalls wurde der alte Zustand wieder hergestellt.

In jüngerer Zeit laufen Versuche, den Schwächen der traditionellen Inlandsproduktberechnung durch die Ermittlung eines so genannten **Ökoinlandsprodukts** zu begegnen. Dabei wird das traditionell ermittelte Bruttoinlandsprodukt um die **Umweltabschreibungen** und die **Defensivausgaben** vermindert.[1]

	Bruttoinlandsprodukt
−	Umweltabschreibungen
−	Defensivausgaben
=	**Ökoinlandsprodukt**

Aussagefähigkeit des Inlandsprodukts als Leistungsmaßstab		
Nicht bzw. nicht exakt erfasste Leistungen	**Nicht erfasste Verluste (Umweltabschreibungen)**	**Zu Unrecht erfasste Leistungen (Defensivausgaben)**
• Eigenleistungen in Haus, Haushalt, Garten • Nachbarschaftshilfe • Schwarzarbeit • sonstige nicht erfasste Tätigkeiten	Abbau und Schädigung von Umweltgütern (Rohstoffe, Wälder, Landschaft, Luft, Wasser usw.)	Leistungen zur Behebung von produktions- und nutzungsbedingten Schäden

2.3.2 Zur Problematik des Nationaleinkommens als Wohlstandsmaßstab

> Welche Aussagen kann das Nationaleinkommen über den Wohlstand einer Volkswirtschaft machen?

Für Aussagen über den Wohlstand in einer Volkswirtschaft wird oft das Nationaleinkommen verwendet. Gegen eine einfache Gleichsetzung von Höhe des Nationaleinkommens und Lebensstandard der Bevölkerung sprechen vor allem drei Gründe:

---

[1] Vgl. Einzelheiten zur „Umweltökonomischen Gesamtrechnung" im Kapitel „Ökonomie und Ökologie".

- Im offiziellen Nationaleinkommen werden etliche Einkommen nicht erfasst.
- Die Höhe des Nationaleinkommens sagt nichts über die Verteilung der Einkommen aus.
- Materieller Wohlstand ist nicht gleichbedeutend mit Wohlfahrt und Lebensqualität.

■ Im Nationaleinkommen nicht erfasste Einkommen

Die Nichterfassung von Einkommen im Nationaleinkommen hängt eng mit der Nichterfassung von Leistungen im Inlandsprodukt zusammen.

> **Beispiel**
>
> Wenn Schwarzarbeit verrichtet wird,
> - geht die erbrachte wirtschaftliche Leistung nicht in das Inlandsprodukt ein
> - geht das dadurch erworbene Einkommen nicht in das Nationaleinkommen ein

Darüber hinaus beziehen zahlreiche Haushalte neben den Einkommen aus unselbstständiger Tätigkeit und aus Unternehmertätigkeit und Vermögen auch Einkommen aufgrund staatlicher Leistungen (Renten, Kindergeld, Sozialhilfe usw.), aus unversteuerten Kapitalerträgen und aus anderen Quellen. Diese Einkommensteile haben inzwischen eine beträchtliche Höhe erreicht und tragen ohne Zweifel zum Wohlstand bei, werden aber im Nationaleinkommen nicht erfasst.

■ Die Höhe des Nationaleinkommens sagt nichts über die Verteilung der Einkommen aus

Ebenso wie beim Inlandsprodukt, gilt auch beim Nationaleinkommen, dass seine Höhe eng mit der Größe eines Landes zusammenhängt und kaum Aussagen über den Wohlstand im Land zulässt. Das oftmals ermittelte **Pro-Kopf-Einkommen** erbringt nur einen statistischen Mittelwert. Über die tatsächliche Verteilung der Einkommen sagt ein solcher Durchschnittswert nichts aus. Ein hohes durchschnittliches Einkommen pro Kopf schließt nicht aus, dass sich der Reichtum in wenigen Händen konzentriert und ein beträchtlicher Teil der Bevölkerung in Armut lebt.[1]

■ Wohlstand ist nicht gleich Wohlfahrt

Während Wohlstand üblicherweise als eine wirtschaftliche Größe verstanden wird, ist Wohlfahrt ein umfassenderer Ausdruck. Neben dem quantitativ erfassbaren materiellen Wohlstand gehören dazu auch qualitative Aspekte. Gerade in den letzten Jahren haben Fragen der **Lebensqualität,** die Umweltgesichtspunkte, Zukunftsperspektiven, Freiheiten, Freizeit, soziale Sicherung usw. einschließen, eine besondere Intensität erfahren. Eine umfassende Aussage über den „Volkswohlstand" müsste diese und sicher noch viele andere Aspekte einschließen.

---

[1] Zu Einzelheiten der Einkommensverteilung vgl. das Kapitel „Einkommensverteilung".

Zur Aussagefähigkeit von Inlandsprodukt und Nationaleinkommen

Aussagefähigkeit des Nationaleinkommens als Wohlstandsmaßstab		
Nicht bzw. nicht exakt erfasste Einkommen	**Keine Aussage über Verteilung**	**Wohlstand nicht gleich Wohlfahrt**
• Schwarzarbeit • Schwarzmarkt • Staatliche Leistungen • Unversteuerte Kapitalerträge usw.	Pro-Kopf-Einkommen liefert nur einen statistischen Mittelwert, keine tatsächliche Einkommensverteilung.	Höhe des Nationaleinkommens ist nicht gleichbedeutend mit hoher Lebensqualität (Gesundheit, Bildung, Arbeit, Freizeit, Umwelt usw.).

- Mit Inlandsprodukt und Nationaleinkommen können nur begrenzt Aussagen über Leistung und Wohlstand einer Volkswirtschaft gemacht werden.
- Einschränkungen bezüglich der Aussagefähigkeit des Inlandsprodukts als Leistungsmaßstab ergeben sich vor allem aus Erfassungsmängeln:
    - im Inlandsprodukt werden nicht alle Leistungen erfasst;
    - im Inlandsprodukt werden Verluste nicht erfasst;
    - im Inlandsprodukt werden bestimmte Leistungen zu Unrecht erfasst.
- Einschränkungen bezüglich der Aussagefähigkeit des Nationaleinkommens als Leistungsmaßstab ergeben sich vor allem aus drei Gründen:
    - im offiziellen Nationaleinkommen werden etliche Einkommen nicht erfasst;
    - die Höhe des Nationaleinkommens sagt nichts über die Verteilung der Einkommen aus;
    - materieller Wohlstand ist nicht gleichbedeutend mit Wohlfahrt und Lebensqualität.

Aufgaben zum Üben und Vertiefen

1 Erläutern Sie, warum in entwickelten Volkswirtschaften eine Vielzahl von Transaktionen zwischen den Wirtschaftssektoren stattfindet.

2 Beantworten Sie die nachfolgenden Fragen unter Berücksichtigung der nebenstehenden Zeitungsmeldung:

Bruttoinlandsprodukt legt zu

Das Bruttoinlandsprodukt Deutschlands nahm im vergangenen Jahr nominal um 3,2 Prozent auf 1.935 Mrd. Euro zu. Real erhöhte sich dieser umfassendste Indikator für die wirtschaftliche Leistung eines Landes von 1.842 Euro auf 1.880 Mrd. Euro.

a) Was drücken „Bruttoinlandsprodukt", „Bruttoinländerprodukt" und "Bruttonationaleinkommen" aus; welche Unterschiede und Zusammenhänge bestehen zwischen diesen drei Größen?

b) Warum wird das Bruttoinlandsprodukt als „umfassendster Indikator für die wirtschaftliche Leistung eines Landes" bezeichnet?

c) Worin unterscheidet sich die nominale Entwicklung von der realen Entwicklung?

d) Um wie viel Prozent ist das Bruttoinlandsprodukt real gewachsen?

e) Wie hoch war jene Größe, die den Unterschied zwischen nominalem und realem Bruttoinlandsprodukt bestimmt?

3 Folgende Vorgänge in einer Volkswirtschaft sind bekannt:

Käufe von Vorleistungen	348
Nettoinvestitionen	700
Private Konsumausgaben	1.036
Produktions- und Importabgaben	732
Arbeitnehmerentgelt	1.237
Exporte	47
Konsumausgaben des Staates	371
Abschreibungen	400
Importe	28
Subventionen	328

a) Erstellen Sie das gesamtwirtschaftliche Produktionskonto.

b) Ermitteln Sie:
- Produktionswert
- Bruttowertschöpfung zu Marktpreisen
- Nettowertschöpfung zu Marktpreisen
- Nettowertschöpfung zu Faktorkosten.

c) Warum sind Nettonationaleinkommen zu Faktorkosten und Volkseinkommen identisch?

4 Die Wirtschaftssubjekte stellen ihre Investitions- und Sparpläne unabhängig voneinander auf. Erläutern Sie, wie sich in einer geschlossenen Wirtschaft ohne staatliche Aktivität dennoch eine Gleichheit von Investieren und Sparen (I = S) einstellt.

5 Aus der VGR sind folgende Ergebnisse bekannt:

Bruttowertschöpfung	2.425,5
Private Konsumausgaben	1.291,3
Arbeitnehmerentgelt	1.312,6
Unternehmens- und Vermögenseinkommen	557,1
Bruttoinvestitionen	536,1
Außenbeitrag	150,8

Wie hoch sind die Konsumausgaben des Staates?

6 Aus der VGR sind folgende Ergebnisse bekannt:

Bruttoinvestitionen	373,5
Arbeitnehmerentgelt	989,3
Produktions- und Importabgaben	217,9

Importe	576,0
Private Konsumausgaben	1.027,3
Exporte	647,4
Abschreibungen	230,3
Konsumausgaben des Staates	365,8
Unternehmens- und Vermögenseinkommen	425,0

Erstellen Sie aus diesen Daten das Gesamtwirtschaftliche Produktionskonto.

7 Geben Sie an, wie die folgenden Fälle in die Ermittlung von Inlandsprodukt und Nationaleinkommen eingehen:

a) Eine Person wohnt in Schleswig-Holstein und arbeitet in Dänemark

b) Eine Person wohnt in der Schweiz und arbeitet in Deutschland

c) Ein Deutscher wohnt und arbeitet in Berlin

d) Ein Italiener wohnt und arbeitet in Stuttgart

8 In Deutschland ist das Bruttoinlandsprodukt meist etwas höher als das Bruttonationaleinkommen.

Welche Aussage über Güterproduktion und Einkommen lässt sich aus dieser Information herleiten?

9 Das Statistische Amt eines Landes ermittelt folgende Zahlen:

Bruttoinlandsprodukt (zu Marktpreisen)	368
Subventionen	16
vom Ausland erhaltene Primäreinkommen	11
Abschreibungen	65
Produktions- und Importabgaben	30
ans Ausland gezahlte Primäreinkommen	9

Berechnen Sie

a) das Bruttonationaleinkommen (zu Marktpreisen)

b) das Nettoinlandsprodukt und Nettonationaleinkommen (jeweils zu Marktpreisen)

c) das Nettoinlandsprodukt und Nettonationaleinkommen (jeweils zu Faktorkosten)

d) das Volkseinkommen

10 Die empfangenen und geleisteten Übertragungen werden in der amtlichen Statistik als Einkommensumverteilung bezeichnet. Begründen Sie diese Bezeichnung.

11 In vielen Ländern sind die Vermögenseinkommen des Staates negativ. Erläutern Sie dies.

12 Für eine Volkswirtschaft sind folgende Daten über die Einkommen der privaten Haushalte gegeben:

Empfangene Übertragungen	413
Selbstständigeneinkommen	232
Sparen	128
Vermögenseinkommen	200
Arbeitnehmerentgelt	953
Geleistete Übertragungen	610

Ermitteln Sie folgende Größen

a) Primäreinkommen

b) Verfügbares Einkommen

c) Private Konsumausgaben

d) Konsumquote und Sparquote

13 Das Statistische Amt eines Landes gibt folgende Zahlen bekannt:

Arbeitnehmerentgelt	200
Produktionswert der öffentlichen und privaten Dienstleister	75
Bruttoinvestitionen	83
Produktionswert im Baugewerbe	23
Außenbeitrag	6
Unternehmens- und Vermögenseinkommen	82
Produktionswert im Bereich Finanzierung, Vermietung und Unternehmensdienstleister	110
Konsumausgaben des Staates	71
Produktionswert im produzierenden Gewerbe	94
Private Konsumausgaben	208
Produktionswert im Bereich Handel, Gastgewerbe und Verkehr	66

a) Ermitteln Sie die Höhe des Bruttoinlandsprodukts nach seiner Entstehung

b) Ermitteln Sie die Höhe des Bruttoinlandsprodukts nach seiner Verwendung

c) Ermitteln Sie die Höhe des Volkseinkommens

14 Das Bruttoinlandsprodukt wird oft als Leistungsmaßstab für eine Volkswirtschaft verwendet. Nehmen Sie hierzu kritisch Stellung.

15 Warum eignet sich das Nationaleinkommen nur bedingt für Aussagen über den Wohlstand in einer Volkswirtschaft?

3 Nachfrage am Gütermarkt

3.1	**Nachfrager am Gütermarkt**
3.2	**Nachfrage der privaten Haushalte**
3.2.1	Zur Theorie der Haushaltsnachfrage
3.2.2	Ziel der Haushaltsnachfrage: Nutzenmaximierung
3.2.2.1	Nutzen und Nutzenmessung
3.2.2.2	Nutzenmaximum bei Konsum eines Gutes: Erstes GOSSENsches Gesetz
3.2.2.3	Nutzenmaximum bei Konsum mehrerer Güter: Zweites GOSSENsches Gesetz
3.2.3	Darstellung der Nutzenabwägung durch Indifferenzkurven
3.2.4	Tatsächliches Nachfrageverhalten der privaten Haushalte
3.3	**Bestimmungsgrößen der Haushaltsnachfrage nach einem Gut**
3.3.1	Nachfrage und Preis: Individuelle Nachfragekurve
3.3.2	Nachfrage und Einkommen: Bilanzgerade
3.3.3	Weitere Bestimmungsgrößen der Nachfrage
3.4	**Gesamtnachfrage aller Haushalte nach einem Gut**
3.5	**Elastizitäten der Nachfrage**
3.5.1	Direkte Preiselastizität
3.5.2	Kreuzpreiselastizität
3.5.3	Einkommenselastizität

Nachfrage und Angebot bilden die beiden Marktseiten. Die Nachfrage ist die wichtigste Bestimmungsgröße für Umfang und Struktur des Angebots und damit auch eine bedeutsame Determinante für die Beschäftigung. Trotz aller individueller Unterschiede lässt sich das Verhalten der Nachfrager verallgemeinern, da sie alle das gleiche Ziel anstreben: die Nachfrage so zu gestalten, dass sie einen größtmöglichen Nutzen erbringt.

An dieser gemeinsamen Zielvorstellung ändert sich auch dadurch nichts, dass die Nutzenvorstellungen, die die Nachfrager einem bestimmten Gut beimessen, unterschiedlich sind und dass sich der Nutzen, den ein Gut stiftet, nicht nur aus seinem Wert und seiner Funktion ergibt, sondern auch aus immateriellen Effekten, die sich durch Besitz und Nutzung eines Gutes einstellen.

Angebot und Nachfrage treffen sich auf unterschiedlichen Märkten. Nach dem Marktgegenstand lassen sich gesamtwirtschaftlich **Gütermarkt** (Produktmarkt), **Geld- und Kapitalmarkt** und **Faktormarkt** unterscheiden.[1] Der Geld- und Kapitalmarkt ist der Markt für Geld, langfristige Kredite und Kapitalanlagen. Faktormärkte sind Märkte für Produktionsfaktoren. Der wichtigste Faktormarkt ist der Arbeitsmarkt; auf ihm sind die Unternehmen Nachfrager und die Haushalte Anbieter.

Das Nachfrageverhalten auf Faktormärkten unterscheidet sich zwar nicht grundsätzlich von der Nachfrage auf Gütermärkten, ist jedoch in einigen Details, vor allem im Bereich der Preisbildung, anders.

Auf die Nachfrage auf Faktormärkten und auf dem Geld- und Kapitalmarkt wird hier nicht besonders eingegangen; die Nachfrage auf Gütermärkten wird im Folgenden ausführlich dargestellt.

---

1 Zum Marktbegriff, zu Marktarten und zu Marktformen vgl. ausführlicher Kap. 5.

3.1 Nachfrager am Gütermarkt

Wer fragt am Markt Güter nach?

Auf Gütermärkten werden Sachgüter und Dienstleistungen von unterschiedlichen Wirtschaftssubjekten angeboten und nachgefragt. Ein **Wirtschaftssubjekt**, auch **Wirtschaftseinheit** genannt, ist das kleinste wirtschaftende Grundelement (z. B. ein bestimmter Privathaushalt oder ein bestimmtes Unternehmen). Markttransaktionen finden an verschiedenen Orten und auf vielfältige Weise statt; gesamtwirtschaftlich wird jedoch zusammenfassend von *dem* Gütermarkt gesprochen.

Für gesamtwirtschaftliche Betrachtungen werden gleichartige Wirtschaftssubjekte zu **Wirtschaftssektoren**[1] zusammengefasst (aggregiert); so bilden alle Privathaushalte einer Volkswirtschaft den Sektor „Haushalte" und alle Unternehmen den Sektor „Unternehmen". Diese beiden Sektoren bilden zusammen mit dem Sektor „Staat"

Haushalte	
Unternehmen	**Gesamtwirtschaftliche**
Staat	**Nachfrage**
Ausland	

(öffentliche Haushalte) die Binnensektoren. Hinzu kommt der nicht weiter differenzierte Sektor „Ausland". Die beiden Sektoren „Haushalte" und „Staat" werden, da sie definitionsgemäß nur Konsumgüter nachfragen, auch als **Verbrauchswirtschaftseinheiten** bezeichnet.

Zum Sektor **Haushalte** (Privathaushalte) zählen alle nichtöffentlichen Verbrauchswirtschaftseinheiten. Die von Haushalten nachgefragten Güter werden als Konsumgüter bezeichnet **(Privater Verbrauch).** Die Bezeichnungen Haushalt, Nachfrager, Verbraucher und Konsument werden zumeist synonym verwendet.

Privathaushalte in Deutschland								
		Personen je Haushalt						
Jahr	Gesamt	1	2	3	4	5+	Bevölkerung	Pers/Hh
		(in Tausend)						
1950	16.650	3.229	4.209	3.833	2.692	2.687	49.850	2,99
1970	21.991	5.527	5.959	4.314	3.351	2.839	60.176	2,74
1987	26.218	8.767	7.451	4.643	3.600	1.757	61.603	2,35
1998	37.532	13.297	12.389	5.643	4.527	1.676	82.118	2,19
Index:								
1950	100,0	100,0	100,0	100,0	100,0	100,0	100,0	100,0
1970	132,1	171,2	141,6	112,5	124,5	105,7	120,7	91,6
1987	157,5	271,5	177,0	121,1	133,7	65,4	123,6	78,6
1998	225,4	411,8	294,3	147,2	168,2	62,4	164,7	73,2

Quelle: Statistisches Bundesamt, eigene Berechnungen; Werte 1950–1987: Westdeutschland, jeweils Volkszählung; übrige Werte: Deutschland, Mikrozensus

Unternehmen sind Wirtschaftseinheiten, die Sachgüter und Dienstleistungen produzieren. Die von ihnen nachgefragten Güter werden als Investitionsgüter bezeichnet. In der

---

[1] Ein anderes Verständnis von „Wirtschaftssektor" findet sich bei der Aufteilung der Unternehmen nach der Art der Güterproduktion in den primären, sekundären und tertiären Sektor.

Bundesrepublik Deutschland existieren ca. 3 Mio. Unternehmen, darunter etwa 400.000 freiberuflich Selbstständige (Ärzte, Rechtsanwälte, Architekten, Steuerberater usw.).

Zum **Staat** zählen alle öffentlichen Haushalte bzw. alle staatlichen Institutionen. Dazu gehören vor allem die **Gebietskörperschaften** (Bund, Länder, Gemeinden, Gemeindeverbände) und die **Sozialversicherung.** Der Staat fragt, da er auch ein Haushalt ist, Konsumgüter nach.[1] Zusammen mit den Aufwendungen für die Löhne, Gehälter und Pensionen der im öffentlichen Dienst Beschäftigten ergibt sein Konsum den **Staatsverbrauch** oder öffentlichen Verbrauch. Das Verhältnis aller Staatsausgaben zum Bruttoinlandsprodukt wird als **Staatsquote** bezeichnet. Unternehmen, die sich in staatlichem Besitz befinden, werden zum Sektor Unternehmen gezählt.

Der Sektor **Ausland** wird – ohne weitere Differenzierung – durch die ausländischen Wirtschaftssubjekte gebildet, die mit inländischen Wirtschaftssubjekten Transaktionen vornehmen. Die Nachfrage des Auslands schlägt sich in den Exporten nieder. Die Exporte machen etwa ein Drittel des deutschen Bruttoinlandsprodukts aus. Gemessen an ihrem Wert sind die wichtigsten **Exportgüter** Straßenfahrzeuge, Maschinen, chemische Produkte und elektrotechnische Erzeugnisse. Die größten Abnehmerländer sind Frankreich, Italien, Großbritannien, USA und Niederlande. Die größten Lieferanten sind ebenfalls Frankreich, Niederlande, Italien, USA und Großbritannien. Haupteinfuhrgüter sind chemische und elektrotechnische Erzeugnisse, Straßenfahrzeuge und Maschinenbauerzeugnisse.[2]

Die Volkswirtschaftliche Gesamtrechnung gibt in ihrer Verwendungsrechnung Aufschluss über die Anteile der einzelnen Wirtschaftssektoren an der gesamtwirtschaftlichen Nachfrage. Den Exporten ins Ausland stehen die Importe aus dem Ausland gegenüber. Importe sind keine im Inland erbrachten Leistungen. Zur Erfassung der wirtschaftlichen Leistung muss daher der Wert der Gesamtnachfrage um die Importe vermindert werden. Die privaten Haushalte sind bei weitem größter Nachfragesektor und damit ein wichtiger Faktor für Konjunktur und Beschäftigung. Daher erscheint es berechtigt, die Nachfrage der privaten Haushalte besonders intensiv zu behandeln.

Sektor	Mrd. € (2001)	Anteil (%)
Haushalte	1.221	44
Unternehmen	421	15
Staat	392	14
Ausland	725	26
Bruttonachfrage	**2.759**	**100**
Importe	696	
Bruttoinlandsprodukt	**2.063**	

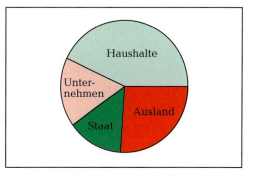

---

1 Allerdings wird im Zusammenhang mit dem Staat auch von „investiven Ausgaben" gesprochen. Gemeint sind damit Ausgaben des Staates für langfristig nutzbare Güter, insbesondere im Bereich der Infrastruktur (Verkehrswege, Wohnungsbau usw.).

2 Vgl. zu den außenwirtschaftlichen Beziehungen ausführlich Kap. 9: Außenwirtschaft.

Aus der Analyse der Nachfrager am Gütermarkt ergeben sich für nachfragebezogene Überlegungen fünf Betrachtungsebenen:

1. Nachfrage eines Haushalts nach einem Gut **(individuelle Nachfrage)**.
2. Nachfrage eines Haushalts nach allen Gütern **(Haushaltsnachfrage)**.
3. Nachfrage aller Haushalte nach einem Gut.
4. Nachfrage aller Sektoren nach einem Gut **(Marktnachfrage)**.
5. Nachfrage eines bestimmten Sektors nach allen Gütern **(sektorale Nachfrage)**.
6. Nachfrage aller Sektoren nach allen Gütern **(gesamtwirtschaftliche Nachfrage)**.

- Die kleinsten wirtschaftenden Zellen werden Wirtschaftseinheiten oder Wirtschaftssubjekte genannt. Sie sind die Träger wirtschaftlichen Handelns.
- Gleichartige Wirtschaftseinheiten werden zu Wirtschaftssektoren zusammengefasst (z. B. alle Privathaushalte zum Sektor „Private Haushalte"). Zu unterscheiden sind die drei Binnensektoren Private Haushalte, Unternehmen und Staat sowie der Sektor Ausland.
- Alle vier Wirtschaftssektoren treten als Nachfrager am Gütermarkt auf. Auf die privaten Haushalte entfällt der weitaus größte Anteil der gesamtwirtschaftlichen Nachfrage.

3.2 Nachfrage der privaten Haushalte

Überlegungen zur Nachfrage werden oft allein auf die Privathaushalte bezogen. Dies ist etwas verkürzend. Die privaten Haushalte sind zwar der bedeutsamste, aber nicht der einzige nachfragende Sektor. Die hier am Beispiel der privaten Haushalte aufgezeigten Verhaltensweisen gelten grundsätzlich für alle Nachfrager.

3.2.1 Zur Theorie der Haushaltsnachfrage

Wie muss das Haushaltseinkommen auf die verschiedenen Güter aufgeteilt werden, damit der aus dem Güterkonsum resultierende Nutzen möglichst groß ist?

Aus dem Verkauf von Arbeitskraft, aus Vermögen und aus Übertragungen vom Staat erzielt der private Haushalt Einkommen. Die nicht für Ersparniszwecke verwendeten Einkommensteile gibt er für den Kauf von Konsumgütern aus **(Konsumsumme)**.

■ Ziel der Haushaltsnachfrage

Der Haushalt ist bestrebt, sein Einkommen so zu verwenden, dass ein möglichst großer Nutzen erzielt wird **(Nutzenmaximierung)**. Im Vordergrund der Theorie der Haushaltsnachfrage steht daher der **optimale Konsumplan**. Der Konsumplan des Haushalts, d. h. die Verteilung des Einkommens auf die verschiedenen Güter, ist dann optimal, wenn keine andere Gütermengenkombination einen größeren Nutzen erbringen würde.

Nachfrage der privaten Haushalte

■ Bestimmungsgrößen der Haushaltsnachfrage

Bei der Gestaltung des Konsumplanes muss der Haushalt von folgenden Bedingungen ausgehen:

- Die für den Konsum zur Verfügung stehenden Güter stiften unterschiedliche Nutzen.
- Für den Erwerb von Gütern steht nur ein begrenztes Einkommen zur Verfügung.
- Die Güter haben einen Preis, dessen Höhe vom einzelnen Haushalt grundsätzlich nicht beeinflusst werden kann.

Diese Entscheidungsparameter führen zu der **allgemeinen Nachfragefunktion:**

$$N = f(p_1, p_2, ..., p_n, Y_c, U)$$

Die allgemeine Nachfragefunktion besagt, dass die vom Haushalt nachgefragte Gütermenge abhängig ist von

- den Preisen der Güter $(p_1, p_2, ..., p_n)$
- dem für Konsumzwecke verfügbaren Einkommen (Y_c)
- der Präferenzordnung des Haushalts, die sich in den Nutzenschätzungen (U) für die verschiedenen Güter widerspiegelt.

Die **spezifische Nachfragefunktion** für die Nachfrage nach einem *bestimmten* Gut x lautet dann

$$N_x = f(p_x, p_1, p_2, ..., p_n, Y_c, U)$$

Die Nachfrage nach einem bestimmten Gut x ist demnach abhängig von dem Preis des Gutes x, von den Preisen anderer Güter, der Konsumsumme und der Präferenzordnung bzw. der Nutzenschätzung des Haushalts. Die spezifischen Auswirkungen der verschiedenen Faktoren auf die Haushaltsnachfrage werden in den anschließenden Abschnitten in der Reihenfolge Nutzen, Preise, Einkommen eingehend behandelt. Unterstellt wird, dass der Haushalt seine Entscheidungen allein nach rationalen Kriterien trifft.

Determinanten der Konsumgüternachfrage		
Determinante		**Thema, unter dem die Determinante behandelt wird**
Preis des Gutes	p_x	• Individuelle Nachfragekurve • Gesamtnachfragekurve • Direkte Preiselastizität
Preise anderer Güter	$p_1, ... p_n$	Kreuzpreiselastizität
Einkommen (Konsumsumme)	Y_c	• Bilanzgerade (Budgetgerade) • Einkommenselastizität
Nutzenschätzung	U	• Nutzen, Nutzenmaximierung • Indifferenzkurven

Im Folgenden werden zunächst die Zielsetzung und anschließend die Bestimmungsgrößen der Haushaltsnachfrage ausführlich dargestellt.

- Die Haushalte sind bestrebt, ihre Konsumnachfrage so zu gestalten, dass durch die Güter ein möglichst großer Nutzen erzielt wird.
- Die allgemeine Nachfragefunktion $N = f(p_1, p_2, ..., p_n, Y_c, U)$ gibt an, dass die Haushaltsnachfrage von den Güterpreisen, der Konsumsumme und der Präferenzordnung des Haushalts abhängig ist.
- Die spezifische Nachfragefunktion $N_x = f(p_x, p_1, p_2, ..., p_n, Y_c, U)$ gibt an, dass die Nachfrage eines Haushalts nach einem bestimmten Gut von dem Preis dieses Gutes, den Preisen anderer Güter, der Konsumsumme und der Präferenzordnung des Haushalts abhängig ist.

3.2.2 Ziel der Haushaltsnachfrage: Nutzenmaximierung

Der Haushalt ist bestrebt, durch die Verwendung seines Einkommens ein möglichst hohes Maß an Bedürfnisbefriedigung zu erzielen. Zur Befriedigung von Bedürfnissen dient der Konsum von Gütern. Den Gütern wohnt also ein Nutzen inne. Der Haushalt erreicht sein Ziel dann, wenn er die Güter so auswählt, dass der größtmögliche Nutzen erreicht wird (Nutzenmaximum).

3.2.2.1 Nutzen und Nutzenmessung

Was ist der Nutzen eines Gutes und wie wird er gemessen?

Die oben entwickelte allgemeine Nachfragefunktion $N = f(p_1, p_2, ..., p_n, Y_c, U)$ weist mehrere Determinanten auf. Wenn nun in einem ersten Schritt der Einfluss des Nutzens (U) untersucht wird, bleiben die Einflüsse der anderen Faktoren, die in der Realität aber gleichzeitig wirken, unberücksichtigt.

Ermöglicht wird die isolierte Betrachtung des Faktors „Nutzen" durch einen Kunstgriff, indem so getan wird, als blieben die anderen Faktoren im Betrachtungszeitraum konstant.[1]

Als **Nutzen** wird das durch die Güterverwendung entstehende Maß an Bedürfnisbefriedigung bezeichnet. Der Nutzen, den ein bestimmtes Gut stiftet, kann nicht in einer absoluten Maßzahl **(„Kardinalskala";** z. B. „Brot erbringt einen Nutzen von 8, Kuchen von 6") angegeben werden. Die Wertschätzung eines Gutes ist auch von Person zu Person unterschiedlich. Ein Individuum ist dabei bestenfalls in der Lage, die verschiedenen Güter in eine Reihenfolge zu bringen **(„Ordinalskala";** z. B. „Brot erbringt mir einen größeren Nutzen als Kuchen"), in der die verschiedenen Güter nach ihrem Nutzen geordnet sind **(„Präferenzordnung").** Aber auch für ein und dieselbe Person ist der Nutzen eines bestimmten Gutes nicht immer gleich; wenn man durstig ist, stiftet ein Glas Wasser einen großen, wenn man nicht durstig ist, einen kleinen oder gar keinen

---

[1] Das Vorgehen, aus einer endlichen Anzahl von Einflussgrößen lediglich eine Größe isoliert zu betrachten und die übrigen Größen für den Betrachtungszeitraum als unverändert anzunehmen, findet sich in der Wirtschaftstheorie häufig. Es wird als Ceteris-paribus-Klausel („unter sonst gleichen Bedingungen") bezeichnet.

Nutzen.[1] In der Haushaltstheorie wird unterstellt, dass jeder Haushalt eine Rangfolge seiner Bewertung von Gütern angeben kann.

Nutzenüberlegungen können sich auf den Konsum nur *eines* Gutes oder auf den Konsum *mehrerer* Güter beziehen.

- Nutzen ist das durch den Konsum von Gütern entstehende Maß an Bedürfnisbefriedigung.
- Nutzenempfindungen sind individuell und situativ unterschiedlich.
- Für die Güter kann kein allgemeiner Nutzenwert angegeben werden. Ein Haushalt kann die von ihm nachgefragten Güter lediglich in eine Rangfolge (Ordinalskala) bringen; das Ergebnis bildet seine Präferenzordnung.

3.2.2.2 Nutzenmaximum bei Konsum eines Gutes: Erstes GOSSENsches Gesetz

Wie viel Einheiten eines Gutes muss ein Haushalt konsumieren, um sein Nutzenmaximum zu erreichen?

Bei der Analyse kann auf alltägliche Erfahrung zurückgegriffen werden. Wenn von einem bestimmten Gut nacheinander mehrere Einheiten konsumiert werden, ist der Nutzen der ersten Einheit am höchsten. Jede weitere Einheit bringt zunächst auch noch Nutzen, der jedoch von Einheit zu Einheit geringer wird.

Der Nutzenzuwachs, der durch jeweils eine Einheit, bzw. jeweils die letzte konsumierte Einheit, entsteht, heißt **Grenznutzen**.

Der Nutzen, den alle konsumierten Einheiten zusammen erbringen, ist der **Gesamtnutzen**. Nach dem Konsum einer endlichen Anzahl von Mengeneinheiten eines Gutes wird ein Zustand erreicht, in dem eine weitere Einheit keinen zusätzlichen Nutzen mehr stiftet; jetzt ist die **Sättigungsgrenze** erreicht.

Diese Erkenntnis bildet das **erste GOSSENsche Gesetz**[2] („Gesetz vom abnehmenden Grenznutzen" oder „Sättigungsgesetz").

Werden nach Erreichen der Sättigung noch weitere Gütereinheiten konsumiert, können negative Nutzen entstehen, die den Gesamtnutzen entsprechend mindern.

Erstes GOSSENsches Gesetz (Gesetz vom abnehmenden Grenznutzen):
Der Grenznutzen eines Gutes sinkt mit zunehmender Sättigung.

---

[1] Aus der Unmöglichkeit, den Nutzen eines Gutes zu messen und in einer Maßzahl auszudrücken, hat als erster Vilfredo PARETO (1848 – 1923), italienischer Nationalökonom und Soziologe, die Konsequenz gezogen, mit Nutzenindizes zu arbeiten, die lediglich Rangziffern (z. B. 1., 4., 8.) für die Nutzenschätzung vorsehen und somit eine Aussage darüber enthalten, ob ein Gut einem anderen vorgezogen wird oder nicht.

[2] Nach Hermann Heinrich GOSSEN (1810 – 1858), preußischer Assessor und Volkswirtschaftler. Bedeutender Vertreter der subjektiven Wertlehre und Vorläufer der Grenznutzenschule (Vgl. H. H. Gossen: Entwicklung der Gesetze des menschlichen Verkehrs und der daraus fließenden Regeln für menschliches Handeln. – Braunschweig 1854).

Beispiel

Die Nutzenentwicklung ist durchaus am Konsum einer entsprechenden Anzahl von Gläsern eines Getränkes nachzuvollziehen. Der Nutzen des ersten Glases ist am größten. Werden mehrere Gläser nacheinander getrunken, ist der Nutzen jedes weiteren Glases geringer als der Nutzen des vorhergehenden Glases. Irgendwann findet kein Nutzenzuwachs mehr statt. Der Nutzen aus der ersten Einheit soll 10 betragen; nach ihrem Kon-

Konsumierte Mengeneinheiten	Nutzenzuwachs durch *diese* Mengeneinheit (Grenznutzen)	Nutzen durch *alle* bisherigen Mengeneinheiten (Gesamtnutzen)
0		0
1	8	8
2	6	14
3	4	18
4	2	20
5	0	20
6	–2	18

sum ist ein Gesamtnutzen von 10 erreicht. Der Nutzen aus der nächstfolgenden Einheit (Grenznutzen) beträgt 7, nach ihrem Konsum ist ein Gesamtnutzen von 17 erreicht usw. (Im gewählten Zahlenbeispiel ist – aus Gründen der Veranschaulichung – eine kardinale Nutzenschätzung unterstellt, die jedoch in der Realität nicht möglich ist.)

Bei Konsum nur eines Gutes liegt also das Nutzenmaximum des Haushalts bei der Mengeneinheit, die einen Grenznutzen von null aufweist; im Beispiel bei fünf Einheiten.

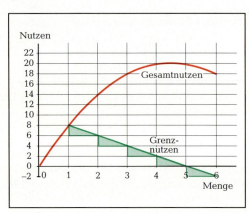

Die grafische Darstellung macht die Verläufe von Gesamtnutzen und Grenznutzen anschaulich. Die Kurve des Gesamtnutzens (U) steigt mit zunehmender Konsummenge degressiv an, erreicht bei einer bestimmten Menge ihr Maximum und fällt dann möglicherweise wieder ab. Der Nutzenzuwachs je Gütereinheit (Grenznutzen) nimmt mit zunehmender Menge ab. Entsprechend weist die Kurve des Grenznutzens (U') einen fallenden Verlauf auf. Bei der Gütermenge, bei der der Gesamtnutzen maximal ist, ist der Grenznutzen gleich null.

Auf eine zunächst widersprüchlich erscheinende Nutzenabwägung hat bereits Adam SMITH[1] hingewiesen. Ihm fiel auf, dass viele Menschen für das im Prinzip lebenswichtige Gut Wasser nur wenig oder gar kein Geld zahlen wollen, während sie für Diamanten, die nur begrenzte Verwendungsmöglichkeiten besitzen und auch keineswegs existenzielle Bedeutung haben, viel Geld auszugeben bereit sind **(Wasser-Diamanten-Paradoxon** oder auch **Wertparadoxon).**

Die Erklärung liegt in der unterschiedlichen Knappheit beider Güter und dem daraus sich ergebenden unterschiedlichen Grenznutzen. Zwar ist Wasser grundsätzlich lebenswichtig und entsprechend ist der Gesamtnutzen, den wir aus Wasser ziehen, groß. Doch ist Wasser in vergleichsweise großen Mengen vorhanden und es wird auch für weniger wichtige Dinge verwendet. Ohne zu zögern schütten wir es auch einfach weg. Seine Wertschätzung richtet sich offensichtlich nach dem Nutzen der letzten ver-

---

[1] Adam SMITH (1723 – 1790), englischer Philosoph und Nationalökonom, erster Klassiker der Nationalökonomie, auch „Vater der Marktwirtschaft" genannt. Hauptwerke: „Theory of Moral Sentiments" 1759, „Inquiry into the Nature and Causes of the Wealth of Nations" 1776.

brauchten Einheit (Grenznutzen) und ist daher gering. Da wir aber andererseits in aller Regel weniger Diamanten besitzen, als wir gern hätten, ist der Bedarf ungesättigt und wir schätzen auch die letzte uns verfügbare „Einheit" in ihrem Wert bzw. in ihrem Nutzen noch hoch ein.

> „Der Platz des Wassers auf unserer Wertskala wird nicht durch den unendlich großen Nutzen eines Glases Wasser bestimmt, das uns vor dem Verdursten retten würde, wenn uns nur dieses eine Glas zur Verfügung stünde, sondern durch den Nutzen der letzten Dosis, die wir zum Baden oder Blumengießen benutzen. Wir nennen diesen Nutzen der letzten Dosis den Grenznutzen ..."
>
> Röpke, W.: Die Lehre von der Wirtschaft. – Erlenbach-Zürich [10]1965, S. 25

- Gesamtnutzen ist der Nutzen, der sich als Summe der Nutzen aller konsumierten Einheiten eines Gutes einstellt.
- Grenznutzen ist der Nutzen, den eine Einheit bzw. die jeweils letzte konsumierte Einheit eines Gutes stiftet.
- Das Erste GOSSENsche Gesetz bezieht sich auf die Nutzenentwicklung bei Konsum *eines* Gutes; es sagt aus, dass der Grenznutzen (und damit die Bedürfnisbefriedigung) eines Gutes mit jeder konsumierten Einheit abnimmt und dass nach einer endlichen Anzahl von Einheiten eine Sättigung erreicht ist.
- Bei Konsum nur eines Gutes erreicht der Haushalt sein Nutzenmaximum bei der Mengeneinheit, die einen Grenznutzen von null aufweist (Sättigungsgrenze).
- Die Wertschätzung eines Gutes richtet sich weniger nach dem Gesamtnutzen, den es stiftet, sondern vielmehr nach dem Grenznutzen, d. h. nach dem Nutzen, den die letzte verbrauchte Einheit erbringt.

3.2.2.3 Nutzenmaximum bei Konsum mehrerer Güter: Zweites GOSSENsches Gesetz

Wie muss der Haushalt mehrere Güter miteinander kombinieren, damit der Nutzen aus der Güterkombination möglichst groß ist?

Nun richtet sich die Haushaltsnachfrage in der Regel nicht nur auf ein Gut, sondern auf mehrere Güter. Der Haushalt steht also vor dem Problem, in seine Nutzenüberlegungen eine Vielzahl von Gütern einzubeziehen und seine Konsumsumme so auf die Güter aufzuteilen, dass der Gesamtnutzen aus allen Gütern maximal ist.

Beispiel

Ein Haushalt hat die Auswahl zwischen den beiden Gütern x und y. Gut x rangiert in der Präferenzordnung vor Gut y. Die erste Einheit des Gutes x stiftet einen Nutzen von 60, durch die zweite Einheit erhöht sich der Gesamtnutzen um weitere 50 usw. Die erste Einheit von Gut y liefert einen Nutzen von 45, die zweite von 40 usw.

Mengen-einheiten	Grenznutzen Gut x [U'(x)]	Grenznutzen Gut y [U'(y)]
1	60	45
2	50	40
3	40	35
4	30	30
5	20	25
6	10	20

Zur Verdeutlichung des Entscheidungsvorgangs kann ein vereinfachendes Zahlenbeispiel dienen. Hierzu wird wieder unterstellt, dass der Güternutzen in Zahlen ausgedrückt werden kann.

■ 1. Variante: Die Preise der beiden Güter sind gleich

Für den Fall, dass die Preise für jeweils eine Mengeneinheit von x und y gleich sind, kann die Analyse sich auf eine reine Mengenbetrachtung beschränken. Entsprechend seiner Konsumsumme kann der Haushalt eine bestimmte Menge von beiden Gütern gleichzeitig kaufen. Die Verteilung auf beide Güterarten wird er so vornehmen, dass die Summe der dadurch „eingekauften" Grenznutzen möglichst groß ist. Das ist stets dann der Fall, wenn die Grenznutzen der eingekauften Güter gleich sind. Reicht die Konsumsumme im Beispiel für den Kauf von insgesamt 5 Mengeneinheiten, so wird der Haushalt 3 Einheiten von Gut x und 2 Einheiten von Gut y kaufen. Genauer: Er wird zunächst 1 Einheit von Gut x, dann noch 1 Einheit x, dann 1 Einheit y, dann je 1 Einheit x und y kaufen. Der Gesamtnutzen dieser Kombination ergibt sich aus der Summe der Grenznutzen: 60+50+45+40+40 = 235; es gibt im Beispiel keine andere Kombinationsmöglichkeit von 5 Mengeneinheiten, die einen größeren Gesamtnutzen liefern würde. Ist die Konsumsumme jedoch höher und kann der Haushalt z. B. insgesamt 7 Einheiten kaufen, ist die Lösung im Beispiel zunächst nicht eindeutig, da die Kombinationen 4x + 3y und 3x + 4y den gleichen Gesamtnutzen stiften. Wird jedoch davon ausgegangen, dass die Güter teilbar sind (z. B. 1,25 oder 3,88 Mengeneinheiten) stellt sich wieder eine eindeutige Kombination für das Nutzenmaximum ein.

■ 2. Variante: Die Preise der beiden Güter sind unterschiedlich

Die Entscheidungslage des Haushalts wird etwas schwieriger, wenn – wie in der Realität – die Preise der Güter unterschiedlich sind. Der für eine gegebene Konsumsumme erzielbare Nutzen bei zwei beliebigen Gütern x und y hängt nun auch von den Güterpreisen ab. Für eine bestimmte Geldmenge können von dem einen Gut mehr Mengeneinheiten erworben werden als von dem anderen Gut. Lautete bisher die Frage: „Welchen Grenznutzen stiftet eine Gütereinheit?", muss jetzt gefragt werden: „*Welcher Grenznutzen kann für eine Geldeinheit erworben werden?*" Die Grenznutzen der einzelnen Gütereinheiten müssen also mit den Preisen gewichtet werden [$U'(x)/p_x$]. Beträgt der Preis für eine Einheit von Gut x beispielsweise 4 Geldeinheiten (GE), so beträgt im Beispiel der **gewogene Grenznutzen** für die erste Gütereinheit 60/4 = 15 Nutzeneinheiten je GE, für die zweite 50/4 = 12,5 Nutzeneinheiten je GE usw. Für Gut y ist ebenso zu verfahren.

> **Beispiel**
>
> Wird für Gut x ein Preis von 4 GE und für Gut y ein Preis von 5 GE je Mengeneinheit angenommen, ergibt sich folgende Erweiterung der vorhergehenden Tabelle:
>
> | Mengen-einheiten | Grenznutzen Gut x [$U'(x)$] | Grenznutzen Gut y [$U'(y)$] | Grenznutzen Gut x je GE [$U'(x)/p_x$] | Grenznutzen Gut y je GE [$U'(y)/p_y$] |
> |---|---|---|---|---|
> | 1 | 60 | 45 | 15 | 9 |
> | 2 | 50 | 40 | 12,5 | 8 |
> | 3 | 40 | 35 | 10 | 7 |
> | 4 | 30 | 30 | 7,5 | 6 |
> | 5 | 20 | 25 | 5 | 5 |
> | 6 | 10 | 20 | 2,5 | 4 |

Das Nutzenmaximum bei einer Kombination mehrerer Güter mit unterschiedlichen Preisen ist dann erreicht, wenn die für eine Geldeinheit erzielten Grenznutzen gleich hoch sind oder anders ausgedrückt: wenn die mit den Güterpreisen gewogenen Grenznutzen sich ausgleichen. Diese Aussage entspricht dem **Zweiten GOSSENschen Gesetz,** dem **Gesetz vom Nutzenausgleich** oder genauer dem **Gesetz vom Ausgleich der gewogenen Grenznutzen.**

> **Zweites GOSSENsches Gesetz (Gesetz vom Ausgleich der Grenznutzen):**
> Das Maximum an Bedürfnisbefriedigung ist erreicht, wenn die Grenznutzen der zuletzt beschafften Mengeneinheiten der Güter gleich sind.

> „Nun, ohne Zweifel lassen wir uns davon leiten, dass das Grenznutzenniveau bei allen Arten der Befriedigung möglichst gleich hoch sein soll. Auch das ist nur die abstrakte Formulierung von etwas sehr Simplem, das wir täglich und stündlich praktizieren, ohne gleich die Formel dafür zu haben. Wir sehen den Vorgang in voller Deutlichkeit bei einem so trivialen Anlass wie dem des Kofferpackens für eine Reise. Da wir nicht unsere ganze Habe mitnehmen können, überlegen wir zunächst, welche Dinge wir am dringendsten brauchen (Auswahl); zugleich aber wägen wir ein Mehr an Hemden gegen ein Weniger an Schuhen, ein Mehr an Büchern gegen ein Weniger an Anzügen so gegeneinander ab, dass alles in einem vernünftigen Verhältnis zueinander steht (Begrenzung). Es klingt ein wenig komisch, aber es ist tatsächlich so, dass der Koffer dann ideal gepackt ist, wenn das Niveau des Grenznutzens für die Anzüge, Hemden, Socken, Taschentücher, Schuhe und Bücher gleich hoch und höher als der Nutzen der zurückgelassenen Gegenstände ist."
>
> *Röpke, W.: Die Lehre von der Wirtschaft. – Erlenbach-Zürich [10]1965, S. 31*

Für beliebige Güter x und y ergibt sich somit als **Haushaltsoptimum** die Gleichgewichtsbedingung:

$$\frac{\text{Grenznutzen des Gutes x}}{\text{Preis des Gutes x}} = \frac{\text{Grenznutzen des Gutes y}}{\text{Preis des Gutes y}}$$

oder

$$U'(x)/p_x = U'(y)/p_y$$

- Das Zweite GOSSENsche Gesetz (Gesetz vom Nutzenausgleich bzw. Gesetz vom Ausgleich der gewogenen Grenznutzen) bezieht sich auf die Nutzenentscheidungen bei Konsum mehrerer Güter; es sagt aus, dass der Gesamtnutzen (und damit die Bedürfnisbefriedigung) einer gegebenen Güterkombination dann maximal ist, wenn sich die Grenznutzen der Güter ausgleichen bzw. (bei unterschiedlichen Güterpreisen) wenn die mit den Güterpreisen gewogenen Grenznutzen der verschiedenen Güter sich ausgleichen.
- Bei Verwendung mehrerer Güter mit gleichen Preisen pro Mengeneinheit erreicht der Haushalt sein Nutzenmaximum bei der Güterkombination, bei der die Grenznutzen der von ihm verwendeten Güter gleich hoch sind.
- Bei Verwendung mehrerer Güter mit unterschiedlichen Preisen pro Mengeneinheit erreicht der Haushalt sein Nutzenmaximum bei der Güterkombination, bei der die für eine Geldeinheit erzielbaren Grenznutzen gleich hoch sind.
- Die Gleichgewichtsbedingung für zwei Güter x und y lautet: $U'(x)/p_x = U'(y)/p_y$. In diesem Punkt ist das Haushaltsoptimum erreicht.

3.2.3 Darstellung der Nutzenabwägung durch Indifferenzkurven

Wie können die Güterkombinationen ermittelt werden, die dem Haushalt den gleichen Nutzen bringen?

Die bestmögliche Bedürfnisbefriedigung des Haushalts stellt sich ein, wenn er die verfügbaren Güter entsprechend seiner Nutzenschätzung in bestimmten Mengen miteinander kombiniert. In der Realität wird dieser Vorgang von den Haushalten mehr oder weniger intuitiv vorgenommen; im Modell lässt er sich mithilfe von **Indifferenzkurven**[1] nachvollziehen.

Beispiel

	Güterkombinationen				
Güter	A	B	C	D	E
Menge des Gutes x	30	22	15	10	7
Menge des Gutes y	2	3	5	8	12
Gesamtnutzen	U_k	U_k	U_k	U_k	U_k

Aus Vereinfachungsgründen, insbesondere, weil dadurch eine grafische Veranschaulichung in einem zweidimensionalen Koordinatenkreuz möglich ist, wird wieder angenommen, dass der Konsumplan des Haushalts nur zwei Güter enthält. Aufgrund seiner Nutzenschätzung ergeben sich für die verschiedenen Mengeneinheiten der beiden Güter unterschiedliche Grenznutzen; bestimmte Mengenkombinationen aus beiden Gütern erbringen einen jeweils gleichen Gesamtnutzen **(Nutzenindex).** So soll der Haushalt durch Konsum von 30 Mengeneinheiten des Gutes x (z. B. 30 Brote) und 2 Mengeneinheiten des Gutes y (z. B. 2 kg Wurst) einen bestimmten Gesamtnutzen U_k (z. B. 100) erzielen; den gleichen Gesamtnutzen von 100 erhält er aber auch, wenn er von Gut x 22 und von Gut y 3 Einheiten konsumiert usw. Die Güterkombinationen A, B, C, D, E erbringen also allesamt den gleichen Gesamtnutzen, sie sind hinsichtlich ihres Nutzens **indifferent.**

Werden die nutzengleichen Güterkombinationen in einem Mengendiagramm dargestellt, so entsteht eine **Indifferenzkurve.**

Indifferenzkurve:
Geometrischer Ort aller Mengenkombinationen zweier Güter, die den gleichen Nutzen, d. h. das gleiche Versorgungsniveau, stiften.

Nun leuchtet ein, dass der Nutzenindex höher ist, wenn die Mengeneinheiten beispielsweise bei einem Gut aufgestockt und beim anderen Gut gleich gehalten werden. 35 Brote und 2 kg Wurst bringen einen größeren Nutzen als 30 Brote und 2 kg Wurst. Der Punkt, der den Nutzenindex dieser neuen Kombination wiedergibt, kann also nicht auf der ersten erstellten Indifferenzkurve liegen; er gehört zu einer anderen Indifferenzkurve, die einen höheren Nutzenindex repräsentiert und daher

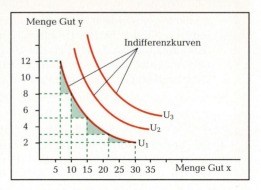

---

[1] Indifferenz bedeutet allgemein Unentschiedenheit, Unbestimmtheit; im vorliegenden Zusammenhang ist mit Indifferenz Unterschiedslosigkeit gemeint.

weiter rechts im Diagramm liegen muss. Auf diese Weise existieren für einen Haushalt und eine bestimmte Güterkombination x und y unendlich viele Indifferenzkurven, die sogenannte **Indifferenzkurvenschar.**

Der Haushalt kann ohne Verlust bei seinem Versorgungsniveau bestimmte Mengeneinheiten von Gut x durch bestimmte Mengeneinheiten von Gut y ersetzen (substituieren). Im Zahlenbeispiel kann der Haushalt beim Wechsel von Güterkombination B nach C ohne Nutzeneinbuße die Menge des Gutes x um 7 Einheiten mindern, wenn er gleichzeitig die Menge des Gutes y um 2 Einheiten erhöht. Das Verhältnis beider Mengenänderungen zueinander wird als **Grenzrate der Substitution** bezeichnet ($\Delta y/\Delta x$; Grenzrate der Substitution von y in Bezug auf x).

> Die **Grenzrate der Substitution** gibt an, in welchem Verhältnis eine Menge eines Gutes durch eine Menge eines anderen Gutes ersetzt (substituiert) werden kann, ohne dass sich das Versorgungsniveau ändert.

Da sich die Austauschverhältnisse der Gütermengen zueinander ändern, weist die Grenzrate der Substitution in jedem Punkt der Kurve einen anderen Wert auf; sie entspricht der Steigung der Kurve in einem bestimmten Punkt. Grafisch lässt sie sich als „Treppenstufen" darstellen.

- Eine Indifferenzkurve enthält alle Kombinationen zweier Güter, die dem Haushalt nach seiner subjektiven Bewertung den gleichen Nutzen (das gleiche Versorgungsniveau) bringen.
- Eine Indifferenzkurvenschar gibt für einen Haushalt die (unendlich) vielen Indifferenzkurven für eine Kombination zweier bestimmter Güter an.
- Die Grenzrate der Substitution gibt für ein bestimmtes, gleich bleibendes Versorgungsniveau das Verhältnis an, in dem eine Menge des einen Gutes durch eine Menge eines anderen Gutes ersetzt (substituiert) werden kann.

3.2.4 Tatsächliches Nachfrageverhalten der privaten Haushalte

> Wie sieht die Güternachfrage der privaten Haushalte in der Realität aus?

Die Theorie der Haushaltsnachfrage ist ein Modell. Sie unterstellt ein rationales und formal ausgefeiltes Nachfrageverhalten der Privathaushalte. In der Realität spielen jedoch auch eine Reihe irrationaler Momente bei konkreten Kaufakten mit und kaum ein Haushalt wird mit GOSSENschen Gesetzen operieren und Indifferenzkurven konstruieren. Geht die Theorie am tatsächlichen Verhalten der Haushalte also weit vorbei?

Hinsichtlich der unterstellten Prämisse „Rationalität" hängt eine Aussage vom zugrunde gelegten Verständnis ab. Wenn mit Rationalität gemeint ist, dass nur intersubjektive, messbare und vom Gut her bestimmbare Faktoren die Nachfrage beeinflussen, so gilt die Prämisse nicht. Wie aus der Alltagserfahrung hinreichend bekannt ist, bestimmen oftmals subjektive Gründe wie Geschmack, Modetrends, Geltungsbedürfnis usw. die Kaufentscheidung mehr als die funktionalen Eigenschaften des Produkts. Der volkswirtschaftliche Nutzenbegriff schließt diese Elemente jedoch ein. Da die Nutzenschätzung ein individueller und subjektiver Vorgang ist, erfasst er *alle* Bedürfnisse und damit auch die indirekten Nutzen, die für eine Person mit dem Besitz bzw. der Nutzung eines Gutes verbunden sind.

Auch die Durchführung des Konsumplanes ist in der Realität sicher nicht so weitgehend formalisiert, wie dies im Modell dargestellt wird. Bestenfalls führen Privathaushalte ein Haushaltsbuch, in dem Einnahmen und Ausgaben der laufenden Periode festgehalten werden; die Planungen für zukünftige Perioden sind grob und erfassen in der Regel nur die nicht alltäglichen Vorgänge. Dennoch sind die Haushalte – zumindest unbewusst – bemüht, die im Modell dargestellten Optimierungsstrategien zu realisieren. Dazu gehört, die Konsumwünsche mit dem Einkommensrahmen abzugleichen und bei konkurrierenden Wünschen den Nutzen alternativer Güter gegeneinander abzuwägen.

Das tatsächliche Nachfrageverhalten der privaten Haushalte wird regelmäßig vom Statistischen Bundesamt untersucht. Hierzu werden alle fünf Jahre umfangreiche Befragungen bei Haushalten aller Bevölkerungsschichten (**„Einkommens- und Verbrauchsstichproben"**; ca. 62.000 Haushalte) durchgeführt, die durch monatliche Erhebungen bei ausgewählten Haushalten (**„laufende Wirtschaftsrechnungen"**; 2.000 Haushalte) ständig aktualisiert werden. Die Erhebungen dienen dem Ziel, die von einem Durchschnittshaushalt regelmäßig erworbenen Gütern zu ermitteln und deren Gewicht bzw. Anteil an den Gesamtausgaben der privaten Haushalte festzustellen.[1]

Jahr Gütergruppe	1850	1880	1910	1935	1950	1995
			(% des Gesamtverbrauchs)			
Nahrungsmittel, Getränke, Tabakwaren	60,0	57,8	51,7	48,4	44,2	23,0
Wohnung	11,5	13,4	15,9	15,4	11,5	19,2
Möbel, Energie	4,3	5,3	7,6	8,5	11,4	13,9
Bekleidung	10,9	13,5	14,2	11,8	14,0	7,5
Gesundheits-, Körperpflege	2,4	2,3	3,4	5,2	4,7	6,7
Häusliche Dienste	10,3	5,8	2,9	2,0	1,2	0
Bildung, Erholung	0,5	0,8	1,4	3,5	6,5	19,5
Verkehr, Nachrichten	0,2	1,0	3,0	5,2	6,6	16,2

Quelle: Hoffmann, W. G.: Das Wachstum der deutschen Wirtschaft seit der Mitte des 19. Jahrhunderts. – Berlin u. a. 1965, S. 116 ff.; Statistisches Bundesamt; eigene Berechnungen

Bei einem Blick auf die langfristige Entwicklung der Verbrauchsausgaben wird erkennbar, dass im Zeitablauf eine beträchtliche Verschiebung von den Grundbedürfnissen zu den freien Bedürfnissen stattgefunden hat. Insbesondere die Ausgaben für Nahrungsmittel beanspruchen einen ständig geringer werdenden Anteil. Hingegen haben die Aufwendungen für Wohnen, Möbel und Energie, Bildung und Erholung sowie Verkehr und Nachrichten verhältnismäßig zugenommen.

Das Statistische Bundesamt erfasst die Daten u. a. für den Durchschnitt aller privaten Haushalte sowie für Haushalte mit unterschiedlichen Einkommen.

Bei einer Differenzierung nach Einkommen zeigen sich zum Teil deutliche Unterschiede in der Ausgabenstruktur. Mit steigenden Einkommen entfällt ein ständig geringerer Anteil der Ausgaben auf den **Grundbedarf** (Nahrung, Kleidung, Wohnen); entsprechend unterschiedlich sind die Spielräume beim so genannten **„freien Bedarf"**.

---

[1] Zu Einzelheiten der Ermittlung vgl. die Erläuterungen zum Binnenwert des Geldes, Kap. 8.

Ausgaben privater Haushalte 1998 (Anteile am Privatverbrauch)								
Gütergruppe	Monatliches Haushaltsnettoeinkommen							
	<1.800	1.800–2.500	2.500–3.000	3.000–4.000	4.000–5.000	5.000–7.000	7.000–10.000	10.000–35.000
Nahrungsmittel, Getränke, Tabakwaren	18	16	16	15	15	14	13	11
Bekleidung, Schuhe	5	5	6	5	6	6	6	6
Wohnen, Energie	40	37	34	33	32	32	31	28
Grundbedarf	**63**	**58**	**55**	**54**	**53**	**52**	**50**	**45**
Innenausstattung, Haushaltsgegenstände	4	6	6	7	7	7	7	8
Gesundheitspflege	2	3	3	3	3	3	4	6
Verkehr	7	9	11	12	13	14	15	16
Nachrichtenübermittlung	4	4	3	3	2	2	2	2
Freizeit, Unterhaltung, Kultur	11	12	12	12	12	12	12	13
Bildungswesen	1	0	0	0	0	1	1	1
Beherbergungs- und Gaststättendienstleistungen	4	4	4	5	5	5	5	6
Andere Waren und Dienstleistungen	4	4	4	4	4	4	4	5
Quelle: Statistisches Bundesamt								

Diese Entwicklung wurde bereits im vergangenen Jahrhundert von Ernst ENGEL und Hermann SCHWABE beobachtet.[1] Nach ENGEL nehmen bei steigendem Wohlstand zwar die Ausgaben eines Haushalts für Nahrungsmittel absolut zu, ihr Anteil an den Gesamtausgaben sinkt jedoch **(ENGELsches Gesetz)**. Der von ENGEL festgestellte langfristige Zusammenhang zwischen Einkommenshöhe und Ernährungsaufwand gilt auch bei einer Querschnittsbetrachtung, also bei zeitgleichen Einkommensunterschieden. Das **SCHWABEsche Gesetz** besagt, dass bei steigenden Einkommen die Ausgaben für Wohnen relativ abnehmen. Allerdings gilt diese Gesetzmäßigkeit nur, wenn der Haushalt in der gleichen sozialen Schicht bleibt. Ist mit der Einkommensentwicklung ein sozialer Aufstieg – oder Abstieg – verbunden, so verändern sich offensichtlich auch entsprechend die Ansprüche an das Wohnen.

- Auch in der Realität bemühen sich die Haushalte, den mit dem Einkommen erzielbaren Nutzen zu optimieren.
- Die Verbrauchsgewohnheiten der privaten Haushalte werden vom Statistischen Bundesamt in Form des so genannten Warenkorbes ermittelt.
- Die Ausgabenanteile für einzelne Güterarten haben sich im Zeitablauf unterschiedlich entwickelt. Die Ausgaben für den Grundbedarf gingen relativ zurück und die Ausgaben für den freien Bedarf nahmen relativ zu.
- Mit steigendem Wohlstand nehmen zwar die Ausgaben eines Haushalts für Nahrungsmittel absolut zu, ihr Anteil an den Gesamtausgaben sinkt jedoch **(ENGELsches Gesetz)**.
- Mit steigendem Einkommen nehmen – innerhalb der gleichen sozialen Schicht – die Ausgaben für Wohnbedarf relativ ab **(SCHWABEsches Gesetz)**.
- Bei einer Betrachtung der Ausgabenstruktur der unterschiedlichen Haushaltstypen zu einem bestimmten Zeitpunkt (Querschnittsbetrachtung) gelten sowohl das ENGELsche als auch das SCHWABEsche Gesetz; die Ausgabenanteile für Ernährung **und** Wohnen sind in Haushalten mit höherem Einkommen geringer als in Haushalten mit niedrigem Einkommen.

---

[1] Ernst ENGEL (1821 – 1896), Begründer der preußischen Statistik, entwickelte 1857 aufgrund von Haushaltsrechnungen der Arbeiterhaushalte das nach ihm benannte Gesetz des Verbrauchs.
Hermann SCHWABE (1830 – 1874), preußischer Statistiker, beobachtete 1868 eine dem ENGELschen Gesetz entsprechende Entwicklung bei den Wohnungsausgaben, wobei aber diese Gesetzmäßigkeit nur innerhalb der gleichen sozialen Schicht gilt (H. Schwabe: Das Verhältnis von Miethe und Einkommen in Berlin, 1868).

3.3 Bestimmungsgrößen der Haushaltsnachfrage nach einem Gut

Die Nachfrage der privaten Haushalte nach einem bestimmten Gut wird von einer Reihe von Faktoren bestimmt. Die in der Nachfragefunktion $N_x = f(p_x, p_1, p_2, ..., p_n, Y_c, U)$ enthaltene

- Abhängigkeit der Nachfrage vom Preis des jeweiligen Gutes (p_x),
- Abhängigkeit der Nachfrage vom Einkommen bzw. der Konsumsumme (Y_c),
- Abhängigkeit der Nachfrage von den Preisen anderer Güter ($p_1, p_2, ..., p_n$)

wird im Folgenden dargestellt.

3.3.1 Nachfrage und Preis: Individuelle Nachfragekurve

Wie wirkt sich der Preis eines Gutes auf die Nachfrage nach diesem Gut aus bzw. wie ändert sich die Nachfrage, wenn sich der Preis ändert?

Neben dem Nutzen, den ein Nachfrager einem Gut beimisst, entscheidet vor allem der Preis des Gutes darüber, ob und gegebenenfalls in welchen Mengen er ein Gut nachfragt. Für die Beantwortung der Frage, wie der Preis eines Gutes die Nachfragemenge beeinflusst, wird – ähnlich wie bei der Nutzenbetrachtung – aus der Nachfragefunktion $N_x = f(p_x, p_1, p_2, ..., p_n, Y_c, U)$ der Preis p_x des nachgefragten Gutes isoliert und in seinem Einfluss auf die Nachfragemenge betrachtet; die übrigen Faktoren werden wieder konstant gehalten.

■ Normale Nachfragereaktion

Beispiel

Eine Squash-Anlage ist am Spätnachmittag und am Abend vollständig ausgebucht. Mit der Belegung der übrigen Stunden ist der Besitzer unzufrieden. Er führt eine Sonderaktion durch und bietet die Spielstunde zu unterschiedlichen Preisen an: in der ersten Woche zu 10,00 EUR, in der zweiten Woche zu 9,00 EUR usw. Er notiert die Anzahl der Buchungen und hält das Ergebnis in einer Tabelle fest.

Nachfrage und Preis	
Preis je Stunde	Nachgefragte Menge
10	1
9	2
8	4
7	7
6	11
5	16
4	22
3	30

Bei normaler Nachfragereaktion steigt die Nachfrage nach einem Gut, wenn der Preis sinkt; die Nachfrage sinkt, wenn der Preis steigt.

Gesetz der Nachfrage
Die Nachfrageänderung steht in einem umgekehrten (inversen) Verhältnis zur Preisänderung

- Steigende Preise führen zu sinkender Nachfrage
- Sinkende Preise führen zu steigender Nachfrage

Die grafische Veranschaulichung des Zusammenhanges im sogenannten **Preis-Mengen-Diagramm** liefert die **individuelle Nachfragefunktion** oder **Nachfragekurve**.

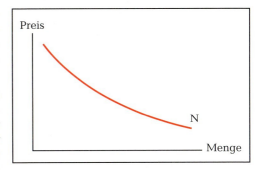

Die normale Nachfragekurve fällt von links oben nach rechts unten. Preisänderungen führen zu einer **Bewegung auf der Kurve.** Exakte Aussagen können nur für die in der Tabelle enthaltenen Punkte gemacht werden. Für den Verlauf zwischen den Punkten liegen keine Daten vor; es kann jedoch ein stetiger Verlauf unterstellt werden.

> Die Nachfragekurve zeigt an, welche Menge eines Gutes bei einem bestimmten Preis nachgefragt wird und wie sich die Nachfrage verändert, wenn sich der Preis ändert.

> Preisänderungen führen zu einer Bewegung auf der Nachfragekurve.

Die bisher dargestellten Preis-Mengen-Beziehungen geben den Zusammenhang bei normaler Nachfragereaktion wieder. Aus verschiedenen Untersuchungen ist jedoch bekannt, dass unter bestimmten Bedingungen auch andere, anomale Nachfragereaktionen[1] möglich sind.

■ Anomale Nachfragereaktionen

Zu den anomalen Nachfragen (Paradoxien) gehört der sogenannte **Giffen-Fall.** Im 19. Jahrhundert beobachtete GIFFEN[2], dass bei einer Erhöhung des Brotpreises die Brotnachfrage der englischen Landbevölkerung zunahm. Erklärbar wird dieses Phänomen dadurch, dass in der damaligen Zeit Brot ein vergleichsweise billiges Grund- und Hauptnahrungsmittel war. Durch die Verteuerung des Brotes mussten die Haushalte zur Deckung ihres Grundbedarfs mehr Geld für Brot ausgeben als vorher. Für andere Nahrungsmittel (z. B. Fleisch) stand nun weniger Geld zur Verfügung. Der Ausfall bei diesen Nahrungsmitteln musste durch eine Mehrnachfrage nach Brot ausgeglichen (substituiert) werden, das zwar teurer geworden war, aber immer noch weniger kostete als Fleisch. In Umkehrung der üblichen Reaktion führte die Preissteigerung bei Brot zu einer wachsenden Nachfrage nach diesem Gut.

Beispiel

Einem Haushalt stehen für Nahrungsmittel (Brot und Fleisch) 480 Geldeinheiten (GE) zur Verfügung. Er benötigt für seine Versorgung 100 Nahrungseinheiten. Bisher konsumierte er 80 Einheiten Brot zum Preis von 3 GE/Einheit und 20 Einheiten Fleisch zum Preis von 12 GE/Einheit. Der Brotpreis steigt auf 4 GE/Einheit.

---

[1] Anomal (griech.) = unregelmäßig, regelwidrig; anomale Nachfragereaktionen sind solche, die nicht dem Gesetz der Nachfrage entsprechen.

[2] R. GIFFEN, englischer Statistiker, wies den beschriebenen Sachverhalt u. a. für die Reisnachfrage in Indien und die Brotnachfrage in England nach.

| Nachfrage und Preis (anomal) ||||||||
| Brot ||| Fleisch ||| Gesamt ||
Preis	Einheiten	Betrag	Preis	Einheiten	Betrag	Einheiten	Summe
3	80	240	12	20	240	100	480
4	80	320	12	20	240	100	560
4	90	360	12	10	120	100	480

Würde der Haushalt bei einer Preissteigerung für Brot von 3 auf 4 GE sein bisheriges Versorgungsniveau beibehalten, müsste er 560 GE für Nahrungsmittel ausgeben, was er jedoch nicht kann. Er kann im Rahmen seiner **Budgetbeschränkung** von 480 GE die benötigten 100 Nahrungseinheiten nur erwerben, wenn er die Fleischmenge von 20 auf 10 Einheiten reduziert und die Brotmenge von 80 auf 90 Einheiten erhöht. Bezogen auf das Gut Brot führt eine Preiserhöhung also zu einer Nachfragesteigerung.

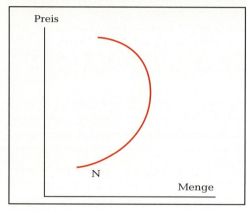

Anomale Nachfragekurve

Der Giffen-Fall kann auch in der umgekehrten Situation eintreten. Dann führt eine Preissenkung zu einer sinkenden Nachfrage nach einem Gut. Wenn der Brotpreis sinkt, haben die Nachfrager mehr Einkommensteile für die Nachfrage nach Fleisch zur Verfügung. Wird mehr von dem **superioren Gut**[1] Fleisch konsumiert, braucht weniger von dem inferioren Gut Brot gegessen zu werden. Die Preissenkung bei Brot hat also über den Substitutionseffekt von Fleisch zu einer sinkenden Nachfrage nach Brot geführt.

Die Giffen-Reaktion gilt jedoch nur, wenn die Preisänderung ein inferiores Gut betrifft (Giffen-Güter) und der erhöhte Preis dieses Gutes noch unter dem Preis des substituierten superioren Gutes liegt.

- Sinkende Preise führen zu steigender Nachfrage, steigende Preise führen zu sinkender Nachfrage (Gesetz der Nachfrage).
- Die individuelle Nachfragefunktion (Nachfragekurve) gibt die Beziehung zwischen dem Preis eines Gutes und der dazugehörigen Nachfragemenge wieder.
- Die grafische Darstellung der individuellen Nachfragekurve in einem Preis-Mengen-Diagramm führt zu einer Nachfragekurve, die von links oben nach rechts unten fällt.
- Unter bestimmten Bedingungen kann ein steigender (fallender) Preis auch zu steigender (sinkender) Nachfrage führen (Giffen-Fall).

---

[1] Superior: qualitativ höherwertig; inferior: qualitativ geringerwertig

3.3.2 Nachfrage und Einkommen: Bilanzgerade

Die allgemeine Nachfragefunktion N = f($p_1, p_2, ..., p_n, Y_c, U$) weist aus, dass die Nachfrage auch vom Einkommen (Y) bzw. von dem – nach Abzug der Ersparnis – für den Konsum reservierten Teil des Einkommens (Y_c) abhängt. Für die Behandlung der Einkommensabhängigkeit der individuellen Nachfrage werden wiederum die übrigen Nachfragefaktoren als konstant unterstellt. Die Abhängigkeit vom Einkommen ergibt sich als

- Abhängigkeit der Nachfrage von der Einkommenshöhe
- Abhängigkeit der Nachfrage von einer Änderung des Einkommens.

■ Nachfrage und Einkommenshöhe

> Welche Beziehung besteht zwischen der Nachfrage eines Haushalts und der Höhe seines Einkommens?

Wie aus der Alltagserfahrung – manchmal etwas schmerzlich – bekannt ist, beschränkt das zur Verfügung stehende Einkommen die Konsummöglichkeiten. Der Wert der nachgefragten Güter kann nicht höher sein als die Konsumsumme Y_c. Diese Begrenzung wird als **Budgetbeschränkung** bezeichnet. Für den Zwei-Güter-Fall (x und y) ergibt sich die **Bilanzgleichung:**

$$Y_c = p_x \cdot x + p_y \cdot y$$

Beispiel

Ein Haushalt fragt die Güter x und y nach. Als Konsumsumme Y_c stehen ihm hierfür 480 GE zur Verfügung. Der Preis für Gut x beträgt 4 GE, für Gut y 6 GE. Der Haushalt kann für seine Konsumsumme unterschiedliche Mengenkombinationen von x und y erwerben.

Preis x (p_x)	Menge x (x)	Preis y (p_y)	Menge y (y)	Summe für Gut x	Summe für Gut y	Konsumsumme (Y_c)
4	120	6	0	480	0	480
4	90	6	20	360	120	480
4	60	6	40	240	240	480
4	30	6	60	120	360	480
4	0	6	80	0	480	480

Gibt der Haushalt sein gesamtes Geld für das Gut x aus, kann er davon 120 Einheiten und von y 0 Einheiten kaufen; gibt der Haushalt das gesamte Geld für das Gut y aus, kann er davon 80 Einheiten und von x 0 Einheiten kaufen. Zwischen diesen beiden Extremen besitzt er eine Vielzahl von Kombinationsmöglichkeiten.

Die grafische Darstellung aller Kombinationsmöglichkeiten der Güter x und y, die

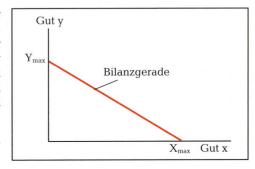

der Haushalt bei gegebener Konsumsumme und gegebenen Güterpreisen besitzt, wird als **Bilanzgerade** oder **Budgetgerade** bezeichnet.[1]

> **Bilanzgerade:**
> **Geometrischer Ort aller möglichen Gütermengenkombinationen bei gegebener Konsumsumme und gegebenen Güterpreisen**

Für den Haushalt stellt sich die Frage, welche der möglichen Güterkombinationen für ihn die beste ist. Zweifellos jene, die den größten Nutzen erbringt. Um diese Kombination zu ermitteln, muss die Bilanzgerade um die Nutzenschätzungen des Haushalts ergänzt werden. Wie bereits früher gezeigt wurde, besitzt der Haushalt für die Kombination zweier Güter eine Vielzahl von Indifferenzkurven, wobei alle Punkte auf einer Kurve das gleiche Nutzenniveau repräsentieren. Das Nutzenniveau ist umso höher, je weiter die Indifferenzkurve rechts liegt, d. h. vom Koordinatenursprung entfernt ist. Für den Haushalt stellt sich die Frage, welche Güterkombination den größten Nutzen bringt. Für die Entscheidung gelten zwei Bedingungen:

- Die Güterkombination muss von der verfügbaren Konsumsumme abgedeckt werden,
- Die Indifferenzkurve sollte so weit wie möglich rechts liegen.

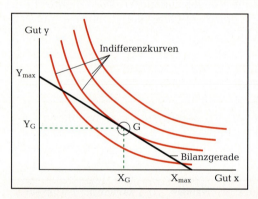

Die erste Bedingung ist immer dann erfüllt, wenn sich die Bilanzgerade und eine Indifferenzkurve schneiden. Die zweite Bedingung ist genau dann erfüllt, wenn die Bilanzgerade eine Indifferenzkurve gerade noch berührt (tangiert). Der Tangentialpunkt kennzeichnet das **Haushaltsgleichgewicht,** d.h. die optimale Güterwahl, mit den Gleichgewichtsmengen x_G und y_G.

> **Haushaltsgleichgewicht:**
> Der Haushalt hat die Güter dann optimal kombiniert, wenn er unter Berücksichtigung seiner Bilanzgeraden das höchstmögliche Nutzenniveau erreicht. Das ist dort der Fall, wo die Bilanzgerade eine Tangente an eine der Indifferenzkurven bildet.

> - Die durch das Einkommen gegebene Begrenzung der Konsummöglichkeiten heißt Budgetbeschränkung. Die Bilanzgleichung lautet:
> $Y_c = p_x \cdot x + p_y \cdot y + ... + p_n \cdot n$
> - Die Bilanzgerade oder Budgetgerade gibt (grafisch) an, welche Kombinationsmöglichkeiten für zwei Güter bei gegebenem Einkommen bestehen.
> - Das Haushaltsgleichgewicht (G), also die Realisierung des optimalen Konsumplanes, liegt im Tangentialpunkt der Bilanzgeraden mit einer Indifferenzkurve.

---

[1] Die Bilanzgerade hat auf der Angebotsseite ihre Entsprechung in der Minimalkostenkombination; vgl. Kap. 4.

■ Nachfrage und Einkommensänderung

> Wie verändert sich die Nachfrage des Haushalts, wenn sich sein Einkommen verändert?

In der Realität bleibt das Einkommen nicht konstant; zumeist steigt es im Zeitablauf. Da in aller Regel das Mehreinkommen nicht vollständig gespart wird, erhöht sich auch die Konsumsumme Y_c. Die Auswirkungen der Mehrnachfrage lassen sich sowohl für ein Gut als auch für eine Güterkombination darstellen. Bei einer differenzierteren Betrachtung lassen sich wieder ein Normalfall und ein anomaler Fall unterscheiden.

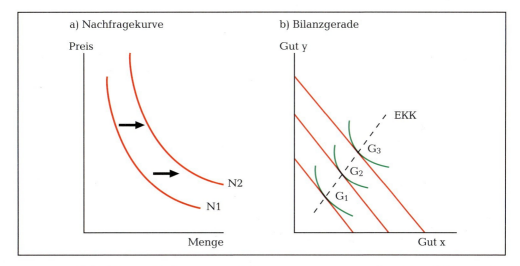

Im **Normalfall** führt die Einkommenserhöhung zu einer **proportionalen** Erhöhung der Güternachfrage. Wird die Nachfrage nach einem bestimmten Gut in einem Preis-Mengen-Diagramm dargestellt, ergibt sich infolge der Einkommenserhöhung eine Rechtsverschiebung der Nachfragekurve. Zu gegebenen Preisen kauft der Haushalt nach der Einkommenserhöhung von dem Gut größere Mengen als vorher. Während also Preisänderungen zu einer **Bewegung auf der Kurve** führen, bewirken Einkommensänderungen eine **Verschiebung der Kurve.**

> Einkommensänderungen führen zu einer Verschiebung der Nachfragekurve.

Im Zwei-Güter-Fall schlägt sich die Einkommenserhöhung – bei konstanten Güterpreisen – in einer parallelen Rechtsverschiebung der Bilanzgeraden nieder. Der Haushalt erreicht im Berührungspunkt mit einer neuen, weiter rechts liegenden Indifferenzkurve ein neues Haushaltsgleichgewicht (G_2) mit einem höheren Nutzenniveau; beide Gleichgewichtsmengen (x_G und y_G) sind größer als vor der Einkommenserhöhung. Bei einer erneuten Einkommenssteigerung ergibt sich im Berührungspunkt der Bilanzgeraden mit einer entfernteren Indifferenzkurve ein weiteres Gleichgewicht (G_3). Die Verbindungslinie der verschiedenen Gleichgewichtspunkte heißt **Einkommens-Konsum-Kurve (EKK).** Bei einer Einkommensminderung verläuft die Entwicklung in umgekehrter Richtung.

Im **anomalen Fall** verhält sich die Güternachfrage **nicht proportional** zur Einkommensänderung; die Nachfrage nach einem Gut steigt z. B. stärker als nach einem anderen Gut. Im Extremfall verändert sich durch die Einkommensänderung die Nachfrage nach einem Gut überhaupt nicht **(Sättigungsgut).** Es ist beispielsweise kaum anzunehmen, dass ein Haushalt mehr Streichhölzer kauft, weil sich sein Einkommen erhöht hat. Von bestimmten Güterarten, den inferioren Gütern, wird der Haushalt bei einer Verbesserung seiner Einkommenssituation relativ oder sogar absolut (vgl. den GIFFEN-Fall) weniger kaufen als vorher; er wird diese Güter ganz oder teilweise durch einen überproportionalen Mehrkonsum von hochwertigeren (superioren) Gütern ersetzen.

> - Einkommensänderungen bewirken eine **Verschiebung** der Nachfragekurve.
> - Einkommensänderungen bewirken eine Verschiebung der Bilanzgeraden. Nach einer Einkommensänderung ergibt sich ein neues Haushaltsgleichgewicht im Tangentialpunkt der neuen Bilanzgeraden mit einer weiter rechts liegenden Indifferenzkurve.
> - Bei anomalen Nachfragereaktionen entwickelt sich die Güternachfrage nicht proportional zur Einkommensänderung. Bei einer Einkommenssteigerung kann die Nachfrage nach einem Gut gleich bleiben (Sättigungsgut), unterproportional steigen (relativ inferiores Gut), absolut sinken (absolut inferiores Gut) oder überproportional steigen (superiores Gut).

3.3.3 Weitere Bestimmungsgrößen der Nachfrage

Welche Faktoren, außer der Nutzenschätzung des Haushalts, dem Preis des Gutes und dem Haushaltseinkommen, beeinflussen sonst noch die Nachfrage?

■ Nachfrage und Vermögen

Vermögen spielt für die Haushaltsnachfrage nur mittelbar und mittelfristig eine Rolle. Beim Vermögen handelt es sich um angesammelte Einkommensteile, die in früheren Perioden nicht für Konsumzwecke verwendet wurden. Vermögen kann Auswirkungen auf die Präferenzordnung und – über Vermögenserträge oder Vermögensauflösungen – auf das Einkommen des Haushalts haben.

■ Nachfrage und Preise anderer Güter

Preise anderer Güter wirken sich unter bestimmten Bedingungen auf die Nachfrage nach einem bestimmten Gut aus. Voraussetzung ist, dass zwischen den Gütern eine Beziehung existiert. Mittelbar stehen alle Güter über die Preise miteinander in Beziehung. Steigt – bei gegebenem Einkommen – der Preis eines Gutes und wird der Konsum dieses Gutes nicht in gleichem Umfang zurückgenommen, gehen die Mehraufwendungen für dieses Gut zwangsläufig zulasten anderer Güter.

Eine unmittelbare Abhängigkeit besteht, wenn die Güter in einer ganz bestimmten Beziehung zueinander stehen. Dies ist der Fall, wenn die Güter einander ersetzen können (Substitutionsgüter) oder wenn die sinnvolle Verwendung eines Gutes die Nutzung eines weiteren Gutes bedingt (Komplementärgüter)[1]. Steigt bei **Substitutionsgütern** der Preis für Gut A (z. B. Butter) an, so sinkt im Normalfall die Nachfrage nach diesem Gut und die Nachfrage nach dem substitutiven Gut B (z. B. Margarine) steigt. Die Aussage

---

[1] Zu den unterschiedlichen Güterarten vgl. Kap. 1.

lässt sich auch umkehren: Führt eine Preiserhöhung bei einem Gut zur Nachfragesteigerung bei einem anderen Gut, so handelt es sich um Substitutionsgüter. Eine anomale Reaktion ergibt sich jedoch, wenn das eine Gut ein inferiores und das andere Gut ein superiores Gut ist. Handelt es sich um **Komplementärgüter,** so führt die Preissteigerung bei einem Gut (z. B. Computern) zu einem Nachfragerückgang bei diesem Gut und damit auch zu einem Nachfragerückgang bei einem komplementären Gut (z. B. Monitoren).[1] Auch hier gilt wieder, dass eine komplementäre Güterbeziehung angezeigt wird, wenn die Preissteigerung bei einem Gut zu einer Nachfrageminderung bei einem anderen Gut führt.

■ Nachfrage und Bedürfnisstruktur

Die in den oben angestellten Nutzenüberlegungen unterstellte **Bedürfnisstruktur** des Haushalts bleibt im Zeitablauf nicht gleich. Bedürfnisstrukturen können sich ändern, weil sich beispielsweise das Alter oder die Anzahl der Haushaltsmitglieder ändert oder weil sich die Wertschätzung einzelner Güter ändert (z. B. bei Umstellung von Normalkost auf Vollwertkost). Eine Änderung der Bedürfnisstruktur führt zu anderen Nutzenschätzungen und damit auch zu einer anderen Präferenzordnung.

■ Nachfrage und soziale Faktoren

Nicht zuletzt üben **soziale Faktoren** beträchtlichen Einfluss auf das Nachfrageverhalten aus. Die Wirtschaftstheorie unterstellt autonome, d. h. von anderen Haushalten unabhängige Nutzenschätzungen des einzelnen Haushalts. Dass dies so nicht zutrifft und in der Realität die Nutzenschätzungen vom Verhalten anderer Haushalte bzw. Konsumenten, oder genauer: vom Verhalten relevanter Bezugsgruppen, abhängt, wird eine kritische Selbstbeobachtung schnell bestätigen. Die Wirtschaftspraxis weist denn auch einige interessante Sonderfälle beim Nachfrageverhalten auf. Die wichtigsten sind Mitläufereffekt, Snob-Effekt und VEBLEN-Effekt.

Beim **Mitläufereffekt** besteht eine positive Abhängigkeit zwischen den Nutzenschätzungen von Haushalten in der Weise, dass ein Haushalt ein Gut erstmals oder vermehrt nachfragt, weil ein anderer Haushalt dieses Gut auch konsumiert. Solche Nachahmungseffekte treten vor allem bei Gütern auf, die der **Mode** unterliegen.

Der **Snob-Effekt**[2] kennzeichnet das gegenteilige Verhalten. Zwischen den Nutzenschätzungen der Haushalte besteht eine negative Abhängigkeit; weil eine andere Gruppe (z. B. mit geringem sozialen Ansehen) dieses Gut konsumiert, wird es von anderen Haushalten weniger oder gar nicht nachgefragt.

Snobistisches Nachfrageverhalten kann auch vom Preis des Gutes abhängen. Manche Güter sind nur deswegen begehrt, weil sie teuer sind und ihr Konsum Exklusivität verleiht. Sinkt der Preis und wird das Gut dadurch für eine größere Anzahl von Nachfragern prinzipiell erschwinglich, verliert es an Attraktivität. Dieses Verhalten findet sich vor allem bei sehr teuren Luxusgütern und bei Gütern mit einem geringen funktionellen Nutzen. Ein derartiger Demonstrations- und Prestigekonsum wurde von VEBLEN[3] untersucht und wird nach ihm als **VEBLEN-Effekt** bezeichnet. Wichtig hierbei ist, dass

---

[1] Zu den Preisbeziehungen zwischen Substitutions- und Komplementärgütern vgl. ausführlicher die Erläuterungen zur Kreuzpreiselastizität.
[2] Snob = eingebildeter Mensch
[3] VEBLEN, Thorstein B., (1857 – 1929) amerikanischer Nationalökonom; vgl. T. B. Veblen: Theory of the leisure class, 1899; dt. Theorie der feinen Leute, 1959.

der Nachfragerückgang zunächst einmal nur die Nachfrage eines bestimmten Haushalts betrifft; es kann durchaus sein, dass die Gesamtnachfrage aller Haushalte aufgrund der Preissenkung zunimmt.

Eine Zusammenstellung aller wichtigen Einflussgrößen auf die Konsumgüternachfrage lässt zwei Gruppen erkennen. Das eine Bündel beinhaltet mit Einkommen und Güterpreisen die in Geld ausdrückbaren Größen und bestimmt letztlich die Kaufkraft des Haushalts. Steigendes Einkommen erhöht und steigende Preise mindern die Kaufkraft.

Das zweite Einflussbündel – mit Persönlichkeitsmerkmalen, materieller und psychosozialer Umwelt – bestimmt die Bedürfnisstruktur. Mit materieller Umwelt werden Klima, Industrialisierungsgrad u.Ä. bezeichnet.

Da in aller Regel die Kaufkraft nicht ausreicht, alle Bedürfnisse zu befriedigen, werden die Güter einer Nutzenschätzung unterzogen. Deren Ergebnis schlägt sich dann in der Nachfrage nieder.

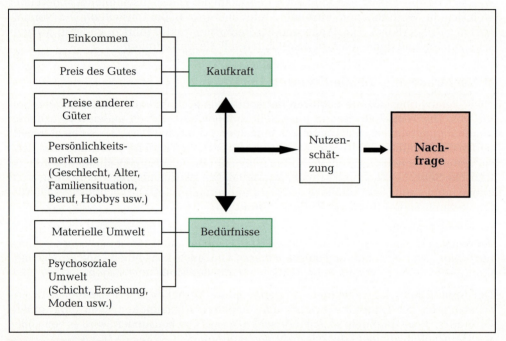

Determinanten der Güternachfrage

- Die Nachfrage nach einem bestimmten Gut hängt auch vom Preis anderer Güter ab. Bei Substitutionsgütern führt eine Preissteigerung bei einem Gut zur Nachfrageerhöhung bei einem anderen Gut. Bei Komplementärgütern führt eine Preissteigerung bei einem Gut zur Nachfrageminderung bei einem anderen Gut.

- Geänderte Bedürfnisstrukturen führen in aller Regel zu einer anderen Präferenzordnung und damit zu einem veränderten Nachfrageverhalten.

- Soziale Faktoren haben gewichtigen Einfluss auf die Nachfrage. Bedeutsame Sonderfälle des Nachfrageverhaltens sind Mitläufer-Effekt, Snob-Effekt und VEBLEN-Effekt.

3.4 Gesamtnachfrage aller Haushalte nach einem Gut

Wie lässt sich aus der Nachfrage einzelner Haushalte die Gesamtnachfrage aller Haushalte ermitteln?

Die bisherigen Überlegungen bezogen sich auf die individuelle Nachfragekurve eines Haushalts. Private Haushalte gibt es in Deutschland etwa 36 Mio. Jeder Haushalt besitzt gewissermaßen für jedes von ihm konsumierte Gut eine individuelle Nachfragekurve. Die Gesamtnachfrage aller Haushalte nach einem Gut ergibt sich, wenn die individuellen Nachfragen aller Haushalte zusammengefasst (aggregiert) werden. Sie kann rechnerisch ermittelt werden, indem die Mengen addiert werden, die von den einzelnen Haushalten bei bestimmten Preisen von dem Gut nachgefragt werden.

Zur Vereinfachung wird wieder angenommen, dass nur zwei Haushalte in der Volkswirtschaft existieren. Haushalt 1 fragt von Gut A 10 Mengeneinheiten nach und Haushalt 2 14 Mengeneinheiten. Die Gesamtnachfrage aller Haushalte nach Gut A beträgt dann 24 Mengeneinheiten. Grafisch wird die Marktnachfrage durch horizontale **Aggregation** der individuellen Nachfragekurven bestimmt. Das Ergebnis ist die Gesamtnachfragekurve N_G.

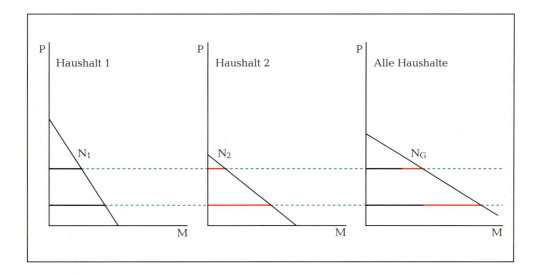

Die bereits erarbeiteten Erkenntnisse über die individuelle Nachfragekurve gelten analog auch für die Gesamtnachfragekurve. So steigt bzw. fällt die Gesamtnachfrage mit sinkendem bzw. steigendem Preis (Gesetz der Nachfrage). Neben der preisabhängigen Bewegung **auf der Kurve** lässt sich auch bei der Gesamtnachfrage unter bestimmten Bedingungen eine Bewegung der Kurve selbst feststellen.

Auslöser für eine **Verschiebung der Kurve** sind grundlegende Veränderungen in der Nachfrage nach diesem Gut (z. B. Veränderung der Anzahl der Haushalte, Veränderung des Volkseinkommens, eine Einkommensumverteilung oder umfassende Bedürfnisänderungen).

- Die Gesamtnachfrage aller Haushalte besteht aus der individuellen Nachfrage aller Haushalte nach diesem Gut. Rechnerisch ergibt sie sich als Addition aller Mengen, die die einzelnen Haushalte bei alternativen Preisen nachfragen. Grafisch wird die Gesamtnachfrage durch horizontale Aggregation der individuellen Nachfragekurven ermittelt.
- Für die Gesamtnachfragekurve gelten grundsätzlich die gleichen Bedingungen wie für die individuelle Nachfragekurve.

3.5 Elastizitäten der Nachfrage

Die bisherigen Überlegungen zu Nachfragereaktionen gingen zumeist von gegebenen Preisen und gegebenem Einkommen aus. In der Realität ändern sich beide Größen jedoch häufig und hierdurch bedingt auch die Nachfrage. Es wäre praktisch, wenn das Verhältnis von beispielsweise einer Preisänderung zu der daraus resultierenden Nachfrageänderung in einer handlichen Maßzahl ausgedrückt werden könnte. In Form von Elastizitäten stehen entsprechende Kennziffern zur Verfügung. Zu unterscheiden sind dabei

- Nachfrageänderungen aufgrund von Preisänderungen beim gleichen Gut (direkte Preiselastizität)
- Nachfrageänderungen aufgrund von Preisänderungen bei anderen Gütern (Kreuzpreiselastizität)
- Nachfrageänderungen aufgrund von Einkommensänderungen (Einkommenselastizität).

In allgemeiner Form geben die Elastizitäten der Nachfrage an, wie sich die abhängige Variable „Nachfragemenge" (Wirkung) zu den unabhängigen Variablen „Güterpreise" und „Einkommen" (Ursachen) verhält. Die Veränderungen bei den Variablen werden aus Gründen einer einheitlichen Basis jeweils in Prozent angegeben.

$$\text{Elastizität:} = \frac{\text{prozentuale Änderung der Wirkung}}{\text{prozentuale Änderung der Ursache}}$$

3.5.1 Direkte Preiselastizität

Wie stark ändert sich die Nachfrage nach einem Gut, wenn sich der Preis des Gutes ändert?

Die direkte Preiselastizität der Nachfrage (ϵ) gibt an, wie sich die Nachfrage nach einem Gut verändert, wenn sich sein Preis ändert. Die Preisabhängigkeit der Nachfrage wird als Kennziffer ausgedrückt, bei der der Umfang der Mengenänderung ins Verhältnis gesetzt wird zum Umfang der sie bewirkenden Preisänderung.

$$\epsilon = \frac{\text{prozentuale Mengenänderung}}{\text{prozentuale Preisänderung}}$$

Beispiel

Ein Diskothekenbesitzer verlangt für ein Glas Bier 2,50 EUR. Er hat ermittelt, dass er pro Abend durchschnittlich 800 Glas Bier verkauft. Da er der Meinung ist, dass seine Gäste, die überwiegend mit dem Auto kommen, zu viel Alkohol trinken, erhöht er den Preis auf 3,50 EUR. Der Bierabsatz geht auf 600 Gläser pro Abend zurück. Dem Besitzer ist das immer noch zu viel und er erhöht den Preis auf 4,50 EUR; nun setzt er noch pro Abend 400 Gläser um.

Preis EUR	Menge	Preisänderung %	Mengenänderung %	$|\epsilon|$	Erlös EUR
2,50	800				2000
3,50	600	40,00	–25,00	0,63	2100
4,50	400	28,57	–33,33	1,17	1800

Bei der rechnerischen Ermittlung der Preiselastizität ist zu beachten, dass ϵ eigentlich ein negatives Vorzeichen tragen müsste, da eine der beiden prozentualen Änderungen negativ ist. Da dies immer so ist, ist ϵ auch immer negativ. Um aber das negative Vorzeichen nicht dauernd mitschleppen zu müssen, besteht seit langem die Praxis, ϵ nur betragsmäßig festzuhalten, also $|\epsilon|$.

Auffallend ist die Entwicklung beim Erlös. Obwohl die Preissteigerung sich in gleich bleibenden Schritten von je 1,00 EUR und die Mengenreduktion sich in ebenfalls gleich bleibenden Schritten von je 200 vollzieht, steigt nach dem ersten Schritt der Erlös an, während er nach dem zweiten fällt.

Die Erklärung liegt darin, dass im ersten Schritt durch die Preissteigerung eine Mehreinnahme von 40 % entsteht, der eine Wenigereinnahme durch die Nachfragereduktion von lediglich 25 % gegenübersteht; der „Verlust" aufgrund des Nachfragerückgangs wird also durch den Zuwachs aufgrund der Preissteigerung mehr als wettgemacht.

Beim zweiten Schritt sieht die Entwicklung finanziell ungünstiger aus. Die Preissteigerung bringt nur noch einen Zuwachs von 28,57 %, dem gleichzeitig ein Rückgang von 33,33 % durch die Mindernachfrage gegenübersteht; jetzt überwiegt die Minderung.

Weiterhin fällt auf:

- im ersten Schritt ist $\epsilon < 1$ (weil die prozentuale Mengenänderung *kleiner* als die prozentuale Preisänderung ist)
- im zweiten Schritt ist $\epsilon > 1$ (weil die prozentuale Mengenänderung *größer* als die prozentuale Preisänderung ist).

Die Bruchstelle liegt offensichtlich bei $\epsilon = 1$. In diesem Fall entspricht die relative Preisänderung genau der relativen Mengenänderung; Zuwachs und Rückgang halten sich die Waage, die Nachfrage ist **isoelastisch.** Die Ausgaben der Haushalte für den Kauf des Gutes, die sich aus dem Produkt Preis × Menge (p · m) ergeben, bleiben gleich; entsprechend bleiben die Erlöse der Unternehmen, die ja ein Spiegelbild der Ausgaben sind und sich ebenfalls als Produkt aus p · m ergeben, gleich. Ist $\epsilon < 1$, ist die relative Mengenänderung geringer als die sie bewirkende relative Preisänderung. Die Nachfrager reagieren unterproportional auf eine Preisänderung, die Nachfrage ist **unelastisch.** Die Gesamtausgaben für das Produkt steigen.

Ist dagegen $\epsilon > 1$, ist die relative Mengenänderung größer als die sie bewirkende relative Preisänderung. Die Nachfrager reagieren überproportional auf eine Preisänderung, die Nachfrage ist **elastisch.** Somit ergeben sich drei Ausprägungen der Elastizität:

$\epsilon < 1$ → Nachfrage reagiert unelastisch auf Preisänderungen. Bei einer Preiserhöhung steigen Ausgaben und Erlös, da die Mengenminderung geringer ist als die Preissteigerung. Gilt insbesondere für Güter des Grundbedarfs.

$\epsilon = 1$ → Nachfrage reagiert isoelastisch auf Preisänderungen. Ausgaben der Haushalte und Erlöse der Unternehmen bleiben gleich, da die Mengenänderung genau der Preisänderung entspricht.

$\epsilon > 1$ → Nachfrage reagiert elastisch auf Preisänderungen. Bei einer Preiserhöhung sinken Ausgaben und Erlös, da die Mengenminderung stärker ist als die Preissteigerung. Gilt insbesondere für Güter, die als weniger wichtig eingeschätzt werden.

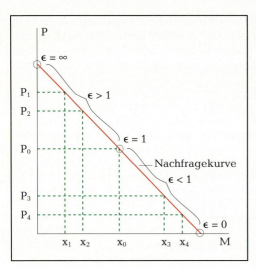

Die Kenntnis der Nachfrageelastizität ist u. a. also für den Anbieter wegen der Auswirkungen auf den Erlös wichtig. Allerdings ist die Sache für den Anbieter nicht ganz so einfach, wie sie auf den ersten Blick erscheint. Ein Anbieter, der einmal für sein Gut eine unelastische Nachfrage festgestellt hat, kann sich nicht darauf verlassen, dass das immer so ist. Die Nachfrageelastizität bei einem bestimmten Gut ist nicht entweder elastisch oder unelastisch. Wie bereits aus dem obigen Zahlenbeispiel ersichtlich ist, ist selbst bei einer linearen Funktion die Nachfrage mal elastisch, mal unelastisch. Bei einer genaueren Prüfung der Elastizität wird sich herausstellen, dass sie in jedem Punkt der Nachfragekurve anders ist und alle Werte zwischen null und unendlich annimmt. Das liegt daran, dass eine absolut gleiche Preissteigerung, z. B. um 1,00 EUR, bei einem Ausgangspreis von 2,50 EUR prozentual anders ausfällt als bei einem Ausgangspreis von z. B. 3,50 EUR. Entsprechend gilt auch für die Mengenänderung, dass für jeden Punkt der Nachfragekurve eine andere Menge die jeweilige Ausgangsgröße ist. (Für Interessierte: Eine Nachfragefunktion, die in allen Punkten die gleiche Elastizität aufweist, müsste die Form einer gleichseitigen Hyperbel haben, wobei als realistische Nachfrage nur der linke Ast bedeutsam wäre).

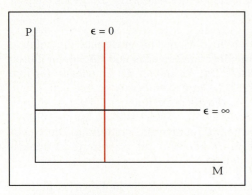

Nachfragekurven können sehr unterschiedliche Verläufe aufweisen. Lineare Nachfragekurven liegen zwischen den Extremen horizontal (Parallele zur x-Achse) und vertikal (Parallele zur y-Achse). Grundsätzlich gilt: Je flacher die Nachfragekurve verläuft, desto höher ist die Preiselastizität und je steiler die Nachfragekurve verläuft, desto geringer ist die Preiselastizität. Eine Nachfragekurve, die parallel zur Mengenachse verläuft, ist völlig elastisch ($\epsilon = \infty$). Jede Preisänderung führt zum Verlust der gesamten Nachfrage. Eine völlig unelastische Nachfragekurve ($\epsilon = 0$) verläuft parallel zur Preisachse. Preisänderungen haben keinen Einfluss auf die Nachfragemenge.

In der Realität treten diese Extremfälle kaum auf. Eine Annäherung an eine völlig elastische Nachfrage findet sich, wenn mehrere Anbieter ein weitestgehend gleiches Produkt anbieten und die Nachfrager die Marktsituation genau kennen. Erhöht ein Anbieter den Preis, verliert er seine Nachfrage; senkt ein Anbieter den Preis, verlieren die anderen Anbieter ihre Nachfrage. Eine – in gewissen Preisgrenzen – völlig unelastische Nachfrage findet sich bei lebenswichtigen Medikamenten und bei Gütern mit einem sehr geringen Preis (z. B. Streichhölzern).

- Die Elastizitäten der Nachfrage geben im Allgemeinen an, wie sich die Nachfrage eines Haushalts nach einem Gut ändert, wenn sich die nachfragebestimmenden Faktoren „Güterpreise" und „Einkommen" ändern.

- Die direkte Preiselastizität ϵ ist eine Kennziffer, die anzeigt, in welchem Verhältnis der Umfang der Nachfrageänderung zu dem Umfang der sie bewirkenden Preisänderung steht.

- Bei der Höhe von ϵ sind drei Fälle zu unterscheiden:
  $\epsilon < 1$ unelastische Nachfrage
  $\epsilon = 1$ isoelastische Nachfrage
  $\epsilon > 1$ elastische Nachfrage

- Die Preiselastizitäten auf einer gegebenen Nachfragekurve sind in jedem Punkt der Kurve anders; sie nehmen alle Werte zwischen null und unendlich an.

- Die praktische Bedeutung der direkten Preiselastizität liegt vor allem in den unterschiedlichen Auswirkungen auf die Erlössituation der Anbieter.

3.5.2 Kreuzpreiselastizität

Wie ändert sich die Nachfrage nach einem Gut, wenn sich der Preis eines anderen Gutes ändert?

In hoch entwickelten Volkswirtschaften mit einem sehr differenzierten Warenangebot bestehen zwischen zahlreichen Gütern Abhängigkeiten.

- Etliche Güter erfüllen die gleiche Funktion (z. B. Markenartikel, die sich im Wesentlichen nur durch ihren Namen unterscheiden, aber in Grenzen auch Güter wie Butter und Margarine) und daher einander ersetzen (substituieren) können. Solche Güter werden **Substitutionsgüter** genannt.

- Die zunehmende Komplexität und Vernetzung des Güterangebotes führt aber auch dazu, dass oftmals ein Gut nur sinnvoll genutzt werden kann, wenn es durch andere Güter ergänzt wird. So hat beispielsweise die Vielzahl elektrisch betriebener Geräte im Haushalt zu einer größeren Nachfrage nach Strom geführt; ein Verstärker in einer Musikanlage kann letztlich nur sinnvoll verwendet werden, wenn er um Lautsprecher, Plattenspieler usw. ergänzt wird, der Plattenspieler wiederum nur, wenn auch Schallplatten gekauft werden, ein Auto kann nur betrieben werden, wenn auch Benzin vorhanden ist usw. Solche Güter werden **Komplementärgüter** genannt.

Die nutzungsbedingten Abhängigkeiten zwischen zahlreichen Gütern schlagen sich auch in entsprechenden Nachfrageabhängigkeiten nieder. Wenn bei einem Gut A aufgrund einer Preissteigerung die Nachfrage zurückgeht, wird sich bei einem anderen

Gut, welches zu Gut A in einer Beziehung steht, ebenfalls die Nachfrage ändern. Die Nachfrage nach einem Gut hängt also auch vom Preis anderer Güter ab. Zur Messung derartiger Abhängigkeiten zwischen zwei verschiedenen Gütern wird die **Kreuzpreiselastizität (indirekte Preiselastizität)** ϵ_{xy} verwendet.

$$\epsilon_{xy}: = \frac{\text{prozentuale Mengenänderung bei Gut x}}{\text{prozentuale Preisänderung bei Gut y}}$$

Beispiel 1 (Substitutionsgüter)

Aufgrund einer schlechten Ernte haben die Kaffeepreise stark angezogen. Als Folge trinken die Verbraucher weniger Kaffee und ersetzen ihn durch Tee. Aufgrund der Preissteigerung bei Kaffee ist also die Teenachfrage gestiegen.

Beispiel 2 (Komplementärgüter)

Die Preise für CD-Player sind im Verlauf weniger Jahre stark gesunken. Die Haushalte haben daraufhin vermehrt CD-Player und entsprechend auch viele CDs gekauft. Aufgrund der Preissenkung bei CD-Playern ist also die Nachfrage nach CDs gestiegen.

Substitutionsgüter					Komplementärgüter				
Kaffeepreis		Teenachfrage			CD-Spieler-Preis		CD-Nachfrage		
GE	%	ME	%	ϵ_{xy}	GE	%	ME	%	ϵ_{xy}
6,00		10			1 400		100		
8,00	33,3	12	20,0	0,60	1 200	– 14,3	120	20,0	– 1,4
10,00	25,0	13	8,3	0,33	1 000	– 16,7	140	16,7	– 1,0
12,00	20,0	14	7,7	0,38	900	– 10,0	150	7,1	– 0,7
14,00	16,7	14,5	3,6	0,21	800	– 11,1	160	6,7	– 0,6
16,00	14,3	15	3,6	0,24	700	– 12,5	165	3,1	– 0,3

Bei einer Analyse fällt auf, dass die Kreuzpreiselastizität bei Substitutionsgütern **(Substitutionselastizität)** stets *positiv* ist: Steigt (sinkt) der Preis für ein Gut, so steigt (sinkt) die Nachfrage nach dem Ersatzgut; beide Änderungen verlaufen parallel. Bei Komplementärgütern **(Komplementärelastizität)** ist die Kreuzpreiselastizität immer *negativ*: Sinkt (steigt) der Preis für ein Gut, so steigt (sinkt) die Nachfrage nach dem Komplementärgut; die beiden Änderungen verlaufen entgegengesetzt. Hieraus kann der Umkehrschluss gezogen werden: Wenn die Kreuzpreiselastizität positiv ist, besteht eine substitutive Beziehung zwischen den Gütern, wenn die Kreuzpreiselastizität negativ ist, besteht eine komplementäre Beziehung zwischen den Gütern. Der Betrag von ϵ_{xy} gibt die Stärke der Beziehung an.

- Die Kreuzpreiselastizität (indirekte Preiselastizität) ϵ_{xy} ist ein Maß für die Abhängigkeit zwischen zwei verschiedenen Gütern. Sie gibt an, wie sich eine (prozentuale) Preisänderung bei einem Gut x auf die (prozentuale) Nachfrage bei einem anderen Gut y auswirkt.

- Ist die Kreuzpreiselastizität positiv, besteht eine substitutive Beziehung zwischen den Gütern, ist die Kreuzpreiselastizität negativ, besteht eine komplementäre Beziehung zwischen den Gütern.

- Der Betrag von ϵ_{xy} drückt die Stärke des Zusammenhanges zwischen beiden Gütern aus.

3.5.3 Einkommenselastizität

Wie ändert sich die Nachfrage nach einem Gut, wenn sich das Einkommen ändert?

Das Einkommen konnte bereits früher als eine die Nachfrage bestimmende Größe festgestellt werden. Als Maß für die Reaktion der Nachfrage auf Einkommensänderungen dient die **Einkommenselastizität** der Nachfrage (ϵ_Y).

$$\epsilon_Y := \frac{\text{prozentuale Nachfrageänderung nach einem Gut}}{\text{prozentuale Einkommensänderung}}$$

Steigt beispielsweise das Einkommen um 6 % und daraufhin die Nachfrage nach einem Gut um 3 %, so weist dieses Gut eine Einkommenselastizität von 0,5 auf.

Bei der Einkommenselastizität lassen sich vier Bereiche unterscheiden:

$\epsilon_Y < 0$ Steigende (sinkende) Einkommen führen zu einer sinkenden (steigenden) Nachfrage nach einem Gut; diese Entwicklung tritt bei absolut inferioren Gütern ein. Wegen des erhöhten Einkommens beispielsweise steigt der Haushalt auf ein höherwertiges Gut um und fragt von dem geringerwertigen weniger nach.

$0 < \epsilon_Y < 1$ Steigende (sinkende) Einkommen führen zu einer zwar parallelen, aber unterproportionalen Veränderung der Nachfrage; diese Entwicklung tritt bei relativ inferioren Gütern ein. Erhöht sich beispielsweise das Einkommen, erhöht sich auch die Nachfrage nach dem Gut; der Umfang der Nachfragesteigerung ist aber geringer als der Umfang der Einkommenssteigerung.

$\epsilon_Y = 1$ Steigende (sinkende) Einkommen führen zu einer parallelen und proportionalen Veränderung der Nachfrage. Erhöht sich beispielsweise das Einkommen, erhöht sich die Nachfrage in gleichem Ausmaß.

$\epsilon_Y > 1$ Steigende (sinkende) Einkommen führen zu einer parallelen und überproportionalen Veränderung der Nachfrage; diese Entwicklung tritt vornehmlich bei superioren Gütern ein. Erhöht sich beispielsweise das Einkommen, erhöht sich die Nachfrage nach dem Gut in einem noch stärkeren Maße.

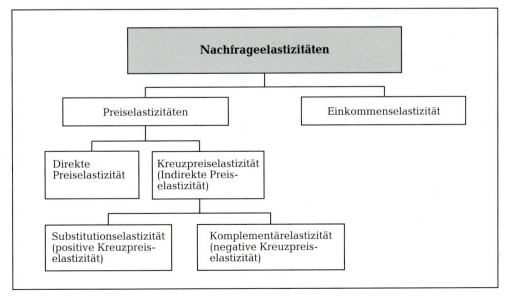

- Die Einkommenselastizität (ϵ_Y) ist ein Maß für die Reaktion der Nachfrage auf Einkommensänderungen. Sie gibt das (prozentuale) Verhältnis der Nachfrageänderung zu der sie bewirkenden (prozentualen) Einkommensänderung an.

- Die Einkommenselastizität sagt etwas über die Wertigkeit des betroffenen Gutes aus. Im Normalfall ist sie positiv; lediglich bei absolut inferioren Gütern ist das Vorzeichen negativ.

Aufgaben zum Üben und Vertiefen

1 Wer tritt am Gütermarkt als Nachfrager auf?

2 Die spezifische Nachfragefunktion gibt an, von welchen Größen die Nachfrage nach einem bestimmten Gut abhängig ist.
Nennen Sie die spezifische Nachfragefunktion und erläutern Sie ihre Elemente!

3 Nennen Sie das Erste und Zweite GOSSENsche Gesetz und erläutern Sie jeweils Bedingungen und Aussagen.

4 Das Haushaltsoptimum für mehrere Güter wird mithilfe des gewogenen Grenznutzens ausgedrückt.
a) Von welchen Größen hängt das Haushaltsoptimum ab?
b) Wie lautet die Gleichgewichtsbedingung für zwei Güter x und y?

5 Ein Haushalt besitzt für zwei Güter x und y folgende Präferenzordnung:

Mengen-einheiten	Grenznutzen Gut x	Grenznutzen Gut y
1	40	80
2	30	70
3	20	60
4	15	50
5	10	40
6	5	30

Dem Haushalt stehen für Konsumzwecke 80 Geldeinheiten zur Verfügung.
Wo liegt das Nutzenmaximum für die Kombination der Güter x und y, wenn folgende Preise für die Gütereinheiten gelten?

a) 1 ME x = 10 GE; 1 ME y = 10 GE
b) 1 ME x = 5 GE; 1 ME y = 10 GE

6 Erläutern Sie die folgenden Eigenschaften von Indifferenzkurven:

a) Indifferenzkurven können sich nicht schneiden
b) Indifferenzkurven verlaufen nur im 1. Quadranten
c) Indifferenzkurven besitzen eine negative Steigung, d.h., sie verlaufen von links oben nach rechts unten
d) Eine Indifferenzkurve verläuft konvex in Bezug auf den Nullpunkt

7 Wie hoch ist der Grenznutzen im Nutzenmaximum? Begründen Sie Ihre Aussage!

8 Ein Haushalt konsumiert nur die Güter A und B. Ihm stehen 1.000 GE zur Verfügung. Der Preis für Gut A beträgt 100 GE je Mengeneinheit und für Gut B 40 GE je Mengeneinheit. Folgende Mengenkombinationen von A und B bringen dem Haushalt den gleichen Nutzen:

Gut A	14	9	6	5	4
Gut B	4	6	10	15	22

Zeichnen Sie in ein Koordinatensystem die Indifferenzkurve und die Bilanzgerade ein und stellen Sie fest, welche Güterkombination optimal ist.

9 Welche Schlüsse kann ein Anbieter aus der Kenntnis der direkten Preiselastizität für sein Gut ziehen?

10 Für welche Güter ist eine elastische, für welche Güter ein unelastische Nachfrage wahrscheinlicher?

11 Warum ist es sinnvoll, bei der Berechnung der Nachfrageelastizitäten von prozentualen Veränderungen auszugehen?

12 Die Nachfragekurve für ein Gut A soll eine Gerade sein. Ist die Elastizität der Nachfrage in allen Punkten gleich oder bestehen unterschiedliche Elastizitäten? Begründen Sie Ihre Aussage.

13 Ein Landwirt setzt in einer Periode von einem Agrarprodukt bei einem Preis von 50,00 GE je Mengeneinheit 2.000 Mengeneinheiten ab. Nach einer schlechten Ernte erhöht er in der Folgeperiode den Preis auf 65,00 GE je Mengeneinheit. Daraufhin geht die Nachfrage um 10 % zurück.

a) Ermitteln Sie die Preiselastizität der Nachfrage.
b) Ist die Nachfrage elastisch oder unelastisch?
c) Berechnen Sie den in jeder der beiden Perioden erzielten Umsatz.

14 Die Zeitungen berichten häufig, dass landwirtschaftliche Produkte vernichtet statt verkauft werden.

a) Erläutern Sie dieses Verhalten mithilfe der Preiselastizität der Nachfrage.

b) Warum findet ein solches Anbieterverhalten bei industriellen Produkten nicht statt?

15 Gut A steht zu Gut B in einer substitutiven und zu Gut C in einer komplementären Beziehung.

a) Wie ändert sich die Nachfrage nach Gut A, wenn der Preis für Gut B steigt?

b) Wie ändert sich die Nachfrage nach Gut A, wenn der Preis für Gut C sinkt?

16 In einem Entwicklungsland steigt aufgrund einer Missernte der Preis für Reis stark an. Am Ende der Wirtschaftsperiode stellt das Statistische Amt dieses Landes fest, dass die einkommensschwachen Bevölkerungsteile mehr Reis verbraucht haben als vor der Preiserhöhung.

a) Erläutern Sie diese anomale Reaktion.

b) Welche Aussage über die Preise anderer Nahrungsmittel lässt das Nachfrageverhalten zu?

c) Werden die einkommensstarken Bevölkerungsteile ebenfalls mehr Reis nachgefragt haben?

17 In Deutschland sind die Kosten für Wohnraum in einer Wirtschaftsperiode um 10 % gestiegen. In der Folgeperiode ist die Nachfrage nach Einbauküchen um 3 % gesunken.

a) Welche Beziehung besteht offensichtlich zwischen der Nachfrage nach Wohnraum und nach Einbauküchen?

b) Welche Art der Preiselastizität gilt in diesem Fall?

c) Ermitteln Sie die Höhe der Elastizität.

4 Angebot am Gütermarkt

4.1 Grundlagen der Angebotstheorie
4.1.1 Prämissen der Angebotstheorie
4.1.2 Bestimmungsgrößen der Angebotsmenge
4.2 Produktionsfunktionen
4.2.1 Produktionsfunktion vom Typ A (Ertragsgesetz)
4.2.2 Produktionsfunktion vom Typ B
4.3 Kostenfunktionen und Erlösfunktion
4.3.1 Kostenbegriffe
4.3.2 Kostenfunktionen
4.3.2.1 Kostenfunktion Typ A
4.3.2.2 Kostenfunktion Typ B
4.3.2.3 Minimalkostenkombination
4.3.3 Erlösfunktion
4.3.4 Gewinnmaximale Menge
4.3.4.1 Gewinnmaximale Menge Typ A
4.3.4.2 Gewinnmaximale Menge Typ B
4.4 Angebot und Angebotsveränderungen
4.4.1 Individuelles Angebot
4.4.2 Gesamtangebot
4.4.3 Verschiebungen der Angebotskurven
4.4.4 Angebotselastizität

Im vorangegangenen Kapitel wurde das Nachfrageverhalten der Wirtschaftssubjekte am Gütermarkt behandelt und die Gesamtnachfragefunktion abgeleitet. Das vorliegende Kapitel beschäftigt sich – analog zur Güternachfrage – mit dem **Angebot am Gütermarkt,** dem zweiten Preisbildungselement. Anbieter am Gütermarkt sind alle Wirtschaftssektoren (Unternehmen, Haushalte, Staat und Ausland). Der Sektor Unternehmen ist mit seinem Angebot an Sachgütern und Dienstleistungen (= Güterangebot) der wichtigste Anbieter am Gütermarkt. Die privaten Haushalte treten ebenfalls als Anbieter am Gütermarkt auf, z. B. als Anbieter von Gebrauchtgütern (Autos, Häusern u. a.) oder von Dienstleistungen für andere Haushalte (Haushaltshilfe). Auch der Wirtschaftssektor Staat ist Anbieter von Gütern, insbesondere von Dienstleistungen (Bildungswesen, Rechtsprechung, Gesundheitspflege u. a.). Neben den Unternehmen, den Haushalten und dem Staat (den Binnensektoren) tritt das „Ausland" als Anbieter am Gütermarkt auf. Sein Angebot schlägt sich in den Importen nieder. Das Angebot aller Güter durch die genannten Sektoren wird als **Gesamtwirtschaftliches Angebot** bezeichnet.

Gesamtwirtschaftliches Angebot	**Unternehmen**
	Haushalte
	Staat
	Ausland

Der Sektor Unternehmen und sein Angebot am Gütermarkt sind im Folgenden Gegenstand der Betrachtung und der Analyse. Die Analyse soll sich auf folgende Betrachtungsebenen vollziehen:

1. die Bestimmungsgrößen der Angebotsmenge des Unternehmens,
2. das Angebot in Abhängigkeit von unterschiedlichen Produktionsfunktionen,

3. das Angebot in Abhängigkeit von Kostenfunktionen und Erlösfunktion,
4. das Angebot eines Gutes durch ein einzelnes Unternehmen
   (= individuelles Angebot),
5. das Angebot eines Gutes durch alle Unternehmen (= Gesamtangebot).

4.1 Grundlagen der Angebotstheorie

Als Unternehmen wird eine technisch-organisatorische Einheit verstanden, in der die Produktionsfaktoren (Boden, Arbeit, Kapital) kombiniert werden, um Güter herzustellen (Produktion). Die Beschaffung der Produktionsfaktoren erfolgt auf den Faktormärkten, der Verkauf der hergestellten Produkte auf den Gütermärkten. Die Beschaffung der Produktionsfaktoren verursacht Kosten, der Absatz der Produkte erbringt den Erlös. Die Differenz zwischen Erlös und Kosten ergibt den Gewinn eines Unternehmens.

4.1.1 Prämissen der Angebotstheorie

Welche Voraussetzungen unterstellt die Angebotstheorie?

Die Modellbetrachtung des Angebotes am Gütermarkt basiert aus Vereinfachungsgründen auf bestimmten Voraussetzungen. Im Einzelnen sind es folgende Prämissen:

1. Die Unternehmen streben nach Gewinnmaximierung.

   Der Gewinn ist dann am höchsten, wenn die Differenz zwischen der in Geldeinheiten bewerteten Ausbringungsmenge, dem **Erlös (E),** und den in Geldeinheiten bewerteten Faktoreinsatzmengen, den **Kosten (K),** am größten ist:

   $G = E - K$

   Der Erlös E ist das Produkt von Marktpreis p und Verkaufsmenge M. Die Kosten K werden durch Multiplikation der Faktoreinsatzmengen r mit ihren jeweiligen Faktorpreisen q ermittelt.

   $G = p \cdot M - q \cdot r$

2. Es gelten die Marktbedingungen der vollständigen Konkurrenz[1], das bedeutet u. a.:

   Die Preise p der verkauften Güter und die Preise q für die Beschaffung der Produktionsfaktoren können von einem einzelnen Unternehmen nicht beeinflusst werden. Die Preise sind vom Markt gesetzte Daten. Eine Veränderung von Erlösen und Kosten kann nur über entsprechende Mengenänderungen der verkauften Mengen M bzw. den eingesetzten Faktormengen r erreicht werden.

3. Von den Unternehmen werden nur zwei Produktionsfaktoren in ihren Einsatzmengen variiert. Der dritte Produktionsfaktor bleibt konstant.

4. Die Unternehmen produzieren nur ein Gut (Einproduktunternehmen).

5. Jede produzierte Ausbringungsmenge kann am Absatzmarkt verkauft werden.

---
1 Vgl. Abschn. 5.1.5 Marktformen.

4.1.2 Bestimmungsgrößen der Angebotsmenge

Welche Bestimmungsgrößen beeinflussen die Angebotsmenge?

Unter den genannten Prämissen hängt die Angebotsbereitschaft der Unternehmen im Wesentlichen von den nachfolgenden Bestimmungsgrößen (= Determinanten) ab:

■ Preis des angebotenen Gutes (p)

Der Preis ist die wichtigste Bestimmungsgröße für die Menge des angebotenen Gutes. Verspricht der Preis dem Anbieter die Erzielung von Gewinn, so wird er über die Erhöhung der Absatzmenge den Erlös (E = p · m) und damit auch den Gewinn G zu vergrößern suchen.

■ Kosten des angebotenen Gutes (K)

Die eingesetzten Produktionsfaktoren sind knapp und haben einen Preis q. Ein Unternehmen kann nur dann den maximalen Gewinn G erzielen, wenn bei gegebenem Erlös die Kosten K der eingesetzten Produktionsfaktoren r (K = q · r) minimiert werden. Eine Kostenverringerung kann der Anbieter – aufgrund der genannten Prämissen – nur über eine Reduktion der Faktoreinsatzmengen erreichen.

Für die Angebotsbereitschaft der Unternehmen ist eine Veränderung des Produktionsverfahrens dann von Bedeutung, wenn dadurch eine Verringerung der Faktoreinsatzmengen erreicht wird. Eine damit verbundene Kostenverringerung wird die Gewinnerwartungen entsprechend verbessern.

Die Bestimmungsgrößen der Angebotsmenge führen zu der **allgemeinen Angebotsfunktion**:

$A = f(p, K)$

Der dargestellte funktionale Zusammenhang besagt, dass eine Änderung der angebotenen Gütermenge A (= Wirkung) bei sonst gleichen Bedingungen abhängig ist von den Einflussgrößen (= Ursache)

- Preis des angebotenen Gutes (p)
- Preis und Faktoreinsatzmenge der Produktionsfaktoren (K).

Wird eine der zwei Bestimmungsgrößen konstant gehalten, dann lässt sich durch Veränderung der anderen Bestimmungsgröße feststellen, welche Wirkung diese Einflussgröße auf die Angebotsmenge ausübt. Es lassen sich folglich zwei partielle Angebotsfunktionen ableiten. Die Angebotsmenge ist abhängig

- vom Preis des angebotenen Gutes $\quad\quad\quad\quad\quad\quad\quad$ **A = f (p)**
- von den Faktorpreisen und Faktoreinsatzmengen $\quad$ **A = f (K)**

■ A = f (p)

Beispiel

Ein Gemüsehändler auf einem Wochenmarkt ist bereit, bei einem hohen Kartoffelpreis mehr, bei einem niedrigen Kartoffelpreis nur weniger Kartoffeln anzubieten.

Preis pro kg in GE	9	7	5	3	1
Menge in kg	500	400	300	200	100

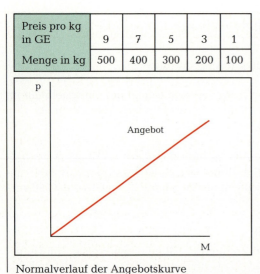

Normalverlauf der Angebotskurve

Dieser Wirkungszusammenhang lässt sich grafisch in einem Preis-Mengen-Diagramm veranschaulichen.

Die Angebotskurve verläuft von links unten nach rechts oben.

Der Wirkungszusammenhang zwischen der Preisveränderung des angebotenen Gutes und der dadurch bedingten Veränderung der Angebotsmenge schlägt sich im **Gesetz des Angebotes** nieder.

Auf der Grundlage des Gewinnmaximierungsprinzips wird ein Anbieter unter normalen Marktbedingungen bei steigenden Preisen sein Angebot mengenmäßig vergrößern, bei sinkenden Marktpreisen wird er es verringern.

Gesetz des Angebotes
Die Angebotsänderung steht im direkten Verhältnis zur Preisänderung:
Steigende Preise führen zu steigendem Angebot,
sinkende Preise führen zu sinkendem Angebot.

■ A = f (K)

Der Wirkungszusammenhang der zweiten partiellen Angebotsfunktion, der Funktion zwischen den Kosten und der Angebotsmenge, ist komplexer. Die Höhe der Kosten ist abhängig von den Preisen und den Einsatzmengen der Produktionsfaktoren. Bevor der Anbieter die kostenminimale Ausbringungsmenge ermitteln kann, muss er sich Kenntnis verschaffen über die Beziehungen zwischen den eingesetzten Mengen an Produktionsfaktoren (Input) und dem damit erzielbaren mengenmäßigen Ergebnis (Output). Dieser Zusammenhang lässt sich durch Produktionsfunktionen beschreiben. Solche Funktionen legen offen, welche Faktoreinsatzmengen für die Herstellung einer bestimmten Ausbringungsmenge benötigt werden.

- Die Angebotstheorie unterstellt das Streben nach Gewinnmaximierung und die Prämissen der vollständigen Konkurrenz.
- Der Gewinn ist die Differenz zwischen Erlös und Kosten (G = E – K). Der Erlös E ist das Produkt von Marktpreis p und Verkaufsmenge M (E = p · M). Die Kosten werden durch die Multiplikation der Faktoreinsatzmengen r mit ihren jeweiligen Faktorpreisen q ermittelt (K = q · r).
- Die allgemeine Angebotsfunktion A = f(p, K) zeigt, dass die Angebotsmenge abhängig ist vom Preis des angebotenen Gutes und den Kosten.
- Unter Ceteris-paribus Bedingungen lassen sich aus der allgemeinen Angebotsfunktion zwei partielle Angebotsfunktionen entwickeln: A = f (p) und A = f (K).
- Das Gesetz des Angebotes lautet:
  Steigt der Marktpreis, steigt die Angebotsmenge.
  Sinkt der Marktpreis, sinkt die Angebotsmenge.

4.2 Produktionsfunktionen

Die Kombination der Produktionsfaktoren Arbeit, Boden und Kapital ist die Produktion. Der mengenmäßige Einsatz der Faktoren (Input) bestimmt die **Menge M,** die u. a. auch als **Gesamtertrag, Produktionsmenge, Ertrag, Output** oder **Ausbringungsmenge** bezeichnet wird.

Die Art des herzustellenden Wirtschaftsgutes und die angewandte Technik bestimmen maßgeblich das mengenmäßige Verhältnis, in dem die Produktionsfaktoren zu kombinieren sind, um eine technisch gelungene Produktion zu gewährleisten. Technisch gelungen ist eine Produktion dann, wenn sie das herzustellende Gut in der gewünschten Menge und Qualität erbringt. Ökonomisch ist eine Produktion dann als gelungen anzusehen, wenn der Wert der eingesetzten Produktionsfaktoren niedriger ist als der Wert des Ertrages. So ist die Produktion von Treibstoff aus dem pflanzlichen Rohstoff Raps technisch durchführbar. Aus ökonomischer Sicht ist eine solche Produktion unwirtschaftlich, da der Erlös – wegen der niedrigeren Preise der Treibstoffe aus anderen Rohstoffen – unter den Kosten der Treibstoffproduktion aus Raps liegt.

Der Einfluss der Faktoreinsatzmengen Arbeit (r_1), Kapital (r_2) und Boden (r_3) auf den Produktionsertrag (M) drückt sich mathematisch aus durch die Funktion

$M = f(r_1, r_2, r_3)$

Diesen funktionalen Wirkungszusammenhang der Faktoreinsatzmengen (Ursache) auf den Produktionsertrag (Wirkung) bezeichnet man als **Produktionsfunktion.** Sie zeigt die Abhängigkeit des mengenmäßigen Ertrages von den eingesetzten Faktormengen an.

Die Produktionstheorie unterscheidet zwischen der Produktionsfunktion vom Typ A (substitutionale Produktionsfunktion) und der Produktionsfunktion vom Typ B (limitationale Produktionsfunktion).

Eine **Produktionsfunktion vom Typ A** (substitutionale Produktionsfunktion) liegt vor, wenn eine bestimmte Ausbringungsmenge M mit alternativen Faktormengenkombinationen hergestellt werden kann. Die Produktionsfaktoren sind substituierbar. Substituierbar sind Produktionsfaktoren dann, wenn ein Produktionsfaktor (z. B. Arbeit) reduziert wird, während der andere Produktionsfaktor (z. B. Kapital) erhöht wird, ohne dass sich dadurch die Ausbringungsmenge M verändert.

Eine **Produktionsfunktion vom Typ B** (limitationale Produktionsfunktion) ist dadurch gekennzeichnet, dass die Produktionsfaktoren – aufgrund des Produktionsverfahrens – nicht substituierbar sind. Sie können nur in einem technisch genau festgelegten mengenmäßigen Verhältnis kombiniert werden, um eine bestimmte Ausbringungsmenge M zu produzieren. Die Relation zwischen den limitationalen Produktionsfaktoren ist nicht veränderbar.[1]

---
1 Eine begrenzte Substituierbarkeit ist möglich.

4.2.1 Produktionsfunktion vom Typ A (Ertragsgesetz)

Welche Wirkung auf die Ausbringungsmenge haben Mengenänderungen von Produktionsfaktoren, die in einem substitutionalen Einsatzverhältnis zueinander stehen?

Bei der Produktionsfunktion vom Typ A wird – neben der Substituierbarkeit der Produktionsfaktoren – unterstellt, dass nur ein Produktionsfaktor variiert wird. Die Entwicklung des **Ertrages M** wird z. B. durch die eingesetzten Mengen des Produktionsfaktors Kapital (r_2) bei Konstanz der übrigen Faktoren (Arbeit = r_1, Boden = r_3) bewirkt:

$M = f(r_2)$

Beispiel

Ein Landwirt möchte wissen, wie sich der Einsatz von Dünger (r_2) auf den Ertrag an Getreide auswirkt. Hierzu unterteilt er ein Stück Ackerland in 12 gleich große Flächen. Der Boden, sein Arbeitseinsatz, das Saatgut, die Bewässerungsmaßnahmen u. a. sind auf allen 12 Teilflächen gleich. Es sind die konstanten Produktionsfaktoren. Der Dünger, den der Landwirt den 12 Flächen in unterschiedlichen Mengen zuführt, ist der veränderliche Produktionsfaktor r_2. Schon die alltägliche Erfahrung legt die Vermutung nahe, dass eine gewisse Menge Dünger die Erträge zunächst steigern, eine größer werdende Düngereinsatzmenge aber zu einer Überdüngung und damit zu geringeren Erträgen führen wird.

Variabler Faktor Dünger r_2	Gesamtertrag M	Durchschnittsertrag m	Grenzertrag M'	Bereich
1	4	4,00		
			6,00	I
2	10	5,00		
			8,00	
3	18	6,00		
			10,00	
4	28	7,00		II
			8,00	
5	36	7,20		
			6,00	
6	42	7,00		
			4,00	III
7	46	6,57		
			2,00	
8	48	6,00		
			– 2,00	
9	46	5,11		
			– 3,00	IV
10	43	4,30		
			– 4,00	
11	39	3,55		
			– 5,00	
12	34	2,83		

Es zeigt sich, dass der Gesamtertrag bei zunehmendem Einsatz von Dünger – also des variablen Faktors Kapital (r_2) – zunächst überproportional, dann unterproportional ansteigt. Schließlich nimmt der Gesamtertrag trotz weiterer Erhöhung der Faktoreinsatzmenge r_2 ab.

Bei einer Steigerung der Faktoreinsatzmenge r_2 von 1 auf 3 Einheiten steigt der **Gesamtertrag** M von 4 auf 18 Einheiten, d.h., es steigt die ausgebrachte Produktionsmenge.

Der **Durchschnittsertrag** m, der durchschnittlich ausgebrachte Ertrag pro eingesetzter Faktoreinheit, steigt von 4 auf 6 Einheiten an.

Die zusätzliche Ausbringungsmenge je zusätzliche Faktoreinsatzmenge, der **Grenzertrag** M´, steigt von 6 Einheiten beim Faktoreinsatz 1 auf 10 Einheiten beim Faktoreinsatz 3. Jede zusätzliche Faktoreinsatzmenge erbringt in diesem Bereich einen Ertrag, der größer ist als der durch den jeweils vorhergehenden Faktoreinsatz bewirkte Ertrag.

Der Gesamtertrag steigt demzufolge überproportional an (Bereich I).

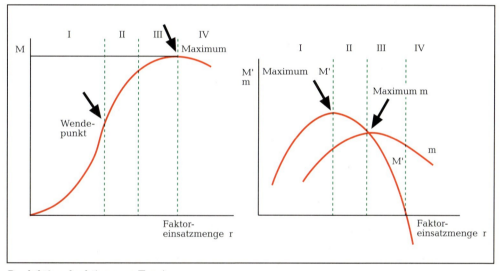

Produktionsfunktion vom Typ A

> Der **Gesamtertrag M** ist die insgesamt erzielte Produktmenge beim Einsatz bestimmter Faktoreinheiten.
>
> Der **Durchschnittsertrag m** ist die im Durchschnitt erzielte Produktmenge pro eingesetzte Faktoreinheit:
>
> $$m = M / r$$
>
> Der **Grenzertrag M´** ist der Ertragszuwachs, der durch die Erhöhung der Faktoreinsatzmenge um eine Einheit bewirkt wird:
>
> $$M´ = M_n - M_{n-1}$$

Die Teilflächen, auf denen als weitere Düngergaben 4, 5 und 6 Einheiten r_2 aufgebracht werden, erbringen weiterhin steigende Gesamterträge (28, 36 und 42 Mengeneinheiten).

Der Gesamtertrag steigt nur noch unterproportional an. Der **Durchschnittsertrag m** erreicht mit 7,20 Einheiten bei einem Faktoreinsatz r_2 von 5 sein Maximum.

Die jeweils zusätzliche Düngergabe bzw. Faktoreinheit erbringt gegenüber der vorherigen jedoch einen geringeren Ertragszuwachs. Der Grenzertrag fällt von 10 auf 6 Einheiten (Bereich II).

Erträge	Gesamtertrag M	Durchschnittsertrag m	Grenzertrag M'
Bereich I	überproportional steigend	steigend	steigend
Bereich II	unterproportional steigend	steigend	fallend
Bereich III	unterproportional steigend	fallend	fallend
Bereich IV	fallend	fallend	fallend (negativ)

Die Teilflächen, auf denen 6 bis 8 Einheiten von r_2 aufgebracht werden, erbringen weiterhin unterproportional steigende Gesamterträge (42 bis 48 Einheiten).

Die Grenzerträge nehmen entsprechend ab und erreichen beim Einsatz von 8 Einheiten von r_2 den Wert 0. Bei diesem Grenzertrag erreicht der Gesamtertrag sein Maximum (Bereich III).

Weitere Düngergaben führen zu einer Schädigung des Bodens. Der zusätzliche Ertrag, den sie bewirken, ist negativ, was zur Verringerung des Gesamtertrages führt (Bereich IV).

Die Produktionsfunktion vom Typ A wird auch als **ertragsgesetzliche Produktionsfunktion** bezeichnet. Sie gibt das **Ertragsgesetz** bzw. das **Gesetz vom abnehmenden Ertragszuwachs** wieder, nach dem der Ertragszuwachs durch eine zusätzliche Faktoreinsatzmenge (= Grenzertrag) zunächst ansteigt und dann abnimmt. Wird die Einsatzmenge immer weiter erhöht, kann der Grenzertrag negativ werden.

> **Ertragsgesetz:**
>
> Wird die Einsatzmenge eines Produktionsfaktors bei Konstanz der anderen Produktionsfaktoren verändert, steigen die Gesamterträge zunächst überproportional und dann unterproportional an. Nach dem Maximum fallen die Gesamterträge.

4.2.2 Produktionsfunktion vom Typ B

> Welche Wirkung auf die Ausbringungsmenge haben Mengenänderungen von Produktionsfaktoren, die in einem festen Einsatzverhältnis zueinander stehen?

Im Gegensatz zur substitutionalen Produktionsfunktion vom Typ A sind bei der Produktionsfunktion vom Typ B die Produktionsfaktoren nicht substituierbar. Das Mengenverhältnis der eingesetzten Produktionsfaktoren ist durch produktionstechnische Vorgaben festgelegt. Eine Ausweitung der Produktionsmenge kann nur erreicht werden durch die relationsgleiche Erhöhung der Einsatzmengen aller direkt am Produktionsprozess beteiligten Produktionsfaktoren. Deshalb wird diese Produktionsfunktion auch als **limitationale Produktionsfunktion** bezeichnet:

$$M = f(r_1 + r_2)$$

Viele industrielle Fertigungsverfahren sind insbesondere wegen des beherrschenden Einflusses des Produktionsfaktors Kapital an eine feste Relation zwischen den eingesetzten Produktionsfaktoren gebunden. Bei Vergrößerung des Faktors Kapital durch den Einsatz einer zusätzlichen Maschine des bisher eingesetzten Typs unter Beibehaltung des Fertigungsverfahrens muss für die Bedienung dieser Maschine die notwendige Anzahl von Maschinenarbeitern zusätzlich eingesetzt werden.

Steht die produktionstechnisch notwendige Relation zwischen den Faktoren r_1 und r_2 in einem Verhältnis von 1 : 3, so wird eine Erhöhung des Faktors r_1 um eine Einheit nur wirksam bei gleichzeitiger Erhöhung des Faktors r_2 um drei Einheiten. Die Zunahme der gesamten Faktoreinsatzmenge r ($r = r_1 + r_2$) verursacht jeweils eine proportionale Erhöhung des Ertrages. Jede Vergrößerung der Einsatzmenge bewirkt denselben Ertragszuwachs. Verdoppelt sich die Faktoreinsatzmenge, so verdoppelt sich auch der Ertrag.[1]

Beispiel

Der Zusammenhang soll veranschaulicht werden am Beispiel einer Unternehmung, die Schreibmaschinen produziert. Bei der SMF-Schreibmaschinen AG geschieht die Endmontage der Schreibmaschinen im Fließverfahren. An jeder Fertigungsstraße (r_2) sind drei Arbeiter (r_1) beschäftigt, die für das flüssige Durchlaufen der Werkstücke durch die Automaten zu sorgen haben. Soll die Produktion gesteigert werden, so müssen weitere Fertigungsstraßen eingerichtet werden.

Faktoreinsatzmenge $r = r_1 + r_2$	Gesamtertrag M	Durchschnittsertrag $m = M/r$	Grenzertrag $M' = M_n - M_{n-1}$
1	2 000	2 000	2 000
2	4 000	2 000	2 000
3	6 000	2 000	2 000
4	8 000	2 000	2 000
5	10 000	2 000	2 000
6	12 000	2 000	2 000
7	14 000	2 000	2 000
8	16 000	2 000	2 000
9	18 000	2 000	2 000
10	20 000	2 000	2 000

---

1 Hierbei handelt es sich um eine Mindeständerung. Wird bei der Verdopplung der limitationalen Faktoreinsatzmengen ein ergiebigeres Fertigungsverfahren gewählt, so kann die Produktionssteigerung auch über eine Verdopplung hinausgehen.

Es müssen auch jeweils drei Arbeiter zu ihrer Bedienung bereitgestellt werden, da sonst kein reibungsloser Ablauf der Fertigung möglich ist. Eine Produktionssteigerung ausschließlich durch vermehrten Einsatz von Arbeitern erweist sich als völlig unergiebig.

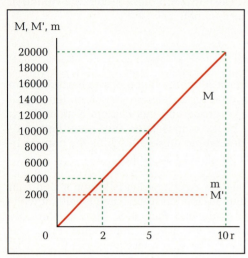

Produktionsfunktion vom Typ B

Die Fertigungsstraße r_2 und die drei Arbeiter r_1 bilden zusammen die Faktoreinsatzmenge r. Wird der Einsatz $r = (r_1 + r_2)$ kontinuierlich gesteigert, so ergeben sich die folgenden Ertragsverläufe:

Der Gesamtertrag steigt linear an. Der Durchschnittsertrag m = M/r ist konstant und verläuft parallel zur r-Achse bei 2000 Mengeneinheiten.

Der Grenzertrag $M' = M_n - M_{n-1}$ ist ebenfalls konstant und entspricht dem Durchschnittsertrag.

Die relationsgleiche Erhöhung der Faktoreinsatzmengen führt bei der Produktionsfunktion vom Typ B zu einem linearen Anstieg des Gesamtertrages M.

- Die Produktionsmenge wird bestimmt durch den mengenmäßigen Einsatz der Produktionsfaktoren.

- Die Produktionsfunktion $M = f(r_1, r_2, r_3)$ zeigt den Wirkungszusammenhang zwischen Faktoreinsatzmengen r_1, r_2, r_3 (Ursache) und Produktionsertrag M (Wirkung).

- Bei der substitutionalen Produktionsfunktion (Typ A) kann eine bestimmte Ausbringungsmenge M mit alternativen Faktormengenkombinationen hergestellt werden.

- Bei der limitationalen Produktionsfunktion (Typ B) kann eine bestimmte Ausbringungsmenge nur mit einer einzigen – technisch genau festgelegten – Faktormengenkombination ökonomisch sinnvoll hergestellt werden.

- Der Gesamtertrag M der Produktionsfunktion vom Typ A nimmt zunächst überproportional und dann unterproportional zu. Der Verlauf der Gesamtertragskurve ist S-förmig.

- Der Gesamtertrag M bei der Produktionsfunktion vom Typ B nimmt mit steigenden Faktoreinsatzmengen gleichmäßig zu. Der Verlauf der Gesamtertragskurve ist linear steigend.

- Der Durchschnittsertrag m ist die durchschnittliche Produktmenge pro eingesetzter Faktoreinheit, $m = M / r_1$ oder $m = M / r_2$ für Typ A und $m = M / (r_1 + r_2)$ für Typ B.

- Der Grenzertrag ist der Ertragszuwachs, der durch die Erhöhung der Faktoreinsatzmenge um eine Einheit bewirkt wird.

4.3 Kostenfunktionen und Erlösfunktion

Bisher ist der Zusammenhang zwischen den Faktoreinsatzmengen und der Produktmenge dargestellt worden. Diese quantitative Betrachtung ist jedoch nur die Vorstufe bei der Ermittlung der gewinnmaximalen Ausbringungsmenge. Der Zusammenhang läßt sich, wie bei den Prämissen der Angebotstheorie bereits erläutert wurde, durch die Gleichung **G= p · M – q · r** darstellen. Die Einsatzmengen der Produktionsfaktoren und die Ausbringungsmengen müssen in Geldeinheiten bewertet und als Kosten (K = q · r) und Erlöse (E = p · M) zur Ermittlung des Gewinns bzw. der gewinnmaximalen Ausbringungsmenge einander gegenübergestellt werden. Wegen der unterschiedlichen Wirkung der Produktionsfaktoren auf die Ausbringungsmenge bei den Produktionsfunktionen vom Typ A und Typ B müssen die Kostenbetrachtungen getrennt durchgeführt werden. Dasselbe gilt auch für die Ermittlung der Ausbringungsmenge, bei der das anbietende Unternehmen einen maximalen Gewinn erzielt. Dabei bleiben die eingangs erwähnten Prämissen der vollständigen Konkurrenz weiterhin Grundlage einer exemplarischen Analyse.

4.3.1 Kostenbegriffe

Welche Kosten fallen bei der Produktion an?

Die Bereitschaft der Unternehmen, Wirtschaftsgüter zu einem bestimmten, dem als Datum vorgegebenen Marktpreis anzubieten, wird wesentlich beeinflußt von den Kosten. Kosten sind der Preis für den Einsatz der Produktionsfaktoren bei der Produktion.

Es fallen unterschiedliche Kosten an:

■ Fixe Kosten (K_f)

Unabhängig von der Höhe der produzierten Menge fallen Kosten an. Sie entstehen dem Unternehmen durch die Produktionsbereitschaft. Diese Kosten werden „fixe Kosten" (K_f) genannt. Abschreibungen, Miete, Versicherungsbeiträge und Zinsen beispielsweise sind Kosten, die unabhängig von der produzierten Menge der Güter sind. Die fixen Kosten verlaufen, grafisch dargestellt, parallel zur Mengenachse.

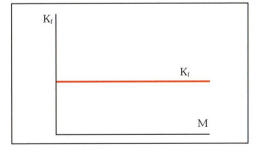

■ Variable Kosten (K_v)

Die tatsächliche Produktion von Wirtschaftsgütern verursacht weitere Kosten. Die Höhe dieser Kosten ist abhängig von der produzierten Gütermenge. Diese Kosten sind veränderliche Kosten, es sind „variable Kosten" (K_v). Energie- und Materialverbrauch sind typische Kosten, die in ihrer Höhe von der Menge der produzierten Wirtschaftsgüter bestimmt werden. Die Zuordnung der Löhne zu den variablen Kosten wäre dann sinnvoll, wenn eine unmittelbare Anpassung der Löhne an Beschäftigungsschwankungen möglich wäre. Kündigungsfristen machen dies de facto unmöglich. Nach dem Steigungsmaß unterscheidet man bei den variablen Kosten unterschiedliche Verläufe.

1. Lineare variable Kosten

Bei einem linearen Verlauf sind die variablen Kosten jeder zusätzlich hergestellten Mengeneinheit genauso hoch wie die Kosten der vorangegangenen Mengeneinheit. Bei gegebenen Preisen der Produktionsfaktoren ergibt sich ein linearer Kostenverlauf beim Produktionsverfahren entsprechend der Produktionsfunktion vom Typ B.

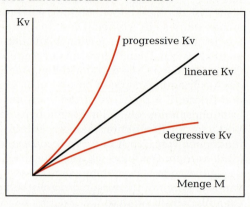

2. Degressive variable Kosten

Bei einem degressiven Verlauf sind die variablen Kosten jeder zusätzlich hergestellten Mengeneinheit niedriger als die Kosten der vorangegangenen Einheit. Typisch für den degressiven Kostenverlauf ist der Bereich I der Produktionsfunktion vom Typ A.

3. Progressive variable Kosten

Bei einem progressiven Verlauf sind die variablen Kosten jeder zusätzlich hergestellten Mengeneinheit höher als die variablen Kosten der vorangegangenen Einheit. Progressive Kosten sind typisch für die Bereiche II, III und IV der Produktionsfunktion vom Typ A.

■ Gesamtkosten (K)

Die Addition von fixen und variablen Kosten ergibt die Gesamtkosten.

$K = K_f + K_v$

■ Stückkosten oder durchschnittliche Gesamtkosten (k)

Aus den Gesamtkosten K lassen sich die Kosten ermitteln, die jeweils auf eine ausgebrachte Mengeneinheit entfallen. Diese Kosten werden als Stückkosten bzw. als durchschnittliche Gesamtkosten k bezeichnet. Sie sind der Quotient aus den Gesamtkosten K und der ausgebrachten Menge M.

$k = K / M$

1. Durchschnittliche variable Kosten (k_v)

Die durchschnittlichen variablen Kosten k_v sind gleich dem Quotienten aus den gesamten variablen Kosten K_v und der ausgebrachten Menge M.

$k_v = K_v / M$

2. Durchschnittliche Fixkosten (k_f)

Die durchschnittlichen Fixkosten k_f stellen den Quotienten aus Fixkosten K_f und ausgebrachter Menge M dar.

$k_f = K_f / M$

Grenzkosten (K')

Die Kosten, die für eine zusätzliche bzw. die letzte ausgebrachte Mengeneinheit entstehen, werden Grenzkosten K' genannt.

$K' = K_n - K_{n-1}$

4.3.2 Kostenfunktionen

Wie wirkt sich eine Veränderung der Ausbringungsmenge M auf die Kosten aus?

Die Produktionsfunktion stellt ab auf die mengenmäßige Relation zwischen Faktoreinsatz r und Ausbringungsmenge M. Die Ausbringungsmenge M ist dabei die von den Faktoreinsatzmengen abhängige Größe. Die Kostentheorie tauscht die Abhängigkeiten um. Sie bewertet die Faktoreinsatzmengen in Geldeinheiten, d.h. als Kosten. Die Kosten werden als abhängige Größe, die jeweiligen Ausbringungsmengen als unabhängige Größe betrachtet. Wegen des umgekehrten Wirkungszusammenhangs ist eine Kostenfunktion in der grafischen Darstellung das Spiegelbild der jeweiligen Ertragsfunktion.

Eine **Kostenfunktion** beschreibt den Zusammenhang zwischen der Ausbringungsmenge M als Ursache und den mit Faktorpreisen bewerteten Faktoreinsatzmengen (= Kosten) als Wirkung.

Dieser Zusammenhang lässt sich mathematisch als allgemeine Funktion formulieren:

$K = f(M)$

4.3.2.1 Kostenfunktion Typ A

Wie verlaufen bei substituierbaren Produktionsfaktoren die Kosten in Abhängigkeit von der Ausbringungsmenge?

Die Produktionsfunktion vom Typ A führt bei steigenden Einsatzmengen des variablen Produktionsfaktors erst zu steigenden, dann zu fallenden Grenzerträgen. Für die Erhöhung der Ausbringungsmenge um eine Einheit müssen deshalb zunächst geringere Mengen, mit zunehmender Gesamtausbringung dann aber immer größere Mengen des variablen Produktionsfaktors eingesetzt werden. Werden die Einsatzmengen des variablen Produktionsfaktors in Geldeinheiten als Kosten bewertet, so müssen sich bei steigenden Ertragszuwächsen fallende Kostenzuwächse und bei fallenden Ertragszuwächsen steigende

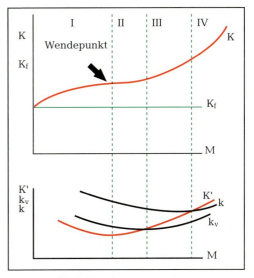

Kostenverläufe Typ A

Kostenzuwächse ergeben. Ebenso bedeuten steigende Durchschnittserträge sinkende Durchschnittskosten und sinkende Durchschnittserträge steigende Durchschnittskosten.

Die Gesamtkosten K, die Durchschnittskosten k und die Grenzkosten K' sind Spiegelbilder zu den Gesamterträgen M, den Durchschnittserträgen m und den Grenzerträgen M' der Produktionsfunktion vom Typ A.

Auch bei der Kostenfunktion vom Typ A lassen sich 4 Bereiche unterscheiden. Die ersten drei Bereiche werden voneinander abgegrenzt durch das jeweilige Minimum einer Kostenkurve.

Solange die Kosten einer weiteren produzierten Einheit (K') unter den Durchschnittskosten (k, k_v) liegen, sinken die Durchschnittskosten.

Sobald die Kosten einer weiteren Einheit über dem bisherigen Durchschnitt liegen, steigt der Durchschnitt wieder an. Das Minimum der Durchschnittskostenkurven muss daher stets im Schnittpunkt von Durchschnittskostenkurve und Grenzkostenkurve liegen.

Kosten	Gesamt-kosten K	Grenz-kosten K'	durch-schnittliche variable Kosten k_v	durch-schnittliche Gesamt-kosten k	Endpunkt
Bereich I	unter-proportional steigend	fallend	fallend	fallend	Minimum K'
Bereich II	über-proportional steigend	steigend	fallend	fallend	Minimum k_v
Bereich III	über-proportional steigend	steigend	steigend	fallend	Minimum k
Bereich IV	über-proportional steigend	steigend	steigend	steigend	

4.3.2.2 Kostenfunktion Typ B

Wie verlaufen bei nicht substituierbaren Produktionsfaktoren die Kosten in Abhängigkeit von der Ausbringungsmenge?

Bei der Produktionsfunktion vom Typ B ist, wie bereits dargestellt, das Mengenverhältnis der eingesetzten Produktionsfaktoren durch technische Vorgaben festgelegt. Eine Ausweitung der Produktionsmenge ist nur möglich durch relationsgleiche Erhöhung der Einsatzmengen aller Produktionsfaktoren. Dies führt zu einem linearen Anstieg der Gesamtkosten. Die Produktionsfunktion vom Typ B gilt vor allem für industrielle Fertigungsverfahren.

Beispiel

Die SMF-Schreibmaschinen AG dehnt ihre Produktion bis zur Kapazitätsgrenze auf 20.000 Schreibmaschinen aus. Die Fertigung der Schreibmaschinen verursacht die in der Kostentabelle aufgeführten Kosten. Das industrielle Fertigungsverfahren der SMF-Schreibmaschinen AG verursacht fixe Kosten in Höhe von 4.000.000 GE. Zu den fixen Kosten K_f kommen durch die tatsächliche Produktion der Schreibmaschinen variable Kosten K_v hinzu, die mit zunehmender Produktionsmenge konstant ansteigen. Die Gesamtkosten K ergeben sich als Summe der fixen Kosten K_f und der variablen Kosten K_v. Die Gesamtkosten K beginnen in Höhe von 4.000.000 GE bei der Produktionsmenge von 0 und steigen linear um die variablen Kosten bis zur Kapazitätsgrenze von 20.000 Stück auf 6.000.000 GE an. Mit zunehmender Produktionsmenge verteilen sich die fixen Kosten auf eine immer höhere Stückzahl von Schreibmaschinen. Die Herstellungskosten pro Stück sinken von 2.100 GE bei einer Produktionsmenge von 2.000 Stück auf 300 GE bei einer Produktionsmenge von 20.000 Stück. Die Grenzkosten K' betragen für jede Mengeneinheit 100 GE. Sie sind beim Kostenverlauf vom Typ B konstant.

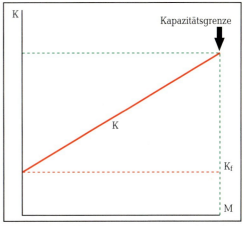

Kostentabelle

Menge in Tsd.	Geldeinheiten in Tsd.			Geldeinheiten pro Stück	
M	K_f	K_v	K	k	K'
0	4 000	0	4 000		
2	4 000	200	4 200	2 100	100
4	4 000	400	4 400	1 100	100
6	4 000	600	4 600	767	100
8	4 000	800	4 800	600	100
10	4 000	1 000	5 000	500	100
12	4 000	1 200	5 200	433	100
14	4 000	1 400	5 400	386	100
16	4 000	1 600	5 600	350	100
18	4 000	1 800	5 800	322	100
20	4 000	2 000	6 000	300	100

Bei modernen kapitalintensiven industriellen Fertigungsverfahren verursacht der Einsatz des Faktors Kapital hohe fixe Kosten. Mit zunehmender Produktionsmenge werden die fixen Kosten anteilmäßig auf eine immer größere Stückzahl verteilt. Dadurch werden die anteiligen fixen Kosten pro Stück geringer. Die Stückkostenkurve (= gesamte Durchschnittskosten) k hat deshalb einen degressiven Verlauf. Dieser Tatbestand wird als **Gesetz der Massenproduktion** bezeichnet.

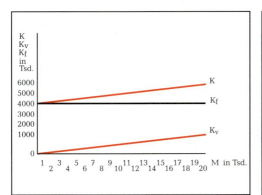
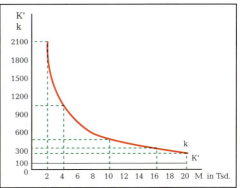

Kostenverläufe Typ B

4.3.2.3 Minimalkostenkombination

Bei welcher Kombination der Produktionsfaktoren sind die Kosten für eine bestimmte Ausbringungsmenge minimal?

Im Interesse der Gewinnmaximierung wird ein Anbieter versuchen, mit geringsten Kosten eine bestimmte Ausbringungsmenge M zu produzieren. Um die kostengünstigste Faktorkombination zu erhalten, muss er in einem ersten Schritt alle möglichen Faktorkombinationen ermitteln, mit denen eine bestimmte Ausbringungsmenge M hergestellt werden kann. In einem zweiten Schritt wird er die Kosten ermitteln, die bei der Produktion dieser Ausbringungsmenge M jeweils anfallen.

■ Isoquanten

Die möglichen Mengenkombinationen zweier Produktionsfaktoren, die eine bestimmte Ausbringungsmenge hervorbringen, können auf relativ einfache Weise dargestellt werden. Alle Faktorkombinationsmöglichkeiten mit demselben mengenmäßigen Ertrag werden in einem Koordinatensystem, auf dessen Achsen die Produktionsfaktoren r_1 und r_2 mit ihren Einsatzmengen aufgetragen sind, als Punkte festgehalten. Werden diese Punkte durch eine Linie verbunden, so entsteht eine Kurve, die als **Isoquante** (Kurve gleicher Ausbringungsmenge M) bezeichnet wird. Auf ihr sind alle möglichen Mengenkombinationen zweier Produktionsfaktoren dargestellt, die dieselbe Ausbringungsmenge erbringen. Die Isoquanten der Produktionsfunktionen vom Typ A und Typ B zeigen unterschiedliche Verläufe.

■ Isoquantenverlauf Typ A

Bei substituierbaren Produktionsfaktoren muss im Normalfall für eine bestimmte Ausbringungsmenge von einem Produktionsfaktor eine größere Menge eingesetzt werden, wenn die Einsatzmenge des anderen Produktionsfaktors verringert wird.

> **Beispiel**
>
> Es sollen durch unterschiedliche Mengenkombinationen zweier Produktionsfaktoren 120 Gütereinheiten (M = 120) hergestellt werden:
>
> | Arbeit r_1 | 50 | 30 | 22,5 | 20 | 15 | 10 |
> |---|---|---|---|---|---|---|
> | Kapital r_2 | 7,5 | 10 | 15 | 20 | 30 | 50 |
> | Ausbringungsmenge M | 120 | 120 | 120 | 120 | 120 | 120 |

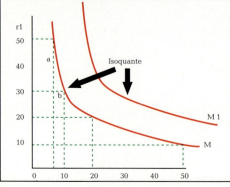

Isoquantenverlauf Typ A

Alle Faktorkombinationen mit einem Output von 120 Gütereinheiten ergeben die als Isoquante bezeichnete Kurve M.

Die Isoquante gibt weiterhin an, in welchem Verhältnis Einsatzmengen des einen Faktors durch Einsatzmengen des anderen Faktors ohne Veränderung der Ausbringungsmenge ersetzbar sind.

Dieses Substitutionsverhältnis (a zu b) wird als **Grenzrate der Substitution** bezeichnet. Sie ist in jedem Punkt der Isoquante unterschiedlich.

Die Ausbringungsmenge wird sich von M auf M_1 erhöhen, wenn die Einsatzmenge des einen Produktionsfaktors erhöht, die Einsatzmenge des anderen Faktors aber nicht verringert wird. Die neuen Faktorkombinationen mit der Ausbringungsmenge M_1 liegen auf einem höheren Niveau als die Isoquante M, also vom Nullpunkt des Koordinatensystems weiter entfernt.

■ Isoquantenverlauf Typ B

> **Beispiel**
>
> Bei einem Produktionsverfahren mit vorgegebenem Mengenverhältnis der eingesetzten Produktionsfaktoren – z.B. dem Verhältnis von 1:3 – ergeben sich bei einer angestrebten Ausbringungsmenge von 80 folgende Kombinationsmöglichkeiten:

Arbeit r_1	10	20	30	10	10	10
Kapital r_2	30	30	30	40	45	50
Ausbringungsmenge M	80	80	80	80	80	80

Im Koordinatensystem ergibt sich aus den Zahlenwerten des Beispiels eine im rechten Winkel parallel zu den Achsen verlaufende Isoquante. Die Zunahme der Einsatzmenge nur eines Faktors ergibt keine Veränderung des Ertrages. Wird die Einsatzmenge eines Faktors vergrößert, so führt dies nicht zu einer Verringerung der benötigten Einsatzmenge des anderen Faktors bei gegebener Ausbringungsmenge. Mit dem Einsatz von 10 r_1 und 30 r_2 wird eine Ausbringungsmenge von 80 erreicht. Wird allein r_1 erhöht oder allein r_2, so hat dies keine Auswirkung auf die Höhe der Ausbringungsmenge. Die Isoquante verläuft daher vom Punkt des technisch vorgegebenen Einsatzverhältnisses von 1:3 bei einer angestrebten Ausbringungsmenge von 80 jeweils parallel zu den beiden Achsen.

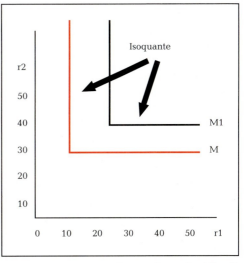

Isoquantenverlauf Typ B

Werden beide Produktionsfaktoren relationsgleich in ihren Einsatzmengen vergrößert, so ergibt sich eine neue Isoquante M1, die parallel zur Isoquante M verläuft, jedoch auf einem höheren Niveau, d.h. vom Nullpunkt des Koordinatensystems weiter entfernt. Eine relationsgleiche Verringerung der Einsatzmengen beider Produktionsfaktoren würde entsprechend eine Isoquante auf niedrigerem Niveau, d.h. näher zum Nullpunkt des Koordinatensystems, zur Folge haben.

■ Minimalkostenkombination

Alle Kombinationsmöglichkeiten der Faktormengen r_1 (Arbeit) und r_2 (Kapital), die die gleichen Kosten verursachen, stellen grafisch eine **Isokostenlinie** im r_1, r_2-Isoquantendiagramm dar. Die Faktorpreise von r_1 und r_2 werden mit q_1 bzw. q_2 bezeichnet. Das Verhältnis der Faktorpreise spiegelt sich in der Steigung der Isokostenlinie wider.

Beispiel

Es können durch unterschiedliche Mengenkombinationen der substituierbaren Produktionsfaktoren Arbeit r_1 und Kapital r_2 120 Mengeneinheiten hergestellt werden. Der Preis für den Faktor Arbeit beträgt q_1 = 30 GE, der Preis für eine Maschinenstunde r_2 beträgt q_2 = 60 GE. 2 Arbeitsstunden r_1 entsprechen 1 Maschinenstunde r_2, das Verhältnis der Faktorpreise von Maschinenstunde zu Arbeit ist 1 : 2. Die Isokostenlinie ergibt sich dann aus dem Verhältnis der Faktorpreise: 20 Arbeitsstunden (abgetragen auf der r_1-Achse) kosten so viel wie 10 Maschinenstunden (abgetragen auf der r_2-Achse), 50 Arbeitsstunden kosten so viel wie 25 Maschinenstunden. Es lassen sich beliebig viele Isokostenlinien konstruieren. Dort, wo eine der vielen möglichen Isokostenlinien die eine Isoquante mit der Ausbringungsmenge von 120 tangiert (konstruierbar durch Parallelverschiebung der Isokostenlinie I_0 bzw. I_2), ist die Minimalkostenkombination verwirklicht.

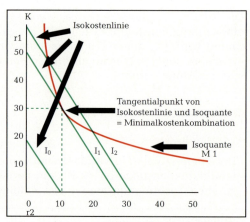

Minimalkostenkombination

Arbeits-stunden r_1	Maschinen-stunden r_2	Ausbringungs-menge M	Arbeitskosten (pro Std. = 30 GE)	Maschinenkosten (pro Std. = 60 GE)	Gesamt-kosten K
50	7,5	120	1 500	450	1 950
30	10	120	900	600	1 500
22,5	15	120	675	900	1 575
20	20	120	600	1 200	1 800
15	30	120	450	1 800	2 250
10	50	120	300	3 000	3 300

Die Minimalkostenkombination ist diejenige Kombination von Produktionsfaktoren, bei der eine gegebene Ausbringungsmenge mit minimalen Kosten produziert wird. Sie ist im Tangentialpunkt einer Isokostenlinie und der Isoquante verwirklicht.

- Die Kostenfunktionen zeigen den Einfluss der Ausbringungsmenge M auf die Gesamtkosten: K = f (M).
- Gesamtkosten K sind die Summe der fixen Kosten K_f und der variablen Kosten K_v.
- Fixe Kosten K_f sind produktionsunabhängige Kosten. Sie entstehen durch die Produktionsbereitschaft.
- Variable Kosten K_v sind von der produzierten Gütermenge abhängige Kosten. Sie entstehen durch die tatsächliche Produktion.
- Durchschnitts- oder Stückkosten k sind die Kosten, die durchschnittlich je produzierte Mengeneinheit entstehen.
- Grenzkosten K' sind die Kosten, die durch die Produktion einer zusätzlichen Mengeneinheit verursacht werden.

- Das Gesetz der Massenproduktion besagt, dass mit zunehmender Ausbringungsmenge die anteiligen fixen Stückkosten und damit die gesamten Durchschnittskosten sinken.
- Isoquanten sind Kurven gleicher Ausbringungsmenge. Sie zeigen alle möglichen Mengenkombinationen zweier Produktionsfaktoren mit derselben Ausbringungsmenge.
- Die Grenzrate der Substitution gibt an, in welchem Verhältnis die Faktoreinsatzmengen eines Produktionsfaktors durch die Faktoreinsatzmengen eines anderen Produktionsfaktors ersetzt werden können, ohne dass sich die Ausbringungsmenge verändert.
- Die Minimalkostenkombination (MKK) ist diejenige Kombination von Produktionsfaktoren, die eine gegebene Ausbringungsmenge mit minimalen Kosten produziert.

4.3.3 Erlösfunktion

Wie hoch ist der Erlös bei unterschiedlichen Absatzmengen?

Grundlage für die Ermittlung der gewinnmaximalen Ausbringungsmenge M ist einerseits die Kostensituation, andererseits die Erlössituation des anbietenden Unternehmens. Der Gewinn G ist die Differenz zwischen Erlösen E und Kosten K:

G = E – K

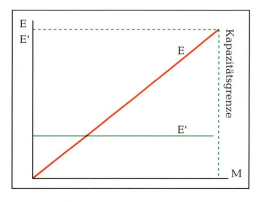

Aufgrund der unterstellten Prämissen kann das anbietende Unternehmen die produzierte Ausbringungsmenge M am Markt verkaufen, den Marktpreis p selbst aber nicht beeinflussen. Der **Gesamterlös E** eines Unternehmens ergibt sich aus der Multiplikation von Ausbringungsmenge M mit dem Verkaufspreis p:

E = p · M

Unabhängig vom Typ der Produktionsfunktion ist die Gesamterlösfunktion stets eine lineare Funktion, da sie das Produkt aus dem gegebenen Verkaufspreis und der variablen Verkaufsmenge ist. Beträgt die verkaufte Menge null Einheiten, so ist der Erlös ebenfalls gleich null. Der Erlös steigt mit zunehmender Ausbringungsmenge konstant an. Den maximalen Erlös erzielt das Unternehmen an seiner Kapazitätsgrenze.

Der Erlös pro verkaufte Mengeneinheit – der **Grenzerlös E′** – entspricht dem Preis. Unter den gegebenen Prämissen ist der Grenzerlös E′ stets gleich. Die Grenzerlöskurve E′ verläuft in Höhe des Preises parallel zur Mengenachse.

- Der Gesamterlös E ergibt sich aus der Multiplikation von abgesetzter Menge M mit dem Verkaufspreis p: **E = p · M.**
- Der Grenzerlös E′ entspricht dem Preis p.

4.3.4 Gewinnmaximale Menge

Mit der Kostenfunktion und der Erlösfunktion sind die beiden Komponenten bekannt, die zur Ermittlung der gewinnmaximalen Menge notwendig sind. Mathematisch ist der Gewinn die Differenz zwischen Erlösen und Kosten. Grafisch lässt sich die gewinnmaximale Menge durch Gegenüberstellung der Kostenfunktion und der Erlösfunktion in einem Koordinatensystem darstellen.

4.3.4.1 Gewinnmaximale Menge Typ A

Wo liegt für ein Unternehmen die gewinnmaximale Ausbringungsmenge M, wenn ein Kostenverlauf Typ A unterstellt wird?

Ein direkter Vergleich von Gesamtkosten und Erlösen lässt erkennen, dass zunächst die Gesamtkosten K höher als die Gesamterlöse E sind. Erst ab der Ausbringungsmenge M_g werden die Erlöse größer als die Kosten. Dieser Schnittpunkt von Kosten- und Erlösfunktion wird als **Gewinnschwelle M_g** (Break-even-Point) bezeichnet. Das anbietende

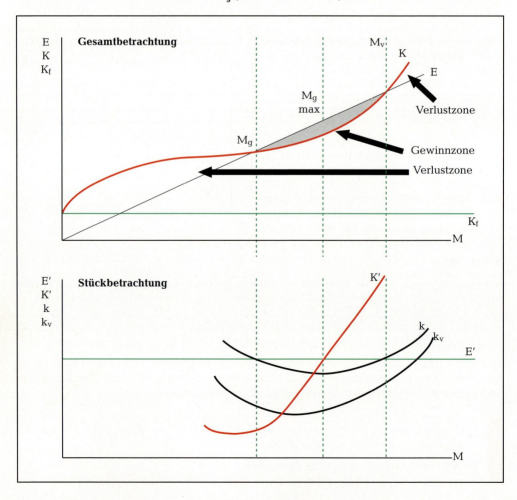

Kostenfunktionen und Erlösfunktion 123

Unternehmen befindet sich ab M_g in der Gewinnzone. Mit zunehmender Ausbringungsmenge M wird der Gewinn zunächst größer. Schließlich wird er wegen der überproportional ansteigenden Gesamtkosten K kleiner. Im Schnittpunkt von Kosten- und Erlöskurve (M_v) sind Erlöse und Kosten wieder gleich hoch, der Gewinn beträgt null. Wird die Ausbringungsmenge weiter erhöht, macht das Unternehmen Verlust, da die Gesamtkosten die Gesamterlöse übersteigen. Das Gewinnmaximum muss deshalb in der Gewinnzone zwischen M_g und M_v liegen, und zwar dort, wo der Abstand zwischen Gesamterlöskurve und Gesamtkostenkurve am größten ist. Grafisch wird der größte Abstand zwischen den beiden Kurven ermittelt, indem die Erlöskurve so lange parallel verschoben wird, bis sie die Kostenkurve tangiert (M_{gmax}).

Einfacher als mithilfe der Gesamtbetrachtung lässt sich die gewinnmaximale Menge durch die Stückbetrachtung ermitteln. Der Gewinn ist bei der Ausbringungsmenge am größten, bei der die Grenzkosten dem Grenzerlös entsprechen. Bis zu diesem Punkt kann der Unternehmer seinen Gewinn durch jede zusätzlich verkaufte Mengeneinheit vergrößern.

Das Gewinnmaximum liegt im Schnittpunkt von Grenzerlöskurve und Grenzkostenkurve. Nach diesem Schnittpunkt kann der Gewinn nicht mehr gesteigert werden. Jede zusätzlich verkaufte Einheit würde eine Verringerung des Gewinns bedeuten, da die Kosten für diese Einheit (= Grenzkosten) den Preis für diese Einheit (= Grenzerlös) übersteigen.

> Das Gewinnmaximum bei einer Kostenfunktion vom Typ A liegt im Schnittpunkt von Grenzkostenkurve K' und Grenzerlöskurve E' (Gewinnmaximum E'= K').

4.3.4.2 Gewinnmaximale Menge Typ B

Wo liegt für ein Unternehmen die gewinnmaximale Ausbringungsmenge M, wenn ein Kostenverlauf Typ B unterstellt wird?

Beispiel

Für die SMF-Schreibmaschinen AG liegt der Marktpreis einer Schreibmaschine bei 600 GE. Der Gesamterlös ergibt sich aus der Multiplikation von Marktpreis mit der jeweiligen Stückzahl der verkauften Schreibmaschinen. Die Gesamtkosten K bei der entsprechenden Ausbringungsmenge M werden der Kostentabelle (Linearer Gesamtkostenverlauf Typ B) entnommen. Kosten- und Erlöskurve werden einander gegenübergestellt. Die Gewinnschwelle der SMF-AG liegt bei einer Ausbringungsmenge von 8.000 Stück Schreibmaschinen. Mit jeder zusätzlich hergestellten Schreibmaschine steigt der Gewinn. Das Gewinnmaximum wird an der Kapazitätsgrenze von 20.000 Stück Schreibmaschinen erreicht. Der Erlös beträgt bei 20.000 Schreibmaschinen 20.000 · 600 = 12 Millionen GE, die Kosten 6 Millionen GE. Der Gewinn – als Differenz zwischen Erlös und Kosten – beläuft sich auf 6 Millionen GE (Gesamtbetrachtung). Bezogen auf das einzelne Stück erreicht die SMF-AG die Gewinnzone bei den Durchschnittskosten k in Höhe von 600 GE. Bei der Herstellung von 20.000 Schreibmaschinen beträgt der Gewinn pro Schreibmaschine 300 GE. Dies entspricht der Differenz zwischen den Durchschnittskosten k und dem Grenzerlös. Läge der Marktpreis nicht bei 600 GE, sondern in Höhe der Grenzkosten, könnte die SMF-AG keinen Gewinn erzielen (Stückbetrachtung).

Gesamtbetrachtung: Die Kostenfunktion Typ B verläuft linear und kann deshalb die Erlöskurve nur einmal schneiden. Dies geschieht bei der Ausbringungsmenge M_g

(Gewinnschwelle). Jede Ausbringungsmenge, die über M_g liegt, bringt dem anbietenden Unternehmen einen Gewinn. Der Gewinn steigt stetig bis zur Erreichung der Kapazitätsgrenze M_{kap} an. Das **Gewinnmaximum** des anbietenden Unternehmens liegt – unter den gegebenen Prämissen – an der Kapazitätsgrenze, da dort der Abstand zwischen Erlös- und Kostenfunktion am größten ist.

Stückbetrachtung: Die Grenzerlöse sind bei gegebenem Marktpreis für jede verkaufte Mengeneinheit gleich und entsprechen dem Marktpreis. Die Grenzerlöskurve verläuft – wie bei der gewinnmaximalen Menge Typ A – in Höhe des Marktpreises parallel zur Mengenachse.

Die Ausgangsbasis für die Stückbetrachtung der gewinnmaximalen Menge Typ B ist das Gesetz der Massenproduktion. Dabei werden die anteiligen Fixkosten – bei gleich bleibenden Grenzkosten – anteilmäßig auf eine immer größere Stückzahl verteilt. Die Gewinnzone beginnt im Schnittpunkt M_g der Grenzerlöskurve mit der Durchschnittskostenkurve. An der Kapazitätsgrenze ist der Abstand zwischen der Grenzerlös- und der Durchschnittskostenkurve – also der Stückgewinn – am größten. Verläuft die Grenzerlöskurve in Höhe der Grenzkosten, ist eine Produktion nicht rentabel, weil bis zur Kapazitätsgrenze kein Gewinn erzielt werden kann.

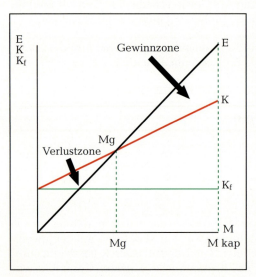
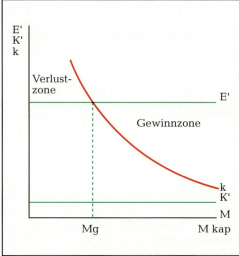

- Zur Ermittlung der gewinnmaximalen Ausbringungsmenge werden Kosten und Erlöse einander gegenübergestellt.
- Die Gewinnschwelle (Break-even-Point) M_g wird – bei den Produktionsfunktionen vom Typ A und B – im Schnittpunkt von Kosten- und Erlöskurve erreicht (Gesamtbetrachtung). Die Gewinnschwelle M_g liegt bei der Stückbetrachtung im Schnittpunkt von Grenzerlös und Durchschnittskostenkurve.
- Die gewinnmaximale Menge Typ A liegt dort, wo der Abstand zwischen Gesamterlöskurve und Gesamtkostenkurve am größten ist (Gesamtbetrachtung), bzw. im Schnittpunkt von Grenzerlös- und Grenzkostenkurve (Stückbetrachtung).
- Die gewinnmaximale Menge Typ B liegt immer an der Kapazitätsgrenze.

4.4 Angebot und Angebotsveränderungen

Ein Unternehmen, das den Preis wegen der gegebenen Marktbedingungen der vollständigen Konkurrenz nicht beeinflussen kann, muss sich dem Markt mengenmäßig anpassen, um einen maximalen Gewinn zu erzielen.

4.4.1 Individuelles Angebot

Welche Menge eines Gutes bietet der einzelne Anbieter am Markt an?

Unter den beschriebenen Marktbedingungen legt ein Unternehmen als Mengenanpasser langfristig die Angebotsmenge M so fest, dass der Erlös mindestens die Gesamtkosten K deckt. Die Kostensituation des anbietenden Unternehmens und der gegebene Marktpreis bestimmen darüber, bei welcher Ausbringungsmenge M die Gewinnzone beginnt bzw. sich die Gewinnschwelle befindet.

■ Individuelle Angebotskurve Typ A

Ein Anbieter unter den Bedingungen der vollständigen Konkurrenz mit einer Produktionsfunktion vom Typ A wird als **Mengenanpasser** bezeichnet. Fällt der Preis, dann wird ein Unternehmen die Angebotsmenge vermindern, steigt der Preis, dann wird die Angebotsmenge erhöht. Diese „Gesetzmäßigkeit" wurde schon zu Beginn des Kapitels aufgezeigt. Mithilfe der Kenntnis über Kosten- und Erlösverläufe kann der Mengenanpassungsprozess konkretisiert werden: Der Mengenanpassungsprozess an Preisänderungen wird durch den Verlauf der Grenzkostenkurve K' bestimmt.

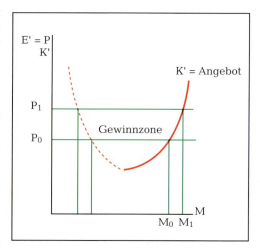

Bei der Ermittlung der gewinnmaximalen Menge Typ A hat die Stückbetrachtung gezeigt, dass der Anbieter als Mengenanpasser bereit ist, seine Produktion auszudehnen, solange die Kosten einer ausgebrachten Mengeneinheit (= Grenzkosten) durch die Erlöse dieser ausgebrachten Mengeneinheit (= Grenzerlös) gedeckt sind. Ist der Grenzerlös (= Marktpreis) größer als die Grenzkosten, so lässt sich mit jeder zusätzlich ausgebrachten Mengeneinheit der Gewinn vergrößern. Der Anbieter wird deshalb seine Angebotsmenge M entlang der Grenzkostenkurve K' so lange ausdehnen, bis die steigende

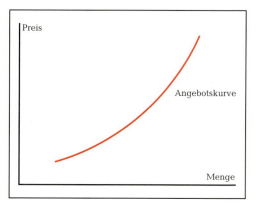

Grenzkostenkurve K' die Grenzerlöskurve E' schneidet. Es ist also die Grenzkostenkurve, die die Angebotsbereitschaft des Anbieters bestimmt. Die individuelle Angebotskurve entspricht deshalb dem ansteigenden Teil der Grenzkostenkurve. Steigt der Grenzerlös (= Marktpreis) von P_0 auf P_1, so wird der Anbieter seine Ausbringungsmenge ausdehnen. Wie hoch die individuelle Angebotsmenge bei gegebener Grenzkostensituation K' ist, hängt ab vom Verlauf der Grenzerlöskurve E', die in Höhe des Marktpreises parallel zur Mengenachse M verläuft.

> **Individuelles Angebotsverhalten Typ A**
>
> Eine Preisänderung führt zu einer Angebotsänderung
> - Steigende Preise führen zu steigendem Angebot
> - Sinkende Preise führen zu sinkendem Angebot
>
> Das individuelle Anbieterverhalten Typ A entspricht dem Gesetz des Angebotes

Die grafische Veranschaulichung des Zusammenhangs im **Preis-Mengen-Diagramm** liefert die **individuelle Angebotsfunktion** oder **Angebotskurve.** Die Angebotskurve verläuft von links unten nach rechts oben. Mit steigenden Marktpreisen steigt das Angebot, mit fallenden Marktpreisen sinkt das Angebot. Änderungen des Marktpreises führen zu einer Bewegung auf der Kurve.

■ Individuelle Angebotskurve Typ B

Bei der Ermittlung der individuellen Angebotskurve vom Typ B gelten grundsätzlich dieselben Überlegungen wie bei der Ermittlung der individuellen Angebotskurve vom Typ A. Aufgrund des linear ansteigenden Gesamtkostenverlaufes bei Typ B sind die Kosten einer zusätzlich ausgebrachten Mengeneinheit (= Grenzkosten) bis zur Kapazitätsgrenze stets gleich. Ist der Grenzerlös größer als die Durchschnittskosten und größer als die Grenzkosten, so wird mit jeder zusätzlich ausgebrachten Mengeneinheit der Gewinn des Unternehmens erhöht. Die Angebotsmenge des anbietenden Unternehmens entspricht der Menge, die unter Ausnutzung der Produktionskapazität hergestellt werden kann. Eine Mengenanpassung wäre nur möglich durch eine entsprechende Kapazitätsveränderung.

Entspricht der Grenzerlös den Grenzkosten, wird der Unternehmer nicht anbieten, da mit zunehmender Ausbringungsmenge durch den Verlauf der Durchschnittskosten ein Verlust zwar minimiert, aber kein Gewinn erzielt werden kann.

Eine Unternehmung mit einer Kostensituation Typ B bietet entweder die Produktionsmenge an, die sie unter Ausnutzung der vollen Kapazität herstellen kann, oder sie verzichtet aufgrund eines zu niedrigen Grenzerlöses (= Marktpreis) auf ein Angebot.

> **Individuelles Angebotsverhalten Typ B**
>
> Eine Preisänderung führt zu keiner Mengenänderung
> - Liegt der Preis über den Grenzkosten, wird an der Kapazitätsgrenze angeboten
> - Liegt der Preis unter den Grenzkosten, erfolgt kein Angebot

Die grafische Veranschaulichung dieses Zusammenhanges ergäbe im Preis-Mengen-Diagramm eine Angebotslinie, die parallel zur Preisachse verläuft, da die gewinnmaximale Menge bei Preisänderungen nur an der Kapazitätsgrenze erreicht werden kann.

4.4.2 Gesamtangebot

> Wie lässt sich aus den individuellen Angebotskurven der Anbieter das Gesamtangebot ermitteln?

Bei der Herstellung eines Gutes führen unterschiedliche betriebliche Kostenstrukturen der Unternehmen zu jeweils unterschiedlich hohen Gesamtkosten. Die Erlösfunktion der einzelnen Unternehmen ist jedoch gleich, da der Marktpreis von dem einzelnen Unternehmen nicht beeinflusst werden kann.

Wegen der unterschiedlichen Gesamtkosten bei gleicher Erlössituation aller Unternehmen müssen sich deshalb die Gewinne der einzelnen Anbieter unterscheiden. Am Markt werden auch jene Unternehmen ihr Produkt anbieten können, deren Gesamterlöse gerade die Gesamtkosten decken, die weder einen Gewinn noch einen Verlust realisieren.

Solche – an der Grenze der Gewinnschwelle stehenden – Anbieter werden **Grenzanbieter** genannt. Die Höhe des Erlöses bzw. des Marktpreises entscheidet darüber, welches Unternehmen als Grenzanbieter auftritt. Alle Unternehmen, die bei gegebenem Marktpreis in der Verlustzone produzieren, scheiden als Anbieter aus.

> Ein höherer Marktpreis führt insgesamt zu einer Ausweitung, ein niedrigerer Marktpreis zu einer Verminderung der Gesamtangebotsmenge. Das Gesetz des Angebotes gilt für das Gesamtangebot, aber nur bedingt für das individuelle Angebot.

Um das Gesamtangebot zu ermitteln, werden alle Angebotsmengen addiert, die von den einzelnen Anbietern unter Berücksichtigung ihrer unterschiedlich hohen Gesamtkosten angeboten werden können. Bei der Addition der individuellen Angebotskurven zu der Gesamtangebotskurve ist es unerheblich, ob es sich um eine individuelle Angebotskurve vom Typ A oder Typ B handelt. Der treppenförmige Verlauf der Angebotskurve verdichtet sich zu einer geschlossenen linear steigenden Linie, wenn die Anzahl der sechs Anbieter auf n Anbieter erhöht wird.

Beispiel

Bei der Darstellung sind sechs Anbieter nach der Höhe ihrer Gesamtkosten geordnet worden. Anbieter 1 stellt die SMF-Schreibmaschinen AG dar, Anbieter 2, 3, 4, 5 und 6 sind ebenfalls Hersteller von Schreibmaschinen mit einer Produktionskapazität von ebenfalls jeweils 20.000 Mengeneinheiten. Für jeden Anbieter ergibt sich aufgrund des Marktpreises von 600 GE pro Schreibmaschine ein Gesamterlös von 12 Millionen GE. Die SMF-Schreibmaschinen AG, Anbieter 2, 3 und 4 erzielen bei dem gegebenen Marktpreis einen Gewinn, Anbieter 5 deckt als Grenzanbieter durch die Erlöse E gerade seine Gesamtkosten K, während Anbieter 6 höhere Gesamtkosten als Erlöse hat.

Wie aus der Abbildung ersichtlich ist, kann der Anbieter 6 dann zum Grenzanbieter am Markt werden, wenn durch einen höheren Marktpreis die Erlöse E seine Gesamtkosten K gerade decken.

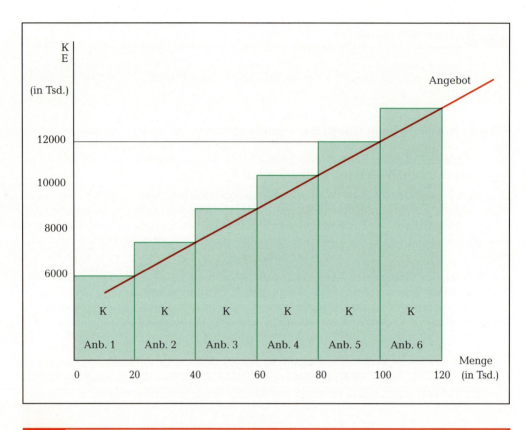

4.4.3 Verschiebungen der Angebotskurven

Welchen Einfluss haben Kostenänderungen auf den Verlauf der Angebotskurve?

Faktorpreise beeinflussen die Höhe der Kosten. Sinken die Faktorpreise, so können – bei gleich bleibender Erlössituation – auch diejenigen Unternehmer ihre Güter anbieten, deren Gesamtkosten bisher nicht durch die Erlöse gedeckt wurden. Sinken z. B. die Gesamtkosten K des Anbieters 6 im gewählten Zahlenbeispiel bei gleich bleibenden Erlösen auf das Kostenniveau des Anbieters 5, so kann er als Grenzanbieter seine Ausbringungsmenge anbieten. Das Gesamtangebot A_0 wird bei gleich bleibendem Marktpreis und sinkenden Gesamtkosten auf A_1 erhöht. Die Angebotskurve verschiebt sich nach rechts. Eine Kostensteigerung verschiebt die Angebotskurve dagegen nach links von A_0 auf A_2. Das Gesamtangebot verringert sich, weil die Gesamtkosten bisheriger Grenzanbieter nicht mehr durch die gleich bleibenden Erlöse gedeckt werden.

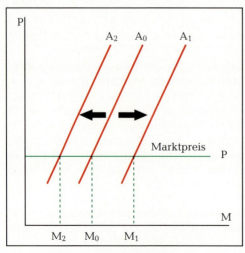

4.4.4 Angebotselastizität

> Wie stark ändert sich die angebotene Menge eines Gutes, wenn sich der Marktpreis dieses Gutes ändert?

Der Einfluss von Marktpreisänderungen auf die Angebotsmenge lässt sich mithilfe von **Angebotselastizitäten** ermitteln:

$$\epsilon_A = \frac{\text{prozentuale Mengenänderung}}{\text{prozentuale Preisänderung}}$$

Die Angebotselastizität ϵ_A gibt an, um wie viel Prozent sich die Angebotsmenge ändert, wenn sich der Preis des angebotenen Gutes um ein Prozent ändert.

Beispiel

Würstchenanbieter auf einem Weihnachtsmarkt verkaufen pro Abend 2000 Currywürste für 3 GE je Stück. Erhöht sich der Preis von 3 GE auf 4 GE, dann werden insgesamt 3500 Stück angeboten. Bei einer Preisänderung von 33,33 %

Preis GE	Menge	Mengenänderung %	Preisänderung %	ϵ	Erlös GE
3,00	2 000				6 000
4,00	3 500	75	33,33	2,25	14 000
5,00	5 000	42,85	25	1,71	25 000
6,00	6 500	30	20	1,5	39 000

steigt die Angebotsmenge um 75 %. Die Angebotselastizität ϵ_A beträgt 2,25. Bezogen auf eine Preiserhöhung von 1 % dehnen die Würstchenverkäufer ihr Angebot um 2,25 % aus. Bei einer Preiserhöhung von 4 GE auf 5 GE dehnen sie ihr Angebot auf 5000 Stück aus. Die Angebotselastizität ϵ_A beträgt 1,71.

Auch für die Angebotselastizitäten gilt wie für die Nachfrageelastizitäten: Je größer die relative Mengenänderung im Vergleich zur relativen Preisänderung ist, desto größer ist die Angebotselastizität. Die Höhe der Angebotselastizität hat unmittelbaren Einfluss auf die Erlössituation eines Anbieters, da Preiserhöhungen eine Ausweitung des Angebotes zur Folge haben und zu höheren Erlösen führen, sofern die Angebotsmenge auch abgesetzt werden kann.

$\epsilon_A > 1$: Das Angebot reagiert elastisch, da die relative Mengenänderung größer ist als die relative Preisänderung.

$\epsilon_A < 1$: Das Angebot reagiert unelastisch, da die relative Mengenänderung kleiner ist als die relative Preisänderung.

$\epsilon_A = 1$: Das Angebot reagiert isoelastisch, da die relative Mengenänderung genau so hoch ist wie die relative Preisänderung.

$\epsilon_A = 0$: Das Angebot reagiert vollkommen unelastisch, da keine Mengenänderung durch eine Preisänderung bewirkt wird.

Exemplarisch sollen die Angebotselastizitäten $\epsilon_A > 1$ und $\epsilon_A < 1$ grafisch an zwei unterschiedlich verlaufenden Angebotskurven dargestellt werden.

Die Darstellung A bezieht sich auf das oben gewählte Beispiel. Die Würstchenverkäufer sind bereit, ihre Angebotsmenge an Currywürstchen prozentual stärker als die prozentuale Preiserhöhung auszudehnen. Die Angebotselastizität ϵ_A ist > 1 (Darstellung A).

Die Angebotskurve in der Darstellung B bezieht sich auf das Angebot von Telefonkarten als begehrte Sammlerobjekte. Hier liegt die prozentuale Preisänderung über der prozentualen Mengenänderung. Der Anbieter ist erst bei einer relativ hohen Preissteigerung bereit, sich von einer verhältnismäßig kleinen Menge seiner Sammelobjekte zu trennen. Die Angebotselastizität ϵ_A ist < 1.

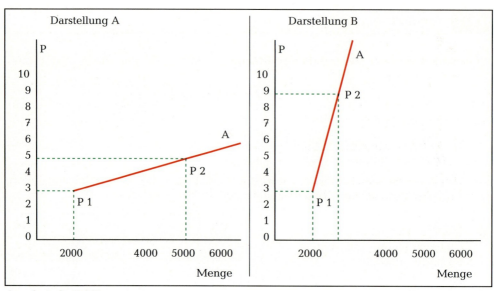

Angebotselastizitäten

Die Angebotskurve mit einer Angebotselastizität $\epsilon_A = 1$ entspräche der Bereitschaft, die Angebotsmenge von Currywürstchen oder Telefonkarten entsprechend der prozentualen Preiserhöhung zu verändern.

Eine Angebotskurve mit einer Angebotselastizität $\epsilon_A = 0$ liegt bei einer Angebotsfunktion vom Typ B vor, da eine Preiserhöhung keine Mengenänderung nach sich zieht. Diese Angebotskurve verläuft parallel zur Preisachse.

- Unter den Bedingungen der vollständigen Konkurrenz wird ein Anbieter als Mengenanpasser bezeichnet.
- Die individuelle Angebotskurve Typ A bestimmt die Angebotsbereitschaft des Anbieters. Sie ist identisch mit der Grenzkostenkurve (K').
- Die individuelle Angebotskurve Typ B entspricht der Bereitschaft des Anbieters, die Menge anzubieten, die er unter Ausnutzung der Produktionskapazität herstellt.
- Anbieter, die ihre Gesamtkosten gerade noch durch die Gesamterlöse decken können, werden Grenzanbieter genannt.
- Die Gesamtangebotskurve wird durch Addition der individuellen Angebote ermittelt.
- Die Gesamtangebotskurve verläuft im Koordinatensystem von links unten nach rechts oben, weil ein höherer Marktpreis zu einer Ausweitung der Angebotsmenge führt.
- Die Gesamtangebotskurve zeigt, welche Angebotsmengen die Anbieter bei alternativen Preisen anbieten.
- Bei steigenden (fallenden) Faktorkosten verschiebt sich die Angebotskurve nach links (rechts).
- Die Stärke der Änderung einer Angebotsmenge bei Preisänderungen wird durch die Angebotselastizität ϵ_A gemessen.

Aufgaben zum Üben und Vertiefen

1 Nennen Sie die Prämissen der Angebotstheorie!

2 Nennen und erklären Sie die allgemeine Angebotsfunktion!

3 Erklären Sie die Angebotsfunktion $A = f(p)$!
Welche Bestimmungsgrößen bleiben konstant?

4 Erläutern Sie den Unterschied zwischen der substitutionalen Produktionsfunktion und der limitationalen Produktionsfunktion!

5 Erklären Sie die Begriffe
a) Durchschnittsertrag
b) Grenzertrag

6 Erläutern Sie die Verläufe von Gesamtertrag, Durchschnittsertrag und Grenzertrag und stellen Sie die Verläufe im Koordinatensystem dar:
a) für den Typ A
b) für den Typ B

7 Ergänzen Sie die folgende Tabelle:

Variabler Faktor Dünger r_2	Gesamtertrag M	Durchschnittsertrag m	Grenzertrag M'	Bereich
1	3	3	3	
2	7	3,5	4	
3	12	4	5	
4	18			
5	23			
6	27			
7	30			
8	32			
9	33			
10	32			
11	30			
12	27			

8 Erläutern Sie die Funktion M = f(r)!

9 Es sind für die Produktion nach der Produktionsfunktion M = f (r_1 + r_2) folgende Zahlenwerte gegeben:

Faktoreinsatzmenge r_1 + r_2	1	2	3	4	5	6	7	8
Gesamtertrag	500	1000	1500					
Durchschnittsertrag								
Grenzertrag								

a) Vervollständigen Sie die obige Tabelle!
b) Stellen Sie die Funktion grafisch dar!
c) Beschreiben Sie den Verlauf des Gesamtertrages, des Durchschnittsertrages und des Grenzertrages!

10 Erklären Sie die Begriffe

a) Isoquante
b) Grenzrate der Substitution

11 Nennen und erklären Sie die allgemeine Kostenfunktion!

12 Welche Kostenverläufe sind bei den variablen Kosten und den Gesamtkosten möglich

a) bei den Kostenverläufen Typ A
b) bei den Kostenverläufen Typ B?

13 Erklären Sie die Begriffe

a) Gesamtkosten
b) durchschnittliche Gesamtkosten
c) Grenzkosten!

14 Erläutern Sie den ertragsgesetzlichen Verlauf von Durchschnittskosten und Grenzkosten und stellen Sie den Verlauf im Koordinatensystem dar!

15 a) Was versteht man unter „Minimalkostenkombination"?
b) In welchem Punkt ist die Minimalkostenkombination für die Kostenfunktion Typ A verwirklicht?
c) Wo ist die Minimalkostenkombination für die Kostenfunktion Typ B verwirklicht?

16 Die folgenden Teile einer Kostentabelle sind gegeben:

Ausbringungsmenge Stück	fixe Kosten GE	variable Kosten GE	Gesamtkosten GE	Stückkosten GE
0	500	0	500	0,00
100	500	100	600	6,00
200	500	200	700	3,50
300	500	300	800	
400	500			
500				
600				
700				
800				
900				
1000				

a) Vervollständigen Sie die obige Tabelle!
b) Stellen Sie den Verlauf der Gesamtkosten und der Stückkosten grafisch dar!
c) Welcher Typ von Produktionsfunktionen liegt dem Beispiel zugrunde?

17 Erklären Sie das „Gesetz der Massenproduktion"!

18 Wo liegt für ein Unternehmen

a) die Gewinnschwelle
b) die gewinnmaximale Menge bei Produktionsfunktion Typ A
c) die gewinnmaximale Menge bei Produktionsfunktion Typ B?

19 Ermitteln Sie zu dem Zahlenbeispiel der Aufgabe 16 grafisch

a) die Gewinnschwelle
b) die gewinnmaximale Menge
c) den Gewinn als Differenz zwischen Erlösen und Kosten!

Es sei hierbei unterstellt, daß der Marktpreis für ein Stück 2 GE beträgt.
Die Kapazitätsgrenze liegt bei 1.000 Stück.

20 Was sagt die Gesamtangebotskurve aus?
Welchen Verlauf hat sie im Koordinatensystem?

21 Welche Auswirkung hat die Veränderung der Faktorpreise auf die Angebotskurve?

22 Was versteht man unter Angebotselastizität?

5 Markt und Preisbildung

5.1	**Markt**
5.1.1	Marktbegriff und Marktfunktionen
5.1.2	Allgemeines Marktmodell und Preismechanismus
5.1.2.1	Marktgleichgewicht
5.1.2.2	Marktungleichgewichte
5.1.3	Marktarten
5.1.4	Vollkommener und unvollkommener Markt
5.1.5	Marktformen
5.2	**Preisbildung**
5.2.1	Angebotspreis
5.2.2	Marktpreisbildung
5.2.2.1	Preisbildung im Polypol
5.2.2.1.1	Preisbildung im vollkommenen Polypol
5.2.2.1.2	Preisbildung im unvollkommenen Polypol
5.2.2.2	Preisbildung im Oligopol
5.2.2.2.1	Preisbildung im homogenen Oligopol
5.2.2.2.2	Preisbildung im heterogenen Oligopol
5.2.2.3	Preisbildung im Monopol
5.2.2.3.1	Monopole im Modell und in der Realität
5.2.2.3.2	Gewinnmaximaler Preis des Monopolisten
5.2.2.4	Vergleich der Marktversorgung im Monopol und im vollkommenen Polypol
5.3	**Preisdifferenzierung**
5.4	**Funktionen des Marktpreises**
5.5	**Staatliche Eingriffe in die Preisbildung**

Die frühesten menschlichen Wirtschaftsgemeinschaften waren Selbstversorgungswirtschaften.

Alle benötigten Güter wurden innerhalb der Großfamilie, des Stammes, der Sippe, der Horde usw. hergestellt.

Die frühzeitlichen Jäger und Sammler waren Nomaden. Angesichts der geringen Bevölkerungsdichte bestanden nur geringe Chancen, auf andere Menschengruppen zu treffen.

Erst mit der zumindest zeitweiligen Sesshaftwerdung war es möglich, Kontakte mit anderen Gruppen aufzunehmen und dabei Waren und handwerkliche Fertigungstechniken auszutauschen.

Der erste Tauschakt zwischen Menschen war gleichsam die Geburtsstunde des Marktes.

> Über die Bevölkerungsdichte und die Chancen, vor etwa dreißig- bis vierzigtausend Jahren auf andere Menschen zu treffen, gibt folgende Textstelle anschaulich Auskunft:
>
> „Die Höhle von Jabrud ist mit fünfundvierzig aufeinander folgenden Kulturschichten ein reich besiedelter Platz im Nahen Osten. Es gehören zehn Schichten dem Jungpaläolithikum an, einer Zeitspanne von etwa zwanzigtausend Jahren. Jede Schicht zeugt von der Bewohnung durch eine Gruppe. Das besagt, dass im Durchschnitt nur alle zweitausend Jahre jungpaläolithische Jäger an diesen Ort gekommen sind."
>
> Rust, A.: Der primitive Mensch. In: Weltgeschichte, hrsg. von G. Mann und A. Heuß, Band 1. – Frankfurt a. M. 1979, S. 191

5.1 Markt

In den bisherigen Überlegungen wurden die Vorgänge „Nachfrage am Gütermarkt" und „Angebot am Gütermarkt" getrennt betrachtet. Dabei wurde zum einen schon vom „Markt" gesprochen und es wurde deutlich, dass es unterschiedliche Märkte gibt. Am Markt treffen beide Seiten aufeinander. Neben einer Erläuterung dessen, was unter „Markt" zu verstehen ist und welche Marktformen bestehen, wird es im Folgenden auch darum gehen, unter welchen Bedingungen Angebot und Nachfrage zusammentreffen und wie sie sich wechselseitig beeinflussen.

Märkte sind für den Güteraustausch von so großer Bedeutung, dass sie jenem Wirtschaftssystem, das heute weltweit vorherrscht, den Namen gegeben haben: der Marktwirtschaft. Im wirtschaftlichen und sozialen Leben der Menschen haben Märkte stets eine große Rolle gespielt. So war das **Marktrecht,** also das Recht, einen geregelten Markt abzuhalten, eine begehrte Auszeichnung für einen Ort und wurde vom jeweiligen weltlichen oder kirchlichen Landesherrn feierlich verliehen. Mit dem Marktrecht war zumeist ein wirtschaftlicher Aufschwung des Ortes verbunden. Damit – vor allem in den früher oft unsicheren Zeiten – das Marktgeschehen störungsfrei ablaufen konnte, sicherte der Landesherr auch den sogenannten Marktfrieden, durch den der Marktort und die Marktbesucher unter seinen besonderen Schutz gestellt wurden. Der Marktplatz war und ist in der Regel der schönste und größte Platz einer Stadt, der zumeist auch von den wichtigsten Gebäuden des Ortes umgeben ist.

5.1.1 Marktbegriff und Marktfunktionen

Was ist ein Markt und wie funktioniert er?

Markt im wirtschaftlichen Sinne ist jeder Ort, an dem Güter getauscht werden, und jede Gelegenheit, bei der Güter getauscht werden oder ein Güteraustausch durch Angebot und Nachfrage angebahnt wird. Die Markteigenschaft ist also nicht an bestimmte Örtlichkeiten oder an sonstige feste Bedingungen geknüpft. Der Wochenmarkt auf einem festgelegten Platz zu einer festgesetzten Zeit ist ebenso ein Markt wie ein Telefongespräch, bei dem Güter angeboten oder nachgefragt werden oder ein Gütertausch vereinbart wird.

> **Markt ist jede Gelegenheit, bei der Güter getauscht werden bzw. bei der Nachfrage und Angebot zusammentreffen.**

Kennzeichen von Märkten ist also das Zusammentreffen von **Nachfrage** und **Angebot**.

Nachfrage und Angebot werden als die beiden Marktseiten bezeichnet. Zahlreiche Wirtschaftssubjekte fragen Güter nach und viele Wirtschaftssubjekte bieten Güter an.

Was verbirgt sich hinter den Sammelbegriffen „Nachfrage" und „Angebot"?

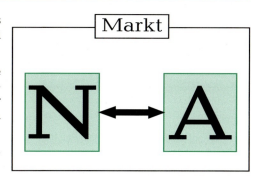

■ Nachfrager am Markt

Nachfrager am Markt sind grundsätzlich alle Wirtschaftssubjekte. Für gesamtwirtschaftliche Betrachtungen werden gleichartige Wirtschaftssubjekte zu Wirtschaftssektoren zusammengefasst. Die privaten Haushalte fragen Konsumgüter nach (Privatverbrauch), die Unternehmen Investitions- bzw. Produktionsgüter (Bruttoinvestitionen), der Staat ebenfalls Konsumgüter (Staatsverbrauch) und das Ausland Exportgüter. Die Nachfragen aller vier Wirtschaftssektoren nach einem Gut bilden die **Marktnachfrage** und nach allen Gütern die **gesamtwirtschaftliche Nachfrage.** In einer gewissen Vereinfachung werden vor allem die privaten Haushalte als Nachfrager bezeichnet. Die volkswirtschaftliche „Theorie der Nachfrage" beschäftigt sich denn auch schwerpunktmäßig mit dem Nachfrageverhalten der privaten Haushalte.[1]

■ Anbieter am Markt

Anbieter am Markt können ebenfalls alle Wirtschaftssubjekte sein. Üblich ist wiederum eine Betrachtung auf der Ebene der Sektoren. Je nach Marktart ist das Gewicht dabei sehr unterschiedlich. Am Gütermarkt treten vor allem die Unternehmen als Anbieter auf. Auf dem Arbeitsmarkt sind die privaten Haushalte die Anbieter.[2] Die Angebote aller vier Wirtschaftssektoren von einem Gut werden als **Marktangebot** und von allen Gütern als **gesamtwirtschaftliches Angebot** bezeichnet. Die volkswirtschaftliche „Theorie des Angebots" beschäftigt sich schwerpunktmäßig mit dem Angebotsverhalten der Unternehmen.[3]

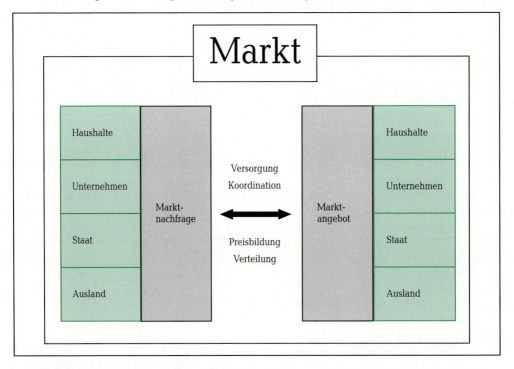

---

[1] Zu Einzelheiten vgl. Kap. 3: „Nachfrage am Gütermarkt".

[2] Um diese Umkehrung der Marktseiten zu vermeiden, wird das Angebot am Arbeitsmarkt gelegentlich nicht als Angebot von Arbeit, sondern als Angebot von Arbeitsplätzen verstanden. Dann gilt wieder die übliche Zuordnung: Unternehmen sind Anbieter und private Haushalte Nachfrager.

[3] Zu Einzelheiten vgl. Kap. 4: „Angebot am Gütermarkt".

Markt

Nachfrage	Marktgrößen	Angebot
Individuelle Nachfrage	Ein Wirtschaftssubjekt Ein Gut	Individuelles Angebot
Marktnachfrage	Alle Wirtschaftssubjekte Ein Gut	Marktangebot
Sektorale Nachfrage	Alle Wirtschaftssubjekte eines Sektors Alle Güter	Sektorales Angebot
Gesamtwirtschaftliche Nachfrage	Alle Wirtschaftssubjekte Alle Güter	Gesamtwirtschaftliches Angebot

■ **Marktfunktionen**

Für jede Wirtschaft müssen die Grundfragen: „*WAS, WIE* und *FÜR WEN* soll produziert werden?", beantwortet werden.[1] In marktwirtschaftlichen Systemen geschieht dies mit Hilfe des Marktes und über die **Marktfunktionen.**

- **Versorgungsfunktion:** Die Grundfunktion des Marktes entspricht dem allgemeinen Ziel des Wirtschaftens: bestmögliche Versorgung der Menschen mit Gütern. In einer arbeitsteiligen Wirtschaft ist dies nur durch Gütertausch über Märkte möglich.

- **Koordinationsfunktion:** Güternachfrage und Güterangebot müssen zueinander finden und sich wechselseitig beeinflussen können. Planmäßiger Gütertausch setzt also die Koordination von Nachfrage und Angebot voraus. Diese geschieht durch den Markt. Die Nachfrager entscheiden (zumindest im Modell) durch die Struktur ihrer Nachfrage darüber, welche Güter und jeweils wie viel Güter produziert werden.

- **Preisbildungsfunktion:** Für beide Marktseiten ist es vorteilhaft, wenn Nachfrage und Angebot sowohl hinsichtlich der Güterarten als auch der Gütermengen übereinstimmen, wenn also eine *Entsprechung der Tauschwünsche* vorliegt. Für einen solchen Ausgleich von Nachfrage und Angebot ist eine regulierende Größe notwendig, die Einfluss auf die Mengen von Nachfrage und Angebot nimmt: der **Marktpreis.** Der Preis bildet sich – wie später noch ausführlicher zu zeigen sein wird – durch das Zusammenspiel von Nachfrage und Angebot am Markt.

- **Verteilungsfunktion:** Zwischen Nachfrage, Angebot und Preis bestehen wechselseitige Abhängigkeiten. Einerseits ergibt sich aus dem Zusammenspiel von Nachfrage und Angebot der Preis, andererseits beeinflusst ein bestehender Preis Nachfrage und Angebot nach dem Gut. Der Marktpreis erfüllt – unter bestimmten Bedingungen – seinerseits weitere Funktionen.[2] Im Zusammenwirken mit den Preisen besorgt der Markt auch die Verteilung der Güter. Die Inhaber der Produktionsfaktoren erzielen für deren Zurverfü-

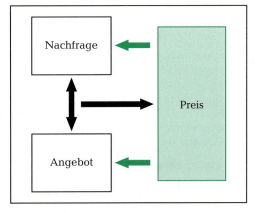

---

[1] Vgl. zu den Grundfragen des Wirtschaftens auch Kap. 1.
[2] Vgl. die Ausführungen zu den Preisfunktionen in diesem Kapitel.

gungstellung Einkommen. Die Höhe des Einkommens bestimmt die Nachfrage- bzw. Kaufkraft der Wirtschaftssubjekte, die zwar unterschiedlich, in jedem Falle aber begrenzt ist. Die am Markt angebotenen Güter fließen den Wirtschaftssubjekten zu, die aufgrund ihrer Kaufkraft, ihrer Bedürfnisstruktur und ihrer persönlichen Präferenzordnung bereit sind, die Preise für bestimmte Güter zu zahlen.

Wenn Märkte als Instrumente dezentraler Steuerung versagen, wenn sie also ihre Funktionen nicht hinreichend erfüllen, wird von **Marktversagen** gesprochen.

Marktfunktionen	
Funktion	**Aufgabe**
Versorgungsfunktion	Bestmögliche Versorgung der Menschen mit Gütern
Koordinationsfunktion	Zusammenführung von Angebot und Nachfrage
Preisbildungsfunktion	Abstimmung und Ausgleich von Angebot und Nachfrage
Verteilungsfunktion	Verteilung der Güter

- Markt ist jeder Ort, an dem Güter getauscht werden, bzw. jede Gelegenheit, bei der Angebot und Nachfrage zusammentreffen.
- Der Markt erfüllt folgende Funktionen:
  – Versorgungsfunktion
  – Koordinationsfunktion
  – Preisbildungsfunktion
  – Verteilungsfunktion
- Alle vier Wirtschaftssektoren treten sowohl als Nachfrager als auch als Anbieter am Markt auf. Die Summe aller Nachfragen nach einem Gut wird als Marktnachfrage und die Summe aller Angebote bei einem Gut als Marktangebot bezeichnet.

5.1.2 Allgemeines Marktmodell und Preismechanismus

Wie geschieht die Abstimmung von Nachfrage und Angebot am Markt?

Jeder der zahlreichen Nachfrager und Anbieter am Markt hat seine eigenen Vorstellungen über Güterarten, Gütermengen usw., die zunächst unabhängig von anderen Marktteilnehmern entwickelt werden. So hat jeder private Haushalt einen bestimmten Nachfrageplan, der sich aus seiner Konsumsumme, seinen Nutzenschätzungen usw. ergibt; welche Güter und welche Mengen er nachfragen will, teilt er den Anbietern nicht im vorhinein mit. Ebenso hat jeder Anbieter einen bestimmten Produktionsplan, der sich aus seinen betrieblichen Möglichkeiten und Zielvorstellungen ergibt.

Die vielen einzelwirtschaftlichen Nachfrage- und Angebotspläne werden am Markt koordiniert und abgestimmt. Zum Verständnis dieses Vorgangs dienen die bereits erarbeiteten Erkenntnisse über

- Marktfunktionen
- Nachfrageverhalten
- Angebotsverhalten

Die Zusammenfassung dieser Erkenntnisse führt zu einem allgemeinen **Marktmodell.** Es bildet die Grundlage für die späteren Überlegungen zur Preisbildung. Das Marktmodell ist durch zwei grundlegende Marktlagen gekennzeichnet: Marktgleichgewicht und Marktungleichgewicht.

5.1.2.1 Marktgleichgewicht

Das Verhalten von Nachfragern und Anbietern lässt sich sowohl in allgemeinen Funktionen als auch durch entsprechende Kurven in einem **Preis-Mengen-Diagramm** darstellen. Im Normalfall verhalten sich die Nachfrager nach dem *Gesetz der Nachfrage* („Steigende Preise führen zu sinkender, sinkende Preise zu steigender Nachfrage"); die Nachfragekurve verläuft von links oben nach rechts unten. Die Nachfragekurve gibt das Verhalten der Nachfrager wieder; sie zeigt an, welche Mengen des Gutes die Nachfrager bei einem bestimmten Preis zu kaufen bereit sind.

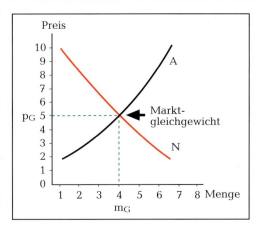

Die Anbieter verhalten sich nach dem *Gesetz des Angebots* („Steigende Preise führen zu steigendem, sinkende Preise zu sinkendem Angebot"); die Angebotskurve verläuft von links unten nach rechts oben. Die Angebotskurve gibt das Verhalten der Anbieter wieder; sie zeigt an, welche Mengen des Gutes bei einem bestimmten Preis angeboten werden.

Der Ausgleich von Nachfrage und Angebot kommt im Schnittpunkt beider Kurven zustande.

Dieser Punkt wird als **Marktgleichgewicht,** der dazugehörige Preis als **Gleichgewichtspreis** (p_G), die dazugehörige Menge als **Gleichgewichtsmenge** (m_G) bezeichnet. Nachfrage und Angebot sind gleich groß. Befindet sich ein Markt im Gleichgewicht, ist seine Lage stabil. Solange keine störenden Einflüsse auftreten, ändert sich die Marktsituation nicht.

> Marktgleichgewicht besteht beim Gleichgewichtspreis. Beim Gleichgewichtspreis sind Nachfrage- und Angebotsmenge gleich groß. Der Markt wird „geräumt".

5.1.2.2 Marktungleichgewichte

Das Zustandekommen von Marktungleichgewichten läßt sich mithilfe der Bestimmungsgrößen von Nachfrage und Angebot erläutern.

Die jeweiligen Bestimmungsgrößen sind in der Nachfragefunktion und in der Angebotsfunktion enthalten, die in den vorausgegangenen Abschnitten erarbeitet wurden:

Nachfragefunktion: $N_x = f(p_x, p_1, ..., p_n, Y, U)$

Angebotsfunktion: $A_x = f(p_x, K_x)$

Ein Vergleich der beiden Funktionen lässt zwei Gruppen von Bestimmungsgrößen erkennen:

- Preis des Gutes (ist bei Nachfrage- und Angebotsfunktion gleich)
- sonstige Faktoren (sind bei Nachfrage- und Angebotsfunktion verschieden)

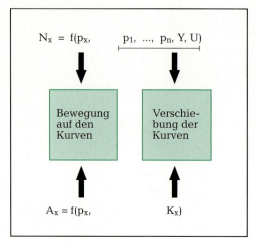

Ein Marktungleichgewicht liegt immer dann vor, wenn kein Marktgleichgewicht besteht. Störungen des Marktgleichgewichts können durch Veränderungen beider Bestimmungselemente hervorgerufen werden. Aus den Überlegungen zu Nachfragekurve und Angebotskurve ist schon bekannt, dass die Änderungen unterschiedliche Wirkungen haben:

- Änderungen beim Preis führen zu Bewegungen auf den Kurven
- Änderungen bei sonstigen Faktoren führen zu einer Verschiebung der Kurven

■ Marktungleichgewichte durch Preisänderungen

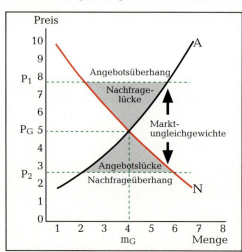

Entspricht der Marktpreis nicht dem Gleichgewichtspreis, können zwei Ungleichgewichtslagen auftreten:

- **Angebotsüberhang** bzw. **Nachfragelücke.** Die Angebotsmenge ist größer als die Nachfragemenge; der Marktpreis liegt oberhalb des Gleichgewichtspreises (z. B. p_1).
- **Nachfrageüberhang** bzw. **Angebotslücke.** Die Nachfragemenge ist größer als die Angebotsmenge; der Marktpreis liegt unterhalb des Gleichgewichtspreises (z. B. p_2).

Liegt der Marktpreis über dem Gleichgewichtspreis, ergibt sich ein Angebotsüberhang. Liegt der Marktpreis unter dem Gleichgewichtspreis, ergibt sich ein Nachfrageüberhang.

Ungleichgewichtslagen sind instabil. Der Markt tendiert über Preis- und Mengenanpassungen zu Veränderungen, im Normalfall zum Gleichgewicht. Dieser Prozess wird **Preismechanismus** oder auch **Marktmechanismus** genannt.

Preismechanismus
Zusammenhang zwischen Preis eines Gutes und den nachgefragten bzw. angebotenen Mengen dieses Gutes

- Ist das Angebot größer als die Nachfrage **(Angebotsüberhang)**, senken die Anbieter den Preis, um nicht auf einem Teil ihrer Produkte sitzen zu bleiben. Sinkt der Preis, wird nach dem Gesetz der Nachfrage die Nachfrage steigen und nach dem Gesetz des Angebots das Angebot sinken. Der ursprüngliche Angebotsüberhang geht zurück und der Markt tendiert zum Gleichgewicht, d. h. zum Gleichgewichtspreis und damit zum Ausgleich von Angebot und Nachfrage.

- Ist die Nachfrage größer als das Angebot **(Nachfrageüberhang)**, erhöhen die Anbieter den Preis, um die nachfragewirksame Kaufkraft abzuschöpfen. Steigt der Preis, geht nach dem Gesetz der Nachfrage die Nachfragemenge zurück und steigt nach dem Gesetz des Angebots die Angebotsmenge. Der ursprüngliche Nachfrageüberhang geht zurück und der Markt tendiert zum Gleichgewicht.

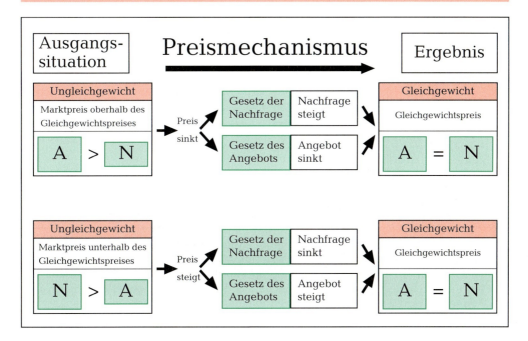

■ Marktungleichgewichte durch Veränderungen sonstiger Bestimmungsgründe

Die bisherigen Überlegungen gingen von *unveränderten* Nachfrage- und Angebotsstrukturen aus. Betrachtet wurden Veränderungen der Nachfrage- und Angebotsmengen eines Gutes, wenn sich der Preis dieses Gutes ändert. Es stellte sich heraus, dass Preisänderungen zu Bewegungen auf den gegebenen Kurven führen.

Ein bestehendes Marktgleichgewicht kann auch dadurch gestört werden, dass sich statt des Güterpreises andere Größen ändern, die ebenfalls Nachfrage ($p_1,...,p_n,Y,U$) und Angebot (K_x) beeinflussen. Eine Änderung bei diesen Größen **("Shift-Faktoren")** führt nicht zu einer *Bewegung auf der gegebenen Kurve*, sondern zu einer *Verschiebung der Kurve* selbst.

Die Nachfrage- oder Angebotskurve kann sich sowohl nach rechts als auch nach links verschieben. Eine Rechtsverschiebung bedeutet eine Ausweitung, eine Linksverschiebung eine Reduktion von Nachfrage bzw. Angebot. Die Gründe für Verschiebungen der Kurven können unterschiedlicher Natur sein.

Verschiebung von Nachfrage- und Angebotskurven		
Richtung	Nachfragekurve	Angebotskurve
Rechts-verschiebung (Zunahme)	• Erhöhung des Einkommens • Höhere Nutzenschätzung für das Gut (z. B. Änderung von Verbrauchsgewohnheiten, Modetrends) • Preiserhöhungen bei Substitutionsgütern • Preissenkungen bei Komplementärgütern • Erhöhung der Zahl der Nachfrager (z. B. Bevölkerungswachstum)	• Sinkende Kosten (z. B. bei steigender Produktivität oder sinkenden Preisen der Produktionsfaktoren) • Erhöhung der Zahl der Anbieter
Links-verschiebung (Abnahme)	• Verminderung des Einkommens • Geringere Nutzenschätzung für das Gut (z. B. Änderung von Verbrauchsgewohnheiten, Modetrends) • Preissenkungen bei Substitutionsgütern • Preiserhöhungen bei Komplementärgütern • Verminderung der Zahl der Nachfrager (z. B. Bevölkerungsrückgang)	• Steigende Kosten (z. B. bei sinkender Produktivität oder steigenden Preisen der Produktionsfaktoren) • Verminderung der Zahl der Anbieter

Erhöht sich – bei gleich bleibendem Angebot – die Nachfrage für ein Gut, so verschiebt sich die Nachfragekurve nach rechts. Preis- und Mengeneffekt einer Nachfragesteigerung sind positiv, d. h., Preis und Absatzmenge steigen. Sinkt die Nachfrage für ein Gut, so verschiebt sich die Nachfragekurve nach links. Preis- und Mengeneffekt einer Nachfrageminderung sind negativ, d. h., Preis und Absatzmenge sinken.

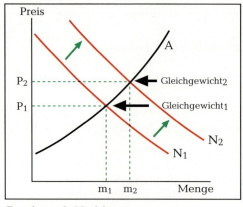

Zunehmende Nachfrage

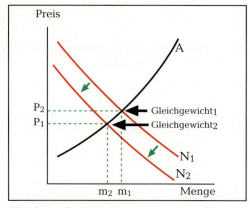

Abnehmende Nachfrage

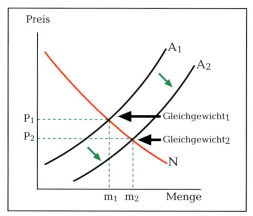
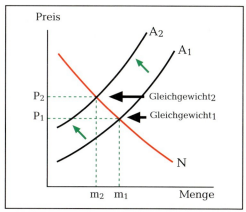

Zunehmendes Angebot   Abnehmendes Angebot

Bei einer Änderung des Angebots sind Preis- und Mengeneffekt entgegengesetzt gerichtet. Erhöht sich – bei gleich bleibender Nachfrage – das Angebot für ein Gut, so verschiebt sich die Angebotskurve nach rechts; der Preis sinkt und die Absatzmenge steigt. Sinkt das Angebot für ein Gut, so verschiebt sich die Angebotskurve nach links; der Preis steigt und die Absatzmenge sinkt.

- Die Darstellung der Verhaltensweisen beider Marktseiten durch Nachfrage- und Angebotskurven führt zum allgemeinen Marktmodell.

- Sind Nachfrage- und Angebotsmenge gleich groß, besteht Marktgleichgewicht. Der dazugehörige Preis wird als Gleichgewichtspreis und die dazugehörige Nachfrage- bzw. Angebotsmenge als Gleichgewichtsmenge bezeichnet.

- Marktungleichgewicht liegt vor, wenn Nachfrage und Angebot nicht gleich groß sind. Der Marktpreis entspricht nicht dem Gleichgewichtspreis.

- Liegt der Marktpreis oberhalb des Gleichgewichtspreises, ist das Angebot größer als die Nachfrage (Angebotsüberhang).
  Liegt der Marktpreis unterhalb des Gleichgewichtspreises, ist die Nachfrage größer als das Angebot (Nachfrageüberhang).

- Bei Marktungleichgewichten bewirkt der Preismechanismus eine Tendenz zum Gleichgewichtspreis und damit zum Ausgleich von Nachfrage und Angebot.

- Eine Veränderung des Güterpreises führt zu einer Bewegung auf den gegebenen Nachfrage- und Angebotskurven.

- Eine Veränderung anderer Größen („Shift-Faktoren") führt zu einer Verschiebung von Nachfrage- oder Angebotskurve.

- Eine Zunahme der Nachfrage bewirkt eine Rechtsverschiebung der Nachfragekurve; Preis und Absatzmenge steigen. Eine Abnahme der Nachfrage bewirkt eine Linksverschiebung der Nachfragekurve; Preis und Absatzmenge sinken.

- Eine Zunahme des Angebots bewirkt eine Rechtsverschiebung der Angebotskurve; der Preis sinkt und die Absatzmenge steigt. Eine Abnahme des Angebots bewirkt eine Linksverschiebung der Angebotskurve; der Preis steigt und die Absatzmenge sinkt.

5.1.3 Marktarten

> Welche Arten von Märkten gibt es?

Bisher wurde in allgemeiner Form von „dem Markt" gesprochen. In arbeitsteiligen Wirtschaften existiert jedoch eine Vielzahl unterschiedlicher Märkte.

Im alltäglichen Sprachgebrauch werden Märkte u.a. nach zeitlichen Bestimmungen (Weihnachtsmarkt, Wochenmarkt, Jahrmarkt, Maimarkt usw.), nach den gehandelten Gütern (Fischmarkt, Arbeitsmarkt, Baumarkt usw.) und nach anderweitigen Gesichtspunkten (Großmarkt, Supermarkt, Flohmarkt, Schwarzmarkt usw.) bezeichnet.

Wirtschaftlich bedeutsam ist vor allem die Unterscheidung der Marktarten nach dem **Marktgegenstand.** Gegenstand von Markttransaktionen können Güter, Produktionsfaktoren und Geld sein. Entsprechend lassen sich Güter- und Faktormärkte sowie der Geld- und Kapitalmarkt unterscheiden.

Gütermärkte oder **Produktmärkte** sind Märkte, auf denen Güter (Sachgüter bzw. Waren und Dienstleistungen) gehandelt werden.[1] Gütermärkte stehen im Mittelpunkt volkswirtschaftlicher Überlegungen zu Marktformen und Preisbildungsprozessen.

Marktarten		
Gegenstand	**Marktart**	**Erläuterung**
Güter	Gütermärkte	Sachgüter und Dienstleistungen; auch Produktmärkte genannt
Produktionsfaktoren	Faktormärkte	Produktionsfaktoren: Boden/Natur, Arbeit, (Sach-)Kapital. Der wichtigste Faktormarkt ist der Arbeitsmarkt.
Geld und Kredit	Geld- und Kapitalmarkt	*Geldmarkt:* Markt für Geld (kurzfristig). *Kapitalmarkt:* Markt für langfristige Kredite und Kapitalanlagen (Aktienmarkt, Rentenmarkt usw.).

Faktormärkte sind Märkte für Produktionsfaktoren (Boden/Natur, Arbeit, Kapital). Der wichtigste Faktormarkt ist der **Arbeitsmarkt.** Die Preisbildung (= Lohnfindung) auf dem Arbeitsmarkt stellt einen Sonderfall dar. Bei Lohnverhandlungen stehen sich Gewerkschaften (Vertreter der Arbeitnehmer) als Anbieter und Arbeitgeberverbände (Vertreter der Unternehmen) als Nachfrager gegenüber. Die Verhandlungspartner werden als **Tarifpartner** bezeichnet. Die Marktform entspricht der später noch darzustellenden Form eines zweiseitigen (bilateralen) Monopols. Das Ergebnis der Preisbildung, also die Lohnhöhe, hängt von der jeweiligen Stärke der Tarifpartner ab, die u.a. von der aktuellen Lage auf dem Arbeitsmarkt und der allgemeinen Konjunkturlage bestimmt wird.

Auf dem **Geld- und Kapitalmarkt** wird Geldkapital gehandelt. Am **Geldmarkt** im engeren Sinne treten nur Zentralbank, Geschäftsbanken und große Wirtschaftsunternehmen auf. Getauscht werden u.a. Bargeld und Wertpapiere mit kurzen Laufzeiten. Der **Kapitalmarkt** ist der Markt für langfristige Kredite und Kapitalanlagen (Aktienmarkt, Rentenmarkt, Kredite der Geschäftsbanken an Nichtbanken, Einlagen der Nichtbanken bei Geschäftsbanken).[2]

---

1 Vgl. hierzu auch Kap. 3: Nachfrage am Gütermarkt sowie Kap. 4: Angebot am Gütermarkt.
2 Zum Geld- und Kapitalmarkt vgl. Kap. 8.

- Märkte können nach verschiedenen Kriterien unterschieden werden.
- Nach dem wichtigsten Kriterium, dem Marktgegenstand, lassen sich Gütermärkte, Faktormärkte sowie Geld- und Kapitalmarkt unterscheiden.

5.1.4 Vollkommener und unvollkommener Markt

Welche Voraussetzungen muss ein Markt erfüllen, um vollkommen zu sein?

Eine weitere Unterscheidung der Märkte bezieht sich auf deren qualitative Beschaffenheit. Unterschieden werden vollkommene und unvollkommene Märkte.

Ein **vollkommener Markt** muss bestimmte Voraussetzungen (Prämissen) erfüllen. Diese Prämissen stellen Anforderungen an verschiedene Marktelemente.

- **Homogenität** der Güter bedeutet völlige Gleichartigkeit der Güter (Beschaffenheit, Aussehen, Verpackung usw.) auf dem betrachteten Markt. Es dürfen keine objektiv feststellbaren Unterschiede bestehen.

- Die Marktteilnehmer (Nachfrager und Anbieter) müssen **Markttransparenz** besitzen, d. h., sie müssen über alle wichtigen Informationen des Marktgeschehens, z. B. über die Preise der anderen Anbieter, über Merkmale der Güter usw., verfügen.

- Die Marktteilnehmer dürfen keine *räumlichen*, *zeitlichen* oder *persönlichen* **Präferenzen** besitzen, d. h., sie dürfen niemanden bevorzugen und dürfen nicht bereit sein, aus einem dieser Gründe einen höheren Preis zu zahlen.

  Im Einzelnen bedeutet das zum Beispiel:

  Räumliche Präferenz. Ein Nachfrager ist bereit, bei einem näher gelegenen Bäcker für ein bestimmtes Brötchen 0,50 GE zu zahlen, obwohl er weiß, dass das gleiche Brötchen bei einem weiter entfernten Bäcker nur 0,45 GE kostet.

  Zeitliche Präferenz. Ein Nachfrager ist bereit, für die sofortige Lieferung eines Fernsehers 2.000 GE zu zahlen, obwohl er weiß, dass er den gleichen Fernseher von einem anderen Anbieter in der nächsten Woche für 1.900 GE erwerben könnte.

  Persönliche Präferenz. Ein Nachfrager ist bereit, für ein Hemd in einem Geschäft mit einer ihm besonders sympathischen Verkäuferin 70 GE zu zahlen, obwohl er weiß, dass er bei dem Verkäufer im Geschäft nebenan für das gleiche Hemd nur 60 GE zahlen müsste.

- In ihrem **Marktverhalten** müssen die Marktteilnehmer flexibel sein. Ändert beispielsweise ein Anbieter den Preis, müssen die Nachfrager schnell (theoretisch unendlich schnell) darauf reagieren. Bei Änderungen von Marktstrukturen müssen sich Betriebe und Produktionsfaktoren (insbesondere der Produktionsfaktor Arbeit) ebenfalls kurzfristig anpassen. Das verlangt vor allem eine räumliche Mobilität, d. h., der Produktionsfaktor Arbeit wandert stets dorthin, wo die Einsatzbedingungen für ihn am günstigsten sind.

Ein Markt, der den Bedingungen des vollkommenen Marktes weitgehend entspricht, ist die Börse.

Ein **unvollkommener Markt** liegt vor, wenn mindestens eine der Prämissen nicht erfüllt ist. Vom Sonderfall Börse abgesehen, haben wir es in der Wirtschaftsrealität so gut wie immer mit unvollkommenen Märkten zu tun.

Vollkommener Markt	
Marktelement	**Anforderung**
Güter	Homogenität
Marktsituation	Markttransparenz
Marktteilnehmer	Keine Präferenzen (räumlich, zeitlich, persönlich)
Marktverhalten	Kurzfristige Anpassung, Mobilität der Produktionsfaktoren

Der vollkommene Markt ist eine Modellvorstellung. Mit ihr wird nicht in erster Linie die Erklärung realer Marktvorgänge bezweckt; vielmehr sollen die Preisbildungsprozesse durchschaubarer gemacht werden, da durch die Vollkommenheitsbedingungen alle störenden Einflüsse auf die Preisbildung ausgeschaltet werden.

- Märkte können nach ihrer qualitativen Beschaffenheit nach vollkommenen und unvollkommenen Märkte unterschieden werden.
- Für vollkommene Märkte gelten als Prämissen (Voraussetzungen):
    - Homogenität der Güter
    - Markttransparenz
    - Keine räumlichen, zeitlichen und persönlichen Präferenzen
    - Unendlich schnelle Reaktionsgeschwindigkeit der Marktteilnehmer
- Ein unvollkommener Markt liegt immer dann vor, wenn mindestens eine der Prämissen nicht erfüllt ist.
- In der Realität existieren fast nur unvollkommene Märkte. Der vollkommene Markt ist ein Modell, mit dessen Hilfe Preisbildungsprozesse frei von störenden Einflüssen dargestellt werden können.

5.1.5 Marktformen

Welche Marktformen lassen sich unterscheiden?

Schon aus der alltäglichen Markterfahrung wissen wir, dass ein Anbieter, der an einem Ort allein ist und daher keine unmittelbare Konkurrenz fürchten muss, sich anders verhalten kann als ein Anbieter, der sich den Markt mit mehreren anderen teilen muss. Die Anzahl der Marktteilnehmer dient denn auch als Kriterium für das am häufigsten benutzte Schema zur Unterscheidung von Marktformen.[1]

Unterschieden werden sowohl auf der Anbieter- als auch auf der Nachfragerseite drei Kategorien: viele, wenige, einer. Bei der Darstellung in einer Matrix ergeben sich neun verschiedene Kombinationen, die jeweils eine eigene Bezeichnung tragen. Zwar sind unterschiedliche Strukturen auf der Nachfragerseite keineswegs bedeutungslos, doch gilt für die Analyse von Preisbildungsprozessen das Interesse vor allem der Struktur der Angebotsseite. Im Allgemeinen wird unterstellt, dass auf der Nachfragerseite viele Marktteilnehmer vorhanden sind. Wird die Angebotsseite nach den Kriterien viele, wenige, einer differenziert, ergeben sich die „klassischen" Marktformen Polypol, Oligopol und Monopol.

---

[1] Dieses Marktformenschema geht auf den deutschen Nationalökonomen Heinrich von STACKELBERG (1905 – 1946) zurück; vgl. Stackelberg, H. v.: Grundlagen der theoretischen Volkswirtschaftslehre. – Bern ²1951, S. 235

Marktformen			
Anbieter \ Nachfrager	viele	wenige	einer
viele	**Polypolistische Konkurrenz**	Nachfrageoligopol	Nachfragemonopol
wenige	**Angebotsoligopol**	Zweiseitiges (bilaterales) Oligopol	Beschränktes Nachfragemonopol
einer	**Angebotsmonopol**	Beschränktes Angebotsmonopol	Zweiseitiges (bilaterales) Monopol

Polypol Ein Gut wird von vielen Anbietern (mit geringen Marktanteilen) angeboten.
Oligopol Ein Gut wird von wenigen Anbietern (mit großen Marktanteilen) angeboten.
Monopol Ein Gut wird von nur einem Anbieter angeboten.

Werden die Marktformen weiterhin danach unterschieden, ob sie sich auf vollkommenen oder unvollkommenen Märkten befinden, ergeben sich weitere, für die Preisbildung bedeutsame Unterscheidungen, wobei die jeweiligen Bezeichnungen allerdings nicht einheitlich sind.

Marktformen auf vollkommenen und unvollkommenen Märkten			
Beschaffenheit des Marktes	**Anzahl der Anbieter**		
	viele	wenige	einer
Vollkommen	vollkommene, atomistische Konkurrenz (auch vollständige oder homogene atomistische Konkurrenz)	Homogenes Oligopol	Reines Monopol
Unvollkommen	unvollkommene atomistische Konkurrenz (auch unvollständige oder heterogene Konkurrenz)	Heterogenes Oligopol	Unvollkommenes Monopol

Da die Gestaltungsmöglichkeiten der Anbieter und damit die Preisbildungsprozesse wesentlich von der jeweiligen Marktform abhängig sind, wird im Folgenden die Preisbildung getrennt nach Marktformen untersucht.

In der Realität bereitet die Bestimmung der „Zahl der Anbieter" auf einem Markt allerdings erhebliche Schwierigkeiten, die sich vor allem aus zwei Fragen ergeben:

- Wie groß ist „ein Markt"? Für einen bestimmten Nachfrager ist in der Regel nicht die gesamte Volkswirtschaft, sondern nur ein begrenztes Gebiet von Bedeutung. Es müsste demnach eine räumliche **Marktabgrenzung** vorgenommen werden, die Auskunft darüber gibt, welches in etwa überschaubare Gebiet als einheitlicher Markt verstanden werden kann.
- Wer ist der „Anbieter" – der Hersteller oder der Händler? In der Theorie wird zumeist der Hersteller, z. B. eines Autos, als Anbieter verstanden; für den Nachfrager ist jedoch der Händler der Anbieter. Wird als Anbieter der *Hersteller* verstanden, ergeben sich zumeist oligopolistische und – z. B. bei Markenartikeln – monopolistische

Marktstrukturen für ein bestimmtes Produkt. Werden jedoch als Anbieter die *Händler* verstanden, ergeben sich – auch auf überschaubaren Märkten und selbst für das Produkt nur eines Herstellers – häufig polypolistische Strukturen.

- Marktformen lassen sich nach der Zahl der Anbieter und Nachfrager unterscheiden.
- Wird auf der Angebotsseite nach dem Kriterium „Anzahl der Anbieter" differenziert, ergeben sich die Marktformen Polypol, Oligopol und Monopol.
- Die Marktformen lassen sich noch weiter danach unterscheiden, ob sie sich auf vollkommenen oder unvollkommenen Märkten befinden.
- Die Preisbildung ist in den verschiedenen Marktformen unterschiedlich.

5.2 Preisbildung

Wie kommt ein Gut zu seinem Preis?

Bei Naturaltauschbeziehungen lässt sich der Tauschwert eines Gutes durch Mengeneinheiten eines anderen Gutes ausdrücken. Können beispielsweise zwei Kilogramm Bananen gegen einen Liter Wein getauscht werden, ergeben sich folgende „Preise":

1 Kilogramm Bananen kostet 0,5 Liter Wein,

1 Liter Wein kostet 2 Kilogramm Bananen.

Alltagserfahrungen mit Preisen
- Jedes Gut hat seinen Preis
- Gleiche Güter haben unterschiedliche Preise
- Preise steigen
- Preise sinken
- Preise lassen sich aushandeln

In den heutigen Geldverkehrswirtschaften geben Preise die Austauschrelationen zwischen Gütern an.

Der Preis ist der in Geld ausgedrückte Tauschwert eines Gutes.

Am Zustandekommen eines Güterpreises sind vier Instanzen beteiligt:

- Der Anbieter eines Gutes hat bestimmte Vorstellungen über einen angemessenen Preis für sein Gut, die insbesondere von seinen Zielen (z.B. Gewinnmaximierung) und den Kosten für die Herstellung des Gutes abhängen. Zur Ermittlung dieses **Angebotspreises** dient die betriebliche Preiskalkulation.

- Die Nachfrager haben ebenfalls bestimmte Vorstellungen über einen angemessenen Preis für ein bestimmtes Gut. Ihre Bereitschaft, einen bestimmten Preis zu zahlen, hängt vor allem

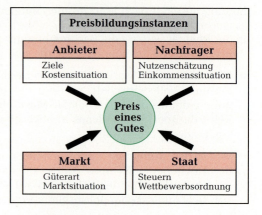

Preisbildung 149

davon ab, wie hoch sie den Nutzen des Gutes einschätzen und welches Einkommen ihnen für die Güternachfrage zur Verfügung steht.

- Die Vorstellungen von Anbietern und Nachfragern treffen am Markt aufeinander. Es findet ein Abstimmungsprozess (Preisbildungsprozess) zwischen den beiden Marktseiten statt. Das Ergebnis des Abstimmungsprozesses hängt von der Güterart und der Marktsituation ab. Die Marktsituation wird weitgehend bestimmt durch die Anzahl der Anbieter (Polypol, Oligopol, Monopol) und deren Wettbewerb untereinander. Das Ergebnis des Abstimmungsprozesses zwischen Nachfragern und Anbietern ist der **Marktpreis.**

- Der Staat beteiligt sich ebenfalls am Preisbildungsvorgang. Zum einen erhebt er Steuern (Mehrwertsteuer, Verbrauchssteuern), die in den Preis der Güter eingehen und die Höhe des Marktpreises beeinflussen. Zum anderen nimmt er über die Wettbewerbsordnung Einfluss auf die Marktsituation. Die Aufrechterhaltung bzw. die Herstellung von Wettbewerb ist eine der wichtigsten Aufgaben des Staates in der Sozialen Marktwirtschaft.

Für das Verhältnis zwischen Angebotspreis und Marktpreis bzw. das Verhalten eines Anbieters bestehen zwei Grundmodelle:

1. **Mengenanpassung.** Für das Gut hat sich ein bestimmter Marktpreis herausgebildet. Ein einzelner Anbieter mit einem geringen Marktanteil hat kaum Möglichkeiten, diesen Marktpreis zu beeinflussen. Er muss ihn als gegeben hinnehmen. Der Marktpreis ist für ihn ein „Datum". Die Gewinnmaximierungsstrategie des Anbieters beschränkt sich darauf, die Ausbringungsmenge so zu bestimmen, dass bei gegebenem Preis sein Gewinn möglichst groß ist. Ein solches Verhalten als **Mengenanpasser** ist typisch für das vollkommene Polypol.

2. **Preisfixierung.** Ein Anbieter macht einen Preisvorschlag für sein Gut und die Nachfrager entscheiden, ob und wie viel sie zu diesem Preis bei ihm kaufen wollen. Die Reaktion der Nachfrager beeinflusst unter Umständen den Preisvorschlag des Anbieters in der nächsten Periode. Ein solches Verhalten als **Preisfixierer** ist typisch für unvollkommene Märkte. Es ist das übliche Verhalten in Handwerk, Industrie und Handel und uns aus den täglichen Kontakten mit Anbietern bekannt.

Wie kommen Angebotspreis und Marktpreis im Einzelnen zustande?

5.2.1 Angebotspreis

Nach welchen Gesichtspunkten entsteht die Preisvorstellung des Anbieters?

Am Endpreis eines Produktes sind grundsätzlich drei Elemente beteiligt. Der Preis soll

- die Kosten des Produkts,
- einen angemessenen Gewinn und
- die vom Staat verlangten Steuern abdecken.

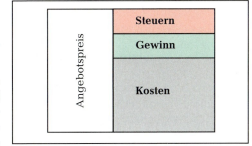

Die nachfolgenden Überlegungen beziehen sich der Einfachheit halber nur auf den Hersteller eines Produkts; die Überlegungen gelten jedoch in gleicher Weise, wenn die Preisbestandteile (z. B. Kosten,

Gewinn) auf mehreren Stufen (Produktionsstufe, Handelsstufen) auftreten und sich zum Endpreis eines Produktes summieren.

	Kostenart	EUR
	Materialkosten	20,00
+	Lohnkosten	40,00
=	**Herstellkosten**	60,00
+	Verwaltungsgemeinkosten (10 % der Herstellkosten)	6,00
+	Vertriebsgemeinkosten (5 % der Herstellkosten)	3,00
=	**Selbstkosten**	69,00
+	Kalkulierter Gewinn (20 % der Selbstkosten)	13,80
=	**Angebotspreis (vor Steuern)**	82,80

Kalkulationsschema (vereinfacht)

Kosten: Die Herstellung eines Produkts verursacht Kosten. Mithilfe seiner Kosten- und Leistungsrechnung bemüht sich der Betrieb, die auf eine Produkteinheit entfallenden Kosten möglichst exakt zu ermitteln. Er muss dabei sowohl die einer Produkteinheit direkt zurechenbaren Kosten **(Einzelkosten)** als auch die Kosten, die einer einzelnen Produkteinheit nicht direkt zurechenbar sind **(Gemeinkosten),** berücksichtigen. Als Kostenarten fallen u. a. Material- und Lohnkosten sowie Kosten für die Verwaltung und den Vertrieb des Produkts an.

Gewinn: Der Gewinn wird als prozentualer Zuschlag auf die Selbstkosten behandelt. Er soll den Unternehmerlohn (als angemessene Vergütung für die Tätigkeit des Unternehmers), eine angemessene Verzinsung des im Betrieb angelegten Eigenkapitals sowie eine Wagnisprämie für das unternehmerische Risiko abdecken. Ein so ermittelter Gewinnaufschlag ist zunächst einmal ein beabsichtigter Gewinn. Er wird daher auch kalkulatorischer Gewinn genannt. Inwieweit er realisiert werden kann, hängt von der Marktsituation ab.

Steuern: In den Endpreisen der Güter sind auch indirekte Steuern enthalten:
- Mehrwertsteuer (allgemeine Verbrauchssteuer)
- Besondere Verbrauchssteuern (z. B. Mineralölsteuer, Tabaksteuer, Kaffeesteuer)

Verbrauchssteuern werden mit festen Beträgen pro Mengeneinheit oder als Prozentsatz vom Güterwert festgesetzt.

Mit der im Angebotspreis ausgedrückten Preisvorstellung „betritt" der Anbieter nun den Markt. Liegt der am Markt erzielbare Preis über dem kalkulierten Angebotspreis, so erhöht sich der Gewinn. Liegt der Marktpreis unter dem Angebotspreis, stehen dem Anbieter vier Möglichkeiten zur Verfügung:

- er akzeptiert einen reduzierten Gewinn
- er akzeptiert (zumindest für eine begrenzte Zeit) einen Verlust, wenn der Verzicht auf Gewinn nicht ausreicht
- er versucht, durch Kostensenkungen unter dem Marktpreis zu bleiben
- er nimmt sein Produkt vom Markt.

- Preise sind Austauschrelationen zwischen Gütern. In Geldwirtschaften ist der Preis der in Geld ausgedrückte Tauschwert eines Gutes.
- Der Güterpreis bildet sich auf zwei Ebenen:
  - Der Angebotspreis spiegelt die Preisvorstellungen des Anbieters wider.
  - Der Marktpreis ergibt sich aus dem Zusammenwirken von Angebot und Nachfrage.
- Je nach Marktform agiert der Anbieter als Mengenanpasser oder als Preisfixierer.
- In den Angebotspreis eines Produktes gehen Kosten, Gewinn und Steuern ein.
- Die Möglichkeiten zur Durchsetzung des Angebotspreises hängen von der Marktsituation ab.

5.2.2 Marktpreisbildung

Die Preisbildung ist eine wichtige Funktion des Marktes. Wie jedoch bereits angedeutet wurde, bildet sich der Preis nicht auf allen Märkten in gleicher Weise. Märkte und Marktpreisbildung unterscheiden sich vor allem nach zwei Kriterien:

- Qualitative Beschaffenheit des Marktes (vollkommene und unvollkommene Märkte)
- Quantitative Beschaffenheit des Marktes (Anzahl der Marktteilnehmer).

Aus der quantitativen Beschaffenheit leiten sich die unterschiedlichen Preisbildungsprozesse im Polypol, Oligopol und Monopol ab. Zwischen der Marktform und dem Marktverhalten der Anbieter bestehen Zusammenhänge.

Aussagen zur Marktpreisbildung bewegen sich auf mehreren Ebenen:

- Aussagen zur Marktsituation (Marktteilnehmer, Vollkommenheitsgrad)
- Aussagen über Verhaltensweisen eines einzelnen Anbieters (ggf. unter Berücksichtigung der Verhaltensweisen von Konkurrenten)
- Aussagen über das Verhalten der Nachfrager.

Im **Monopol** hat der Anbieter keine Konkurrenz. Er kann eine unabhängige Preispolitik betreiben, d.h. den Preis ohne Rücksichtnahme auf andere Anbieter festsetzen. Sein Absatz hängt allein von der Nachfragestruktur ab. Er ist **Preisfixierer.**

Im **Oligopol** muss ein Anbieter bei seinen Preisaktionen mit Reaktionen der anderen wenigen Anbieter rechnen.

Im **Polypol auf unvollkommenem Markt** kann ein Anbieter in bestimmten Grenzen seinen Preis wie ein Monopolist unabhängig von anderen Anbietern festsetzen. Innerhalb dieser Grenzen hängt sein Absatz nur von dem normalen Nachfrageverhalten ab. Er ist – wie der Oligopolist – **Preisfixierer mit begrenztem Preisspielraum.**

Marktform und Preisverhalten	
Marktform	**Preisverhalten**
Monopol	Preisfixierer
Oligopol Unvollkommenes Polypol	Preisfixierer mit begrenztem Preisspielraum
Vollkommenes Polypol	Mengenanpasser

Im **Polypol auf vollkommenem Markt** kann ein einzelner Anbieter den Preis gar nicht beeinflussen. Er kann sich lediglich dem herrschenden Marktpreis mit einer optimalen Bestimmung seiner Angebotsmenge anpassen. Er ist **Mengenanpasser.**

5.2.2.1 Preisbildung im Polypol

Überlegungen zu Preisbildungsprozessen liegen ausdrücklich oder stillschweigend zumeist polypolistische Marktvorstellungen zugrunde. Die Annahme, dass sich für ein bestimmtes Gut am Markt zahlreiche Nachfrager und ebenfalls zahlreiche Anbieter gegenüberstehen, ist zum Teil Wunschdenken, das nicht zuletzt durch die damit einhergehenden positiven Wirkungen eines strengen Konkurrenzverhaltens bestimmt ist. In der Realität gilt insbesondere die Annahme einer großen Zahl von Anbietern eines Gutes bestenfalls bei großräumigen Betrachtungen. Die Nachfrage, vor allem die der privaten Haushalte, beschränkt sich jedoch zumeist auf einen räumlich überschaubaren Bereich mit einer in der Regel begrenzten Zahl von Anbietern.

5.2.2.1.1 Preisbildung im vollkommenen Polypol

> Wie bildet sich der Marktpreis, wenn viele Anbieter und Nachfrager vorhanden sind und die Bedingungen des vollkommenen Marktes gelten?

Die vollkommene atomistische Konkurrenz ist eine Modellvorstellung. Die dabei – neben der großen Zahl von Nachfragern und Anbietern – angenommenen Bedingungen eines vollkommenen Marktes sind in der Realität bestenfalls auf einigen wenigen Spezialmärkten (z. B. der Börse) und dort auch nur annähernd anzutreffen. Da dieses Modell alle Größen, die den Prozess der Preisbildung durch Angebot und Nachfrage stören könnten, ausschaltet, vermag es den Vorgang der Marktpreisbildung besonders anschaulich darzustellen. Aus diesem Grunde wird die Preisbildung im vollkommenen Polypol in der Volkswirtschaftslehre ausführlich behandelt.

In den folgenden Überlegungen wird zunächst das Modell des vollkommenen Polypols beschrieben. Dann wird der Preisbildungsvorgang anhand der Kursbildung an der Börse konkret dargestellt und anschließend ein Marktmodell entwickelt.

■ Modell des vollkommenen Polypols

Das Modell des vollkommenen Polypols ist für die Überlegungen zur Marktpreisbildung das Standardmodell.

Prämissen des vollkommenen Polypols
- Auf dem Markt stehen sich viele Anbieter und viele Nachfrager gegenüber. Der einzelne Marktteilnehmer verfügt nur über ganz geringe Marktanteile und besitzt daher keine nennenswerte Marktmacht. Für beide Seiten bestehen unbeschränkte Marktzugänge und -abgänge, damit Vielzahl und Vielfalt erhalten bleiben.
- Für den Markt gelten die Bedingungen eines vollkommenen Marktes (homogenes Gut, Markttransparenz, Fehlen von Präferenzen, kurzfristige Anpassung).

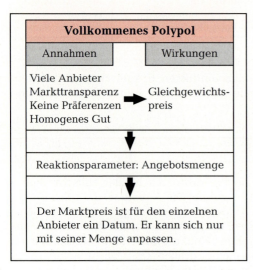

Aus dem Zusammenwirken von Angebot und Nachfrage entwickelt sich der Gleichgewichtspreis. Für einen einzelnen Anbieter bestehen auf einem solchen Markt keine eigenständigen Preissetzungsmöglichkeiten. Der Marktpreis ist für ihn eine vorgegebene Größe, ein „Datum". Seine Ziele, insbesondere das Ziel Gewinnmaximierung, kann ein Anbieter nur erreichen, indem er seine Angebotsmenge bestmöglich an diesen Preis anpasst.

Was geschieht, wenn auf einem vollkommenen polypolistischen Markt ein Anbieter dennoch zu einem anderen Preis als dem Marktpreis anbietet?

1. Möglichkeit: Er bietet über dem Marktpreis an. In diesem Falle ist sein Absatz gleich null, da alle Nachfrager sofort zur Konkurrenz abwandern.

2. Möglichkeit: Er bietet unter dem Marktpreis an. In diesem Falle wird sofort die gesamte Marktnachfrage zu ihm strömen. Das nützt ihm als kleinem Anbieter aber nichts, da er die zusätzliche Nachfrage nicht befriedigen kann. Er würde lediglich eine kaum veränderte Menge zu niedrigerem Preis absetzen und dadurch seinen Gewinn schmälern.

Als Reaktionsparameter steht dem einzelnen Anbieter daher nur seine Angebotsmenge zur Verfügung, er ist **Mengenanpasser.**

Das Marktverhalten des Mengenanpassers wurde bereits dargestellt. Es gilt die Gewinnmaximierungsbedingung:

> Grenzerlös = Grenzkosten

Der Grenzerlös entspricht dem Marktpreis und ist für alle Anbieter gleich. Die Grenzkosten hängen von der jeweiligen betrieblichen Kostenstruktur[1] ab und sind von Anbieter zu Anbieter unterschiedlich.

> **Anbieterverhalten im vollkommenen Polypol**
> - Bei *konstanten Grenzkosten* wird ein Anbieter an seiner Kapazitätsgrenze anbieten.
> - Bei *steigenden Grenzkosten* wird der Anbieter die Produktionsmenge wählen, bei der der Marktpreis seinen Grenzkosten entspricht.

Solange die Kosten der zusätzlichen Produktion geringer sind als der damit erzielbare Erlös, wächst der Gewinn des Anbieters. Steigt der Marktpreis, wird er eine größere Menge anbieten; sinkt der Marktpreis, wird er eine geringere Menge anbieten. Hieraus ergibt sich, dass die individuelle Angebotsfunktion des Polypolisten entlang seiner Grenzkostenkurve verläuft; bei steigendem Grenzkostenverlauf ist die Grenzkostenkurve seine Angebotsfunktion.

■ Der Preisbildungsvorgang im vollkommenen Polypol

Der Prozess der Preisbildung im vollkommenen Polypol wird häufig am Beispiel der Börse veranschaulicht, da die Börse weitgehend den Bedingungen dieser Marktform entspricht.

> **Beispiel**
>
> Einem Börsenmakler liegen an einem bestimmten Börsentag mehrere Kauf- und Verkaufsaufträge für Aktien des Unternehmens Solid AG vor. Fünf Personen (A, B, C, D, E) wollen Aktien verkaufen und fünf Personen (F, G, H, I, J) wollen Aktien kaufen. Verkäufer und Käufer haben unterschiedliche Vorstellungen über die Preise (= Kurse).
>
> **Verkäufer (= Angebot)**
> A will 35 Aktien verkaufen, möchte aber *mindestens* einen Kurs von 100 erzielen;
> B will 40 Aktien verkaufen, möchte aber *mindestens* einen Kurs von 105 erzielen
> usw.

---

1 Vgl. hierzu auch die Darstellung unterschiedlicher Kostenverläufe in Kap. 4: Angebot am Gütermarkt.

Käufer (= Nachfrage)

F will 50 Aktien kaufen, möchte aber *höchstens* einen Kurs von 120 zahlen;
G will 45 Aktien kaufen, möchte aber *höchstens* einen Kurs von 115 zahlen
usw.

Die Vorstellungen von Verkäufern und Käufern sind nachfolgend zusammengefasst.

Angebot und Nachfrage an der Börse					
Angebot			Nachfrage		
Person	Mindestkurs	Menge	Person	Höchstkurs	Menge
A	100	35	F	120	50
B	105	40	G	115	45
C	110	50	H	110	30
D	115	40	I	105	25
E	120	50	J	100	20

Aufgabe des Maklers ist es, aus Angebot und Nachfrage den Kurs zu ermitteln, bei dem die höchsten Stückumsätze stattfinden. Zu diesem Zweck sortiert er die Kauf- und Verkaufsaufträge nach Kurshöhe, um feststellen zu können, welche Umsätze bei welchen Kursen möglich sind.

Der jeweils geringere Wert von Gesamtangebot und Gesamtnachfrage bestimmt den Umsatz bei einem gegebenen Kurs.

Kursbildung an der Börse												
	Angebot						Nachfrage						Umsätze	
Kurs	A	B	C	D	E	Gesamt	F	G	H	I	J	Gesamt	Stück	GE
100	35	0	0	0	0	35	50	45	30	25	20	170	35	3 500
105	35	40	0	0	0	75	50	45	30	25	0	150	75	7 875
110	35	40	50	0	0	125	50	45	30	0	0	125	125	13 750
115	35	40	50	40	0	165	50	45	0	0	0	95	95	10 925
120	35	40	50	40	50	215	50	0	0	0	0	50	50	6 000

Bei einem Kurs von 100 ergibt sich ein Marktangebot von 35 (nur Anbieter A) und eine Marktnachfrage von 170 (alle Nachfrager).

Der mögliche Umsatz beträgt 35 Aktien.

Bei dem höheren Kurs von 105 erhöht sich das Marktangebot auf 75, die Marktnachfrage sinkt auf 150; der mögliche Umsatz beträgt 75 Aktien.

Den größten Umsatz von 125 Aktien erzielt der Makler bei einem Kurs von 110. Diesen Kurs setzt er als Tageskurs fest. Bei diesem Kurs

- verkaufen A, B und C ihre Aktien; D und E verkaufen nicht,
- erhalten F, G und H ihre gewünschten Aktien, I und J gehen leer aus.

■ Exkurs: Kurszusätze an der Börse

Kursangaben (z. B. im Wirtschaftsteil einer Tageszeitung) tragen Zusätze, die das Verhältnis von Angebot und Nachfrage bei der Bildung des Kurses kennzeichnen. Sie ermöglichen dadurch gewisse Schlüsse auf die Kursentwicklung.

Die Kurse werden in der Regel für zwei aufeinander folgende Börsentage angegeben.

Die Zahl vor den Kursen gibt die gezahlte Dividende an (z. B. 17,75 bedeuten, dass das betroffene Unternehmen im letzten Geschäftsjahr eine Dividende von 17,75 € je Aktie gezahlt hat).

Frankfurt		8.2. ...	7.2. ...
Industrie			
ABB	17,75	538,00b	530,00b
Adlerwerke	12	850,00T	810,00T
AEG	2,7	160,50b	160,00b
AGAB	7,5	212,00b	210,00b
Akzo Faser	27	230,00b	229,00b
Altana	13	527,00b	530,50b
Andreae Noris	7 + 2,5	300,20b	305,00b
Asko St.A.	0	585,00b	575,00b
Asko V.A.	0	371,00b	375,00b
Balcke Dürr	2,66	422,00b	431,00b
BASF	12	222,60b	221,20b
Bayer	13	271,50b	271,00b
Bertelsm.Gen.	15	159,50b	159,50b
Bertelsm.Gen.	0	180,00b	180,00b
Bewag	5	115,20b	116,20b
Binding St.A.	10 + 2	500,00b	495,00b

Die wichtigsten Kurszusätze sind:

B = Brief. Nur Angebot, keine Nachfrage. Keine Umsätze.

G = Geld. Nur Nachfrage, kein Angebot. Keine Umsätze.

b = bezahlt. Alle zu diesem Kurs vorliegenden Aufträge wurden ausgeführt.

bB = bezahlt und Brief. Angebot größer als Nachfrage. Ein Teil der Aufträge wurde ausgeführt, aber es blieb ein Angebotsüberschuss.

bG = bezahlt und Geld. Nachfrage größer als Angebot. Ein Teil der Aufträge wurde ausgeführt, aber es blieb ein Nachfrageüberschuss.

T = Taxkurs. Da keine Geschäfte getätigt wurden, wurde der Kurs durch Schätzung festgelegt.

r = repartierter Kurs. Angebot und Nachfrage waren nicht ausgeglichen. Der Kurs wurde von der Börsenaufsicht festgesetzt. Angebotene und nachgefragte Papiere wurden anteilmäßig auf Verkäufer und Käufer verteilt (= repartiert).

Bei dem vom Makler festgesetzten Kurs herrscht Marktgleichgewicht (Gleichgewichtskurs bzw. Gleichgewichtspreis). Alle Verkaufs- und Kaufwünsche, die diesen Preis akzeptieren, werden befriedigt.

Eine Übertragung der Nachfrage- und Angebotspläne aus der Beispielbörse in eine grafische Darstellung zeigt die prinzipielle Ähnlichkeit mit dem allgemeinen Marktmodell.

Die Analyse der Nachfrage- und Angebotssituation an unserer Beispielsbörse erbringt noch weitere für die Preisbildung interessante Aspekte:

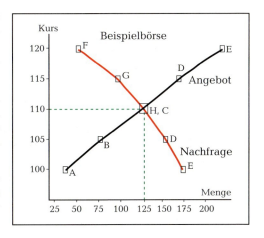

- Für alle Käufe und Verkäufe an dem exemplarischen Börsentag gilt der „Marktpreis" von 110 GE.
- Im Beispiel erhält der Nachfrager F seine Aktien zum Marktpreis von 110 GE. Er wäre aber auch bereit gewesen, einen Preis von 120 GE zu zahlen. Weil der Marktpreis geringer ist als seine ursprüngliche Preisvorstellung, „spart" er 10 GE je Aktie. Ähnliches gilt für G. Diese „Ersparnis" der Nachfrager wird **Konsumentenrente** genannt.
- Im Beispiel erhält der Anbieter A für seine Aktien den Marktpreis von 110 GE. Er wäre aber auch bereit gewesen, für einen Preis von 100 GE zu verkaufen. Weil der Marktpreis höher ist als seine ursprüngliche Preisvorstellung, „gewinnt" er 10 GE je Aktie. Ähnliches gilt für B. Diese Mehreinnahme der Anbieter wird **Produzentenrente** genannt.

Werden alle Erkenntnisse in ein Preis-Mengen-Diagramm eingearbeitet, ergibt sich das vollständige Marktmodell für ein vollkommenes Polypol. Bei den angestellten Überlegungen zur Preisbildung handelt es sich um eine sogenannte **komparativ-statische Analyse.** Dabei werden die Reaktionen der Marktteilnehmer ohne zeitliche Verzögerungen betrachtet. In der Realität bestehen jedoch Zeitunterschiede zwischen den Reaktionen. Auf eine Preisänderung beispielsweise reagieren Anbieter und Nachfrager mit einer gewissen zeitlichen Verzögerung („time-lag").[1]

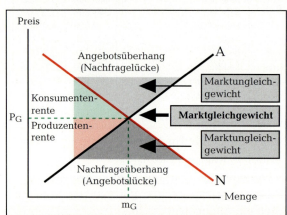

Elemente des vollständigen Marktmodells

Marktgleichgewicht: Beim Gleichgewichtspreis sind Nachfrage- und Angebotsmenge gleich groß; der Markt wird geräumt.

Angebotsüberhang: (Nachfragelücke) Der Marktpreis liegt oberhalb des Gleichgewichtspreises; die Angebotsmenge ist größer als die Nachfragemenge. Um eine größere Menge absetzen zu können, werden die Anbieter den Preis senken. Ein sinkender Preis führt dazu, dass die Angebotsmenge zurückgeht und die Nachfragemenge steigt. Das Marktgleichgewicht pendelt sich ein (Preismechanismus).

Nachfrageüberhang: (Angebotslücke) Der Marktpreis liegt unterhalb des Gleichgewichtspreises; die Nachfragemenge ist größer als die Angebotsmenge. Um die höhere Nachfrage abzuschöpfen, erhöhen die Anbieter den Preis. Ein steigender Preis führt dazu, dass die Angebotsmenge steigt und die Nachfragemenge sinkt. Das Marktgleichgewicht pendelt sich ein (Preismechanismus).

Konsumentenrente: Der Marktpreis liegt unterhalb des Preises, für den ein Teil der Nachfrager zu kaufen bereit gewesen wäre. Für diese Nachfrager ergeben sich Minderausgaben im Vergleich zur ursprünglichen Preisvorstellung.

Produzentenrente: Der Marktpreis liegt oberhalb des Preises, für den ein Teil der Anbieter zu verkaufen bereit gewesen wäre. Für diese Anbieter ergeben sich Mehreinnahmen im Vergleich zur ursprünglichen Preisvorstellung.

---

1 Dynamische Modelle, die den Faktor der zeitverzögerten Reaktionen berücksichtigen, werden als **„Cobweb-Modelle"** oder **„Spinngewebe-Modelle"** bezeichnet.

- Das Marktmodell des vollkommenen Polypols geht davon aus, dass auf einem Markt viele Anbieter und viele Nachfrager vorhanden sind, ein homogenes Gut angeboten wird, die Marktteilnehmer über Markttransparenz verfügen und keine Präferenzen haben.
- Durch das Zusammenspiel von Angebot und Nachfrage bildet sich der Gleichgewichtspreis.
- Da ein einzelner Anbieter keine Marktmacht besitzt, kann er den Marktpreis nicht beeinflussen. Er muss ihn als gegeben hinnehmen und kann sich nur mit seiner Angebotsmenge anpassen. Er ist Mengenanpasser.
- In der Realität existieren keine Märkte, die diesem Modell entsprechen. Die Börse kommt der Modellvorstellung des vollkommenen Polypols jedoch recht nahe.
- Alle Nachfrager, die bereit gewesen wären, auch zu einem höheren Preis als dem Gleichgewichtspreis zu kaufen, erzielen eine Konsumentenrente.
- Alle Anbieter, die bereit gewesen wären, auch zu einem niedrigeren Preis als dem Gleichgewichtspreis zu verkaufen, erzielen eine Produzentenrente.

5.2.2.1.2 Preisbildung im unvollkommenen Polypol

Wie bilden sich Preise auf einem unvollkommenen Markt mit vielen Anbietern und vielen Nachfragern?

Im **unvollkommenen Polypol (unvollständige Konkurrenz, heterogene Konkurrenz)** ist mindestens eine der Bedingungen des vollkommenen Marktes nicht erfüllt. Auf realen Märkten fehlt es zumeist sogar an mehreren Erfordernissen. Es besteht keine völlige Markttransparenz, die Marktteilnehmer haben räumliche, persönliche und zeitliche Präferenzen und/oder die Güter sind nicht homogen. Die Überlegungen zur Preisbildung im unvollkommenen Polypol heben vor allem auf Unterschiede bei den Gütern ab; die Zahl der Anbieter wird als groß unterstellt. Die Konkurrenz gilt also als unvollkommen, weil die Güter heterogen sind (daher auch der Ausdruck „heterogene Konkurrenz").

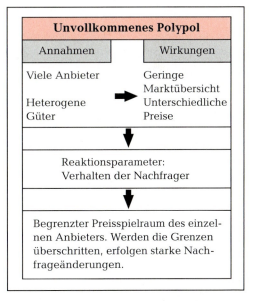

Heterogene Güter in diesem Sinne sind solche Güter, die sich wegen ihrer Ähnlichkeit und des gleichen Verwendungszwecks leicht substituieren lassen, die aber in der Sicht der Nachfrager nicht völlig identisch sind. In der Realität fallen beispielsweise viele Markenartikel unter diese Rubrik. Für den Preisbildungsprozess ist es dabei unerheblich, ob die Heterogenität auf tatsächlichen Produktunterschieden beruht oder lediglich auf eine unterschiedliche subjektive Einschätzung der Nachfrager zurückgeht.

> **Prämissen des unvollkommenen Polypols**
> - Auf dem Markt stehen sich viele Anbieter und viele Nachfrager gegenüber. Der einzelne Marktteilnehmer verfügt nur über ganz geringe Marktanteile und besitzt daher keine nennenswerte Marktmacht. Für beide Seiten bestehen unbeschränkte Marktzugänge und -abgänge, damit Vielzahl und Vielfalt erhalten bleiben.
> - Auf dem Markt werden heterogene Güter angeboten.

Die Unterschiede bei den Gütern erschweren die Marktübersicht und ermöglichen dadurch unterschiedliche Preise. Das Grundschema der Preisbildung im unvollkommenen Polypol lässt sich recht gut aus den alltäglichen Markterfahrungen herleiten.

Beispiel

In einer Kleinstadt bieten etliche Bäcker Brötchen einer bestimmten Art an. Ein bestimmter Bäcker verlangt einen Preis von p_1 und setzt dabei die Menge m_1 ab. Seine Kundschaft besteht vor allem aus den Haushalten, die in überschaubarer Nähe wohnen.

Erhöht er den Brötchenpreis um einen geringen Betrag, wird er kaum weniger absetzen. Seine Kunden werden weiterhin bei ihm kaufen, weil sie entweder seine Brötchen mehr schätzen als die gleichen Brötchen anderer Bäcker (Heterogenität) oder weil sie nicht so genau die Preise der anderen Bäcker in der Stadt kennen (fehlende Markttransparenz) oder weil ihnen die Wege zu anderen Bäckern zu weit sind (räumliche Präferenzen) usw.

Erhöht der Bäcker den Brötchenpreis jedoch beträchtlich, dann schützen ihn diese Unvollkommenheiten des Marktes nicht mehr und seine Kunden wandern zu anderen Bäckern ab.

Für die Kunden des Bäckers gibt es ganz offensichtlich so etwas wie eine (von Kunde zu Kunde sicher etwas andere) „Schmerzgrenze". Unterhalb dieser Schmerz- bzw. Preisgrenze kann der Bäcker seine Preise erhöhen, ohne größere Absatzverluste befürchten zu müssen; überschreitet seine Preiserhöhung jedoch die Schmerzgrenze, verliert er seinen Absatz.

Wenn nun unser Bäcker auf die Idee kommt, durch eine geringe Senkung des Brötchenpreises mehr Kunden auf sich zu ziehen, wird er ebenfalls die Tücken des unvollkommenen Marktes spüren.

Aus den gleichen Gründen wie oben werden die Kunden anderer Bäcker ebenfalls nicht ihr Stammgeschäft wechseln. Erst eine beträchtliche Preissenkung könnte in größerer Zahl andere Kunden dazu bewegen, zu ihm zu wechseln.[1]

Da der einzelne Anbieter nur einen ganz geringen Marktanteil hat, kann er das Marktgeschehen insgesamt kaum beeinflussen. Auf seine Maßnahmen (z. B. Preiserhöhung) werden daher die anderen Anbieter auch kaum reagieren.

Der Anbieter im unvollkommenen Polypol muss daher bei seinen Aktionen in erster Linie das voraussichtliche Verhalten der Nachfrager und weniger die Gegenmaßnahmen der Konkurrenten berücksichtigen. Überschreiten Preisänderungen nach oben oder unten die von den Nachfragern hingenommenen Grenzen, so reagieren sie mit starken Nachfrageänderungen.

---

[1] Für die Modellbetrachtung spielt es keine Rolle, dass sein Verhalten ökonomisch kaum sinnvoll ist, weil seine Kapazität wahrscheinlich gar nicht ausreicht, um den Kundenzuwachs zu befriedigen, oder weil er nach der drastischen Preissenkung seine Brötchen vielleicht nicht mehr kostendeckend verkaufen kann.

> **Anbieterverhalten im unvollkommenen Polypol**
>
> - Der Anbieter muss in erster Linie die Reaktionen der Nachfrager auf seine Preisaktionen berücksichtigen;
>
> - Der einzelne Anbieter besitzt einen begrenzten Preissetzungsspielraum, innerhalb dessen er Preisänderungen vornehmen kann, ohne dass sich dadurch größere Auswirkungen auf seinen Absatz ergeben. Überschreitet er diese Preisgrenze, verliert er seinen Absatz. Unterschreitet er diese Preisgrenze, wandert ihm (theoretisch) die gesamte Nachfrage zu.

Zwischen der oberen und unteren Preisgrenze kann der Anbieter den Preis also nahezu nach Belieben festsetzen, ohne nennenswerte Auswirkungen auf die Nachfrage befürchten zu müssen. Eine solche Situation ist – wie später noch dargestellt wird – eigentlich nur für einen Monopolisten typisch. Daher wird dieser Preisbereich als **monopolistischer Preisspielraum** und das unvollkommene Polypol auch als **monopolistische Konkurrenz** bezeichnet.

Aus der Sicht eines einzelnen Anbieters spiegelt das Verhalten der Nachfrager gleichzeitig die eigenen Angebotsmöglichkeiten wider. Werden diese Erkenntnisse in eine Grafik übertragen, ergibt sich die typische **doppelt geknickte Nachfragekurve** bzw. **doppelt geknickte Preis-Absatz-Funktion** eines Anbieters bei monopolistischer Konkurrenz im unvollkommenen Polypol.[1]

Die Größe des monopolistischen Preisspielraums hängt – neben der Standortdichte der Anbieter und der Elastizität der Nachfrage – vor allem von den Substitutionsverhältnissen ab, d. h. von der Bereitschaft der Nachfrager, bei Preiserhöhungen auf ein vergleichbares Gut eines anderen Anbieters auszuweichen. Daher lassen sich die untere und obere Grenze des monopolistischen Preisspielraums auch als **Substitutionsschwelle** bezeichnen. Überschreitet ein Anbieter diese Schwelle, sind die Nachfrager zur Substitution bereit. Die Anbieter sind daher bemüht, mittels Werbung eine intensive **Produktdifferenzierung** zu betreiben, die ihr Gut in den Augen der Nachfrager deutlich von den (ähnlichen) Produkten anderer Anbieter abhebt. Je mehr dies gelingt, umso höher liegt die Schwelle der Abwanderung.

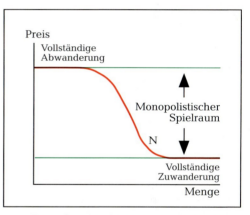

Doppelt geknickte Preis-Absatz-Funktion

Sinnvolle Preisbildungsräume ergeben sich für den Anbieter nur innerhalb des monopolistischen Spielraums. In diesem Bereich agiert er wie ein Monopolist. Sein Preis wird höher sein als der Preis bei vollkommenem Wettbewerb.

Dadurch entstehen in mehr oder minder großem Umfang **Monopolgewinne.** Sind diese Monopolgewinne hinreichend hoch, werden die guten Gewinnaussichten neue Anbieter auf den Markt locken und der monopolistische Spielraum wird geringer.

---

[1] Die doppelt geknickte Preis-Absatz-Funktion geht im Wesentlichen auf den deutschen Betriebswirt Erich GUTENBERG (1897 – 1984) zurück.

- Das Modell des unvollkommenen Polypols geht davon aus, dass auf einem Markt viele Anbieter und viele Nachfrager vorhanden sind, jedoch heterogene Güter angeboten werden, was zu Präferenzen und fehlender Markttransparenz führt.
- Auf einem unvollkommenen Markt besitzt der einzelne Anbieter einen begrenzten Preissetzungsspielraum, innerhalb dessen er Preisänderungen vornehmen kann, ohne dass sich dadurch größere Auswirkungen auf seinen Absatz ergeben.
- Überschreitet er seinen Preisspielraum, verliert er seinen Absatz. Unterschreitet er ihn, wandert ihm (theoretisch) die gesamte Nachfrage zu.
- Innerhalb des Preisspielraums kann sich der Anbieter wie ein Monopolist bewegen (monopolistischer Preisspielraum).

5.2.2.2 Preisbildung im Oligopol

Wie bilden sich Preise auf einem Markt, auf dem nur wenige Anbieter eines bestimmten Gutes vertreten sind?

Neben dem unvollkommenen Polypol ist das Angebotsoligopol die in der Realität am häufigsten vorkommende Marktstruktur. Analysen oligopolistischer Preisbildungsprozesse tragen daher in besonderer Weise zum Verständnis tatsächlicher Preisbildung bei.

Konzentration in der Wirtschaft	
Anteil der jeweils sechs größten Unternehmen am Branchenumsatz	
Branche	**Anteil (%)**
Tabakindustrie	94
Luft- und Raumfahrzeuge	90
Bergbau	80
Mineralöl	80
Büromaschinen	78
Straßenfahrzeuge	69

Oligopolistische Märkte können recht verschieden sein. Die Bandbreite reicht von einigen wenigen Anbietern mit jeweils hohen Marktanteilen (enges Oligopol) bis zu einer größeren Zahl von Anbietern mit nur begrenzten Marktanteilen (weites Oligopol). Genaue Grenzen für die Zahl der Anbieter bestehen nicht; daher ist der Übergang zur polypolistischen Konkurrenz fließend.

Die geringe Zahl der Anbieter ist demnach zwar eine notwendige, aber noch keine hinreichende Bedingung für die Beschreibung eines Oligopols. Weiteres – und wichtigstes – Merkmal ist die wechselseitige Abhängigkeit der Anbieter. Von einem oligopolistischen Markt wird dann gesprochen, wenn ein Anbieter bei Marktaktionen, z.B. Preisänderungen, mit Gegenmaßnahmen anderer Anbieter rechnen und daher deren mögliche Reaktionen bei seiner Strategie berücksichtigen muss. Hier liegt einer der wesentlichen Unterschiede zum unvollkommenen Polypol. Während dort – wegen der vielen Anbieter – ein einzelner Anbieter in erster Linie die Reaktion der Nachfrager auf seine Maßnahmen berücksichtigen musste, muss der Anbieter im Oligopol in erster Linie die Reaktion der Konkurrenten auf seine Maßnahmen berücksichtigen.

Wie groß die wechselseitige Abhängigkeit der Anbieter ist, hängt von der Ähnlichkeit der Produkte und damit vom Grad der **Produktdifferenzierung** ab. Je homogener ein

Produkt ist, umso größer ist die Abhängigkeit; je heterogener die Güter sind, umso geringer ist die Abhängigkeit. Die Homogenität oder Heterogenität der Güter ergibt sich vor allem daraus, wie die Nachfrager deren Substituierbarkeit einschätzen und damit Produktdifferenzierungen wahrnehmen. Produktdifferenzierung bei ähnlichen Gütern (z. B. Waschmittel, Zigaretten usw.) wird in erster Linie mittels Werbung betrieben. Es überrascht daher nicht, dass oligopolistische Märkte besonders werbeintensiv sind.

> **Merkmale des Angebotsoligopols**
> - Geringe Anzahl von Anbietern
> - Wechselseitige Abhängigkeit der Anbieter bei Marktaktionen
> - Berücksichtigung des (wahrscheinlichen) Verhaltens der Konkurrenten
> - Produktdifferenzierung

Wegen der Unterschiedlichkeiten oligopolistischer Marktstrukturen besteht keine einheitliche Theorie der Preisbildung und des Marktverhaltens. Auch eine Unterscheidung in vollkommene und unvollkommene Märkte ist kaum möglich. Stattdessen wird von homogenen Oligopolen (mit weitgehend homogenen Gütern wie z. B. Mineralöl, Benzin) und von heterogenen Oligopolen (mit mehr oder weniger stark differenzierten Produkten wie z. B. Autos, Zigaretten) gesprochen.

Die wenigen Anbieter im Oligopol verfügen über mehr oder weniger große Marktanteile. Ihr Marktverhalten ist wesentlich dadurch geprägt, diese Marktanteile zu sichern bzw. zu vergrößern. Das an Marktanteilen orientierte Preisverhalten ist bedeutsam für das Verständnis der nachfolgend beschriebenen Preisstrategien.

> Erhalt oder Vergrößerung von Marktanteilen ist wichtiger Beweggrund für das Preisverhalten des Oligopolisten.

5.2.2.2.1 Preisbildung im homogenen Oligopol

Merkmale des homogenen Oligopols sind wenige Anbieter und ein homogenes Gut. Aus der geringen Zahl der Anbieter folgt eine gute Marktübersicht. Die Konkurrenten und zum Teil auch die Nachfrager sind über die Vorgänge am Markt gut und schnell informiert. Die Markttransparenz in Verbindung mit der Homogenität des Gutes führt zu einem weitgehend einheitlichen Marktpreis für das Gut. Wegen der leichten Substituierbarkeit des Gutes werden die Konkurrenten durch etwaige absatzpolitische Maßnahmen eines Anbieters nachhaltig betroffen. Das führt in aller Regel zu entsprechenden Gegenmaßnahmen der Konkurrenten.

In einer solchen Marktsituation sind vor allem drei Verhaltensweisen der Anbieter

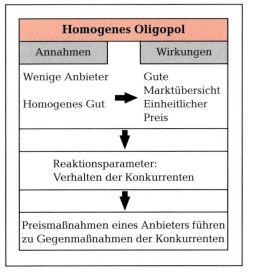

möglich. Wenn die Anbieter ihr Verhalten nicht untereinander abstimmen, herrscht relative **Preisruhe**. Wenn die Anbieter ihr Verhalten untereinander abstimmen, finden **Preisabsprachen** statt. Ein Anbieter übernimmt die **Preisführerschaft** und die übrigen Anbieter passen sich seinem Preisverhalten an: Diese Anpassung kann mit oder ohne ausdrückliche Abstimmung erfolgen.

Anbieterverhalten im homogenen Oligopol
- Preisruhe
- Preisabsprachen
- Preisführerschaft

Diese Varianten des Anbieterverhaltens werden im Folgenden dargestellt.

■ Relative Preisruhe im Oligopol: die geknickte Preis-Absatz-Funktion

Beispiel

In einer Kleinstadt bestehen fünf Tankstellen, die über etwa gleich große Marktanteile verfügen. Tankstelle A setzt bei einem Preis von p_1 für einen Liter Benzin die Menge m_1 ab. A möchte seinen Umsatz steigern. Dazu stehen ihm grundsätzlich zwei Möglichkeiten zur Verfügung:

1. Preissenkung;

    sein Umsatz würde sich erhöhen, wenn der Zuwachs bei der Absatzmenge relativ größer wäre als die Preisreduktion, wenn also viele Kunden von den anderen Tankstellen zu ihm wandern würden.

2. Preiserhöhung;

    sein Umsatz würde sich erhöhen, wenn die Preiserhöhung relativ größer wäre als die Minderung der Absatzmenge, wenn also nur wenige Kunden zu den anderen Tankstellen abwandern würden.

Bevor A eine der Preismaßnahmen durchführt, überlegt er, wie wohl die anderen Tankstellen auf seine Aktion reagieren würden.

Seine Überlegungen führen zu folgendem Ergebnis:

1. Preissenkung auf p_2. Nachfrager und Konkurrenten werden sehr schnell feststellen, dass er seinen Preis gesenkt hat. Die Nachfrager werden in großer Zahl zu ihm wandern. Die anderen Tankstellen werden Kunden und Marktanteile verlieren. Das werden sie nicht ohne weiteres hinnehmen, sondern ebenfalls ihren Benzinpreis senken, um ihren Absatz zu halten.

    Damit ist hinsichtlich der Absatzmengen der alte Zustand bestehen geblieben. Aber alle verkaufen nun zu einem niedrigeren Preis und haben Umsatzeinbußen hinnehmen müssen.

    Das ist für A nicht der gewünschte Effekt; er verzichtet auf die Preissenkung.

2. Preiserhöhung auf p_3. Nachfrager und Konkurrenten werden sehr schnell feststellen, dass er seinen Preis erhöht hat. Die Nachfrager werden in großer Zahl von ihm weg zu den Konkurrenten wandern. Die anderen Tankstellen werden also Kunden und Marktanteile gewinnen. Dies ist für sie eine angenehme Entwicklung und sie

sehen daher keinen Anlass, ihr bisheriges Marktverhalten zu ändern, d. h., sie werden die Preise nicht erhöhen.

Auch dies ist für A nicht der gewünschte Effekt; er verzichtet auf die Preiserhöhung.[1]

Preisreaktionen im homogenen Oligopol

- Preissenkung eines Anbieters führt zu einer Preissenkung bei den anderen Anbietern. Es kommt zu einem **Preiskampf.** Die Marktanteile bleiben weitgehend unverändert.

- Preiserhöhung eines Anbieters führt nicht zu einer Preiserhöhung bei den anderen Anbietern. Der aktive Oligopolist wird Marktanteile verlieren.

- Da einem Anbieter sowohl eine Preissenkung als auch eine Preiserhöhung Nachteile bringen würde, herrscht relative Preisruhe.

Eine Übertragung der Erkenntnisse in eine grafische Darstellung führt zu der typischen **geknickten Preis-Absatz-Funktion** des Oligopolisten. Punkt A gibt die Ausgangssituation wieder. Bei einer Preissenkung eines Anbieters (von p_1 nach p_2) werden die Konkurrenten ebenso reagieren. Das Preisgefüge bleibt erhalten. Der Anbieter gewinnt nur den Mengenzuwachs, der dem normalen Nachfrageverhalten bei sinkenden Preisen entspricht (Punkt B; Strecke $m_2 - m_1$). Bei einer Preiserhöhung (von p_1 nach p_3) wandern die Kunden zu anderen Anbietern ab und der Absatz geht überproportional zurück (Punkt C; Strecke $m_1 - m_3$).

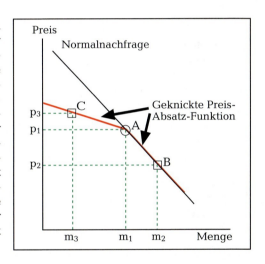

■ Preisabsprachen bei abgestimmtem Verhalten

In einem homogenen Oligopol lohnen sich Preismaßnahmen eines einzelnen Anbieters nicht, da er mit entsprechenden Gegenmaßnahmen der Konkurrenten rechnen muss. Die Preiserhöhung eines einzelnen Anbieters würde dazu führen, dass die Nachfrage ganz oder teilweise von ihm abwandert. Selbstverständlich sind aber alle Anbieter prinzipiell an höheren Preisen interessiert, wenn damit keine überproportionalen Einbußen beim Absatz verbunden sind.

Bundeskartellamt verhängt drastische Bußgelder
BERLIN (...) – Das Bundeskartellamt hat gegen mehrere große Zementhersteller in der Bundesrepublik wegen verbotener Preisabsprachen Bußgelder in Höhe von etlichen Millionen Euro verhängt.

---

[1] Diese Preisreaktionen gelten bei individuellen Entscheidungen. Geht die Preiserhöhung auf Faktoren zurück, die alle Anbieter betreffen (z. B. Kostensteigerungen, Steuererhöhungen), würden alle Anbieter in gleichem Umfang die Preise erhöhen (müssen).
Dem Modell liegt die Annahme annähernd gleicher Kostenstrukturen der Betriebe zugrunde. Hat jedoch beispielsweise ein Anbieter deutlich niedrigere Kosten als seine Konkurrenten, kann er den Preis so weit senken, dass die Konkurrenten nicht mehr mithalten können; es kommt zum **Verdrängungswettbewerb.**

Dies lässt sich erreichen, wenn die Anbieter ihr Verhalten untereinander abstimmen und gleichzeitig und in gleichem Umfang den Preis erhöhen. Die wechselseitige Abhängigkeit im Oligopol „verführt" also gewissermaßen zu (allerdings verbotenen) Preisabsprachen. Bei einem **Preiskartell** treffen mehrere Anbieter eines Gutes Absprachen über eine gemeinsame Preispolitik. Solche Preisabsprachen werden oft von Absprachen über Produktionsmengen begleitet. International besonders bekannt geworden ist das OPEC-Preiskartell, dessen Mitglieder sich in den siebziger Jahren auf drastische Anhebungen des Rohölpreises und gleichzeitig auf Förderquoten für die Mitgliedsländer einigten.

■ Preisführerschaft und gleichförmiges Preisverhalten

Die Erfahrung, dass – vor allem in engen Oligopolen – Preiskämpfe und aggressives Konkurrenzverhalten den Anbietern kaum Vorteile bringen, führt am Markt oft zu einer dritten Variante des Preisverhaltens: der **Preisführerschaft** eines Anbieters und einem parallelen Verhalten der anderen Anbieter. Das Grundmuster besteht darin, dass ein Anbieter Preiserhöhungen vornimmt und die übrigen Anbieter nachziehen.

> **Benzinpreise in Bewegung**
> HAMBURG (...) – Seit gestern hat ESSO die Preise für Benzin um je 2 Cent und für Diesel um 1 Cent je Liter angehoben. Sprecher anderer Mineralölfirmen kündigten an, dass ihre Gesellschaften dem Schritt von ESSO in den nächsten Tagen folgen würden.

Die Zuweisung der Preisführerschaft kann auf zweierlei Weise erfolgen:

- Hat ein Anbieter aufgrund seiner Größe eine marktbeherrschende Stellung, ist er der „geborene" Preisführer. Er agiert wie ein Quasi-Monopolist und setzt den Preis fest. Aus Angst vor einer möglicherweise ruinösen Auseinandersetzung werden sich die anderen, kleineren Anbieter mit ihren Preisen anpassen.
- Die Preisführerschaft kann auch zwischen den Unternehmen wechseln. Dies ist insbesondere dann der Fall, wenn kein Unternehmen eine eindeutige Vormachtstellung besitzt. In wechselnder Reihenfolge wird ein Anbieter eine neue Preisrunde „einläuten" und die anderen Anbieter ziehen nach. Ein solches Verhalten kann von Fall zu Fall abgestimmt sein, auf einem langfristig vereinbarten Verhaltenskodex beruhen oder – ohne jegliche Vereinbarung – einfach aus den gemeinsamen Interessen der Oligopolisten herrühren.

- Das Modell des homogenen Oligopols geht davon aus, dass auf einem Markt wenige Anbieter ein homogenes Gut anbieten.
- Preismaßnahmen eines Anbieters wirken sich auf die Marktanteile der Konkurrenten aus. Sie werden daher Gegenmaßnahmen ergreifen, wobei ihre Preisreaktionen asymmetrisch sind.
   - Senkt ein Anbieter den Preis, werden die Konkurrenten ebenfalls ihren Preis senken; es kommt zum Preiskampf.
   - Erhöht ein Anbieter den Preis, werden die Konkurrenten ihren Preis jedoch nicht erhöhen, sodass der aktive Oligopolist Marktanteile verliert.
- Wegen der Gegenmaßnahmen der Konkurrenten weist die Preis-Absatz-Funktion des Anbieters im homogenen Oligopol einen Knick auf.
- Da aktive Preispolitik einem einzelnen Anbieter kaum Vorteile bringt, herrschen in einem homogenen Oligopol drei Preisverhaltensweisen vor:
   - Relative Preisruhe, wenn die Anbieter ihr Verhalten nicht untereinander abstimmen
   - Preisabsprachen, wenn die Anbieter ihr Verhalten untereinander abstimmen
   - Preisführerschaft und gleichförmiges Preisverhalten

5.2.2.2.2 Preisbildung im heterogenen Oligopol

Ein heterogenes Oligopol ist gekennzeichnet durch wenige Anbieter, die heterogene Produkte herstellen. Die Heterogenität der Produkte führt einerseits dazu, dass die wechselseitige Abhängigkeit der Anbieter nicht so groß ist wie im homogenen Oligopol, und lässt andererseits Preisunterschiede zu.

Die Heterogenität der Produkte bezieht sich vor allem auf Unterschiede in der Wahrnehmung der Nachfrager. Daher ist das Verhalten der Nachfrager, vor allem ihre Bereitschaft, auf eine ähnliches Produkt eines anderen Anbieters umzusteigen, der entscheidende Faktor.

Die Marktformen des heterogenen Oligopols und des unvollkommenen Polypols sind nicht exakt zu trennen. Insbesondere bei einer regional begrenzten Betrachtung sind die Übergänge fließend.

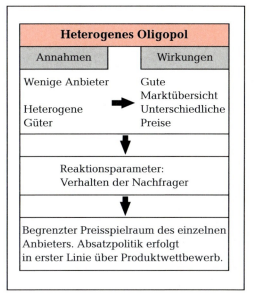

Das Preisverhalten in heterogenen Oligopolen entspricht daher dem bereits dargestellten Verhalten im unvollkommenen Polypol: Der einzelne Anbieter besitzt einen monopolistischen Preisspielraum.

Anbieterverhalten im heterogenen Oligopol

- Der Anbieter muss in erster Linie die Reaktionen der Nachfrager auf seine Preisaktionen berücksichtigen;

- Der einzelne Anbieter besitzt einen begrenzten Preissetzungsspielraum, innerhalb dessen er Preisänderungen vornehmen kann, ohne dass sich dadurch größere Auswirkungen auf seinen Absatz ergeben. Überschreitet er diese Preisgrenze, verliert er seinen Absatz. Unterschreitet er diese Preisgrenze, wandert ihm (theoretisch) die gesamte Nachfrage zu.

Die Preis-Absatz-Funktion eines Anbieters im heterogenen Oligopol weist den typischen Doppelknick auf. Die Grenzen des Preisspielraums ergeben sich aus der Heterogenität der Produkte. Überschreitet der Oligopolist mit seiner Preiserhöhung die bei den Nachfragern bestehende **Substitutionsschwelle,** nehmen sie einen Produktwechsel vor; z.B. wechseln sie von einer Marke zu einer anderen. Aus Untersuchungen zu Nachfragegewohnheiten ist bekannt, dass die Nachfrager eine beträchtliche „Markentreue" besitzen und der Anbieter dadurch einen entsprechend großen Preisspielraum erlangt.

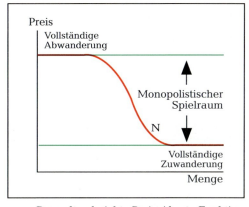

Doppelt geknickte Preis-Absatz-Funktion

Der Schwerpunkt der Marktaktivitäten im heterogenen Oligopol liegt aus diesen Gründen nicht im Preiswettbewerb, sondern im **Produktwettbewerb**. Das absatzpolitische Instrumentarium der Unternehmen dient vorwiegend dazu, das eigene Produkt von den Produkten anderer Anbieter abzuheben und markenbezogene Nachfragepräferenzen zu entwickeln. Der Nachfrager soll an das eigene Produkt gebunden werden. Hierdurch schaffte sich der Anbieter einen besonderen, wenn auch begrenzten Markt für das eigene Produkt, auf dem er wie ein Monopolist agieren kann.

Einer solchen Produktpolitik dienen u. a. die Werbung, die Wahl bestimmter Absatzwege, Kundendienst, Finanzierungen usw. Nicht zuletzt wird durch technische oder sonstige Inkompatibilitäten (z. B. bei Anschlüssen, Geräteverbindungen usw.) dem Nachfrager ein Umsteigen auf das Produkt eines anderen Anbieters erschwert.

- Das Modell des heterogenen Oligopols geht davon aus, dass auf einem Markt wenige Anbieter heterogene, aber substituierbare Produkte anbieten.
- Das Preisverhalten ähnelt dem im unvollkommenen Polypol. Ein einzelner Anbieter besitzt einen monopolistischen Preisspielraum. Die Preis-Absatz-Funktion eines Anbieters weist einen Doppelknick auf.
- Absatzpolitische Maßnahmen finden in erster Linie durch Produktwettbewerb statt.

5.2.2.3 Preisbildung im Monopol

5.2.2.3.1 Monopole im Modell und in der Realität

Gibt es echte Monopole?

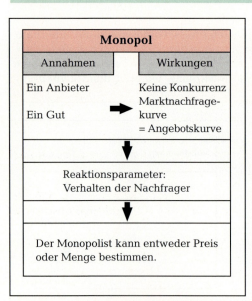

Das **Monopol** bzw. **Angebotsmonopol** stellt den Gegensatz zum vollkommenen Polypol dar. Ein bestimmtes Produkt wird nur von einem Anbieter angeboten. Da er keine Konkurrenz hat, ist seine individuelle Angebotskurve gleichzeitig die Gesamtangebotskurve für dieses Gut. Da die Nachfrager das Gut nirgendwo anders kaufen können, steht dem Monopolisten die gesamte Marktnachfrage gegenüber. Zu einem bestimmten Preis kann er immer genau so viel absetzen, wie die Gesamtheit der Nachfrager zu diesem Preis zu kaufen bereit ist. Die Absatzkurve des Monopolisten ist also mit der Marktnachfragekurve identisch. Für den längerfristigen Bestand eines Monopols müssen weiterhin Marktzutrittsbeschränkungen angenommen werden, die dafür sorgen, dass keine weiteren Anbieter auftreten.

Die Preis-Absatz-Funktion des Monopolisten entspricht der Marktnachfragekurve.

Preisbildung 167

Während der Polypolist sich am bestehenden Gleichgewichtspreis, der für ihn ein Datum ist, orientieren muss und sich nur mit seiner Menge anpassen kann, kann der Monopolist Preis *oder* Menge autonom festlegen. Er ist also entweder Preis- oder Mengenfixierer. Dies ergibt sich daraus, dass durch den (angenommenen) Verlauf der Marktnachfragekurve die Relationen zwischen Güterpreisen und Absatzmengen festgelegt sind. Legt der Monopolist einen Preis fest, ergibt sich aus der Nachfragekurve seine Absatzmenge; legt er die Menge fest, ergibt sich sein Preis.

> Der Monopolist kann für sein Gut den Preis festlegen (Preisfixierer) oder die Absatzmenge (Mengenfixierer).

Preisfixierer.
Der Monopolist legt den Preis für sein Produkt fest. Die Nachfrager entscheiden durch ihr Verhalten (ausgedrückt in der Nachfragekurve), welche Menge sie bei diesem Preis kaufen.

Mengenfixierer.
Der Monopolist legt die Absatzmenge für sein Produkt fest. Die Nachfrager entscheiden durch ihr Verhalten (ausgedrückt in der Nachfragekurve), zu welchem Preis sie diese Menge zu kaufen bereit sind.

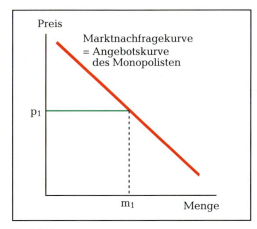

Preisfixierer

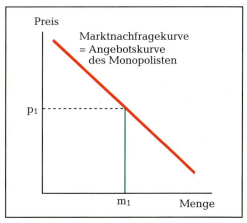

Mengenfixierer

Die grafische Darstellung von Preis- bzw. Mengenfixierung macht die Abhängigkeit des Monopolisten vom Verhalten der Nachfrager deutlich.

Der Monopolist würde zwar gerne auch bei einem hohen Preis eine große Menge verkaufen, er kann jedoch stets nur die Mengen absetzen, die die Nachfrager bei einem bestimmten Preis zu kaufen bereit sind.

Wenn ein Monopolist den Preis für sein Gut festlegt, geschieht dies natürlich nicht nach Belieben.

Er wird versuchen, den Preis zu setzen, bei dem er einen möglichst großen Gewinn macht. Die Ermittlung dieses **gewinnmaximalen Preises** wird im folgenden Abschnitt modellhaft nachvollzogen.

> **Monopole in der Realität**
>
> Die Frage, ob es auf realen Märkten tatsächlich Monopole gibt, ist nicht ohne weiteres zu beantworten und hängt von der Interpretation verschiedener Größen ab:
>
> - **Räumliche Marktabgrenzung.** Je größer ein Markt räumlich verstanden wird, umso schwieriger wird die Identifikation von Monopolen sein. Auf regionalen oder gar lokalen Märkten finden sich dagegen häufiger monopolartige Stellungen eines Anbieters.
> - **Zeitliche Marktabgrenzung.** Aus technischen (Neuentwicklungen) oder rechtlichen Gründen (Patentschutz) können Monopole auf Zeit entstehen.
> - **Güterabgrenzung.** Ob von einem Monopol gesprochen werden kann, hängt auch davon ab, wie weit oder eng der Begriff „ein Gut" gefasst wird. Für das Gut „Auto" gibt es mehrere, für eine bestimmte Automarke nur einen Hersteller. So gesehen ist jeder Hersteller eines Markenartikels ein Monopolist.
> - **Anbieterbegriff.** Als Anbieter wird zumeist der Hersteller eines Produktes verstanden. Der Absatz des Gutes geschieht jedoch in der Regel über Händler, die einen mehr oder weniger großen eigenen Preisspielraum besitzen. Wird als Anbieter eines Gutes jeder Händler dieses Gutes verstanden, wird es erheblich schwieriger, Monopole zu entdecken. So ist zwar für eine bestimmte Automarke der Hersteller Monopolist, auf Händlerebene gibt es aber selbst auf lokalen Märkten oft mehrere Anbieter dieser Automarke.
> - **Substitutionsbegriff.** Die Substitution hängt mit der Güterabgrenzung zusammen. Ob ein Anbieter wie ein Monopolist agieren kann, hängt davon ab, ob die Nachfrager ihm ausweichen können. Für nahezu alle Güter besteht eine mehr oder weniger enge Substitutionsschwelle. Wenn der Anbieter eines Gutes den Preis zu stark erhöht, weichen die Nachfrager auf ein anderes, ähnliches Gut aus. Bei einem weiten Güterbegriff ist die Substitution schwieriger als bei einem engen Güterbegriff. Selbst für die oft als Monopolbeispiele genannten öffentlichen Versorgungsunternehmen gibt es entsprechende Grenzen. Beispielsweise ist zwar die Bundesbahn Alleinanbieter von Bahntransporten, sie steht jedoch sowohl im Personen- als auch im Güterbereich im Substitutionswettbewerb mit dem Straßenverkehr.
>
> **Fazit:** In reiner Form, wie sie das Modell vorsieht, existieren Monopole in der Realität kaum. In abgeschwächter Form ist monopolistisches Verhalten häufig anzutreffen **(Quasi-Monopol):** Der Anbieter legt den Preis für sein Gut fest und die Nachfrager entscheiden, welche Mengen sie zu diesem Preis kaufen wollen.

5.2.2.3.2 Gewinnmaximaler Preis des Monopolisten

> Wie kann ein Monopolist den Preis ermitteln, bei dem sein Gewinn maximal ist?

Da der Monopolist den Preis oder die Menge des Gutes festlegen kann, besteht sein Gewinnmaximierungsproblem darin, den Preis bzw. die Menge zu ermitteln, bei der sein Gewinn maximal ist. Für den Gewinn gilt:

```
Gewinn  = Erlöse – Kosten
          Erlöse = Preis · Menge
Gewinn  = Preis · Menge – Kosten
```

Preisbildung 169

Der Gewinn ist dann maximal, wenn die Differenz zwischen Erlösen und Kosten möglichst groß ist. Für eine kurzfristige Betrachtung können die Kosten als konstant und gegeben unterstellt werden. Dann entscheiden Preis und Menge des Gutes über den Gewinn.

Ziel des Monopolisten ist die Bestimmung des gewinnmaximalen Preises. Hierfür muss er jedoch im Sinne einer Planrechnung zunächst die gewinnmaximale Ausbringungsmenge ermitteln. Ist dies geschehen, kann er gewissermaßen auf der Nachfragekurve den Preis ablesen, bei dem die Nachfrager diese Menge kaufen werden. Diesen Preis wird er dann für sein Produkt setzen.

Entsprechend vollzieht sich die Bestimmung des Gewinnmaximums in zwei Schritten:
1. Bestimmung der gewinnmaximalen Ausbringungsmenge
2. Bestimmung des dazugehörigen gewinnmaximalen Preises.

Beide Bestimmungen werden grafisch vorgenommen. Zur Veranschaulichung werden die grafischen Lösungsschritte durch ein einfaches Zahlenbeispiel begleitet.

■ Bestimmung der gewinnmaximalen Ausbringungsmenge

Die Absatzmöglichkeiten des Monopolisten hängen vom Verhalten der Nachfrager ab. Sie entscheiden über die Mengen, die sie bei dem vom Monopolisten gesetzten Preis abnehmen. In die Planung des gewinnmaximalen Preises durch den Monopolisten gehen also Annahmen über das Verhalten der Nachfrager ein. Im Modell wird davon ausgegangen, dass dem Monopolisten die Preisreaktionen der Nachfrager und damit die Marktnachfragekurve für sein Gut bekannt sind. In der Realität wird der Monopolist bestenfalls gewisse Vorstellungen über die Nachfragereaktionen besitzen, z. B. aufgrund von Marktuntersuchungen, früheren Erfahrungen, subjektiven Einschätzungen usw. Waren seine Annahmen über das Nachfrageverhalten zutreffend, wird er tatsächlich die geplante Menge absetzen und einen maximalen Gewinn erzielen.

Für die Ermittlung der gewinnmaximalen Ausbringungsmenge sind notwendig:
- Informationen über die Erlöskurve und damit über die Preis-Absatz-Funktion, die im Monopol der Marktnachfragekurve entspricht,
- Informationen über die Kostensituation des Monopolisten,
- Gegenüberstellung von Erlös- und Kostensituation.

Beispiel

Dem Monopolisten ist das Verhalten der Nachfrager bekannt. Unterstellt wird ein normales, lineares Nachfrageverhalten, d. h., mit steigendem Preis sinkt die Nachfrage und mit sinkendem Preis steigt die Nachfrage. Die Nachfragekurve verläuft von links oben nach rechts unten.

Bei einer Preis-Absatz-Funktion der Form

$$m = \frac{120 - p}{20} \quad \text{bzw.} \quad p = 120 - 20\,m$$

ergeben sich die in der Tabelle enthaltenen Beziehungen zwischen Preis und Absatzmenge. Im Unternehmen fallen Fixkosten von 50 GE und variable Kosten von 30 GE pro Stück an.

Preis (p)	Menge (m)	Erlös (E)	Grenzerlös (E')	Kosten (K)	Grenzkosten (K')
120	0	0		50	
			100		30
100	1	100		80	
			60		30
80	2	160		110	
			20		30
60	3	180		140	
			− 20		30
40	4	160		170	
			− 60		30
20	5	100		200	
			− 100		30
0	6	0		230	

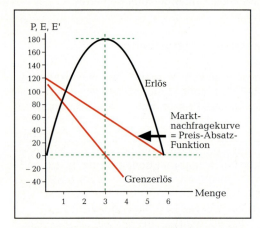

p	m	Preis-änderung (%)	Mengen-änderung (%)	|ϵ|
120	0			
100	1	− 16,7	100,0	5,0
80	2	− 20,0	50,0	2,0
60	3	− 25,0	33,3	1,0
40	4	− 33,3	25,0	0,5
20	5	− 50,0	25,0	0,5
0	6	− 100,0	20,0	0,2

Die Erlöskurve weist einen auffälligen Verlauf auf. Zunächst steigt sie, dann fällt sie. Die Grenzerlöskurve schneidet die Null-Achse unter dem Hochpunkt der Erlöskurve. Solange der Grenzerlös > 0 ist, wächst durch jede weitere verkaufte Einheit der Gesamterlös. Ist der Grenzerlös < 0, ergeben sich bei jeder weiteren Mengeneinheit negative Stückerlöse, sodass der Gesamterlös wieder sinkt. Das Erlösmaximum liegt also genau dort, wo der Grenzerlös = 0 ist.

Die Erklärung für den zunächst steigenden und dann fallenden Verlauf der Erlösfunktion liefert die Nachfrageelastizität ϵ. Die zugrunde liegende lineare Nachfragefunktion ist im ersten Abschnitt elastisch ($\epsilon > 1$) und im zweiten Abschnitt unelastisch ($\epsilon < 1$).[1] Im elastischen Bereich sind die (positiven) Mengeneffekte größer als die (negativen) Preiseffekte. Der Erlöszuwachs durch die größere Absatzmenge ist größer als die Erlösminderung durch den geringeren Preis. Im unelastischen Bereich überwiegen umgekehrt die negativen Preiseffekte die positiven Mengeneffekte.

Die gewinnmaximale Ausbringungsmenge lässt sich auf zwei Wegen bestimmen:
- Bei einer Betrachtung der **Gesamtgrößen** liegt die gewinnmaximale Ausbringungsmenge dort, wo die Differenz zwischen Erlös und Gesamtkosten am größten ist. Grafisch lässt sich der Punkt durch eine Parallelverschiebung der Gesamtkostenkurve bis zum Tangentialpunkt mit der Erlöskurve ermitteln. Hinsichtlich der Gewinnent-

---

[1] Dies ist immer so. Der Nachweis wurde bereits bei den Überlegungen zur direkten Preiselastizität der Nachfrage erbracht.

wicklung lassen sich drei Bereiche unterscheiden. Bei den ersten Mengeneinheiten ergibt sich ein Verlust, da insbesondere die Fixkosten durch die Erlöse nicht gedeckt sind. Ab der Menge m_1 **(Gewinnschwelle)** übersteigen die Erlöse die Kosten; die **Gewinnzone** beginnt. Der Gewinn steigt bis m_{max} und geht bei weiteren Mengeneinheiten zurück. Ab der Menge m_2 treten wieder Verluste auf.

- Bei einer Betrachtung der *Stückgrößen* liegt die gewinnmaximale Ausbringungsmenge bei der Menge, bei der Grenzerlös und Grenzkosten gleich groß sind ($E' = K'$). Grafisch ergibt sich die Menge im Schnittpunkt von Grenzkostenkurve und Grenzerlöskurve.

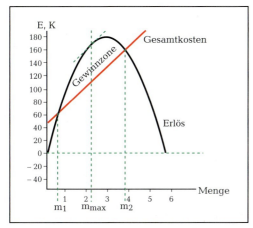

Gesamtbetrachtung

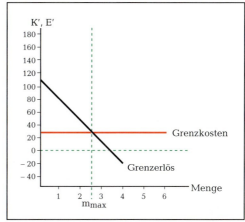

Stückbetrachtung

Gewinnmaximale Ausbringungsmenge im Monopol

Die gewinnmaximale Ausbringungsmenge des Monopolisten liegt dort, wo in der Gesamtbetrachtung die Differenz zwischen Erlös und Gesamtkosten am größten ist bzw. wo in der Stückbetrachtung die Grenzkosten und der Grenzerlös gleich groß sind.

■ Bestimmung des gewinnmaximalen Preises

Dem Monopolisten steht die gesamte Marktnachfrage nach dem Gut gegenüber. Die Nachfragefunktion ist ihm bekannt und er hat sie bereits bei der Konstruktion der voraussichtlichen Erlöskurven verwendet. Er wird nun prüfen, bei welchem Preis die Nachfrager die von ihm ermittelte gewinnmaximale Ausbringungsmenge abnehmen. Hierfür stehen ihm mehrere Möglichkeiten zur Verfügung.

p	m	E	K	Gewinn
120	0	0	50	– 50
100	1	100	80	20
80	2	160	110	50
60	3	180	140	40
40	4	160	170	– 10
20	5	100	200	– 100
0	6	0	230	– 230

Tabellarisch lässt sich der Wert ermitteln, indem die bisher verwendete Tabelle mit Preis, Mengen, Kosten und Erlös um eine Spalte „Gewinn" erweitert wird, in die Differenzen zwischen Erlös und Kosten eingetragen werden.

Rechnerisch ergibt sich der gewinnmaximale Preis aus der Nachfragefunktion.

Im Beispiel wurde die Funktion

$m = \dfrac{120 - p}{20}$ bzw. $p = 120 - 20m$

zugrunde gelegt.

Hieraus ergibt sich:

$p_{gewinnmaximal} = 120 - 20 m_{gewinnmaximal}$

Wenn $m_{gewinnmaximal}$ bekannt ist, kann $p_{gewinnmaximal}$ ermittelt werden.

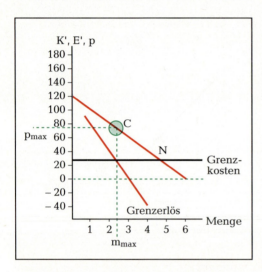

Grafisch kann der Monopolist den gewinnmaximalen Preis ermitteln, indem er zunächst die gewinnmaximale Ausbringungsmenge von der x-Achse auf die Nachfragekurve projiziert. Er erhält dort den Punkt C, den sogenannten **COURNOTschen Punkt**.[1] Von ihm aus kann er auf der y-Achse den Preis „ablesen", der zu dieser Menge gehört. In der grafischen Lösung ist der COURNOTsche Punkt mithilfe der Stückbetrachtung konstruiert worden. Es ist unschwer festzustellen, dass die Konstruktion genauso mithilfe der Gesamtbetrachtung möglich gewesen wäre.

Den im COURNOTschen Punkt ermittelten gewinnmaximalen Preis wird der Monopolist für sein Gut festsetzen.

Gewinnmaximaler Preis im Monopol
Die Projektion der gewinnmaximalen Ausbringungsmenge auf die Marktnachfragekurve führt zum COURNOTschen Punkt. Der COURNOTsche Punkt kennzeichnet den gewinnmaximalen Preis des Monopolisten und die dazugehörige Absatzmenge.

5.2.2.4 Vergleich der Marktversorgung im Monopol und im vollkommenen Polypol

Monopol und vollkommenes Polypol stellen die beiden Extreme bei den Marktformen dar. Die Marktversorgung bei beiden Formen lässt sich im Modell miteinander vergleichen. Dazu müssen beide Marktsituationen einander gegenübergestellt werden. Im Monopolfall wird ein bestimmtes Gut von nur einem Anbieter und im Polypolfall wird dieses Gut von vielen Anbietern angeboten.

In beiden Marktformen spielt die Grenzkostenkurve eine entscheidende Rolle für die Bestimmung des Gewinnmaximums. Der Monopolist plant die Absatzmenge, bei der für ihn Grenzkosten und Grenzerlös gleich sind, und setzt den dazugehörigen Preis als Marktpreis fest. Seine Preis-Absatz-Funktion entspricht der Marktnachfragekurve. Für

---
[1] Nach Antoine Augustin COURNOT (1801 – 1877), franz. Mathematiker und Nationalökonom

Preisbildung 173

den Polypolisten ist der Marktpreis ein Datum und er passt sich mit seiner Angebotsmenge an. Seine Angebotskurve verläuft entlang der Grenzkostenkurve.

Dem Monopolisten steht die gesamte Marktnachfrage gegenüber. Um für einen Vergleich die gleiche Bedingung herzustellen, müssten die vielen Anbieter im Polypol gemeinsam betrachtet werden. Darüber hinaus muss für den modellhaften Vergleich die – unwahrscheinliche – Annahme gemacht werden, dass die aggregierte Grenzkostenkurve aller Polypolisten der Grenzkostenkurve des Alleinanbieters bei einer Monopolsituation entspricht. Außerdem kalkulieren Unternehmen in der Regel nur bei zusätzlichen Aufträgen mit Grenzkosten (variable Kosten), ansonsten mit Stückkosten (fixe und variable Kosten).

Unter diesen Bedingungen lässt sich nachweisen, dass sowohl bei linearen als auch bei ertragsgesetzlichen Grenzkostenverläufen die Marktversorgung im Polypol besser ist als im Monopol. Das Gewinnmaximum im Polypol ergibt sich bei einer größeren Gütermenge und einem geringeren Produktpreis als im Monopol.

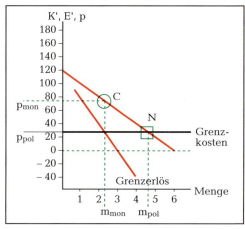

Lineare Grenzkosten   Ertragsgesetzliche Grenzkosten

Wenn auch der Modellvergleich unter recht abstrakten Prämissen stattfindet, so ist dennoch die Verallgemeinerung zulässig, dass im Allgemeinen die Marktversorgung (Gütermengen, Güterpreise) in Monopolsituationen schlechter ist als in Konkurrenzsituationen.

- Der Monopolist kann für sein Gut den Preis festlegen (Preisfixierer) oder die Absatzmenge (Mengenfixierer). In der Regel setzt er den Preis fest und die Nachfrager entscheiden, welche Menge sie bei diesem Preis zu kaufen bereit sind.
- Für den Monopolisten stellt sich als Hauptproblem, den Preis zu ermitteln, bei dem sein Gewinn möglichst groß (maximal) ist.
- Die gewinnmaximale Ausbringungsmenge des Monopolisten liegt bei der Menge, bei der die Differenz zwischen Erlös und Gesamtkosten am größten ist bzw. bei der die Grenzkosten und der Grenzerlös gleich groß sind.
- Der gewinnmaximale Preis ergibt sich durch die Projektion der gewinnmaximalen Menge auf die Marktnachfragekurve. Der Punkt auf der Nachfragekurve, der dem Monopolisten den gewinnmaximalen Preis und die dazugehörige Absatzmenge anzeigt, heißt COURNOTscher Punkt.
- Die größte Marktmacht hat der Monopolist im unelastischen Bereich der Nachfrage, weil hier steigende Preise zu steigenden Erlösen führen.
- In Monopolsituationen ist die Marktversorgung schlechter als in Konkurrenzsituationen; die angebotenen Gütermengen sind geringer und die Güterpreise höher.

5.3 Preisdifferenzierung

Wie können Anbieter die Konsumentenrente abschöpfen?

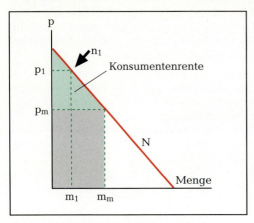

Die bisherigen Überlegungen gingen davon aus, dass alle Nachfrager den *gleichen* Preis für das Produkt zahlen. Bei diesem Marktpreis (p_m) erzielt der Anbieter einen Erlös, der dem Rechteck zwischen p_m und m_m entspricht. Wenn der Anbieter die Marktsituation genau betrachtet, wird er feststellen, dass einige Nachfrager auch bereit wären, für das Produkt einen höheren Preis als den Marktpreis zu zahlen. So besteht beispielsweise eine Nachfragergruppe (n_1), die bereit wäre, den Preis p_1 für das Gut zu zahlen und zu diesem Preis die (geringe) Menge (m_1) zu kaufen. Die Ersparnis, die diese Nachfrager durch den geringeren Marktpreis erzielen, wird – wie bereits dargestellt – **Konsumentenrente** genannt. Der Anbieter wird sich überlegen, welche Möglichkeiten er hat, von diesen Nachfragern einen höheren Preis für sein Produkt zu bekommen; wie er also die Konsumentenrente abschöpfen kann.

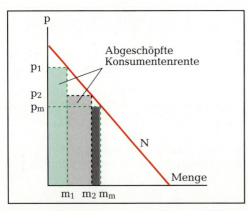

Der Anbieter wird versuchen, von jeder Nachfragergruppe den Preis zu bekommen, den sie zu zahlen bereit ist. Dies ist möglich, wenn er sein Gut zu unterschiedlichen Preisen auf den Markt bringt. Er kann z.B. sein Gut unter verschiedenen Namen oder in unterschiedlicher Aufmachung anbieten und dadurch – unterstützt durch entsprechende Werbung – jeweils unterschiedliche Käufergruppen ansprechen. Dieser Vorgang wird **Preisdifferenzierung** oder **Preisdiskriminierung** genannt. In der grafischen Darstellung wird deutlich, dass der Anbieter durch unterschiedliche Preise seinen Erlös steigern kann. Die Rechtecke, die bei den Preisen p_1 und p_2 oberhalb von p_m entstehen, sind abgeschöpfte Konsumentenrenten und stellen für den Anbieter zusätzliche Erlöse dar.

Preisdifferenzierung: Angebot gleichartiger Güter zu unterschiedlichen Preisen

Preisdifferenzierung setzt die Möglichkeit zur Preisgestaltung durch den Anbieter voraus. Preisbildungsspielräume ergeben sich – wie die Analyse der Preisbildungsprozesse in unterschiedlichen Marktformen gezeigt hat –, wenn der Markt unvollkommen ist, insbesondere, wenn die Güter heterogen sind und der Anbieter monopolistische Preisbildungsspielräume besitzt. Preisdifferenzierung findet sich also im unvollkommenen Polypol, im heterogenen Oligopol und im Monopol.

> **Heizölpreise unterschiedlich**
> HAMBURG (...) – Die Preise für Heizöl sind in Deutschland unterschiedlich, je nach regionaler Eigenart in der Versorgungsstruktur, den Transportbedingungen und den lokalen Verhältnissen von Angebot und Nachfrage. Im ostfriesischen Rhauderfehn kosten 100 Liter 25 bis 26 EUR; in Saarbrücken ist Heizöl mit 24 EUR noch etwas günstiger zu haben. Wesentlich teurer für den Verbraucher wird es in den größeren Städten. In Mainz verlangen die Händler 30,95 EUR, in Frankfurt 32 EUR, in München 32,33 EUR und in Stuttgart 35,06 EUR (jeweils bei Lieferung von 3000 Litern).

In der Realität finden sich unterschiedliche Formen von Preisdifferenzierung.

- **Zeitliche Preisdifferenzierung.** Ein Produkt wird zu verschiedenen Zeiten zu unterschiedlichen Preisen angeboten. Beispiele: Sommerpreise für Winterartikel, Winterpreise für Sommerartikel, Telefongebühren, Tag- und Nachtstrom, Sportstätten usw.
- **Räumliche Preisdifferenzierung.** Ein Produkt wird auf regional verschiedenen Märkten oder in verschiedenen Ländern zu unterschiedlichen Preisen angeboten. Beispiele: Benzin, Pharmaprodukte usw.
- **Abnehmerorientierte Preisdifferenzierung.** Ein Produkt wird für verschiedene Personengruppen oder Institutionen zu unterschiedlichen Preisen angeboten. Beispiele: Kinder-, Erwachsenen-, Studententarife etwa bei Eintrittsgeldern, Bahnreisen; verschiedene Energietarife für Unternehmen und Haushalte; Versicherungssondertarife für Beamte usw.
- **Mengenorientierte Preisdifferenzierung.** Ein Produkt wird bei unterschiedlichen Abnahmemengen im Preis gestaffelt.
- **Verdeckte Preisdifferenzierung.** Ein und dasselbe Produkt wird unter verschiedenen Namen, in unterschiedlicher Verpackung usw. angeboten.

Preisdifferenzierung	
Form	**Kriterium**
Zeitliche Preisdifferenzierung	Jahres-, Tageszeiten
Räumliche Preisdifferenzierung	Regionen, Länder
Abnehmerorientierte Preisdifferenzierung	Personengruppen, Institutionen
Mengenorientierte Preisdifferenzierung	Abnahmemenge
Verdeckte Preisdifferenzierung	Vortäuschung von Produktunterschieden (Produktname, Verpackung)

- Wenn für ein Produkt ein einheitlicher Marktpreis gilt, erzielen die Nachfrager, die bereit wären, einen höheren Preis als den Marktpreis zu zahlen, eine Konsumentenrente.
- Preisdifferenzierung dient der Abschöpfung von Konsumentenrenten.
- Bei Preisdifferenzierung wird das gleiche Gut zu unterschiedlichen Preisen angeboten.
- Preise können nach zeitlichen, räumlichen, abnehmer- und mengenbezogenen Gesichtspunkten differenziert werden. Der Verkauf von gleichen Produkten unter verschiedenen Bezeichnungen, mit verschiedenen Aufmachungen usw. wird als verdeckte Preisdifferenzierung bezeichnet.

5.4 Funktionen des Marktpreises

> Welche Funktionen können Preise erfüllen, wenn sie sich nach Angebot und Nachfrage am Markt bilden können?

Preise, die sich durch das Zusammenwirken von Angebot und Nachfrage am Markt bilden, erfüllen wichtige Funktionen. Sie erfüllen diese Funktionen umso besser, je mehr die Marktsituation dem Ideal des vollkommenen Polypols ähnelt; sie erfüllen sie umso weniger, je mehr die Marktsituation dem Monopol entspricht. Die wichtigsten **Preisfunktionen** sind:

- **Informationsfunktion.** In der Wahrnehmung der Nachfrager beinhalten Preise Informationen über das Produkt. Wenn Produkte mit unterschiedlich hohen Preisen ausgezeichnet sind (z. B. zwei Videorecorder in einem Geschäft, zwei Flaschen Wein in einem Regal usw.), neigen wir zu der Annahme, dass das Produkt mit dem höheren Preis besser, wertvoller usw. ist („Was nichts kostet, taugt auch nichts"). In dieser Annahme spiegelt sich – ob berechtigt oder nicht – die Vermutung wider, dass vor allem die Herstellkosten den Preis bestimmen. Inwieweit dies tatsächlich so ist, hängt vor allem vom Wettbewerb ab. Je stärker der Wettbewerb, umso zutreffender ist die im Preis enthaltene Information über den Wert des Produktes.

- **Ausgleichsfunktion** (Planabstimmungsfunktion, Markträumungsfunktion). Der Preismechanismus sorgt für die Abstimmung der Pläne von Anbietern und Nachfragern. Er bringt Angebot und Nachfrage zum Ausgleich und „räumt" den Markt.

- **Signalfunktion.** Der Marktpreis und seine Veränderungen zeigen die Knappheit eines Gutes an. Ein steigender Preis signalisiert eine zunehmende, ein sinkender Preis eine abnehmende Knappheit. Knappheit bezeichnet das Verhältnis zwischen der angebotenen und der nachgefragten Gütermenge.

- **Lenkungsfunktion** (Allokationsfunktion). Der Preis lenkt die Produktionsfaktoren auf die Märkte, auf denen die Güter knapp sind. Wenn Güter knapp sind (Nachfrage > Angebot), steigen die Preise und ceteris paribus auch die Gewinne der Anbieter. Die Gewinnaussichten reizen die Anbieter, mehr Güter als bisher anzubieten, bzw. locken neue Anbieter auf den Markt.

  Auf knappe Märkte werden also zusätzliche Produktionsfaktoren gelenkt; von den weniger knappen Märkten werden Produktionsfaktoren abgezogen. Durch das vermehrte Angebot geht die Knappheit zurück und die Preise werden wieder sinken.

- **Erziehungsfunktion.** Knappe Güter haben einen höheren Preis als weniger knappe Güter. Die von den Unternehmen verwendeten Produktionsgüter stellen Kosten dar. Will ein Unternehmen bei gegebener Marktsituation den Gewinn erhöhen, wird es versuchen, die Kosten zu senken, indem es knappe und teure Produktionsgüter durch weniger knappe und weniger teure ersetzt. Analoges gilt für Konsumgüter. Will ein Haushalt bei gegebener Konsumsumme die Konsummenge erhöhen, wird er versuchen, knappe und teure Konsumgüter durch weniger knappe und weniger teure zu substituieren.

  Die Erziehungsfunktion des Preises macht sich der Staat zunutze, indem er gezielt in die Preisbildung am Markt eingreift.

Preisfunktionen	
Funktion	**Erläuterung**
Informationsfunktion	Preis enthält Infomationen über den „Wert" des Gutes
Ausgleichsfunktion	Preis sorgt für den Ausgleich von Nachfrage und Angebot
Signalfunktion	Preis signalisiert die Knappheit eines Gutes
Lenkungsfunktion	Preis lenkt die Produktionsfaktoren auf knappe Märkte
Erziehungsfunktion	Preis bewirkt einen sparsamen Umgang mit knappen Gütern

- Marktpreise erfüllen wichtige Funktionen, die sogenannten Preisfunktionen. Je ähnlicher die Marktsituation dem vollkommenen Polypol ist, umso besser können die Preise diese Funktionen erfüllen.
- Die wichtigsten Preisfunktionen sind:
  - Informationsfunktion
  - Ausgleichsfunktion
  - Signalfunktion
  - Lenkungsfunktion
  - Erziehungsfunktion

5.5 Staatliche Eingriffe in die Preisbildung

Wie greift der Staat in die Preisbildung ein und welche Absichten verfolgt er damit?

Der Staat greift in vielerlei Weise in das Marktgeschehen ein; u.a. beeinflusst er die Preisbildung der Güter. Mit seinen preisbezogenen Markteingriffen verfolgt der Staat bestimmte Ziele.

Staatliche Ziele bei Eingriffen in die Preisbildung
- Schaffung von Einnahmen durch Erhebung von Steuern (Fiskalpolitisches Ziel)
- Beeinflussung der mengenmäßigen Nachfrage nach einem Gut aus gesundheitspolitischen, umweltpolitischen oder sonstigen Gründen (Mengenorientiertes Ziel)

Bei einem konkreten staatlichen Eingriff spielen oft beide Gründe mit.

Bei einer Erörterung staatlicher Eingriffe in die Preisbildung muss zwischen verschiedenen Preisen bzw. Preisbildungsprozessen unterschieden werden.[1]

- **Staatliche Preissetzung.** Grundsätzlich hat der Staat die Macht, die Endpreise für Güter festzusetzen. Im Regelfall wird er dies jedoch nur für die von ihm selbst angebotenen sogenannten öffentlichen Güter tun. Die Preissetzung orientiert sich überwiegend an Versorgungs- und sozialen Gesichtspunkten.
- **Staatliche Höchst- und Mindestpreise.** Der Staat hat die Möglichkeiten, für Güterpreise eine Obergrenze, die nicht überschritten werden darf (Höchstpreise), oder eine Untergrenze, die nicht unterschritten werden darf (Mindestpreise), festzusetzen.

---
[1] Zur Marktverträglichkeit staatlicher Eingriffe vgl. Kap. 6.

- **Staatlich kontrollierte Preise.** Güter, die der Staat nicht selbst anbietet, denen er aber ein besonderes öffentliches Interesse beimisst, kann er einer staatlichen Preiskontrolle unterwerfen. Die privaten Anbieter müssen dann ihre Preise vom Staat genehmigen lassen (z. B. Versicherungen, private Energieversorger).

- **Staatliche Interventionspreise.** Der Staat kann durch Interventionen am Markt dafür sorgen, dass bestimmte Preisgrenzen nicht unter- oder überschritten werden. Gewährt er beispielsweise für ein Gut eine Abnahmegarantie zu einem bestimmten Preis, wird der Marktpreis diesen staatlich garantierten Preis nicht unterschreiten, da die Produzenten zu diesem Preis an den Staat und nicht zu einem niedrigeren Preis auf dem Markt verkaufen würden. Eine solche Maßnahme wirkt wie eine Mindestpreisregelung. In etwa wird ein derartiges Verfahren im EU-Agrarmarkt praktiziert.

- **Staatlich beeinflusste Marktpreise.** Durch indirekte Steuern (Verbrauchssteuern) und Subventionen kann der Staat die Marktpreise der Güter beeinflussen.

Da die staatliche Beeinflussung von Marktpreisen die bedeutsamste Form staatlicher Eingriffe in die Preisbildung darstellt, soll sie ausführlicher dargestellt werden.

■ Staatliche Eingriffe in die Marktpreisbildung

Bei den allgemeinen Überlegungen zur Güterpreisbildung wurde festgestellt, dass sich der Marktpreis eines Gutes aus drei Größen zusammensetzt: Kosten, Gewinn und Steuern. Durch Verbrauchssteuern nimmt der Staat Einfluss auf den im Güterpreis enthaltenen Steueranteil, durch Subventionen auf den im Güterpreis enthaltenen Kostenanteil.

■ Markteffekte von Verbrauchssteuern

Der Staat erhebt auf alle Güter eine allgemeine **Verbrauchssteuer,** die Mehrwertsteuer. Eine Veränderung dieser Steuer, in der Regel eine Erhöhung, beeinflusst das Preisniveau insgesamt, verändert die Preisstrukturen zwischen den Gütern aber nicht. Im Vordergrund steht das fiskalpolitische Motiv einer Veränderung der staatlichen Einnahmen. Ein nachfrageorientierter Aspekt gilt lediglich für die Gewährung eines ermäßigten Mehrwertsteuersatzes für bestimmte Güter (z. B. für Verlagsprodukte und Lebensmittel).

Mineralölsteueraufkommen		
Jahr	Mrd. EUR	EUR je Liter
1964	3,1	0,16
1973	8,5	0,22
1981	11,4	0,26
1985	12,5	0,27
1991	24,2	0,47
1995	33,2	0,50
2001	41,9	0,59

Mit den besonderen Verbrauchssteuern (z. B. Mineralölsteuer, Tabaksteuer, Kaffeesteuer usw.) greift der Staat gezielt in die Preisbildung bei einzelnen Produkten ein. Neben dem allgemeinen fiskalpolitischen Motiv kommen hierbei auch spezielle Motive (gesundheitspolitische, umweltpolitische und sonstige Absichten) zum Tragen. Mit den speziellen Motiven will der Staat Mengeneffekte erzielen. Durch die Erhöhung einer besonderen Verbrauchssteuer soll der Verbrauch des betreffenden Gutes verringert, durch eine Senkung soll er erhöht werden.

Der Markteffekt der Erhöhung einer besonderen Verbrauchssteuer soll am allgemeinen Marktmodell (polypolistische Konkurrenz) veranschaulicht werden. Vor der Steuererhöhung besteht der Gleichgewichtspreis p_G, bei diesem Preis wird die Menge m_G abgesetzt. Durch die Steuererhöhung steigt der Preis *(Preiseffekt)*. Der Umfang der Preissteigerung hängt davon ab, inwieweit die zusätzlichen Steuern auf den Verbraucher überwälzt werden können. Die Kostensteigerung führt zu einer Verschiebung der Angebotskurve nach links. (Die Grenzkosten für alle Anbieter steigen. Da im Polypol die individuelle Angebotsfunktion entlang der Grenzkostenkurve verläuft, verschieben sich alle individuellen Grenzkostenkurven nach links.) Zu dem höheren Preis (p_1) besteht eine geringere Mengennachfrage (m_1; *Mengeneffekt*).

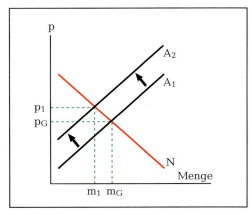

Wie groß der Mengeneffekt ausfällt, hängt von der **Preiselastizität** der Nachfrage ab.
Je größer die Elastizität, umso größer der Mengeneffekt (die Nachfragekurve verläuft flach); je geringer die Elastizität, umso geringer der Mengeneffekt (die Nachfragekurve verläuft steil).

Ein Blick auf den jeweiligen Steueranteil bei verschiedenen Gütern macht deutlich, daß der Staat sich bei seinen Eingriffen in die Preisbildung häufig der Erziehungsfunktion des Preises bedient. Er macht vor allem die Güter teuer, deren Verbrauchsmengen er reduzieren möchte. Ein Blick auf die Aufkommen der verschiedenen Steuern zeigt allerdings auch, dass sie dem Staat willkommene Einnahmequellen sind.

Steuer	Mio. EUR (2000)
Mehrwertsteuer	140.871
Mineralölsteuer	37.826
Tabaksteuer	11.443
Versicherungssteuer	7.243
Lotteriesteuer	1.712
Kaffeesteuer	1.087
Biersteuer	844
Schaumweinsteuer	478

■ Markteffekte von Subventionen

Subventionen sind Transferleistungen, die der Staat – i. d. R. unter bestimmten Bedingungen – an Unternehmen zahlt. Subventionen senken die Herstellkosten eines Gutes; das Unternehmen ist nicht darauf angewiesen, Kosten in Höhe der Subventionen über den Güterpreis hereinzuholen. Subventionen sind daher vor allem dann zweckmäßig, wenn der Staat den Preis eines Gutes senken und dadurch die Nachfrage erhöhen bzw. den Nachfragern den Kauf des Gutes zu einem niedrigeren Preis ermöglichen will.

Der Markteffekt von Subventionen soll wiederum am allgemeinen Marktmodell veranschaulicht werden. Vor der Subventionszahlung besteht der Gleichgewichtspreis p_G, bei diesem Preis wird die Menge m_G abgesetzt. Durch die Subventionen sinkt der Marktpreis *(Preiseffekt)*. Der Umfang der Preissenkung hängt von der Konkurrenzsituation ab. Die Kostensenkung führt zu einer Verschiebung der Angebotskurve nach rechts. (Die Grenzkosten für alle Anbieter sinken. Da im Polypol die individuelle Ange-

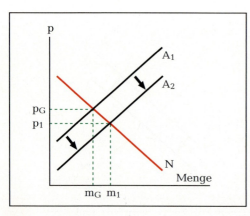

botsfunktion entlang der Grenzkostenkurve verläuft, verschieben sich alle individuellen Grenzkostenkurven nach rechts.) Zu dem niedrigeren Preis (p_1) besteht eine größere Mengennachfrage (m_1; *Mengeneffekt*).

Wie groß der Mengeneffekt ausfällt, hängt von der **Preiselastizität** der Nachfrage ab. Je größer die Elastizität, umso größer der Mengeneffekt (die Nachfragekurve verläuft flach); je geringer die Elastizität, umso geringer der Mengeneffekt (die Nachfragekurve verläuft steil).

- Der Staat greift in die Güterpreisbildung ein, um sich zum einen Einnahmen zu verschaffen und um zum anderen die Mengennachfrage nach bestimmten Gütern zu beeinflussen.

- Die staatlichen Eingriffsmöglichkeiten sind:
  Staatliche Preissetzung (insbesondere für öffentliche Güter)
  Staatliche Höchst- und Mindestpreise
  Staatliche Preiskontrollen
  Staatliche Interventionspreise
  Staatliche Einflüsse auf die Marktpreise.

- In die Marktpreisbildung greift der Staat durch Verbrauchssteuern und Subventionen ein.

- Eine Erhöhung von Verbrauchssteuern erhöht den im Güterpreis enthaltenen Steueranteil. Der Endpreis steigt (Preiseffekt) und die Mengennachfrage geht zurück (Mengeneffekt). Das Ausmaß der Preiserhöhung hängt von den Überwälzungsmöglichkeiten und der Umfang der Mengenreduktion von der Nachfrageelastizität ab. Eine Senkung von Verbrauchssteuern wirkt umgekehrt.

- Die Zahlung von Subventionen mindert die Kosten der Unternehmen. Der Endpreis sinkt (Preiseffekt) und die Mengennachfrage steigt (Mengeneffekt). Das Ausmaß der Preissenkung hängt von der Konkurrenzsituation und der Umfang des Mengenzuwachses von der Nachfrageelastizität ab.

Aufgaben zum Üben und Vertiefen

1 Nennen und erläutern Sie die Funktionen des Marktes!

2 Nennen und erläutern Sie die beiden Marktseiten. Beschreiben Sie dabei die Marktteilnehmer möglichst genau!

3 Stellen Sie das Marktgleichgewicht grafisch dar und beschreiben Sie diese Marktlage!

Aufgaben zum Üben und Vertiefen 181

4 Nennen und erläutern Sie mögliche Formen von Marktungleichgewichten!

5 Erläutern Sie ein Marktungleichgewicht, das durch einen vom Gleichgewichtspreis abweichenden Marktpreis hervorgerufen wurde. Stellen Sie die Marktlage grafisch dar!

6 Erläutern Sie ein Marktungleichgewicht, das nicht unmittelbar durch eine Preisänderung, sondern durch eine Änderung anderer Faktoren hervorgerufen wurde. Stellen Sie die Marktlage grafisch dar!

7 Beschreiben Sie Voraussetzungen und Wirkungsweise des Preismechanismus (Marktmechanismus)!

8 Beschreiben Sie die Faktoren, die zu einer Verschiebung der Nachfrage- oder der Angebotskurve führen können.

9 Nennen und erläutern Sie die Bedingungen eines vollkommenen Marktes!

10 Stellen Sie das Marktformenschema nach der Anzahl von Anbietern und Nachfragern auf. Erläutern Sie die drei Grundformen, die sich bei einer Betrachtung nur der Angebotsseite ergeben.

11 Auf realen Märkten gilt das Oligopol als typische Marktform. Prüfen Sie diese Einschätzung und erläutern Sie Ihre Auffassung durch Beispiele aus der Wirtschaftspraxis.

12 Nennen und erläutern Sie die Bestandteile, die im Marktpreis eines Gutes enthalten sind.

13 Stellen Sie die Aussage der nachstehenden Zeitungsnotiz in einem Preis-Mengen-Diagramm dar und erläutern Sie die Darstellung.

> **Pfirsichpreise purzeln**
> BONN ... – Pfirsiche sind derzeit so billig wie schon lange nicht. Das reichliche Angebot gehe deutlich über die Absatzmöglichkeiten hinaus, teilt die Zentrale Markt- und Preisberichtsstelle mit.

14 Ein Anbieter kann als Mengenanpasser oder als Preisfixierer agieren. Beschreiben Sie beide Verhaltensweisen und geben Sie an, für welche Marktformen das Verhalten jeweils typisch ist.

15 Erläutern Sie anhand nachstehender Zeitungsmeldung das Grundmodell der Marktpreisbildung. Gehen Sie dabei vor allem auf jene Faktoren ein, die den Marktpreis eines Produktes bestimmen.

Stellen Sie die beschriebene Situation grafisch dar.

> **Frostperiode hat Heizöl-Nachfrage kräftig angeheizt**
>
> HAMBURG ... – Der harte Wintereinbruch zu Beginn des Jahres hat die Nachfrage nach Heizöl in die Höhe getrieben und das Preisniveau gefestigt. Bei anhaltend kaltem Wetter rechnen Heizölhändler und Mineralölwirtschaft mit deutlich steigenden Preisen.
>
> Zusätzlich zu der gewerblichen und privaten Nachfrage nach Brennstoffen wirken sich auch der sehr feste Dollar sowie die um einen Prozentpunkt höhere Mehrwertsteuer preistreibend auf den deutschen Ölmärkten aus.

16 Erläutern Sie, warum der Anbieter im vollkommenen Polypol als Mengenanpasser bezeichnet wird und warum es sich für ihn nicht lohnt, zu einem anderen Preis als dem Marktpreis anzubieten.

17 Einem Börsenmakler liegen folgende Kauf- und Verkaufsaufträge vor:

Angebot und Nachfrage an der Börse					
Angebot			Nachfrage		
Person	Mindestkurs	Menge	Person	Höchstkurs	Menge
A	100	25	F	104	15
B	101	20	G	103	10
C	102	5	H	102	25
D	103	10	I	101	5
E	104	10	J	100	30

a) Bestimmen Sie den Gleichgewichtspreis tabellarisch und grafisch!
b) Welche Bedeutung hat der Gleichgewichtspreis für einen Anbieter im vollkommenen Polypol?
c) Welche Unterschiede bestehen zwischen einem Polypol auf vollkommenem und unvollkommenem Markt?

18 Jahr für Jahr geben die Unternehmen mehr Geld für Werbung aus.
a) Wie wirkt sich eine erfolgreiche Werbekampagne für ein Produkt auf die Nachfragekurve aus?
b) Welche Folgen für Produktpreis und Absatzmenge sind zu erwarten, wenn der Markt normal reagiert und die Angebotsstruktur unverändert bleibt?

19 Stellen Sie das vollständige Marktmodell im Polypol in einem Preis-Mengen-Diagramm dar und erläutern Sie die darin enthaltenen Elemente.

Aufgaben zum Üben und Vertiefen

20 Marktform des unvollkommenen Polypols.
   a) Stellen Sie die Situation eines Anbieters in einem Preis-Mengen-Diagramm dar.
   b) Erläutern Sie Preissetzungsmöglichkeiten eines Anbieters.
   c) Erläutern Sie das vom Anbieter bevorzugte Marktverhalten.

21 Überlegen Sie, ob es bei heterogenen, aber substitutionsfähigen Gütern, z. B. im heterogenen Oligopol, sinnvoll sein kann, in der Werbung nicht die Unterschiede zu einem anderen Produkt zu betonen, sondern die Ähnlichkeit mit ihm. Begründung!

22 Nennen und erläutern Sie die drei typischen Verhaltensweisen von Anbietern im homogenen Oligopol.

23 Stellen Sie die typische Preis-Absatz-Funktion im homogenen Oligopol grafisch dar und erläutern Sie ihren Verlauf.

24 Erläutern Sie anhand der nachstehenden Zeitungsmeldung Kernelemente der Preisbildung auf oligopolistischen Märkten.

> **Benzinpreis: Firmen „folgen dem Markt"**
> HAMBURG ... – Die Autofahrer müssen für Benzin und Diesel wieder mehr bezahlen. Die Deutsche BP, DEA Mineralöl und Aral haben am Mittwoch die Preise für alle Kraftstoffe um drei Cent erhöht. „Wir folgen damit der Marktentwicklung", begründeten die Unternehmenssprecher. Die Deutsche Shell AG hatte bereits am Dienstag die Preise für Benzin und Diesel um denselben Betrag erhöht.

25 Begründen Sie, warum die Preis-Absatz-Funktion des Monopolisten mit der Marktnachfragekurve identisch ist, und erläutern Sie die beiden möglichen Marktstrategien eines Monopolisten: Preisfixierung oder Mengenfixierung.

26 Prüfen Sie, ob auf realen Märkten Monopole bestehen.

27 Ein Monopolist möchte für sein Gut den gewinnmaximalen Preis ermitteln. Geben Sie an,
   a) welche Informationen er hierfür besitzen bzw. welche Annahmen er machen muss und
   b) in welchen Schritten sich die Preisbestimmung vollzieht.

28 Weisen Sie in einem Modellvergleich zwischen vollkommenem Polypol und Monopol nach, dass die Marktversorgung in Konkurrenzsituationen besser ist als in Monopolsituationen.
Welche Prämissen müssen für diesen Modellvergleich gemacht werden?

29 Bestimmen Sie grafisch den COURNOTschen Punkt in folgenden Schaubildern:

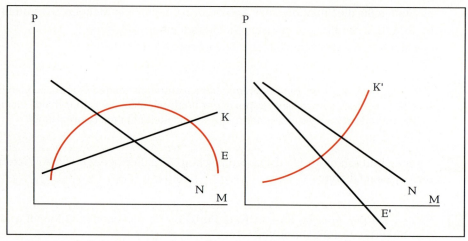

30 Warum ist für den Angebotsmonopolisten eine Ausbringungsmenge

a) links

b) rechts

von der durch den COURNOTschen Punkt bestimmten Ausbringungsmenge nicht gewinnmaximal?

31 In einer Tennishalle hängt nebenstehende Preisliste.

a) Welches Preisverhalten wird praktiziert?

b) Erläutern Sie den Grund für dieses Verhalten.

c) Welche Formen des Preisverhaltens werden praktiziert?

d) Welche Formen sind sonst noch möglich?

Preisliste	
Preis je Stunde:	
Mo – Fr 09:00 – 16:00	10,00 €
16:00 – 21:00	15,00 €
21:00 – 23:00	12,00 €
Sa, So, Feiert. 09:00 – 23:00	12,00 €
Schüler, Studenten, Wehrpflichtige, Zivildienstleistende: jeweils 2,00 € Preisnachlass (außer werktags von 16:00 bis 21:00). Preise für die Monate Mai – Oktober: jeweils 70 % der o. a. Preise	

32 Erläutern Sie, warum ein Anbieter für ein und dasselbe Gut oftmals unterschiedliche Preise verlangt. Gehen Sie dabei auch auf die Formen und Kriterien ein, nach denen die Preise unterschiedlich gestaltet werden.

33 Nennen Sie Modellannahmen, -wirkungen und -folgen für

a) Vollkommenes Polypol

b) Unvollkommenes Polypol

c) Homogenes Oligopol

d) Heterogenes Oligopol

e) Monopol

Nennen und erläutern Sie die Funktionen des Marktpreises!

Die nachstehende Zeitungsmeldung informiert über wirtschaftspolitische Maßnahmen der russischen Regierung.

> **Kehrtwende in Russland: Festpreise eingeführt**
> MOSKAU ... – Die neue russische Regierung hat eine scharfe wirtschaftliche Kehrtwende vollzogen und für eine Reihe von Gütern und Grundnahrungsmitteln zu Beginn des Jahres wieder staatlich regulierte Festpreise eingeführt. Dies meldete die Nachrichtenagentur Itar-Tass. Ziel der Maßnahme sei es, „den Inflationsprozess und die ungerechtfertigte Preissteigerung für wichtige Produkte, Güter und Dienstleistungen zu bremsen", hieß es in dem vom Premierminister unterzeichneten Beschluss.

a) Stellen Sie die Maßnahme der russischen Regierung in einem Preis-Mengen-Diagramm dar.
b) Beurteilen Sie die Maßnahme im Hinblick auf ihre Marktverträglichkeit.
c) Beurteilen Sie die Maßnahme im Hinblick auf den beabsichtigten preisdämpfenden Effekt.

Ein Staat trifft zum 1. Januar eines Jahres folgende Maßnahmen:

– Erhöhung der Mehrwertsteuer
– Erhöhung der Mineralöl- und Tabaksteuer
– Einführung von Studiengebühren für Langzeitstudenten

Analysieren Sie die Absichten, die der Staat wahrscheinlich mit diesen Maßnahmen verfolgt!

Der Staat erhöht die Tabaksteuer mit dem Hinweis auf gesundheitliche Schäden des Rauchens. Beurteilen Sie diese Maßnahme unter Berücksichtigung der wahrscheinlichen Nachfrageelastizität nach Tabakerzeugnissen!

Der Staat bietet den Herstellern von Solarzellen Subventionen an. Beschreiben Sie die Wirkung.

6 Wirtschaftsordnungen

> 6.1 Begriff und Notwendigkeit von Wirtschaftsordnungen
> 6.2 Grundtypen von Wirtschaftsordnungen (Wirtschaftssysteme)
> 6.3 **Freie Marktwirtschaft**
> 6.3.1 Modell einer Freien Marktwirtschaft
> 6.3.2 Vor- und Nachteile einer Freien Marktwirtschaft
> 6.4 **Zentralverwaltungswirtschaft**
> 6.4.1 Grundzüge der Zentralverwaltungswirtschaft
> 6.4.2 Vor- und Nachteile der Zentralverwaltungswirtschaft
> 6.5 **Soziale Marktwirtschaft**
> 6.5.1 Grundzüge der Sozialen Marktwirtschaft
> 6.5.2 Rolle des Staates in der Sozialen Marktwirtschaft

An wirtschaftlichen Vorgängen sind zwei Arten von Wirtschaftssubjekten beteiligt: Nachfrager und Anbieter. Dort, wo Nachfrage und Angebot zusammenkommen, ist Markt. Auf funktionierenden Märkten bilden sich Preise, die eine Abstimmung von Nachfrage und Angebot bewirken. Das Verhalten von Nachfragern und Anbietern, Märkte und Vorgänge der Preisbildung sind in vorausgegangenen Kapiteln ausführlich untersucht worden. In entwickelteren Wirtschaftsformen ist auch der Staat am Wirtschaftsgeschehen beteiligt. Zum einen ist er normaler Marktteilnehmer (Nachfrager und Anbieter), zum anderen nimmt er durch hoheitliche Eingriffe Einfluss auf das Wirtschaftsgeschehen. Schließlich bestehen auch noch außenwirtschaftliche Beziehungen. Die Rahmenbedingungen, unter denen diese wirtschaftlichen Aktivitäten ablaufen können, sind Gegenstand dieses Kapitels.

Auseinandersetzungen mit und über Wirtschaftsordnungen haben gegen Ende des zwanzigsten Jahrhunderts einen neuen Stellenwert bekommen. Über Jahrzehnte bestand weltwirtschaftlich eine Zweiteilung in Länder mit einer marktorientierten Wirtschaft und in Länder mit einer zentral verwalteten Wirtschaft, wobei sich die Unterschiede nicht nur auf das wirtschaftliche Leben bezogen. Es fand ein „Wettbewerb der Systeme" in dem Sinne statt, dass jedes der Systeme seine Überlegenheit gegenüber dem anderen System beweisen wollte. In dieser Situation waren für ein besseres Verständnis wirtschaftlicher und politischer Beziehungen eine detaillierte Darstellung und ein Vergleich der Systeme angebracht. Die politischen Veränderungen Ende der achtziger und Anfang der neunziger Jahre haben jedoch dazu geführt, dass heute nur noch ganz wenige Länder eine zentral verwaltete Wirtschaft haben. Eine Behandlung von Wirtschaftsordnungen kann sich daher heute auf eine Darstellung der Grundkonzeptionen beschränken.

6.1 Begriff und Notwendigkeit von Wirtschaftsordnungen

Was sind Wirtschaftsordnungen und warum braucht die Wirtschaft eine Ordnung?

In Gemeinwesen leben Menschen und existieren Institutionen. Zur Regelung der Beziehungen der Menschen untereinander, der Institutionen untereinander und der Beziehungen zwischen Menschen und Institutionen brauchen Gemeinwesen eine Ordnung. Umfassendstes Ordnungssystem in einer Gesellschaft ist die **Gesellschaftsordnung.** Innerhalb der Gesellschaftsordnung bestehen Teilordnungen, von denen die wichtigsten Wirtschaftsordnung, Rechtsordnung und Sozialordnung sind. Die verschiedenen Ordnungssysteme haben dabei keinen streng abgegrenzten Gegenstandsbereich, sondern weisen zahlreiche Überschneidungen auf.

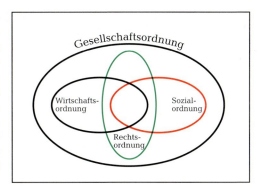

Die Teilnehmer am Wirtschaftsgeschehen in einer Volkswirtschaft sind vielfältig (Haushalte, Unternehmen, Staat, Ausland) und zahlreich (in Deutschland sind es allein mehr als 35 Mio. Privathaushalte). Die Art der Wirtschaftsbeziehungen, der gehandelten Güter usw. ist ebenfalls sehr vielfältig. Ein solches Geflecht von Wirtschaftsteilnehmern und Wirtschaftsbeziehungen benötigt für ein einigermaßen reibungsloses Funktionieren Regeln. Ein Teil dieser Regeln ist in Gesetzen und Verordnungen schriftlich niedergelegt, ein Teil besteht in ungeschriebenen (Markt-)

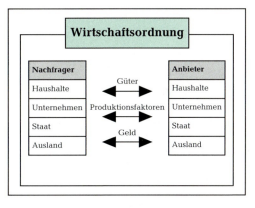

Gesetzen. Die Gesamtheit aller geschriebenen und ungeschriebenen Regeln für das wirtschaftliche Handeln in einer Wirtschaftsgemeinschaft ist die **Wirtschaftsordnung.** Werden nur die geschriebenen Regeln für das wirtschaftliche Handeln in einer Wirtschaftsgemeinschaft betrachtet, wird auch von **Wirtschaftsverfassung** gesprochen. Jede Wirtschaftsgemeinschaft (Staat aber auch Staatenbündnis wie die Europäische Union) hat ihre eigene Wirtschaftsordnung.

> • Die Wirtschaftsordnung ist die Gesamtheit aller geschriebenen und ungeschriebenen Normen zur Regelung der Wirtschaftsbeziehungen in einer Wirtschaftsgemeinschaft.

6.2 Grundtypen von Wirtschaftsordnungen (Wirtschaftssysteme)

Durch welche grundlegenden Merkmale unterscheiden sich Wirtschaftsordnungen?

Die Wirtschaftsordnungen der einzelnen Länder weisen bei aller Unterschiedlichkeit im Detail zahlreiche Gemeinsamkeiten auf. Bei einer Betrachtung nur der grundlegenden Merkmale zeigt sich, dass die verschiedenen Wirtschaftsordnungen auf zwei Grundtypen zurückzuführen sind: **Marktwirtschaft** und **Zentralverwaltungswirtschaft.** Diese Grundtypen, auf denen die realen Wirtschaftsordnungen aufbauen, werden **Wirtschaftssysteme** oder auch **idealtypische Wirtschaftsordnungen** genannt.

Den Ablauf des Wirtschaftsgeschehens regeln zwei Instanzen: Markt und Staat. Die Verteilung der „Machtverhältnisse" zwischen diesen beiden Instanzen ist ein erstes wichtiges Unterscheidungsmerkmal für Wirtschaftssysteme. Da der Markt nur so viel Macht hat, wie der Staat ihm zugesteht, kommt es vor allem auf die Rolle des Staates und dessen Einflussnahme auf die Wirtschaftsabläufe an.

■ Rolle des Staates als Unterscheidungskriterium für Wirtschaftssysteme

Der Staat ist in zweierlei Weise am Wirtschaftsgeschehen beteiligt. Zum einen ist er „normaler" Nachfrager und Anbieter. In diesen Funktionen verhält er sich im Großen und Ganzen wie andere Wirtschaftssubjekte auch. Zum anderen ist er aber auch mit hoheitlicher Gewalt ausgestattet, kann Gesetze, Verordnungen usw. erlassen und auf diese Weise die Wirtschaft regeln und in Wirtschaftsabläufe eingreifen. Der Umfang staatlicher Eingriffe in die Wirtschaft im Allgemeinen und in den Markt im Besonderen ist daher ein bedeutsames Differenzierungskriterium.

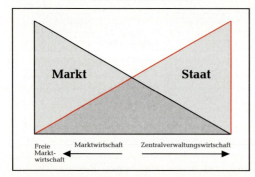

Markteinflüsse und Staatseinflüsse sind komplementär. Je mehr Einfluss der Staat hat, umso weniger besitzt der Markt und umgekehrt. Das Wechselspiel lässt sich auf einem Kontinuum darstellen. In der Mitte sind Markt- und Staatseinflüsse gleich stark. Zu den Polen hin nimmt der Einfluss einer der beiden Instanzen zu und der der anderen Instanz ab. Auf der einen Seite markiert die **Freie Marktwirtschaft** den Endpunkt, auf der anderen Seite die reine **Zentralverwaltungswirtschaft**.

Freie Marktwirtschaft:	Markt ohne Staat
Reine Zentralverwaltungswirtschaft:	Staat ohne Markt

Ordnungsrahmen für Wirtschaftssysteme		
Kriterium	**Marktwirtschaft**	**Zentralverwaltungswirtschaft**
Grundprinzip	Individualismus Liberalismus	Sozialismus Kollektivismus
Entscheidungsstruktur	dezentral	zentral
Entscheidungsinstanz	Wirtschaftssubjekte	Staat
Koordinationssystem	Markt	Plan
Koordinationsinstrument	Marktpreis	Planvorgaben
Eigentum an Produktionsmitteln	privat	gesellschaftlich
Notwendige Bedingungen	Wettbewerb „Marktfreiheiten" (u. a. Vertragsfreiheit, Gewerbefreiheit, Niederlassungsfreiheit, Informationsfreiheit)	Planerfüllung

Grundtypen von Wirtschaftsordnungen

Neben dem allgemeinen Differenzierungsmerkmal der staatlichen Einflussnahme auf das Wirtschaftsgeschehen bestehen noch eine Reihe von Einzelkriterien, die bei der Unterscheidung von Wirtschaftssystemen zu Hilfe genommen werden.

Ein grundlegender Unterschied besteht bereits im Verständnis des Verhältnisses von Individuum und Gemeinschaft. In der Marktwirtschaft herrscht die Auffassung des **Individualismus** vor, die den Vorrang des Einzelnen gegenüber der Gesellschaft betont. Jede Einzelpersönlichkeit hat das Recht auf freie Entfaltung. Sachlich und historisch mit dem Individualismus eng verknüpft ist die Staats- und Gesellschaftsauffassung des **Liberalismus.** Wirtschaftlicher Liberalismus betont die Privatinitiative und verlangt Beschränkung der staatlichen Eingriffe in die Wirtschaft auf das Notwendigste. Das Streben nach Eigennutz dient gleichzeitig dem Gemeinnutz.

> „Jeder Einzelne ist stets darauf bedacht, die vorteilhafteste Anlage für das Kapital, über das er zu gebieten hat, ausfindig zu machen. Er hat allerdings nur seinen eigenen Vorteil und nicht den des Volkes im Auge; aber gerade die Bedachtnahme auf seinen eigenen Vorteil führt ganz von selbst dazu, dass er diejenige Anlage bevorzugt, welche zugleich für die Gesellschaft die vorteilhafteste ist."
>
> *Adam Smith: Untersuchung über das Wesen und die Ursachen des Volkswohlstandes (1776); dt. Übersetzung Berlin 1905, Bd. II, S. 227*

In der Zentralverwaltungswirtschaft herrscht das Grundprinzip des **Sozialismus** vor. Das Wohl des Einzelnen hat sich dem Wohl der Gemeinschaft unterzuordnen. Gemeinnutz geht vor Eigennutz. Entsprechend liegt der Schwerpunkt der wirtschaftlichen Aktivitäten auch nicht bei Einzelpersonen, sondern bei Gruppen, beim Kollektiv **(Kollektivismus).**

Die weiteren Kriterien hängen mehr oder weniger eng mit diesen Grundprinzipien zusammen. Besonders hervorzuheben sind davon noch die Gestaltung der Entscheidungsstruktur und der Eigentumsordnung.

Hervorstechendes Merkmal marktwirtschaftlicher Systeme ist die **Dezentralität** der Entscheidungsstruktur. Jedes einzelne Wirtschaftssubjekt (jeder Privathaushalt, jedes Unternehmen usw.) trifft seine Entscheidungen aufgrund seiner individuellen Zielvorstellungen. Eigenständige Entscheidungen sind nur möglich, wenn der Entscheidungsträger auch Eigentümer der Entscheidungsgrundlagen ist. Daher ist **Privateigentum** (vor allem an Produktionsmitteln) unabdingbare Voraussetzung für ein marktwirtschaftliches System.

Die **Zentralität** der Entscheidungsstruktur ist für Zentralverwaltungswirtschaften so typisch, dass sie namensgebend geworden ist. Für den Produktionsbereich liegen alle wichtigen Entscheidungen bei einer zentralen staatlichen Instanz. Die Entscheidungen einer zentralen Instanz sind nur durchsetzbar, wenn sich die Produktionsmittel in staatlichem bzw. **gesellschaftlichem Eigentum** befinden.

> **Artikel 14**
>
> (1) Das Eigentum und das Erbrecht werden gewährleistet. Inhalt und Schranken werden durch die Gesetze bestimmt.
>
> *Grundgesetz für die Bundesrepublik Deutschland*

> **Artikel 9**
>
> (1) Die Volkswirtschaft der Deutschen Demokratischen Republik beruht auf dem sozialistischen Eigentum an den Produktionsmitteln.
>
> (3) … Die Volkswirtschaft der Deutschen Demokratischen Republik ist sozialistische Planwirtschaft. Die zentrale staatliche Leitung und Planung der Grundfragen der gesellschaftlichen Entwicklung …
>
> *Verfassung der (ehemaligen) DDR*

- Als Wirtschaftssysteme werden die beiden Grundtypen von Wirtschaftsordnungen, Marktwirtschaft und Zentralverwaltungswirtschaft, bezeichnet.
- Ein erstes wichtiges Unterscheidungsmerkmal zwischen Wirtschaftssystemen ist die Verteilung der wirtschaftlichen Aktivitäten auf Markt und Staat.
- Grundprinzipien der Marktwirtschaft sind Individualismus und Liberalismus. Grundprinzipien der Zentralverwaltungswirtschaft sind Sozialismus und Kollektivismus.
- Die Entscheidungsstruktur ist in der Marktwirtschaft dezentral, in der Zentralverwaltungswirtschaft zentral.
- Das Eigentum an Produktionsmitteln ist in der Marktwirtschaft privat, in der Zentralverwaltungswirtschaft gesellschaftlich bzw. staatlich.

6.3 Freie Marktwirtschaft

Eine Wirtschaftsordnung mit einer Freien Marktwirtschaft in reiner Form hat es nie gegeben. Daher können die Prämissen nur am Modell dargestellt werden. Die Wirtschaft in den jungen Industrieländern in der ersten Hälfte des 19. Jahrhunderts kam dem Modell einer Freien Marktwirtschaft jedoch recht nahe. Dadurch kann zumindest ein Teil der mutmaßlichen Probleme dieses Wirtschaftssystems historisch belegt werden.

6.3.1 Modell einer Freien Marktwirtschaft

Unter welchen Bedingungen findet wirtschaftliches Handeln in einer Freien Marktwirtschaft statt?

In der Freien Marktwirtschaft dominiert der Markt. Das wirtschaftliche Handeln wird von der Entscheidungsfreiheit der einzelnen Wirtschaftssubjekte bestimmt. Die Marktfreiheiten (Vertragsfreiheit, Gewerbefreiheit, Freihandel usw.) gelten uneingeschränkt. Jeder soll handeln können, wie er im Interesse seiner Nutzenmaximierung handeln möchte **(Laissez-faire-Prinzip)**[1].

Der Staat spielt in der Freien Marktwirtschaft nur eine untergeordnete Rolle. Als Marktteilnehmer tritt er vor allem als Nachfrager in Erscheinung. Sein Angebot hat sich auf jenen Teil der öffentlichen Güter zu beschränken, die von privaten Unternehmen nicht angeboten werden, für die Gesellschaft aber unverzichtbar sind (äußere und innere Sicherheit, Verkehrsleistungen usw.).

Darüber hinaus hat sich der Staat in das Wirtschaftsgeschehen möglichst nicht einzumischen. Seine hoheitlichen Eingriffe sind auf einige wenige Ordnungsaufgaben beschränkt. Im Wesentlichen hat er nur bei Störungen des Marktes und bei Missbrauch der Freiheiten einzuschreiten.

---

[1] laissez faire (franz. = lasst machen). Forderung des extremen ökonomischen Liberalismus

Freie Marktwirtschaft

Da eine Freie Marktwirtschaft in der reinen Form des Modells historisch nie existiert hat, ist die Rolle des Staates letztlich auch nie genau definiert worden. Insbesondere ist unklar, wie weit seine Ordnungsfunktion in einer Freien Marktwirtschaft tatsächlich reicht. Einerseits gehört zur Marktwirtschaft zwangsläufig ein starker Wettbewerb, andererseits besteht die Gefahr von Machtkonzentrationen, wenn die Wirtschaft sich selbst überlassen wird. Ob der Staat in einer Freien Marktwirtschaft Maßnahmen zur Aufrechterhaltung von Wettbewerb ergreifen und damit in die Freiheit der Unternehmer eingreifen kann, ist offen. Zur Rolle des Staates bestehen lediglich zeitgenössische Aussagen. Zu den bekanntesten zählt die Kennzeichnung durch LASSALLE[1], der die Rolle des Staates spöttisch als **Nachtwächterstaat** bezeichnet hat, der nur einzugreifen habe, wenn Gefahr im Verzuge sei. Nach der Forderung einer Gruppe von Industriellen aus der englischen Stadt Manchester in der ersten Hälfte des 19. Jahrhunderts, nach der jegliche Eingriffe des Staates in das Wirtschaftsleben zu unterbleiben haben, wird ein extremer wirtschaftlicher Liberalismus auch als **Manchestertum** bezeichnet.

6.3.2 Vor- und Nachteile einer Freien Marktwirtschaft

Welche Folgen ergeben sich, wenn der Staat nicht in das Wirtschaftsgeschehen eingreift?

Vor- und Nachteile einer Wirtschaftsordnung, die nie in reiner Form existiert hat, lassen sich nur theoretisch beschreiben. Allerdings bieten die Erfahrungen mit der liberalistischen Wirtschaftsordnung des 19. Jahrhunderts, vor allem in dessen erster Hälfte, zahlreiche Hinweise.

■ Vorteile einer Freien Marktwirtschaft

Vorteil einer Freien Marktwirtschaft ist ohne Zweifel die hohe Effizienz im Bereich der Güterproduktion. Die freie Entfaltung von Leistungswillen und Leistungsfähigkeiten des Einzelnen, verbunden mit staatlich nicht begrenzten Möglichkeiten der Profiterzielung, führen quantitativ und strukturell zu einer Ausweitung des Güterangebots. Es ist sicher kein historischer Zufall, dass mit der Zeit des ökonomischen Liberalismus die Zeit der Industrialisierung eng verknüpft ist. In einer vergleichsweise kurzen Zeitspanne von wenigen Jahrzehnten wuchs der Kapitalstock der Volkswirtschaften gewaltig an und ein leistungsfähiges Infrastrukturnetz (Eisenbahn- und Straßennetz, Post- und Fernmeldewesen usw.) wurde geschaffen.

■ Nachteile einer Freien Marktwirtschaft

Die wirtschaftliche Effizienz muss allerdings mit einem hohen Preis bezahlt werden. Zu den größten Nachteilen einer Freien Marktwirtschaft zählen:

- Mangelnde Befriedigung öffentlicher Bedürfnisse, da der Staat nur in geringem Umfang Güter anbietet.
- Unterdrückung und Ausbeutung schwächerer Marktteilnehmer. Trotz eines vierzehnstündigen Arbeitstages deckte der Arbeiterlohn zu Beginn der Industrialisierung häufig nicht einmal das familiäre Existenzminimum ab. Folge war u. a. eine weit verbreitete Kinderarbeit. Selbst Zehnjährige mussten bereits schwere Arbeiten in Bergwerken und Fabriken verrichten.

---

1 Ferdinand LASSALLE (1825 – 1864), Politiker, Sozialist. Begründete 1863 den „Allgemeinen Deutschen Arbeiterverein", den Vorgänger der SPD.

- Für die Wechselfälle des Lebens (Krankheit, Arbeitslosigkeit, Alter) fehlt jegliche wirtschaftliche Absicherung. (Die gesetzliche Sozialversicherung wurde in Deutschland erst ab 1883 nach und nach eingeführt.)
- Konzentration wirtschaftlicher Macht in den Händen weniger. Da der Stärkere sich durchsetzt, besteht die Gefahr der Monopolisierung und des Wettbewerbsverlusts.
- Die Konjunkturausschläge sind heftig, da der Staat weder fördernd noch dämpfend eingreift.

Freie Marktwirtschaft		
Merkmale	**Pro**	**Kontra**
– Privatinitiative – Marktmechanismus – Mindestmaß staatlicher Eingriffe	– Hohe Effizienz im Bereich der Güterproduktion – Theoretisch hohes Maß an individueller Freiheit	– Geringes Angebot an öffentlichen Gütern – Ausbeutung schwächerer Marktteilnehmer – Fehlende soziale Absicherung – Machtkonzentration und Monopolisierung – Heftige konjunkturelle Ausschläge

Die gravierenden Nachteile einer Freien Marktwirtschaft sind gewissermaßen durch einen „Systemfehler" bedingt. Das Prinzip der uneingeschränkten Freiheiten und Entfaltungsmöglichkeiten des Einzelnen führt nicht dazu, dass jeder sich entsprechend entfalten kann, sondern dazu, dass wenige sich auf Kosten der Übrigen entfalten.

Ohne staatliche Regelungen gilt das Recht des Stärkeren. Entsprechend kam es auch im vergangenen Jahrhundert zu einer Ansammlung von Macht und Reichtum in den Händen weniger Menschen bzw. Familien bei gleichzeitiger Verelendung der Massen.

- Eine Freie Marktwirtschaft hat es in reiner Form nie gegeben. Die Situation im 19. Jahrhundert, vor allem in dessen erster Hälfte, kam dem Modell jedoch recht nahe.

- In einer Freien Marktwirtschaft dominieren Privatinitiative und Marktgesetze.

- Die staatlichen Eingriffe in die Wirtschaft sind auf ein unbedingt notwendiges Mindestmaß begrenzt.

- Vorteil einer Freien Marktwirtschaft ist in erster Linie die hohe Effizienz im Bereich der Güterproduktion.

- Nachteile einer Freien Marktwirtschaft sind vor allem:
  - Ausbeutung Schwächerer
  - Verelendung großer Bevölkerungsteile
  - Konzentration von Macht und Reichtum in den Händen einiger weniger.

6.4 Zentralverwaltungswirtschaft

Auch für die **Zentralverwaltungswirtschaft** gilt, dass sie in reiner Form nie existiert hat. Eine vollständig zentral verwaltete Wirtschaft dürfte keinerlei Privatproduktion zulassen und müsste neben dem Produktions- und Außenwirtschaftsbereich auch den Konsumbereich erfassen. Die real existierenden Zentralverwaltungswirtschaften haben jedoch nur den Produktions- und Außenwirtschaftsbereich zentral gelenkt und in mehr oder minder großem Umfang auch private Produktionsmöglichkeiten zugelassen. Mit diesen Einschränkungen haben Zentralverwaltungswirtschaften bis zum Ende der achtziger bzw. bis zum Anfang der neunziger Jahre des 20. Jahrhunderts in zahlreichen Ländern existiert (Sowjetunion, osteuropäische Länder, Volksrepublik China, Nordkorea, Kuba, einige afrikanische Länder). Zwar bestanden zwischen den Wirtschaftsordnungen dieser Länder geringfügige Unterschiede, doch waren die Gemeinsamkeiten so groß, dass es angesichts der jahrzehntelangen Verbreitung möglich ist, über Grundzüge sowie Vor- und Nachteile einer Zentralverwaltungswirtschaft historisch belegbare Angaben zu machen. Heute bestehen Zentralverwaltungswirtschaften nur noch in der Volksrepublik China, in Nordkorea und Kuba.

6.4.1 Grundzüge der Zentralverwaltungswirtschaft

> Unter welchen Bedingungen findet wirtschaftliches Handeln in einer Zentralverwaltungswirtschaft statt?

Von ihrer Entstehungsgeschichte her ist die Zentralverwaltungswirtschaft der Versuch, die offenkundigen Nachteile einer liberalistischen Wirtschaftsordnung zu überwinden. Hauptkritiker des Liberalismus und geistiger Vater der Zentralverwaltungswirtschaft war MARX[1]. Er sah in dem Privateigentum an Produktionsmitteln die wesentliche Ursache für Auswüchse der damaligen Zeit.

Das Privateigentum an Produktionsmitteln führt für MARX

- zu einer Zweiteilung der Gesellschaft in eine besitzende Klasse (**„Bourgeoisie"**) und in eine nichtbesitzende Klasse (**„Proletariat"**)
- zu einer ungehemmten „Profitgier" der besitzenden Klasse, der „Kapitalisten", die zu einer Ausbeutung der „Arbeiterklasse" führt.

Den im Kapitalismus bestehenden Klassenkampf sah MARX nur durch einen grundlegenden Wandel der Gesellschafts- und Eigentumsverhältnisse und durch die Schaffung einer klassenlosen Gesellschaft als überwindbar an.

Das MARXsche Gedankengebäude wurde durch den Marxismus-Leninismus weiterentwickelt und nach der Oktoberrevolution 1918 zunächst in Russland bzw. der Sowjetunion in praktische Wirtschaftspolitik umgesetzt.

> **Artikel 11**
>
> Grund und Boden, die Bodenschätze, die Gewässer und Wälder gehören zum Gemeingut des gesamten Sowjetvolkes. Dem Staat gehören die Hauptproduktionsmittel in Industrie, Bauwesen und Landwirtschaft, die Verkehrs- und Nachrichtenmittel sowie die Banken, das Vermögen der vom Staat gebildeten Handels-, Kommunal- und anderer Betriebe, der Hauptanteil am Wohnraumfonds in den Städten.
>
> *Verfassung der (ehem.) UdSSR (1977)*

---

[1] Karl MARX (1818 – 1883), dt. Philosoph und Nationalökonom; Hauptwerk: „Das Kapital".

Eckpfeiler der Zentralverwaltungswirtschaft sind:

- Die Gesellschaft und die gesellschaftlichen Interessen haben Vorrang vor dem Individuum und den Individualinteressen.
- Alle wichtigen ökonomischen Entscheidungen liegen beim Staat.
- Regulierung der Wirtschaft, zumindest der Produktion, durch zentrale Pläne.
- Der Staat muss Zugriff auf die Produktionsmittel haben. Daher müssen sie in staatlichem bzw. gesellschaftlichem Eigentum sein.
- Preise werden nach gesellschaftlichen Belangen festgesetzt.
- Verteilung der Einkommen nach Bedürftigkeit.

Die Regulierung der Produktion erfolgt durch den **Volkswirtschaftsplan.** Pläne werden für unterschiedliche Zeiträume erstellt (Ein-, Zwei-, Fünf-, Zehnjahrespläne). Planung und Pläne sind für Zentralverwaltungswirtschaften so bestimmend, dass sie zur Namensgebung beigetragen haben **(Planwirtschaft).**

Der **Plan** nimmt die volkswirtschaftliche Produktion vollständig vorweg (Güterarten und Gütermengen, Preise, Zulieferer, Abnehmer usw.). Die Produktionspläne sämtlicher Betriebe werden von einer zentralen staatlichen **Planungsinstanz** erarbeitet und den Betrieben als „Soll" vorgegeben.

Die Vorstellungen der Planungsbehörden schlagen sich in **Planbilanzen** nieder. Sie versuchen, den Bedarf der vielen Millionen Wirtschaftseinheiten **(Bedarfsbilanzen)** sowie die Produktionsmöglichkeiten der Betriebe **(Produktionsbilanzen)** zu erfassen und auszugleichen.

Da an der Herstellung eines Produkts in der Regel mehrere Herstellstufen beteiligt sind, ist ein umfangreicher Abstimmungsprozess zwischen den vielen Betrieben und den Planungsinstanzen notwendig.

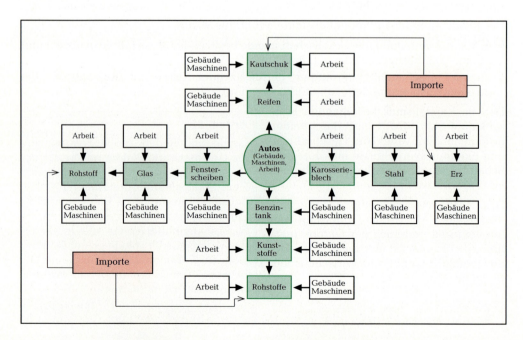

Die **Planrealisation** findet in den Betrieben statt. Deren oberste Aufgabe ist **Planerfüllung**. Da die Betriebe über den Plan in vielfältiger Weise miteinander verflochten sind, ist Planerfüllung erste Voraussetzung für ein Funktionieren der Zentralverwaltungswirtschaft. Nichterfüllung an einer Stelle führt zu Nichterfüllungen an zahlreichen anderen Stellen. Liefert beispielsweise ein Rohstofflieferant nicht rechtzeitig oder nicht in ausreichender Menge oder nicht in der erforderlichen Qualität an einen Zuliefererbetrieb, kann der seine Zulieferungen nicht plangemäß erfüllen und alle von dem Zuliefererbetrieb wiederum abhängigen Betriebe können bei Ausbleiben der Zulieferungen ihre Produkte nicht wie vorgesehen herstellen.

Wegen der Bedeutung der Planerfüllung ist eine umfassende und aufwendige **Plankontrolle** notwendig, welche einerseits auf Planerfüllung drängt und andererseits bei Nichterfüllung Sanktionen verhängt und möglichst frühzeitig einen Umplanungsprozess in Gang setzt.

6.4.2 Vor- und Nachteile der Zentralverwaltungswirtschaft

> Welche Folgen ergeben sich, wenn der Staat das Wirtschaftsgeschehen zentral steuert?

Eine Beurteilung des Systems zentraler Planung und Lenkung der Wirtschaft müsste fairerweise zwischen der Idee und dem, was in verschiedenen Ländern daraus gemacht wurde, unterscheiden. Das ist jedoch schwierig, da im Einzelnen nicht feststellbar ist, ob die beobachtbaren Phänomene im System selbst oder in der jeweiligen Durchführung begründet sind. Da jedoch in den verschiedenen Ländern mit Zentralverwaltungswirtschaften die Folgen im Wesentlichen gleich sind, liegt die Vermutung nahe, dass es sich um grundlegende, systembedingte Faktoren handelt.

Eine Beurteilung unter ökonomischen Gesichtspunkten wird auch dadurch erschwert, dass Staatsphilosophie, Gesellschaftspolitik und Wirtschaftspolitik eng miteinander verflochten sind. Für zahlreiche Phänomene lässt sich nicht eindeutig sagen, ob sie sich aus wirtschaftlichen Zusammenhängen ergeben oder Folgen einer marxistisch-leninistisch geprägten Gesellschaftspolitik sind.

■ Vorteile einer Zentralverwaltungswirtschaft

- *Versorgungssicherheit*
  Auf einem zwar vergleichsweise niedrigen Niveau bestand für breite Bevölkerungskreise ein relativ sicheres Versorgungsniveau. Die Güter zur Deckung des Grundbedarfs standen – mit Einschränkungen beim Wohnraum – zumeist in ausreichenden Mengen und zu niedrigen Preisen zur Verfügung.

- *Vollbeschäftigung*
  Die Arbeitsplätze waren weitgehend gesichert. Für ihre Beibehaltung war kein aufreibender Konkurrenzkampf erforderlich. Die Bürger in Ländern mit Zentralverwaltungswirtschaften besaßen ein Recht auf Arbeit und zumindest die offizielle Statistik wies für die Zentralverwaltungswirtschaften keine Arbeitslosigkeit aus. Allerdings musste die Vollbeschäftigung mit einer unter ökonomischen Gesichtspunkten kaum zu vertretenden personellen Überbesetzung in Unternehmen und staatlichen Stellen erkauft werden. Nach einschlägigen Untersuchungen waren in der ehemaligen DDR 15 % aller Arbeitsplätze überbesetzt; d.h. konkret, dass in Betrieben und staatlichen Einrichtungen rund 1,4 Millionen Menschen beschäftigt waren, für die am eingenommenen Arbeitsplatz eigentlich keine Arbeit vorhanden war.

- *Sozialeinrichtungen*
  Sozialeinrichtungen wie Kinderbetreuungsstätten, Schulen, in Grenzen das Gesundheitswesen usw. waren recht gut ausgebaut, für jedermann zugänglich und erschwinglich.

Diese Vorteile mussten jedoch zum Teil mit so großen wirtschaftlichen Effizienzverlusten und hohen staatlichen Subventionen bezahlt werden, dass sie die Volkswirtschaften überforderten und auf Dauer nicht zu finanzieren gewesen wären. So gingen beispielsweise in der ehemaligen DDR die Investitionen im Produktionsbereich von 16,1 % des Inlandsprodukts im Jahr 1970 auf 9,9 % im Jahre 1988 zurück. Im gleichen Zeitraum stieg die Verschuldung der DDR im nichtsozialistischen Ausland von 2 auf 49 Milliarden Valutamark und gegenüber dem innerwirtschaftlichen Kreditsystem von 12 auf 123 Milliarden Mark.

■ Nachteile einer Zentralverwaltungswirtschaft

- *Mangelnde Entsprechung von Güterproduktion und Nachfragebedürfnissen*
  Die hergestellten Güter in Zentralverwaltungswirtschaften deckten sich oft hinsichtlich Art, Menge, Qualität und Aussehen weder mit dem Investitionsbedarf der Betriebe noch mit den Konsumwünschen der Haushalte. Während bei etlichen Gütern ein permanenter Mangel herrschte, lag für einen anderen Teil der hergestellten Güter keine ausreichende Nachfrage vor.

- *Konsumgütermangel*
  Da letztlich vom Staat festgelegt wurde, was und wie viel produziert wurde, bestand offenbar ein starke Verlockung, staatlicher Güternachfrage Vorrang einzuräumen. Dies führte dazu, dass nur ein vergleichsweise geringer Teil der volkswirtschaftlichen Produktionskapazitäten für die Herstellung von Konsumgütern eingesetzt wurde, sodass selbst einfache Güter des täglichen Bedarfs oft knapp waren. In den existierenden Zentralverwaltungswirtschaften bestand eine klare Rangfolge: Militär- und sonstige Staatsgüter, Produktionsgüter, Konsumgüter.

- *Geringe Effizienz*
  Die Wirtschaftsleistung je Erwerbstätigen, die Produktivität, ist in Zentralverwaltungswirtschaften deutlich geringer als in Marktwirtschaften. Das dürfte zum einen auf die personelle Überbesetzung in staatlichen und betrieblichen Stellen und zum anderen auf fehlende Leistungsanreize zurückzuführen sein. Die geringere Effektivität der Zentralverwaltungswirtschaften wirkte sich u.a. in einem durchgängig geringeren Lebensstandard im Vergleich zu marktwirtschaftlichen Systemen aus.

- *Verschwendung knapper Ressourcen*
  Der spezifische Verbrauch an Rohstoffen und Energie, der Aufwand an Arbeitskraft, die Belastung der Umwelt usw. waren in den existierenden Zentralverwaltungswirtschaften deutlich höher als in vergleichbaren Marktwirtschaften. Die erst nach und nach in ihrem vollem Umfang erkennbare Umweltschädigung in zentral verwalteten Wirtschaften stellt eine besondere Enttäuschung dar.
  Es erscheint wie ein Widerspruch, dass gerade im Sozialismus, der in besonderer Weise humane und soziale Fortschritte und auch ein menschliches Antlitz der Wirtschaft anstrebt, die Umwelt durch wirtschaftliches Handeln in einem kaum vorstellbaren Maße ausgebeutet und geschädigt wurde und Gesundheitsgefährdungen für die Menschen in Kauf genommen wurden.

■ Ursachen für Mängel in Zentralverwaltungswirtschaften

Die Ursachen für die Mängel in Zentralverwaltungswirtschaften sind ohne Zweifel vielfältig. Aus ökonomischer Sicht sind vor allem drei zu nennen:

- *Unflexibilität und Schwerfälligkeit zentraler Planung*
  Der mit gewaltigem Aufwand erstellte, abgestimmte und verabschiedete Volkswirtschaftsplan muss im Prinzip auch durchgeführt werden. Kurzfristige Anpassungen an Bedürfnisänderungen, an Veränderungen der binnen- oder außenwirtschaftlichen Situation usw. sind kaum möglich.

- *Fehlendes Anreizsystem*
  In Zentralverwaltungswirtschaften stellt der Lohn nicht in erster Linie ein Entgelt für erbrachte Leistungen, sondern ein Einkommen zur Deckung des Lebensbedarfs dar. Da Leistung und Mehrleistung nur begrenzt durch höhere Einkommen belohnt werden, bestehen nur geringe Anreize zur Leistungserbringung. Die praktizierten immateriellen „Entgelte" wie Belobigungen, Titel und Orden stellen offensichtlich keinen ausreichenden Ersatz für finanzielle Leistungsanreize dar.

- *Fehlende Preisfunktionen*
  Preise werden in Zentralverwaltungswirtschaften vom Staat nach politischen Gesichtspunkten festgesetzt. Dadurch verlieren Preise und Preisänderungen ihre wichtige Informationsfunktion. Insbesondere können festgesetzte Preise nichts über die Knappheit von Gütern aussagen. Zu niedrige Preise führen daher leicht zu einer Verschwendung knapper Güter.

Auch bei der Zentralverwaltungswirtschaft scheinen, wie bereits beim Modell einer Freien Marktwirtschaft festgestellt wurde, zahlreiche Mängel systembedingt zu sein.

Der Sozialismus, als dessen ökonomische Begleiterscheinung Zentralverwaltungswirtschaften bisher etabliert wurden, geht von einem Menschenbild aus, das offensichtlich unrealistisch ist. Er setzt an die Stelle des Eigennutzes und des Egozentrismus den Gemeinnutz und das Primat der Uneigennützigkeit menschlichen Handelns.

Dies ist ohne Zweifel ein hohes ethisches und auch erstrebenswertes, gegenwärtig und für die absehbare Zukunft aber noch unzutreffendes Menschenbild. Jenseits von Familie, Vereinen und ähnlichen Gruppen sind Einsatzbereitschaften nicht auf dem Prinzip der Uneigennützigkeit aufgebaut.

Zentralverwaltungswirtschaft		
Merkmale	**Pro**	**Kontra**
• Staatliche Lenkung	• Versorgungssicherheit bei Gütern des Grundbedarfs	• Mangelnde Entsprechung von Güterproduktion und Nachfragebedürfnissen
• Regulierung durch Pläne		
• Staatliches Eigentum an Produktionsmitteln	• Sicherheit der Arbeitsplätze	• Vernachlässigung des Konsumgüterbereichs
• Staatliche Preissetzung	• Für jedermann zugängliche Sozialeinrichtungen	• Geringe Effektivität
		• Verschwendung knapper Ressourcen

- Eckpfeiler der Zentralverwaltungswirtschaft sind:
  - Alle wichtigen ökonomischen Entscheidungen liegen beim Staat.
  - Regulierung der Wirtschaft, zumindest der Produktion, durch zentrale Pläne.
  - Produktionsmittel sind in staatlichem bzw. gesellschaftlichem Eigentum.
  - Preise werden nach gesellschaftlichen Belangen festgesetzt.
- Wichtigstes Planungs- und Steuerungsinstrument ist der Plan (Planwirtschaft).
- Die Planerstellung und -abstimmung ist ein aufwendiges, mehrstufiges Verfahren.
- Planerfüllung ist erste Voraussetzung für das Funktionieren einer Zentralverwaltungswirtschaft.
- Vorteile von Zentralverwaltungswirtschaften sind:
  - Bei den Gütern des Grundbedarfs besteht weitgehend Versorgungssicherheit.
  - Die Arbeitsplätze sind gesichert.
  - Sozialeinrichtungen sind für jedermann zugänglich.
- Nachteile von Zentralverwaltungswirtschaften sind:
  - Die Güterproduktion entspricht oft nicht den Nachfragebedürfnissen.
  - Der Konsumgüterbereich wird vernachlässigt.
  - Das wirtschaftliche Handeln weist eine geringe Effektivität auf.
  - Mit den knappen Ressourcen wird nicht sorgfältig umgegangen.
- Ursachen für Mängel in Zentralverwaltungswirtschaften sind:
  - Die zentrale Planung ist schwerfällig und unflexibel.
  - Fehlende finanzielle Anreize mindern die Leistungsbereitschaft.
  - Fehlende Preisfunktionen führen zu einem Verlust an wichtigen wirtschaftlichen Informationen.

6.5 Soziale Marktwirtschaft

Die Bezeichnung „Soziale Marktwirtschaft" wird in erster Linie für die Wirtschaftsordnung in Deutschland verwendet. Wie im folgenden Abschnitt noch gezeigt wird, stimmen jedoch die Wirtschaftsordnungen nahezu aller Industrieländer mit den Grundzügen der Sozialen Marktwirtschaft überein. Nach den politischen Umwälzungen Ende der achtziger und Anfang der neunziger Jahre haben sich die ehemalige DDR, die osteuropäischen Länder und die Nachfolgestaaten der ehemaligen Sowjetunion ausdrücklich zur Einrichtung einer Sozialen Marktwirtschaft bekannt.

> **Artikel 1 [Gegenstand des Vertrages]**
>
> ...
>
> (3) Grundlage der Wirtschaftsunion ist die Soziale Marktwirtschaft als gemeinsame Wirtschaftsordnung beider Vertragsparteien.
>
> ...
>
> *Vertrag über die Schaffung einer Währungs-, Wirtschafts- und Sozialunion zwischen der Bundesrepublik Deutschland und der Deutschen Demokratischen Republik, 1. Juli 1990*

Soziale Marktwirtschaft

Das Grundgesetz für die Bundesrepublik Deutschland enthält zwar in den Artikeln 1 bis 19 eine Reihe von Grundrechten, die auch für die Wirtschaftsordnung bindend sind, jedoch keine klare Aussage zur Wirtschaftsordnung selbst. Die Neutralität des Grundgesetzes im Hinblick auf die Wirtschaftsordnung ist 1954 in einem Urteil des Bundesverfassungsgerichts („Investitionshilfe-Urteil") ausdrücklich festgestellt worden.

Der Name „Soziale Marktwirtschaft" geht auf Alfred MÜLLER-ARMACK[1] zurück, der zusammen mit Ludwig ERHARD[2] als geistiger Vater der Sozialen Marktwirtschaft gilt, wobei MÜLLER-ARMACK mehr der „theoretische Vater" und ERHARD mehr der „politische Vater" war.

> „Das Grundgesetz garantiert weder die wirtschaftspolitische Neutralität der Regierungs- und Gesetzgebungsgewalt noch eine nur mit marktkonformen Mitteln zu steuernde ‚Soziale Marktwirtschaft'. Die ‚wirtschaftspolitische Neutralität' des Grundgesetzes besteht lediglich darin, dass sich der Verfassungsgeber nicht ausdrücklich für ein bestimmtes Wirtschaftssystem entschieden hat. ... Die gegenwärtige Wirtschafts- und Sozialordnung ist zwar eine nach dem Grundgesetz mögliche Ordnung, keineswegs aber die allein mögliche."
>
> *Aus einem Urteil des Bundesverfassungsgerichts 1954 („Investitionshilfe-Urteil")*

„Das ist der soziale Sinn der *Marktwirtschaft, dass jeder wirtschaftliche Erfolg,* wo immer er entsteht, dass jeder Vorteil aus der Rationalisierung, jede Verbesserung der Arbeitsleistung *dem Wohle des ganzen Volkes nutzbar gemacht wird* und einer besseren Befriedigung des Konsums dient. ...

Jedermann weiß ..., dass ich meine Wirtschaftspolitik auf den *Grundsatz der Freiheit und Freizügigkeit gestellt habe,* weil eine wirklich organische und harmonische Ordnung nur in einem durch freien Leistungswettbewerb und freie Preisbildung gesteuerten freien Markt zu gewährleisten ist."

Ludwig Erhard: Wohlstand für Alle. – Düsseldorf 1957, S. 174 f.

„Der *Begriff* der sozialen Marktwirtschaft kann so als eine ordnungspolitische Idee definiert werden, deren Ziel es ist, auf der Basis der Wettbewerbswirtschaft die freie Initiative mit einem gerade durch die marktwirtschaftliche Leistung gesicherten sozialen Fortschritt zu verbinden. ...

Sinn der sozialen Marktwirtschaft ist es, das Prinzip der Freiheit auf dem Markte mit dem des sozialen Ausgleichs zu verbinden."

Alfred Müller-Armack: Soziale Marktwirtschaft.
In: Handwörterbuch der Sozialwissenschaften. – Stuttgart 1956, S. 390

---

[1] Alfred MÜLLER-ARMACK (1901 – 1978), Professor für Volkswirtschaftslehre; 1958 – 1963 Staatssekretär im Bundeswirtschaftsministerium unter Ludwig ERHARD.

[2] Ludwig ERHARD (1897 – 1977), Professor für Volkswirtschaftslehre; 1949 – 1963 Bundeswirtschaftsminister; 1963 – 1966 deutscher Bundeskanzler

6.5.1 Grundzüge der Sozialen Marktwirtschaft

> Unter welchen Bedingungen findet wirtschaftliches Handeln in der Sozialen Marktwirtschaft statt?

Die Soziale Marktwirtschaft ist eine Mischform. Als Grundmuster dienen die beiden Wirtschaftssysteme Marktwirtschaft und Zentralverwaltungswirtschaft. Die Erfahrungen mit weitgehend freien marktwirtschaftlichen Ordnungen und mit zentral verwalteten Wirtschaften sprachen dafür, nach einer Synthese zwischen beiden Systemen zu suchen.

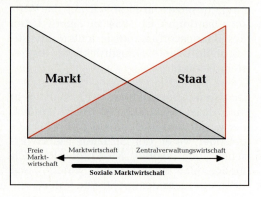

Das Konzept der Sozialen Marktwirtschaft stellt den Versuch dar, durch eine ausgewogene Verteilung von Marktkräften und staatlicher Lenkung die Vorzüge beider Wirtschaftssysteme zu nutzen, die Nachteile aber möglichst zu vermeiden; es wird daher gelegentlich auch als „dritter Weg" bezeichnet.

> Freie Marktwirtschaft = Markt ohne Staat
> Zentralverwaltungswirtschaft = Staat ohne Markt
> Soziale Marktwirtschaft = Markt und Staat

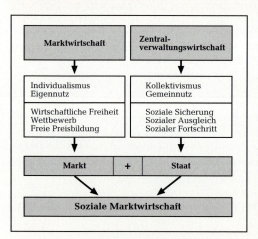

Basis der Sozialen Marktwirtschaft ist das marktwirtschaftliche System. Da der Markt aber die sozialen Anliegen nicht verwirklichen kann, muss der Staat in Marktprozesse eingreifen und dafür sorgen, dass der Sozialgedanke zu seinem Recht kommt. Der Staat soll also nicht die Grundaufgaben des Marktes übernehmen; er stellt ein Korrektiv und eine Ergänzung zum Markt dar. Als Korrektiv wirkt er vor allem dann, wenn Marktprozesse zu sozial unerwünschten Entwicklungen führen (würden); als Ergänzung wirkt er dann, wenn Marktprozesse nicht zu einer an bestimmten wirtschaftspolitischen Zielen ausgerichteten Entwicklung führen.

> Soziale Marktwirtschaft: So viel Markt wie möglich, so viel Staat wie nötig

Die Soziale Marktwirtschaft gewährt ein hohes Maß an individuellen Freiheiten. Die Entfaltungsmöglichkeiten des Einzelnen finden ihre Grenzen lediglich dort, wo Freiheiten und Entfaltungsmöglichkeiten anderer in unangemessener Weise beeinträchtigt sind. Maßstab für individuelles Handeln ist dessen Sozialverträglichkeit. Die Freiheit des Handelns ist untrennbar verknüpft mit der Verantwortung gegenüber der eigenen Person, gegenüber anderen Menschen und gegenüber der Umwelt.

Soziale Marktwirtschaft: Freiheit und Verantwortung

Für die Soziale Marktwirtschaft existiert zum einen ein gewisses Grundkonzept und es bestehen zum anderen unterschiedliche Realisierungen in verschiedenen Ländern. Sowohl für die Beschreibung des Grundkonzepts als auch für das Aufzeigen von Unterschieden in den Ländern kommt der Rolle des Staates eine besondere Bedeutung zu. Einige Länder räumen dem Markt, andere Länder dem Staat ein größeres Gewicht ein.

Die grundlegenden Aufgaben des Staates in einer Sozialen Marktwirtschaft werden im Folgenden dargestellt.

6.5.2 Rolle des Staates in der Sozialen Marktwirtschaft

Welche Aufgaben hat der Staat in der Sozialen Marktwirtschaft wahrzunehmen?

Die Rolle des Staates in der Sozialen Marktwirtschaft äußert sich in seinen Eingriffen in die Wirtschaft bzw. in den Markt. Der Markt wird gebildet von den beiden Marktseiten Nachfrage und Angebot. Aufgabe des Marktes ist die bestmögliche Versorgung der Menschen mit Gütern.

Die Abstimmung zwischen den beiden Marktseiten erfolgt über die Preisbildung. Um gezielt und wirkungsvoll auf das Wirtschaftsgeschehen Einfluss nehmen zu können, benötigt der Staat Ziele und angemessene Instrumente.

Als „Staat" im vorliegenden Sinne wird noch weitgehend der nationale Staat mit seinen Ebenen Bund, Bundesländer und Gemeinden verstanden.[1] Durch die internationale Verflechtung treten jedoch zunehmend an die Stelle nationaler Staaten internationale Gemeinschaften. So werden bereits heute in Europa zahlreiche wirtschaftspolitische Aktivitäten nicht mehr isoliert von den einzelnen Staaten, sondern von der Europäischen Union getragen.

Die wirtschaftspolitischen Ziele sind in allen Sozialen Marktwirtschaften im Wesentlichen gleich. Unterschiede bestehen bestenfalls in der Einschätzung, wann ein Ziel als erreicht angesehen wird.

Die wirtschaftspolitischen Hauptziele sind:[2]

- Hoher Beschäftigungsstand
- Stabilität des Geldwertes
- Stetiges und angemessenes Wirtschaftswachstum
- Gleichgewicht in den außenwirtschaftlichen Beziehungen
- Verteilungsgerechtigkeit
- Umweltschutz

---

1 In der Volkswirtschaftlichen Gesamtrechnung wird neben den Gebietskörperschaften auch die gesetzliche Sozialversicherung zum Sektor „Staat" gezählt.
2 Vgl. hierzu ausführlich Kapitel 7: Träger und Ziele der Wirtschaftspolitik.

Die wirtschaftspolitischen Eingriffsmöglichkeiten sind:[1]
- Erlass von Geboten und Verboten
- Steuerung staatlicher Einnahmen und Ausgaben
- Steuerung der Geldmenge
- Einflussnahme auf die außenwirtschaftlichen Beziehungen

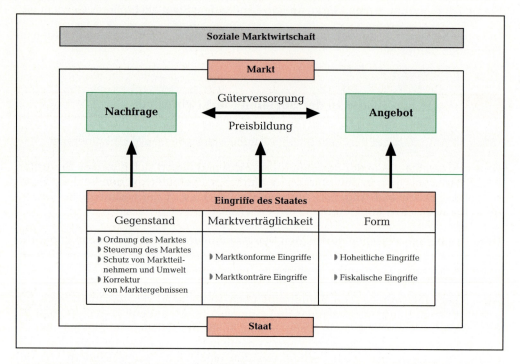

Die staatlichen Eingriffe zielen – in Abhängigkeit vom angestrebten Effekt – auf die Angebotsseite, auf die Nachfrageseite und/oder auf den Markt. Sie lassen sich nach Gegenstand, Marktverträglichkeit und Form unterscheiden.

■ Gegenstand staatlicher Eingriffe

- *Ordnungsfunktion*
  Zu den unumgänglichen Aufgaben des Staates gehört es, die Rahmenbedingungen für wirtschaftliches Handeln in seinem Einflussbereich festzulegen **(Ordnungspolitik)**. Er muss die Träger der Wirtschaftspolitik benennen und Umfang und Verteilung der Entscheidungsbefugnisse von Personen und Institutionen vornehmen (in Deutschland gehören hierzu die Kompetenzverteilung zwischen Bund und Ländern, die Autonomie der Zentralbank in Geldangelegenheiten, die Autonomie der Sozialpartner in Tarifangelegenheiten usw.).

---

1 Vgl. hierzu und zu den jeweiligen Instrumenten ausführlich:
  Kapitel 8: Geldtheorie und Geldpolitik
  Kapitel 9: Außenwirtschaft
  Kapitel 10: Beschäftigung, Konjunktur und Wachstum
  Kapitel 11: Einkommensverteilung

Basis einer Sozialen Marktwirtschaft ist ein funktionierender Markt. Notwendige Bedingung für einen funktionierenden Markt ist ausreichender **Wettbewerb**. Da ein sich selbst überlassener Markt dazu tendiert, den Wettbewerb zu reduzieren oder gar ganz abzuschaffen, muss der Staat für eine Aufrechterhaltung des Wettbewerbs sorgen **(Wettbewerbspolitik)**.

Das sogenannte „Grundgesetz der Wettbewerbspolitik" ist in Deutschland das **Gesetz gegen Wettbewerbsbeschränkungen**, auch **Kartellgesetz** genannt. Mit der Durchführung des Gesetzes ist vor allem das **Bundeskartellamt** (mit Sitz in Bonn) beauftragt.

---

§ 1 Kartellverbot

Vereinbarungen zwischen miteinander in Wettbewerb stehenden Unternehmen, Beschlüsse von Unternehmensvereinigungen und aufeinander abgestimmte Verhaltensweisen, die eine Verhinderung, Einschränkung oder Verfälschung des Wettbewerbs bezwecken oder bewirken, sind verboten.

§ 51 Bundeskartellamt. Sitz und Organisation.

(1) Das Bundeskartellamt ist eine selbstständige Bundesoberbehörde mit dem Sitz in Bonn. Es gehört zum Geschäftsbereich des Bundesministeriums für Wirtschaft.

Gesetz gegen Wettbewerbsbeschränkungen (Kartellgesetz)

- *Steuerungsfunktion*
  Besonderes Merkmal der Rolle des Staates in der Sozialen Marktwirtschaft ist, dass er nicht nur als Ordner und Aufpasser („Nachtwächter") auftritt, sondern auch als *aktiver Gestalter*. Gemäß dem allgemeinen Ziel „Förderung der Wohlfahrt der Menschen" und den speziellen wirtschaftspolitischen Zielsetzungen soll der Staat nicht nur die Gesamtwirtschaft, sondern auch Teilbereiche der Wirtschaft steuern und gestalten **(Konjunkturpolitik, Beschäftigungspolitik, Stabilitätspolitik, Strukturpolitik, Außenwirtschaftspolitik usw.)**.

- *Schutzfunktion*
  Auf vielen Teilmärkten bzw. in zahlreichen wirtschaftlichen Situationen besteht zwischen den Marktteilnehmern kein „Gleichgewicht der Kräfte". Um Benachteiligungen zu vermeiden, ist in diesen Fällen der Staat aufgerufen, Maßnahmen zum Schutze der Schwächeren zu ergreifen **(Verbraucherschutzpolitik, Mieterschutzpolitik, Mitbestimmungspolitik, Mittelstandspolitik, Agrarpolitik usw.)**.

  Besonders schutzbedürftig ist die Umwelt. Sie ist in vielfacher Weise in das wirtschaftliche Geschehen einbezogen und wird in ebenso vielfacher Weise durch wirtschaftliches Handeln beeinträchtigt. Da sie keinerlei eigene Möglichkeiten besitzt, ihre „Interessen" zu vertreten, und der Markt Umweltschutzfunktionen nicht wahrnehmen kann, ist der Staat zum Schutze der Umwelt aufgerufen und verpflichtet **(Umweltschutzpolitik)**.

- *Ausgleichsfunktion*
  Trotz vorsorgender Maßnahmen des Staates führen Wirtschaftsprozesse oft zu sozial ungerechten oder sozial unerwünschten Ergebnissen. Hier ist der Staat zur Nachsorge aufgerufen. Solche Marktergebnisse soll der Staat korrigieren und einen gerechten Ausgleich herbeiführen **(Sozialpolitik, Verteilungspolitik usw.)**.

Eingriffe des Staates in der Sozialen Marktwirtschaft		
Funktion	**Gegenstand**	**Politikbereiche**
Ordnungsfunktion	*Ordnung des Marktes.* Bestimmung von Entscheidungsträgern und Entscheidungsbefugnissen. Sicherung der marktwirtschaftlichen Grundstruktur, insb. des Wettbewerbs.	Ordnungspolitik Wettbewerbspolitik
Steuerungsfunktion	*Steuerung des Marktes.* Aktive Gestaltung und Steuerung wirtschaftlicher Entwicklungen.	Konjunkturpolitik Beschäftigungspolitik Stabilitätspolitik Strukturpolitik Außenwirtschaftspolitik
Schutzfunktion	*Schutz von Marktteilnehmern und Umwelt.* Schutz schwächerer Marktteilnehmer und der Lebensgrundlagen der Menschen.	Verbraucherschutzpolitik Mieterschutzpolitik Mitbestimmungspolitik Mittelstandspolitik Umweltschutzpolitik
Ausgleichsfunktion	*Korrektur von Marktergebnissen.* Korrektur und Ausgleich von sozial ungerechten und sozial unerwünschten Ergebnissen des Wirtschaftsprozesses.	Sozialpolitik Verteilungspolitik

■ Marktverträglichkeit staatlicher Eingriffe

Von der Marktverträglichkeit her werden staatliche Eingriffe in marktkonforme und marktkonträre Maßnahmen unterschieden.[1]

Marktkonforme Maßnahmen sind solche Eingriffe, die den Marktmechanismus bzw. Preismechanismus *nicht außer Kraft* setzen. Der Staat übt zwar Einfluss aus, der Preis bildet sich jedoch am Markt durch das Zusammenspiel von Angebot und Nachfrage.

> Beispiel
>
> Der Staat erhebt Steuern auf Benzin in Form eines bestimmten Euro-Betrages pro Liter Benzin. Der Marktpreis für Benzin wird dadurch zwar beeinflusst, kann sich in seiner jeweiligen Höhe jedoch nach wie vor am Markt bilden; er kann steigen und sinken und von Anbieter zu Anbieter unterschiedlich sein.

Marktkonträre Maßnahmen sind solche Eingriffe, die den Markt- bzw. Preismechanismus *außer Kraft* setzen. Den Marktteilnehmern bleibt kein oder nur ein eingeschränkter Spielraum bei der Preisgestaltung.

---

[1] Vgl. hierzu auch die Ausführungen zur Preisbildung, zum Preismechanismus und zu staatlichen Eingriffen in die Preisbildung in Kap. 5.

Soziale Marktwirtschaft

> **Beispiel**
>
> Der Staat bestimmt, dass ab 1. Januar nächsten Jahres der Preis für 1 Liter Benzin 2,00 EUR beträgt.

Staatliche Eingriffe nach der Marktverträglichkeit	
Marktkonforme Eingriffe	**Marktkonträre Eingriffe**
Eingriffe, die den Preismechanismus **nicht außer Kraft** setzen	Eingriffe, die den Preismechanismus **außer Kraft** setzen
• Staatliche Interventionspreise • Staatlich kontollierte Preise • Staatlich beeinflusste Marktpreise	• Staatliche Preissetzung • Staatliche Höchstpreise • Staatliche Mindestpreise

■ Form staatlicher Eingriffe

Nach der Form hat der Staat zwei Möglichkeiten, in das Wirtschaftsgeschehen einzugreifen: hoheitlich und fiskalisch.

Hoheitliche Eingriffe. Zur Durchsetzung seiner Vorstellungen kann der Staat Gebote und Verbote erlassen. Die Maßnahmen sind für jedermann bindend.

> **Beispiel**
>
> Der Staat bestimmt, dass ab 1. Januar nächsten Jahres alle neu zugelassenen Personenwagen über eine bestimmte Sicherheitseinrichtung verfügen müssen.

Fiskalische Eingriffe. Der Staat schreibt ein bestimmtes Verhalten nicht vor. Er fördert jedoch das gewünschte Verhalten, z. B. durch Steuerermäßigungen, Subventionen oder Abschreibungsmöglichkeiten. Fiskalische Eingriffe sind nicht bindend, sondern ein *Angebot* des Staates. Es bleibt dem Einzelnen überlassen, ob er von diesem Angebot Gebrauch macht.

> **Beispiel**
>
> Der Staat möchte, dass alle neu zugelassenen Personenwagen über eine bestimmte Sicherheitseinrichtung verfügen. Um einen entsprechenden Anreiz zu schaffen, beschließt er, dass Personenwagen, die mit dieser Sicherheitseinrichtung ausgestattet sind, für drei Jahre von der Kfz-Steuer befreit werden.

Ein bestimmter staatlicher Eingriff ist nicht nur dem einen oder anderen Kriterium, sondern jeweils jedem der drei Kriterien (Gegenstand, Marktverträglichkeit, Form) zuzuordnen.

> **Beispiel**
>
> Aus Gründen des Umweltschutzes wünscht der Staat in allen Autos eine zusätzliche Abgasreinigung. Bei entsprechendem Neuwagenkauf bzw. einer Nachrüstung gewährt er für drei Jahre 50 % Nachlass auf die Kfz-Steuer.
>
> Gegenstand: Schutz der Umwelt
> Marktverträglichkeit: marktkonform
> Form: fiskalisch

- Der Name „Soziale Marktwirtschaft" ist als Bezeichnung für die Wirtschaftsordnung in der Bundesrepublik Deutschland entstanden. Die Wirtschaftsordnungen nahezu aller Industrieländer entsprechen jedoch dem Grundkonzept der Sozialen Marktwirtschaft.
- Die Soziale Marktwirtschaft ist eine Mischform von Marktwirtschaft und Zentralverwaltungswirtschaft. Sie versucht, durch eine ausgewogene Verteilung von Marktkräften und staatlicher Lenkung die Vorteile beider Systeme zu verbinden, die Nachteile jedoch zu vermeiden.
- In der Sozialen Marktwirtschaft soll die Freiheit des Einzelnen und die Wettbewerbswirtschaft auf der einen Seite mit dem Sozialstaatsgedanken auf der anderen Seite verknüpft werden.
- Um in die Wirtschaft eingreifen zu können, benötigt der Staat Handlungsziele und ein wirkungsvolles Instrumentarium.
- Staatliche Eingriffe lassen sich nach Gegenstand, Marktverträglichkeit und Form unterscheiden.
- Staatliche Eingriffe nach dem Gegenstand sind folgenden Funktionen zuzuordnen:
  – Ordnungsfunktion
  – Steuerungsfunktion
  – Schutzfunktion
  – Ausgleichsfunktion
- Staatliche Eingriffe nach der Marktverträglichkeit lassen sich unterscheiden in
  – marktkonforme Maßnahmen
  – marktkonträre Maßnahmen
- Staatliche Eingriffe nach der Form lassen sich unterscheiden in
  – hoheitliche Maßnahmen
  – fiskalische Maßnahmen

Aufgaben zum Üben und Vertiefen

1 Grenzen Sie die Begriffe „Wirtschaftsordnung" und „Wirtschaftsverfassung" voneinander ab!

2 Erläutern Sie, warum Wirtschaftsordnungen notwendig sind!

3 Nennen und erläutern Sie mindestens drei Unterscheidungskriterien für Wirtschaftssysteme!

4 Die „Freie Marktwirtschaft" ist eine Modellvorstellung.

    a) Beschreiben Sie die Grundzüge dieses Modells!

    b) Nennen Sie Vor- und Nachteile einer Freien Marktwirtschaft!

5 Die „Zentralverwaltungswirtschaft" ist in wesentlichen Punkten in zahlreichen Ländern realisiert worden.

    a) Beschreiben Sie die Grundzüge einer Zentralverwaltungswirtschaft!

    b) Nennen Sie Vor- und Nachteile einer Zentralverwaltungswirtschaft!

    c) Nennen Sie wichtige Ursachen für das wirtschaftliche Versagen von Zentralverwaltungswirtschaften!

6 Die „Soziale Marktwirtschaft" ist in ihren Grundzügen in allen Industrieländern realisiert.

    a) Beschreiben Sie die Grundzüge der Sozialen Marktwirtschaft!

    b) Beschreiben Sie die Rolle des Staates in der Sozialen Marktwirtschaft!

7 Staatliche Eingriffe in der Sozialen Marktwirtschaft können nach ihrem Gegenstand unterschieden werden.

    a) Nennen und erläutern Sie staatliche Eingriffsmöglichkeiten in der Sozialen Marktwirtschaft nach dem Gegenstand der Eingriffe!

    b) Nennen Sie für jeden Gegenstand ein Beispiel für einen staatlichen Eingriff in Deutschland!

8 Staatliche Eingriffe in der Sozialen Marktwirtschaft können nach ihrer Marktverträglichkeit unterschieden werden.

    a) Wodurch unterscheiden sich marktkonträre von marktkonformen Maßnahmen?

    b) Nennen Sie je ein Beispiel für einen marktkonträren und einen marktkonformen staatlichen Eingriff!

9 Staatliche Eingriffe in der Sozialen Marktwirtschaft können in hoheitlicher oder in fiskalischer Form erfolgen.

    a) Wodurch unterscheiden sich hoheitliche Eingriffe von fiskalischen Eingriffen?

    b) Nennen Sie je ein Beispiel für einen hoheitlichen und für einen fiskalischen Eingriff!

7 Träger und Ziele der Wirtschaftspolitik

7.1	Gegenstände der Wirtschaftspolitik
7.2	Träger der Wirtschaftspolitik
7.3	Ziele der Wirtschaftspolitik
7.3.1	Allgemeines Ziel: Gesamtwirtschaftliches Gleichgewicht
7.3.2	Die Ziele des Stabilitätsgesetzes: Das magische Viereck
7.3.2.1	Stabilität des Preisniveaus
7.3.2.2	Hoher Beschäftigungsstand
7.3.2.3	Außenwirtschaftliches Gleichgewicht
7.3.2.4	Stetiges und angemessenes Wirtschaftswachstum
7.3.3	Weitere Zielsetzungen
7.3.3.1	Verteilungsgerechtigkeit
7.3.3.2	Umweltschutz
7.4	Zielbeziehungen

Damit die Wirtschaft ihren Zweck, die bestmögliche Versorgung der Menschen mit Gütern, erfüllen kann, ist wirtschaftliches Handeln notwendig. Alle Wirtschaftssubjekte handeln auf ihre Art.

Das wirtschaftliche Handeln des Staates wird zusammenfassend als **Wirtschaftspolitik** bezeichnet. Es sollte unter Einbezug grundlegender gesellschaftlicher Positionen auf Erkenntnissen der Wirtschaftstheorie aufbauen und diese zum Wohle der Menschen umsetzen.

Da die Wirtschaftsordnung eines Landes Teil der umfassenden Gesellschaftsordnung ist, bestehen enge Wechselwirkungen zwischen Wirtschaftspolitik und allgemeiner Staats- oder Gesellschaftspolitik. Fragen beispielsweise der Beschäftigung bzw. Arbeitslosigkeit und Einkommensverteilung berühren nicht nur ökonomische Kategorien. Insoweit sind die wirtschaftspolitischen Ziele Teilmenge übergreifender gesellschaftlicher Zielsetzungen.

Wenn die Gestaltung der Wirtschaft nicht Zufälligkeiten und Beliebigkeiten überlassen bleiben soll, benötigt sie Ziele. Ziele müssen durch wirtschaftspolitische Träger definiert und angestrebt werden.

Ein Vergleich von Volkswirtschaften zeigt, dass Träger und Ziele der Wirtschaftspolitik in den verschiedenen Ländern weitgehend identisch sind.

7.1 Gegenstände der Wirtschaftspolitik

Wirtschaftspolitik ist ein Teil der umfassenden Staatspolitik. Ihre Aufgabe besteht in der Gestaltung wirtschaftlicher Strukturen und Abläufe. In der Vergangenheit wurde Wirtschaftspolitik ausschließlich als nationalstaatliche Aufgabe verstanden.

Die zunehmende Integration vieler Staaten sowie die weltweiten Verflechtungen moderner Volkswirtschaften verlagern wirtschaftspolitische Aufgaben und Kompetenzen mehr und mehr auch in supranationale Gemeinschaften und Organisationen.

Innerhalb der Wirtschaftspolitik wird üblicherweise zwischen Ordnungs-, Struktur- und Prozesspolitik unterschieden.

- **Ordnungspolitik** hat Aspekte der Wirtschaftsordnung zum Gegenstand. Sie behandelt zum einen die Grundfrage nach dem Wirtschaftssystem und zum anderen die konkrete Ausgestaltung des Wirtschaftssystems.

- Bei der **Strukturpolitik** stehen Fragen der sektoralen und regionalen Entwicklung im Vordergrund. **Sektorale Strukturpolitik** strebt ein ausgewogenes Verhältnis zwischen den verschiedenen Sektoren (Branchen) einer Volkswirtschaft an. Beispiele hierfür sind in Deutschland die Kohlepolitik, die Stahlpolitik usw. **Regionale Strukturpolitik** strebt die bestmögliche Entwicklung der Regionen einer Volkswirtschaft an. Beispiele sind der Länderfinanzausgleich, bei dem die reicheren Bundesländer Einzahlungen in einen Fonds leisten, aus dem die ärmeren Bundesländer gefördert werden, die frühere Zonenrand- und Berlinförderung usw.

- **Prozesspolitik** hat die Aufgabe, den Wirtschaftsprozess zu optimieren. Dazu gehört es, kurz- und mittelfristige Schwankungen, Instabilitäten und Ungleichgewichte (z. B. Markt- und Konjunkturschwankungen) zu vermeiden bzw. zu dämpfen und gegebenenfalls deren Folgen zu bewältigen. Beispiele sind Beschäftigungspolitik, Einkommensverteilungspolitik, Geldpolitik, Außenwirtschaftspolitik usw.

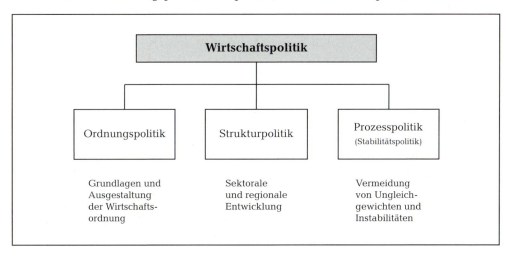

7.2 Träger der Wirtschaftspolitik

Wer ist für die Gestaltung der Wirtschaftspolitik zuständig?

Träger der Wirtschaftspolitik sind alle Institutionen, die in maßgeblicher Weise das wirtschaftliche Geschehen beeinflussen. Von staatlicher Seite gehören dazu vor allem Parlamente und Regierungen. Bei einem föderativen Staatsaufbau, wie in Deutschland, sind sowohl Bundes- als auch Ländergremien beteiligt. Zu den Trägern wirtschaftlicher Entscheidungen bzw. zu den Organisationen, die auf wirtschaftliche Entscheidungen Einfluss nehmen, gehören weiterhin die Zentralbank, die Tarifpartner, die Selbstverwaltungsorganisationen der Wirtschaft, Parteien, Verbände und internationale Organisationen.

Wichtigster Entscheidungsträger ist das **Parlament** (Legislative). Mithilfe seiner Gesetzgebungsbefugnis ist es insbesondere für die Gestaltung der Rahmenbedingungen wirtschaftlicher Entwicklungen zuständig. Die Aufgaben der **Regierung** (Exekutive) liegen in der Durchführung der Gesetze sowie in der laufenden Politik innerhalb der gesetzlich gesteckten Grenzen. Ihre wichtigsten Instrumente sind Rechtsverordnungen aufgrund entsprechender gesetzlicher Ermächtigungen und Verwaltungsvorschriften. Die staatlichen Maßnahmen können hoheitlicher Natur (Gebote und Verbote, die grundsätzlich für jedermann verbindlich sind) oder wirtschaftlicher Natur sein (Angebote z. B. in Form von Subventionen, Steuererleichterungen usw., die zum Teil nur für bestimmte Gruppen von Wirtschaftssubjekten gelten und die angenommen werden können, aber nicht müssen).

Träger der Wirtschaftspolitik	
Institution	Gegenstände/Instrumente
Parlament und Regierung	Hoheitliche und wirtschaftliche Maßnahmen aufgrund von Gesetzen, Verordnungen, Verwaltungsvorschriften usw.
Zentralbank	Geldpolitik; Geldpolitisches Instrumentarium
Sozialpartner	Tarifpolitik; Tarifverhandlungen, Streik, Aussperrung, Schlichtung
Selbstverwaltungsorganisationen der Wirtschaft	Ausbildungs-, Weiterbildungs-, Prüfungs-, Schieds-, Schlichtungswesen usw.
Verbände	Gutachten, Stellungnahmen, Lobby
Internationale Organisationen	Internationales Recht Internationale Abkommen

Die Zentralbank, für Deutschland die **EZB** und die **Deutsche Bundesbank,** ist insbesondere für die Versorgung der Wirtschaft mit Zahlungsmitteln und für die Geldwertstabilität zuständig. Soweit diese Ziele es zulassen, soll sie die allgemeine Wirtschaftspolitik der Regierung unterstützen. Die Entscheidungsbefugnisse einer Zentralbank hängen ganz wesentlich vom Grad ihrer Selbstständigkeit, d. h. von der Unabhängigkeit von staatlichen Stellen ab. Die EZB ist von Weisungen der Regierungen unabhängig. Zur Erfüllung ihrer Aufgabe steht der Zentralbank vor allem das geldpolitische Instrumentarium zur Verfügung.[1]

> **Artikel 9 (Vereinigungsfreiheit)**
>
> (1) Alle Deutschen haben das Recht, Vereine und Gesellschaften zu bilden.
> ...
> (3) Das Recht, zur Wahrung und Förderung der Arbeits- und Wirtschaftsbedingungen Vereinigungen zu bilden, ist für jedermann und für alle Berufe gewährleistet.
>
> *Grundgesetz für die Bundesrepublik Deutschland*

Sozialpartner bzw. **Tarifpartner** sind die Vereinigungen der Arbeitnehmer **(Gewerkschaften)** und der Arbeitgeber **(Arbeitgeberverbände).** Ihre Aufgaben liegen vor allem in der Gestaltung der Arbeitsbedingungen. Das Existenzrecht gründet sich auf Artikel 9 (Vereinigungsfreiheit) des Grundgesetzes für die Bundesrepublik Deutschland. Im Rahmen ihrer Aufgabe, der Wahrung und Förderung der Arbeits- und Wirtschaftsbedingungen, sind sie selbstständig und von staatlichen Weisungen unabhängig **(Tarif-**

---

[1] Zu Aufgaben, Organisation und geldpolitischen Instrumenten der EZB vgl. ausführlicher Kap. 8.

autonomie). Wichtige Gestaltungsbereiche sind Arbeitsentgelte, Arbeitszeiten und sonstige Arbeitsbedingungen. Zur Durchsetzung bzw. zur Abwendung wechselseitiger Forderungen stehen ihnen als Instrumente vor allem **Tarifverhandlungen, Streik, Aussperrung** und **Schlichtung** zur Verfügung.

Die Aufgaben der **Selbstverwaltungsorganisationen der Wirtschaft** (Industrie- und Handelskammern, Handwerkskammern, Landwirtschaftskammern usw.) liegen, neben der Selbstverwaltung, vor allem im Bereich des Aus- und Weiterbildungswesens, des Prüfungswesens sowie des Schieds- und Schlichtungswesens.

Politische Parteien sind in mittelbaren Demokratien wichtige Träger der politischen Willensbildung des Volkes und konstitutive Elemente der Volksvertretungen. Im Gesetz über die politischen Parteien (Parteiengesetz) vom 24.07.1967 sind sie als verfassungsrechtlich notwendiger Bestandteil der freiheitlichen demokratischen Grundordnung anerkannt. Die Ziele der politischen Parteien sind in Grundsatzprogrammen verankert.

> **Artikel 21 (Parteien)**
> (1) Die Parteien wirken bei der politischen Willensbildung des Volkes mit. ...
> *Grundgesetz für die Bundesrepublik Deutschland*

Ihre Instrumente sind insbesondere die parlamentarische Mitwirkung bei der Gesetzgebung, Gesetzesinitiativen und Einflussnahmen auf die Regierungsarbeit.

Verbände sind in erster Linie Interessenvertreter. Entsprechend der unterschiedlichen gesellschaftlichen Interessengebiete besteht eine Vielzahl von Verbänden (Verbraucherverbände, Standesverbände, Sparerschutzverbände, Steuerzahlerverbände, Umweltschutzverbände, Weltanschauungsgemeinschaften usw.).

Einfluss auf die Wirtschaftspolitik versuchen sie durch Gutachten, Stellungnahmen, Einschaltung von Massenmedien und durch die Arbeit von Verbandsvertretern **(Lobby)** zu nehmen.

In neuerer Zeit gewinnen **internationale Organisationen und Abkommen** einen immer größeren Einfluss auf die nationale Wirtschaftspolitik.

Die zunehmende weltweite Verflechtung der Wirtschaftsbeziehungen und die dadurch wachsende wechselseitige Abhängigkeit haben einerseits zu vielfältigen bilateralen Wirtschaftsvereinbarungen und andererseits zur Gründung multinationaler Organisationen geführt, die einen Teil der wirtschaftspolitischen Kompetenzen beanspruchen.

Zu den wichtigsten Organisationen dieser Art zählen die Europäische Union (EU), der Internationale Währungsfonds (IWF), die Welthandelsorganisation (WTO), die Konferenz der Vereinten Nationen für Handel und Entwicklung (Welthandelskonferenz, UNCTAD) und die Organisation für wirtschaftliche Zusammenarbeit und Entwicklung (OECD).

- Träger der Wirtschaftspolitik sind jene Institutionen, die in maßgeblicher Weise das wirtschaftliche Geschehen beeinflussen.
- Zu ihnen gehören staatliche Institutionen, politische und gesellschaftliche Gruppen sowie internationale Organisationen.

7.3 Ziele der Wirtschaftspolitik

Jeder Träger der Wirtschaftspolitik verfügt über spezifische Zielsetzungen, zumindest über unterschiedliche Schwerpunkte bei der Zielerreichung. Der gesellschaftlichen Begründung und Legitimation bedürfen vor allem die wirtschaftspolitischen Ziele staatlicher Institutionen; sie stehen daher bei der folgenden Betrachtung im Vordergrund.

Leitziel wirtschaftspolitischen Handelns ist die bestmögliche Förderung der Wohlfahrt der Menschen.

Wohlfahrt bezieht sich keineswegs allein auf Wohlstand, sondern schließt auch qualitative Aspekte menschlichen Daseins ein. Alle weiteren Zielsetzungen haben sich diesem Leitziel unterzuordnen und an ihm messen zu lassen.

Einige allgemeine Zielsetzungen ergeben sich aus dem Wirtschaftssystem selbst. Für ein marktwirtschaftliches System ist beispielsweise der Wettbewerb ein unbedingt notwendiges Element. Aufgabe staatlichen Handelns ist, dafür zu sorgen, dass solche unabdingbaren Elemente wirksam bleiben. Entsprechend existieren in Deutschland Gesetze (z. B. Gesetz gegen Wettbewerbsbeschränkungen) und Institutionen (z. B. das Bundeskartellamt), die der Aufrechterhaltung des Wettbewerbs dienen.

Die wichtigsten wirtschaftspolitischen Ziele sind in Gesetzen niedergelegt bzw. unterliegen einem breiten gesellschaftlichen Konsens.

7.3.1 Allgemeines Ziel: Gesamtwirtschaftliches Gleichgewicht

Welche gesamtwirtschaftlichen Größen sollen im Gleichgewicht sein?

Artikel 109
(2) Bund und Länder haben bei ihrer Haushaltswirtschaft den Erfordernissen des gesamtwirtschaftlichen Gleichgewichts Rechnung zu tragen.
Grundgesetz für die Bundesrepublik Deutschland

Zielvorgaben für die staatliche Wirtschaftspolitik werden, so lässt sich vermuten, in Gesetzen ihren Niederschlag gefunden haben. Das Grundgesetz für die Bundesrepublik Deutschland führt im ersten Abschnitt, der den Grundrechten gewidmet ist, einige Aspekte auf, die zwar bedeutsam für die grundlegende Gestaltung des Wirtschaftssystems sind (z. B. Berufsfreiheit, Recht auf Eigentum), aber keine eigentlichen Zielformulierungen darstellen. Lediglich im Artikel 109 ist mit der Verpflichtung auf das **gesamtwirtschaftliche Gleichgewicht** eine allgemeine Zielsetzung angesprochen.

Im Gegensatz zu wirtschaftlichen Ungleichgewichten, die instabil sind und zu Veränderungen tendieren, zeichnen sich Gleichgewichtslagen durch Stabilität aus. Daher werden alle wirtschaftspolitischen Maßnahmen, die der Erhaltung oder Herstellung des gesamtwirtschaftlichen Gleichgewichts dienen, auch als **Stabilitätspolitik** bezeichnet.

Ein Markt ist dann im Gleichgewicht, wenn sich Angebot und Nachfrage ausgleichen. Diese **Gleichgewichtsbedingung** gilt sowohl für Teilmärkte als auch für den Gesamtmarkt. Ein gesamtwirtschaftliches Gleichgewicht besteht dann, wenn die gesamtwirtschaftliche Nachfrage genauso hoch ist wie das gesamtwirtschaftliche Angebot. Die gesamtwirtschaftliche Nachfrage besteht aus der Nachfrage aller vier Wirtschaftssektoren (Haushalte, Unternehmen, Staat, Ausland), das gesamtwirtschaftliche Angebot

Ziele der Wirtschaftspolitik

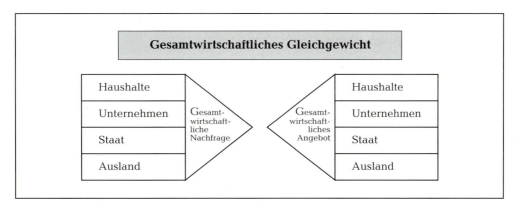

besteht aus dem Angebot aller vier Wirtschaftssektoren. Das Gleichgewicht in einer dynamischen Wirtschaft bleibt erhalten, wenn sich Angebot und Nachfrage proportional verändern.

Gesamtwirtschaftliches Gleichgewicht besteht, wenn gesamtwirtschaftliche Nachfrage und gesamtwirtschaftliches Angebot gleich groß sind.

Wegen der unterschiedlichen Nachfrage- und Angebotsbedingungen werden die Teilmärkte **Gütermarkt, Arbeitsmarkt** und **Geldmarkt** unterschieden und die Gleichgewichtsbedingungen jeweils getrennt analysiert. Die Verwirklichung des Ziels „gesamtwirtschaftliches Gleichgewicht" verlangt jedoch, dass alle Märkte im Gleichgewicht sind.

- Oberstes Ziel der Wirtschaftspolitik ist die Förderung der Wohlfahrt der Menschen.
- Das allgemeine Ziel „Gesamtwirtschaftliches Gleichgewicht" ist dann erreicht, wenn sich auf allen Teilmärkten (Gütermarkt, Arbeitsmarkt, Geldmarkt) Angebot und Nachfrage ausgleichen.

7.3.2 Die Ziele des Stabilitätsgesetzes: Das magische Viereck

Das allgemeine Ziel des gesamtwirtschaftlichen Gleichgewichts erfährt im „Gesetz zur Förderung der Stabilität und des Wachstums der Wirtschaft" **(Stabilitätsgesetz)** vom 08.06.1967 eine Konkretisierung durch vier Einzelziele:

- Stabilität des Preisniveaus
- Hoher Beschäftigungsstand
- Außenwirtschaftliches Gleichgewicht
- Stetiges und angemessenes Wirtschaftswachstum

§ 1 Erfordernisse der Wirtschaftspolitik. Bund und Länder haben bei ihren wirtschafts- und finanzpolitischen Maßnahmen die Erfordernisse des gesamtwirtschaftlichen Gleichgewichts zu beachten. Die Maßnahmen sind so zu treffen, dass sie im Rahmen der marktwirtschaftlichen Ordnung gleichzeitig zur Stabilität des Preisniveaus, zu einem hohen Beschäftigungsstand und außenwirtschaftlichem Gleichgewicht bei stetigem und angemessenem Wirtschaftswachstum beitragen.
Gesetz zur Förderung der Stabilität und des Wachstums der Wirtschaft (Stabilitätsgesetz) vom 08.06.1967

> **Art. 104 [Ziele der Wirtschaftspolitik]**
> Jeder Mitgliedstaat betreibt die Wirtschaftspolitik, die erforderlich ist, um unter Wahrung eines hohen Beschäftigungsstandes und eines stabilen Preisniveaus das Gleichgewicht seiner Gesamtzahlungsbilanz zu sichern und das Vertrauen in seine Währung aufrechtzuerhalten.
> *EWG-Vertrag von 1957*

Ein Vergleich mit anderen Ländern zeigt, dass die im Stabilitätsgesetz genannten Ziele international üblich sind; sie gelten in ähnlicher Form in nahezu allen Industrieländern.

Das Stabilitätsgesetz verlangt, dass die vier Ziele „gleichzeitig" angestrebt werden. Wegen der zum Teil gegensätzlichen Beziehungen zwischen den Zielen ergeben sich hierbei erhebliche Schwierigkeiten; daher wird dieses Zielsystem auch **„magisches Viereck"** genannt. In der praktischen Wirtschaftspolitik wird in der Regel jeweils dem Ziel Vorrang eingeräumt, das momentan am meisten gefährdet ist.

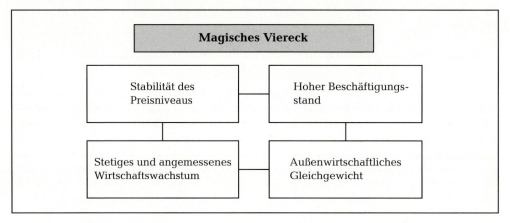

Bei den Zielen des Stabilitätsgesetzes handelt es sich um quantitative Größen. Als Unterziele des Gesamtziels „gesamtwirtschaftliches Gleichgewicht" gehören auch sie zum Konzept der **Stabilitätspolitik.** Der Grad der Zielerreichung ist messbar. Zu diesem Zweck gibt die Bundesregierung in den **Jahreswirtschaftsberichten,** die der Bundesminister für Wirtschaft nach § 2 des Stabilitätsgesetzes zu Beginn eines jeden Jahres vorlegen muss, Zielprojektionen über die als realisierbar angesehenen Größenordnungen an. Die Zielprojektionen spiegeln also nicht wider, was wünschenswert ist, sondern was erreichbar erscheint.

Die nachfolgende Darstellung der Ziele des Stabilitätsgesetzes geschieht jeweils in drei Schritten: Gegenstand des Ziels, Messung des Ziels, Realisierung des Ziels. Da das Stabilitätsgesetz keine konkreten Aussagen über die Soll-Größe der Realisierung macht, werden jeweils allgemeine Maßstäbe sowie ein Vergleich mit der Situation in anderen Industrieländern zu Hilfe genommen. Kurzfristig ist auch ein Vergleich der tatsächlichen Entwicklung mit der Jahresprojektion der Bundesregierung möglich.

7.3.2.1 Stabilität des Preisniveaus

Was bedeutet das Ziel „Stabilität des Preisniveaus", wie wird es gemessen und inwieweit ist es verwirklicht?

Ziele der Wirtschaftspolitik 215

Gegenstand: Stabilität des Preisniveaus ist gleichbedeutend mit Erhaltung des Geldwertes. Durch Preissteigerungen vermindert sich die Kaufkraft des Geldes. Das „Preisniveau" ist ein Mittelwert aus einer Vielzahl einzelner Güterpreise. Da diese ständig in Bewegung sind (z. B. aufgrund von Kostensteigerungen, saisonalen Einflüssen, Marktschwankungen usw.), ist ein absolut stabiles Preisniveau, d. h. eine Inflationsrate von null, die Ausnahme.

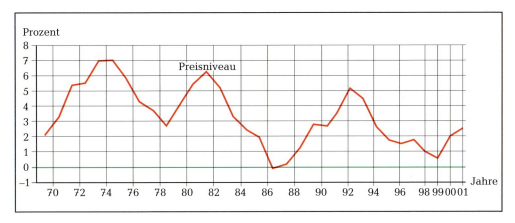

Messung: Zur Messung der Preisentwicklung werden unterschiedliche Preisindizes verwendet. Die bekannteste Messgröße ist der Preisindex für die private Lebenshaltung. Als Indikator für das wirtschaftspolitische Ziel „Stabilität des Preisniveaus" wurde zunächst der jährliche Anstieg des Preisindex des Bruttosozialprodukts verwendet; seit 1970 wird der Index der Verbraucherpreise (Anstieg der Lebenshaltungskosten aller privaten Haushalte)[1] zugrunde gelegt. Die Lebenshaltungskosten der privaten Haushalte werden mithilfe eines sogenannten „Warenkorbes" erfasst, der die Ausgaben eines Durchschnittshaushalts widerspiegelt.[2]

Realisierung: Die Antwort auf die Frage, ob das Ziel „Stabilität des Preisniveaus" verwirklicht ist, hängt ganz wesentlich vom zugrunde gelegten Maßstab ab. Ideal wäre eine Inflationsrate von null. Dies ist jedoch – wie bereits erwähnt – kaum erreichbar. Denkbar wäre auch, einen bestimmten Prozentsatz für alle Zeiten als Obergrenze für ein als stabil anzusehendes Preisniveau festzuschreiben; z. B. eine Erhöhung von nicht mehr als 2 %. Die tatsächlichen Vorstellungen über eine noch als vertretbar angesehene Veränderung des Preisniveaus sind jedoch zeitabhängig. Entsprechend haben sich auch die Zielprojektionen der Bundesregierung stets den jeweiligen Entwicklungen angepasst. In der ersten Zielprojektion im Jahreswirtschaftsbericht 1969 wurde von einer Preissteigerungsrate bis 1 % ausgegangen. International sind die Preissteigerungsraten in Deutschland eher niedrig.

Preissteigerungsraten 2001	
Japan	0,4
Frankreich	1,6
Deutschland	1,7
EU	2,2
Großbritannien	2,2
Italien	2,2
USA	2,6

---

1 Neben dem Lebenshaltungskostenindex aller privaten Haushalte bestehen auch Lebenshaltungskostenindizes für bestimmte Haushaltstypen.
2 Zur Messung der Lebenshaltungskosten vgl. ausführlich Kap. 8.

Gegenüberstellung der Jahresprojektion 2001 und der tatsächlichen Entwicklung in der Bundesrepublik Deutschland[1]		
	Jahresprojektion 2001	Tatsächliche Entwicklung 2001
	Veränderungen gegenüber dem Vorjahr in %	
Enstehung des Bruttoinlandsprodukts (BIP)		
BIP in Preisen von 1995	2,75	0,6
Erwerbstätige	1 bis 1,5	0,1
BIP je Erwerbstätigen	1,5	0,4
Arbeitslosenquote in %		
(Abgrenzung der Bundesanstalt für Arbeit)[2]	9,0	9,4
Verwendung des BIP in jeweiligen Preisen		
Konsumausgaben		
Private Haushalte und		
Private Organisationen o. E.	4,5	3,2
Staat	1,5	2,0
Bruttoanlageinvestitionen	4,0	– 3,9
Vorratsveränderung u.a. (Mrd. €)	29,0	0,2
Inlandsnachfrage	4,0	0,8
Außenbeitrag (Mrd. €)	5,0	29,5
(in % des BIP)	0,0	1,4
Bruttoinlandsprodukt (nominal)	**3,5**	**1,9**
Verwendung des BIP in Preisen von 1995		
Konsumausgaben		
Private Haushalte und		
Private Organisationen o. E.	2,5	1,4
Staat	– 0,0	1,3
Bruttoanlageinvestitionen	3,0	– 4,1
Ausrüstungen	7,0	– 3,4
Bauten	– 0,5	– 5,7
Sonstige Anlagen	9,0	6,0
Vorratsveränderung u.a.		
(BIP-Wachstumsbeitrag)[3]	0,0	– 0,6
Inlandsnachfrage	2,5	– 0,5
Exporte	8,5	5,1
Importe	8,5	2,0
Außenbeitrag (BIP-Wachstumsbeitrag)[3]	0,0	1,1
Bruttoinlandsprodukt (real)	**2,75**	**0,6**
Preisentwicklung (1995 = 100)		
Konsumausgaben der Privaten Haushalte[4]	1,5	1,8
Inlandsnachfrage	1,5	1,3
Bruttoinlandsprodukt	1,0	1,3
Verteilung des Bruttonationaleinkommens		
(Inländerkonzept)		
Arbeitnehmerentgelte	3,0	1,9
Unternehmens- und Vermögenseinkommen	5,0	0,1
Volkseinkommen	3,5	1,4
Bruttonationaleinkommen	3,5	1,7
nachrichtlich (Inländerkonzept):		
Arbeitnehmer	1,5	0,2
Bruttolöhne- und -gehälter		
insgesamt	3,0	2,0
je Arbeitnehmer	1,5	1,8
Verfügbares Einkommen der		
privaten Haushalte	4,5	3,6
Sparquote in %[5]	10,0	10,1

1) bis 2001 vorläufige Ergebnisse des Statistischen Bundesamtes; VGR Stand: Januar 2002; Veränderungen im Projektionszeitraum gerundet
2) bezogen auf alle Erwerbspersonen
3) absolute Veränderung (Vorräte/Außenbeitrag) in Prozent des BIP des Vorjahres (= Beitrag zur Zuwachsrate des BIP)
4) Lebenshaltungspreise 2001: + 2,5 %; Lohnstückkosten 2001: + 2,1 %
5) Sparen in % des verfügbaren Einkommens der privaten Haushalte einschließlich betrieblicher Versorgungsansprüche

Quelle: Bundesminister für Wirtschaft: Jahreswirtschaftsbericht 2002, S. 114

Ziele der Wirtschaftspolitik

7.3.2.2 Hoher Beschäftigungsstand

Was bedeutet das Ziel „Hoher Beschäftigungsstand", wie wird es gemessen und inwieweit ist es verwirklicht?

Gegenstand: Der Gesetzgeber hat das beschäftigungspolitische Ziel nicht „Vollbeschäftigung", sondern „Hoher Beschäftigungsstand" genannt. Darin steckt sicher zum einen ein Stück Vorsicht, da Vollbeschäftigung eindeutig ist und somit gegebenenfalls eine mangelnde Zielerreichung offenkundig wäre; zum anderen verbirgt sich hinter der zurückhaltenden Formulierung aber auch die Einsicht, dass Vollbeschäftigung in dem Sinne, dass alle, die arbeiten wollen, auch Arbeit haben, d. h. eine Arbeitslosenquote von null, nicht erreichbar ist. Individuelle, saisonale, strukturelle und sonstige Gründe bedingen auch bei guter Arbeitsmarktlage einen gewissen Sockel an Arbeitslosigkeit. Selbst in den sechziger Jahren, als Arbeitskräftemangel herrschte und in größerer Zahl Gastarbeiter ins Land geholt wurden, wies die Arbeitsmarktstatistik stets einen nicht unbeträchtlichen Teil momentan Arbeitsloser aus. Im Jahre 1970 beispielsweise betrug die Zahl der offenen Stellen 795 000 und gleichzeitig die Zahl der Arbeitslosen 149 000.

Messung: Die Messung des Beschäftigungsstandes geschieht über die **Arbeitslosenquote.**[1] Diese Quote wird ermittelt als prozentualer Anteil der Arbeitslosen an der Zahl der abhängigen Erwerbspersonen.[2] Als Arbeitsloser im vorliegenden Sinne gilt, wer bei den Arbeitsämtern als arbeitslos registriert ist. Diese Zahl gibt kein völlig zuverlässiges Bild der tatsächlich Arbeitslosen, da einerseits etliche Arbeitssuchende nicht bei den Arbeitsämtern als arbeitslos geführt sind, z. B. weil sie sich in Umschulungsmaßnahmen befinden (versteckte Arbeitslosigkeit), und andererseits etliche gemeldete Arbeitslose – aus unterschiedlichen Gründen – nicht an einer Wiederbeschäftigung interessiert sind. Erwerbspersonen sind diejenigen, die Arbeit haben (selbstständige und abhängige Erwerbstätige), und die, die Arbeit suchen (Erwerbslose). Als abhängige Erwerbspersonen zählen also die abhängigen Erwerbstätigen und die Arbeitslosen.

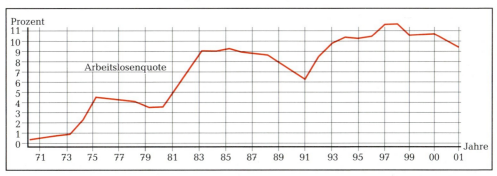

Realisierung: Wenn auch der Maßstab für hohen Beschäftigungsstand nicht eindeutig ist, so besteht doch Übereinstimmung darüber, dass das wirtschaftspolitische Ziel seit Mitte der siebziger Jahre nicht mehr verwirklicht ist. In ihrem ersten Jahreswirtschaftsbericht nach dem Inkrafttreten des Stabilitätsgesetzes gab die Bundesregierung als Zielprojektion eine jahresdurchschnittliche Arbeitslosenquote bis zu 0,8 % an (bei normalem Winterwetter). Diese Quote ist seit Mitte der siebziger Jahre ständig überschritten worden. Im internationalen Vergleich schneidet Deutschland in der Regel noch gut ab. Die deutsche Arbeitslosenquote betrug im Durchschnitt für die Jahre 1980 bis 1996

---

1 Vgl. zu Einzelheiten auch Kap. 10: Beschäftigung, Konjunktur und Wachstum
2 In der Jahresprojektion der Bundesregierung wird die Zahl *aller* Erwerbspersonen zugrunde gelegt.

Arbeitslosenquoten 2001	
USA	4,3
Japan	4,9
Großbritannien	5,3
Deutschland	7,8
EU	7,8
Frankreich	9,0
Italien	10,0

6,3 %, die durchschnittliche Arbeitslosenquote in der EU belief sich im gleichen Zeitraum auf 9,2 %.

Allerdings ist fraglich, ob die Arbeitslosenquote ein zutreffender oder der einzige Maßstab für die Beurteilung der Beschäftigungssituation, insbesondere der Beschäftigungspolitik, ist. Ein Blick in die Statistik zeigt, dass z.B. in den achtziger Jahren einerseits die Arbeitslosigkeit hoch war, andererseits jedoch eine beträchtliche Ausweitung der Beschäftigung stattfand. 1983 betrug in Westdeutschland die Zahl der Erwerbspersonen 28,6 Mio. und die Zahl der Erwerbstätigen 26,3; die Differenz von 2,3 Mio. ergibt die Zahl der Erwerbslosen. Von 1983 bis 1991 wurden 3 Mio. neue Arbeitsplätze geschaffen. Dies ist ohne Zweifel eine positive Entwicklung beim Beschäftigungsstand.

Jahr	Erwerbspersonen Mio.	Erwerbstätige Mio.	Erwerbslose Mio.
1983	28,6	26,3	2,3
1991	31,0	29,3	1,7
Veränderung	2,4	3,0	– 0,6

Bei gleich bleibender Erwerbspersonenzahl hätte rechnerisch im Jahre 1991 für alle Erwerbslosen ein Arbeitsplatz zur Verfügung gestanden; es hätte sich sogar ein Beschäftigtendefizit von 0,6 Mio. ergeben. Allerdings nahm in den achtziger Jahren die Zahl der arbeitssuchenden Erwerbspersonen ebenfalls stark zu, weil zum einen geburtenstarke Jahrgänge und zum anderen zahlreiche Aussiedler aus Osteuropa und der Sowjetunion und später auch Übersiedler aus der ehemaligen DDR auf den Arbeitsmarkt drängten. Der Erwerbslosensaldo sank daher nur relativ gering und die zunehmende Zahl der Arbeitsplätze führte nicht zu dem gewünschten Abbau der Arbeitslosigkeit.

7.3.2.3 Außenwirtschaftliches Gleichgewicht

Was bedeutet das Ziel „Außenwirtschaftliches Gleichgewicht", wie wird es gemessen und inwieweit ist es verwirklicht?

Gegenstand: Etwa ein Drittel des deutschen Bruttoinlandsprodukts wird exportiert; der Anteil der Importe am Bruttoinlandsprodukt beläuft sich auf ca. 30 Prozent. Diese – auch im internationalen Vergleich – hohe Außenverflechtung lässt erkennen, dass die außenwirtschaftlichen Beziehungen für die deutsche Volkswirtschaft von erheblicher Bedeutung sind und dass die wirtschaftliche Entwicklung nicht zuletzt von der außenwirtschaftlichen Position beeinflusst wird. Das Ziel „außenwirtschaftliches Gleichgewicht" hebt auf ein angemessenes Verhältnis von Exporten und Importen ab. Aus gesamtwirtschaftlicher Sicht sind auf Dauer weder Überschüsse noch Defizite wünschenswert. Ständige Überschüsse bedeuten u. a., dass Inländer Güter produzieren, die ihnen weder zum Verbrauch noch für Investitionen zur Verfügung stehen. Defizite müssen aus den Währungsreserven finanziert werden; stehen diese nicht ausreichend zur Verfügung, ergeben sich internationale Finanzierungs- und Verschuldungsprobleme.[1]

---

[1] Zu außenwirtschaftlichen Beziehungen allgemein, zur Zahlungsbilanz, zu Zahlungsbilanzungleichgewichten und zu internationalen Finanzierungsproblemen vgl. Kap. 9.

Ziele der Wirtschaftspolitik

Leistungsbilanz	Außenhandel	Warenhandel
		Dienstleistungen
	Erwerbs- und Vermögenseinkommen	
	Laufende Übertragungen	

Messung: Messgrundlage für die außenwirtschaftliche Situation ist die **Leistungsbilanz.** Darin sind enthalten die Handelsbilanz, die Dienstleistungsbilanz, die Bilanz der Erwerbs- und Vermögenseinkommen und die Bilanz der laufenden Übertragungen. Als Indikator für das außenwirtschaftliche Gleichgewicht verwendet die Bundesregierung den **Außenbeitrag,** genauer: den prozentualen Anteil des Außenbeitrages am Bruttoinlandsprodukt. Der Außenbeitrag ergibt sich aus den Salden von Handels- und Dienstleistungsbilanz.

Da die deutsche Übertragungsbilanz traditionell passiv ist, soll der Außenbeitrag in etwa so hoch sein, dass das Defizit der Übertragungsbilanz ausgeglichen werden kann. Leitlinie des Ziels „außenwirtschaftliches Gleichgewicht" ist also eine ausgeglichene Leistungsbilanz. Der Leistungsbilanzsaldo ist der umfassendste Ausdruck für den außenwirtschaftlichen Status eines Landes. Vor allem für internationale Vergleiche werden daher häufig die Anteile des Leistungsbilanzsaldos am Bruttoinlandsprodukt gegenübergestellt.

Realisierung: Die deutsche Leistungsbilanz weist zumeist Überschüsse in der Handelsbilanz und der Bilanz der Erwerbs- und Vermögenseinkommen auf; die Dienstleistungsbilanz ist in neuerer Zeit zumeist negativ. Die Bilanz der Übertragungen (darin sind u. a. die Überweisungen von Gastarbeitern in ihre Heimatländer, Beiträge zu internationalen Organisationen wie EU, UNO usw. enthalten) ist traditionell im Defizit. Der Außenbeitrag ist im Normalfall so hoch, dass das Defizit in der Übertragungsbilanz nicht nur ausgeglichen, sondern ein Überschuss in der Leistungsbilanz erwirtschaftet werden kann.

Der negative Leistungsbilanzsaldo zu Beginn der neunziger Jahre ist im Wesentlichen auf den Importsog aus den neuen Bundesländern nach der Wirtschafts-, Währungs- und Sozialunion am 1. Juli 1990 zurückzuführen.

Leistungsbilanz (Salden)		Mrd. EUR 2000
	Außenhandel	52,8
+	Dienstleistungen	− 44,7
=	**Außenbeitrag**	**8,1**
+	Erwerbs- und Vermögenseinkommen	− 1,2
+	Laufende Übertragungen	− 27,1
=	**Leistungsbilanz**	**− 20,3**

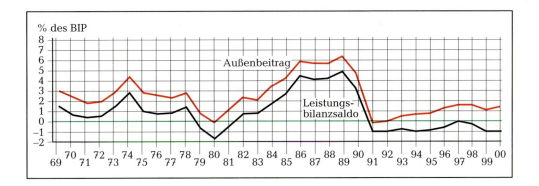

Außenwirtschaftliche Position (Leistungsbilanz in % des BIP)			
Land	1998	1999	2000
Deutschland	0	– 0,9	– 1,1
Frankreich	2,6	2,6	2,3
Italien	3,2	0,6	– 0,9
Großbritannien	– 0,6	– 1,2	– 1,5
USA	– 2,7	– 3,6	– 4,3
Japan	3,2	2,5	2,8

Im internationalen Vergleich stellt sich die außenwirtschaftliche Position Deutschlands im Regelfall günstig dar. Mit Ausnahme der durch die Wiedervereinigung bedingten Verwerfungen zu Beginn der neunziger Jahre weist die Leistungsbilanz einen positiven Saldo auf. Dieser Saldo ist zumeist höher als der vergleichbarer anderer Länder.

7.3.2.4 Stetiges und angemessenes Wirtschaftswachstum

Was bedeutet das Ziel „Stetiges und angemessenes Wirtschaftswachstum", wie wird es gemessen, inwieweit ist es verwirklicht und welche Probleme sind mit ihm verbunden?

Gegenstand: Stetigkeit des Wirtschaftswachstums bedeutet kontinuierlichen Zuwachs der wirtschaftlichen Leistung ohne heftige konjunkturelle Ausschläge. Weniger einfach zu beantworten ist die Frage, welche Wachstumsrate *angemessen* ist. Es stellt sich sogar die Frage, warum Wachstum überhaupt angestrebt werden soll. Nach heute vorherrschender Auffassung ist Wachstum kein eigenständiges Ziel der Wirtschaftspolitik. Es ist vielmehr eine mittelbare Größe, mit deren Hilfe sich andere Anliegen, wie Erhöhung des Lebensstandards und hoher Beschäftigungsstand, leichter verwirklichen lassen. Vor allem im Hinblick auf die Beschäftigungslage erscheint ein Wachstum notwendig, das den Beschäftigungsabbau infolge des Produktivitätszuwachses ausgleicht. Auch eine gerechtere Einkommensverteilung ist bei wirtschaftlichem Wachstum konfliktfreier zu erreichen, da es leichter ist, Zuwächse zu verteilen als Vorhandenes umzuverteilen. Insofern ist die Notwendigkeit von Wirtschaftswachstum ebenso wie seine „Angemessenheit" in dem Beitrag zur Verwirklichung anderer Ziele zu sehen.

Messung: Indikator für das Wirtschaftswachstum ist die jährliche Zuwachsrate des realen Bruttoinlandsprodukts. Das Bruttoinlandsprodukt gibt den Wert aller in einer Wirtschaftsperiode erstellten Güter (Waren und Dienstleistungen) an. Die Erfassung

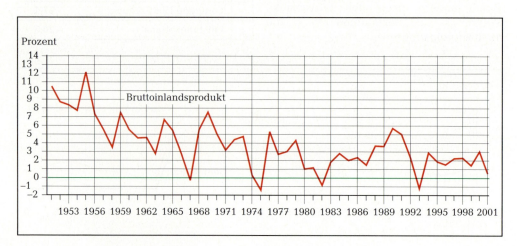

Ziele der Wirtschaftspolitik 221

geschieht mit den Marktpreisen der Güter („in jeweiligen Preisen"). In diesem nominalen Inlandsprodukt sind auch Preissteigerungen enthalten. Werden diese herausgerechnet, ergibt sich das reale Bruttoinlandsprodukt.

Realisierung: Die in den Jahreswirtschaftsberichten des Bundeswirtschaftsministers enthaltenen Zielvorstellungen der Bundesregierung für das Wachstum der Wirtschaft lagen in den siebziger Jahren bei 4% und in den achtziger Jahren zwischen 2% und 2,5%. Wichtigste Begründung für Wirtschaftswachstum war dabei die Sicherung einer ausreichenden Beschäftigungslage.

Im internationalen Vergleich besitzt Deutschland in der jüngeren Vergangenheit nur noch mittlere Wachstumsraten. Dennoch gehört es zusammen mit den USA und Japan zu den Ländern, deren Wirtschaftswachstum besonders aufmerksam verfolgt wird. Wegen der Größe dieser Volkswirtschaften und des Ausmaßes ihrer internationalen Verflechtung ist die wirtschaftliche Entwicklung in diesen drei Ländern von besonderer Bedeutung für die weltwirtschaftliche Entwicklung.

Wirtschaftswachstum			
Land	1998	1999	2000
Deutschland	2,6	1,6	3,0
Japan	0,4	0,2	1,4
Frankreich	3,0	2,9	3,3
Italien	2,4	1,4	2,9
USA	2,5	4,3	5,1
Großbritannien	1,9	2,2	3,1

■ Zur Problematik des Ziels „Wirtschaftswachstum"

Während die drei erstgenannten wirtschaftspolitischen Ziele sowohl national als auch international weitgehend unumstritten sind, hat sich in der jüngeren Vergangenheit bei der Bewertung des Wachstums ein Wandel vollzogen. Ein wesentlicher Auslöser der Wachstumskritik war der 1972 erschienene Bericht des CLUB OF ROME über die „Grenzen des Wachstums". Bedenken sind vor allem gegen ein zu sehr quantitativ orientiertes Wachstumsverständnis geäußert worden. Nicht zuletzt aufgrund des Wirtschaftswachstums hat der Verbrauch an Boden so stark zugenommen, dass allenthalben von „zersiedelter" und „zubetonierter" Landschaft gesprochen wird. Der hohe Lebensstandard der derzeitigen Generationen in den Industrieländern ist mit einer so hohen Ausbeutung der Rohstoffe und Bodenschätze erkauft worden, dass die nachfolgenden Generationen von ihrer

„Die Erde gehört nicht uns – wir haben sie nur von unseren Kindern geliehen."

Ziele des Stabilitätsgesetzes	
Ziel	Messgröße
Stabilität des Preisniveaus	Lebenhaltungskostenindex aller privaten Haushalte (Inflationsrate)
Hoher Beschäftigungsstand	Arbeitslosenquote: $= \dfrac{\text{Zahl der registrierten Arbeitslosen}}{\text{Zahl der Erwerbspersonen}} \times 100$
Stetiges und angemessenes Wirtschaftswachstum	Jährliche Veränderungsrate des realen Bruttoinlandsprodukts
Außenwirtschaftliches Gleichgewicht	Außenbeitrag in Prozent des Bruttoinlandsprodukts

Nutzung ganz oder teilweise ausgeschlossen sind. Neben dieser Umweltzerstörung ist auch eine zunehmende Umweltverderbnis durch Luftverunreinigung, Wasserverschmutzung, Lärmerzeugung, Abfallanhäufung usw. zu verzeichnen. Diese Entwicklung führt dazu, dass zunehmend an die Stelle eines quantitativ verstandenen Wachstums die Vorstellung von **qualitativem Wachstum** tritt, bei dem die wirtschaftlichen Aktivitäten stärker in Bereiche gelenkt werden, die umweltneutral sind oder – wie umweltfördernde Investitionen – das Ausmaß der Umweltschädigung mindern.

- Die wirtschaftspolitischen Ziele des Stabilitätsgesetzes sind:
  - Stabilität des Preisniveaus
  - Hoher Beschäftigungsstand
  - Außenwirtschaftliches Gleichgewicht
  - Stetiges und angemessenes Wirtschaftswachstum
- Stabilität des Preisniveaus bedeutet Erhaltung des Geldwertes und wird mit Hilfe des Lebenshaltungskostenindex aller privaten Haushalte ermittelt.
- Hoher Beschäftigungsstand bedeutet eine möglichst geringe Zahl von Arbeitslosen. Zur Messung wird die Arbeitslosenquote verwendet, die den Anteil der registrierten Arbeitslosen an der Zahl der abhängigen Erwerbspersonen angibt.
- Außenwirtschaftliches Gleichgewicht liegt vor, wenn ein angemessenes Verhältnis zwischen Exporten und Importen besteht. Messgröße ist der Außenbeitrag. Als angemessen gilt, wenn der Außenbeitrag in etwa die Verpflichtungen aus dem internationalen Übertragungsverkehr abdeckt.
- Das Wirtschaftswachstum wird durch die jährliche Veränderungsrate des realen Bruttoinlandsprodukts gemessen. Wirtschaftswachstum gilt heute nicht mehr als eigenständiges Ziel. Es dient der Unterstützung anderer Ziele (Beschäftigung, Einkommensverteilung usw.).
- In neuerer Zeit ist vor allem aus Umweltgründen erhebliche Kritik am Wachstumsziel geäußert worden.

7.3.3 Weitere Zielsetzungen

Neben den Zielen des Stabilitätsgesetzes werden in der wirtschaftspolitischen Diskussion noch weitere Zielsetzungen genannt. Die beiden am häufigsten genannten Ziele sind Verteilungsgerechtigkeit und Umweltschutz. Im Gegensatz zu den bisher erörterten **quantitativen Zielen** handelt es sich hierbei um **qualitative Ziele.** Sie sagen zwar etwas aus über die angestrebte Zielrichtung, können jedoch weder hinsichtlich des angestrebten Zustands noch der erreichten Situation in messbaren Größen angegeben werden.

7.3.3.1 Verteilungsgerechtigkeit

> Wann ist die Verteilung von Einkommen und Vermögen „gerecht"?

In einem allgemeinen Verständnis bezieht sich **„Verteilungsgerechtigkeit"** auf alle Sachverhalte, die in einer Volkswirtschaft einer irgendwie gearteten Verteilung unterliegen. Dazu gehören u. a. Arbeit, Wohnung, Geld. In der Regel beziehen sich jedoch sowohl verteilungstheoretische Überlegungen als auch verteilungspolitische Maßnahmen auf die Verteilung von Einkommen und Vermögen.[1]

Nach dem Gesetz zur Bildung eines **Sachverständigenrates zur Begutachtung der gesamtwirtschaftlichen Entwicklung** von 1963 soll neben dem gesamtwirtschaftlichen Gleichgewicht und den vier Zielgrößen des Stabilitätsgesetzes auch die „Bildung und Verteilung von Einkommen und Vermögen" beachtet werden. Insoweit ist Verteilungsgerechtigkeit auch eine gesetzlich verankerte Zielvorstellung.

> § 2 Der Sachverständigenrat soll in seinen Gutachten die jeweilige gesamtwirtschaftliche Lage und deren absehbare Entwicklung darstellen. ... In die Untersuchung sollen auch die Bildung und die Verteilung von Einkommen und Vermögen einbezogen werden.
> *Gesetz über die Bildung eines Sachverständigenrates zur Begutachtung der gesamtwirtschaftlichen Entwicklung* vom 14.08.1963

Eine Auseinandersetzung mit dem Ziel „Verteilungsgerechtigkeit" erfordert drei Schritte:
- Bestimmung von Maßstäben für eine „gerechte" Verteilung von Einkommen und Vermögen
- Messung der bestehenden Verteilung von Einkommen und Vermögen
- Beurteilung der vorgefundenen Verteilung anhand der Maßstäbe

■ Maßstäbe für eine „gerechte" Verteilung

Die Schwierigkeiten des Ziels „Verteilungsgerechtigkeit" liegen vor allem in der Antwort auf die Frage, wie die Verteilung von Einkommen und Vermögen beschaffen sein sollte, um als gerecht bezeichnet werden zu können.

Als Maßstäbe stehen grundsätzlich zwei Prinzipien zur Verfügung: Verteilung nach Leistung **(Leistungsprinzip)** und Verteilung nach sozialen Gesichtspunkten **(Bedarfsprinzip)**.[2] Verteilungspolitisch geht es dabei weniger um die Frage, welches der beiden Prinzipien zum Zuge kommen soll, sondern wie sie miteinander kombiniert werden sollen. Konkret: wie stark das Leistungsprinzip und wie stark das Bedarfsprinzip am Endeinkommen beteiligt sein soll.

Das Problem ist keineswegs neu. Bereits das biblische Gleichnis von den Arbeitern im Weinberg hat die Abwägung zwischen Leistungsbemessung und sozialer Einkommensbestimmung zum Gegenstand.

■ Messung der Verteilung von Einkommen und Vermögen

Die Messung der **Einkommensverteilung** ist trotz nach wie vor unzulänglichen Zahlenmaterials in begrenztem Umfange möglich. Allerdings liegen Angaben nur in Form von Durchschnittswerten vor. Über die tatsächliche Verteilung sagen Durchschnittswerte jedoch wenig aus.

Aussagen über die **Vermögensverteilung** sind noch schwieriger, da zum einen keine kontinuierlichen Statistiken hierüber geführt werden und zum anderen erhebliche Bewertungsprobleme (z. B. bei Haus- und Grundbesitz, Schmuck usw.) bestehen.

---

1 Aspekte der Einkommensverteilung werden ausführlich in Kapitel 11: „Einkommensverteilung" behandelt. Daher werden hier nur einige allgemeine Hinweise gegeben.
2 Zu diesen Verteilungskriterien vgl. ausführlich Kap. 11.

> „Die privaten Haushalte ... sind heute im Durchschnitt als wohlhabend zu bezeichnen. Freilich bestehen dabei mehr oder weniger große Unterschiede von Haushalt zu Haushalt; mangels entsprechender Informationen lässt sich die Schwankungsbreite des Haushaltsvermögens allerdings nicht genauer belegen. ...
> ... ergibt sich für die westdeutschen privaten Haushalte im engeren Sinne Ende 1992 – rein rechnerisch – ein durchschnittliches Geldvermögen im Betrag von 110.000 DM pro Haushalt. Wie eingangs angedeutet, liegen keine ausreichenden Informationen vor, die es ermöglichen, die Streuung der individuellen Geldvermögens um diesen Durchschnittsbetrag zu bestimmen
> *Monatsberichte der Deutschen Bundesbank, 1993, H. 10, S. 19 ff.*

Aussagen über die tatsächliche Verteilung der Einkommen basieren u. a. auf der sogenannten **Lohnquote**, d. h. dem Anteil der Löhne am gesamten Volkseinkommen,[1] der **Lorenzkurve** und dem **Gini-Koeffizienten**.[2]

■ Beurteilung der vorgefundenen Verteilung

Bei der Beurteilung der vorgefundenen Verteilung geht es letztlich darum, ob die Verteilung, so wie sie besteht, gerecht ist, oder wie sie geändert werden müsste, um gerecht zu sein. Eine solche Beurteilung ist nicht in wertneutraler Weise möglich; sie wird je nach politischer, sozialer, religiöser oder sonstiger Grundüberzeugung des Beurteilenden anders ausfallen.

7.3.3.2 Umweltschutz

Welchen Beitrag kann die Wirtschaftspolitik zum Umweltschutz leisten?

Die Umwelt ist Lebensgrundlage der Menschen. Ihr Erhalt ist daher unverzichtbar. Produktion und Verwendung von Gütern sind jedoch oft mit Umweltbelastungen, Umweltschädigungen oder gar Umweltzerstörungen verbunden. **Umweltschutz** ist Aufgabe jedes Wirtschaftssubjekts. Durch die Rolle, die dem Staat in der Sozialen Marktwirtschaft zukommt, ist er in

> **Artikel 20a**
> Der Staat schützt auch in Verantwortung für die künftigen Generationen die natürlichen Lebensgrundlagen im Rahmen der verfassungsmäßigen Ordnung durch die Gesetzgebung und nach Maßgabe von Gesetz und Recht durch die vollziehende Gewalt und die Rechtsprechung.
> *Grundgesetz für die Bundesrepublik Deutschland*

> „Aber gibt es nichts, was als Eigentum betrachtet werden muss, außer dem, was produziert wird? Gibt es nicht die Erde selbst, die Wälder und das Wasser und all die anderen natürlichen Reichtümer über und unter der Erde? Das ist das Erbe der ganzen Menschheit und es muss Regeln für den allgemeinen Umgang mit ihnen geben. Mit welchen Rechten und unter welchen Bedingungen der Einzelne einen Teil dieses allgemeinen Erbes in Anspruch nehmen kann, kann nicht ungeregelt bleiben. Keine andere Aufgabe der Regierung als die Regulierung dieser Dinge kann ihr weniger freigestellt werden oder vollständiger mit der Idee der zivilisierten Menschheit verbunden sein."
> *John Stuart Mill: Principles of Political Economy (1848).* Zit. n. Schlecht, O.: Grundlagen und Perspektiven der Sozialen Marktwirtschaft. – Tübingen, 1990, S. 3

---

1 Zur Lohnquote vgl. auch die Aussagen zur Verteilungsrechnung innerhalb der Volkswirtschaftlichen Gesamtrechnung in Kap. 2.
2 Vgl. hierzu ausführlicher die Messung der Einkommensverteilung in Kap. 11.

besonderer Weise zum Schutz der Umwelt aufgerufen, da der Markt diese Aufgaben nicht erfüllen kann. Ein solches Verständnis staatlicher Aufgaben ist keineswegs neu, sondern findet sich zum Teil schon bei den Klassikern der Nationalökonomie.

Das **Verhältnis von Ökonomie und Ökologie**[1] wird vielfach als ein Gegensatz begriffen. Andererseits wird zu Recht betont, dass eine „Versöhnung" notwendig sei, da beide Bereiche unverzichtbare Aspekte menschlichen Daseins sind.

Neben globalen Prozessen wie der Entwicklung der Weltbevölkerung und der weltweit zunehmenden Industrialisierung sind vor allem die vielfältigen wirtschaftlichen Aktivitäten der einzelnen Wirtschaftssubjekte bei der Güterherstellung und der Güternutzung für die Zerstörung und Schädigung der Umwelt verantwortlich. Daher ist ein umfassender Umweltschutz auch nicht allein durch staatliche Maßnahmen zu erreichen. Notwendig ist ein entsprechendes Bewusstsein und Verhalten bei jedem Einzelnen.

> Vor allem ein Faktor muss bei der Umweltschädigung durch wirtschaftliches Handeln genannt werden: die Verfügbarkeit von Umwelt und Natur weitgehend zum Nulltarif. Weder in privaten Haushaltsrechnungen noch in betrieblichen Kostenrechnungen oder in volkswirtschaftlichen Gesamtrechnungen erscheinen bisher Verbrauch und Belastung von Umwelt als nennenswerter Kostenfaktor. Der Autofahrer beispielsweise nimmt die Natur für die Entsorgung des Lärms, der Abgase usw. kostenlos in Anspruch. Kosten entstehen erst, wenn – freiwillig oder erzwungen – spezifische Investitionen (z. B. Katalysator) getätigt werden. Da also Umweltschädigung in aller Regel keinen Preis hat, kann der Preismechanismus nicht funktionieren. Das bedeutet, dass Umweltschutz – zumindest derzeit – auch nicht vom marktwirtschaftlichen System allein her bewältigt werden kann, sondern dass der Staat zum Eingreifen aufgefordert ist. Hierfür stehen dem Staat hoheitliche, ökonomische und erzieherische Maßnahmen zur Verfügung.

Durch **hoheitliche Maßnahmen** (Gesetze, Verordnungen usw.) kann der Staat Gebote und Verbote erlassen, wie sie beispielsweise in den gesetzlichen Regelungen zur Luftreinhaltung, zur Abfallbewirtschaftung, zur Wassergüte usw. enthalten sind.

> Eine mit dem marktwirtschaftlichen System konforme Maßnahme wäre, für Umweltverbrauch Entgelte zu erheben und eine Kostenzuweisung nach dem **Verursacherprinzip** vorzunehmen. Weitere mögliche Maßnahmen sind Vorschriften zum Recycling und die Einrichtung von **Umweltbehörden** (wie z. B. dem 1974 gegründeten Umweltbundesamt). Zur Durchsetzung bzw. Finanzierung dieser Maßnahmen kann der Staat **Umweltstrafen** verhängen, **Umweltabgaben** erheben, allgemeine oder spezifische **Umweltsteuern** (Öko-Steuern) einführen oder auch **Umweltlizenzen** vergeben. Umweltlizenzen enthalten das käufliche Recht zum Verbrauch von Umwelt. Wenn beispielsweise eine gewisse Menge CO_2 pro Jahr als umweltverträglich angesehen wird, kann der Staat Emissionsrechte für diese Menge in Form von Anteilen verkaufen. Dadurch wird zum einen Umweltverbrauch zu einem Kostenfaktor und zum anderen – wenn das System durch Überwachung funktionsfähig ist – sichergestellt, dass die Gesamtemission den als

	Umweltschutz	
Maßnahmen	**Gegenstände**	**Instrumente**
Hoheitliche Maßnahmen	• Gebote und Verbote • Kostenzuweisung nach dem Verursacherprinzip • Recycling • Umweltbehörden	• Umweltstrafen • Umweltabgaben • Umweltsteuern • Umweltlizenzen
Ökonomische Maßnahmen	Subventionierung umweltverträglicher Produkte und Produktionsverfahren	Steuervergünstigungen Abschreibungserleichterungen Zuschüsse
Erzieherische Maßnahmen	Förderung der Umwelterziehung zur Heranbildung eines allgemeinen Umweltbewusstseins	

---

1 Zum Verhältnis von Ökonomie und Ökologie vgl. ausführlich Kap. 12.

verträglich angesehenen Umfang nicht überschreitet. Betriebe, die z.B. durch Umweltinvestitionen ihren ursprünglichen Schadstoffausstoß vermindern, können die dann nicht mehr benötigten Umweltlizenzen wieder verkaufen und sparen dadurch Kosten ein.

Ökonomische Maßnahmen des Staates umfassen die breite Palette der Subventionierung umweltverträglicher Produkte und Produktionsverfahren. Der Staat kann hierfür Steuervergünstigungen, Abschreibungserleichterungen oder auch direkte Zuschüsse gewähren.

Erzieherische Maßnahmen des Staates dienen einer umfassenden Förderung der Umwelterziehung durch Heranbildung eines allgemeinen Umweltbewusstseins. Dies kann beispielsweise angestrebt werden durch Einbezug der Umwelterziehung in die Lehrpläne der Schulen, durch Werbekampagnen usw. Hoheitliche und ökonomische Maßnahmen des Staates können langfristig das Problem des Umweltschutzes nur unzureichend lösen; auf Dauer und nachhaltig können Umwelt und Natur nur ausreichend geschützt werden, wenn bei jedem einzelnen Bürger ein persönliches Umweltbewusstsein vorhanden ist.

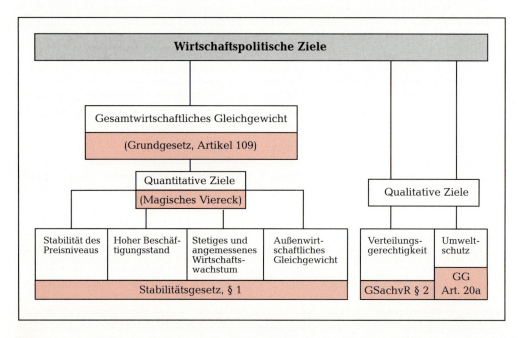

- Weitere wirtschaftspolitische Zielsetzungen sind vor allem Verteilungsgerechtigkeit und Umweltschutz; hierbei handelt es sich um qualitative Ziele.

- Die gerechte Verteilung von Einkommen und Vermögen ist eine allgemeine Zielvorstellung. Sie kann nicht in messbaren Größen ausgedrückt werden, da keine objektiven Anhaltspunkte dafür bestehen, welche Verteilung als gerecht anzusehen ist.

- Staatliche Wirtschaftspolitik hat die Aufgabe, Ökonomie und Ökologie nach Möglichkeit in Einklang zu bringen. Dem Staat stehen hierfür hoheitliche, ökonomische und erzieherische Maßnahmen und entsprechende Instrumente zur Verfügung.

7.4 Zielbeziehungen

> Welche Beziehungen bestehen zwischen den wirtschaftspolitischen Zielen?

Das Stabilitätsgesetz verlangt „gleichzeitige" Verfolgung seiner Ziele. Dies ist für die praktische Wirtschaftspolitik vor allem aus zwei Gründen schwierig. Zum einen stehen alle Ziele untereinander in einer Wechselbeziehung, sodass ein bestimmter Eingriff auf irgendeine Weise alle Ziele berührt, was zu einem kaum noch überschaubaren Wirkungsgefüge führt. Zum anderen bestehen zwischen den Zielen unterschiedliche Beziehungen: es kann eine Zielharmonie oder ein Zielkonflikt vorliegen.

Zielharmonie liegt vor, wenn eine bestimmte wirtschaftspolitische Maßnahme zwei oder mehreren Zielen gleichzeitig dient.

Beispiel

Zielharmonie besteht zwischen den Zielen „Wachstum" und „hoher Beschäftigungsstand". Wenn der Staat z. B. ein Konjunkturprogramm auflegt und es über Kreditaufnahme finanziert, erhöht sich im Umfang des Konjunkturprogramms die gesamtwirtschaftliche Nachfrage. Die Mehrnachfrage erhöht das Wirtschaftswachstum und schafft zusätzliche Arbeitsplätze.

Zielkonflikt (Zielkonkurrenz) liegt vor, wenn eine Maßnahme einem wirtschaftspolitischen Ziel dient, aber gleichzeitig einem anderen Ziel abträglich ist. Die Förderung des einen Ziels geht also auf Kosten eines anderen Zieles.

Beispiel

Ein Zielkonflikt besteht zwischen „Wachstum" und „Umweltschutz". Ein weiterer, geradezu klassischer Zielkonflikt besteht zwischen den Zielen „Stabilität des Preisniveaus" und „Hoher Beschäftigungsstand". Dies zeigt sich, wenn das zuvor gewählte Beispiel eines kreditfinanzierten Konjunkturprogramms hinsichtlich seiner Auswirkungen auf die Geldwertstabilität untersucht wird. Der kurzfristig erhöhten Mehrnachfrage steht zunächst ein unverändertes Angebot gegenüber, da die Unternehmen eine gewisse Zeit brauchen, bis sie ihre Produktionsmengen der höheren Nachfrage angepasst haben. Das bestehende Ungleichgewicht zwischen Nachfrage und Angebot führt – zumindest bis zur Anpassung der Produktion an die gestiegene Nachfrage – zu Preissteigerungen; erfahrungsgemäß bleiben diese aber auch nach einer Erhöhung der Produktion teilweise erhalten. Das Konjunkturprogramm dient also der Beschäftigung, gefährdet aber die Geldwertstabilität. Die Wirtschaftspolitik muss also abwägen, welchem Ziel sie momentan einen höheren Stellenwert beimessen will.

Zielharmonie	Eine bestimmte wirtschaftspolitische Maßnahme dient mehreren Zielen gleichzeitig.
Zielkonflikt	Eine bestimmte wirtschaftspolitische Maßnahme dient einem Ziel, schadet aber einem anderen Ziel.

Eine auch empirisch überprüfbare Darstellung des Konflikts zwischen Geldwertstabilität und Beschäftigung stellt die PHILLIPS-Kurve dar.[1] In ihrer ursprünglichen Form stellte sie einen Zusammenhang zwischen Lohnsteigerungsrate und Arbeitslosenquote

---

[1] 1958 veröffentlichte der Engländer A.W. PHILLIPS eine empirisch ermittelte Beziehung zwischen der Lohnsteigerungsrate und der Arbeitslosenquote.

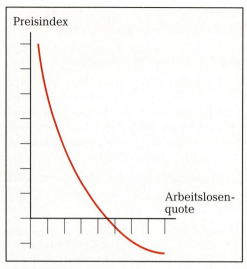

PHILLIPS-Kurve

her. Sie wies dabei einen negativen Zusammenhang aus. Bei höherer Arbeitslosigkeit fanden sich geringere Lohnsteigerungsraten und umgekehrt bei geringerer Arbeitslosigkeit höhere Lohnsteigerungen. Später wurde die Lohnsteigerungsrate durch die Preissteigerungsrate ersetzt (sogenannte modifizierte PHILLIPS-Kurve); der empirische Zusammenhang blieb dabei erhalten. Es zeigte sich, dass bei hohen Preissteigerungsraten die Arbeitslosenquote niedriger und umgekehrt bei geringen Preissteigerungsraten die Arbeitslosenquote höher ist. Die PHILLIPS-Kurve konnte – in unterschiedlichen Varianten – für etliche Volkswirtschaften empirisch bestätigt werden. Allerdings handelt es sich hierbei lediglich um einen statistischen Zusammenhang, nicht um ein Ursache-Wirkungs-Verhältnis.

Das Stabilitätsgesetz setzt bei der Erreichung der Ziele keine Prioritäten. Auch in der allgemeinen wirtschaftspolitischen Diskussion wird zwar häufig dem Ziel „Hoher Beschäftigungsstand" eine besondere Rolle eingeräumt, eine eindeutige Rangfolge der Ziele besteht jedoch nicht. Es herrscht die Meinung vor, dass im Konfliktfall dem Ziel, das momentan am meisten gefährdet ist, bei wirtschaftspolitischen Maßnahmen Vorrang einzuräumen ist.

- Zwischen den wirtschaftspolitischen Zielen bestehen vielfältige und zum Teil gegensätzliche Beziehungen.
- Zielharmonie liegt vor, wenn eine bestimmte wirtschaftspolitische Maßnahme zwei oder mehreren Zielen gleichzeitig dient.
- Zielkonflikt liegt vor, wenn eine bestimmte wirtschaftspolitische Maßnahme einem Ziel dient, aber gleichzeitig einem anderen Ziel abträglich ist.

Aufgaben zum Üben und Vertiefen

1 Nennen und erläutern Sie drei Teilbereiche der Wirtschaftspolitik.

2 Nennen Sie Träger der Wirtschaftspolitik und erläutern Sie deren Instrumente.

3 Nennen Sie die wichtigsten Quellen für die Ziele staatlicher Wirtschaftspolitik.

4 Wie lautet das Leitziel für wirtschaftspolitisches Handeln?

Aufgaben zum Üben und Vertiefen 229

5 Sowohl im Grundgesetz als auch im Stabilitätsgesetz ist das Ziel „Gesamtwirtschaftliches Gleichgewicht" genannt. Erläutern Sie diese Zielvorgabe.

6 Der nachstehende Text stammt aus einem Jahreswirtschaftsbericht des Bundesministers für Wirtschaft. Erläutern Sie die Aussagen.

> „Aus diesen Annahmen der Jahresprojektion für die nominale Entwicklung des gesamtdeutschen Bruttoinlandsprodukts und seiner Preiskomponenten ergibt sich im Jahresdurchschnitt 19.. für Gesamtdeutschland insgesamt ein *reales Wachstum des Bruttoinlandsprodukts von gut 2 %*."

7 Der nachstehende Text stammt aus einem Jahreswirtschaftsbericht des Bundesministers für Wirtschaft. Erläutern Sie diesen Text im Hinblick auf die darin enthaltenen Aussagen zum Zusammenhang von Wirtschaftswachstum, Arbeitsplätzen und Produktivität.

> „Das knapp den Annahmen der Jahresprojektion entsprochene Wirtschaftswachstum (von 1,9 %) ging insgesamt mit einer Reduzierung der Erwerbstätigkeit um rd. 560 Tsd. oder 1,5 % entsprechend der Untergrenze der Projektion (– 1,5 bis – 2 %) einher. Die Produktivität, hier ausgedrückt als Bruttoinlandsprodukt je Erwerbstätigen, nahm danach mit 3,5 % (Jahresprojektion: 4 bis 4,5 %) schwächer als vorausgeschätzt zu."

8 Geben Sie für die im Stabilitätsgesetz genannten wirtschaftspolitischen Ziele jeweils den Gegenstand und die Messgröße an. Prüfen Sie für jedes Ziel, ob es derzeit als erreicht angesehen werden kann.

9 Erläutern Sie, warum die im Stabilitätsgesetz aufgeführten Ziele auch „magisches Viereck" genannt werden!

10 Begründen Sie, warum eine Orientierung an der Arbeitslosenquote kein vollständiges Bild über den Erfolg staatlicher Beschäftigungspolitik bieten kann.

11 Erläutern Sie die Messgröße „Außenbeitrag" und geben Sie an, warum in Deutschland in der Regel ein positiver Außenbeitrag notwendig ist, um eine ausgeglichene Leistungsbilanz zu erreichen.

12 Das Ziel „Wirtschaftswachstum" wird heute zumeist nicht mehr als eigenständiges Ziel staatlicher Wirtschaftspolitik gesehen. Erläutern Sie diese Sichtweise im Rahmen der Gesamtproblematik von Wirtschaftswachstum. Gehen Sie dabei auch auf den Begriff „qualitatives Wachstum" ein.

13 a) Welche wirtschaftspolitischen Ziele werden in dem nachfolgenden Zeitungsausschnitt angesprochen?

b) Begründen Sie die Haltung der Zentralbank und erläutern Sie die Wirkungsweise der getroffenen Maßnahme.

c) Erläutern Sie die in der Nachricht enthaltenen Beziehungen zwischen den Zielen.

> **EZB erhöht Zinsen**
> FRANKFURT (...) – Das anfängliche Verständnis für die Zinserhöhung der EZB ist im In- und Ausland der wachsenden Sorge um die konjunkturellen Folgen gewichen. Während die Zentralbank die Maßnahme wegen der in ihren Augen bestehenden Inflationsgefahr als notwendig betrachtet, haben mittelständische Wirtschaft und IG Metall den Zinsschritt scharf kritisiert. Als Folge werden Firmenpleiten, wachsende Arbeitslosigkeit und Verlangsamung des Aufschwungs in Ostdeutschland befürchtet.

14 Stellen Sie die Schwierigkeiten dar, die sich für eine eindeutige Formulierung und für eine messbare Nachprüfbarkeit des Ziels „Verteilungsgerechtigkeit" ergeben.

15 Erläutern Sie die Notwendigkeit eines staatlichen Schutzes der Umwelt und stellen Sie die Möglichkeiten des Staates dar.

16 Nennen und erläutern Sie die Arten von Beziehungen, die zwischen wirtschaftspolitischen Zielen bestehen, und geben Sie je zwei Beispiele an.

17 Welche Zusammenhänge zwischen wirtschaftspolitischen Zielen drücken die beiden nachfolgenden Abbildungen aus? Erläutern Sie den jeweiligen Zusammenhang an einem Beispiel!

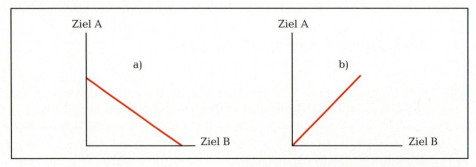

18 Einer Tageszeitung war die nebenstehende Nachricht zu entnehmen.

Diskutieren Sie diese Meldung vor allem im Hinblick auf wirtschaftspolitische Ziele!

> **Bauvorhaben gefährdet**
> BONN (...) Scharfe Kritik an der Umweltschutzbewegung hat der Vorsitzende der Gewerkschaft Bau, Steine, Erden geäußert. Die Umweltbewegung sei inzwischen so weit, dass oftmals Bauvorhaben gefährdet seien.

8 Geldtheorie und Geldpolitik

8.1	**Grundlagen der Geldtheorie und Geldpolitik**
8.1.1	Begriff und Funktionen des Geldes
8.1.2	Formen und Arten des Geldes
8.1.3	Geldmengen
8.1.4	Währungssysteme
8.2	**Binnenwert des Geldes**
8.2.1	Kaufkraft des Geldes
8.2.2	Kaufkraft des Lohnes und Lebensstandard
8.2.3	Messung des Binnenwertes
8.2.3.1	Lebenshaltungskostenindex
8.2.3.2	Harmonisierter Verbraucherpreisindex (HVPI)
8.3	**Geldwertschwankungen**
8.3.1	Inflation
8.3.1.1	Begriff „Inflation"
8.3.1.2	Inflationsarten
8.3.1.3	Inflationsursachen
8.3.1.4	Formen importierter Inflation
8.3.1.5	Inflationsfolgen
8.3.2	Deflation
8.4	**Geldentstehung und Geldverkehr**
8.4.1	Geldproduzenten
8.4.2	Geldschöpfung
8.4.2.1	Geldschöpfung der Zentralbank
8.4.2.2	Geldschöpfung der Geschäftsbanken
8.4.2.3	Ableitung des Geldschöpfungsmultiplikators
8.4.3	Kreditmarkt, Geldmarkt, Kapitalmarkt
8.4.4	Geldangebot und Geldnachfrage
8.5	**Europäische Währungsunion (EWU)**
8.5.1	Ziele und Entwicklung der Europäischen Währungsunion
8.5.2	Institutionen der Europäischen Währungsunion
8.5.2.1	Europäisches System der Zentralbanken (ESZB) und Europäische Zentralbank (EZB)
8.5.2.2	Deutsche Bundesbank
8.5.3	Wechselkursmechanismus II (WKM II)
8.6	**Geldpolitik der Europäischen Zentralbank (EZB)**
8.6.1	Grundlagen der Geldpolitik
8.6.2	Geldpolitische Instrumente der EZB
8.6.2.1	Offenmarktgeschäfte
8.6.2.2	Ständige Fazilitäten
8.6.2.3	Mindestreserve

Mit Geld bist du ein Drache – Ohne Geld ein Wurm *Japanisches Sprichwort*	Geld ist Macht. Kein Geld – Macht nix. *Unbekannt*

In modernen Volkswirtschaften hat Geld eine überragende Bedeutung. Es besitzt bei weitem nicht nur einen neutralen, instrumentellen Charakter als Mittel, das den Austausch von Gütern erleichtert. Durch seine Einschaltung in nahezu alle wirtschaftlichen Aktivitäten entfaltet es auch eine Eigendynamik. Monetäre Größen wie Geldmenge und Zins beeinflussen ihrerseits die realen wirtschaftlichen Vorgänge und Entwicklungen. Darüber hinaus besitzt Geld auch eine beachtliche psychologische Bedeutung.

8.1 Grundlagen der Geldtheorie und Geldpolitik

Die Wirtschaftslehre unterscheidet zwischen Geldtheorie und Geldpolitik. Die **Geldtheorie** ist Teil der Wirtschaftstheorie und beschäftigt sich mit den Geldfunktionen, den Bedingungen von Geldnachfrage und Geldangebot sowie mit der Bedeutung des Geldes in gesamtwirtschaftlichen Zusammenhängen. Die **Geldpolitik** ist Teil der Wirtschaftspolitik und behandelt Ziele, Träger und Instrumente der Geldpolitik.

Die Bezeichnungen **Geld** und **Währung** werden oftmals synonym gebraucht.[1] Insofern hat „Währung" zwei Bedeutungen:

- Währung im Sinne von Geld, das in einer Volkswirtschaft in Umlauf ist **(Währungsgeld)**.
- Währung als Bezeichnung für die Geldordnung eines Landes; d. h. die Gesamtheit aller Gesetze und sonstigen Regelungen, die das Geld- und Zahlungswesen eines Landes bestimmen.

8.1.1 Begriff und Funktionen des Geldes

> Was ist Geld und was muss Geld leisten können?

Die umfassendste und letztlich auch zutreffendste **Gelddefinition** lautet:

> **Geld ist, was gilt**

Diese Aussage deutet darauf hin, dass Geld nicht notwendigerweise an bestimmte Erscheinungsformen gebunden ist. Entscheidend ist die allgemeine Akzeptanz. Ob „etwas" als Geld akzeptiert wird, hängt davon ab, ob es bestimmte Funktionen erfüllen kann. Die wichtigsten **Funktionen des Geldes** sind:

- Allgemeines Tauschmittel
- Recheneinheit (Wertausdrucksmittel)
- Wertaufbewahrungsmittel

■ Geld als Tauschmittel

Die **Tauschmittelfunktion** des Geldes erhält ihre Bedeutung dadurch, dass arbeitsteilige Wirtschaften **Tauschwirtschaften** sind. Einerseits stellt jedes Wirtschaftssubjekt nur wenige der Güter, die es benötigt, selbst her; andererseits stellt es in größeren Mengen Güter her, die es gar nicht selbst benötigt. Die hergestellten Güter werden gegen andere Güter getauscht. Ein Tausch Gut gegen Gut **(Naturaltausch)** ist angesichts der Vielzahl der Tauschgüter und Tauschpartner kaum möglich. Eine *Entsprechung der Tauschwünsche* wird schwer und zumeist nur über einen mehr oder weniger umfangreichen Ringtausch zu erreichen sein, an dem eine größere Zahl von Tauschpartnern beteiligt ist.

Wird jedoch zwischen alle Tauschvorgänge das gleiche allgemeine (universelle) Tauschmittel zwischengeschaltet, so erleichtert dies die Abwicklung beträchtlich. Die Tauschvorgänge reduzieren sich auf zwei Schritte: hergestellte Güter gegen allgemeines Tauschmittel und allgemeines Tauschmittel gegen jedes andere beliebige Gut. Diese Vereinfachung des Tauschvorganges hat bereits in sehr frühen Zeiten dazu

---

[1] Beispielsweise wird das Instrumentarium der Deutschen Bundesbank mal als geldpolitisches und mal als währungspolitisches Instrumentarium bezeichnet, ohne dass damit Unterschiede ausgedrückt werden.

geführt, dass die Menschen ihren Gütertausch mithilfe von Tauschmitteln durchgeführt haben.

Eng verknüpft mit der Tauschmittelfunktion ist die Funktion des Geldes als **gesetzliches Zahlungsmittel.** Gesetzliches Zahlungsmittel wird ein Tauschmittel, wenn ein Staat es durch Gesetz dazu bestimmt. In Deutschland liegt die rechtliche Zuständigkeit hierfür beim Bund; gesetzliches Zahlungsmittel ist der Euro. Bei einer soliden Geldverfassung stimmen gesetzliches Zahlungsmittel und Tauschmittel in der Regel überein. Besitzt die Bevölkerung eines Landes jedoch kein Vertrauen in die eigene Währung, so kann es dazu kommen, dass gesetzliches Zahlungsmittel und Tauschmittel auseinander fallen. In Zeiten hoher Inflationsraten entwickeln sich dann oft

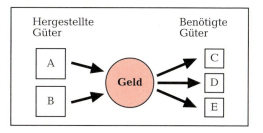

Artikel 73
Der Bund hat die ausschließliche Gesetzgebung über:
...
4. das Währungs-, Geld- und Münzwesen, Maße und Gewichte sowie die Zeitbestimmung. ...

Grundgesetz für die Bundesrepublik Deutschland

„Ersatzwährungen" (z. B. ausländische Währungen oder Naturalien wie etwa die sogen. „Zigarettenwährung" nach dem Zweiten Weltkrieg).

Merkmal eines gesetzlichen Zahlungsmittels ist, dass in seinem Geltungsgebiet jeder Schuldner mit diesem Zahlungsmittel bezahlen kann. Für den Gläubiger besteht *Annahmepflicht*. In Deutschland kann also jedermann in Euro-Münzen und Euro-Banknoten seine finanziellen Verpflichtungen erfüllen. Für Münzen bestehen jedoch Einschränkungen. Nach der EG-Verordnung Nr. 974/98 vom 03.05.1998 müssen bei einer einzelnen Zahlung nicht mehr als fünfzig Münzen angenommen werden.

Für Geldersatzmittel (Schecks, Wechsel usw.) besteht keine Annahmepflicht.

Artikel 11
Vom 1. Januar 2002 an geben die teilnehmenden Mitgliedstaaten Münzen aus, die auf Euro oder Cent lauten ... ... haben diese Münzen als einzige in allen diesen Mitgliedstaaten die Eigenschaft eines gesetzlichen Zahlungsmittels. Mit Ausnahme der ausgebenden Behörde und der Personen, die in den nationalen Rechtsvorschriften des ausgebenden Mitgliedstaats speziell benannt werden, ist niemand verpflichtet, mehr als fünfzig Münzen bei einer einzelnen Zahlung anzunehmen.
Verordnung (EG) Nr. 974/98 des Rates vom 3. Mai 1998 über die Einführung des Euro.

Gesetzliche Zahlungsmittel werden vom Staat bestimmt. Mit gesetzlichen Zahlungsmitteln kann ein Schuldner seine Verbindlichkeiten rechtsgültig erfüllen; für den Gläubiger besteht Annahmepflicht.

■ Geld als Recheneinheit

Geld bietet auch für die Vielzahl der Güter eine gemeinsame **Recheneinheit (Wertausdrucksfunktion).** Da alle Güter in Geldeinheiten (z. B. DM) ausgedrückt werden, erhalten sie einen einheitlichen Maßstab. Dadurch wird es möglich, unterschiedliche Güter wertmäßig zu vergleichen und beispielsweise auch zu addieren. Wie wichtig die Existenz einer gemeinsamen Recheneinheit ist, wird deutlich, wenn man einmal gedanklich eine Naturaltauschsituation zwischen mehreren Tauschpartnern durchspielt. Durch die Einschaltung einer allgemeinen Recheneinheit entfällt die nahezu unendliche Vielzahl güterspezifischer Tauschrelationen zugunsten der Relation von einer Einheit des jeweiligen Gutes zu Geld.

■ Geld als Wertaufbewahrungsmittel

Schließlich besitzt Geld auch eine **Wertaufbewahrungsfunktion.** Das durch Güterverkauf erworbene Geld muss nicht im direkten Tausch gegen ein anderes Gut eingesetzt werden. Theoretisch kann zwischen Verkauf eines Gutes und Kauf eines anderen Gutes eine beliebig lange Zeitspanne liegen. Das Geld speichert den Tauschwert des verkauften Gutes so lange, bis ein Bedarf für den Kauf eines Gutes besteht. Diese Speicherfähigkeit erlaubt es auch, mit Geld Werte zu transportieren.

Geld	
Funktionen	Notwendige Eigenschaften
Tauschmittel (Gesetzliches Zahlungsmittel)	Knappheit Handlichkeit
Recheneinheit	Weitgehende Teilbarkeit
Wertaufbewahrung	Wertbeständigkeit

■ Eigenschaften des Geldes

Damit „etwas" Geldfunktionen erfüllen kann, muss es bestimmte Eigenschaften besitzen. Die wichtigsten **Geldeigenschaften** sind: Knappheit, Handlichkeit, Teilbarkeit und Wertbeständigkeit.

Knappheit und *Handlichkeit* sind Voraussetzungen dafür, dass Geld als Tauschmittel anerkannt und akzeptiert wird. Knappheit verschafft dem Geld allgemeine Wertschätzung und Handlichkeit sichert seine problemlose Verwendung. Ein Gut, das sich jeder selbst leicht in beliebigen Mengen besorgen könnte, ist ebenso wenig als Tauschmittel denkbar wie ein Gut, das schwer und unförmig ist und nur mit Schwierigkeiten transportiert werden kann.

Teilbarkeit des Geldes ist insbesondere für seine Funktion als allgemeine Recheneinheit notwendig. Bei Realgütern ist eine Teilbarkeit oftmals jedoch recht schwierig. Mit Geld hingegen bereitet es kein Problem, ein Gut zu kaufen, welches beispielsweise einen Wert von 9,99 Euro besitzt.

Die *Wertbeständigkeit* von Geld steht vor allem im Zusammenhang mit der Wertaufbewahrung. Sie gilt in einem doppelten Sinne. Zum einen muß Geld physisch beständig sein, d. h., es darf durch Lagerung keinen Schwund erleiden und nicht verderben, wie das etwa bei Getreide der Fall wäre. Darüber hinaus bezieht sich die Wertbeständigkeit aber auch auf die Kaufkraft. Der Tauschwert des Geldes sollte im Zeitlauf nicht wesentlich sinken, da sonst die zeitliche Verzögerung zwischen Verkauf (Gelderwerb) und Kauf (Geldausgabe) einer Ware zu Verlusten führt. Das oben bereits angesprochene Ausweichen auf andere Währungen in Ländern mit hohen Inflationsraten ist vor allem auf die mangelnde Wertaufbewahrungsfähigkeit der inländischen Währung zurückzuführen.

- Geld ist nicht an bestimmte Erscheinungsformen gebunden. Geld ist das, was gilt; was also von der Bevölkerung als Geld akzeptiert wird.
- Geld muss bestimmte Funktionen erfüllen und benötigt hierfür gewisse Eigenschaften.
- Die wichtigsten Geldfunktionen sind: Tauschmittel (einschl. gesetzliches Zahlungsmittel), Recheneinheit und Wertaufbewahrung.
- Die wichtigsten Geldeigenschaften sind: Knappheit, Handlichkeit, Teilbarkeit, Wertbeständigkeit.

Grundlagen der Geldtheorie und Geldpolitik

8.1.2 Formen und Arten des Geldes

Wie sieht Geld aus?

In den frühesten Tauschakten wurde Ware gegen Ware getauscht **(Naturaltausch).** Die Bedeutung eines allgemeinen Tauschmittels wurde jedoch schon bald erkannt. Den ersten Tauschmitteln fehlten jedoch zumeist einige wichtige Eigenschaften, sodass sie die Geldfunktionen nur teilweise erfüllen konnten.

Die ursprünglichsten Erscheinungsformen von Tauschmitteln waren Waren, die über bestimmte Eigenschaften verfügten **(Warengeld).** Genutzt wurden u. a. Vieh, Felle, Getreide, Waffen, Ton, Kaurimuscheln, Perlen, Salz und auch Sklaven. An ihre Stelle traten im Laufe der Zeit zunehmend wertvolle Metalle, vor allem Gold und Silber. Da diese Metalle überwiegend in Barrenform verwendet wurden, deren Wert durch Wiegen festgestellt werden musste, wird dieses Geld auch **Barrengeld** oder **Wägegeld** genannt.

> Wenn ein Bürger Getreide oder Silber von einem Kaufmann bekommen, er Getreide oder Silber zum Zurückgeben nicht hat, aber anderes Gut hat, wird er alles, was in seiner Hand ist, vor Zeugen, die er bringt, seinem Kaufmann geben.
> Der Kaufmann wird nicht zurückweisen, er wird nehmen.
> *Kodex des Hammurapi, um 1700 v. Chr.*

Naturaltausch	
Geldformen	
Bezeichnung	Beispiele/Erläuterung
Warengeld	Perlen, Muscheln, seltene oder außergewöhnliche Steine, Felle, Getreide, Salz, Vieh usw.
Wägegeld	Wert wurde durch Wiegen festgestellt. Schmuck, Ringe, Stäbe, Edelmetallbarren
Prägegeld (Münzen)	*Kurantmünzen:* Wert bestimmt sich aus dem Material *Scheidemünzen:* Wert bestimmt sich aus dem aufgeprägten Betrag (Nennwert)
Papiergeld (Noten)	Wert bestimmt sich aus dem aufgedruckten Betrag (Nennwert)
Buchgeld	Bankguthaben, über die der Eigentümer mittels Barauszahlung, Scheck, Überweisung, Wechsel, Kreditkarte usw. verfügen kann

Geld im engeren Sinne entstand, als die Landesherren dazu übergingen, den Metallstücken durch Einstempelungen (Bilder, Inschriften) einen bestimmten Wert zu garantieren und sie zu Zahlungsmitteln in ihrem Herrschaftsbereich zu deklarieren. Die ersten Münzen entstanden nach heutigem Wissensstand um die Mitte des 7. Jahrhunderts v. Chr. im Königreich Lydien und in den griechischen Städten an der kleinasiatischen Westküste. Schon früh wurden Münzen sowohl aus wertvollen als auch aus wertlosen Metallen geprägt. Münzen, bei denen der aufgeprägte Nennwert ihrem Metallwert entspricht, werden **Kurantmünzen** und Münzen aus vergleichsweise wertlosem Metall, bei denen keine Beziehung zwischen Nennwert und Materialwert besteht, werden **Scheidemünzen** genannt. Kurantmünzen wurden im Laufe der Zeit immer seltener verwendet; einzelne Stücke sind jedoch bis in die Neuzeit geprägt worden. Die bekanntesten deutschen Kurantmünzen waren der Taler in Norddeutschland und der Gulden in Süddeutschland. Goldmünzen im Wert von 10 Mark („Krone") und 20 Mark („Doppelkrone") waren bis 1938 gesetzliches Zahlungsmittel, allerdings seit dem Ersten Weltkrieg kaum noch im Umlauf.

Frühe Formen von **Papiergeld** waren bereits in China vor der Jahrtausendwende bekannt. In Europa entstand Papiergeld etwa im 17. Jahrh. in England und Italien. Englische Goldschmiede nahmen Edelmetalle und Münzen in Verwahrung und stellten darüber Quittungen aus **(Goldsmith Notes);** die Geldhäuser – insbesondere der oberitalienischen Handelsstädte – nahmen von Kaufleuten ebenfalls Edelmetalle an und stellten darüber Depositenscheine aus, die als Zahlungsmittel innerhalb der Kaufmannschaft akzeptiert wurden. Vom lateinischen „Nota" leitet sich die Bezeichnung **Note** oder **Banknote** ab. Später übernahm der Staat die Papiergeldherstellung und übertrug sie einer Zentralbank **(Notenbank).** Die Herstellung von Papiergeld kennzeichnet auch den Übergang von **Stoffgeld** zu **stoffwertlosem Geld.**

Fast zeitgleich mit dem ersten Papiergeld bildete sich in den großen Handelsstädten zum Beginn der Neuzeit auch das **Buchgeld** heraus. Kaufleute eröffneten bei Bankhäusern Konten und verfügten darüber mittels Überweisung und Scheck.

Überweisung und **Scheck** stellen selbst keine Zahlungsmittel dar, sondern sind als **Geldersatzmittel (Geldsurrogate)** lediglich bestimmte Verfügungsformen über Geld.

Da das Geld stofflos war und nur in den Büchern der Banken erschien, wurde es Buchgeld genannt. Wegen seiner Verwendung im Überweisungsgeschäft (Giralverkehr) wird es auch **Giralgeld** genannt.

Heute existiert Geld in Form von Münzen, Banknoten und Buchgeld. Münzen und Banknoten werden als Bargeld bezeichnet. Für die Münzen werden Legierungen aus geringwertigen Metallen verwendet (Scheidemünzen). In modernen Volkswirtschaften werden Münzen und Banknoten im Wesentlichen nur noch für die Abwicklung der Alltagsgeschäfte verwendet; volumenmäßig entfällt der weitaus größere Teil auf das **Buchgeld.**

Buchgeld im engeren Sinne sind nur die Guthaben auf Giro- bzw. Kontokorrentkonten, über die ohne jegliche Einschränkung zu jeder Zeit verfügt werden kann (Sichteinlagen). Verfügungsmittel (Geldersatzmittel, Geldsurrogate) sind Überweisung, Scheck, Wechsel, Karten (Kreditkarte, EC-Karte, Geldwertkarte usw.) und sonstige elektronische Verfügungsformen.

Zum **Buchgeld im weiteren Sinne** zählen auch andere Einlagen, die jedoch über eine geringere Liquidität verfügen (Termingelder, Spareinlagen usw.).

- Geld als Tauschmittel ist in unterschiedlichen Erscheinungsformen verwendet worden. Die chronologische Abfolge (Warengeld, Wägegeld, Münzen, Papiergeld, Buchgeld) stellt gleichzeitig auch einen Prozess zunehmender Abstraktion des Geldes dar.
- Heutige Arten des Geldes sind Scheidemünzen, Banknoten und Buchgeld.

8.1.3 Geldmengen

Was ist gemeint, wenn heute von „Geld" gesprochen wird?

Geld existiert auch heute noch in unterschiedlichen Erscheinungsformen. Insbesondere innerhalb des stoffwertlosen Geldes lassen sich nach der Verfügbarkeit (Liquidität)

Grundlagen der Geldtheorie und Geldpolitik

verschiedene Abstufungen unterscheiden. Zum Zwecke der Wertaufbewahrung wird Geld kaum als Bargeld oder als Sichtguthaben gehalten. Hierfür werden Aufbewahrungsformen (Spareinlagen, Termineinlagen usw.) gewählt, die Zinsen bringen. Dem Ertrag an Zinsen steht hierbei jedoch ein Verlust an Liquidität gegenüber. Das Geld steht nicht jederzeit und in vollem Umfange zur Verfügung, sondern entweder zu einem vorher festgelegten Termin oder nach vorheriger Kündigung.

Je nachdem, was alles als Geld gezählt wird, ergeben sich unterschiedliche Aussagen über den Geldbestand einer Volkswirtschaft. Wirtschaftstheorie und Wirtschaftspolitik benötigen jedoch eindeutige Kriterien um die Lage auf dem Geldmarkt beschreiben, analysieren und steuern zu können.

Die **Europäische Zentralbank (EZB)** unterscheidet nach dem **„Geldgrad"**, d. h. nach der Liquidität, drei **Geldmengen (monetäre Aggregate):**

Geldmenge M1 („eng gefasstes monetäres Aggregat")
Bargeld
+ täglich fällige Einlagen (Sichteinlagen)

Der Anteil des Bargeldes an der Geldmenge M1 wird als **Bargeldquote** bezeichnet[1]. Bei den Bargeldbeständen werden alle Münzen und Banknoten gezählt, die im Umlauf sind. Eine Beschränkung auf den inländischen Umlauf ist statistisch nicht möglich, sodass auch die Münzen und Noten mitgezählt werden, die sich momentan im Ausland befinden

Geldmenge M2 („mittleres monetäres Aggregat")
Geldmenge M1
+ Einlagen mit vereinbarter Laufzeit von bis zu 2 Jahren (Termingelder)
+ Einlagen mit vereinbarter Kündigungsfrist von bis zu 3 Monaten (z. B. Spareinlagen)

Geldmenge M3 („breites monetäres Aggregat")
Geldmenge M2
+ Repogeschäfte[2]
+ Geldmarktfondsanteile und Geldmarktpapiere
+ Schuldverschreibungen bis zu 2 Jahren

Zusätzlich verwendet die Europäische Zentralbank folgende Geldbegriffe:

- **Bargeldumlauf und täglich fällige Einlagen** = M1
- **Sonstige kurzfristige Einlagen** = M2 – M1
- **Marktfähige Instrumente** = M3 – M2

In bestimmten geldpolitischen Zusammenhängen wird auch von **Zentralbankgeld** gesprochen. Dieses setzt sich aus dem gesamten Bestand an umlaufendem Bargeld und den Zentralbankguthaben der Banken und Nichtbanken zusammen.

Für alle Geldmengen und deren Bestandteile gilt, dass sie sich immer auf den Bestand in Händen von **Nichtbanken** beziehen (Bargeld in den Händen von Nichtbanken, Ein-

---

1 Gelegentlich wird die **Bargeldquote** auch angegeben als Verhältnis des Bargeldumlaufs zum Bruttoinlandsprodukt.

2 Repogeschäfte: Wertpapierpensionsgeschäfte (Käufe von Wertpapieren mit Rückkaufsvereinbarung). „Repo" kommt von engl. *Repurchase* (= Rückkauf). In die Geldmenge gehen nur Repogeschäfte zwischen Banken und Nichtbanken ein.

lagen von Nichtbanken, Repogeschäfte mit Nichtbanken usw.). Diese Einschränkung kann zweifach begründet werden. Zum einen ist für geldpolitische Überlegungen vor allem die **nachfragewirksame Geldmenge** wichtig; Geld in den Kassen oder Tresoren der Geschäftsbanken wird aber nicht direkt zur Güternachfrage verwendet. Zum anderen stehen zumindest einem Teil der Kassenbestände der Banken Gutschriften auf Konten von Kunden gegenüber. Wenn jemand beispielsweise 1.000 EUR bar auf ein Girokonto einzahlt, erhöhen sich sein Buchgeldbestand *und gleichzeitig* die Bargeldbestände der Bank um diesen Betrag. Würde sowohl das Bargeld der Bank als auch das Sichtguthaben des Kunden gezählt, würde der Betrag doppelt gezählt.

Nichtbanken (Nicht-Monetäre Finanzinstitute; Nicht-MIF): Private Haushalte, staatliche Institutionen sowie Unternehmen, die keine Bankgeschäfte betreiben.

Banken (Monetäre Finanzinstitute; MFI): Banken und Sparkassen (einschl. Bausparkassen), Geldmarktfonds sowie Europäische Zentralbank und Zentralnotenbanken des Eurosystems.

Geldarten und Geldmengen				
Geldarten		Geldmengen (Monetäre Aggregate)		
Bargeldumlauf	Münzen	Geldmenge M1	Geldmenge M2	Geldmenge M3
	Banknoten			
Täglich fällige Einlagen (Sichteinlagen)				
Einlagen mit vereinbarter Laufzeit von bis zu 2 Jahren (Termineinlagen)				
Einlagen mit vereinbarter Kündigungsfrist von bis zu 3 Monaten (z. B: Spareinlagen)				
Repogeschäfte				
Geldmarktfondsanteile und Geldmarktpapiere				
Schuldverschreibungen bis zu 2 Jahren				

Geldarten und Geldmengen 2001 (in Mrd. Euro)		
Geldart / Geldmenge	**EWU**	**Deutschland**
Bargeldumlauf	279	92
Sichteinlagen	1.866	518
M1	**2.145**	**610**
Termingelder	1.081	294
Spareinlagen	1.249	449
M2	**4.475**	**1.353**
Repogeschäfte	230	4
Geldmarktfonds, -papiere	485	48
Schuldverschreibungen	65	44
M3	**5.255**	**1.449**

- Die Europäische Zentralbank (EZB) unterscheidet drei Geldmengen (monetäre Aggregate):
  - M1 (eng gefasstes monetäres Aggregat)
  - M2 (mittleres monetäres Aggregat)
  - M3 (breites monetäres Aggregat)
- Die Geldmengen unterscheiden sich nach ihrem Liquiditätsgrad.
- Den Bankensektor bilden die Monetären Finanzinstitute (MFI); dazu zählen Banken und Sparkassen (einschl. Bausparkassen), Geldmarktfonds sowie die Europäische Zentralbank und die Zentralnotenbanken des Eurosystems.
- Den Nichtbankenbereich bilden die Nicht-Monetären Finanzinstitute (Nicht-MIF); dazu zählen die privaten Haushalte, staatliche Institutionen sowie Unternehmen, die keine Bankgeschäfte betreiben.

8.1.4 Währungssysteme

Wie kann das Vertrauen in das Geld gesichert werden?

Geld kann seine Funktionen nur erfüllen, wenn es von der Bevölkerung akzeptiert wird. Voraussetzung für die Akzeptanz ist Vertrauen in den Tauschwert der Währung, d. h. die Gewissheit, dass das Geld jederzeit in einem angemessenen Verhältnis gegen reale Werte (z. B. Güter) eingetauscht werden kann.[1] Hauptproblem bei der Sicherung des Geldwertes ist, das Geld knapp zu halten. Knappheit im vorliegenden Sinne bedeutet, dass die in einer Volkswirtschaft umlaufende Geldmenge und die dafür eintauschbare Gütermenge in einem angemessenen Verhältnis zueinander stehen.

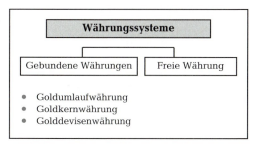

Die Geldwertsicherung ist im Laufe der Zeit auf unterschiedliche Weise bewältigt worden und hat zu entsprechend unterschiedlichen Währungssystemen geführt. Mit **Währungssystem** wird die Geldordnung oder Geldverfassung eines Landes bezeichnet, also die Gesamtheit aller Gesetze und sonstigen Regelungen, die das Geld- und Zahlungswesen eines Landes bestimmen. Die **Währungssysteme** unterscheiden sich vor allem dadurch, wie die umlaufende Geldmenge wertmäßig abgesichert, d. h. gedeckt ist. Ist die Höhe des Geldumlaufs von anderen Werten abhängig, so wird von gebundenen, ansonsten von freien Währungen gesprochen.

■ Gebundene Währungen

In früheren Zeiten wurde die Knappheit und damit der Wert von Geld dadurch erreicht, dass das Geld stofflich an andere Werte gebunden wurde **(gebundene Währungen)**. Nach dem Warengeld geschah dies vor allem durch die Verwendung von Kurantmünzen. Für die Münzen wurde entweder ein Edelmetall **(monometallistische Währung)** oder zwei Edelmetalle **(bimetallistische Währung)** verwendet. In der Regel dienten

---
[1] Der Vertrauensgedanke ist bereits im Wort selber angelegt. Der Ausdruck „Währung" stammt vom mhd. **werunge** und bedeutet so viel wie Gewährleistung (eines Rechts, einer Qualität, eines Münzgehalts usw.).

dazu Gold und Silber. In der Zeit der Kurantmünzen besaß Geld ein hohes Maß an Freizügigkeit. Mittelalterliche Kaufleute zahlten mit Talern, Dukaten usw. Nicht die Herkunft und die Prägung des Geldes waren ausschlaggebend, sondern der Gehalt an Edelmetall. Da die Kaufleute diesen kannten, war es für sie kein Problem, Münzen aus unterschiedlichen Ländern zu verwenden.

> Im Deutschen Reich entsprach nach dem Münzgesetz von 1873 eine Mark 0,359 Gramm Gold ($1/1395$ Teil eines Pfundes Feingold). In Umlauf waren Goldmünzen im Wert von 5, 10 und 20 Mark. Da 1 englisches Pfund 7,18 Gramm Gold enthielt, entsprach 1 Pfund ca. 20 Mark.

Bei einer **Goldumlaufwährung** ist das Edelmetall in den Münzen nach gesetzlich festgelegten Mengen enthalten. Die vollwertig ausgeprägten Münzen sind gesetzliches Zahlungsmittel. Sofern Scheidemünzen und Banknoten im Umlauf sind, können diese jederzeit in Gold oder Kurantmünzen eingetauscht werden. Zwischen einer Währungseinheit und Gold wird ein bestimmtes Austauschverhältnis festgesetzt **(Goldparität).** Zu den Kurantmünzen anderer Länder ergibt sich aus der Goldparität ebenfalls ein Austauschverhältnis.

Solange das Edelmetall unmittelbar in die Münzen eingeht, besteht eine Art natürliche Knappheit. Sobald Scheidemünzen und Banknoten verwendet werden, sind der staatlichen Geldherstellung prinzipiell keine Grenzen gesetzt. Um eine zu starke Geldmengenausweitung zu vermeiden, müssen also künstliche Verknappungsmechanismen geschaffen werden. In der Regel sind dies gesetzliche Vorschriften, die den Banknotenumlauf an die vorhandenen Goldbestände der Notenbank binden **(Deckungsvorschrift).** So bestimmte beispielsweise die Währungsordnung des Deutschen Reiches, dass die umlaufenden Banknoten zu mindestens einem Drittel in Gold und der Rest durch sogenannte „gute" Handelswechsel[1] gedeckt sein mussten.

Bei einer **Goldkernwährung** sind nur Scheidemünzen und Banknoten im Umlauf. Eine Einlösepflicht besteht nur gegenüber ausländischen Zentralbanken. Die Deckungsvorschriften entsprechen grundsätzlich denen der Goldumlaufwährung. Das umlaufende Geld muss in einem bestimmten Verhältnis durch Gold und/oder Devisen **(Golddevisenwährung)** gedeckt sein. Beispielsweise mussten nach der Neuordnung der Währung im Jahre 1924 40% der umlaufenden Banknoten durch Gold und Devisen, der Rest durch gute Handelswechsel gedeckt sein.

Durch Goldparität und Deckungsvorschrift sind bei gebundenen Währungen die Möglichkeiten eines Staates, Geld herzustellen, eng begrenzt. Will er mehr Geld in Umlauf bringen, muss er in entsprechenden Mengen über Gold, Devisen oder sonstige „deckende" Werte verfügen. Diesem Stabilitätsvorteil stehen jedoch erhebliche Nachteile gegenüber. Insbesondere sind die Möglichkeiten einer aktiven Geldpolitik, z.B. einer flexiblen Geldmengensteuerung, eng begrenzt. Bei zu geringen Goldvorräten besteht die Gefahr, dass die Geldmenge nicht an ein steigendes Gütervolumen angepasst werden kann. Das kann zu deflationären Erscheinungen und entsprechenden Auswirkungen führen. Eine aktive Steuerung der Konjunktur mit den Mitteln der Geldpolitik ist kaum möglich. Nicht zuletzt ergibt sich bei gebundenen Währungen eine Abhängigkeit von den vergleichsweise wenigen Gold produzierenden Ländern.

Während Goldumlaufwährungen im Wesentlichen nur bis zum Ersten Weltkrieg existierten, verfügten zahlreiche Länder bis zum Zweiten Weltkrieg noch über Goldkernwährungen. Deren Nachteile und die zunehmende Bedeutung des Buchgeldes führten jedoch dazu, dass die Länder mehr und mehr die bestehenden Bindungen in Form der Deckungsvorschriften aufgaben.

---
1 „Gute" Handelswechsel müssen bestimmte Qualitätskriterien erfüllen.

■ **Freie Währung**

Ist die Umlaufmenge an Geld nicht mehr an bestimmte Deckungsvorschriften gebunden, wird von einer **freien Währung** oder **manipulierten Währung** gesprochen. Das umlaufende Geld besteht aus Scheidemünzen, Banknoten und Buchgeld. Die Ausweitung der Geldmenge unterliegt also keinen systematischen Begrenzungen. Dadurch eröffnen sich verstärkt Möglichkeiten einer aktiven Konjunkturpolitik mithilfe der Geldpolitik. Im Interesse der Geldwertstabilität muss jedoch nach wie vor auf eine Entsprechung von Geldvolumen und Gütervolumen geachtet werden. Das früher durch die Bindung des Geldes an andere Werte unterstützte Vertrauen beruht bei freien Währungen darauf, dass der Tauschwert des Geldes erhalten bleibt. Die richtige Steuerung der Geldmenge stellt bei freien Währungen folglich das Hauptproblem dar. Eine zu geringe Geldmenge würde der Wirtschaft die notwendigen Tauschmittel entziehen; eine zu starke Ausweitung der Geldmenge fördert inflationäre Tendenzen. Die Zentralbank benötigt also ein Instrumentarium, mit dessen Hilfe sie die Entwicklung der Geldmenge steuern kann; da über das Buchgeld auch der Geschäftsbankensektor Geld „herstellen" kann, muss das Instrumentarium auch die Kreditvergabe der Geschäftsbanken beeinflussen können.[1]

In Deutschland besteht heute – wie in allen anderen Industriestaaten auch – eine freie Währung.

- Gebundene Währungen sichern den Wert des Geldes durch Bindung der umlaufenden Geldmenge an eine Deckung (Gold, Devisen, Handelswechsel).
- Bei freien Währungen besteht keine systematische Begrenzung der Geldmenge. Die Entwicklung der Geldmenge ist von der Zentralbank nach geldpolitischen Erwägungen zu steuern.

8.2 Binnenwert des Geldes

Beim Wert des Geldes wird zwischen **Binnenwert** und **Außenwert** unterschieden.

Binnenwert des Geldes: Kaufkraft des Geldes
Tauschverhältnis zwischen Geld und Gütern

Außenwert des Geldes: Tauschverhältnis zwischen zwei Währungen (Wechselkurs)

Der Außenwert des Geldes wird im Zusammenhang mit den außenwirtschaftlichen Beziehungen dargestellt. Der Binnenwert des Geldes wird unter folgenden Aspekten behandelt:

- Kaufkraft des Geldes
- Kaufkraft des Lohnes und Lebensstandard
- Messung des Binnenwertes (Lebenshaltungskostenindex, Harmonisierter Verbraucherpreisindex)

---

[1] Vgl. hierzu die Ausführungen über die Geldschöpfung der Kreditinstitute und über die geldpolitischen Instrumente der EZB. Die Bezeichnungen „Geschäftsbanken" und „Kreditinstitute" werden synonym verwendet.

8.2.1 Kaufkraft des Geldes

> Welche Bedeutung hat das Tauschverhältnis zwischen Geld und Gütern und wie wird es gemessen?

In seiner Hauptfunktion als allgemeines Tauschmittel dient Geld dazu, den Austausch von Gütern zu erleichtern. Die Güter haben einen in Geldeinheiten ausgedrückten Wert, den Preis.

Beispiel

Wenn für 100 Geldeinheiten 10 Einheiten eines bestimmten Gutes gekauft werden können, beträgt das Tauschverhältnis Geld : Güter 10:1; 10 Geldeinheiten müssen für eine Gütereinheit aufgewandt werden. Wenn zu einem späteren Zeitpunkt 110 Geldeinheiten für 10 Einheiten desselben Gutes aufgebracht werden müssen, beträgt das Tauschverhältnis Geld : Güter 11:1. Für die gleiche Gütermenge müssen mehr Geldeinheiten aufgebracht werden bzw. für die bisherige Geldmenge kann nur noch eine geringere Gütermenge eingetauscht werden. Der **Nominalwert** des Geldes, ist unverändert geblieben (100 EUR sind nach wie vor 100 EUR); der **Realwert** oder Güterwert oder Tauschwert einer Geldeinheit hat jedoch abgenommen.

Diese Überlegungen lassen sich auf die Gesamtwirtschaft übertragen. Dem gesamtwirtschaftlichen Gütervolumen steht ein gesamtwirtschaftliches Geldvolumen gegenüber.

Beispiel

Nehmen wir vereinfachend an, dass die Nachfrager in einer Volkswirtschaft ein Geldvolumen von 1.000 Geldeinheiten besitzen, das sie in einer Wirtschaftsperiode zum Kauf von Gütern ausgeben. Die in der Volkswirtschaft umgesetzten Güter haben entsprechend einen Marktwert von 1.000 Geldeinheiten. In der folgenden Wirtschaftsperiode erhöht sich das Geldvolumen auf 1.100 Geldeinheiten; das Gütervolumen bleibt unverändert. Die Geldnachfrage ist jetzt größer als das Güterangebot. Wenn die Nachfrager wiederum das gesamte Geldvolumen für Güterkäufe ausgeben, erhalten sie die

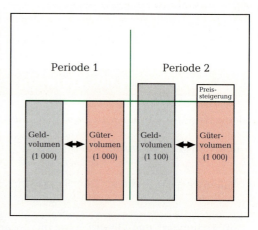

gleiche Gütermenge für mehr Geld. Das geht nur, wenn wertmäßige Anpassungen bei den Gütern stattfinden. Der Wert der Güter wird erhöht – aber nicht durch reale Zuwächse bei den Gütermengen, sondern durch nominelle Anhebungen bei den Güterpreisen. Konnten die Nachfrager in Periode 1 für eine Geldeinheit noch eine Gütereinheit erwerben, können sie in Periode 2 für eine Geldeinheit nur noch ca. 0,9 Gütereinheiten erwerben. Der Tauschwert, also der Binnenwert des Geldes, hat um 10 % abgenommen bzw. die Güterpreise haben sich um 10 % erhöht.[1]

---

[1] Vom Binnenwert des Geldes ist der Außenwert des Geldes zu unterscheiden. Der Außenwert gibt das Tauschverhältnis zwischen zwei Währungen wieder (z. B. Euro : Dollar), das im Wechselkurs ausgedrückt wird.

Der **Binnenwert des Geldes** drückt sich im Tauschverhältnis Geld : Güter aus.

Für Aussagen über den Geldwert ist weniger das Tauschverhältnis in einem bestimmten Zeitpunkt von Bedeutung, sondern mehr die Veränderung im Zeitablauf. Der Tauschwert des Geldes wird als **Kaufkraft** bezeichnet. Der in Geldeinheiten ausgedrückte Wert eines Gutes ist der **Preis**. Erhöht sich dieser Wert, liegt **Preissteigerung** vor. Das gesamtwirtschaftliche Tauschverhältnis wird durch das **Preisniveau** ausgedrückt. Können in einer Wirtschaftsperiode für die gleiche nominale Geldmenge weniger Güter gekauft werden als in der Vorperiode, ist das Preisniveau gestiegen. Das Ausmaß der gesamtwirtschaftlichen Preissteigerung bzw. der Erhöhung des Preisniveaus wird als **Geldentwertung** oder **Inflation** bezeichnet.

Das Verhältnis zwischen Geldmenge und Gütermenge lässt sich in der sogenannten **Quantitätsgleichung** oder **Verkehrsgleichung** des Geldes ausdrücken:[2]

$$G \cdot U = P \cdot H$$

Die Elemente der Quantitätsgleichung sind:[3]

G = Geldvolumen: Geldmenge, die zum Tausch zur Verfügung steht

U = Umlaufgeschwindigkeit: Häufigkeit, mit der die Geldmenge im Durchschnitt in einer Wirtschaftsperiode umgeschlagen wird. Eine bestimmte Geldeinheit (z. B. eine Banknote von 100 €) wird in einer Periode mehrmals für Zahlungen eingesetzt. Beträgt z. B. das BIP 3 Billionen GE und die Geldmenge M3 2 Billionen GE, ist die Umlaufgeschwindigkeit 1,5. U ist in den letzten Jahren leicht rückläufig.

G·U Nachfragewirksame Geldmenge: Geldsumme, die in einer Wirtschaftsperiode für die Güternachfrage ausgegeben wird.

P = Preisniveau : Gewogener Durchschnitt aller Güterpreise

H = Handelsvolumen: Wert aller Güter, die in einer Periode umgesetzt werden. Das Handelsvolumen erfasst also alle Güter, die Gegenstand des Austausches in einer Wirtschaftsperiode sind. Es ergibt sich, wenn das Bruttoinlandsprodukt um die Lagerbestandsveränderungen korrigiert wird (Bruttoinlandsprodukt + Lagerabgänge – Lagerzugänge).

Handelsvolumen und Geldmenge sind unabhängige Variable, deren Größe sich als Ergebnis des Wirtschaftsprozesses bzw. der Geldpolitik ergeben. Die Umlaufgeschwindigkeit ist eine funktionale Größe, die sich aus Kassenhaltungsgewohnheiten ergibt. Die Klassiker der Volkswirtschaftslehre gingen davon aus, dass sich die Umlaufgeschwindigkeit kaum ändert und daher als Konstante behandelt werden kann. Für kurz- bis mittelfristige Betrachtungen gilt diese Annahme auch heute noch.

Das Preisniveau ergibt sich als abhängige Variable der drei anderen Größen:

$$P = \frac{G \cdot U}{H}$$

---

[2] In dieser Form geht die Verkehrsgleichung auf Irving FISHER (1867 – 1947, amerikanischer Nationalökonom; vgl. Fisher, I.: The Purchasing Power auf Money, New York 1911) zurück; nach ihm wird die Gleichung auch als FISHERsche Verkehrsgleichung bezeichnet. Die Grundidee wurzelt jedoch in der Quantitätstheorie. So wird jene Variante der Geldtheorie bezeichnet, die das Verhältnis von Geldmenge und Gütermenge untersucht; sie geht davon aus, dass eine Geldmengenveränderung zu einer entsprechenden Veränderung des Preisniveaus führt.

[3] Statt H (= Handelsvolumen) wird heute oft auch BIP (= Bruttoinlandsprodukt) eingesetzt.

Die Verkehrsgleichung liefert keine Ursachenerklärung für Preisniveau- bzw. Geldwertschwankungen. Sie ist eine Identitätsgleichung. Die Definitionen der beteiligten Größen sind so, dass auf beiden Seiten der Gleichung letztlich das Gleiche steht: Die nachfragewirksame Geldmenge entspricht dem Wert der umgesetzten Güter. Oder anders ausgedrückt: Der Wert der gekauften Güter (G · U) entspricht dem Wert der verkauften Güter (P · H).

Die **Kaufkraft des Geldes** drückt die Gütermenge aus, die für eine Geldeinheit bzw. eine bestimmte Geldmenge gekauft werden kann; sie wird daher auch als **„Güterpreis des Geldes"** bezeichnet. Kaufkraft (K) und Preisniveau (P) stehen in einem reziproken Verhältnis zueinander. Steigt das Preisniveau, sinkt in gleichem Maße die Kaufkraft.

$$K = \frac{1}{P} = \frac{H}{G \cdot U}$$

Beispiel

Kaufkraft und Preisniveau werden in einem Basisjahr gleich 100 gesetzt. Bei einer Inflationsrate von 5 % steigt das Preisniveau im nächsten Jahr auf 105. Die Kaufkraft beträgt nur noch 1/1,05 = 95,2.

Die Kaufkraft des Geldes gibt an, welche Gütermenge mit einer Geldeinheit (einer bestimmten Geldmenge) gekauft werden kann und wie sich diese Gütermenge verändert.

8.2.2 Kaufkraft des Lohnes und Lebensstandard

■ **Kaufkraft des Lohnes**

Eine wirtschaftspolitisch und insbesondere lohnpolitisch bedeutsame Zielgröße ist die Erhaltung der **Lohnkaufkraft.** Der in Euro ausgedrückte Lohn ist der **Nominallohn.** Der Nominallohn steigt durch Lohnerhöhungen. Diese schlagen sich jedoch in der Regel nicht in vollem Umfang als Kaufkraftzuwachs nieder, da Preissteigerungen den Tauschwert des Lohnes mindern. Wird der Zuwachs beim Nominallohn um die Preissteigerung bereinigt, ergibt sich der **Reallohn.**

Reallohnentwicklung	
Jahr	**Veränderung**
1992	+ 3,2
1993	+ 0,3
1994	– 2,3
1995	– 0,7
1996	– 1,1
1997	– 2,6
1998	+ 0,5
1999	+ 0,9
2000	0,0
2001	+ 0,9

Für die Kaufkraftentwicklung des Lohnes sind also zwei Größen bedeutsam:
- Im Umfang der Lohnerhöhung steigt die Lohnkaufkraft
- Im Umfang der Preissteigerung sinkt die Lohnkaufkraft

Aus dem Verhältnis von Lohnerhöhung zu Preissteigerung ergibt sich:
Lohnerhöhung > Preissteigerung → Lohnkaufkraft steigt
Lohnerhöhung < Preissteigerung → Lohnkaufkraft sinkt

Binnenwert des Geldes 245

> Die Lohnkaufkraft gibt an, welche Gütermenge vom Lohn (z. B. einem Monatslohn) gekauft werden kann und wie sich diese Gütermenge verändert
>
> Lohnkaufkraftentwicklung = Nominallohnsteigerung – Inflationsrate

■ Kaufkraft und Lebensstandard

Für die Entwicklung des **Lebensstandards** ist der Tauschwert der Arbeit wichtiger als die zahlenmäßige Entwicklung von Löhnen oder Preisen.

Je mehr Güter für den Gegenwert einer Arbeitsstunde eingetauscht werden können bzw. je weniger Arbeit für den Erwerb eines bestimmten Gutes aufgewandt werden muss, umso höher ist im Allgemeinen der Lebensstandard.

Die Steigerung der Lohnkaufkraft wird deutlich, wenn einmal der Tauschwert einer Arbeitsstunde über einen längeren Zeitraum verglichen wird. Obwohl die Preise der verschiedenen Güter nominell beträchtlich gestiegen sind, wurde für die weitaus meisten Güter der dafür notwendige Aufwand an Arbeitszeit immer geringer.

Güter	Arbeitszeit (Stunden : Minuten)		
	1938	1958	2000
1 kg Mischbrot	0:30	0:22	0:12
250 g Deutsche Markenbutter	1:00	0:45	0:05
1 l Vollmilch	0:17	0:11	0:03
1 kg Brathähnchen	2:10	2:38	0:13
2,5 kg Speisekartoffeln	0:17	0:14	0:04
250 g Bohnenkaffee	1:40	2:05	0:09
1 Paar Damenstraßenschuhe	18:37	13:47	6:06
0,5 l Flaschenbier	0:24	0:16	0:03

8.2.3 Messung des Binnenwertes

Die Messung des Binnenwertes des Geldes geschieht mithilfe von **Preisindizes.** Für die Gesamtwirtschaft wird eine Vielzahl unterschiedlicher Preisindizes ermittelt (u. a. Index des Bruttoinlandsprodukts, Index der Erzeugerpreise, Index der Außenhandelspreise, Baupreisindex, Straßenbaupreisindex).

Für den Verbraucher sind vor allem die Entwicklungen bei den Lebenshaltungskosten der privaten Haushalte von Bedeutung. Für deren Messung bestehen zwei Indizes:

- Lebenshaltungskostenindex aller privaten Haushalte (gilt für Deutschland und wird vom Statistischen Bundesamt ermittelt).[1]

- Harmonisierter Verbraucherpreisindex (gilt für die Europäische Währungsunion und wird von Eurostat, dem Statistischen Amt der EU, ermittelt).

8.2.3.1 Lebenshaltungskostenindex

Zur Ermittlung der Lebenshaltungskosten verwendet das Statistische Bundesamt einen so genannten **Warenkorb.** Er repräsentiert die Konsumgewohnheiten eines Durchschnittshaushalts und enthält eine Auflistung der Güter, die ein „typischer" Haushalt regelmäßig kauft. Neben den jeweiligen Gütern und deren Qualitäten sind auch die

---

[1] Das Statistische Bundesamt ermittelt zusätzlich auch Lebenshaltungskostenindizes für verschiedene Haushaltstypen.

durchschnittlich in einem Zeitabschnitt (i. d. R. einem Monat) gekauften Mengen wichtig. Entsprechend diesen Mengen erhalten die Güter eine **Wägungszahl.** Güter, die monatlich in größeren Mengen gekauft werden, werden mit einem entsprechenden Vielfachen, Güter mit längerer Lebensdauer, die nur im Abstand von mehreren Jahren einmal gekauft werden, entsprechend anteilmäßig aufgenommen. Aus den Gütern und den mit ihren Mengen „gewogenen" Güterpreisen **(gewogener Durchschnitt der Güterpreise)** werden die monatlichen Lebenshaltungskosten ermittelt.

> Beispiel
>
> Kauft der Durchschnittshaushalt im Monat 10 l Milch zum Preis von 0,90 EUR je Liter und alle 5 Jahre einen Fernseher zum Preis von 960,00 EUR, können nicht beide Güter mit jeweils einer Einheit und deren Preis aufgenommen werden. Milch erhält die Wägungszahl 10 und der Fernseher die Wägungszahl 1/60 (bei einer Lebensdauer von fünf Jahren wird jeden Monat 1/60 des Fernsehers „verbraucht"). Entsprechend erscheint Milch mit 9,00 EUR und der Fernseher mit 16,00 EUR im monatlichen Warenkorb.

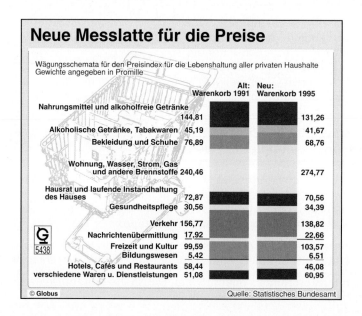

Die Zusammensetzung des Warenkorbes wird über repräsentative Erhebungen im Wege der **Verbrauchsstichproben** ermittelt. Da die Konsumgewohnheiten sich ändern, müssen von Zeit zu Zeit Überarbeitungen vorgenommen werden. Dies geschieht in neuerer Zeit in der Regel alle fünf Jahre. Das zu Grunde gelegte Jahr wird als **Basisjahr** bezeichnet.[1] Bis zur erneuten Überarbeitung des Warenkorbes und der Festlegung eines neuen Basisjahres bleibt die Zusammensetzung unverändert. Ein bestimmtes Gut wird aufgenommen, wenn ein gewisser Prozentsatz der Haushalte dieses Gut besitzt bzw. regelmäßig kauft. So fand beispielsweise zu einem bestimmten Zeitpunkt im Warenkorb die Umstellung vom Schwarzweißfernseher auf einen Farbfernseher statt oder die Aufnahme einer Videokamera, eines CD-Plattenspielers usw.

---

1 Bisherige Basisjahre: 1950, 1958, 1962, 1970, 1976, 1980, 1985, 1991, 1995

Der Gesamtpreis des Warenkorbes wird monatlich durch Erhebungen neu ermittelt. Hierzu notieren ca. 4.000 Außendienstmitarbeiter der Statistischen Landesämter in Geschäften unterschiedlicher Art in 118 Orten die aktuellen Preise der im Warenkorb enthaltenen Güter. Der ermittelte Gesamtpreis des Warenkorbes wird verglichen u. a. mit dem Preis des Vormonats und dem Preis des gleichen Monats im Vorjahr. Ist er teurer geworden, sind die Lebenshaltungskosten gestiegen.

> **Beispiel**
>
> Kostet der Warenkorb in einem bestimmten Erhebungszeitpunkt 1.000 EUR und im nachfolgenden Erhebungszeitpunkt 1.050 EUR, so müssen die Preise um 50 EUR (= 5 %) gestiegen sein, da die Güter im Warenkorb unverändert geblieben sind.

> **Lebenshaltungskosten steigen**
>
> WIESBADEN (...) – Das Statistische Bundesamt teilte mit, dass der Preisindex für die Lebenshaltung aller privaten Haushalte von 123,5 auf 126,5 gestiegen ist, das entspricht einer Inflationsrate von 2,43 Prozent im Vergleich zum Vorjahr.

Die Entwicklung der Lebenshaltungskosten wird auf zweierlei Weise ausgedrückt:

- Durch den Lebenshaltungskostenindex
- Durch die prozentuale Veränderung gegenüber einem Vergleichszeitraum. Vergleichszeiträume sind entweder der gleiche Zeitabschnitt des Vorjahres oder aufeinander folgende Jahre.

Jahr	t_0 (Basisjahr)	t_1	t_2	t_3
Preis des Warenkorbes (EUR)	1.600,00	1.640,00	1.705,60	1.808,00
Lebenhaltungskostenindex	100	102,5	106,6	113
Prozentuale Veränderung zum Vorjahr		2,5	4	6

Bei Verwendung des Lebenshaltungskostenindex wird der Warenkorbpreis des Basisjahres gleich 100 gesetzt. Die Warenkorbpreise der Folgejahre werden *auf das Basisjahr* bezogen und durch entsprechende Indizes ausgedrückt. Ein Index von 113 im Jahr t_3 bedeutet, dass die Preise im Vergleich zum Basisjahr t_0, also innerhalb von 3 Jahren, um 13 % gestiegen sind.

Bei Verwendung prozentualer Veränderungsraten bezieht sich die Aussage *auf das Vorjahr*. Ein Wert von 6 % im Jahr t_3 bedeutet, dass die Preise im Vergleich zum Vorjahr t_2 um 6 % gestiegen sind.

Das Ausmaß der jährlichen Preissteigerung wird als **Inflation** bzw. **Inflationsrate** bezeichnet.

8.2.3.2 Harmonisierter Verbraucherpreisindex (HVPI)

Für die Länder der Europäischen Währungsunion (EWU) wird vom Statistischen Amt der Europäischen Gemeinschaft (Eurostat) ein gemeinsamer Lebenshaltungskostenindex ermittelt: der **Harmonisierte Verbraucherpreisindex (HVPI).** Seiner Erfassung liegt ein Warenkorb zu Grunde, der für alle Mitgliedsländer der EWU gleich ist.

Zwischen dem HVPI und den nationalen Preisindizes können sich Unterschiede ergeben, da die jeweils zu Grunde gelegten Warenkörbe nicht völlig identisch sind.

Eine gemeinsame Basis für die Erfassung der Teuerungsrate in den EWU-Ländern ist u. a. wichtig für die Überprüfung des Konvergenzkriteriums „Preisstabilität".

Die Preisentwicklung nach dem Harmonisierten Verbraucherpreisindex ist eine der Säulen für die Geldpolitik der Europäischen Zentralbank (EZB).[1]

Harmonisierter Verbraucherpreisindex (Veränderung zum Vorjahr in Prozent)		
Jahr	Deutschland	EWU
1996	1,2	2,1
1997	1,5	1,6
1998	0,6	1,1
1999	0,6	1,1
2000	2,1	2,4
2001	2,4	2,6

- Der Binnenwert des Geldes drückt das Tauschverhältnis von Geld zu Gütern aus.
- Das Verhältnis zwischen Geldmenge und Gütermenge lässt sich mithilfe der sogenannten Quantitätsgleichung oder Verkehrsgleichung ausdrücken:
  $G \cdot U = P \cdot H$
- $G \cdot U$ ist die nachfragewirksame Geldmenge in einer Wirtschaftsperiode und $P \cdot H$ ist die umgesetzte Gütermenge, bewertet zu Marktpreisen.
- Die Kaufkraft des Geldes drückt die Gütermenge aus, die für eine Geldeinheit bzw. eine bestimmte Geldmenge gekauft werden kann; sie wird daher auch als „Güterpreis des Geldes" bezeichnet.
- Die Messung des Binnenwertes geschieht über Preisindizes mithilfe eines Warenkorbes. Das Ergebnis drückt die Entwicklung des Geldwertes aus und wird – im Falle einer Geldentwertung – als Inflation bezeichnet.
- Der Preisindex gibt die Preisniveauentwicklung im Vergleich zum Basisjahr an.
- Die prozentuale Preissteigerungsrate gibt die Preisniveauentwicklung im Vergleich zum Vorjahr an.

8.3 Geldwertschwankungen

Der Geldwert verändert sich im Zeitablauf. Möglich sind sowohl ein Sinken als auch ein Steigen des Geldwertes. In der Realität findet sich in der Regel nur ein sinkender Geldwert (Inflation); Geldwertsteigerungen (Deflation) über einen längeren Zeitraum kommen so gut wie nicht vor. Daher wird im Folgenden die Inflation ausführlich und die Deflation vergleichsweise kurz dargestellt. Wegen ihrer Bedeutung ist die Geldwertstabilität ausdrücklich als wirtschaftspolitisches Ziel im Stabilitätsgesetz aufgeführt.[2]

8.3.1 Inflation

8.3.1.1 Begriff „Inflation"

Was bedeutet Inflation?

---
[1] Vgl. hierzu den Abschnitt über die „Grundlagen der Geldpolitik".
[2] Vgl. Kap. 7.

Inflation ist ein Prozess allgemeiner Preissteigerungen. Durch die Preissteigerungen sinkt – wie bereits bei der Betrachtung des Binnenwertes festgestellt wurde – der Tauschwert des Geldes. Entscheidend ist, dass nicht nur einzelne Preise, sondern die Preise eines größeren Güterbündels im Durchschnitt ansteigen, daher Preisniveausteigerung. Für das Güterbündel wird in der Regel der Warenkorb für die Lebenshaltung aller privaten Haushalte zugrunde gelegt. Die Steigerung des Preisniveaus schließt nicht aus, dass für einige Güter die Preise sinken; es überwiegen jedoch die Preissteigerungen.

In Deutschland waren in der jüngeren Vergangenheit zwei große Inflationen zu verzeichnen: zu Beginn der zwanziger Jahre und durch die Geldentwertung im Zuge der Währungsreform im Jahre 1948.

> Im Herbst 1923 kostete ein US-Dollar 4.200.000.000.000 (vier Billionen zweihundert Milliarden) Mark.

> Inflation ist ein Prozess allgemeiner Preissteigerungen.

8.3.1.2 Inflationsarten

> In welchen Formen tritt die Geldentwertung auf?

Inflationen treten – unabhängig von ihren Ursachen – in unterschiedlichen Erscheinungsformen auf. Gelegentlich wird bei den Inflationsarten auch nach Ursachen unterschieden. Im Folgenden wird jedoch zwischen Erscheinungsbild und Ursachen getrennt. Zur Unterscheidung von Inflationsarten dienen mehrere Kriterien.

Nach der *Erkennbarkeit* wird zwischen offener und verdeckter Inflation unterschieden. Von **offener Inflation** wird gesprochen, wenn die Preissteigerung offen zutage tritt, an den Güterpreisen feststellbar und in öffentlichen Statistiken ablesbar ist. Von **verdeckter (zurückgestauter, verkappter) Inflation** wird gesprochen, wenn die Preissteigerung nicht offenkundig wird. Durch staatliche Maßnahmen (Preisstopp, Subventionierung usw.) können die sichtbaren Preise für den Verbraucher stabil gehalten werden, obwohl „unter der Decke" sehr wohl Preissteigerungen bzw. Kostensteigerungen stattfinden. Wird die Preissteigerung durch einen staatlichen Preisstopp zurückgestaut, werden oft auch die Güter zurückgehalten und es bildet sich ein Schwarzmarkt, auf dem die Güter zu entsprechend höheren Preisen angeboten werden.

Inflationsarten		
Kriterium	**Ausprägungen**	
Erkennbarkeit	Offene Inflation	Verdeckte Inflation
Dauer	Temporäre Inflation	Permanente Inflation
Ausmaß	Schleichende Inflation	Galoppierende Inflation

Nach der *Dauer* wird zwischen temporärer und permanenter Inflation unterschieden. Eine **temporäre Inflation** erstreckt sich über nur einige wenige Perioden, während die **permanente Inflation** von nachhaltiger Dauer ist.

Nach dem *Ausmaß* bzw. der *Geschwindigkeit* wird zwischen schleichender und galoppierender Inflation unterschieden. Für extrem hohe Preissteigerungsraten findet sich auch der Ausdruck **Hyperinflation.** Von **schleichender Inflation** wird gesprochen, wenn die Preissteigerungsraten gering, von **trabender Inflation,** wenn sie mäßig sind; von **galoppierender Inflation** wird gesprochen, wenn die Preissteigerungsraten hoch sind. Die Grenzen sind fließend. Es hat sich jedoch eingebürgert, dann von galoppierender Inflation zu sprechen, wenn die Preissteigerungsrate den Zins für langfristige Geldanlagen überschreitet. Bei einer solchen Inflation wäre Geld selbst durch langfristige Anlage nicht mehr vor Wertverlusten zu schützen.

Bei lang anhaltenden hohen Inflationsraten wird gelegentlich ein so genannter „Währungsschnitt" durchgeführt. Dabei werden bei der Währung einige Nullen gestrichen, um die Güterpreise wieder in normale Größenordnungen zu bringen.

> **Rekord-Inflation**
> BELGRAD (...) – Die Inflation in Rest-Jugoslawien hat im Januar mit mehr als zwei Millionen Prozent einen neuen Weltrekord für nur einen Kalendermonat erreicht. Die Verteuerung liegt damit bei rund 65 000 Prozent täglich.

> **Drei Nullen gestrichen**
> RIO DE JANEIRO (...) – In Brasilien ist seit Sonntag eine neue Währung im Umlauf. Das neue Geld, der Cruzeiro Real, hat im Gegensatz zum bisher gültigen Cruzeiro drei Nullen weniger. Die Streichung war notwendig, da Rechenmaschinen und Computer angesichts der Inflation die astronomischen Beträge im Geldverkehr nicht mehr aufnehmen konnten.

8.3.1.3 Inflationsursachen

Wodurch kann Inflation entstehen?

Preise bilden sich in marktwirtschaftlichen Systemen durch das Zusammenspiel von Angebot und Nachfrage. Da am Preisbildungsprozess beide Marktseiten beteiligt sind, können Preissteigerungen auch von beiden Seiten ausgehen. Entsprechend wird zwischen nachfrageinduzierten und angebotsinduzierten **Inflationsursachen** unterschieden.

> „Theorien über die Ursachen der Inflation sind so zahlreich wie Sand am Meer oder kaum weniger häufig wie Menschen, die sich zu diesem Problem geäußert haben. So macht einer den Krieg in irgendeinem Erdteil, ein Zweiter kauflustige Hausfrauen, ein Dritter die Besteuerung von Dienstleistungen, ein Vierter übermäßige Ansprüche an das Sozialprodukt verantwortlich – eine Liste, die sich beliebig verlängern ließe."
> Woll, A.: Allgemeine Volkswirtschaftslehre. – München, 10. Aufl., 1990, S. 511

■ Nachfrageinduzierte Inflation

Die Erklärung einer Preisniveausteigerung über **nachfrageinduzierte Inflation (Nachfrageinflation; Nachfragesoginflation; demand-pull-inflation)** ist in der modernen Wirtschaftstheorie am weitesten verbreitet. Bei ihr geht der erste Impuls für Preiserhöhungen von der Nachfrageseite aus. Der Grundgedanke wurde bereits bei der Erläuterung des Binnenwertes des Geldes aufgegriffen. Ausgangspunkt ist eine Marktsituation, in der die gesamtwirtschaftliche (Geld-)Nachfrage größer ist bzw. schneller steigt als das gesamtwirtschaftliche (Güter-)Angebot.

Die Wirkung einer Nachfrageerhöhung lässt sich anschaulich in einem Preis-Mengen-Diagramm darstellen. Aufgrund von Nachfrage (N_1) und Angebot (A) ergibt sich in einem Zeitpunkt t_1 ein Preisniveau von p_1. Die Nachfrage soll sich nun im Zeitpunkt t_2

auf N_2 erhöhen. Der Ausgleich von neuer Nachfrage und Angebot findet bei einem höheren Preisniveau p_2 statt. Der preisniveauerhöhende Effekt einer Nachfragesteigerung ist umso höher, je stärker die Kapazitäten der Volkswirtschaft ausgelastet sind. Der dabei entstehende Nachfrageüberhang wird auch als **„inflatorische Lücke" (Gap)**[1] bezeichnet.

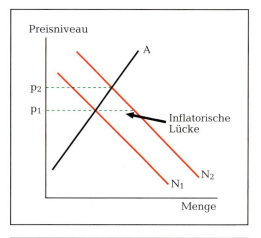

Sind die Kapazitäten nicht ausgelastet (z. B. bei Arbeitslosigkeit) wird die Angebotsseite ihre Güterproduktion nach und nach der gestiegenen Nachfrage anpassen. Eine Erhöhung der Produktion ist jedoch nur mit einer zeitlichen Verzögerung möglich. Zunächst wird also auch im Falle der Unterbeschäftigung eine Nachfrageerhöhung zu steigenden Preisen führen; in den Folgeperioden wird dann in der Regel auch das Angebot steigen und die ursprüngliche Preisniveausteigerung wird in gewissem Umfang zurückgehen.

Die Frage ist, wodurch es zu einer Erhöhung der Nachfrage – genauer: zu einer Erhöhung der nachfragewirksamen Geldmenge – kommen kann.

Die nachfragewirksame Geldmenge in einer Wirtschaftsperiode ergibt sich als Produkt aus Geldmenge und Umlaufgeschwindigkeit (G · U); sie entspricht der in Geldeinheiten ausgedrückten Höhe der

> Die Preisentwicklung stand in der letzten Zeit weiterhin im Zeichen hausgemachter Teuerungsimpulse und dämpfender Einflüsse von außen. So waren die *internationalen Rohstoffpreise*, insbesondere die Ölpreise, zum Jahresende klar nach unten gerichtet, was für die deutschen Importeure noch durch die anhaltenden Wertverluste des US-Dollars verstärkt wurde. ... Dies hat dazu beigetragen, dass sich der *Preisindex für die Lebenshaltung* zum Jahresende saisonbereinigt nur leicht erhöhte und die Teuerungsrate wie im Vormonat 4,2 % betrug.
> *Monatsbericht der Deutschen Bundesbank*

gesamtwirtschaftlichen Nachfrage. Da die Umlaufgeschwindigkeit kurz- und mittelfristig in etwa konstant ist, kann die Erhöhung nur auf eine Vermehrung der Geldmenge zurückzuführen sein.[2] Die für Nachfragezwecke verwendete Geldmenge kann wachsen durch

- höhere Einkommen
- höhere Kreditaufnahme
- geringeres Sparen

Gesamtwirtschaftliche Inflation ergibt sich aus der Differenz zwischen dem Wachstum der nachfragewirksamen Geldmenge und dem Wachstum der realen Güterproduktion.[3]

Die gesamtwirtschaftliche Nachfrage setzt sich aus den Nachfragen der vier **Wirtschaftssektoren** zusammen:

---

1 Gap; engl. = Lücke

2 Zur Geldmenge und deren Schwankungen vgl. auch die Ausführungen über die Geldschöpfung und über die geldpolitischen Aufgaben und Instrumente der Bundesbank

3 Zur Ermittlung der üblichen Inflationsrate und zur Messung des wirtschaftspolitischen Ziels „Stabilität des Preisniveaus" wird jedoch – wie bereits dargestellt wurde – nicht das gesamtwirtschaftliche Güterbündel, sondern lediglich ein repräsentativer Warenkorb der Lebenshaltung aller privaten Haushalte verwendet.

- Konsumnachfrage der privaten Haushalte
- Investitionsnachfrage der Unternehmen
- Nachfrage des Staates
- Nachfrage des Auslands.

Haushalte	Binnen-nachfrage	Gesamtwirt-schaftliche Nachfrage
Unternehmen		
Staat		
Ausland		

Geht der Nachfrageschub von den drei Binnensektoren aus, wird auch von **Binnennachfrageinflation** oder **hausgemachter Inflation** gesprochen. Bei einer noch weiter gehenden Differenzierung nach dem verursachenden Sektor ergeben sich **Staatsnachfrageinflation (Fiskal-Inflation), Konsumnachfrageinflation** und **Investitionsnachfrageinflation**. Liegt die Ursache für die Erhöhung der gesamtwirtschaftlichen Nachfrage in einer Steigerung der Auslandsnachfrage nach Exportgütern, liegt eine **Auslandsnachfrageinflation** vor.

■ Angebotsinduzierte Inflation

Eine Preisniveausteigerung wird als **angebotsinduzierte Inflation (Angebotsinflation)** bezeichnet, wenn der erste Impuls für die Preiserhöhungen von der Angebotsseite ausgeht. Erklärungsansätze für inflationäre Entwicklungen, die von der Angebotsseite ausgehen, haben vor allem in den sechziger und siebziger Jahren an Bedeutung gewonnen, als immer wieder beobachtet werden konnte, dass Preissteigerungen auch dann stattfanden, wenn kein Nachfrageüberhang bestand, und sogar auch dann, wenn ein Angebotsüberhang bestand und die wirtschaftliche Entwicklung stagnierte **(Stagflation** = Inflation bei wirtschaftlicher Stagnation).

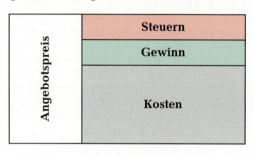

Zu einer Preissteigerung über die Angebotsseite kommt es, wenn mindestens einer der im Preis enthaltenen Bestandteile steigt. Der Endpreis eines Gutes besteht – wie bereits im Zusammenhang der Preisbildung festgestellt werden konnte – aus drei Elementen: Kosten + Gewinn + indirekte Steuern.

Entsprechend lassen sich Kosteninflation, Gewinninflation und Steuerinflation unterscheiden.

■ Kosteninflation

Merkmal einer **Kosteninflation (Kostendruckinflation; cost-push-inflation)** sind steigende Preise aufgrund steigender Kosten. Steigende Kosten können sich ergeben durch

- Lohnerhöhungen (insbesondere, wenn der Lohnsatz stärker steigt als die Arbeitsproduktivität)
- Zinserhöhungen (insbesondere, wenn die Kapitalkosten stärker steigen als die Kapitalproduktivität)
- Erhöhung der Kostensteuern und der Lohnnebenkosten[1]

---

1 **Kostensteuern** sind gewinnunabhängige, vom Betrieb zu tragende Steuern, die in die Kostenkalkulation eingehen (z. B. Gewerbe-, Vermögens- und Grundsteuer). **Lohnnebenkosten** sind die vom Betrieb zu tragenden gesetzlichen, tariflichen und betrieblichen Sozialleistungen (z. B. Arbeitgeberbeiträge zur Sozialversicherung, Lohnfortzahlung im Krankheitsfall, Urlaubsgeld, Weihnachtsgeld).

- Höhere Stückkosten bei geringerer Kapazitätsauslastung[1]
- Preissteigerungen bei importierten Rohstoffen und Vorprodukten[2]

■ Gewinninflation

Merkmal einer **Gewinninflation** ist, dass die Unternehmen den im Marktpreis enthaltenen Gewinnanteil steigern können. Dies ist insbesondere dann möglich, wenn die Unternehmen über eine starke Marktmacht verfügen bzw. ihre Marktstellung stärken können. Eine wachsende Marktmacht der Anbieter hat vor allem zwei Gründe:

- Mangelnder Wettbewerb (Unvollkommenheiten von Märkten, Unternehmenskonzentrationen usw.)
- Rückgang der Preiselastizität der gesamtwirtschaftlichen Nachfrage (z.B. weil aufgrund von Veränderungen in der Konsumnachfrage und wachsenden Wohlstands immer mehr Güter aus dem Bereich der preiselastischen Luxusgüter in den Bereich der preisunelastischen Normalgüter hineinwachsen).

■ Steuerinflation

Im Marktpreis der Produkte sind auch die indirekten Steuern enthalten (z.B. Umsatz- bzw. Mehrwertsteuer sowie zahlreiche Verbrauchssteuern wie Mineralölsteuer, Tabaksteuer, Kaffeesteuer, Biersteuer usw.). Eine Erhöhung dieser Steuern führt ebenfalls zu Preissteigerungen.

> Im Januar erhöhte sich die Preissteigerungsrate im Vorjahresvergleich sogar auf 4,4%, unter anderem, weil der Normalsatz der Mehrwertsteuer angehoben wurde. Außerdem verteuerte sich zu Jahresbeginn durch administrative Maßnahmen eine Reihe von staatlichen Dienstleistungen. *Monatsbericht der Deutschen Bundesbank*

Inflationsursachen	
Nachfrageinduzierte Inflation	**Angebotsinduzierte Inflation**
• Binnennachfrageinflation • Auslandsnachfrageinflation • Exportüberschussinflation	• Kosteninflation • Gewinninflation • Steuerinflation • Importpreisinflation

In der Realität sind inflationäre Entwicklungen zumeist nicht eindeutig einer bestimmten Ursache zuzuordnen. Zum einen treten oft mehrere Ursachen gemeinsam auf, zum anderen zieht eine Ursache in der Regel eine andere nach sich. Steigen die Preise, fordern die Arbeitnehmer entsprechend höhere Löhne; höhere Löhne bewirken höhere Kosten und damit Preise, die wiederum zu höheren Lohnforderungen führen usw. **(Lohn-Preis-Spirale).** In der Regel ist nicht eindeutig auszumachen, welches der ursprünglich auslösende Impuls war.

---

1 Die Fixkosten eines Betriebes sind – in Grenzen – unabhängig von der Stückzahl. Sinkt die Stückzahl, verteilt sich die Fixkostensumme auf weniger Stücke; der Fixkostenanteil pro Stück steigt und erhöht die Stückkosten. Vgl. hierzu auch die Ausführungen zur Fixkostendegression in Kap. 4

2 Preissteigerungen inländischer Rohstoffe und Vorprodukte müssen nicht gesondert aufgeführt werden, da sie entweder auf Löhne, Zinsen oder Steuern zurückzuführen sind.

Von den außenwirtschaftlichen Beziehungen gehen sowohl nachfrage- als auch angebotsinduzierte Inflationswirkungen aus. Zur besseren Unterscheidung der Ursachen werden sie im Folgenden zusammenhängend dargestellt.

8.3.1.4 Formen importierter Inflation

Mit **importierter Inflation** werden oft zusammenfassend die vom Ausland ausgehenden Auswirkungen auf das inländische Preisniveau bezeichnet. Genauer wäre daher die Kennzeichnung „außenwirtschaftsinduzierte Inflation"; die übliche Bezeichnung wird hier jedoch beibehalten. Die Betrachtung der Ursachen von inflationären Entwicklungen zeigte bereits, dass mehrere Auslandseinflüsse bestehen. Die unterschiedlichen Formen importierter Inflation werden im Folgenden noch einmal zusammenfassend dargestellt.

Das Ausland ist an binnenwirtschaftlichen Vorgängen sowohl als Nachfrager (nach Exportgütern) als auch als Anbieter (von Importgütern) beteiligt. Von beiden Aktivitäten können inflationäre Entwicklungen ausgehen, wobei die Wirkungen insbesondere bei festen Wechselkursen auftreten. Bei flexiblen Wechselkursen werden unterschiedliche Preisniveauentwicklungen zwischen Ländern mehr oder weniger durch Wechselkursanpassungen ausgeglichen.[1]

- **Auslandsnachfrageinflation:** Eine Erhöhung der Auslandsnachfrage führt – ceteris paribus, also wenn die Binnennachfrage nicht gleichzeitig sinkt – zu einer Erhöhung der gesamtwirtschaftlichen Nachfrage. Ist die Volkswirtschaft vollbeschäftigt bzw. kann die Produktion nicht kurzfristig erhöht werden, stellt sich – wie bei anderen Nachfrageerhöhungen auch – ein inflationärer Effekt ein. Der Effekt ist unabhängig davon, ob ein Exportüberschuss besteht oder nicht; entscheidend ist die Erhöhung der gesamtwirtschaftlichen Nachfrage aufgrund einer Steigerung der Auslandsnachfrage.

- **Exportüberschussinflation:** Tritt nur bei andauernden Exportüberschüssen auf. Exporte führen zu einem Geldzustrom, Importe zu einem Geldabstrom. Übersteigen die Exporte die Importe, strömt im Umfang des Exportüberschusses zusätzliches Geld in die Wirtschaft. Dieses Geld führt unmittelbar zu einer Geldmengenvermehrung, wenn das Ausland in Binnenwährung (z. B. Euro) zahlt; zahlt das Ausland in Devisen (z. B. Dollar) erhöht sich die inländische Geldmenge, sobald die Exporteure ihre Devisen gegen Binnenwährung eintauschen. Werden die überschüssigen Devisen am Devisenmarkt verkauft, muss die Zentralbank zur Verteidigung der festen Wechselkurse diese Devisen gegen Inlandswährung aufkaufen **(Liquiditätseffekt).** Im Umfang des Exportüberschusses entstehen auch Einkommen im Inland, denen kein inländisches Güterangebot gegenübersteht. Wenn dieses zusätzliche Einkommen nicht gespart, sondern zur Güternachfrage verwendet wird, erhöht es die Binnennachfrage und verstärkt – insbesondere bei Vollbeschäftigung – inflationäre Tendenzen **(Einkommenseffekt).** Diese Effekte sind umso wirksamer, je länger die Exportüberschüsse bestehen.

Auslandsnachfrage- und Exportüberschussinflation werden zusammenfassend auch als **indirekter internationaler Preiszusammenhang** bezeichnet, weil auf dem Umweg über Nachfragesteigerungen bzw. Exportüberschüsse das inländische Preisgefüge beeinflusst wird.

---

[1] Zu Wechselkursen und Wechselkurssystemen vgl. Kap. 9.

- **Importpreisinflation:** Wenn Güter im Ausland teurer werden, weil das Ausland höhere Preise festsetzt (z. B. Erdöl) oder weil die Preise aufgrund der ausländischen Inflation steigen, wird – vor allem bei festen Wechselkursen – mit den ausländischen Gütern praktisch auch das ausländische Preisniveau importiert **(direkter internationaler Preiszusammenhang).** Dieser Effekt wirkt also über die Angebotsseite; er tritt unmittelbar auf, wenn die Preise für Konsumgüter steigen. Erhöhen sich die Preise für Rohstoffe, Vorprodukte oder sonstige Investitionsgüter, so wirken sie sich in Form der oben beschriebenen Kosteninflation aus. Wie stark sich eine Importpreisinflation auf das inländische Preisniveau auswirkt, hängt zum einen vom Anteil der betreffenden Güter am Warenkorb und zum anderen von der Preiselastizität der Importgüternachfrage ab. Ist die Nachfrage elastisch, wird die Importgütermenge relativ stark zurückgehen und die Auswirkungen auf das Preisniveau sind geringer; u. U. führt der Nachfragerückgang auch zu einer Rücknahme der Preissteigerungen. Ist die Nachfrage unelastisch, weil das Inland auf die Importgüter angewiesen ist, wird die Nachfrage kaum zurückgehen und die Auswirkungen auf das Preisniveau sind stärker.

8.3.1.5 Inflationsfolgen

Worauf beruhen die Ängste der Menschen vor der Geldentwertung?

Die Angst vor Inflation ist in den meisten Menschen tief verwurzelt. Nur ein Teil dieser Angst ist aufgrund entsprechender Erfahrungen aus der Vergangenheit rational begründbar. Zu einem beträchtlichen Teil stellen die Inflationsängste ein psychisches Phänomen dar. Das zeigt sich schon daran, dass die Empfindungen von Land zu Land durchaus unterschiedlich sind. Während in Deutschland bereits Inflationsraten von 4 % – 5 % als hoch angesehen werden, bereiten zweistellige Inflationsraten in anderen Ländern kaum Kopfzerbrechen.

Inflation bedeutet – so konnte festgestellt werden – zunächst einmal Geldentwertung. Für eine bestimmte Geldmenge können immer weniger Güter eingetauscht werden. Bleibt die verfügbare Geldmenge gleich oder steigt sie langsamer als die Preise, sind mit der Inflation reale Verluste verbunden. Steigt jedoch die für Nachfragezwecke verfügbare Geldmenge ebenso stark wie das Preisniveau, können genauso viele Güter eingetauscht werden wie vorher. Die Inflationsfolgen reduzieren

Inflationsfolgen	
Privates Geldvermögen in Deutschland 2000	Euro 3.644.000.000.000
Verlust durch 1% Inflation	
pro Jahr	36.440.000.000
pro Tag	99.835.616
pro Stunde	4.159.817
pro Minute	69.330
pro Sekunde	1.156

sich darauf, dass mit ständig größer werdenden Geldbeträgen hantiert werden muss, was jedoch in erster Linie ein rechnerisches und kein ökonomisches Problem ist.

Für die realen Folgen inflationärer Entwicklungen kommt es also entscheidend darauf an, ob der Kaufkraftverlust pro Geldeinheit durch eine Erhöhung der verfügbaren Geldeinheiten ausgeglichen werden kann. Die Chancen für einen Inflationsausgleich sind bei den Wirtschaftssubjekten unterschiedlich. Neben den Folgen für einzelne Wirtschaftssubjekte bzw. Bevölkerungsgruppen ergeben sich auch Wirkungen für die Gesamtwirtschaft.

■ Inflation und Einkommen

Einkommensbezieher sind, wenn sie Kaufkraftverluste vermeiden wollen, darauf angewiesen, inflationsbedingte Geldentwertungen durch Einkommenserhöhungen auszugleichen. Das kann insbesondere für Bezieher fester Einkommen zu einem Problem werden. Wie gut es gelingt, hängt nicht zuletzt von der Wirksamkeit der Interessenvertretung ab. Die Gewerkschaften können in der Regel in den Tarifverträgen zumindest einen Inflationsausgleich durchsetzen. Strittig ist dabei u. a. zwischen den Tarifparteien immer wieder die Frage, ob eine Lohnerhöhung eine zukünftige Preissteigerung vorwegnimmt und damit auf die zu erwartende Inflationsrate ausgerichtet werden muss, oder ob die Preissteigerung vorausgeht und durch die Lohnerhöhung nachträglich ausgeglichen wird. Früher waren vor allem Rentner benachteiligt. Rentenerhöhungen werden vom Gesetzgeber beschlossen. Seit 1957 gilt jedoch in Deutschland die sogenannte **dynamische Rentenformel;** die Renten werden automatisch an die Einkommensentwicklung der Beschäftigten angepasst.

Kaufkraftverluste durch Geldentwertung treffen die Einkommensbezieher unterschiedlich hart. Bezieher niedriger Einkommen, die nahezu ihr gesamtes Geld für Konsumzwecke ausgeben (müssen), sind von den steigenden Güterpreisen in vollem Umfang betroffen. Bezieher höherer Einkommen geben nur einen Teil ihres Geldes für Güterkäufe aus; einen nicht unbeträchtlichen Teil sparen sie. Die Ersparnisse können jedoch durch verzinsliche Anlage vor Kaufkraftverlusten geschützt werden. Liegen die Zinsen über der Inflationsrate, nimmt die Kaufkraft sogar zu.

■ Inflation und Vermögen

Geldvermögen wachsen durch Zinsen. Liegt der Zinssatz unter der Inflationsrate, nehmen Geldvermögen real ab. Inflation beeinträchtigt also die Wertaufbewahrungsfunktion des Geldes. Da insbesondere einkommensschwache Bevölkerungskreise ihre Ersparnisse nur zu vergleichsweise geringen Zinssätzen anlegen (können), ergibt sich eine sozial bedenkliche Inflationsfolge. *Sachvermögen* wachsen durch Wertsteigerungen. In der Regel liegen die Steigerungsraten über der Inflationsrate, sodass Sachvermögensbesitzer durch die Inflation kaum benachteiligt werden. Bei hohen Inflationsraten findet daher oft eine „Flucht in Sachwerte" statt, d. h., Geldvermögen wird in Sachvermögen umgewandelt („Betongold").

Ersparnisbildung bei unterschiedlichen Haushaltstypen (1998)			
Verwendung	Typ 1 (niedriges Einkommen)	Typ 2 (mittleres Einkommen)	Typ 3 (höheres Einkommen)
Verfügbares Einkommen	2.812	5.862	9.291
Privatverbrauch	2.550	5.058	7.851
Ersparnis	252	804	1.440
Sparquote (%)	**9,0**	**13,7**	**15,5**

■ Inflation und Schulden

Für Schulden gilt das **Nominalwertprinzip.** 1.000 EUR Schulden bleiben auch bei hoher Inflation 1.000 EUR Schulden. Schuldner profitieren und Gläubiger verlieren also durch die Inflation, wenn kein Inflationsausgleich durch Zinsanpassungen stattfindet.

■ Inflation und Staat

Der Staat wird oft als „Inflationsgewinner" bezeichnet. Haupteinkommensquellen des Staates sind die einkommensabhängigen Steuern sowie die Mehrwertsteuer. Bei höheren Inflationsraten wachsen auch die Einkommen stärker. Höhere Einkommen werden darüber hinaus prozentual stärker besteuert als niedrigere Einkommen. Bei Einkommenssteigerungen wachsen also die Staatseinnahmen gleich zweifach. Die Mehrwertsteuer wird vom Nettoverkaufspreis der Güter erhoben. Werden die Güter teurer, erhöhen sich auch die Mehrwertsteuereinnahmen des Staates. In der Tat steigen also die Staatseinnahmen bei Inflation überproportional. Andererseits muss der Staat aber auch für seine Güterkäufe höhere Preise und für seine Beschäftigten höhere Löhne zahlen. Oftmals steigen gerade die Preise der vom Staat nachgefragten Güter besonders stark (Grundstückspreise usw.). Ob der Staat letztlich von der Inflation profitiert, hängt also vom Verhältnis der inflationsbedingten Mehreinnahmen zu den inflationsbedingten Mehrausgaben ab.

■ Inflation und Beschäftigung

Die Zusammenhänge zwischen Inflation und Beschäftigung bzw. Wachstum sind nicht eindeutig. Die in der Realität oft zu beobachtende Gleichzeitigkeit von Inflation und Beschäftigungszunahme bedeu-

> „Mir sind 5 % Inflation lieber als 5 % Arbeitslose."
>
> *Helmut Schmidt, ehemaliger Bundeskanzler*

tet noch keineswegs, dass es sich um ein Ursache-Wirkungs-Verhältnis handelt und dass der Staat lediglich die Inflation anheizen müsse, um die Beschäftigung zu fördern. Bei einer Erhöhung der nachfragewirksamen Geldmenge (z. B. durch staatliche Kreditaufnahme) wächst die gesamtwirtschaftliche Nachfrage. Inwieweit die Mehrnachfrage zu mehr Beschäftigung oder zu mehr Inflation führt, hängt insbesondere vom Grad der bestehenden Kapazitätsauslastung ab. Je höher die Auslastung, umso höher der Inflationseffekt; je geringer die Auslastung, umso höher der Beschäftigungseffekt. Aus dem Sowohl-als-auch ergibt sich für die Wirtschaftspolitik ein typischer Zielkonflikt. Der empirische Zusammenhang zwischen Beschäftigung und Inflation wird zumeist mithilfe der PHILLIPS-Kurve dargestellt.[1]

■ Inflation und Außenwirtschaft

Außenwirtschaftliche Einflüsse auf die Geldwertstabilität treten vor allem bei festen Wechselkursen auf; bei flexiblen Wechselkursen finden Anpassungen durch Wechselkursänderungen statt. Die Beziehungen sind wechselseitig. Zum einen beeinflussen – wie die oben dargestellten Formen der importierten Inflation gezeigt haben – die außenwirtschaftlichen Beziehungen die Inflation, zum anderen hat die Inflationsrate Auswirkungen auf Exporte und Importe. Hat Land A eine höhere Inflationsrate als Land B, verteuern sich bei festen Kursen die Produkte von A auch in B und werden weniger nachgefragt; die Exporte von A sinken. Die Produkte von B steigen weniger stark und werden in A vermehrt nachgefragt; die Importe von A steigen.[2]

---

[1] Zum Zielkonflikt zwischen Vollbeschäftigung und Geldwertstabilität und zur PHILLIPS-Kurve vgl. auch Kap. 7
[2] Zum Zusammenhang zwischen Preisen und Außenhandel vgl. ausführlicher Kap. 9

- Als Inflation wird ein Prozess allgemeiner Preisniveausteigerungen bezeichnet.
- Nach der Erkennbarkeit werden offene und verdeckte Inflation, nach der Dauer temporäre und permanente Inflation und nach dem Ausmaß schleichende und galoppierende Inflation unterschieden.
- Geht der Inflationsimpuls von der Nachfrageseite aus, wird von nachfrageinduzierter Inflation gesprochen, geht der Inflationsimpuls von der Angebotsseite aus, wird von angebotsinduzierter Inflation gesprochen.
- Arten der nachfrageinduzierten Inflation sind Binnennachfrage-, Auslandsnachfrage- und Exportüberschussinflation.
- Arten der angebotsinduzierten Inflation sind Kosten-, Gewinn-, Steuer- und Importpreisinflation.
- Die Folgen der Inflation hängen vor allem davon ab, ob die Kaufkraftverluste pro Geldeinheit durch Zuwächse (z. B. Lohnerhöhungen, Zinsen) ausgeglichen werden können.

8.3.2 Deflation

Ist eine ständige Steigerung des Geldwertes erstrebenswert?

Deflation ist ein Prozess allgemeiner Preissenkungen und damit Geldwertsteigerungen. Gemeint ist also nicht ein Rückgang der Inflationsrate **(Disinflation),** sondern ein *absoluter* Rückgang des Preisniveaus, also das Gegenteil von Inflation. In der Realität sind deflationäre Prozesse in neuerer Zeit nicht aufgetreten.[1] Moderne Lehrbücher behandeln daher dieses Phänomen kaum noch.

Umgekehrt zum Erklärungsansatz der Inflation führt ein Überhang des gesamtwirtschaftlichen Güterangebots über die gesamtwirtschaftliche Geldnachfrage **(deflatorische Lücke)** zu ständigen Preisniveausenkungen.

Diese auf den ersten Blick vielleicht faszinierende Entwicklung weist jedoch fast nur Nachteile auf; sie hat auch sehr viel schwerwiegendere negative Folgen als die Inflation. Wegen des Angebotsüberhangs senken die Unternehmen die Produktion und die Beschäftigung, wodurch sich das Volkseinkommen vermindert. In Erwartung weiter sinkender Preise und steigenden Geldwerts horten die Nachfrager das Geld und reduzieren die Güternachfrage. Das hat verstärkte Produktionsrückgänge, noch mehr Arbeitslosigkeit und weitere Nachfrageverluste zur Folge usw. Deflation führt also zu einem ständigen Abschaukeln des Wirtschaftsprozesses und endet – wenn nicht nachfragefördernde Gegenmaßnahmen ergriffen werden – in Massenarbeitslosigkeit und volkswirtschaftlicher Verarmung.

Wegen der Kenntnis der schwerwiegenden Folgen einerseits und wirksamer Gegenmaßnahmen andererseits (z. B. Nachfrageförderung durch höhere, kreditfinanzierte Staatsausgaben) könnte deflationären Entwicklungen heute bereits in ihren Ansätzen wirtschaftspolitisch entgegengewirkt werden.

---

[1] In Deutschland gab es in den Jahren 1930 bis 1932 eine deflationsähnliche Entwicklung. Der damalige Reichskanzler BRÜNING passte in der Weltwirtschaftskrise – mittels Notverordnungen – die Staatsausgaben ständig an den Schrumpfungsprozess der Wirtschaft an und verstärkte dadurch die Depression zusätzlich; bis 1932 stieg die Arbeitslosigkeit auf über 6 Mill. an.

> - Deflation ist ein Prozess allgemeiner Preissenkungen.
>
> - Ursache deflationärer Entwicklung ist ein Überhang des gesamtwirtschaftlichen Güterangebots über die gesamtwirtschaftliche Geldnachfrage.
>
> - Zu erwartende Folgen bei Deflation sind Verminderung der Produktion und steigende Arbeitslosigkeit.

8.4 Geldentstehung und Geldverkehr

Geld ähnelt in vielerlei Hinsicht den realen Wirtschaftsgütern. Es wird hergestellt und auf dem Geldmarkt nachgefragt und angeboten. Aus Angebot und Nachfrage ergibt sich sein Preis, der Zins.

8.4.1 Geldproduzenten

Wer darf Geld herstellen?

Beim Vorgang der Geldentstehung muss zwischen materiellem Geld (Münzen, Banknoten) und immateriellem Geld (Buchgeld) unterschieden werden.

Münzen und Banknoten werden zunächst in einem technischen Sinne produziert. Mit Prägung und Druck ist aber noch nicht Geld im wirtschaftlichen Sinne entstanden. Als Geld im eigentlichen Sinne wird nur der Teil des Geldes gezählt, der „im Umlauf" ist. Damit Bargeld in Umlauf kommt, bedarf es noch eines wirtschaftlichen Vorgangs, der Geld aus dem Bankensystem in die Hände von Nichtbanken (Haushalte, Unternehmen, Staat) gelangen lässt. Gelangt zusätzliches Geld in Umlauf, wird auch von **Geldschöpfung** gesprochen. Durch Geldschöpfung vergrößert sich die Geldmenge.

Buchgeld wird bereitgestellt. Es handelt sich dabei um Einlagen auf Konten. Neues Buchgeld entsteht, wenn Nichtbanken Verfügungsmöglichkeiten über *zusätzliche* Einlagen erwerben.

Geldvernichtung schließlich ist ein Vorgang, durch den dem Kreislauf Geld entzogen wird. Er ist nicht gleichbedeutend mit einer physischen Vernichtung von Münzen oder Banknoten. Im wirtschaftlichen Sinne wird Geld dann vernichtet, wenn es in den Bereich der Zentralbank gelangt.

> **Art. 105a [Ausgabe von Banknoten und Münzen]**
>
> (1) Die EZB hat das ausschließliche Recht, die Ausgabe von Banknoten innerhalb der Gemeinschaft zu genehmigen. Die EZB und die nationalen Zentralbanken sind zur Ausgabe von Banknoten berechtigt. Die von der EZB und den nationalen Zentralbanken ausgegebenen Banknoten sind die einzigen Banknoten, die in der Gemeinschaft als gesetzliches Zahlungsmittel gelten.
>
> (2) Die Mitgliedstaaten haben das Recht zur Ausgabe von Münzen, wobei der Umfang dieser Ausgabe der Genehmigung durch die EZB bedarf. *EG-Vertrag*

Das Recht, **Bargeld** zu produzieren liegt in unterschiedlichen Händen. Nach dem EG-Vertrag ist in der Europäischen Währungsunion die EZB für die Banknoten zuständig. Die Ausgabe der Banknoten erfolgt über die nationalen Zentralbanken. Die Ausgabe von Münzen liegt in der Zuständigkeit der einzelnen Länder; der Umfang bedarf jedoch der Genehmigung durch die EZB.

Buchgeld kann vom Zentralbankensystem und von den Geschäftsbanken geschaffen („geschöpft") werden.

8.4.2 Geldschöpfung

Als **Geldschöpfung** werden Vorgänge bezeichnet, durch die neues Geld entsteht. In einem zweistufigen Bankensystem (Zentralbankensystem und Geschäftsbanken) entsteht neues Geld auf zweifache Weise:

- Das Zentralbankensystem schöpft Zentralbankgeld
- Das Geschäftsbankensystem schöpft Geschäftsbankengeld

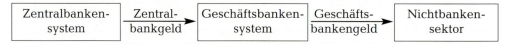

Zwischen **Geschäftsbankengeld** und **Zentralbankgeld** besteht ein enger Zusammenhang. Wenn die Geschäftsbanken Geld schöpfen, ist das stets mit einer Zunahme des Bargeldumlaufs und der bei der Zentralbank zu haltenden Mindestreserve verbunden. Die Geldschöpfung der Geschäftsbanken erfordert also Geld (Zentralbankgeld), das die Kreditinstitute nicht selbst schaffen können.

8.4.2.1 Geldschöpfung der Zentralbank

> Wodurch entsteht Zentralbankgeld?

Es sei noch einmal daran erinnert, dass das Drucken von Banknoten noch keine Geldschöpfung darstellt. Notwendig ist eine wirtschaftliche Transaktion, die Geld (Bargeld oder Sichtguthaben) in den Geldkreislauf bringt.

Neues Zentralbankgeld entsteht, wenn die Zentralbank Aktiva erwirbt und diese mit Zentralbankgeld (Bargeld, Zentralbankguthaben) bezahlt.

Zentralbankgeld: Umlaufendes Bargeld + Guthaben von Banken und Nichtbanken auf Konten bei der Zentralbank.

Zum Erwerb von Aktiva durch die Zentralbank gehören:
- Ankauf von Gold und Devisen
- Ankauf von Wertpapieren
- Vergabe von Krediten an Geschäftsbanken

Kredite an Geschäftsbanken dienen deren **Refinanzierung.** Benötigt eine Geschäftsbank Zentralbankgeld, kann sie sich dieses Geld bei der Zentralbank beschaffen. Einzelheiten hierzu werden bei den geldpolitischen Instrumenten der Zentralbank behandelt.

Tätigt die Zentralbank die Transaktion mit einer Nichtbank (z. B. einem öffentlichen Haushalt oder einem Unternehmen), wächst die Geldmenge unmittelbar; tätigt die Zentralbank die Transaktion mit einer Geschäftsbank, hat durch diesen Vorgang allein die Geldmenge noch nicht zugenommen, da die Geldbestände der Banken nicht zur Geldmenge zählen. Die Geschäftsbanken erwerben jedoch Liquidität, die sie in einem zweiten Schritt in Form von Krediten an Nichtbanken weitergeben können, was dann das Geldvolumen erhöht.

Geldvernichtung durch die Zentralbank findet statt, wenn sie Vermögensteile an andere Wirtschaftseinheiten verkauft und dadurch dem Kreislauf Geld entzieht oder wenn Kredite der Zentralbank zurückgezahlt bzw. von ihr zurückgenommen werden.

Die Geldschöpfungsaktivitäten der Zentralbank schlagen sich in deren Bilanz nieder:

Konsolidierter Wochenausweis des Eurosystems (vereinfacht)	
Aktiva	**Passiva**
Gold Devisen, Währungsreserven Wertpapiere Forderungen an den Finanzsektor Forderungen an öffentliche Haushalte	Banknotenumlauf Verbindlichkeiten gegenüber dem Finanzsektor Schuldverschreibungen Verbindlichkeiten gegenüber öffentlichen Haushalten

Beispiele

Die Zentralbank kauft Devisen gegen Bargeld

Aktiva: Devisen, Währungsreserven   Passiva: Banknotenumlauf

Die Zentralbank kauft Wertpapiere von einer Geschäftsbank und räumt dafür Sichtguthaben ein.

Aktiva: Wertpapiere   Passiva: Verbindlichkeiten gegenüber dem Finanzsektor

- Geld wird von der Zentralbank und den Geschäftsbanken geschöpft.
- Das Zentralbankgeld setzt sich aus dem gesamten Bestand an umlaufendem Bargeld und den Zentralbankguthaben der Banken und Nichtbanken zusammen.
- Neues Zentralbankgeld entsteht, wenn die Zentralbank Aktiva erwirbt und diese mit Zentralbankgeld (Bargeld, Zentralbankguthaben) bezahlt.
- Zum Erwerb von Aktiva durch die Zentralbank gehören:
  - Ankauf von Gold und Devisen
  - Ankauf von Wertpapieren
  - Vergabe von Krediten an Geschäftsbanken

8.4.2.2 Geldschöpfung der Geschäftsbanken

> Durch welchen Vorgang können Geschäftsbanken Buchgeld schaffen?

Geschäftsbanken können nur Giralgeld (Buchgeld) schöpfen. Da aber Giralgeld in modernen Geldverkehrswirtschaften nicht nur richtiges Geld ist, sondern auch volumenmäßig die größte Geldart darstellt, mag es überraschend erscheinen, dass dieses Recht auch Privatunternehmen zugestanden wird.

Die Bezeichnungen **Geschäftsbanken** und **Kreditinstitute** sind gleichbedeutend. Es handelt sich um Unternehmen, die Bankgeschäfte betreiben. Bankgeschäfte sind u. a. Annahme fremder Gelder, Gewährung von Krediten, Ankauf von Wechseln und Schecks, Anschaffung, Veräußerung und Verwaltung von Wertpapieren und Durchführung des bargeldlosen Zahlungsverkehrs.

> **§ 1 Begriffsbestimmungen**
>
> Kreditinstitute sind Unternehmen, die Bankgeschäfte gewerbsmäßig oder in einem Umfang betreiben, der einen in kaufmännischer Weise eingerichteten Geschäftsbetrieb erfordert.
>
> **Gesetz über das Kreditwesen (KWG)**

In allgemeiner Form schöpfen Banken Giralgeld, indem sie Kunden Sichtguthaben einräumen. Die Rolle der Banken ist hierbei mal passiv, mal aktiv.

■ Passive Giralgeldschöpfung

Eine einfache Form der Giralgeldschöpfung besteht darin, dass Kunden bei einer Bank Bargeld einzahlen und dafür eine Gutschrift auf einem Konto erhalten. Durch dieses Sichtguthaben ist neues Giralgeld entstanden. Da das Bargeld jetzt im Bestand der Bank ist, wird es nicht mehr als Geld gezählt.

Durch den Vorgang entsteht zwar zusätzliches Giralgeld, jedoch wird in gleichem Umfang Bargeld „vernichtet". Diese Form der Giralgeldschöpfung ist geldpolitisch unbedeutend, da sich das Geldvolumen nicht erhöht; lediglich seine Struktur verändert sich. Die Banken befinden sich bei diesem Vorgang in einer passiven Rolle; daher wird er auch **passive Giralgeldschöpfung** genannt.

Der umgekehrte Vorgang der Barauszahlung gegen Verminderung des Sichtguthabens wird **passive Giralgeldvernichtung** genannt.

Ein ähnlicher Prozess findet statt, wenn eine Geschäftsbank von einer Nichtbank Vermögensteile (Gold, Devisen, Wertpapiere) kauft. Der Gegenwert kann bar ausgezahlt oder als Sichtguthaben eingeräumt werden. Durch einen solchen Vorgang erhöht sich jedoch die umlaufende Geldmenge, da entweder Bargeld aus den Händen der Banken in die Hände von Nichtbanken gelangt oder Giralgeld geschöpft wird.

■ Aktive Giralgeldschöpfung

Entsteht durch ein Sichtguthaben Giralgeld, dem vorher weder Bargeld noch Vermögensteile gegenüberstanden, liegt **aktive Giralgeldschöpfung** vor. Sie ist dann gegeben, wenn eine Geschäftsbank einer Nichtbank einen **Kredit** gewährt. Da eine Erhöhung des Geldvolumens durch Kreditgewährung erhebliche geldpolitische Bedeutung besitzt, wird sie im Folgenden ausführlich dargestellt.

> „Die Kreditgewährung der Banken an Unternehmen und Privatpersonen hat den Geldschöpfungsprozess im Verlauf des November wieder kräftig gefördert. ... Insgesamt stiegen die Bankkredite an den privaten Sektor um 10,8 Mrd. Euro; ... in den letzten sechs Monaten wurde sie mit einer saisonbereinigten Jahresrate von gut 9 % ausgeweitet."
>
> *Monatsbericht der Deutschen Bundesbank*

Beispiel

Zum besseren Verständnis der Giralgeldschöpfung durch Geschäftsbanken soll das Grundprinzip zunächst an einem einfachen Beispiel dargestellt werden. Eine Wirtschaftsgemeinschaft soll aus einer gerade gegründeten Bank A sowie den zwei Familien S und K bestehen. Herr S zahlt 40.000 Euro bei der Bank ein. Von dem Geld sollen während der nächsten 5 Jahre an den jüngeren Sohn monatlich 150 Euro als Taschengeld ausgezahlt und an die Tochter, die bereits studiert, jeden Monat 500 Euro überwiesen werden.

Nach einigen Tagen kommt Frau K zur Bank und fragt, ob sie ihr für einen Hausanbau Geld für zwei Jahre leihen könne. Die Bank errechnet, dass sie von den 40.000 Euro in den nächsten zwei Jahren 15.600 Euro an die Kinder von S zahlen muss. 24.400 Euro liegen während dieser Zeit ungenutzt bei ihr herum. Da Frau K vertrauenswürdig ist, stellt ihr die Bank die 24.400 Euro für zwei Jahre als Kredit zur Verfügung. Sie macht mit K einen Kreditvertrag und richtet ein Konto mit einer Sichteinlage von 24.400 Euro ein, über die Frau K nun verfügen kann.

Durch diesen Vorgang ist zusätzliches Geld entstanden. Herrn S gehören nach wie vor die 40.000 Euro (die stehen ja auf seinem Konto); Frau K kann über 24.400 Euro verfügen (die stehen auf ihrem Konto). In der Wirtschaftsgemeinschaft steht insgesamt ein Geldvolumen von 40.000 Euro + 24.400 Euro = 64.400 Euro zur Verfügung.

Für die Bank würden sich Schwierigkeiten ergeben, wenn die Familie S entgegen der Absprache in den nächsten zwei Jahren über mehr als 15.600 Euro verfügt. Wenn bis dahin noch keine neue Einlage von einem weiteren Kunden erfolgte, müsste sich die Bank die fehlende Liquidität durch Kredite bei anderen Banken oder bei der Zentralbank verschaffen.

Geldschöpfung der Geschäftsbanken findet durch Kreditvergabe an Kunden statt.

Weil eine Kreditvergabe Ausgangspunkt ist, wird die Geldschöpfung der Geschäftsbanken auch **Kreditschöpfung** genannt. Der Geldschöpfungsvorgang beruht auf folgenden Bedingungen:

1. Banken erhalten durch eine Einlage Geld.
2. Die Banken wissen, dass über Einlagen nur zum Teil und erst nach und nach verfügt wird und dass ein Teil der Einlagen für einen gewissen Zeitraum bei ihnen verbleibt.
3. Kunden müssen Kredite aufnehmen.

Voraussetzungen für die Giralgeldschöpfung der Geschäftsbanken

- Durch zahlreiche Vorgänge entstehen im Bankensystem ständig neue Einlagen (Sicht-, Termin- und Spareinlagen).
- Die Banken wissen, dass trotz der Abgänge (z. B. Auszahlungen) stets eine beträchtliche Geldmenge bei ihnen verbleibt.
- Es genügt, wenn die Banken so viel Geld in Reserve halten, dass die Aufträge der Kunden ausgeführt werden können.
- Die Banken können den über die Reservehaltung hinausgehenden Teil ihres Geldbestandes als Kredite vergeben, ohne dass die Einleger in ihren Verfügungsmöglichkeiten beeinträchtigt werden.
- Bei fehlender Liquidität können sich die Banken durch Geldmarktkredite bei anderen Banken und durch verschiedene Refinanzierungsmaßnahmen bei der Zentralbank Geld verschaffen und so ihre Liquidität sichern.

Reservehaltung der Geschäftsbanken

Die gesamte Reservehaltung der Geschäftsbanken besteht aus zwei Komponenten:
- der vorgeschriebenen **Mindestreserve** und
- einer freiwilligen Reserve **(Barreserve).**

Die Mindestreserve wird in ihrer Höhe durch den Mindestreservesatz bestimmt.

Die Barreserve setzt sich aus der Bargeldhaltung der Banken sowie deren Sichteinlagen bei der Zentralbank (soweit sie das Mindestreserve-Soll übersteigen) und bei anderen Geldinstituten zusammen. Sie dient vor allem der Liquiditätssicherung für die laufenden Geschäfte; ihre Höhe orientiert sich daher an den Liquiditätserfordernissen der Banken und ist u. a. abhängig von den Zahlungsgewohnheiten (barer – unbarer Zahlungsverkehr).

Mindestreserve[1]

Die Geschäftsbanken müssen von bestimmten Einlagen einen von der EZB festgelegten Prozentsatz **(Mindestreservesatz)** als Mindestreserve bei der Zentralbank hinterlegen. Mindestreservepflichtige Verbindlichkeiten sind:
- Täglich fällige Einlagen (Sichteinlagen)
- Einlagen mit vereinbarter Laufzeit von bis zu zwei Jahren
- Einlagen mit vereinbarter Kündigungsfrist von bis zu zwei Jahren
- Schuldverschreibungen mit vereinbarter Laufzeit von bis zu zwei Jahren
- Geldmarktpapiere

Um kleine Banken zu schonen, wird für die Mindestreservepflicht ein pauschaler Freibetrag von 100.000 Euro gewährt; d. h., erst eine über diesen Betrag hinausgehende Mindestreservepflicht muss erfüllt werden.

Die Mindestreserven werden mit dem Zinssatz, der für die Hauptrefinanzierungsgeschäfte gilt, verzinst.

---

1   Vgl. hierzu auch den Abschnitt „Mindestreserve" im Kapitel „Geldpolitik der EZB".

Geldentstehung und Geldverkehr

Die Einlage einer Geschäftsbank auf dem Konto bei der Zentralbank wird als **Ist-Reserve** bezeichnet. Ist das Guthaben bei der Zentralbank höher als zur Erfüllung des Mindestreserve-Solls erforderlich, wird von **Überschussreserve** gesprochen. Der **Reserveüberschuss** hingegen gibt an, um wieviel die Einlagen bei einer Bank deren Reserve übersteigen; der Reserveüberschuss steht zur Kreditvergabe und damit zur Geldschöpfung durch die Geschäftsbanken zur Verfügung.

Reservebegriffe der Zentralbank	
Mindestreserve-Soll	Von den Banken bei Anwendung der Mindestreservesätze auf reservepflichtigen Einlagen (abzüglich des Freibetrages) zu haltende Reserve.
Ist-Reserve	Bei der Zentralbank unterhaltene Sichtguthaben.
Überschussreserve	Überschuss des Zentralbankguthabens über das Mindestreserve-Soll
Reserveüberschuss	Einlagen bei einer Bank minus Reservezuführung; steht zur Kreditvergabe zur Verfügung

Eine interessante und für geldpolitische Überlegungen entscheidende Frage ist nun, wie viel Geld das Bankensystem schöpfen kann. Die Antwort kann mithilfe von Konten oder durch eine tabellarische Darstellung gegeben werden.

Aus Gründen der Vereinfachung wird im folgenden Geldschöpfungsmodell angenommen, dass kein Zentralbankgeld verfügbar ist. Die Bankenliquidität ist somit auf Kundeneinlagen beschränkt. Der Geldschöpfungsprozess speist sich allein aus dem Reserveüberschuss der Geschäftsbanken.

■ Darstellung des Geldschöpfungsprozesses mithilfe von Konten

Beispiel

Ein Bankkunde legt bei einer Bank A eine Einlage in Höhe von 100.000 GE ein. Unterstellt wird, dass alle Banken eine Reserve (Barreserve + Mindestreserve) in Höhe von 10 % ihrer Einlagen halten und dass die Kunden über 30 % ihres Geldes bar verfügen.

Wie wirkt sich eine Einlage von 100.000 GE bei der Geschäftsbank A aus?

Aktiva		Bank A	Passiva
Reserve	10.000,00	Einlage	100.000,00
Reserveüberschuss	90.000,00		

In Höhe des **Reserveüberschusses** kann Bank A einen Kredit vergeben („schöpfen").

Der Kredit wird von einem Bankkunden in voller Höhe in Anspruch genommen. 30 % des Betrages (= 27.000,00 GE) hebt der Kunde in bar ab; den Rest zahlt er auf ein Konto bei Bank B ein. Dort entsteht eine Einlage von 63.000,00 GE.

Aktiva	Bank B		Passiva
Reserve	6.300,00	Einlage	63.000,00
Reserveüberschuss	56.700,00		

Bei Bank B wiederholt sich der gleiche Vorgang wie bei Bank A. Nach Abzug der Bargeldhaltung wird der Rest in Höhe von 39.690,00 GE zu einer weiteren Einlage bei Bank C, die einen weiteren Kredit in Höhe von 35.721,00 GE vergibt.

Aktiva	Bank C		Passiva
Reserve	3.969,00	Einlage	39.690,00
Reserveüberschuss	35.721,00		

Bis einschließlich Bank C ist die Geldmenge bereits um 90.00,00 GE + 56.700,00 GE + 35.721,00 GE gewachsen und es wird erkennbar, dass das Bankensystem in seiner Gesamtheit ein Vielfaches des Ausgangsbetrages an zusätzlichem Geld schöpfen kann **(multiple Geldschöpfung)**.

Die schöpfbare Geldmenge wird jedoch bei jedem Schritt kleiner, da jedes Mal ein Teil als Reserve einbehalten werden muss und ein Teil in Form von Bargeld aus dem Giralgeldsystem abfließt. Irgendwann – theoretisch nach unendlich vielen Schritten – kommt also der durch eine bestimmte Einlage in Gang gesetzte Geldschöpfungsprozess an sein Ende.

Der Geldschöpfungsprozess aus einer Einlage ist zu Ende, wenn

> Reserveüberschuss = Summe Barabflüsse + Summe Reservezuführungen

Da jedoch bei den zahlreichen Banken in einer Volkswirtschaft Tag für Tag viele Geldschöpfungsvorgänge aufgrund von Einlagen neu beginnen, endet die Geldschöpfung gesamtwirtschaftlich gesehen nie.

■ Tabellarische Darstellung des Geldschöpfungsprozesses

Der bisher mit Hilfe von Konten dargestellte Prozess der Geldschöpfung lässt sich auch durch eine tabellarische Übersicht wiedergeben.

Einlage	100 000,00
Reservesatz (%)	10
Bargeldhaltung (%)	30

Periode	Reserveüberschuss (Ü) (Kreditschöpfungsmöglichkeit)	Bargeldabfluss (BA) (30 %)	Einlage	Reserve (R) (10 %)
0			100 000,00	10.000,00
1	90.000,00	27.000,00	63.000,00	6.300,00
2	56.700,00	17.010,00	39.690,00	3.969,00
3	35.721,00	10.716,30	25.004.70	2.500,47
4	22.504,23	6.751,27	15.752,96	1.575,30
n	0	0	0	0
Summe	?			

Geldentstehung und Geldverkehr

Interessant ist nun vor allem die Frage, in welcher Höhe durch den Geldschöpfungsprozess zusätzliches Geld entstehen kann.

■ Höhe der Geldschöpfungsmöglichkeit

Die bisherigen Überlegungen ließen bereits erkennen, dass die Höhe der Geldschöpfungsmöglichkeiten durch die Reservehaltung (Mindestreserve + Barreserve) und den Bargeldabfluss beeinflusst wird.

- Je höher die Reservehaltung, umso geringer die Geldschöpfungsmöglichkeiten der Geschäftsbanken.
- Je höher der Bargeldabfluss, umso geringer die Geldschöpfungsmöglichkeiten der Geschäftsbanken.

In jeder Periode des Geldschöpfungsprozesses tritt eine Verminderung des Reserveüberschusses (Ü) um den Bargeldabfluss (BA) und um die Reservehaltung (R) ein.

$$\ddot{U}_2 = \ddot{U}_1 - (BA_1 + R_1)$$

Aus einer Einlage bzw. dem daraus resultierenden Reserveüberschuss kann das Geschäftsbankensystem ein Vielfaches an neuem Geld schöpfen. Der Faktor, der die maximale Geldschöpfungsmöglichkeit bestimmt, ist der Geldschöpfungsmultiplikator[1]:

Geldschöpfungsmultiplikator: $\dfrac{1}{c + r(1-c)}$ r = Reservesatz
  c = Bargeldquote

Der Reservesatz r setzt sich zusammen aus dem vorgeschriebenen Mindestreservesatz (r_M) und dem erfahrungsbedingten Barreservesatz (r_B).

Bei gegebenem ursprünglichen Reserveüberschuss $\ddot{U}_1$, gegebener Bargeldquote c und gegebenem Reservesatz r ergibt sich als Formel für die maximale Kreditschöpfungsmöglichkeit des Bankensektors:

$$Kr = \dfrac{1}{c + r(1-c)} \cdot \ddot{U}_1$$

↑ Max. Kreditschöpfungsmöglichkeit   ↑ Geldschöpfungsmultiplikator   ↑ Reserveüberschuss

Rechenbeispiel:

Reserveüberschuss ($\ddot{U}_1$)   90.000 GE
Bargeldhaltung (c)   30 %
Reservehaltung (r)   10 %

$$Kr = \dfrac{1}{0{,}3 + 0{,}1\,(1-0{,}3)} \cdot 90.000$$

$$Kr = \dfrac{90.000}{0{,}37}$$

$$Kr = 243.243{,}24$$

---
[1] Zur Ableitung des Geldschöpfungsmultiplikators vgl. den folgenden Abschnitt.

Das Bankensystem kann bei einer Reservehaltung von 10 % und einer Bargeldquote von 30 % aus einem Reserveüberschuss von 90.000 GE maximal 243.243,24 GE Giralgeld schöpfen.

Durch die Rückzahlung von Krediten wird zuvor geschaffenes Giralgeld wieder „vernichtet". Im Bankensystem findet also ständig ein Prozess von **Geldschöpfung** und **Geldvernichtung** statt. Da jedoch mittel- und langfristig mehr Geld geschöpft als vernichtet wird, wächst das Geldvolumen der Wirtschaft ständig an. Wächst das Geldvolumen schneller als das Gütervolumen einer Volkswirtschaft, ergeben sich Gefahren für die Geldwertstabilität. Eine Kontrolle und Steuerung der Geldmengenausweitung im Interesse von Preisniveau- und Geldwertstabilität ist also unerlässlich. Diese Aufgabe obliegt der Zentralbank, die hierfür mit entsprechenden Instrumenten ausgestattet ist, die später noch ausführlich dargestellt werden.

8.4.2.3 Ableitung des Geldschöpfungsmultiplikators

Der Betrag der maximalen Geldschöpfungsmöglichkeiten der Geschäftsbanken lässt sich mithilfe des Geldschöpfungsmultiplikators ermitteln. Hierzu werden im Folgenden zwei Wege vorgestellt.

1. Möglichkeit

	Ableitung des Geldschöpfungsmultiplikators	
$Ü_1 = BA + R$		Ausgangspunkt ist die Erkenntnis, dass die Geldschöpfungsmöglichkeiten dann beendet sind, wenn der gesamte ursprüngliche Reserveüberschuss durch die Bargeldabflüsse und die Reservezuführungen aufgezehrt ist.
	$BA = c \cdot Kr$	Ein Bargeldabfluss (BA) findet statt, wenn der Kunde von dem Kredit einen Teil in bar abhebt; seine Höhe ergibt sich aus Kredithöhe (Kr) mal Bargeldquote (c).
	$R = r \cdot E$	Eine Reservehaltung (R) findet statt, wenn bei einer Bank eine Einlage entsteht und die Bank einen Teil der Einlage als Reserve zurückbehalten muss; ihre Höhe ergibt sich aus Einlage (E) mal Reservesatz (r).
	$E = Kr - BA$	Eine Einlage entsteht, wenn ein Kunde einen Kredit aufnimmt und den Betrag, den er nicht bar behält, bei einer anderen Bank einzahlt oder an eine andere Bank überweist; ihre Höhe ergibt sich aus Kredithöhe (Kr) minus Bargeldabfluss (BA).
	$E = Kr - c \cdot Kr$	
	$E = (1 - c) \cdot Kr$	
$Ü_1 = c \cdot Kr + r \cdot E$		Ergibt sich durch Einsetzen und Umformen
$Ü_1 = c \cdot Kr + r \cdot (1 - c) \cdot Kr$		
$Ü_1 = Kr \cdot (c + r(1-c))$		
$Kr = \dfrac{1}{c + r(1-c)} \cdot Ü_1$		

Geldentstehung und Geldverkehr

2. Möglichkeit

Die zweite Möglichkeit knüpft an die tabellarische Darstellung des Geldschöpfungsvorgangs an. Werden zur Ermittlung der gesamten Geldschöpfung die Inhalte der Spalte „Reserveüberschuss" summiert, ergibt sich folgendes Bild:

$$90.000{,}00 + 56.700{,}00 + 37.721{,}00 + 22.504{,}23 + \ldots$$
$$a \quad + \quad aq \quad + \quad aq^2 \quad + \quad aq^3 \quad + \quad aq^{n-1}$$

- a steht für „Anfangsglied", d. h. für den ersten Reserveüberschuss;
- q steht für einen Faktor, der die im Geldschöpfungsvorgang verbleibende Geldsumme nach Abzug der Reservehaltung und nach Abzug der Bargeldhaltung bestimmt.

Die Folge $a + aq + aq^2 + aq^3 + \ldots + aq^{n-1}$ stellt eine unendliche geometrische Reihe dar mit der Summe nach n Folgen:

$$s_n = \frac{a}{1-q}$$

Für die erste Periode der Geldschöpfung im Beispiel bedeutet dies:
a = 90.000 GE. Dieser Reserveüberschuss vermindert sich um zwei Beträge:
- um die Reservehaltung $a \cdot r$; $a(1-r)$ verbleiben im Bankensystem
- um die Bargeldhaltung $a \cdot c$; $a(1-c)$ verbleiben im Bankensystem.

Daraus ergibt sich: $q = (1-r)(1-c)$

Im Beispiel (r = 0,1 und c = 0,3) ergibt sich demnach für das zweite Glied aq:
$90.000 (1-0{,}1)(1-0{,}3) = 56.700$

	Ableitung des Geldschöpfungsmultiplikators	
$s_n = \dfrac{a}{1-q}$	Ausgangspunkt ist die Summenformel für eine unendliche geometrische Reihe. s_n entspricht der Kreditschöpfungsmöglichkeit Kr	
a	= Anfangsglied = erster Reserveüberschuss	
q	$= (1-r)(1-c)$ $= 1 - c - r + cr$	
$1-q$	$= 1 - (1 - c - r + cr)$ $= c + r - cr$ $= c + r(1-c)$	
$s_n =$	$\dfrac{a}{c + r(1-c)}$	
	$s_n = Kr$ $a = Ü_1$	
$Kr = \dfrac{1}{c + r(1-c)} \cdot Ü_1$		

- Geschäftsbanken können nur Giralgeld (Buchgeld) schöpfen.
- Passive Giralgeldschöpfung findet statt, wenn Bargeld in Sichtguthaben umgewandelt wird. Das Geldvolumen erhöht sich dadurch nicht.

- Aktive Giralgeldschöpfung einer Geschäftsbank findet statt, wenn durch Kreditvergabe an eine Nichtbank neues Giralgeld geschaffen wird. Das Geldvolumen in der Volkswirtschaft erhöht sich.

- Voraussetzungen für die Geldschöpfungsmöglichkeiten der Geschäftsbanken sind, dass Einlagen entstehen und dass nur ein Teil der Einlagen als Reserve gehalten werden muss. Der über die Reservehaltung hinausgehende Teil der Einlagen, der Reserveüberschuss, kann als Kredit vergeben werden.

- Die Höhe der Kreditmöglichkeiten hängt von der Mindestreserve, von der Barreserve und vom Bargeldabfluss ab.

- Je höher Reservehaltung und Bargeldabfluss sind, umso geringer sind die Kreditschöpfungsmöglichkeiten des Geschäftsbankensystems.

- Die Höhe der Mindestreserve wird von der Zentralbank festgelegt; die Höhe des Bargeldabflusses hängt von der Bargeldquote und damit von den Zahlungsgewohnheiten in einer Volkswirtschaft ab.

- Die maximale Höhe der Geldschöpfungsmöglichkeiten kann mithilfe des Geldschöpfungsmultiplikators ermittelt werden.

8.4.3 Kreditmarkt, Geldmarkt, Kapitalmarkt

Welche Aufgaben erfüllen die verschiedenen Märkte des Geldbereichs?

Als Oberbegriff für Märkte, auf denen finanzielle Transaktionen stattfinden, wird der Ausdruck **Kreditmarkt** verwendet.

Als Formen des Kreditmarkts werden der Geldmarkt und der Kapitalmarkt unterschieden.

Teilnehmer am **Geldmarkt** sind – wegen der hohen Beträge, die gehandelt werden – vor allem die Zentralbank, die Geschäftsbanken und große Wirtschaftsunternehmen. In neuerer Zeit können sich auch Anleger von geringeren Geldbeträgen über Geldmarktfonds am Geldmarkt beteiligen.

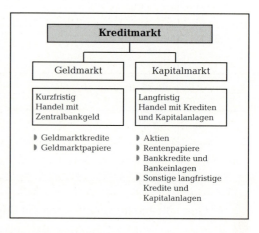

Gegenstand ist der Handel mit Zentralbankgeld (Bargeld, Sichtguthaben bei der Zentralbank); er dient im Wesentlichen der Sicherstellung von Liquidität. Dies geschieht durch Kreditgeschäfte sowie durch Ankauf und Verkauf von Wertpapieren. **Geldmarktkredite** werden bei überschüssiger Liquidität angeboten und bei fehlender Liquidität (z. B. bei unerwarteten Barabhebungen von Bankkunden) nachgefragt.

Nach der Fristigkeit wird unterschieden zwischen **Tagesgeld, Monatsgeld, Dreimonatsgeld, Halbjahresgeld** usw. **Geldmarktpapiere** werden zwischen der Zentralbank und Geschäftsbanken gehandelt; sie dienen einerseits der Refinanzierung der Geschäftsbanken und andererseits der Geldmengensteuerung durch die Zentralbank.[1]

Am Kapitalmarkt werden langfristige Kredite und Kapitalanlagen gehandelt. Zum *organisierten Kapitalmarkt* gehören insbesondere der Aktienhandel an den Aktienbörsen und der Handel mit Industrie- und Staatsobligationen an den Wertpapierbörsen **(Rentenmarkt)**.

Zum organisierten Kapitalmarkt zählen auch die Kredite der Geschäftsbanken an Nichtbanken (Kontokorrent, Darlehen, Hypotheken) sowie die Einlagen der Nichtbanken bei Geschäftsbanken (Termineinlagen, Spareinlagen). Der organisierte Kapitalmarkt wird von Staat und Zentralbank beaufsichtigt.

Zum *nicht organisierten Kapitalmarkt* zählen die Kreditbeziehungen zwischen Unternehmen, zwischen Privathaushalten sowie zwischen Unternehmen und Privathaushalten.

8.4.4 Geldangebot und Geldnachfrage

Wer bietet Geld an, wer fragt Geld nach und wovon hängen Angebot und Nachfrage ab?

- Geldangebot ist das Angebot des Bankensystems an Nichtbanken.
- Geldnachfrage ist die Nachfrage der Nichtbanken bei den Banken.

Auf den ersten Blick scheinen auch umgekehrte Marktbeziehungen zu existieren: Kunden bieten den Banken Geld an (z. B. Spareinlagen oder Termineinlagen). Da in diesem Falle die Kunden ihre Geldhaltung (Bargeld oder Sichteinlagen) verringern, handelt es sich jedoch nicht um ein Angebot von Geld, sondern um eine abnehmende Nachfrage nach Geld.

Im Prinzip verhalten sich die Teilnehmer am Geldmarkt nicht anders als die Anbieter und Nachfrager von Gütern. Für Geld besteht ein Preis, der Zinssatz. Er ergibt sich einerseits aus dem Zusammenspiel von Nachfrage und Angebot und ist andererseits die bestimmende Größe für die Höhe von Nachfrage und Angebot.

■ Geldangebot

Anbieter von Geld sind die Geschäftsbanken. Diese benötigen allerdings zur Refinanzierung die Zentralbank und unterliegen in ihrem Geschäftsverhalten auch der Aufsicht durch die Zentralbank und den Staat. Die Zentralbank versucht, mithilfe ihrer geldpolitischen Instrumente das **Geldangebot** der Geschäftsbanken zu steuern.

Bei den Überlegungen zur Geldschöpfung ging es um die maximale Geldschöpfungsmöglichkeit des Bankensystems. Diese ist nicht identisch mit der Höhe des Geldangebots, sondern bildet lediglich deren obere Grenze. Wie viel hiervon die Geschäftsbanken den Nichtbanken in Form von Krediten tatsächlich anbieten und zu welchen Konditionen sie dies tun, hängt in erster Linie von alternativen Ertragsüberlegungen ab.

---

1 Zur Geldmengensteuerung der Zentralbank vgl. ausführlicher den Abschnitt über die Geldpolitik der Europäischen Zentralbank (EZB).

Etwas vereinfacht, haben die Geschäftsbanken zwei Möglichkeiten ihren Reserveüberschuss zu verwenden: sie können dafür Geldmarktpapiere von der Zentralbank kaufen oder sie können ihn Nichtbanken als Kredit anbieten.

Für die Entscheidung der Banken spielen neben Ertragsaussichten auch die unterschiedlichen Risiken und Liquiditätsfolgen eine Rolle. Kredite können – z.B. bei Konkurs eines Unternehmens – ganz oder teilweise verloren gehen; der Kauf von Geldmarktpapieren bei der Zentralbank hingegen ist risikolos.

Wenn einmal die unterschiedlichen Risiken und mögliche Refinanzierungskosten außer Acht gelassen werden, hängt die Verwendung des Reserveüberschusses von den jeweiligen Ertragsaussichten ab. Wenn eine Bank für einen Kredit beispielsweise nur einen Zinssatz von 6% realisieren kann, der Kauf von Geldmarktpapieren bei der Zentralbank jedoch einer Verzinsung von 7% entspricht, wird die Bank ihre Mittel zum Ankauf von Geldmarktpapieren und nicht für Kredite verwenden. Hieran wird deutlich, dass die Zentralbank über die Konditionen für Geldmarktpapiere die Bereitschaft der Banken, Kredite zu vergeben, zumindest in Grenzen steuern kann.

Das Geld- bzw. Kreditangebot der Banken hängt also von der Zinsdifferenz zwischen Krediten einerseits und anderweitigen Verwendungsmöglichkeiten andererseits ab. Im Allgemeinen schwankt der Kreditzins stärker als die Verzinsung der Geldmarktpapiere. Steigt der Kreditzins, wächst die Zinsdifferenz zu Gunsten der Kredite und damit die Bereitschaft der Banken, Kredite zu vergeben: Das Geldangebot steigt. Allerdings kann das Geldangebot nur soweit steigen, wie die maximalen Geldschöpfungsmöglichkeiten reichen. Darüber hinaus können die Banken – auch wenn der Zins noch weiter steigt – ihr Geldangebot nicht mehr erhöhen. Mit sinkendem Kreditzins werden die Banken einen immer größer werdenden Teil ihrer Mittel für den Kauf von Geldmarktpapieren verwenden; das Geldangebot geht zurück. Unterhalb eines gewissen Zinssatzes werden die Banken gar keine Kredite mehr anbieten, sondern ihre gesamten freien Mittel für Käufe von Geldmarktpapieren einsetzen.

Aus diesen Überlegungen ergibt sich eine **Geldangebotskurve,** die drei charakteristische Abschnitte aufweist. Unterhalb eines gewissen Kreditzinssatzes (i_0) findet kein Geldangebot statt. Oberhalb von i_0 steigt das Geldangebot mit steigendem Kreditzins. Bei einer Zinshöhe von i_m bieten die Banken ihr maximales Geldschöpfungspotenzial als Kredite an. Eine weitere Ausdehnung des Geldangebots ist nicht mehr möglich.

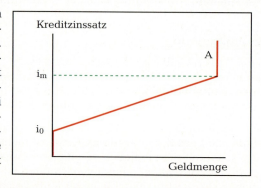

Das Geldangebot des Geschäftsbankensystems hängt von der Zinshöhe ab. Mit steigendem Zins steigt das Angebot, mit sinkendem Zins sinkt es.

Geldangebot ist aber noch nicht gleich Geldmenge. Wie viel von den angebotenen Krediten auch tatsächlich zu Geld wird, hängt davon ab, wie viel Geld die Nichtbanken nachfragen.

■ Geldnachfrage

Die **Geldnachfrage** entspricht der von Privathaushalten, Unternehmen und Staat gewünschten Kassenhaltung, also der Absicht, Vermögensteile in Form von Bargeld oder (unverzinslichen) Sichtguthaben zu halten. Sie ergibt sich aus den vorhandenen Beständen (Bargeld, Sichtguthaben) sowie den aktuellen Kreditwünschen.

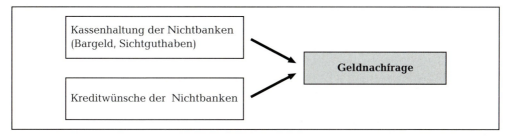

Nichtbanken fragen im Wesentlichen aus zwei Gründen Geld nach: um es als **Tauschmittel** oder als **Wertaufbewahrungsmittel** zu verwenden. Kassenhaltung bedeutet den Verzicht auf verzinsliche Verwendung. Hierfür sind insbesondere Liquiditätsüberlegungen ausschlaggebend.

Liquidität ist notwendig, um jederzeit Geld als Tauschmittel einsetzen zu können. Je höher die Kassenhaltung, umso mehr Güter können gekauft werden. Umgekehrt beeinflusst der Wunsch, Güter zu kaufen, auch die Höhe der Kassenhaltung.

Im Gegensatz dazu bedeutet die Bereitschaft, Geld nicht in Form von Bargeld oder Sichtguthaben, sondern in anderen Formen zu halten, **Liquiditätsverzicht,** d. h. Verzicht auf die Möglichkeit, *jederzeit* Güter eintauschen zu können. Hierzu sind die Wirtschaftssubjekte nur bereit, wenn sie für ihren Liquiditätsverzicht einen Ausgleich durch Zinsen erhalten.

> Zinsen sind der Lohn für Liquiditätsverzicht.

Es leuchtet ein, dass die Wirtschaftssubjekte umso eher bereit sind, auf Liquidität zu verzichten, je höher der Zins für Geldanlagen ist. Mit steigendem Zins sinkt also die Nachfrage nach Geld für Transaktionszwecke. Dieser Zusammenhang gilt auch für die Wertaufbewahrung. Je höher der Zins, umso eher die Bereitschaft, Geld in Form von Spareinlagen, Wertpapieren usw. anzulegen, anstatt es bar aufzubewahren.

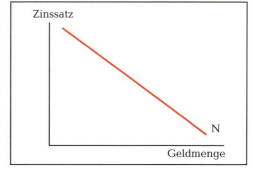

Die Kreditwünsche sind ebenfalls zinsabhängig. Je höher der Kreditzinssatz ist, umso geringer die Nachfrage. In der Realität bestehen, je nach Kredithöhe und Kreditart, unterschiedliche Kreditzinssätze. Wenn einmal vereinfachend angenommen wird, dass nur ein Zinssatz besteht, ergibt sich eine Geldnachfragefunktion, die der Güternachfragefunktion entspricht.

> Die Geldnachfrage der Nichtbanken hängt von der Zinshöhe ab. Mit steigendem Zinssatz sinkt die Geldnachfrage, mit sinkendem Zinssatz steigt sie.

Wie bei der Güternachfrage bestehen auch bei der Geldnachfrage nicht nur Abhängigkeiten vom Preis bzw. Zins, sondern auch von anderen Faktoren (z. B. Einkommen und Vermögen), auf die hier aber nicht näher eingegangen werden soll.

■ Ausgleich von Geldangebot und Geldnachfrage

Der Ausgleich von Angebot und Nachfrage kommt bei dem Gleichgewichtszinssatz i_G zu Stande; m_G ist die Geldmenge, die bei diesem Zinssatz gehalten wird, also in Umlauf ist. Anders ausgedrückt: Die Geldmenge ist vom Zinssatz abhängig. Da die Zentralbank vor allem über die Steuerung der Geldmenge die Preisniveau- und damit die Geldwertstabilität beeinflussen kann, wird später noch zu fragen sein, ob sie Mittel besitzt, den Zinssatz für Geld zu beeinflussen.[1]

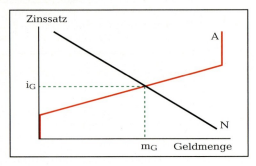

- Geldanbieter sind die Geschäftsbanken, Geldnachfrager die Nichtbanken (Privathaushalte, Staat, Unternehmen [soweit sie nicht Banken sind]).
- Die Höhe von Geldangebot und -nachfrage hängt im Wesentlichen vom Zinssatz ab. Mit steigendem Zins steigt das Angebot und sinkt die Nachfrage, mit sinkendem Zins sinkt das Angebot und steigt die Nachfrage.

8.5 Europäische Währungsunion (EWU)

Am 1. Januar 1958 trat die Europäische Wirtschaftsgemeinschaft (EWG) in Kraft; Mitgliedsländer waren die Bundesrepublik Deutschland, Frankreich, Italien und die Benelux-Länder. Mit der EWG begann eine Phase intensiver Bemühungen um eine wirtschaftliche und politische Integration der Staaten in Europa. Die seit dem 1. Januar 1999 bestehende **Europäische Währungsunion (EWU)** ist ein wichtiger Schritt auf diesem Weg.

8.5.1 Ziele und Entwicklung der Europäischen Währungsunion

Welche Anliegen verfolgt die EWU und wie ist sie entstanden?

---
1 Vgl. hierzu insbesondere die Darstellung über die geldpolitischen Instrumente der EZB.

Auszug aus dem EG-Vertrag

Art. 2 [Aufgabe der Gemeinschaft]

Aufgabe der Gemeinschaft ist es, durch die Errichtung eines Gemeinsamen Marktes und einer Wirtschafts- und Währungsunion ... eine harmonische und ausgewogene Entwicklung des Wirtschaftslebens innerhalb der Gemeinschaft, ein beständiges, nichtinflationäres und umweltverträgliches Wachstum, einen hohen Grad an Konvergenz der Wirtschaftsleistungen, ein hohes Beschäftigungsniveau, ein hohes Maß an sozialem Schutz, die Hebung der Lebenshaltung und Lebensqualität, den wirtschaftlichen und sozialen Zusammenhalt und die Solidarität zwischen den Mitgliedstaaten zu fördern.

Nach dem EG-Vertrag soll die EWU zur Erfüllung der Aufgabe der Gemeinschaft beitragen. Das spezifische Ziel der EWU ist die Schaffung einer gemeinsamen Währung für die EU-Länder. Dieses Ziel, das als wichtiger Zwischenschritt auf dem Wege zur europäischen Integration, insbesondere zu einer gemeinsamen Wirtschaftspolitik, angesehen wird, ist in mehreren Schritten verwirklicht worden.

Entwicklung der EWU	
1979	Beginn des Europäischen Währungssystems (EWS).
1990	Erste Stufe der Europäischen Wirtschafts- und Währungsunion (EWWU).
1993	„Vertrag über die Europäische Union (EU)", der so genannte „Vertrag von Maastricht", tritt in Kraft.
1994	Zweite Stufe der Europäischen Wirtschafts- und Währungsunion (EWWU).
1995	Der Europäische Rat beschließt die Eckwerte für den Übergang zur EWU und legt den Namen „Euro" für die gemeinsame Währung fest.
1999	Dritte Stufe der Europäischen Wirtschafts- und Währungsunion (EWWU) – Die Europäische Währungsunion (EWU) startet mit elf Teilnehmerländern – Einführung der gemeinsamen Währung „Euro" als Buchgeld – Zuständigkeit für die Geldpolitik liegt bei der EZB
2002	Euro als Bargeld; die nationalen Währungen verlieren ihre Gültigkeit.

An der EWU können die EU-Länder teilnehmen, die bestimmte Kriterien („Konvergenzkriterien") erfüllen.

Konvergenzkriterien

- Preisanstieg höchstens 1,5 Prozentpunkte über dem durchschnittlichen Preisanstieg der drei preisstabilsten Länder.

- Haushaltsdefizit höchstens 3 % des Bruttoinlandsprodukts; Staatsverschuldung höchstens 60 % des Bruttoinlandsprodukts.

- Langfristiger Zinssatz höchstens 2 Prozentpunkte über dem durchschnittlichen Zinssatz der drei preisstabilsten Länder.

- Währungsstabilität in den letzten zwei Jahren vor der Währungsunion.

Aufgrund dieser Konvergenzkriterien, deren Erfüllung zum Teil jedoch recht großzügig ausgelegt wurde, startete die EWU am 1. Januar 1999 mit zunächst elf Teilnehmerländern. Die übrigen EU-Länder können zu späteren Zeitpunkten der EWU beitreten.

Europäische Währungsunion (EWU)	
Teilnehmerländer	**Nicht-Teilnehmerländer**
Belgien	Dänemark
Deutschland	Großbritannien
Finnland	Schweden
Frankreich	
Griechenland	
Irland	
Italien	
Luxemburg	
Niederlande	
Österreich	
Portugal	
Spanien	

Um Preisstabilität, Haushaltsdisziplin usw. nicht nur beim Eintritt in die EWU, sondern auf Dauer sicherzustellen, haben die EU-Länder 1997 einen **Stabilitäts- und Wachstumspakt** beschlossen. Dieser enthält die Selbstverpflichtung aller EWU-Mitglieder, die Obergrenze von 3 % des BIP für das Haushaltsdefizit auch in zukünftigen Jahren nicht zu überschreiten. Treten über einen längeren Zeitraum höhere Haushaltsdefizite auf, sind erhebliche Bußgelder vorgesehen.

- Aufgabe der EWU ist die Schaffung einer gemeinsamen Währung für die EU-Länder.
- Am 1. Januar 1999 beginnt die EWU mit elf Teilnehmerländern. Die gemeinsame Währung „Euro" wird als Buchgeld eingeführt. Die EZB ist für die Geldpolitik zuständig.
- Am 1. Januar 2002 wird der Euro auch als Bargeld eingeführt; die nationalen Währungen verlieren am 30.06.2002 ihre Gültigkeit.
- Ein Stabilitäts- und Wachstumspakt soll für dauerhafte Haushaltsdisziplin in den EWU-Ländern sorgen.

8.5.2 Institutionen der Europäischen Währungsunion

Solange nicht alle EU-Länder an der Europäischen Währungsunion teilnehmen, sind bei den Institutionen der EWU gewisse Unterscheidungen notwendig.

Diejenigen EU-Länder, die an der EWU teilnehmen, werden zusammenfassend als **Eurosystem** bezeichnet. Diese Länder haben den Euro als gemeinsame Währung. Für die Geldpolitik im Eurosystem ist die Europäische Zentralbank (EZB) zuständig.

Die EU-Länder, die (noch) nicht an der EWU teilnehmen, besitzen noch ihre nationalen Währungen. Sie sind nicht in die Durchführung der einheitlichen Geldpolitik einbezo-

Europäische Währungsunion (EWU)

gen, sondern regeln ihre Geldpolitik nach innerstaatlichen Bestimmungen. Die Zuständigkeit für die Geldpolitik liegt in diesen Ländern bei der jeweiligen nationalen Zentralbank. Da jedoch auch diese Länder dem **Europäischen System der Zentralbanken (ESZB)** angehören, geschieht die nationale Geldpolitik in enger Abstimmung mit der EZB.

Die Beziehungen zwischen dem Euro und den nationalen Währungen der nicht EWU-Mitglieder regelt der **Wechselkursmechanismus II (WKM II)**[1].

Europäische Union (EU)		
EU-Länder, die an der EWU teilnehmen	WKM II ⟶	EU-Länder, die **nicht** an der EWU teilnehmen
Eurosystem		

8.5.2.1 Europäisches System der Zentralbanken (ESZB) und Europäische Zentralbank (EZB)

Welche Aufgaben haben ESZB und EZB und wie sind sie organisiert?

Die zentralen Einrichtungen für die Umsetzung der Währungspolitik in der EWU sind das Europäische System der Zentralbanken (ESZB) und die Europäische Zentralbank (EZB).

■ Europäisches System der Zentralbanken (ESZB)

Das Europäische System der Zentralbanken (ESZB) besteht aus der Europäischen Zentralbank (EZB) und den nationalen Zentralbanken aller EU-Mitgliedsländer.

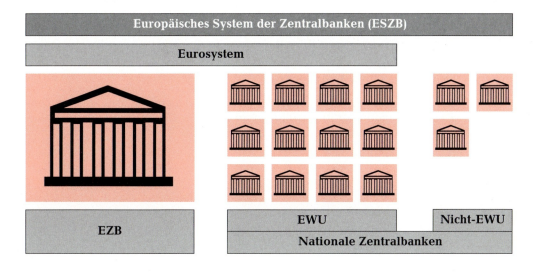

---

1 Zu Einzelheiten des WKM II vergleiche den entsprechenden Abschnitt in diesem Buch.

> *Auszug aus dem EG-Vertrag*
>
> **Art. 105 [Ziele und Aufgaben des ESZB]**
>
> (1) Das vorrangige Ziel des ESZB ist es, die Preisstabilität zu gewährleisten. Soweit dies ohne Beeinträchtigung des Zieles der Preisstabilität möglich ist, unterstützt das ESZB die allgemeine Wirtschaftspolitik in der Gemeinschaft, ...
>
> (2) Die grundlegenden Aufgaben des ESZB bestehen darin,
>
> – die Geldpolitik der Gemeinschaft festzulegen und auszuführen,
>
> – Devisengeschäfte ... durchzuführen,
>
> – die offiziellen Währungsreserven der Mitgliedstaaten zu halten und zu verwalten,
>
> – das reibungslose Funktionieren der Zahlungssysteme zu fördern.

Für die Erfüllung der Aufgaben des ESZB ist in erster Linie die EZB zuständig. Die Organe der EZB (EZB-Rat und das Direktorium) leiten das ESZB (Art. 106 EG-Vertrag).

Beschlüsse des EZB-Rates gelten nur für die Mitgliedstaaten der Währungsunion. In den EU-Ländern die (noch) nicht Mitglied der Währungsunion sind, bestimmen die nationalen Zentralbanken die Geldpolitik nach innerstaatlichem Recht.

■ Europäische Zentralbank (EZB)

Die EZB ist sozusagen die Schaltstelle des ESZB. Sie erfüllt – in Zusammenarbeit mit den nationalen Zentralbanken – die oben genannten Aufgaben des ESZB. Damit ist letztlich die EZB für die Geldpolitik in der Europäischen Währungsunion („Eurosystem") zuständig. Durch die Befugnis zur Verabschiedung von Verordnungen, Entscheidungen, Stellungnahmen und Empfehlungen wird die EZB zu einem „Gemeinschaftsgesetzgeber".

Die EZB hat das alleinige Recht, innerhalb der Gemeinschaft die Ausgabe von Banknoten zu genehmigen. Sie ist die **Notenbank** für die Länder der EWU. Die Ausgabe der Noten erfolgt entweder über die EZB selbst oder – im Regelfall – über die nationalen Zentralbanken.[1]

Die EZB hat ihren Sitz in Frankfurt am Main.

Bei der Wahrnehmung ihrer Aufgaben sind sowohl die EZB als auch die nationalen Zentralbanken von Weisungen der Regierungen und zentraler EU-Institutionen unabhängig **(„Zentralbankautonomie")**.

Die **Organe** der EZB sind

- der EZB-Rat
- das Direktorium

---

1 Die Münzen werden von den einzelnen Mitgliedstaaten ausgegeben; vgl. auch den Abschnitt über „Geldproduzenten".

> *Auszug aus der „Satzung des Europäischen Systems der Zentralbanken und der Europäischen Zentralbank"*
>
> **Artikel 12**
> **Aufgaben der Beschlussorgane**
>
> 12.1 Der EZB-Rat erlässt die Leitlinien und Entscheidungen, die notwendig sind, um die Erfüllung der dem ESZB ... übertragenen Aufgaben zu gewährleisten. Der EZB-Rat legt die Geldpolitik der Gemeinschaft fest, gegebenenfalls einschließlich von Entscheidungen in Bezug auf geldpolitische Zwischenziele, Leitzinssätze und die Bereitstellung von Zentralbankgeld im ESZB, und erlässt die für ihre Ausführung notwendigen Leitlinien.
>
> Das Direktorium führt die Geldpolitik gemäß den Leitlinien und Entscheidungen des EZB-Rates aus. Es erteilt hierzu den nationalen Zentralbanken die erforderlichen Weisungen.

Organe der Europäischen Zentralbank (EZB)		
Organ	Zusammensetzung	Zuständigkeit
Direktorium	• Präsident und Vizepräsident der EZB • vier weitere Mitglieder	Durchführung der Beschlüsse des EZB-Rats.
	Ernennung durch Staats- und Regierungschefs der Mitgliedstaaten	Führung der laufenden Geschäfte.
EZB-Rat	• Direktorium der EZB • Zentralbankpräsidenten der EWU-Länder	Festlegung der Geldpolitik. Geldpolitische Entscheidungen.
Erweiterter EZB-Rat	• EZB-Rat • Zentralbankpräsidenten der EU-Länder, die noch nicht der EWU angehören.	

Die Geldpolitik der EZB wird im Zusammenwirken mit den nationalen Zentralbanken umgesetzt. Dabei ist die EZB gegenüber den nationalen Zentralbanken weisungsberechtigt.

> *Auszug aus der „Satzung des Europäischen Systems der Zentralbanken und der Europäischen Zentralbank"*
>
> **Artikel 14: Nationale Zentralbanken**
>
> ...
>
> 14.3 Die nationalen Zentralbanken sind integraler Bestandteil des ESZB und handeln gemäß den Leitlinien und Weisungen der EZB.

Die Stellung der nationalen Zentralbanken innerhalb des Europäischen Systems der Zentralbanken soll am Beispiel der Deutschen Bundesbank verdeutlicht werden.

8.5.2.2 Deutsche Bundesbank

> Welche Position nimmt die Deutsche Bundesbank im Europäischen System der Zentralbanken ein?

Mit Beginn der Europäischen Währungsunion am 1. Januar 1999 verlor die Deutsche Bundesbank ihre bisherige Selbstständigkeit; sie wurde Teil des Europäischen Systems der Zentralbanken (ESZB). Ihre Aufgaben bewegen sich im Rahmen der Aufgabenstellung für das ESZB. Bei der Erfüllung dieser Aufgaben handelt die Bundesbank im Rahmen der Leitlinien und Weisungen der Europäischen Zentralbank. Die Bundesbank führt die Geldpolitik des ESZB in Deutschland durch.

Auszug aus dem „Gesetz über die Deutsche Bundesbank"

§ 3 Aufgaben
Die Deutsche Bundesbank ist als Zentralbank der Bundesrepublik Deutschland integraler Bestandteil des Europäischen Systems der Zentralbanken. Sie wirkt an der Erfüllung seiner Aufgaben mit dem vorrangigen Ziel mit, die Preisstabilität zu gewährleisten, und sorgt für die bankmäßige Abwicklung des Zahlungsverkehrs im Inland und mit dem Ausland. Sie nimmt darüber hinaus die ihr nach diesem Gesetz oder anderen Rechtsvorschriften übertragenen Aufgaben wahr.

§ 5 Organe
Organe der Deutschen Bundesbank sind der Zentralbankrat (§ 6), das Direktorium (§ 7) und die Vorstände der Landeszentralbanken (§ 8).

§ 12 Verhältnis der Bank zur Bundesregierung
Die Deutsche Bundesbank ist bei der Ausübung der Befugnisse, die ihr nach diesem Gesetz zustehen, von Weisungen der Bundesregierung unabhängig. Soweit dies unter Wahrung ihrer Aufgabe als Bestandteil des Europäischen Systems der Zentralbanken möglich ist, unterstützt sie die allgemeine Wirtschaftspolitik der Bundesregierung.

Der innere **Aufbau der Bundesbank** entspricht in etwa der Organisationsstruktur der EZB. Organe der Deutschen Bundesbank sind:

- Zentralbankrat
- Direktorium
- Vorstände der Landeszentralbanken

Die wesentlichen **Aufgaben der Bundesbank** sind:

- Mitwirkung an der Erfüllung der Aufgaben des ESZB
- Bankmäßige Abwicklung des Zahlungsverkehrs im Inland und mit dem Ausland.

Die Zentralbankautonomie gilt auch für die Bundesbank; d.h., sie ist von Weisungen der Bundesregierung unabhängig.

- Zentrale Einrichtungen für die Umsetzung der Währungspolitik in der EWU sind das Europäische System der Zentralbanken (ESZB) und die Europäische Zentralbank (EZB).

Europäische Währungsunion (EWU)

- Das Europäische System der Zentralbanken (ESZB) besteht aus der Europäischen Zentralbank (EZB) und den nationalen Zentralbanken aller EU-Mitgliedsländer.
- Vorrangiges Ziel des ESZB ist es, die Preisstabilität zu gewährleisten. Das ESZB soll die allgemeine Wirtschaftspolitik in der Gemeinschaft unterstützen, soweit dies ohne Beeinträchtigung des Zieles der Preisstabilität möglich ist.
- Für die Erfüllung der Aufgaben des ESZB ist in erster Linie die EZB zuständig.
- Die Organe der EZB sind der EZB-Rat und das Direktorium.
- Die Deutsche Bundesbank ist ebenso – wie die übrigen nationalen Zentralbanken – integraler Bestandteil des ESZB.

8.5.3 Wechselkursmechanismus II (WKM II)

Wie sind die Beziehungen zwischen dem Eurosystem und den Währungen der EU-Länder, die noch nicht Mitglieder der Währungsunion sind, geregelt?

Als währungspolitisches Bindeglied der Mitgliedstaaten der Europäischen Gemeinschaft (EG) bzw. der Europäischen Union (EU) trat 1979 das **Europäische Währungssystem (EWS)** in Kraft. Kernelemente des EWS waren

- die gemeinsame Verrechnungseinheit ECU (European Currency Unit), die Vorläuferin des heutigen Euro, und
- der Wechselkursmechanismus (WKM I).

Durch den Wechselkursmechanismus waren die Währungen der Mitgliedsländer nach dem System relativ fester Wechselkurse aneinander gebunden[1]. Von den vereinbarten Leitkursen durften die Mitgliedswährungen an den Devisenbörsen um einen bestimmten Prozentsatz nach oben und unten schwanken. Die erlaubten Abweichungen betrugen zunächst ± 2,25 % und später ± 15 %.

Das EWS endete mit dem Beginn der Europäischen Währungsunion am 1. Januar 1999. Von diesem Zeitpunkt an ist eine Wechselkursregelung nur noch zwischen dem Eurosystem und den EU-Ländern, die noch nicht Mitglieder der Währungsunion sind, notwendig. Diese Regelung entspricht ebenfalls einem System relativ fester Wechselkurse und wird **Wechselkursmechanismus II (WKM II)** genannt.

Mit dem WKM II wird den EU-Mitgliedstaaten, die den Euro zunächst noch nicht einführen, die Möglichkeit geboten, ihre Währung an den Euro anzubinden. Eine Verpflichtung für die Teilnahme am WKM II besteht jedoch nicht. Die erlaubte Standardabweichung vom vereinbarten Euro-Leitkurs beträgt 15 % nach oben und unten; andere Schwankungsbreiten können vereinbart werden.

---

[1] Zu Einzelheiten von Wechselkurssystemen vgl. den Abschnitt „Wechselkurssysteme" im Kapitel „Außenwirtschaft".

8.6 Geldpolitik der Europäischen Zentralbank (EZB)

Mit Beginn der EWU am 1. Januar 1999 ist die Zuständigkeit für die Geldpolitik innerhalb der EWU auf die EZB übergegangen.

8.6.1 Grundlagen der Geldpolitik

Welche grundlegenden Verfahrensweisen gelten für die Geldpolitik der EZB?

Die Geldpolitik der EZB hat in erster Linie dem Ziel der Preisstabilität zu dienen. Wann im Sinne der Geldpolitik der EZB Preisstabilität vorliegt, ist in einem Beschluss des EZB-Rates festgelegt:

„Preisstabilität wird definiert als Anstieg des Harmonisierten Verbraucherpreisindex (HVPI) für das Euro-Währungsgebiet von unter 2 % gegenüber dem Vorjahr."[1]

Für die Geldpolitik der EZB sind zwei Aspekte grundlegend:

- Annahme eines Zusammenhanges zwischen Geldmengenentwicklung und Preisstabilität.
- Beeinflussung der Inflationsrate durch Geldmengensteuerung (**„Zwei-Säulen-Strategie"**).

■ **Zusammenhang zwischen Geldmengenentwicklung und Preisstabilität**

Die Preisstabilität ist vor allem dann gefährdet, wenn die gesamtwirtschaftliche Nachfrage größer ist als das gesamtwirtschaftliche Angebot. Die gesamtwirtschaftliche Nachfrage wird bestimmt durch die nachfragewirksame Geldmenge; diese ergibt sich aus Geldmenge (G) · Umlaufgeschwindigkeit des Geldes (U). Das gesamtwirtschaftliche Angebot entspricht dem Bruttoinlandsprodukt (BIP).

Der Zusammenhang lässt sich mithilfe der **Fisherschen Verkehrsgleichung** verdeutlichen (anstelle von H = Handelsvolumen wird BIP = Bruttoinlandsprodukt verwendet)[2]. Es zeigt sich, dass das Preisniveau (P) steigt, wenn G · U schneller wächst als das BIP.

$$G \cdot U = P \cdot BIP$$

$$P = \frac{G \cdot U}{BIP}$$

Von den für das Preisniveau relevanten Größen sind das Bruttoinlandsprodukt (BIP) und die Umlaufgeschwindigkeit des Geldes (U) kaum gezielt steuerbar. Das BIP ist Ergebnis der konjunkturellen Situation und hängt von zahlreichen Faktoren ab. U ergibt sich aus den Zahlungsgewohnheiten in der Volkswirtschaft; sie ändert sich nur geringfügig im Zeitablauf. Für das Preisniveau (P) ist daher vor allem die Entwicklung der Geldmenge (G) von entscheidender Bedeutung.

Der theoretisch begründbare Zusammenhang zwischen Geldmengenentwicklung und Inflation lässt sich auch empirisch belegen. Werden das Wachstum der Geldmenge M3 und die Inflationsrate einander gegenübergestellt, ergibt sich ein weitgehend paralleler Verlauf beider Kurven.

---

1 Zu Einzelheiten des HVPI vgl. den Abschnitt „Harmonisierter Verbraucherpreisindex (HVPI)".
2 Vgl. zur Fisherschen Verkehrsgleichung auch den Abschnitt „Kaufkraft des Geldes"

Geldpolitik der Europäischen Zentralbank (EZB)

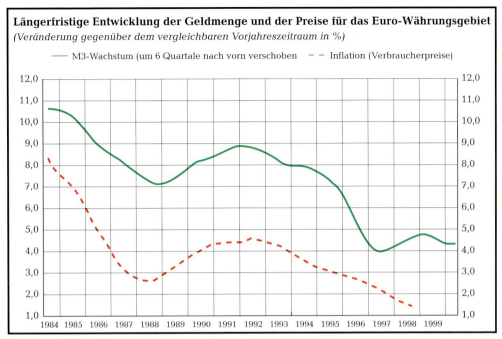

Quelle: EZB

■ Beeinflussung der Inflationsrate durch Geldmengensteuerung („Zwei-Säulen-Strategie")

Aus dem Zusammenhang von Geldmengenentwicklung und Preisstabilität ergibt sich, dass die EZB das Ziel „Preisstabilität" vor allem über die Steuerung der Geldmenge anstreben kann. Die Berücksichtigung sowohl der Preisentwicklung als auch der Geldmengenentwicklung wird als **Zwei-Säulen-Strategie** der EZB bezeichnet.

> **Zwei-Säulen-Strategie**
>
> Die Geldpolitik der EZB orientiert sich
>
> - an der Entwicklung der Geldmenge M3 (Erste Säule) und
> - an der Entwicklung des Preisniveaus (Zweite Säule).
>
> Die EZB versucht, die eigentliche Zielgröße Preisstabilität über die Zwischenzielgröße Geldmenge zu steuern.

Die Entwicklung des Preisniveaus wird mithilfe des Harmonisierten Verbraucherpreisindex sowie einem ganzen Bündel weiterer Indikatoren beobachtet. Eine Gefährdung der definierten Preisstabilität führt zu Gegenmaßnahmen der EZB.

Für ein als angemessen angesehenes Wachstum der Geldmenge gibt die EZB einen so genannten **Referenzwert** vor. Dieser Referenzwert, der auch als **Geldmengenziel** bezeichnet wird, gibt an, um welchen Prozentsatz die Geldmenge M3 wachsen sollte, damit einerseits eine ausreichende Versorgung der Wirtschaft mit Liquidität gewährleistet ist, andererseits aber das Ziel der Preisstabilität nicht gefährdet wird.

Der Referenzwert ist eine Richtgröße. Übersteigt das tatsächliche Wachstum der Geldmenge diesen Richtwert, schrillen bei der EZB zwar die Alarmglocken, aber es besteht keine Verpflichtung zu bestimmten Maßnahmen. Die Gründe für die Abweichungen werden analysiert und erst wenn Risiken für die Preisstabilität sich abzeichnen, wird die EZB ihr geldpolitisches Instrumentarium einsetzen.

> „Bei der Ableitung des Referenzwertes wurde die bekannte Beziehung zwischen Geldmengenwachstum, Inflation, Wachstum des realen BIP und Veränderungen der Umlaufgeschwindigkeit des Geldes zu Grunde gelegt."
>
> *Monatsbericht der EZB*

Referenzwert für das Geldmengenwachstum im Jahr 2002

„Auf seiner Sitzung am 6. Dezember 2001 überprüfte der EZB-Rat den Referenzwert für das Geldmengenwachstum. Der EZB-Rat beschloss, den bestehenden Referenzwert, nämlich eine Jahreswachstumsrate von 4,5 % für das weit gefasste Geldmengenaggregat M3, erneut zu bestätigen ...

Die Ableitung des Referenzwerts stützt sich daher auf die Definition der EZB von Preisstabilität als Anstieg des Harmonisierten Verbraucherpreisindex (HVPI) ... von unter 2 % gegenüber dem Vorjahr ...

Damit er mit der mittelfristigen Beziehung zwischen Geldmenge und Preisen in Einklang steht, wird der Referenzwert unter Heranziehung von Annahmen über die mittelfristige Entwicklung der Einkommensumlaufgeschwindigkeit von M3 und des Potenzialwachstums abgeleitet ... Diese Annahmen besagen, dass mittelfristig

a) sich die Einkommensumlaufgeschwindigkeit von M3 trendmäßig um 0,5 bis 1 % pro Jahr verringert und

b) das Produktionspotenzial trendmäßig um 2 bis 2,5 % pro Jahr zunimmt."

Pressemitteilung der EZB

Ableitung des Referenzwertes für das Geldmengenwachstum	2002
(Unvermeidbarer) Preisanstieg	< 2 %
+ Wachstum des realen BIP	2 – 2,5 %
+ Zuschlag für die Verringerung der Umlaufgeschwindigkeit	0,5 – 1 %
= **Referenzwert für das Wachstum der Geldmenge**	**4,5 %**

■ Geldmengensteuerung und Refinanzierung

Die Geldmenge wächst vor allem durch die Geldschöpfung der Geschäftsbanken. Geschäftsbanken schöpfen Geld, indem sie Kredite an Nichtbanken vergeben[1]. Damit die Zentralbank Einfluss auf die Kreditvergabe der Geschäftsbanken nehmen kann, muss es Beziehungen zwischen Zentralbank und Geschäftsbanken geben, die der Zentralbank eine Durchsetzung ihrer geldpolitischen Vorstellungen ermöglichen.

Um Kredite vergeben zu können, benötigen Geschäftsbanken zunächst einmal selber Geld. Reicht das vorhandene Geld (z. B. aus Kundeneinlagen) nicht aus, müssen sich die Geschäftsbanken weitere Liquidität beschaffen. Dieser Vorgang wird **Refinanzierung** genannt.

---

1 Vgl. den Abschnitt „Geldschöpfung der Geschäftsbanken".

Eine Möglichkeit der Refinanzierung ist, sich auf dem Geldmarkt bei anderen Banken oder Großunternehmen Geld zu leihen. Wichtigste Refinanzierungsquelle der Geschäftsbanken ist jedoch die Zentralbank. An dieser Refinanzierung setzt die Geldmengensteuerung der Zentralbank an.

Refinanzierung: Beschaffung von Zentralbankgeld (Zentralbankkredite) durch die Geschäftsbanken.

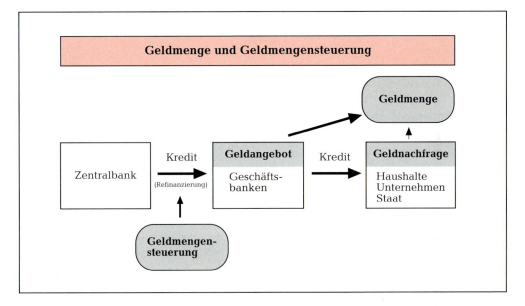

Um die Entwicklung der Geldmenge steuern zu können, benötigt die Zentralbank Instrumente, mit deren Hilfe das Kreditvolumen in der Wirtschaft beeinflusst werden kann.

- Preisstabilität liegt laut EZB-Definition vor, wenn der Anstieg des Harmonisierten Verbraucherpreisindex (HVPI) weniger als 2 % gegenüber dem Vorjahr beträgt.
- Um ihr Ziel Preisstabilität zu erreichen, verfolgt die EZB eine so genannte Zwei-Säulen-Strategie:
    1. Säule: Die EZB strebt eine stabilitätsgerechte Entwicklung der Geldmenge M3 an.
    2. Säule: Die EZB beobachtet mithilfe des HVPI sowie eines Bündels von Indikatoren die Preisentwicklung und reagiert, wenn das Stabilitätsziel gefährdet ist.
- Die EZB gibt einen Referenzwert vor, der angibt, um wie viel Prozent die Geldmenge M3 wachsen soll, um einerseits die Liquidität der Wirtschaft zu sichern und andererseits die Preisstabilität nicht zu gefährden.
- Die EZB kann die Geldmenge steuern, indem sie Einfluss auf die Kreditschöpfung der Geschäftsbanken nimmt.

> - Um Kredite vergeben zu können, benötigen die Geschäftsbanken Zentralbankgeld.
> - Die EZB kann die Liquidität der Geschäftsbanken beeinflussen, wenn sich diese im Wege der Refinanzierung Zentralbankgeld beschaffen.

8.6.2 Geldpolitische Instrumente der EZB

Das Wachstum der Geldmenge muss im Interesse der Preisstabilität kontrolliert und gesteuert werden können. Wichtig ist dabei vor allem die Beeinflussung der Buchgeldschöpfung durch die Geschäftsbanken.

■ **Anforderungen an geldpolitische Instrumente**

Buchgeldschöpfung durch Geschäftsbanken findet – wie bereits festgestellt wurde – durch Kreditvergabe an Nichtbanken statt. Hierfür ist zweierlei notwendig:

- Die Nichtbanken müssen bereit sein, Kredite aufzunehmen,
- die Geschäftsbanken müssen in der Lage sein, Kredite vergeben zu können.

Die Bereitschaft der Nichtbanken, Kredite aufzunehmen, hängt vor allem von der Zinshöhe ab; die Fähigkeit der Geschäftsbanken, Kredite zu vergeben, hängt vor allem von deren Liquidität ab.

Geldschöpfung	
Voraussetzung	**Bestimmungsgröße**
Kreditnachfrage	
Bereitschaft von Nichtbanken, Kredite aufzunehmen	Zinshöhe
Kreditangebot	
Fähigkeit von Geschäftsbanken, Kredite zu vergeben	Liquidität

Die Instrumente zur Geldmengensteuerung müssen somit

- sowohl auf die **Kreditnachfrage** der Nichtbanken und damit auf die **Zinshöhe**
- als auch auf das **Kreditangebot** der Geschäftsbanken und damit auf deren **Liquidität**

wirken.

■ **Wirkungen geldpolitischer Instrumente**

> „Die Europäische Zentralbank (EZB) bzw. die nationalen Zentralbanken, die die Geldpolitik weitestgehend dezentral ausführen, verfügen über eine Reihe zins- und liquiditätsbeeinflussender geldpolitischer Instrumente, um das Ziel der Preisstabilität erreichen zu können."
>
> *Deutsche Bundesbank*

Beeinflussung des Zinses

Der Zins ist der Preis für Kredite. Für die Wirkungen von Zinsänderungen auf die Kreditnachfrage bestehen daher im Wesentlichen die gleichen Bedingungen wie für das Verhalten auf Gütermärkten

Geldpolitik der Europäischen Zentralbank (EZB)

Bei normalen Marktreaktionen gelten folgende Beziehungen:

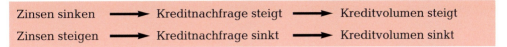

| Zinsen sinken | → Kreditnachfrage steigt | → Kreditvolumen steigt |
| Zinsen steigen | → Kreditnachfrage sinkt | → Kreditvolumen sinkt |

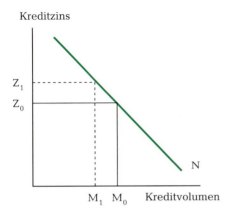

Wirkung einer Zinserhöhung
auf die Kreditnachfrage

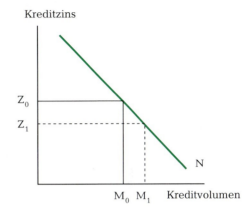

Wirkung einer Zinssenkung
auf die Kreditnachfrage

Beeinflussung der Liquidität

Liquiditätsmaßnahmen wirken sich auf die Angebotsfähigkeit der Geschäftsbanken aus. Bei normalen Marktreaktionen gelten folgende Beziehungen:

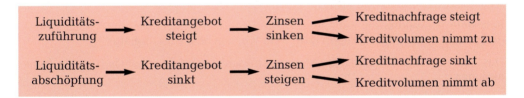

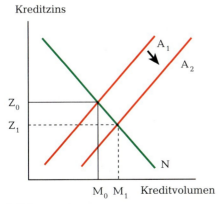

Wirkung einer
Liquiditätszuführung

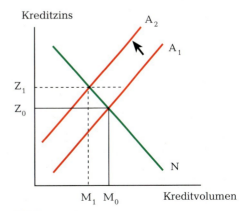

Wirkung einer
Liquiditätsabschöpfung

Im Überblick ergeben sich folgende geldpolitischen Instrumente der EZB:

Geldpolitische Instrumente der Europäischen Zentralbank (EZB)		
Offenmarktgeschäfte	**Ständige Fazilitäten**	**Mindestreserve**
• Hauptrefinanzierungsgeschäfte (Haupttender) • Längerfristige Refinanzierungsgeschäfte (Basistender) • Feinsteuerungsoperationen • Strukturelle Operationen	• Spitzenrefinanzierungsfazilität (Kreditfazilität) • Einlagefazilität	Pflichtguthaben der Geschäftsbanken beim Zentralbankensystem

8.6.2.1 Offenmarktgeschäfte

Wie kann die EZB über Geschäfte am offenen Markt das Kreditvolumen steuern?

Die EZB führt am offenen Markt definitive und befristete Transaktionen durch.

Definitive Transaktionen: Normaler Kauf oder Verkauf von Wertpapieren ohne irgendwelche zeitlichen Bedingungen.

Befristete Transaktionen: Kauf oder Verkauf von Wertpapieren mit im Vorhinein festgelegten, begrenzten Laufzeiten (z. B. zwei Wochen oder drei Monate).

Das weitaus größte Volumen der Offenmarktgeschäfte entfällt auf die **befristeten Transaktionen.**

> „Im Zentrum dieser geldpolitischen Instrumente stehen die so genannten Offenmarktgeschäfte. Dabei wird zwischen Hauptrefinanzierungsgeschäften, längerfristigen Refinanzierungsgeschäften (Basistendern), Feinsteuerungsoperationen und strukturellen Operationen unterschieden."
>
> *Deutsche Bundesbank*

Offenmarktgeschäfte	Geschäftspartner der EZB
Kauf oder Verkauf von Wertpapieren durch die Zentralbank für eigene Rechnung auf dem Geldmarkt oder Kapitalmarkt (= offener Markt).	So genannte „Geschäftspartner" der EZB sind alle mindestreservepflichtigen Institutionen, d.h. alle im Euro-Währungsraum zugelassenen Kreditinstitute.

Über die Zinssätze für die Offenmarktgeschäfte berät der EZB-Rat regelmäßig. Bei Bedarf werden die Zinssätze der Geldmarktsituation angepasst.

Geldpolitik der Europäischen Zentralbank (EZB)

> Auf der heutigen Sitzung hat der EZB-Rat die folgenden geldpolitischen Beschlüsse gefasst:
>
> 1. Der Mindestbietungssatz für die Hauptrefinanzierungsgeschäfte des Eurosystems wird um 0,25 Prozentpunkte auf 4,5 % erhöht. ...
>
> 2. Der Zinssatz für die Spitzenrefinanzierungsfazilität wird ... um 0,25 Prozentpunkte auf 5,5 % erhöht.
>
> 3. Der Zinssatz für die Einlagefazilität wird ... um 0,25 Prozentpunkte auf 3,5 % erhöht.
>
> *Pressemitteilung der EZB*

Offenmarktgeschäfte werden überwiegend im Versteigerungsverfahren (**Tenderverfahren**) durchgeführt. Diese sind allen Geschäftspartnern zugänglich. Daneben tätigt die EZB auch Direktgeschäfte mit einzelnen Geschäftspartnern (**bilaterale Geschäfte**).

Art. 18.1 der ESZB/EZB-Satzung verlangt, dass für alle Kreditgeschäfte (d. h. liquiditätszuführenden Geschäfte) des ESZB ausreichende Sicherheiten zu stellen sind.

> **Refinanzierungsfähige Sicherheiten**
>
> Zwei Gruppen von zentralbankfähigen Sicherheiten werden unterschieden:
>
> „**Kategorie-1-Sicherheiten** sind marktfähige Schuldtitel, die von der EZB festgelegte einheitliche und im gesamten Euro-Währungsraum geltende Zulassungskriterien erfüllen.
>
> **Kategorie-2-Sicherheiten** sind zusätzliche marktfähige und nicht marktfähige Sicherheiten, die für die nationalen Finanzmärkte und Bankensysteme von besonderer Bedeutung sind."
>
> *EZB*

■ **Hauptrefinanzierungsgeschäfte (Haupttender)**

> „Als **Hauptrefinanzierungsgeschäfte** dienen regelmäßig stattfindende liquiditätszuführende befristete Transaktionen in wöchentlichem Abstand und mit einer Laufzeit von zwei Wochen. ... Diesen Hauptrefinanzierungsoperationen kommt bei der Verfolgung der Ziele der Offenmarktgeschäfte des ESZB eine Schlüsselrolle zu; über sie wird dem Finanzsektor der größte Teil des Refinanzierungsvolumens zur Verfügung gestellt."
>
> *EZB*

Der Name „Hauptrefinanzierungsgeschäfte" deutet schon an, dass über dieses Instrument der weitaus größte Teil der Refinanzierung der Geschäftsbanken abgewickelt wird. **Hauptrefinanzierungsgeschäfte** werden als so genannte **Wertpapierpensionsgeschäfte** abgewickelt. Die Zentralbank kauft hierbei Wertpapiere nur auf Zeit; nach Ablauf dieser Frist müssen die Geschäftsbanken die Papiere zurückkaufen (**Offenmarktgeschäfte mit Rückkaufsvereinbarung**). Der Name rührt daher, dass die Papiere gewissermaßen für eine begrenzte Zeit beim Käufer „in Pension" gehen.

> **Merkmale der Hauptrefinanzierungsgeschäfte**
>
> • Es sind liquiditätszuführende Transaktionen.
> • Sie werden regelmäßig jede Woche durchgeführt.
> • Sie haben in der Regel eine Laufzeit von zwei Wochen.
> • Sie werden dezentral von den nationalen Zentralbanken durchgeführt.
> • Sie werden über Standardtender durchgeführt.
> • Alle Geschäftspartner können Gebote abgeben.
> • Sowohl Kategorie-1- als auch Kategorie-2-Sicherheiten sind zugelassen.

Die Konstruktion der Hauptrefinanzierungsgeschäfte bietet für die Geldmengensteuerung erhebliche **Vorteile:**

• In wöchentlichem Rhythmus kann die EZB
  – über die Höhe des Zuteilungsvolumens die **Liquidität** des Bankensystems
  – über die Höhe des Zuteilungssatzes das **Zinsniveau**
  beeinflussen.

• Jede Liquiditätszuführung ist nach zwei Wochen wieder beendet.

Hierdurch kann die EZB sehr kurzfristig und fein dosiert auf die Geldmengenentwicklung reagieren.

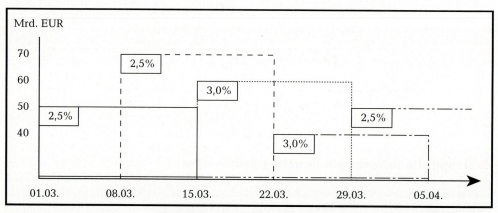

Beispielhafter Ablauf von Hauptrefinanzierungsgeschäften

■ Durchführung der Hauptrefinanzierungsgeschäfte

Die EZB hat die Hauptrefinanzierungsgeschäfte zunächst als **Mengentender** durchgeführt. Aus verschiedenen Gründen hat sie jedoch zwischenzeitlich die Tendertechnik gewechselt und führt die Hauptrefinanzierungsgeschäfte jetzt als **Zinstender** mit Zuteilung nach dem **amerikanischen Verfahren** durch.

Die Höhe des Zinssatzes für die Hauptrefinanzierungsgeschäfte wird vom EZB-Rat beschlossen. Bei einem Mengentender ist dies ein fester Zinssatz (z. B. 3,5 %); bei einem Zinstender gibt die EZB in der Regel einen **Mindestbietungssatz** (z. B. mindestens 3,5 %) vor. Der Zinssatz bzw. Mindestbietungssatz gilt in der Regel für längere Zeit und wird nur verändert, wenn geldpolitische Ziele, insbesondere die Preisstabilität, gefährdet erscheinen. Die Höhe des Zinssatzes bzw. Mindestbietungssatzes und seine Änderung ist ein wichtiges geldpolitisches Signal; er wird daher als **erster Leitzins** bezeichnet.

> Der Zinssatz bzw. der Mindestbietungssatz für die Hauptrefinanzierungsgeschäfte wird als **erster Leitzins** bezeichnet. Er markiert die zinspolitische Grundlinie der EZB.

Geldpolitische Geschäfte des Eurosystems (Tenderverfahren)
(Mio. EUR; Zinssätze in % p. a.)

1. Hauptrefinanzierungsgeschäfte

Gutschriftstag	Gebote (Betrag)	Zuteilung (Betrag)	Mengentender	Zinstender				Laufzeit (Tage)
			Festsatz	Mindestbietungssatz	Marginaler Zuteilungssatz[1]	Gewichteter Durchschnittssatz		
	1	2	3	4	5	6		7
2001 07. Nov.	38.368	38.368	–	3,75	3,75	3,75		14
14.	174.732	116.000	–	3,25	3,37	3,40		14
21.	63.173	17.000	–	3,25	3,26	3,27		14
28.	95.578	71.000	–	3,25	3,27	3,29		14

[1] Der marginale Zuteilungssatz bezieht sich auf den niedrigsten Zinssatz, zu dem Mittel zugeteilt wurden.
Quelle: Monatsbericht EZB

■ Längerfristige Refinanzierungsgeschäfte (Basistender)

> „Die **längerfristigen Refinanzierungsgeschäfte** sind liquiditätszuführende befristete Transaktionen in monatlichem Abstand und mit einer Laufzeit von drei Monaten. Über diese Geschäfte sollen den Geschäftspartnern zusätzliche längerfristige Refinanzierungsmittel zur Verfügung gestellt werden."
>
> *EZB*

Die **längerfristigen Refinanzierungsgeschäfte** sollen die Basisversorgung der Kreditinstitute mit Liquidität abdecken. Mit diesem Instrument will die EZB dem Markt keine zins- oder liquiditätspolitischen Signale geben. Aus diesem Grunde tritt die EZB in der Regel als Preisnehmer auf, d. h. die Kreditinstitute bestimmen weitgehend die Zinshöhe selbst. Um dies zu ermöglichen werden die Operationen gewöhnlich als Zinstender durchgeführt.

Merkmale der längerfristigen Refinanzierungsgeschäfte
- Es sind liquiditätszuführende Transaktionen.
- Sie werden regelmäßig jeden Monat durchgeführt.
- Sie haben in der Regel eine Laufzeit von drei Monaten.
- Sie werden dezentral von den nationalen Zentralbanken durchgeführt.
- Sie werden über Standardtender durchgeführt.
- Alle Geschäftspartner können Gebote abgeben.
- Sowohl Kategorie-1- als auch Kategorie-2-Sicherheiten sind zugelassen.

Tenderverfahren

Offenmarktgeschäfte werden von der Zentralbank im Wege der **Tender-Technik** begeben. Die Zentralbank schreibt das Pensionsgeschäft aus und die Banken, die einen Kredit aufnehmen wollen, müssen ein schriftliches Angebot vorlegen. Das Volumen des Pensionsgeschäfts wird von der Zentralbank festgelegt.

Für die Hauptrefinanzirungsgeschäfte müssen Gebote einen Mindestbetrag von 1.000.000 EUR enthalten. Darüber hinaus kann in Schritten von 100.000 EUR geboten werden.

Bei längerfristigen Refinanzierungsgeschäften setzt jede nationale Zentralbank einen Mindestbietungsbetrag in der Spanne von 10.000 EUR bis 1.000.000 EUR fest. Darüber hinaus kann in Schritten von 10.000 EUR geboten werden.

Hinsichtlich der Zinskonditionen werden zwei Verfahren unterschieden: Mengentender und Zinstender.

Mengentender

Beim Mengentender gibt die EZB neben dem Kreditvolumen auch den Zinssatz vor. Die Geschäftsbanken geben Gebote über den Betrag ab, über den sie bei dem gegebenen Zinssatz Geschäfte abschließen wollen. Übersteigt das Bietungsaufkommen den angestrebten Zuteilungsbetrag, so werden die Gebote anteilig im Verhältnis des vorgesehenen Zuteilungsbetrages zum Gesamtbietungsaufkommen zugeteilt (= repartiert).

Zinstender

Beim Zinstender wird von der EZB kein fester Zinssatz vorgegeben; sie kann jedoch einen Mindestbietungssatz festlegen. Die Geschäftsbanken geben Gebote über die Beträge und Zinssätze ab, zu denen sie Geschäfte abschließen wollen.

- Banken können für bis zu zehn verschiedene Zinssätze Gebote abgeben. Bei jedem Gebot geben sie den Betrag und den entsprechenden Zinssatz an.
- Gebote, die unter dem Mindesbietungssatz liegen, werden nicht berücksichtigt.
- Für die Zuteilung werden die Gebote vom höchsten bis zum niedrigsten Zinssatz aufgelistet.
- Die Gebote mit den höchsten Zinssätzen werden zuerst berücksichtigt; die Gebote mit den darauf folgenden niedrigeren Zinssätzen werden so lange bedient, bis die gesamte vorgesehene Liquiditätsmenge ausgeschöpft ist.
- Wenn beim niedrigsten berücksichtigten Zinssatz (d. h. beim marginalen Zinssatz) der Gesamtbetrag der Gebote über dem noch zuzuteilenden Betrag liegt, wird dieser anteilig unter den Geboten aufgeteilt.

Der **marginale Zinssatz** ist der niedrigste Zinssatz, bei dem noch eine Zuteilung stattfindet.

Bei der Zuteilung werden zwei Verfahren unterschieden:

- Beim **holländischen Verfahren** gilt für alle zugeteilten Kredite ein einheitlicher Zinssatz, der marginale Zinssatz, der von der Zentralbank aufgrund der eingegangenen Angebote ermittelt wird. die Bankgebote über dem marginalen Zinssatz werden voll berücksichtigt, die Gebote beim marginalen Zinssatz werden anteilig zugeteilt.
- Beim **amerikanischen Verfahren** erfolgt die Zuteilung nicht zu einem einheitlichen Zinssatz, sondern zu den individuellen Bietungssätzen der Kreditinstitute. Die Bankgebote über dem marginalen Zinssatz werden voll berücksichtigt, die Gebote beim marginalen Zinssatz werden anteilig zugeteilt.

Unterschieden werden weiterhin Standardtender und Schnelltender.

- **Standardtender:** Abwicklung (Ankündigung, Gebote, Zuteilung) innerhalb von 24 Stunden. Zugänglich für alle Geschäftspartner. Einsatz bei Hauptrefinanzierungsgeschäften, längerfristigen Refinanzierungsgeschäften und überwiegend bei strukturellen Operationen.
- **Schnelltender:** Abwicklung innerhalb einer Stunde und nur mit einer begrenzten Zahl von Geschäftspartnern. Einsatz überwiegend bei Feinsteuerungsoperationen.

Beispiel für einen Mengentender:

Zuteilungsvolumen: 105 Mio EUR   Zinssatz: 3,0%.

Abwicklung des Mengentenders:

Geschäftspartner	Gebot (Mio EUR)	Zuteilung (Mio EUR)
Bank 1	30	22,5
Bank 2	40	30,0
Bank 3	70	52,5
Insgesamt	**140**	**105,0**

Das Zuteilungsvolumen beträgt 75% der Gesamtgebote; jede Bank erhält also 75% ihres Gebotes.

Beispiel für einen Zinstender:

Zuteilungsvolumen: 94 Mio EUR   Mindestbietungssatz: 3,0%.

Gebote der Banken					
Zinssatz	Bank 1	Bank 2	Bank 3	Gebote je Zinssatz	Kumulative Gebote
%	Mio Euro				
3,10		5	5	10	10
3,09		5	5	10	20
3,08		5	5	10	30
3,07	5	5	10	20	50
3,06	5	10	15	30	80
3,05	**10**	**10**	**15**	**35**	**115**
3,04	5	5	5	15	130
3,03	5		10	15	145
Insgesamt	**30**	**45**	**70**	**145**	

Bei einer Zuteilung von 94 Mio. EUR ergibt sich ein marginaler Zinssatz von 3,05%.

Alle Gebote über 3,05% werden voll zugeteilt; damit sind 80 Mio. EUR vergeben. Beim marginalen Zinssatz von 3,05% liegen Gebote von 35 Mio. EUR vor; es sind jedoch nur noch 14 Mio. EUR zuteilbar (= 40% der Gebote).

Die noch zuteilbaren 14 Mio. EUR werden anteilig auf die bei 3,05% vorliegenden Gebote zugeteilt; d.h. die Gebote werden mit je 40% bedient: Bank 1 erhält noch 4 Mio. EUR, Bank 2 erhält ebenfalls 4 Mio. EUR und Bank 3 erhält 6 Mio. EUR.

Ergebnis des Zuteilungsverfahrens:

	Bank 1	Bank 2	Bank 3	Insgesamt
	Mio Euro			
Gebote insgesamt	30	45	70	145
Zuteilung insgesamt	14	34	46	94

Wenn die Zuteilung nach dem **holländischen Verfahren** erfolgt, beträgt der Zinssatz für die zugeteilten Beträge einheitlich 3,05%.

Erfolgt die Zuteilung nach dem **amerikanischen Verfahren**, wird kein einheitlicher Zinssatz angewandt: Bank 1 erhält z.B. 5 Mio. EUR zu 3,07%, 5 Mio. EUR zu 3,06% und 4 Mio. EUR zu 3,05%.

Geldpolitische Geschäfte des Eurosystems (Tenderverfahren)							
(Mio. EUR; Zinssätze in % p.a.)							
2. Längerfristige Refinanzierungsgeschäfte							
Gutschriftstag		Gebote (Betrag)	Zuteilung (Betrag)	Mengentender	Zinstender			
					Festsatz	Marginaler Zuteilungssatz[1]	Gewichteter Durchschnittssatz	Laufzeit (Tage)
			1	2	3	4	5	6
2001	27. Sept.	28.269	20.000	–	3,55	3,58	85
	25. Okt.	42.308	20.000	–	3,50	3,52	98
	29. Nov.	49.135	20.000	–	3,32	3,34	91

[1] Der marginale Zuteilungssatz bezieht sich auf den niedrigsten Zinssatz, zu dem Mittel zugeteilt wurden.
Quelle: Monatsbericht EZB

■ Feinsteuerungsoperationen und strukturelle Operationen

„**Feinsteuerungsoperationen** werden von Fall zu Fall zur Steuerung der Marktliquidität und der Zinssätze durchgeführt, und zwar insbesondere, um die Auswirkungen unerwarteter marktmäßiger Liquiditätsschwankungen auf die Zinssätze auszugleichen. Die Feinsteuerung erfolgt in erster Linie über befristete Transaktionen, u. U. aber auch in Form von definitiven Käufen bzw. Verkäufen, Devisenswapgeschäften und der Hereinnahme von Termineinlagen. ... Feinsteuerungsoperationen werden üblicherweise von den nationalen Zentralbanken über Schnelltender oder bilaterale Geschäfte durchgeführt. Darüber hinaus kann das ESZB **strukturelle Operationen** über die Emission von Schuldverschreibungen, befristete Transaktionen und definitive Käufe bzw. Verkäufe durchführen. Diese Operationen werden genutzt, wenn die EZB die strukturelle Liquiditätsposition des Finanzsektors gegenüber dem ESZB (in regelmäßigen oder unregelmäßigen Abständen) anpassen will."

EZB

Neben den regelmäßigen Operationen hat die EZB auch die Möglichkeit, Offenmarktgeschäfte von Fall zu Fall, d.h. bei besonderem Bedarf, durchzuführen. Diese so genannten **Feinsteuerungsoperationen** können sowohl als befristete Transaktionen als auch in Form definitiver Käufe ober Verkäufe von Wertpapieren durchgeführt werden. Feinsteuerungsoperationen werden üblicherweise von den nationalen Zentralbanken über Schnelltender oder bilaterale Geschäfte durchgeführt.

Zur Steuerung der strukturellen Liquidität des Bankensystems kann die EZB weiterhin so genannte **strukturelle Operationen** (z.B. durch Emission von Schuldverschreibungen, durch befristete Transaktionen oder definitive Käufe und Verkäufe) einsetzen. Als befristete Transaktionen werden die Geschäfte über Standardtender, als definitive Käufe oder Verkäufe werden sie im Wege bilateraler Geschäfte durchgeführt.

Feinsteuerungsoperationen und strukturelle Operationen setzt die EZB nur äußerst selten ein.

8.6.2.2 Ständige Fazilitäten[1]

Was sind „ständige Fazilitäten" und wie kann durch sie Einfluss auf Liquidität und Zinshöhe genommen werden?

> „Die **ständigen Fazilitäten** dienen dazu, Übernachtliquidität bereitzustellen oder zu absorbieren. Sie setzen Signale bezüglich des allgemeinen Kurses der Geldpolitik und stecken Ober- und Untergrenze der Geldmarktsätze für Tagesgelder ab."
>
> Über die **Spitzenrefinanzierungsfazilität** können sich die Geschäftsbanken Übernachtliquidität zu einem vorgegebenen Zinssatz gegen refinanzierungsfähige Sicherheiten beschaffen.
>
> Über die **Einlagefazilität** können die Geschäftsbanken Guthaben bis zum nächsten Tag anlegen."
>
> EZB

Die Fazilitäten werden von der EZB nicht ausgeschrieben, sondern stehen ständig zur Verfügung; die Initiative zur Inanspruchnahme liegt bei den Geschäftsbanken. Mit ihrer Hilfe können die Banken „Übernachtgeschäfte" (Laufzeit von einem Geschäftstag) tätigen.

Zwei Fazilitäten werden unterschieden:
- Spitzenrefinanzierungsfazilität
- Einlagefazilität

■ Spitzenrefinanzierungsfazilität (Kreditfazilität)

> „Die Geschäftspartner können die **Spitzenrefinanzierungsfazilität** in Anspruch nehmen, um sich von nationalen Zentralbanken Übernachtliquidität zu einem vorgegebenen Zinssatz gegen refinanzierungsfähige Sicherheiten zu beschaffen. Diese Kreditlinie ist zur Deckung eines vorübergehenden Liquiditätsbedarfs der Geschäftspartner bestimmt. Der Zinssatz dieser Fazilität bildet im Allgemeinen die Obergrenze des Tagesgeldsatzes."
>
> EZB

Anträge auf Inanspruchnahme der Spitzenrefinanzierungsfazilität müssen vor 18:00 Uhr EZB-Zeit (MEZ) bei der nationalen Zentralbank eingehen. In dem Antrag sind der Kreditbetrag und – falls die erforderlichen Sicherheiten nicht bereits bei der Zentralbank hinterlegt sind – die für die Transaktion zu liefernden Wertpapiere anzugeben. Die Rückzahlung erfolgt am nächsten Geschäftstag bei Öffnung des nationalen Zahlungsverkehrssystems.

■ Einlagefazilität

> „Die Geschäftspartner können die **Einlagefazilität** in Anspruch nehmen, um Übernachtliquidität bei den nationalen Zentralbanken anzulegen. Die Einlagen werden zu einem im voraus festgelegten Zinssatz verzinst. Der Zinssatz für die Einlagefazilität bildet im Allgemeinen die Untergrenze des Tagesgeldsatzes."
>
> EZB

---

[1] Fazilität = Möglichkeit. Kreditfazilität: Möglichkeit, Kredite aufzunehmen; Einlagefazilität: Möglichkeit, Einlagen vorzunehmen.

Anträge auf Inanspruchnahme der Einlagefazilität müssen vor 18:00 Uhr EZB-Zeit (MEZ) bei der nationalen Zentralbank eingehen. In dem Antrag ist die Höhe der Einlage anzugeben. Einlagen im Rahmen dieser Fazilität sind bis zum nächsten Geschäftstag befristet. Die Rückzahlung erfolgt am nächsten Geschäftstag bei Öffnung des nationalen Zahlungsverkehrssystems.

■ Wirkungen der ständigen Fazilitäten

Die Fazilitäten beeinflussen sowohl die Liquidität der Geschäftsbanken als auch das Zinsniveau.

- **Liquidität:** Die Fazilitäten dienen einerseits der kurzfristigen Liquiditätsbeschaffung und andererseits der kurzfristigen Anlage von überschüssiger Liquidität.
- **Zinsen:** Die Zinsen für die Fazilitäten stecken Ober- und Untergrenze der Geldmarktzinsen für Tagesgelder ab.

    - Der Zinssatz für die **Spitzenrefinanzierungsfazilität (Kreditfazilität)** bildet die Obergrenze des Tagesgeldsatzes.

        Begründung: Wenn die Kreditinstitute bei der EZB Tagesgelder für z. B. 4,5 % bekommen, werden sie nicht bereit sein, irgendwo anders mehr als diesen Zinssatz zu zahlen; d. h., höhere Zinsen als die EZB-Zinsen können sich am Markt nicht durchsetzen.

        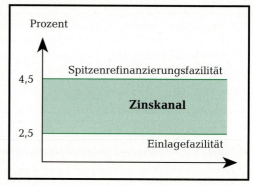

    - Der Zinssatz für die **Einlagefazilität** bildet die Untergrenze des Tagesgeldsatzes.

        Begründung: Wenn die Kreditinstitute überschüssige Liquidität bei der EZB zu einem Zinssatz von z. B. 2,5 % anlegen können, werden sie nicht bereit sein, diese Liquidität irgendjemandem anderen zu einem geringeren Zinssatz zur Verfügung zu stellen; d. h., niedrigere Zinsen als die EZB-Zinsen können sich am Markt nicht durchsetzen.

Die Zinssätze für die Fazilitäten bilden einen so genannten **Zinskanal** für Tagesgelder. Die Geldmarktsätze bewegen sich innerhalb dieses Kanals.

Leitzinsen (Schlüsselzinssätze)

Die für die Geldpolitik der EZB besonders wichtigen Zinssätze werden als **Leitzinsen** bzw. als **EZB-Schlüsselzinssätze** bezeichnet. Diese Zinssätze sind:

- Zinssatz für Hauptrefinanzierungsgeschäfte
  (Festsatz bei einem Mengentender, Mindestbietungssatz bei einem Zinstender)
- Zinssätze für die ständigen Fazilitäten
  – Zinssatz für die Spitzenrefinanzierungsfazilität (Kreditfazilität)
  – Zinssatz für die Einlagefazilität

Geldpolitik der Europäischen Zentralbank (EZB) 297

8.6.2.3 Mindestreserve

Was sind „Mindestreserven" und wie kann durch sie Einfluss auf Liquidität und Zinshöhe genommen werden?

> „Die (bisher) genannten Instrumente werden durch das **Mindestreserveinstrument** ergänzt. Danach müssen die Banken bei den nationalen Zentralbanken Guthaben unterhalten, deren Höhe sich nach bestimmten Verbindlichkeiten richtet. Das zu diesem Zweck bei der Bundesbank zu unterhaltende Guthaben wird zum Satz für die ESZB-Hauptrefinanzierungsgeschäfte verzinst."
>
> *Deutsche Bundesbank*

Die Geschäftsbanken müssen von bestimmten Einlagen einen von der EZB festgelegten Prozentsatz **(Mindestreservesatz)** als Mindestreserve bei der Zentralbank hinterlegen.[1]

Mindestreservesätze der EZB	
01.01.1999	2 %

Mindestreservepflichtige Verbindlichkeiten

- Täglich fällige Einlagen (Sichteinlagen)
- Einlagen mit vereinbarter Laufzeit von bis zu zwei Jahren
- Einlagen mit vereinbarter Kündigungsfrist von bis zu zwei Jahren
- Schuldverschreibungen mit vereinbarter Laufzeit von bis zu zwei Jahren
- Geldmarktpapiere.

Einlagen mit vereinbarter Laufzeit bzw. Kündigungsfrist von über zwei Jahren und Schuldverschreibungen mit vereinbarter Laufzeit von über zwei Jahren sowie Repogeschäfte werden zwar auch in die Mindestreservebasis einbezogen, für sie gilt jedoch ein Mindestreservesatz von 0 %.

Um kleine Banken zu schonen, wird für die Mindestreservepflicht ein pauschaler Freibetrag von 100.000 Euro gewährt; d. h., erst eine über diesen Betrag hinausgehende Mindestreservepflicht muss erfüllt werden.

Die Mindestreserveguthaben der Kreditinstitute werden mit dem Zinssatz, der für die Hauptrefinanzierungsgeschäfte gilt, verzinst.

Die Mindestreserve ist ein liquiditätsorientiertes Instrument.

- Eine **Erhöhung des Mindestreservesatzes verringert** die Kreditmöglichkeiten bzw. die Geldschöpfungsmöglichkeiten des Bankensystems. Im Normalfall wächst die Geldmenge langsamer.

- Eine **Senkung des Mindestreservesatzes vergrößert** die Kreditmöglichkeiten bzw. Geldschöpfungsmöglichkeiten des Bankensystems. Im Normalfall wächst die Geldmenge schneller.

---

[1] Zur Bedeutung der Mindestreserve für die Geldmengenentwicklung vgl. auch den Abschnitt „Geldschöpfung der Geschäftsbanken".

> **Beispiel**
>
> Bei der Analyse des Geldschöpfungsprozesses wurde festgestellt, dass die Kreditmöglichkeiten des Geschäftsbankensystems von drei Größen bestimmt werden:
> - Bestand an Zentralbankgeld
> - Bargeldquote
> - Reservehaltung
>
> Es wurde erkannt, dass die Kreditmöglichkeiten wachsen, wenn die Reservehaltung sinkt, und umgekehrt die Kreditmöglichkeiten sinken, wenn die Reservehaltung steigt. Die Reservehaltung setzt sich zusammen aus einer (freiwilligen) Barreserve, die die Abwicklung der täglichen Geschäfte sicherstellen soll, und der obligatorischen Mindestreserve, die bei der Zentralbank zu hinterlegen ist.
>
> Annahmen:
> Bestand an Zentralbankgeld bzw. Überschussreserve 90.000 EUR
> Bargeldquote (c) 30 %
> Reservehaltung (r) 10 %
>   Barreserve (r_B) 8 %
>   Mindestreserve (r_M) 2 %
>
> Die maximale Kreditschöpfungsmöglichkeit (Kr) lässt sich mithilfe des Geldschöpfungsmultiplikators errechnen.
>
> $$Kr = \frac{1}{c + r(1-c)} \cdot \ddot{U}_1 \qquad Kr = \frac{90.000}{0{,}3 + 0{,}1\,(1-0{,}3)}$$
>
> Kr = 243.243,24 EUR
>
> Nun erhöht die Zentralbank den Mindestreservesatz auf 4 %; alle andere Größen bleiben unverändert. Die maximale Kreditschöpfungsmöglichkeit verringert sich.
>
> Kr = 234.375 EUR

- Um das Kreditvolumen in der Wirtschaft beeinflussen zu können, benötigt die Zentralbank geldpolitische Instrumente, die
  - sowohl die Kreditnachfrage der Nichtbanken und damit die Zinshöhe
  - als auch das Kreditangebot der Geschäftsbanken und damit deren Liquidität

  beeinflussen.
- Bei normalen Marktreaktionen gelten folgende Beziehungen:
  - Zinsen sinken ⟶ Kreditnachfrage steigt ⟶ Kreditvolumen steigt
  - Zinsen steigen ⟶ Kreditnachfrage sinkt ⟶ Kreditvolumen sinkt
  - Liquiditätszuführung ⟶ Kreditangebot steigt ⟶ Zinsen sinken und Kreditvolumen nimmt zu
  - Liquiditätsabschöpfung ⟶ Kreditangebot sinkt ⟶ Zinsen steigen und das Kreditvolumen nimmt ab.

- Der EZB stehen drei geldpolitische Instrumente zur Verfügung
  - Offenmarktgeschäfte
  - Ständige Fazilitäten
  - Mindestreserve
- Das bedeutsamste geldpolitische Instrument der EZB sind die Offenmarktgeschäfte.
- Innerhalb ihrer Offenmarktpolitik kann die EZB sowohl definitive als auch zeitlich befristete Transaktionen durchführen. Im Vordergrund stehen die befristeten Transaktionen.
- Bei den Offenmarktgeschäften wird zwischen
  - Hauptrefinanzierungsgeschäften
  - längerfristigen Refinanzierungsgeschäften
  - Feinsteuerungsoperationen und
  - strukturellen Operationen

unterschieden.

- Hauptrefinanzierungsgeschäfte (Wertpapierpensionsgeschäfte) werden wöchentlich mit einer Laufzeit von zwei Wochen angeboten; über sie läuft der weitaus größte Teil der Refinanzierung der Geschäftsbanken.
- Längerfristige Refinanzierungsgeschäfte werden monatlich mit einer Laufzeit von drei Monaten angeboten; durch sie soll die Basisliquidität der Geschäftsbanken gesichert werden.
- Feinsteuerungsoperationen und strukturelle Operationen setzt die EZB nur äußerst selten ein.
- Offenmarktgeschäfte werden überwiegend im Tenderverfahren (Versteigerungsverfahren) durchgeführt. Unterschieden werden Mengentender und Zinstender.
  - Beim Mengentender gibt die Zentralbank das Kreditvolumen und einen festen Zinssatz vor.
  - Beim Zinstender gibt die Zentralbank einen Mindestbietungssatz vor. Die Zuteilung erfolgt nach dem holländischen oder dem amerikanischen Verfahren.
- Die ständigen Fazilitäten werden nicht ausgeschrieben, sondern bestehen ständig. Sie dienen dazu, sehr kurzfristig, d. h. für einen Tag, Liquidität bereitzustellen bzw. abzuschöpfen („Übernachtliquidität").
- Bei den ständigen Fazilitäten werden zwei Arten unterschieden:
  - Spitzenrefinanzierungsfazilität
  - Einlagefazilität
- Über die Spitzenrefinanzierungsfazilität können sich die Geschäftsbanken zur Deckung eines kurzfristigen Liquiditätsbedarfs zu einem vorgegebenen Zinssatz gegen refinanzierungsfähige Sicherheiten Übernachtliquidität beschaffen.

- Über die Einlagefazilität können die Geschäftsbanken über Nacht überschüssige Liquidität bei der EZB „parken"; die Einlagen werden zu einem vorgegebenen Zinssatz verzinst.

- Der Zinssatz für die Spitzenrefinanzierungsfazilität bildet die Obergrenze, der Zinssatz für die Einlagefazilität die Untergrenze des Tagesgeldsatzes.

- Die Geschäftsbanken müssen von bestimmten Einlagen (mindestreservepflichtige Verbindlichkeiten) einen von der EZB festgelegten Prozentsatz (Mindestreservesatz) bei der Zentralbank hinterlegen; die Guthaben werden mit dem Zinssatz, der für die Hauptrefinanzierungsgeschäfte gilt, verzinst.
  - Eine Erhöhung des Mindestreservesatzes verringert die Kreditmöglichkeiten des Bankensystems.
  - Eine Senkung des Mindestreservesatzes vergrößert die Kreditmöglichkeiten des Bankensystems.

Aufgaben zum Üben und Vertiefen

1 Nennen und erläutern Sie
   a) die Funktionen, die Geld zu erfüllen hat
   b) die Eigenschaften, die Geld besitzen muss, um diese Funktionen erfüllen zu können.

2 Nennen Sie die gegenwärtigen Erscheinungsformen von Geld und beurteilen Sie, welche Bedeutung sie heute im Wirtschaftsleben haben.

3 Geben Sie an, welche Teilmengen des Geldes jeweils in den Geldmengenbegriffen M1, M2 und M3 enthalten sind.

4 Welche Vor- und Nachteile sehen Sie für eine gebundene Währung im Vergleich zu einer ungebundenen (freien) Währung?

5 Beantworten Sie unter Berücksichtigung des nachstehenden Zeitungsausschnittes folgende Fragen:
   a) Welcher Index liegt der Inflationsmessung zu Grunde und was beinhaltet er?
   b) Welcher Unterschied besteht zwischen den beiden Angaben: 4,2 % und 116,5?
   c) Was bedeutet „Richtwert von 100 für das Basisjahr"?
   d) Wie hoch war der „Richtwert" im Mai des Jahres?
   e) Beschreiben Sie, wie das Statistische Bundesamt Preisniveauänderungen ermittelt.

> **Teuerungsrate jetzt bei 4,2 Prozent**
> WIESBADEN (...) Die Inflationsrate hat sich im Juni etwas abgeschwächt. Nachdem die Jahresteuerungsrate im Mai noch 4,4 Prozent betragen hatte, belief sie sich im Juni auf 4,2 Prozent. Dies teilte das Statistische Bundesamt am Donnerstag mit. Der Preisindex für die Lebenshaltung aller privaten Haushalte stieg der Mitteilung zufolge von Mitte Mai bis Mitte Juni um 0,3 Prozent auf 116,5. Es gilt der Richtwert von 100 für das Basisjahr.

6 Die Entwicklung der Geldwertstabilität wird durch den Preisindex für die Lebenshaltungskosten aller privaten Haushalte gemessen. Für drei aufeinander folgende Jahre ergeben sich folgende Werte:

Jahr 1   115,6
Jahr 2   118,4
Jahr 3   120,8
Jahr 4   124,3

a) Erklären Sie, wie der Preisindex für die Lebenshaltung ermittelt wird und was er aussagt.

b) Welche Probleme ergeben sich bei der Ermittlung des Indexes und wie wird versucht, diese Probleme zu lösen?

c) Warum kann der oben dargestellte Anstieg der Verbraucherpreise keinen Aufschluss über die gesamte Preisentwicklung geben?

d) In den Massenmedien wird der Anstieg der Verbraucherpreise üblicherweise in Prozentwerten angegeben. Wie hoch sind die entsprechenden Prozentwerte für die Jahre 2, 3 und 4?

7 Der Preisindex für die Lebenshaltung aller privaten Haushalte betrug in einem bestimmten Jahr 121,3. Das Statistische Bundesamt ermittelte, dass im Folgejahr das Preisniveau um 2,7 % stieg. Ermitteln Sie den Preisindex für das Folgejahr.

8 Angenommen, der Preisindex für die Lebenshaltung sei 140. Bei konstanten übrigen Preisen steigen die Mieten um 10 %. Berechnen Sie den neuen Indexstand, wenn die Gewichtung der Mieten am Warenkorb 15 % beträgt.

9 Die Quantitätstheorie macht Aussagen über den Geldwert.

a) Wie lautet die Verkehrsgleichung des Geldes nach Irving FISHER? Erklären Sie die verwendeten Symbole.

b) Nehmen Sie zur Aussagefähigkeit der Verkehrsgleichung kritisch Stellung.

10 Nennen Sie drei Kriterien, nach denen Inflationsarten unterschieden werden können, und erläutern Sie für jedes Kriterium zwei Ausprägungen.

11 Was bedeutet „hausgemachte Inflation"?

12 Nennen Sie Ursachen für eine kosteninduzierte Inflation und erläutern Sie die Auswirkungen auf die Gesamtangebotskurve mithilfe einer Grafik.

13 Beschreiben Sie die verschiedenen Formen von Inflationswirkungen, die durch außenwirtschaftliche Beziehungen hervorgerufen werden können.

14 Erläutern Sie den Begriff „direkter internationaler Preiszusammenhang".

15 Prüfen Sie, ob der Staat zu Recht als „Inflationsgewinner" bezeichnet wird.

16 Nennen und erläutern Sie die Grundformen der Geldschöpfungsmöglichkeiten durch die Zentralbank.

17 Was ist der Harmonisierte Verbraucherpreisindex (HVPI)?

18 Warum sind die Geschäftsbanken an einer Ausweitung des bargeldlosen Zahlungsverkehrs interessiert?

19 Erläutern Sie folgenden Hinweis aus den Monatsberichten der Deutschen Bundesbank: „Haupttriebkraft des Geldschöpfungsprozesses blieb im Februar die *Kreditgewährung* der Banken an *Unternehmen und Privatpersonen*."

20 Durch die Einführung von Bargeldautomaten haben die Bankkunden die Möglichkeit, sich jederzeit mit Bargeld zu versorgen. Eine höhere Bargeldhaltung mindert aber die Kreditschöpfungsmöglichkeiten des Bankensystems. Handeln die Banken durch die Aufstellung von Bargeldautomaten gegen ihre eigenen Interessen?

21 Das Bankensystem besitzt Reserveüberschüsse in Höhe von 2 Mrd. GE. Der Teil des geschöpften Giralgeldes, der nicht wieder in den Bankensektor zurückfließt, beträgt 35 %, die Reservehaltung beträgt 12 %.
 a) Wie hoch ist der Kreditschöpfungsspielraum des Bankensystems?
 b) Welche Annahme über die Kreditnachfrage liegt dieser Berechnung zu Grunde?
 c) Erläutern Sie am Beispiel, wie sich eine Zunahme des bargeldlosen Zahlungsverkehrs auf den Kreditschöpfungsspielraum der Banken auswirkt.

22 In einer Volkswirtschaft existieren mehrere Geschäftsbanken und eine Zentralbank. Die Zentralbank verlangt eine Mindestreserve von 5 % auf alle Sichteinlagen. Die Banken halten eine freiwillige Barreserve von 10 %. Geschäftsbank A verfügt zur Zeit über Sichteinlagen in Höhe von 500 Mio. GE.
 a) Die Bank gewährt einem Kunden einen Kredit von 1 Mio. GE. Zeigen Sie die Bankbilanz nach Abwicklung des Kreditgeschäfts.
 b) Wie wirkt die Kreditgewährung auf die Geldmenge? Begründung!
 c) Bis zu welcher Höhe kann das Bankensystem maximal Geld schöpfen, wenn eine Bargeldquote von 30 % angenommen wird?

Aufgaben zum Üben und Vertiefen 303

23 Interpretieren Sie die nachstehende Zeitungsnotiz und beantworten Sie dazu die nachfolgenden Fragen:
   a) Was bedeutet „Referenzwert"?
   b) Was erfasst die Geldmenge M3?
   c) Welche Ziele sollen durch ein angemessenes Wachstum der Geldmenge erreicht werden?
   d) Welche Größen sind für die Ableitung des Referenzwertes bedeutsam?

> **EZB legt Referenzwert fest**
> FRANKFURT AM MAIN (...) – Der EZB-Rat hat in seiner Sitzung am 5. Dezember eine Erhöhung des Referenzwertes für das Geldmengenwachstum um 0,5 Prozentpunkte beschlossen. Damit soll die Geldmenge M3 im kommenden Jahr um 4 % wachsen.

24 Die unten stehende Zeitungsmeldung enthält Aussagen über Aufgaben und Selbstverständnis der EZB. Analysieren und interpretieren Sie die Meldung unter folgenden Gesichtspunkten:
   a) Welcher Zins ist gemeint?
   b) Welcher Zusammenhang besteht zwischen Zinspolitik der EZB und Konjunkturentwicklung sowie Arbeitslosigkeit?
   c) Warum „verstehen" sich die Zentralbanker nicht als Konjunkturpolitiker?
   d) Was ist mit „stark wachsender Geldmenge" gemeint und welcher Zusammenhang besteht zur Inflation?
   e) Was ist unter der „Zwei-Säulen-Strategie" der EZB zu verstehen?

> **Vorerst keine Zinssenkungen**
> FRANKFURT AM MAIN (...) – Bei der EZB rechnet man vorerst nicht mit einer Senkung des Leitzinses – trotz flauer Konjunktur und nach wie vor hoher Arbeitslosigkeit. Für die Zentralbanker, die sich ohnehin nicht als Konjunkturpolitiker verstehen, sind die stark wachsende Geldmenge und die nur allmählich zurückgehende Inflation die entscheidenden Gründe für die Zurückhaltung.

25 Welche Anforderungen sind an geldpolitische Instrumente der Zentralbank zu stellen? Begründen Sie Ihre Meinung.

26 Stellen Sie die voraussichtliche Wirkung folgender Maßnahmen grafisch dar. Begründen Sie Ihre Darstellung.
   a) Die EZB erhöht die Zinsen.
   b) Die EZB führt den Geschäftsbanken Liquidität zu.

27 Nennen Sie im Überblick die geldpolitischen Instrumente der EZB.

28 Offenmarktgeschäfte werden von der EZB im Tenderverfahren begeben. Erläutern Sie kurz die verschiedenen Tenderarten.

29 a) Nennen Sie mindestens drei Merkmale von Hauptrefinanzierungsgeschäften.

b) Warum wird der Zinssatz für Hauptrefinanzierungsgeschäfte als „Leitzins" bezeichnet?

c) Erläutern Sie die Einflussmöglichkeiten, die die EZB mithilfe des Hauptrefinanzierungsinstruments auf die Geldmengenentwicklung ausüben kann.

30 a) Nennen Sie mindestens drei Merkmale von längerfristigen Refinanzierungsgeschäften.

b) Welche geldpolitische Funktion erfüllen diese Geschäfte?

c) Was bedeutet es, dass die Zentralbank bei diesen Geschäften als „Preisnehmer" auftritt?

31 a) Erläutern Sie Gegenstand und Formen der ständigen Fazilitäten.

b) Warum bilden die Zinssätze für die ständigen Fazilitäten die Ober- und Untergrenze des Tagesgeldsatzes?

32 a) Was sind „Mindestreserven"?

b) Wie wirken sich Veränderungen des Mindestreservesatzes auf die Geldmengenentwicklung aus?

33 Das Geschäftsbankensystem verfügt über Reserveüberschüsse in Höhe von 100.000 GE. Die gesamte Reservehaltung (Barreserve plus Mindestreserve) beträgt 11 %. Die Zentralbank erhöht den Mindestreservesatz um einen Prozentpunkt. Alle anderen Größen bleiben unverändert.

a) Wie wirkt sich die Maßnahme auf die Geldschöpfungsmöglichkeiten der Geschäftsbanken aus?

b) Ermitteln Sie die Veränderung in der maximalen Geldschöpfungsmöglichkeit mithilfe des Geldschöpfungsmultiplikators. Die Bargeldquote beträgt 30 %.

34 Begründen Sie, warum im Allgemeinen der Einsatz der geldpolitischen Instrumente bei restriktiver Geldpolitik eine stärkere Wirkung hat als bei expansiver Geldpolitik.

9 Außenwirtschaft

9.1 Bedeutung des Außenhandels 9.1.1 Umfang und Struktur des Außenhandels 9.1.2 Beweggründe für den Außenhandel 9.1.2.1 Mangelnde Liefermöglichkeiten im Inland 9.1.2.2 Kostenunterschiede zwischen In- und Ausland 9.1.2.3 Präferenzenvielfalt und Produktdifferenzierung 9.1.3 Vor- und Nachteile außenwirtschaftlicher Beziehungen **9.2 Wechselkurs und Wechselkursrechnung** 9.2.1 Wechselkurs 9.2.2 Wechselkursrechnung **9.3 Wechselkurssysteme** 9.3.1 System fester Wechselkurse 9.3.2 System flexibler Wechselkurse 9.3.2.1 Devisenmarkt 9.3.2.2 Wechselkursbildung 9.3.3 Vor- und Nachteile fester und flexibler Wechselkurssysteme **9.4 Außenhandel** 9.4.1 Wechselkurse und Außenhandel 9.4.2 Preise und Außenhandel **9.5 Das reale Austauschverhältnis: Terms of Trade** **9.6 Zahlungsbilanz** 9.6.1 Struktur der Zahlungsbilanz 9.6.2 Die Zahlungsbilanz Deutschlands **9.7 Zahlungsbilanzungleichgewichte** 9.7.1 Ursachen von Zahlungsbilanzungleichgewichten 9.7.2 Folgen von Zahlungsbilanzungleichgewichten 9.7.3 Wirtschaftspolitische Möglichkeiten zur Behebung von Zahlungsbilanzungleichgewichten **9.8 Internationale Organisationen zur Regelung außenwirtschaftlicher Beziehungen** 9.8.1 Internationale Währungsprobleme 9.8.2 Europäische Union (EU) 9.8.3 Internationaler Währungsfonds (IWF) 9.8.4 Welthandelsorganisation (WTO) 9.8.5 Organisation für wirtschaftliche Zusammenarbeit und Entwicklung (OECD)

Seit etwa 10.000 v. Chr. kann Fernhandel durch archäologische Funde belegt werden. Entdeckungen und Erschließungen von Regionen und Kontinenten hatten ihre Ursache vor allem im Wunsch der Menschen, Rohstoffe und Waren zu erhalten und Verkehrswege aufzubauen. Als am 17.4.1492 das spanische Königspaar Isabella und Ferdinand II. einen Vertrag mit Christoph Kolumbus unterzeichneten, lautete sein Auftrag, einen Seeweg nach Indien zu entdecken, der den langen und gefährlichen Handelsweg über Land ersetzen könne.

> Vor einigen Jahren wurde in Hochdorf bei Stuttgart das unversehrte Grab eines Keltenfürsten entdeckt, der um 530 v. Chr. begraben wurde. In dem Grab wurden u. a. folgende Beigaben gefunden:
> - eine 3 Meter lange bronzene Liege aus dem Südostalpenraum
> - ein großer Bronzekessel, der in der Mitte des 6. Jh. v. Chr. in Griechenland angefertigt wurde
> - Seidenstickereien aus echter chinesischer Rohseide
> - griechische Münzen

Während die ersten Tauschbeziehungen im Wege des **Naturaltausches,** also Ware gegen Ware, stattfanden, machte die Ausdehnung des Handels schon sehr früh die Verwendung spezieller **Tauschmittel** notwendig. Das universelle Tauschmittel „Geld" wurde bereits vor Beginn des 2. Jahrtausends im Vorderen Orient, in Mesopotamien und in Ägypten, eingeführt. Heute bestimmen das Geld und die mit seinem Einsatz im internationalen Handel verbundenen Wirkungen auf Volkseinkommen, Preisniveau, Zinssatz usw. die Bedingungen des Außenhandels so nachhaltig, dass sich eine umfangreiche **monetäre Außenwirtschaftstheorie** als Teilgebiet der Außenwirtschaftslehre herausgebildet hat.

Die **reale Außenwirtschaftstheorie** (auch als **güterwirtschaftliche Außenwirtschaftstheorie** oder **reine Außenwirtschaftstheorie** bezeichnet) beschäftigt sich mit güterwirtschaftlichen Aspekten und untersucht Ursachen, Vorteile und Nachteile für die Handelspartner. Die **Außenwirtschaftspolitik** schließlich beschäftigt sich mit den Möglichkeiten staatlicher Beeinflussung des internationalen Güteraustausches. So ist „außenwirtschaftliches Gleichgewicht" als wirtschaftspolitische Zielsetzung im Stabilitätsgesetz genannt.[1]

9.1 Bedeutung des Außenhandels

Die Bedeutung des Außenhandels ergibt sich zum einen aus seinem Umfang und zum anderen aus seinen Wirkungen. Der grenzüberschreitende Warenverkehr hat vor allem in der zweiten Hälfte des 20. Jh. stark zugenommen und besitzt heute in vielen Volkswirtschaften einen erheblichen Anteil am Wirtschaftsgeschehen.

Die Wirkungen des Außenhandels liegen vor allem darin, dass bei Güterproduktion in **internationaler Arbeitsteilung** und anschließendem Güteraustausch letztlich für alle Beteiligten die Vorteile überwiegen. Außenhandel kann aber auch wirtschaftliche und unter Umständen politische Abhängigkeiten mit sich bringen. Nicht zuletzt trägt internationaler Warenaustausch auch zur Völkerverständigung bei.

9.1.1 Umfang und Struktur des Außenhandels

> Welche Anteile besitzt der internationale Güteraustausch an der Wirtschaftsleistung, welche Güter werden vornehmlich getauscht und wer sind die wichtigsten Handelspartner?

---

[1] Zu den wirtschaftspolitischen Zielen vgl. Kap. 7.

Bedeutung des Außenhandels

Die Bedeutung des Außenhandels zeigt sich nicht zuletzt in seinem Umfang. Am deutschen Bruttoinlandsprodukt (BIP), dem Wert aller im Inland hergestellten Güter, besitzen die **Exporte** seit Mitte der 80er Jahre einen Anteil **(Exportquote)** von gut einem Drittel. Etwas vereinfacht lässt sich also sagen, dass in Deutschland jeder dritte Arbeitsplatz vom Export abhängig ist.

Außenverflechtung des deutschen Bruttoinlandsprodukts						
Jahr	BIP	Exporte	Importe	Exportquote	Importquote	Außenbeitrag
	Mrd. EUR, in jeweiligen Preisen			%	%	Mrd. EUR
1950	49,7	5,7	6,4	11,5	12,9	– 0,7
1960	154,8	29,4	25,5	19,0	16,5	3,9
1970	345,3	73,1	66,1	21,2	19,1	7,0
1975	524,9	129,6	114,3	24,7	21,8	15,3
1980	752,6	198,9	202,5	26,4	26,9	– 3,6
1985	932,2	303,0	270,4	32,5	29,0	32,6
1990	1.240,4	398,3	325,7	32,1	26,3	72,6
1995	1.801,3	441,0	429,4	24,5	23,8	11,6
2000	2.032,9	678,1	670,3	33,4	33,0	7,8

Den Exporten stehen Jahr für Jahr auch **Importe** in beträchtlicher Höhe gegenüber. Wertmäßig entsprechen sie seit Anfang der 80er Jahre knapp 30 % des Bruttoinlandsprodukts **(Importquote)**.

Der Saldo zwischen Exporten und Importen **(Außenbeitrag)** ist in aller Regel positiv, d. h., es wird ein Exportüberschuss erwirtschaftet. Zusammen mit den USA und Japan gehört Deutschland zu den größten Exporteuren der Welt.

Die Struktur des deutschen Außenhandels nach Warengruppen lässt erkennen, dass sowohl beim Export als auch beim Import die Fertigwaren den weitaus größten Anteil ausmachen und dass deren Anteil kontinuierlich gestiegen ist.

Deutscher Außenhandel nach Warengruppen								
	Export				**Import**			
Jahr	Rohstoffe	Halbwaren	Fertigwaren	Ernährung	Rohstoffe	Halbwaren	Fertigwaren	Ernährung
	In Prozent aller Aus- bzw. Einfuhren							
1950	14,0	18,9	64,8	2,3	29,6	13,8	12,6	44,1
1960	4,6	10,4	82,4	2,3	21,7	18,9	32,2	26,3
1965	3,6	8,7	84,5	2,8	16,2	15,3	43,5	23,9
1970	2,5	7,6	85,8	3,5	13,5	16,1	50,0	19,1
1975	2,4	7,3	85,0	4,7	16,4	15,0	50,4	16,9
1980	1,9	8,7	83,4	5,3	17,3	17,6	51,2	12,7
1985	1,6	7,6	84,9	5,2	12,4	18,7	54,8	12,5
1990	1,1	5,3	88,4	4,8	6,1	11,3	70,5	10,8
1995	1,0	4,9	87,4	5,0	4,7	9,4	72,0	10,3
2000	0,7	5,2	89,5	4,6	6,5	10,0	75,9	7,7

Ein Blick auf die Hauptausfuhr- und Haupteinfuhrgüter bestätigt die Erkenntnis, dass Exporte und Importe strukturell sehr ähnlich sind.

Deutscher Außenhandel nach Waren			
Exporte	**Mrd. EUR 2000**	**Importe**	**Mrd. EUR 2000**
Kraftwagen	128	Kraftwagen	70
Maschinen	84	Chemische Erzeugnisse	50
Chemische Erzeugnisse	74	Textilien, Bekleidung, Leder	36
Nachrichtentechnik, Fernsehen	33	Maschinen	36
Geräte der Elektrizitätserzeugung	30	Nachrichtentechnik, Fernsehen	35
Eisen- und Stahlerzeugnisse	29	Erdöl und Erdgas	33
Textilien, Bekleidung, Leder	20	Büromaschinen, Datenverarbeitung	30
Ernährungsgewerbe	20	Eisen- und Stahlerzeugnisse	28
Büromaschinen, Datenverarbeitung	18	Ernährungsgewerbe	23

Hauptausfuhrgüter der deutschen Wirtschaft sind Autos, Maschinen, chemische und elektrotechnische Erzeugnisse. Die wertmäßig größten Einfuhrgüter sind Kraftfahrzeuge, elektrotechnische und chemische Erzeugnisse und Maschinen. Das heißt, dass Deutschland – und Ähnliches gilt für vergleichbare andere Volkswirtschaften auch – gerade in den Güterbereichen viel importiert, in denen es auch viel exportiert. Das erscheint zunächst paradox. Denn wenn von einer bestimmten Güterart viel exportiert wird, wird davon doch offensichtlich auch viel hergestellt. Wieso entsteht dann noch ein hoher Importbedarf? Mit der gängigen Vorstellung, dass Volkswirtschaften in erster Linie jene Güter einführen, die sie nicht selbst herstellen bzw. herstellen können, ist das Phänomen nicht zu erklären. Die Ursache liegt u.a. in der weiter unten behandelten Präferenzenvielfalt und einer darauf aufbauenden Produktdifferenzierung.

Der Trend, dass Ähnlichkeit der wirtschaftlichen Struktur den Warenaustausch fördert, zeigt sich auch bei einer Betrachtung der wichtigsten Außenhandelspartner. Deutschland unterhält sowohl bei der Einfuhr als auch bei der Ausfuhr seine intensivsten Handelsbeziehungen zu westeuropäischen Ländern, insbesondere zu den Mitgliedstaaten der EU. Das liegt – neben der räumlichen Nähe – auch und vor allem daran, dass diese Länder eine ähnliche Wirtschaftsstruktur und damit auch eine ähnliche Angebots- und Nachfragepalette aufweisen. Die in Deutschland bestehenden Nachfragewünsche können sehr viel leichter durch ein Land mit ähnlicher Wirtschaftsstruktur als beispielsweise durch ein Entwicklungsland mit ganz anderer Wirtschaftsstruktur befriedigt werden.

Deutscher Außenhandel nach Ländern			
Exporte 2000	**Mrd. EUR**	**Importe 2000**	**Mrd. EUR**
Frankreich	68,2	Frankreich	52,0
Großbritannien	49,6	Niederlande	47,9
Italien	45,2	Italien	36,2
Niederlande	38,5	Großbritannien	37,9
Belgien/Luxemburg	32,8	Belgien/Luxemburg	27,7
Österreich	31,7	Österreich	20,8
Spanien	27,1	Spanien	16,4
USA	61,2	USA	46,5
Schweiz	25,6	Schweiz	18,8
Japan	13,2	Japan	26,6

Bedeutung des Außenhandels

- Für Deutschland haben die Aus- und Einfuhren große wirtschaftliche Bedeutung. Jährlich werden Waren im Werte von ca. 35 % des Bruttoinlandsprodukts aus- und im Wert von 30 % eingeführt.
- Die Aus- und Einfuhrgüter sind ähnlich. Nach Warengruppen entfällt der größte Teil auf Fertigwaren und nach Warenarten auf Straßenfahrzeuge, Maschinen, chemische und elektrotechnische Erzeugnisse.
- Die wichtigsten Handelspartner sind Länder mit ähnlicher Wirtschaftsstruktur, insbesondere die EU-Länder.

9.1.2 Beweggründe für den Außenhandel

Warum findet Außenhandel statt?

Die Frage nach dem „Warum" des internationalen Güteraustausches ist Gegenstand der güterwirtschaftlichen Außenhandelslehre. Sie gehört zu den ältesten Fragestellungen der Volkswirtschaftslehre.[1] Der „Schleier", der durch das Geld und durch die Wechselkurse über die Tauschvorgänge gebreitet wird, entfällt dabei; die güterwirtschaftliche Theorie wird deshalb auch „reine" oder „reale" Außenhandelstheorie genannt. In allgemeiner Form lässt sich die Ausgangsfrage so beantworten: Inländer kaufen dann Auslandsgüter, wenn diese nicht oder nur zu einem höheren Preis oder nicht in der gewünschten Art und Qualität aus inländischer Produktion verfügbar sind. Die Beweggründe für Außenhandel lassen sich also in drei Punkten zusammenfassen:

- Mangelnde Liefermöglichkeiten im Inland
- Preisunterschiede zwischen In- und Ausland
- Präferenzenvielfalt und Produktdifferenzierung

9.1.2.1 Mangelnde Liefermöglichkeiten im Inland

Warum sind manche Güter im Inland nicht vorhanden?

Der historisch wohl früheste und auch ein heute noch bedeutsamer Grund für Außenhandel ist die **Nichtverfügbarkeit von Gütern.** Die Verteilung der Rohstoffe, unterschiedliche klimatische und geologische Produktionsbedingungen u. a. führen dazu, dass in vielen Ländern zahlreiche Güter nicht oder zumindest nicht in ausreichenden Mengen hergestellt werden können. Der potenziellen inländischen Nachfrage steht kein genügend großes inländisches Angebot gegenüber. Hierbei sind drei Stufen zu unterscheiden:

- Dauerhafte Nichtverfügbarkeit. Sie kann auftreten bei Bodenschätzen, bestimmten landwirtschaftlichen Produkten, aber auch bei touristischen Reisezielen, da z. B. ein Binnenland seinen Bewohnern keine Ferien am Meer bieten kann usw.;
- Mittelfristige Nichtverfügbarkeit. Sie kann auftreten z. B. bei technischen Produkten, zu deren Herstellung ein bestimmtes Land derzeit noch nicht in der Lage ist;

---

[1] Bedeutsame Ausführungen finden sich bereits bei den klassischen Nationalökonomen wie Adam Smith (1723 – 1790), David Ricardo (1772 – 1823) und John Stuart Mill (1806 – 1873).

- Kurzfristige Nichtverfügbarkeit. Sie kann sich ergeben, wenn das inländische Angebot grundsätzlich zur Deckung der inländischen Nachfrage ausreicht, eine Bedarfsdeckung jedoch durch vorübergehende Ereignisse (z. B. Missernten, Naturkatastrophen, Streiks, unvorhergesehene Nachfrageschübe usw.) gestört ist.

9.1.2.2 Kostenunterschiede zwischen In- und Ausland

Wodurch entstehen bei vergleichbaren Gütern Preisunterschiede zwischen Inland und Ausland?

„Was aber vernünftig im Verhalten einer einzelnen Familie ist, kann für ein mächtiges Königreich kaum töricht sein. Kann uns also ein Land eine Ware liefern, die wir selbst nicht billiger herzustellen imstande sind, dann ist es für uns einfach vorteilhafter, sie mit einem Teil unserer Erzeugnisse zu kaufen, die wir wiederum günstiger als das Ausland herstellen können."

Smith, Adam: An Inquiry into the Nature and Causes of the Wealth of Nations (1776); zit. nach: Der Wohlstand der Nationen; nach der 5. Aufl. (1789) übersetzt von H. C. Recktenwald. – München 1974, S. 371

Viele importierte Güter können oder könnten auch im Inland hergestellt werden. Ihr Import beruht darauf, dass diese Güter im Ausland billiger sind. Wenn Wechselkurse, Transportkosten u.Ä. zunächst unberücksichtigt bleiben, sind Preisunterschiede zwischen In- und Ausland im Wesentlichen auf unterschiedliche Herstellkosten zurückzuführen. Für die Betrachtung der Wirkung von Kostenunterschieden auf den Außenhandel sollen einige vereinfachende Annahmen gemacht werden. Untersucht wird der Warenaustausch zwischen zwei Ländern, bzw. das Ausland wird als ein Land aufgefasst (Zwei-Länder-Modell). In den beiden Ländern werden jeweils zwei homogene (gleichartige) Güter hergestellt (Zwei-Länder-zwei-Güter-Modell).

Beispiel

Im Land I (= Inland) kostet die Produktion von 1 kg Stahl 10 GE und von 1 kg Weizen 40 GE. Im Land A (= Ausland) entstehen für 1 kg Stahl Kosten von 20 GE, für 1 kg Weizen von 30 GE.

Jedes der beiden Ländern hat bei einem Gut gegenüber dem anderen Land **absolute Kostenvorteile**.

I kann Stahl und A kann Weizen kostengünstiger herstellen. Es ist ohne weiteres

	Kosten für 1 kg Stahl	Kosten für 1 kg Weizen
Inland	10	40
Ausland	20	30

einsichtig, dass es sich für beide Länder lohnt, auf die Produktion des jeweils kostenungünstigeren Produkts ganz oder teilweise zu verzichten, die dadurch frei werdenden Produktionsfaktoren für eine vermehrte Produktion des kostengünstigeren Gutes einzusetzen und die Güter auszutauschen.

Das Prinzip der **internationalen Arbeitsteilung** beruht darauf, dass die Länder sich auf die Herstellung jener Güter konzentrieren, die sie besonders kostengünstig herstellen können. Durch den Güteraustausch erhält auch das Inland Weizen, der mit Kosten von 30 GE, und das Ausland Stahl, der mit Kosten von 10 GE hergestellt wurde.

Bedeutung des Außenhandels

Güteraustausch ist aber nicht nur dann für beide Seiten vorteilhaft, wenn absolute Kostenvorteile bestehen. Die **Theorie der komparativen Kosten**[1] erklärt, dass diese Vorteile auch dann vorhanden sind, wenn ein Land beide Güter kostengünstiger als das andere herstellen kann, sofern **relative Kostenunterschiede** bestehen.

Beispiel

Wenn das vorhergehende Beispiel so abgeändert wird, dass im Inland für die Produktion von 1 kg Stahl 10 GE, für 1 kg Weizen aber nur 20 GE entstehen und das Ausland für 1 kg Stahl 30 GE und für 1 kg Weizen 40 GE aufwenden muss, hat das Inland sowohl bei Stahl als auch bei Weizen einen absoluten Kostenvorteil. Die relativen Kosten sind jedoch unterschiedlich.

	Absolute Kosten		Relative (komparative) Kosten	
	Kosten für 1 kg Stahl	Kosten für 1 kg Weizen	Kostenverhältnis Stahl/Weizen	Kostenverhältnis Weizen/Stahl
Inland	10	20	0,50	2,00
Ausland	30	40	0,75	1,33

Für das Inland gilt:
- 1 kg Stahl kostet so viel wie 0,5 kg Weizen
- 1 kg Weizen kostet so viel wie 2 kg Stahl

Für das Ausland gilt:
- 1 kg Stahl kostet so viel wie 0,75 kg Weizen
- 1 kg Weizen kostet so viel wie 1,33 kg Stahl

Nach der Theorie der komparativen Kosten ist in diesem Fall ein Warenaustausch für beide Länder vorteilhaft, da relative Kostenunterschiede bestehen. Das Ausland hat einen relativen Kostenvorteil bei Weizen (1,33 gegenüber 2); es kann Weizen vergleichsweise („komparativ") günstiger herstellen als das Inland. Das Inland hat einen relativen Kostenvorteil bei Stahl (0,50 gegenüber 0,75); es kann Stahl vergleichsweise günstiger herstellen als das Ausland. Es müsste sich also lohnen, Weizen vom Ausland ins Inland und Stahl vom Inland ins Ausland zu tauschen. Dass das tatsächlich so ist, zeigen die entsprechenden Vorgänge.

Tausch von Stahl vom Inland ins Ausland

- Das Inland produziert 1 kg Stahl mehr und muß dafür auf die Produktion von 0,5 kg Weizen verzichten.
- Der Stahl wird ins Nachbarland transportiert und gegen Weizen getauscht. Dort entspricht 1 kg Stahl 0,75 kg Weizen.
- Der Tauschgewinn für das Inland beträgt 0,25 kg Weizen (ohne Transportkosten).

Tausch von Weizen vom Ausland ins Inland

- Das Ausland produziert 1 kg Weizen mehr und muss dafür auf die Produktion von 1,33 kg Stahl verzichten.
- Der Weizen wird ins Nachbarland transportiert und gegen Stahl getauscht. Dort entspricht 1 kg Weizen 2 kg Stahl.
- Der Tauschgewinn für das Ausland beträgt 0,67 kg Stahl (ohne Transportkosten).

---

1 Komparativ = vergleichend. Die Theorie der komparativen Kosten wurde 1817 von dem Engländer David Ricardo (1772 – 1823) entwickelt.

Auch wenn ein Land bei beiden Gütern absolute Kostenvorteile hat, lohnt es sich also tatsächlich für beide Länder, sich auf die Herstellung des Gutes zu konzentrieren, das jeweils relativ kostengünstiger hergestellt werden kann, und die Güter auszutauschen. Voraussetzung ist, dass jedes der beiden Länder bei einem Gut relative Kostenvorteile besitzt.

Internationale Arbeitskosten	
Land	2000 EUR
Deutschland (West)	25,82
Japan	24,70
Schweiz	23,52
USA	21,83
Niederlande	20,91
Österreich	20,30
Großbritannien	18,82
Frankreich	18,25
Deutschland (Ost)	16,41
Italien	15,65
Spanien	14,06
Griechenland	8,44
Portugal	6,60

Lohn- und Lohnnebenkosten je Stunde, Industrie

Kostenunterschiede zwischen In- und Ausland entstehen durch die Produktionsfaktoren. Während für landwirtschaftliche Produkte die Unterschiede beim Produktionsfaktor Boden im Vordergrund stehen, werden bei industriellen Produkten Kostenunterschiede in erster Linie durch die unterschiedliche Ausstattung mit dem Produktionsfaktor Arbeit bestimmt. Die Kostenunterschiede ergeben sich vor allem aus der Einsatzmenge und den Einsatzkosten. Wird für die Erzeugung einer bestimmten Produktmenge eine geringere Faktormenge benötigt (z. B. weil der Boden gut ist oder die Arbeitskräfte qualifiziert sind) oder sind die Faktorkosten geringer (z. B. weil die Löhne niedriger sind), so wirkt sich dies auf die Produktionskosten entsprechend aus.

9.1.2.3 Präferenzenvielfalt und Produktdifferenzierung

> Warum findet Außenhandel auch bei Gütern statt, die im Inland in ausreichender Menge und zu gleichen Preisen wie im Ausland hergestellt werden?

Die Übersicht über die wichtigsten Export- und Importgüter ließ bereits erkennen, dass diese sehr ähnlich sind. Deutschland exportiert beispielsweise Jahr für Jahr mehrere hunderttausend Autos und importiert ebenfalls Jahr für Jahr mehrere hunderttausend Autos. Auf mangelnde Liefermöglichkeiten kann der Austausch offenbar nicht zurückgeführt werden.

Es werden Autos zu Preisen von 20.000 DM, 30.000 DM oder 40.000 DM sowohl exportiert als auch importiert. Dem Inländer, der für ein Mittelklasseauto z. B. 30.000 DM ausgeben will, steht ein entsprechendes Inlandsangebot zur Verfügung. Warum kauft er trotzdem ein ausländisches Mittelklasseauto für 30.000 DM? Auch Preisunterschiede vermögen also den Warenaustausch nicht vollständig zu erklären; es wird noch ein weiterer Beweggrund benötigt.

Der Nachfragewunsch lautet allerdings auch nicht einfach: „ein Mittelklasseauto für 30.000 DM", sondern umfasst detaillierte Wünsche hinsichtlich Aussehen, Komfort, Ausstattung, Motor, Antriebsart usw. Die Nachfrager haben also ganz unterschiedliche Vorlieben (Präferenzen). Das gewünschte Auto findet sich möglicherweise nicht im inländischen Angebot und der Kaufwunsch kann nur durch Rückgriff auf eine größere, internationale Angebotspalette mit entsprechend differenzierten Produkten befriedigt werden.

Die **Präferenzenvielfalt** auf der Nachfrageseite und die **Produktdifferenzierung** auf der Angebotsseite führen oft dazu, dass eine **Entsprechung der Tauschwünsche** nur im internationalen Rahmen realisierbar ist. Die Präferenzen der Nachfrager können sich aus tatsächlichen oder vermeintlichen Qualitätsunterschieden oder aus Unterschieden bei bestimmten Eigenschaften ergeben. So genießen oft Produkte eines bestimmten Landes ein gewisses internationales Ansehen (z. B. Schweizer Uhren, italienische Weine, englische Stoffe usw.).

Häufig kommt einer bestimmten Präferenz sogar ein größeres Gewicht zu als dem Preis, sodass auch ein höherer Preis akzeptiert wird, wenn nur die gewünschte Präferenz erfüllt ist. Besonders deutlich wird dies, wenn sich die Nachfragepräferenz auf einen bestimmten Markennamen richtet. Wer – aus welchen Gründen auch immer – eine bestimmte Automarke fahren oder eine Handtasche mit einem bestimmten Emblem tragen will, ist zwangsläufig auf Importe angewiesen und ist oft auch bereit, einen Preisaufschlag zu zahlen, der nicht unbedingt durch Qualitätsmerkmale begründbar ist.

In gewisser Weise führt die Präferenzenvielfalt der Nachfrager zu einer besonderen Variante mangelnder Liefermöglichkeiten des Inlands. Das Produkt ist in der gewünschten spezifischen Art nicht im Inland vorhanden. Der Handel zwischen Industrieländern erklärt sich zum größten Teil aus dieser Präferenzenvielfalt der Nachfrager.

- Beweggründe für Außenhandel sind:
  - Mangelnde Liefermöglichkeiten im Inland
  - Preisunterschiede zwischen In- und Ausland
  - Präferenzvielfalt und Produktdifferenzierung
- Mangelnde Liefermöglichkeiten im Inland liegen vor, wenn ein Gut nicht oder nicht in nachfragedeckender Menge verfügbar ist; die Nichtverfügbarkeit kann dauerhaft, mittelfristig oder kurzfristig sein.
- Preisunterschiede basieren in der Regel auf Kostenunterschieden; Kostenunterschiede können sich aus absoluten oder komparativen Kostenvorteilen ergeben.
- Die Wünsche der Nachfrager an ein bestimmtes Produkt sind oft so vielfältig, dass nur eine Produktdifferenzierung im internationalen Rahmen diesen Präferenzen gerecht werden kann.

9.1.3 Vor- und Nachteile außenwirtschaftlicher Beziehungen

Welche Vor- und Nachteile können sich durch außenwirtschaftliche Beziehungen ergeben?

Außenwirtschaftliche Beziehungen bringen sowohl Vor- als auch Nachteile mit sich. Der große Umfang des weltweiten Handels lässt jedoch erkennen, dass insgesamt die Vorteile überwiegen.

■ Vorteile außenwirtschaftlicher Beziehungen

Die Vorteile außenwirtschaftlicher Beziehungen leiten sich aus den Beweggründen ab. Der Außenhandel ermöglicht die Befriedigung der Nachfrage, die nicht durch inländische Produktion gedeckt werden kann. Wenn wir uns einmal vor Augen halten, wie viele Güter unserer täglichen Ernährung und unseres täglichen Gebrauchs aus dem Ausland stammen, wird deutlich, welche „Verarmung" unseres Warenkorbes mit dem Wegfall des Außenhandels verbunden wäre. Des Weiteren werden die Güter durch Außenhandel tendenziell billiger. Zum einen können absolute und relative Kostenvorteile realisiert werden, zum anderen führen die größeren Absatzmärkte über größere Produktionsmengen zu Stückkostenreduktionen. Schließlich ist auch insgesamt der Wettbewerb intensiver, da die Zahl der Anbieter größer ist.

Außenhandel	
Vorteile	**Nachteile**
• Größeres Produktsortiment • Bessere Güterversorgung • Durch Realisierung absoluter und relativer Kostenvorteile niedrigere Preise • Stückkostenreduktion durch Massenproduktion • Größerer Wettbewerb durch größere Zahl von Anbietern • Schaffung von Arbeitsplätzen und Einkommen • Beitrag zur Völkerverständigung	• Wirtschaftliche Abhängigkeit von Liefer- und Abnehmerländern • Auswirkungen auf Volkseinkommen und Geldwertstabilität • Gefährdung inländischer Betriebe und Wirtschaftszweige • Wirtschaftliche Monostrukturen • Politische Abhängigkeiten

Durch die Produktion der Exportgüter werden im Inland Arbeitsplätze und Einkommen geschaffen. Die in diesem Zusammenhang – vor allem im Hinblick auf Entwicklungsländer – gelegentlich geäußerte Kritik, dass dadurch gleichzeitig den Einfuhrländern in entsprechendem Umfang Arbeitsplätze und Einkommen vorenthalten würden, stimmt in dieser pauschalen Form nicht. Es wird dabei übersehen, dass Außenhandel einen zweiseitigen Güterverkehr darstellt und dass auf Dauer nur so viel importiert werden kann wie auch exportiert wird. Des Weiteren gilt das Argument bestenfalls für solche Güter, die in beiden Ländern hergestellt werden (können). Diese Situation ist aber nicht typisch für den Außenhandel zwischen beispielsweise Industrieländern und Entwicklungsländern. Können aber die Güter auch in Entwicklungsländern hergestellt werden, dann führt gerade die internationale Arbeitsteilung oft dazu, dass Industrieländer „ihre" Produkte – wegen der Kostenvorteile, insbesondere bei Löhnen – in Entwicklungsländern herstellen lassen. Insgesamt führt Außenhandel, da durch ihn die Weltgütermenge wächst, weltweit auch zu mehr Beschäftigung und mehr Einkommen.

Nicht zuletzt führt internationaler Güteraustausch auch zu mehr internationaler Kommunikation, zu größerem wechselseitigem Verständnis und dient daher der Völkerverständigung.

■ Nachteile außenwirtschaftlicher Beziehungen

Außenhandel bietet aber auch Nachteile. Einerseits ist die inländische Wirtschaft darauf eingestellt, dass bestimmte Güter importiert werden. Sie verzichtet darauf, hierfür selber Produktionsmöglichkeiten bereitzustellen. Andererseits ist sie darauf eingestellt, dass bestimmte Güter und Gütermengen exportiert werden, und baut entsprechende inländische Produktionskapazitäten auf. Dadurch entstehen wirtschaftliche Abhängigkeiten sowohl bei Lieferländern als auch bei Abnehmerländern. Bleiben Lieferungen des Auslands (z. B. Rohstoffe, wichtige Vorprodukte) ganz oder teilweise aus, führt das zu Schwierigkeiten im Inland.

Andererseits wirken sich auch Nachfragerückgänge des Auslands, z. B. aus politischen Gründen oder wegen Konjunktureinbrüchen im Ausland, auf die Beschäftigungslage im Inland aus. Insbesondere wenn Ausfuhren und Einfuhren im Ungleichgewicht sind, hat der Außenhandel auch Auswirkungen auf die Geldwertstabilität im Inland. Mit den Einfuhrgütern werden unter bestimmten Bedingungen auch deren Preise und Preissteigerungen importiert („importierte Inflation").

Außenhandel kann nicht nur Konkurrenz, sondern auch Gefährdungen für die inländische Wirtschaft bringen. Wenn die inländische Produktion qualitätsmäßig, preismäßig oder sonstwie unterlegen ist, kann Außenhandel zum Verlust von Betriebsstätten und unter Umständen ganzer Wirtschaftszweige einschließlich der entsprechenden Arbeitsplätze führen. Etliche außenwirtschaftspolitische Instrumente (Zölle, Einfuhrbeschränkungen usw.) dienen denn auch dem Schutz der inländischen Wirtschaft.

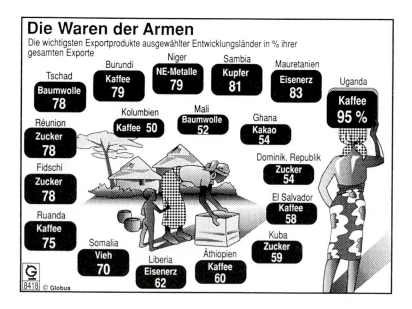

Die im Prinzip richtige Konzentration der Volkswirtschaften auf die Güter, die besonders günstig hergestellt werden können, kann auch zu Einseitigkeiten und zu wirtschaftlichen Monostrukturen führen, die das jeweilige Land stark von der Weltmarktlage einiger weniger Produkte abhängig macht. So hängt beispielsweise die Wirtschaft etlicher Staaten vom Ölexport ab (z.B. Vereinigte Arabische Emirate zu über 80%, Saudi-Arabien über 60%). Nicht zuletzt kann wirtschaftliche Abhängigkeit auch zu politischer Abhängigkeit führen. Häufig wird versucht, wirtschaftliche Macht zur Durchsetzung politischer Ziele einzusetzen. Ölembargos und Wirtschaftsboykotte sind nur einige Beispiele.

- Außenhandel bringt Vor- und Nachteile. Der beträchtliche und noch zunehmende Umfang internationaler Handelsbeziehungen ist jedoch ein Beleg dafür, dass die Vorteile überwiegen.

- Hauptvorteil des Außenhandels ist, dass auch jene Nachfragewünsche befriedigt werden können, für die mengenmäßig, preislich oder von den Produkteigenschaften her kein entsprechendes inländisches Angebot zur Verfügung steht.

- Hauptnachteil des Außenhandels ist, dass verschiedene wirtschaftliche Abhängigkeiten entstehen, die auch zu politischer Abhängigkeit führen können.

9.2 Wechselkurs und Wechselkursrechnung

Die bisher erörterten güterwirtschaftlichen Tauschvorgänge werden in der Realität unter Einschaltung von Geld abgewickelt. Durch das Geld tritt an die Stelle der vielen Tauschrelationen von einer Ware gegen eine andere Ware nunmehr das Tauschverhältnis einer Währung gegen eine andere Währung. Die Bedingungen, unter denen Geld im Außenhandel eingesetzt wird, und die Einflüsse, die mit seinem Einsatz verbunden sind, sind Gegenstände der **monetären Außenwirtschaftstheorie.** Während der Tausch von Währungen früher in erster Linie im Zusammenhang mit geschäftlichen Transaktionen eine Rolle spielte, ist er heute durch die zahlreichen Urlaubs- und sonstigen Reisen auch zu einem selbstverständlichen Gegenstand des privaten Lebens geworden.

9.2.1 Wechselkurs

Was drückt der Wechselkurs einer Währung aus?

Beispiel

Eine deutsche Familie hat für die Ferien ein Haus in der Schweiz und ein Haus im Schwarzwald in die engere Wahl gezogen. Das Haus in der Schweiz kostet wöchentlich 800 Schweizer Franken, das Haus im Schwarzwald 450 EUR. Da alle anderen Faktoren als gleichwertig eingeschätzt werden, will die Familie das billigste Haus nehmen.

Welches Haus preisgünstiger ist, lässt sich erst sagen, wenn beide Preise auf einen gemeinsamen Nenner gebracht werden. Das wird möglich, wenn ein Tauschverhältnis zwischen beiden Währungen besteht und beide Preise in einer Währung, z. B. in Euro, ausgedrückt werden können. Wenn 1 Euro 1,60 Schweizer Franken entspricht, kostet das Haus in der Schweiz 500 EUR. Da das Haus im Schwarzwald billiger ist, wird sich die Familie für dieses Haus entscheiden.

Der **Wechselkurs** ist das Tauschverhältnis zwischen zwei Währungen.

Der **Wechselkurs** gibt die Menge ausländischer Währungseinheiten an, die einer inländischen Währungseinheit entsprechen.

  1 Euro = x Fremdwährungseinheiten

Mengennotierung und Preisnotierung

Bei der Wechselkursangabe handelt es sich um die heute übliche *Mengennotierung*. Diese gibt an, welche Menge an Auslandswährung man für eine Einheit der inländischen Währung erhält.

Für die DEM wurde früher der Wechselkurs in der *Preisnotierung* angegeben. Diese gibt an, welche Menge inländischer Geldeinheiten für eine ausländische Währungseinheit gezahlt werden muss.

Wechselkurs und Wechselkursrechnung

Mengennotierung: (neu)	Wie viel Auslandswährung erhält man für 1 Einheit Inlandswährung? 1 EUR = x Fremdwährungseinheiten
Preisnotierung: (alt)	Wie viel Inlandswährung zahlt man für 1 Einheit Auslandswährung? x DEM = 1 Fremdwährungseinheit

Da an einem Wechselkurs immer zwei Währungen beteiligt sind, lässt sich der Wechselkurs auch von beiden Währungen her betrachten; d. h., beide Währungen lassen sich jeweils in der anderen Währung ausdrücken.

> **Beispiel**
>
> 1 EUR = 1,05 USD
>
> 1 USD = 0,95 EUR

Wechselkursbenennungen

Jedes Tauschverhältnis zwischen zwei Währungen besteht aus zwei Kursen. Welcher der beiden Kurse im vorgenannten Beispiel der „Eurokurs" und welcher der „Dollarkurs" ist, ist nicht verbindlich festgelegt. Es erscheint jedoch sinnvoll, den Wechselkurs nach der Währung zu benennen, bei der sich die Angabe auf **eine** Währungseinheit bezieht.

Der **Eurokurs** einer Währung gibt also stets an, wie viele Einheiten der Fremdwährung **einem Euro** entsprechen.

Zur vollständigen Benennung gehört auch die Angabe der Bezugswährung, da der Wechselkurs zu jeder Währung ein anderer ist. Beispiel: **Eurokurs (in Dollar)**

Eurokurs (in Dollar):	gibt an, wie viele Dollar **einem Euro** entsprechen. 1 EUR = 1,05 USD
Eurokurs (in Yen):	gibt an, wie viele Yen **einem Euro** entsprechen. 1 EUR = 102,80 JPY
Dollarkurs (in Euro):	gibt an, wie viele Euro **einem Dollar** entsprechen. 1 USD = 0,95 EUR

Durch den Wechselkurs werden Preise international vergleichbar; gleichzeitig drückt er den **Außenwert einer Währung** aus. Steigt der Kurs des EUR von 1,05 USD auf 1,10 USD, so erhält man für 1 EUR jetzt 1,10 USD statt 1,05 USD. Der Wert des EUR ist gegenüber dem USD gestiegen.

Im Wechselkurs drück sich der **Außenwert einer Währung** aus.
- Steigt der Wechselkurs einer Währung, nimmt der Außenwert dieser Währung zu.
- Sinkt der Wechselkurs einer Währung, nimmt der Außenwert dieser Währung ab.

Für den Euro gibt es kein offizielles **Fixing** (Festlegung des Wechselkurses) durch die EZB. Die EZB ermittelt aber täglich für eine Reihe von Fremdwährungen so genannte **Referenzwechselkurse**.[1]

> **Referenzwechselkurse**
>
> Referenzkurse sind eigentlich nur empfohlene Kurse, die EZB-Referenzkurse haben jedoch so gut wie offiziellen Charakter.
>
> Die Referenzkurse werden auf Grundlage der täglichen Abstimmung zwischen den Zentralbanken, die normalerweise um 14.15 Uhr stattfindet, ermittelt und kurz danach veröffentlicht. Dabei wird nur ein Referenzkurs je Währung, d.h. der Mittelkurs, in der Mengennotiz (1 Euro = x Fremdwährungseinheiten) veröffentlicht.

Bei den Kursen sind noch einige weitere Unterschiede zu beachten. Im Alltagssprachgebrauch wird ausländisches Geld vereinfachend als Devisen bezeichnet. In der Bankensprache wird jedoch zwischen Sorten und Devisen unterschieden.

Währung	EZB Referenz-kurs	Devisen		Notenpreis (aus Sicht der Bank)	
		Geld	Brief	Ankauf	Verkauf
	1 Euro =				
Am. Dollar	0,8740	0,8729	0,8735	0,834	0,894
Brit. Pfund	0,6183	0,6155	0,6160	0,595	0,640
Jap. Yen	117,55	117,39	117,52	114,500	122,500
Kan. Dollar	1,3965	1,3941	1,3971	1,330	1,480

Sorten sind ausländische Münzen und Banknoten.[2] **Devisen** sind Ansprüche auf Zahlungen in fremder Währung. Dazu zählen vor allem Guthaben bei ausländischen Banken sowie auf ausländische Währung lautende und im Ausland zahlbare Zahlungsmittel wie Schecks und Wechsel. Wenn sich jemand vor seiner Urlaubsreise ausländisches Bargeld besorgt, holt er sich also Sorten und entsprechend muss er sich auf der Kurstafel an den Sorten- bzw. Notenkursen orientieren.[3]

Auf Kurstafeln der Banken und in Kursangaben beispielsweise in Tageszeitungen finden sich auch die Bezeichnungen **„Ankauf"**, **„Verkauf"**, **„Geld"** und **„Brief"**. „Ankauf" und „Verkauf" gelten für Sorten bzw. Noten. „Geld" ist der Ankaufskurs, „Brief" der Verkaufskurs für Devisen. Der Verkaufskurs ist in der Regel höher als der Ankaufkurs.

> **„Ankauf"** und **„Verkauf"** erfolgen aus der **Sicht der Banken** und beziehen sich auf Euro. Die Kursangaben gelten für Ankauf und Verkauf von **1 Euro**.

Kurs	Gegenstand
Ankauf	Kurs, zu dem die Bank Euro ankauft und Sorten bzw. Noten abgibt.
Verkauf	Kurs, zu dem die Bank Euro verkauft und Sorten bzw. Noten annimmt.
Geld	Kurs, zu dem die Bank Euro ankauft und Devisen abgibt.
Brief	Kurs, zu dem die Bank Euro verkauft und Devisen annimmt.

---
1 Referenz: Von einer Vertrauensperson gegebene Auskunft, die als Empfehlung dient.
2 Ausländische Münzen werden normalerweise am Bankschalter nicht gehandelt, sodass sich die Sortenkurse auf Banknoten beziehen.
3 Vgl. hierzu auch den folgenden Abschnitt über „Wechselkursrechnung"

- Der Wechselkurs ist das Tauschverhältnis zwischen zwei Währungen.
- Der Wechselkurs gibt die Menge ausländischer Währungseinheiten an, die einer inländischen Währungseinheit entsprechen.
- Der Eurokurs einer Währung gibt an, wie viele Einheiten der Fremdwährung man für einen Euro erhält bzw. wie viele Fremdwährungseinheiten man für einen Euro bezahlen muss (1 Euro = x Fremdwährungseinheiten).
- Der Dollarkurs gibt an, wie viele Euro man für einen Dollar erhält bzw. bezahlen muss.
- Im Wechselkurs drückt sich der Außenwert einer Währung aus.
  - Steigt der Wechselkurs einer Währung, nimmt der Außenwert dieser Währung zu.
  - Sinkt der Wechselkurs einer Währung, nimmt der Außenwert dieser Währung ab.
- Im engeren Sinne werden ausländische Münzen und Banknoten als Sorten bezeichnet; Devisen sind Guthaben bei ausländischen Banken und auf ausländische Währung lautende Zahlungsmittel wie Schecks und Wechsel.

9.2.2 Wechselkursrechnung

Wie wird ein Geldbetrag in eine andere Währung umgerechnet?

Bei der **Wechselkursrechnung** müssen zwei Vorgänge unterschieden werden: **Ankauf** und **Verkauf**. Die Bezeichnungen „Ankauf" und „Verkauf" gelten für die **Sicht der Banken** und beziehen sich auf **Euro**. Die Kursangaben gelten für Ankauf und Verkauf von **1 Euro**.

Ankauf: Die Bank kauft Euro an und gibt fremde Währung ab.

Verkauf: Die Bank verkauft Euro und nimmt fremde Währung an.

Beispiel

Kurstafel einer Bank:	Ankauf	Verkauf
US-Dollar	0,85	0,92

■ **Ankauf**

Ein Kunde will ausländische Währung erwerben.

Beispiel

Vor Antritt der Urlaubsreise in die USA möchte Familie Neumann bei ihrer Bank 1.000 Euro in US-Dollar tauschen. Die Bank kauft aus ihrer Sicht Euro an und gibt Dollar ab. Es gilt der **Ankaufskurs**. Die Bank zahlt für jeden angekauften Euro 0,85 USD. Familie Neumann erhält 850 Dollar.

Betrag Auslandswährung = Betrag Inlandswährung • Ankaufkurs

■ Verkauf

Ein Kunde will ausländische Währung abgeben.

> **Beispiel**
>
> Nach dem Urlaub gibt Familie Neumann 850 US-Dollar bei ihrer Bank zurück. Die Bank verkauft aus ihrer Sicht Euro und nimmt Dollar an. Es gilt der **Verkaufskurs**. Die Bank verkauft 1 Euro für 0,92 USD.
> Familie Neumann erhält 923,92 Euro.

$$\text{Betrag Inlandswährung} = \frac{\text{Betrag Auslandswährung}}{\text{Verkaufskurs}}$$

- Bei der **Wechselkursrechnung** müssen **Ankauf** und **Verkauf** unterschieden werden. „Ankauf" und „Verkauf" gelten aus Sicht der Banken.
- **Ankauf:** Die Bank kauft Euro an und gibt fremde Währung ab.
- **Verkauf:** Die Bank verkauft Euro und nimmt fremde Währung an.
- Die **Kursangaben** gelten für Ankauf bzw. Verkauf von 1 Euro.

9.3 Wechselkurssysteme

Zeitungen drucken Wechselkurse ab und berichten über deren Schwankungen. Der Tourist erhält für 100 Euro 145 kanadische Dollar, aber nur 105 US-Dollar. Wie kommen Wechselkurse zu Stande?

Ebenso wie der internationale Warenaustausch bedarf auch der internationale Geldverkehr einer gewissen Ordnung. Unter anderem müssen Vereinbarungen getroffen werden, wie der Austausch der Währungen vonstatten gehen soll. Die Gesamtheit aller Regelungen des zwischenstaatlichen Zahlungs- und Kreditverkehrs wird als **Weltwährungsordnung** oder **Weltwährungssystem** bezeichnet. Im Einzelnen sind die Regelungen recht unterschiedlich und hängen nicht zuletzt von politischen Gegebenheiten ab. Grundsätzlich muss zunächst für eine Volkswirtschaft entschieden werden, ob ihre Währung konvertibel sein oder der Devisenbewirtschaftung unterliegen soll.

Konvertierbarkeit der Währungen bedeutet, dass die Währung eines Landes mehr oder weniger unbeschränkt in andere Währungen umgetauscht und an Devisenmärkten gehandelt werden kann.

Bei einer **Devisenbewirtschaftung** besteht für Devisen einerseits Ablieferungspflicht an den Staat und andererseits mengenmäßige Zuteilung durch den Staat. Ein solches System findet bzw. fand sich in Zentralverwaltungswirtschaften; mit deren Übergang zu marktwirtschaftlichen Ordnungen werden auch die Währungen konvertibel.

Der Austausch von Währungen setzt voraus, dass es Wechselkurse gibt, die das Austauschverhältnis bestimmen. Für das Zustandekommen von Wechselkursen bestehen unterschiedliche Wechselkurssysteme, die sich jedoch auf die beiden Grundtypen „System flexibler Wechselkurse" und „System fester Wechselkurse" zurückführen lassen.

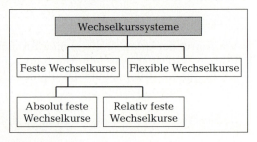

9.3.1 System fester Wechselkurse

Wie kommen Wechselkurse in einem System fester Wechselkurse zu Stande?

Feste Wechselkurse werden durch Staaten festgesetzt. Eine solche Festsetzung kann von einem Land einseitig für seine Währung vorgenommen werden, sie kann zwischen zwei Ländern bilateral vereinbart werden oder innerhalb eines Währungsverbundes zwischen mehreren Ländern erfolgen.

Bei Systemen mit festen Wechselkursen sind zwei Varianten zu unterscheiden: absolut feste Wechselkurse und relativ feste Wechselkurse.

■ **System mit absolut festen Wechselkursen**

In einem System mit absolut festen Wechselkursen gilt für die beteiligten Währungen ein bestimmter Kurs. Da für die Währungen immer und überall der gleiche Preis besteht, findet ein Handel nicht statt; Devisenmärkte sind überflüssig. Ein solches System bestand in Form der **Goldwährung** bis etwa zum 1. Weltkrieg. Der Wert der beteiligten Währungen wurde in Gold ausgedrückt **(Goldparität)**.

■ **System mit relativ festen Wechselkursen**

In einem System mit relativ festen Wechselkursen vereinbaren die beteiligten Länder einen **Devisenleitkurs (Parität)** für den Austausch ihrer Währungen. Die Währungen werden im Devisenhandel an Devisenbörsen gehandelt. Dadurch bildet sich ein zweiter Kurs, der **Devisenmarktkurs.** Um ein zu weites Auseinanderdriften von Leitkurs und Marktkurs zu vermeiden, wird gleichzeitig mit dem Leitkurs eine Vereinbarung getroffen, wie weit der Marktkurs vom Leitkurs höchstens abweichen soll. Diese **Schwankungsbreite** wird in der Regel als Prozentsatz vom Leitkurs angegeben. Ist z. B. zwischen zwei Währungen ein Leitkurs von 100 vereinbart und gleichzeitig festgelegt worden, dass der Marktkurs nicht mehr als 2,25 % nach oben und unten abweichen soll, so soll sich der Marktkurs nur in der **Bandbreite** von 4,5 % zwischen 97,75 und 102,25 bewegen.

Nun unterliegen allerdings die Kursentwicklungen an den Devisenbörsen nicht staatlichen Vorgaben. Durch das Zusammenspiel von Devisenangebot und Devisennachfrage kann der Marktkurs durchaus die vereinbarten Schwankungen unter- oder überschreiten. Um dies zu vermeiden, müssen die Zentralbanken der beteiligten Länder am Devisenmarkt eingreifen. Die Vereinbarungen von Schwankungsbreiten sind also Selbstverpflichtungen der Staaten bzw. Notenbanken und keine bindenden Vorgaben für die Devisenmärkte.

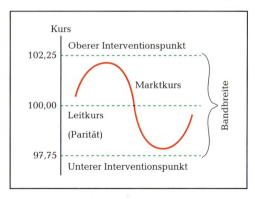

Eine **Interventionspflicht** der Zentralbanken ist daher notwendiger Bestandteil jedes Systems relativ fester Wechselkurse. Die obere Grenze der zugelassenen Marktschwankungen wird als **oberer Interventionspunkt** und entsprechend die untere Grenze als **unterer Interventionspunkt** bezeichnet. Die Interventionspflicht der Zentralbanken beinhaltet sowohl Ankauf als auch Verkauf von Devisen.

> Die Zentralbank der starken Währung kauft die schwache Währung, erhöht dadurch deren Nachfrage und im Regelfalle auch deren Kurs.
>
> Die Zentralbank der schwachen Währung verkauft die starke Währung, erhöht dadurch das Angebot und senkt so deren Kurs.

Tendieren Währungen auf Dauer dazu, aus den vorgesehenen Abweichungsgrenzen auszubrechen, ist eine Kurskorrektur unausweichlich. Für die stärkere Währung bedeutet das eine **Aufwertung,** für die schwächere Währung eine **Abwertung.**

> Auf- und Abwertungen in Systemen mit relativ festen Wechselkursen sind von den Staaten beschlossene Änderungen der Leitkurse.

Systeme mit relativ festen Wechselkursen werden eingerichtet, um die Wechselkursschwankungen in engen Grenzen zu halten. Da Auf- und Abwertungen jedoch Kursschwankungen darstellen, sollten sie möglichst selten notwendig werden. Wenn ein solches System auf Dauer funktionieren soll, setzt das voraus, dass die wirtschaftliche Entwicklung in den beteiligten Ländern in etwa gleich verläuft und die nationalen Wirtschaftspolitiken sich angleichen.

Das frühere **Europäische Währungssystem (EWS)** war ein System relativ fester Wechselkurse. Der derzeitige **Wechselkursmechanismus II (WKM II)** zwischen dem Euro und den Währungen der EU-Länder, die den Euro noch nicht eingeführt haben, entspricht ebenfalls diesem System.

- Zwei Grundtypen von Wechselkurssystemen werden unterschieden:
  – System fester Wechselkurse
  – System flexibler Wechselkurse
- Im System fester Wechselkurse werden absolut feste Wechselkurse und relativ feste Wechselkurse unterschieden.
- Absolut feste Wechselkurse werden von den beteiligten Ländern gemeinsam oder von einem Land einseitig festgelegt.
- In einem System mit relativ festen Wechselkursen vereinbaren die beteiligten Länder einen **Devisenleitkurs (Parität)** sowie eine Bandbreite, innerhalb derer der Marktkurs vom Leitkurs abweichen darf.
- Überschreitet der Marktkurs die Bandbreite, sind die Notenbanken zu Interventionen (An- und Verkäufe von Devisen) gezwungen.
- Auf- und Abwertungen in Systemen mit relativ festen Wechselkursen sind von den Staaten beschlossene Änderungen der Leitkurse.

9.3.2 System flexibler Wechselkurse

Die weitaus überwiegende Mehrzahl der Währungen befindet sich untereinander in einem System flexibler Wechselkurse.

9.3.2.1 Devisenmarkt

Wo bilden sich Wechselkurse in einem System flexibler Wechselkurse?

In einem System flexibler oder freier Wechselkurse bilden sich die Wechselkurse am **Devisenmarkt** bzw. an den **Devisenbörsen.**

Die Devisenbörsen sind weltweit eng miteinander verflochten. Das führt dazu, dass die Preise für Devisen, also die Wechselkurse, weltweit weitgehend identisch sind.[1] Es ist daher nicht falsch, die weltweiten Devisenmärkte als einen Devisenmarkt zu begreifen; in der Praxis wird denn auch oft von dem **internationalen Devisenmarkt** gesprochen.

> Devisen werden am Devisenmarkt gehandelt.
> Devisen sind aus der Sicht des Inlandes die ausländischen Währungen.

Am Devisenmarkt gelten die üblichen Gesetze von Angebot und Nachfrage. Einerseits bestimmen Devisenangebot und Devisennachfrage den Kurs, andererseits beeinflusst der Kurs Devisenangebot und Devisennachfrage. Durch das Zusammenspiel von Angebot und Nachfrage ergibt sich ein **Gleichgewichtswechselkurs** (W_G), bei dem sich angebotene und nachgefragte Menge einer bestimmten Währung ausgleichen **(Gleichgewichtsmenge** M_G).

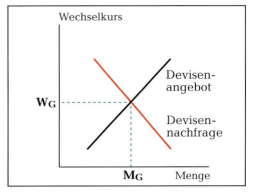

---

[1] Regionale Unterschiede bei Wechselkursen bestehen zumeist nur aufgrund der Zeitverschiebung: Die Börsen beispielsweise in New York, Tokio und Frankfurt sind zu unterschiedlichen Zeiten geöffnet. Dadurch können kurzfristig Unterschiede bei Wechsel-, Aktien- und sonstigen Kursen auftreten. Geschäfte, die sich diese (gleichzeitigen) Preisunterschiede zu Nutze machen, werden **Arbitrage** genannt. Im Gegensatz dazu werden Geschäfte, die auf zeitliche Bewegungen bei den Kursen setzen, als **Spekulation** bezeichnet.

9.3.2.2 Wechselkursbildung

Wie bilden sich Wechselkurse in einem System flexibler Wechselkurse?

Wechselkurse bilden sich am Devisenmarkt
aufgrund von Devisenangebot und Devisennachfrage.

Die bereits vom Gütermarkt her bekannten „Preisgesetze" gelten auch auf dem Devisenmarkt:

- Der Kurs einer Währung steigt, wenn die Nachfrage größer ist als das Angebot.
- Der Kurs einer Währung sinkt, wenn das Angebot größer ist als die Nachfrage.

An einem Devisengeschäft sind stets zwei Währungen beteiligt; eine Währung wird gegen eine andere „getauscht".

Beispiel

Wenn jemand Euro in Dollar umtauscht,

- bietet er Euro an und
- fragt Dollar nach

Jede Devisennachfrage ist mit einem Devisenangebot verbunden.

Die Vorgänge der Wechselkursbildung werden im Folgenden in erster Linie anhand der beiden Währungen Euro (Inlandswährung) und US-Dollar (Auslandswährung) verdeutlicht.

Die Gründe für Devisennachfrage und Devisenangebot können sowohl in Güter- als auch in Finanztransaktionen (Kredite, Geldanlagen, Spekulation usw.) liegen.

■ Devisennachfrage und Devisenangebot
(US-Dollar werden nachgefragt, Euro werden angeboten)

Devisennachfrage kann u. a. herrühren von

- Importen von Gütern und Dienstleistungen, wenn diese in Fremdwährung (z. B. Dollar) bezahlt werden müssen.
- Kauf von Forderungen in Fremdwährung (z. B. Kauf von Dollar oder von Wertpapieren, die auf Dollar lauten).

> **Beispiele**
>
> 1. Ein deutscher Importeur bezieht ein Ladung Rohöl aus Saudi-Arabien. Die Rechnung lautet auf 5 Mio. USD. Um die Rechnung bezahlen zu können, muss der Importeur über die entsprechende Menge an Dollar verfügen. Besitzt er sie nicht, muss er sie am Devisenmarkt kaufen. Er bietet Euro gegen Dollar an.
> 2. Ein deutscher Exporteur liefert Telekommunikationsanlagen nach China. Die Rechnung lautet auf 5 Mio. USD. Der deutsche Exporteur kann aber mit Dollar nicht viel anfangen (es sei denn, er muss selber gerade Rechnungen in Dollar bezahlen); er bietet am Devisenmarkt die Dollar an und fragt Euro nach.
> 3. Eine Bank spekuliert auf einen steigenden Dollarkurs. Sie kauft Dollar an und bezahlt mit Euro.
> 4. Ein US-Amerikaner möchte einen Teil seines Vermögens in deutschen Wertpapieren anlegen. Um die Wertpapiere kaufen zu können, muss er Dollar verkaufen und Euro kaufen.

> Importeure und sonstige Käufer von Devisen
> fragen Devisen nach und bieten Inlandswährung an.
>
> Exporteure und sonstige Verkäufer von Devisen
> bieten Devisen an und fragen Inlandswährung nach.

Eine höhere Devisennachfrage führt c.p. zu einem steigenden Wechselkurs der nachgefragten Währung. Eine sinkende Devisennachfrage führt zu seinem sinkenden Wechselkurs der Währung.

Gleichzeitig mit der höheren Nachfrage nach einer Währung, wird eine andere Währung vermehrt angeboten. Das größere Angebot führt zu einem sinkenden Kurs der angebotenen Währung. Ein sinkendes Angebot führt zu einem steigenden Wechselkurs.

In der grafischen Darstellung ergibt sich eine Rechtsverschiebung der Nachfrage- und Angebotskurve. Es stellt sich ein neuer Gleichgewichtswechselkurs (W_{G2}) sowie eine neue Gleichgewichtsmenge (M_{G2}) ein.

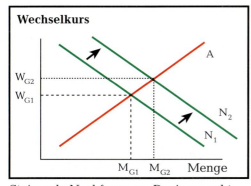

Steigende Nachfrage am Devisenmarkt

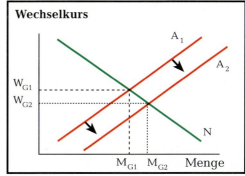

Steigendes Angebot am Devisenmarkt

Bei der Betrachtung nur zweier Währungen ergibt sich ein umgekehrt proportionales Verhältnis der Kurse zueinander.

> **Beispiel**
>
> Eurokurs 1,05 ⬌ Dollarkurs 0,95
> Eurokurs 1,15 ⬌ Dollarkurs 0,87
> Eurokurs 0,95 ⬌ Dollarkurs 1,05

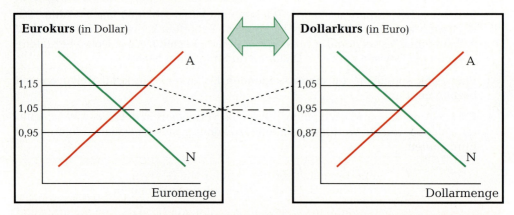

Wenn der Kurs der Inlandswährung steigt, sinkt der Kurs der Auslandswährung.
Wenn der Kurs der Inlandswährung sinkt, steigt der Kurs der Auslandswährung.

Wechselkursbildung	
Wenn Euro in Dollar getauscht werden, • steigt die Nachfrage nach Dollar • steigt das Angebot an Euro	
Wenn die Dollarnachfrage steigt, steigt der Dollarkurs	Wenn das Euroangebot steigt, sinkt der Eurokurs
Wenn der Dollarkurs steigt, sinkt der Eurokurs	
Wenn der Dollarkurs steigt, • sinkt die Nachfrage nach Dollar • steigt das Angebot von Dollar	Wenn der Eurokurs sinkt, • steigt die Nachfrage nach Euro • sinkt das Angebot von Euro

- In einem System flexibler Wechselkurse bilden sich die Wechselkurse am Devisenmarkt aufgrund von Devisennachfrage und Devisenangebot.
- Importeure und sonstige Käufer von Devisen fragen Devisen nach.
- Exporteure und sonstige Verkäufer von Devisen bieten Devisen an.
- Nachfrage nach Auslandswährung bedeutet gleichzeitig Angebot von Inlandswährung; Angebot von Auslandswährung bedeutet gleichzeitig Nachfrage nach Inlandswährung.
- Wenn der Kurs der Inlandswährung steigt, sinkt der Kurs der Auslandswährung.
- Wenn der Kurs der Inlandswährung sinkt, steigt der Kurs der Auslandswährung.

9.3.3 Vor- und Nachteile fester und flexibler Wechselkurse

Was spricht für feste und was spricht für flexible Wechselkurse?

Die Frage, ob nun flexible oder feste Wechselkurse vorteilhafter sind, lässt sich nicht eindeutig beantworten. Jedes System hat seine Vor- und Nachteile und es kommt auf deren Gewichtung an, ob dem einen oder dem anderen System der Vorzug gegeben wird. Wirtschaftswissenschaftliche Überlegungen befürworten zumeist flexible Wechselkurse, während wirtschaftspolitische Gesichtspunkte offenbar mehr für feste Wechselkurse sprechen. So basierten alle bisherigen internationalen Währungsordnungen auf vereinbarten Tauschrelationen.

Da die Vorzüge flexibler Wechselkurse gleichzeitig die Nachteile fester Wechselkurse sind und umgekehrt, reicht es im vorliegenden Zusammenhang aus, lediglich Vorteile beider Wechselkurssysteme zu benennen.

■ Vorteile flexibler Wechselkurse

Einer der Hauptvorzüge flexibler Wechselkurse ist die Tendenz zum **Zahlungsbilanzausgleich.** Flexible Wechselkurse bilden bei Ungleichgewichtslagen von Exporten und Importen einen Korrekturfaktor, der sozusagen automatisch den Ausgleich wieder herstellt.[1] Bei festen Wechselkursen führen solche Ungleichgewichtslagen zu Zahlungsbilanzungleichgewichten, die zunächst finanziert und irgendwann auch korrigiert werden müssen.

Bei flexiblen Wechselkursen besteht auch eine geringere Gefahr für **importierte Inflation** als bei festen Wechselkursen. Wenn sich in einem Partnerland die Preise z. B. um 10 % erhöhen, pflanzt sich bei festen Wechselkursen diese Preissteigerung in das importierende Land fort. Bei flexiblen Wechselkursen wird dagegen über kurz oder lang durch steigende bzw. sinkende Wechselkurse ein Ausgleich der Kaufkräfte stattfinden **(Kaufkraftparitätentheorie).**

Die **Geldwertstabilität** wird noch auf einem anderen Wege gefährdet. Hat ein Land Exportüberschüsse, ist das Devisenangebot höher als die Nachfrage. Um bei festen Wechselkursen zu vermeiden, dass der Kurs unter die vorgesehene Grenze fällt, muss die Zentralbank Devisen aufkaufen. Im Gegenzug bringt sie in entsprechender Menge vermehrt inländisches Geld in Umlauf, was zu einer Erhöhung des inländisches Preisniveaus führen kann.

■ Vorteile fester Wechselkurse

Für feste Wechselkurse spricht vor allem, dass (stark) schwankende Wechselkurse eine unsichere Kalkulationsgrundlage für grenzüberschreitende Geschäfte bilden. Insbesondere bei Geschäften mit längerer Laufzeit ist zum Zeitpunkt des Vertragsabschlusses nicht absehbar, welcher Wechselkurs zum Zahlungszeitpunkt besteht und wie viel Geld letztlich aufgebracht werden muss bzw. erlöst wird.

Bei festen Wechselkursen ist der grenzüberschreitende Warenverkehr kontinuierlicher und wirkt sich stabilisierend auf die Exportindustrien aus. Bei (stark) schwankenden Wechselkursen können sich hingegen Preisvorteile ständig ändern, was zu starken

---
1 Vgl. hierzu auch die Ausführungen zum „Wechselkursmechanismus".

Nachfrage- und damit auch zu Beschäftigungsschwankungen in exportorientierten Industriezweigen führen kann.

Feste Wechselkurse bewirken einen Zwang zur Koordination nationaler Wirtschaftspolitiken, da ansonsten schwankende Wechselkurse ständig das Außenhandelsgefüge verzerren. Diese integrationsfördernde Wirkung wurde z. B. bei der Gründung des Europäischen Währungssystems **(EWS)** ausdrücklich hervorgehoben, da ein wichtiges Ziel der **EU** darin besteht, das wirtschaftliche Gefälle zwischen den Mitgliedstaaten auszugleichen.

Wechselkurssysteme	
System	**Vorteile**
Flexible Wechselkurse	• Automatischer Zahlungsbilanzausgleich • Kaum Auswirkungen auf inländisches Preisniveau; Inflation wird nicht importiert
Feste Wechselkurse	• Sichere Kalkulationsgrundlage für Importeure und Exporteure • Stabilisierende Wirkung auf Exportindustrien • Zwang zur Koordination nationaler Wirtschaftspolitiken

9.4 Außenhandel

Beispiel

Ein deutscher Automobilhersteller verkauft Autos in die USA. Wie hoch der Preis eines Autos in US-Dollar ist, hängt zum einen vom Preis des Autos und zum anderen vom Umrechnungskurs in US-Dollar ab.

Wenn das Auto 20.000 Euro kostet und der Eurokurs 1,05 beträgt, entspricht das einem Preis von 21.000 US-Dollar.

Der Preis in US-Dollar ändert sich, wenn sich der Güterpreis und/oder der Wechselkurs ändert.

Die güterwirtschaftlichen Vorgänge beim Außenhandel werden durch zwei monetäre Größen beeinflusst:
• Wechselkurse und
• Güterpreise

9.4.1 Wechselkurse und Außenhandel

Wie wirken sich Wechselkurse und deren Veränderungen auf den Außenhandel aus?

Bei internationalem Güteraustausch werden die Güterpreise durch Wechselkurse umgerechnet. Ändern sich die Wechselkurse, ändert sich auch c.p. der in Auslandswährung ausgedrückte Preis der Güter.

Außenhandel

Zwischen Wechselkursen und Außenhandel bestehen wechselseitige Beziehungen:
- Wechselkurse beeinflussen Exporte und Importe und
- das Verhältnis von Exporten zu Importen beeinflusst die Wechselkurse.

Die Wirkungen werden im Folgenden am Beispiel Euro/US-Dollar veranschaulicht.

■ Wirkungen von Wechselkursen auf Exporte und Importe

Beispiel: Importe

Ein deutscher Computergroßhändler kauft zu unterschiedlichen Zeitpunkten Computer in den USA. Er muss pro Computer 1.000 USD zahlen.

Zeitpunkt	Eurokurs (1 EUR = x USD)	Dollarkurs (1 USD = x EUR)	Kaufpreis in EUR
t_1	1,05	0,95	950
t_2	1,15	0,87	870
t_3	0,95	1,05	1.050

Mit steigendem Eurokurs werden die Importgüter billiger; im Regelfall wird die Importmenge zunehmen.

Mit sinkendem Eurokurs werden die Importgüter teuer; im Regelfall wird die Importmenge zurückgehen.

Eurokurs steigt → Dollar billiger → Dollargüter billiger → Importmenge größer

Eurokurs sinkt → Dollar teurer → Dollargüter teurer → Importmenge geringer

Beispiel: Exporte

Ein deutscher Automobilhersteller verkauft zu unterschiedlichen Zeitpunkten Autos in die USA. Er möchte jeweils pro Auto 20.000 Euro erzielen. Er konkurriert auf dem US-Markt mit einem japanischen Produkt, das für 21.000 US-Dollar angeboten wird.

Zeitpunkt	Eurokurs (1 EUR = x USD)	Dollarkurs (1 USD = x EUR)	Verkaufpreis in USD
t_1	1,05	0,95	21.000
t_2	1,15	0,87	23.000
t_3	0,95	1,05	19.000

Mit steigendem Eurokurs werden die Exportgüter teurer; im Regelfall wird die Exportmenge zurückgehen.

Mit sinkendem Eurokurs werden die Exportgüter billiger; im Regelfall wird die Exportmenge zunehmen.

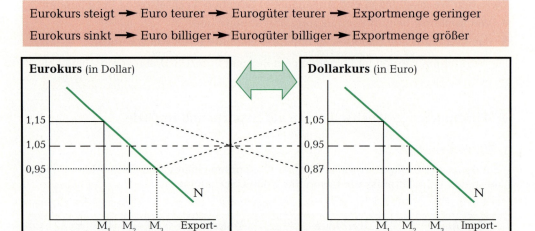

Wechselkurse und Außenhandel		
Wechselkurs	**Exporte**	**Importe**
Eurokurs steigt (Dollarkurs fällt)	Exportgüter teurer Exportmenge geringer	Importgüter billiger Importmenge größer
Eurokurs sinkt (Dollarkurs steigt)	Exportgüter billiger Exportmenge größer	Importgüter teurer Importmenge geringer

■ Wirkungen von Außenhandelsungleichgewichten auf Wechselkurse

Außenhandelsungleichgewichte bestehen, wenn der Wert der importierten Güter ungleich dem Wert der exportierten Güter ist (Exporte > Importe oder Importe > Exporte).

Werden z. B. mehr Güter in Dollar exportiert als importiert, ist das Angebot an Dollar größer als die Nachfrage nach Dollar und der Dollarkurs wird sinken. Sind hingegen die Importe in Dollar größer als die Exporte, so ist die Nachfrage nach Dollar größer als das Angebot an Dollar und der Dollarkurs wird steigen.

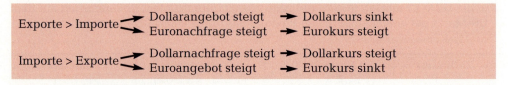

■ Wechselkursmechanismus

Werden nun die Erkenntnisse über die wechselseitige Abhängigkeit von Wechselkurs und Außenhandel zusammengefasst, ergibt sich in flexiblen Wechselkurssystemen eine Tendenz zum Ausgleich, d. h., Ungleichgewichte zwischen Exporten und Importen werden wieder ins Gleichgewicht gebracht. Ein ursprünglicher Importüberschuss wird durch einen Rückgang der Importe und eine Zunahme der Exporte, ein ursprünglicher Exportüberschuss über eine Zunahme der Importe und einen Rückgang der Exporte abgebaut. Diese Ausgleichstendenz bei flexiblen Wechselkursen wird **Wechselkursmechanismus** genannt. Er entspricht dem Preismechanismus auf Gütermärkten.

Außenhandel

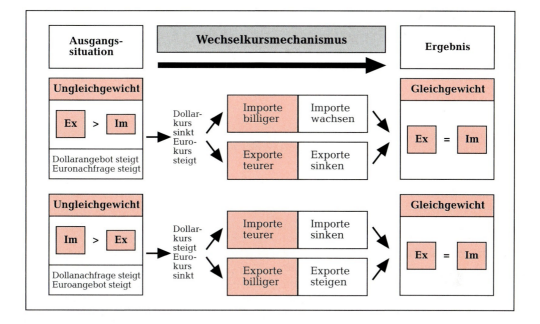

- Wechselkurse und deren Veränderungen haben Auswirkungen auf das Volumen von Exporten und Importen.
- Steigender Kurs der Inlandswährung (= sinkender Kurs der Auslandswährung) verbilligt Importe und verteuert Exporte; Importe nehmen im Normalfall zu und Exporte ab.
- Sinkender Kurs der Inlandswährung (= steigender Kurs der Auslandswährung) verteuert Importe und verbilligt Exporte; Importe nehmen im Normalfall ab und Exporte zu.

9.4.2 Preise und Außenhandel

Wie wirken sich Güterpreise und deren Veränderungen auf Importe und Exporte aus?

■ Güterpreise und Importe

Beispiel

1 kg brasilianischer Bananen kostet 1,70 Real; der Eurokurs für den Real beträgt 1,70 (1 Euro = 1,70 Real). Die Inflationsrate in Brasilien beträgt 30 %. In Brasilien verteuern sich dadurch die Bananen von 1,70 Real im Folgejahr auf 2,21 Real. In Deutschland steigen die Preise für brasilianische Bananen bei gleich bleibendem Wechselkurs ebenfalls um 30 % von 1,00 Euro auf 1,30 Euro.

Wenn der Wechselkurs des brasilianischen Real jedoch im Umfang der Preissteigerung sinkt, bleibt der Auslandspreis der Bananen unverändert.

Zeitpunkt	Preis in Real	Eurokurs in Real	Realkurs in Euro	Preis in Euro
t_1	1,70	1,70	0,59	1,00
t_2	2,21	1,70	0,59	1,30
t_3	2,21	2,21	0,45	1,00

Mit den brasilianischen Bananen wird auch die brasilianische Preissteigerung nach Deutschland exportiert bzw. aus deutscher Sicht wird die brasilianische **Inflation importiert.** Diese Wirkung wird **internationaler Preiszusammenhang** oder **Preiseffekt** genannt.

Internationaler Preiszusammenhang: Mit den Auslandsgütern werden auch deren Preise importiert.

Der Preiseffekt gilt uneingeschränkt bei **festen Wechselkursen.** Im Normalfall wird die Nachfrage nach brasilianischen Bananen wegen der gestiegenen Preise zurückgehen; entweder weil insgesamt weniger Bananen gegessen werden oder weil Bananen aus anderen Herkunftsländern jetzt billiger sind.

Benzin teurer

HAMBURG (...) – Nachdem die deutsche BP AG ihre Benzinpreise in den vergangenen Tagen bereits angehoben hat, kündigten nun auch die Sprecher anderer Mineralölkonzerne Preissteigerungen an. Als Grund wurden die gestiegenen Einfuhrpreise für Rohöl genannt.

Bei **flexiblen Wechselkursen** werden auch zunächst die höheren Preise importiert; mittelfristig treten Ausgleichstendenzen auf. Wenn weniger aus Brasilien importiert wird, geht auch die Nachfrage nach brasilianischen Real am Devisenmarkt zurück. Der Kurs des Real wird sinken. Wenn die Kurssenkung der Inflationsrate entspricht, ergibt sich für die Bananen wieder der alte Euro-Preis; die **Kaufkraftparitäten** gleichen sich wieder an.

■ Güterpreise und Exporte

Beispiel

Ein deutsches Unternehmen exportiert ein Haushaltsgerät zum Preise von 100,00 Euro nach Brasilien. Bei einem Eurokurs von 1,70 Real kostet das Gerät in Brasilien 170,00 Real. Ein gleichwertiges Gerät aus brasilianischer Produktion soll ebenfalls 170,00 Real kosten. Die Inflationsrate in Brasilien beträgt 30%, in Deutschland 3%. Im Folgejahr kostet das brasilianische Gerät 221,00 Real, das deutsche Gerät 103,00 Euro. Bei gleich bleibendem Wechselkurs kostet jetzt das deutsche Gerät in Brasilien nur 175,10 Real und ist billiger als das vergleichbare brasilianische Gerät.

Land	Preis t_1	Inflationsrate	Preis t_2
Deutschland	100,00 Euro (170,00 Real)	3 %	103,00 Euro (175,10 Real)
Brasilien	170,00 Real	30 %	221,00 Real

Der Preiseffekt gilt wiederum uneingeschränkt nur bei **festen Wechselkursen.** In diesem Fall ist der Preisvorteil des Landes mit der niedrigeren Inflationsrate von Dauer. Im

Beispiel wird Brasilien zukünftig vermehrt das deutsche Gerät importieren. Durch den Kauf des deutschen Gerätes vermeiden die Brasilianer die inländische Preissteigerung von 30 % und müssen nur die deutsche Preissteigerung von 3 % bezahlen. Brasilien importiert gewissermaßen die Preisstabilität.

Bei **flexiblen Wechselkursen** führen die höheren Importe zu einer stärkeren Nachfrage nach Euro am Devisenmarkt. Das lässt den Eurokurs ansteigen und kommt einer Abwertung des Real gleich. Nun müssen in Brasilien mehr Real für eine bestimmte Menge ausländischen Geldes bezahlt werden und der Preisvorteil des Importgerätes schwindet.

- Haben zwei Außenhandelsländer unterschiedliche Inflationsraten,
  - wird aus der Sicht des **preisstabileren** Landes Inflation importiert und Stabilität exportiert
  - wird aus der Sicht des **preisschwächeren** Landes Inflation exportiert und Stabilität importiert.
- Die Exporte des Landes mit der höheren Inflationsrate nehmen ab, seine Importe dagegen zu.
- Die Exporte des Landes mit der niedrigeren Inflationsrate nehmen zu, seine Importe dagegen ab.

9.5 Das reale Austauschverhältnis: Terms of Trade

Welche ausländische Gütermenge kann gegen eine bestimmte inländische Gütermenge getauscht werden?

Im Prinzip wird der Güterimport durch den Güterexport finanziert. Wenn der Erlös aus den exportierten Gütern genauso hoch ist wie der Wert der importierten Güter, ist der Außenhandel eines Landes ausgeglichen. Ein Ungleichgewicht zwischen Exporterlösen und Importzahlungen führt zu einer Auslandsverschuldung des schwächeren Partners.

Die in Geld ausgedrückten Exporterlöse eines Landes werden von zahlreichen Faktoren beeinflusst: Art der exportierten Güter, Menge der exportierten Güter, Wechselkursentwicklung usw. Gleiches gilt für die Importzahlungen. Um diese Einflüsse auszuschalten, werden die **realen Austauschverhältnisse** der Außenhandelsgüter gemessen. Das Ergebnis drückt sich in den **Terms of Trade**[1] aus.

Geschäfte

BERLIN (...) Russland und Polen haben ein Handelsabkommen vereinbart, das einen Tausch von Lebensmitteln gegen Erdgas vorsieht. Russland will 1,5 Milliarden Kubikmeter Erdgas nach Polen liefern. Dafür erhält es 600.000 Tonnen Kartoffeln sowie mehrere tausend Tonnen Äpfel und Zwiebeln aus Polen.

---

1 Terms of Trade (engl.): Handelsbedingungen, Austauschbedingungen

> **Beispiel**
>
> In einem Zwei-Länder-zwei-Güter-Modell exportiert ein Land Äpfel und importiert Apfelsinen.
>
> Im vergangenen Jahr wurden 100 Kisten Äpfel zum Preis von 12 Euro je Kiste exportiert. Im Gegenzug wurden 120 Kisten Apfelsinen zum Preis von 10 Euro je Kiste importiert. Das Austauschverhältnis Äpfel/Apfelsinen betrug 100/120 Kisten.
>
> In diesem Jahr wurden erneut 100 Kisten Äpfel exportiert. Es gelang jedoch, im Ausland einen Preis von 13 Euro je Kiste zu erzielen. Da es dem Ausland nicht gelang, einen höheren Preis für die Apfelsinen durchzusetzen, konnten im Gegenzug 130 Kisten Apfelsinen zum Preis von 10 Euro je Kiste importiert werden.
>
> Das Austauschverhältnis Äpfel/Apfelsinen betrug jetzt 100/130 Kisten.
>
> Das Austauschverhältnis der Äpfel hat sich gegenüber den Apfelsinen verbessert. Für eine gleich bleibende Apfelmenge konnten mehr Apfelsinen eingetauscht werden. Ursache war eine Verbesserung des Preisverhältnisses Exportgut zu Importgut von 12:10 (= 1,2) auf 13:10 (= 1,3).
>
> Die Austauschrelation („Terms of Trade") hat sich für das Apfelland verbessert.

Im Zwei-Güter-Fall des Beispiels wird die Austauschrelation durch das Verhältnis zwischen dem Preis des exportierten und dem Preis des importierten Gutes angegeben. Die Kennziffer (z. B. 1,2) gibt an, wie viele Mengeneinheiten des Importgutes für eine Einheit des Exportgutes getauscht werden können **(reales Austauschverhältnis).**

> **Terms of Trade:** Maßzahl für die Austauschrelationen zwischen Exportgütern und Importgütern eines Landes. Sie geben an, in welchem Wert Importgüter für ein bestimmtes Exportgüterbündel eingetauscht werden können.

In der Realität wird eine Vielzahl von Gütern exportiert und importiert. Die Ermittlung des realen Austauschverhältnisses geschieht mithilfe von Export- und Importpreisindizes. Hierzu werden die Durchschnittswerte eines repräsentativen Exportgüterbündels („Warenkorb") und die Durchschnittswerte eines repräsentativen Importgüterbündels ermittelt und einander gegenübergestellt.

> $$\text{Terms of Trade (ToT)} = \frac{\text{Index Ausfuhrpreise } (P_{Ex})}{\text{Index Einfuhrpreise } (P_{IM})} \cdot 100$$

> **Beispiel**

	Basisjahr		t_1		t_2	
	Euro	ToT	Euro	ToT	Euro	ToT
Index Ausfuhrpreise (P_{Ex})	5.000	100	5.100	98,1	5.150	101,0
Index Einfuhrpreise (P_{Im})	5.000		5.200		5.100	

ToT steigen:

- Importgüter sind im Verhältnis zu den Exportgütern billiger geworden.
- Für eine bestimmte Menge Exportgüter können mehr Importgüter eingetauscht werden.

Das reale Austauschverhältnis: Terms of Trade

- Außenhandelsposition des Inlands hat sich verbessert.

ToT sinken:
- Importgüter sind im Verhältnis zu den Exportgütern teurer geworden.
- Für eine bestimmte Menge Exportgüter können weniger Importgüter eingetauscht werden.
- Außenhandelsposition des Inlands hat sich verschlechtert.

Deutsche Terms of Trade			
Jahr	Ausfuhr	Einfuhr	Terms of Trade
	(Index der Durchschnittswerte)		
1995	100,0	100,0	100,0
1996	97,8	98,1	99,7
1997	98,2	100,7	97,5
1998	97,7	98,3	99,4
1999	96,2	96,6	99,6
2000	99,8	107,4	92,9

1995 = 100   Quelle: Statistisches Bundesamt

- Die Terms of Trade sind eine Maßzahl für die Austauschrelationen zwischen Exportgütern und Importgütern eines Landes.
- Wenn die Terms of Trade steigen, verbessert sich die Außenhandelsposition eines Landes.
- Wenn die Terms of Trade sinken, verschlechtert sich die Außenhandelsposition eines Landes.

9.6 Zahlungsbilanz

Die Zahlungsbilanz ist neben der volkswirtschaftlichen Gesamtrechnung das zweite große nationale Rechenwerk. In der Zahlungsbilanz werden alle wirtschaftlichen Vorgänge aufgezeichnet, die in einer bestimmten Periode (in der Regel ein Jahr) zwischen Inländern und Ausländern stattfinden. Wirtschaftliche Vorgänge sind Übertragungen von Waren, Dienstleistungen und Vermögenstiteln. Als Inländer zählen – wie auch bei der Volkswirtschaftlichen Gesamtrechnung – Personen, Institutionen und öffentliche Einrichtungen, die ihren Wohnsitz bzw. Sitz im Inland haben, unabhängig von Staatsangehörigkeit oder Besitzverhältnissen. Als Ausländer zählen alle Wirtschaftssubjekte mit Sitz im Ausland. Gastarbeiter und in ausländischem Besitz sich befindende Inlandsbetriebe zählen somit als Inländer, Touristen aus einem anderen Land als Ausländer.

„Die **Zahlungsbilanz** stellt ein zusammengefasstes Bild der wirtschaftlichen Transaktionen zwischen In- und Ausländern dar. Sie gliedert sich in Leistungsbilanz, Bilanz der Vermögensübertragungen, Kapitalbilanz und Veränderung der Währungsreserven der Deutschen Bundesbank zu Transaktionswerten. Die **Leistungsbilanz** umfasst alle Waren- und Dienstleistungsumsätze, Erwerbs- und Vermögenseinkommen und die laufenden Übertragungen ... Die **Vermögensübertragungen** ... werden in einer gesonderten Position ausgewiesen. ... In der **Kapitalbilanz** wird eine funktionale Unterteilung der Kapitalbewegung in die Hauptkategorien Direktinvestitionen, Wertpapieranlagen, Kreditverkehr und Sonstige Transaktionen vorgenommen."

Statistisches Jahrbuch 2001 für die Bundesrepublik Deutschland/hrsg. vom Statistischen Bundesamt. Stuttgart 2001, S. 679

9.6.1 Struktur der Zahlungsbilanz

Wie ist die Zahlungsbilanz aufgebaut und was wird in den verschiedenen Teilbilanzen aufgezeichnet?

Die Zahlungsbilanz ist eine wichtige Datenbasis für die Wirtschaftspolitik, insbesondere für die Geld- und Währungspolitik. Der Aufbau der deutschen Zahlungsbilanz folgt weitgehend international vereinbarten Konzepten. Maßgebend für die Gliederung ist das „Zahlungsbilanz-Manual" des Internationalen Währungsfonds. Durch die international einheitlichen Erfassungskriterien, Abgrenzungen und Strukturen sind die außenwirtschaftlichen Daten der verschiedenen Volkswirtschaften miteinander vergleichbar.

Die Zahlungsbilanz besteht aus den beiden großen Teilbilanzen Leistungsbilanz und Kapitalbilanz. In einer weiteren Teilbilanz sind die Vermögensübertragungen zusammengefasst.

Die **Leistungsbilanz** enthält jene Transfers, die Einfluss auf Einkommen und Verbrauch haben. Sie erfasst in getrennten Unterbilanzen Waren, Dienstleistungen, Erwerbs- und Vermögenseinkommen und die „Laufenden Übertragungen". Die Salden aus Warenhandel und Dienstleistungen ergeben den **Außenbeitrag**.

Bei den **Vermögensübertragungen** handelt es sich um Transfers, die in gewisser Weise einmalig sind und nur das Vermögen der beteiligten Länder verändern (z. B. Schuldenerlasse, Erbschaften, Schenkungen usw.).

In der **Kapitalbilanz** ist die frühere Unterscheidung in langfristige und kurzfristige Transaktionen aufgegeben worden, da eine zeitliche Bestimmung und Abgrenzung zunehmend schwieriger wurde. Nach funktionalen Gesichtspunkten findet eine Unterteilung statt in: Direktinvestitionen, Wertpapieranlagen, Kreditverkehr und Sonstige Transaktionen.

Aus dem Leistungs- und Kapitalverkehr mit dem Ausland resultieren Überschüsse oder Defizite. Überschüsse schlagen sich als Zunahme, Defizite als Abnahme der Devisenbestände eines Landes nieder. Veränderungen der Devisenbestände durch Zunahme oder Abnahme und durch Neubewertungen sowie alle sonstigen Veränderungen der Auslandsaktiva werden in einer weiteren Teilbilanz, der **Veränderung der Währungsreserven** erfasst.

Die Zahlungsbilanz ist – wie jedes Buchungssystem, das auf dem Prinzip der doppelten Buchführung beruht – formell immer ausgeglichen. Voraussetzung ist, dass alle Vorgänge des Leistungs- und Kapitalverkehrs vollständig erfasst sind. In der Realität ist das jedoch so gut wie nie der Fall. Auch bei größter Genauigkeit der Buchführung werden etliche Transaktionen nicht erfasst bzw. sind sie nicht eindeutig zuzuordnen. Da sie zum Ausgleich der Zahlungsbilanz fehlen, sind sie in ihrer Höhe bekannt; allerdings weiß man nicht, um welche Arten von Transaktionen es sich dabei handelte. Sie können daher nicht einzelnen Unterbilanzen zugeordnet werden, sondern werden als **Statistisch nicht aufgliederbare Transaktionen (Restposten, Ungeklärte Beträge)** in einer Summe festgehalten. Somit wird der Ausgleich der Zahlungsbilanz letztlich erst über diesen Posten hergestellt. Für die Zahlungsbilanzarithmetik gilt:

Überwiegen in der Gesamtbilanz die empfangenen Zahlungen die geleisteten Zahlungen, so wird von einer **aktiven Zahlungsbilanz** oder – weil der Saldo positiv ist – von einer **positiven Zahlungsbilanz** gesprochen; im anderen Falle von einer **passiven** oder **negativen Zahlungsbilanz**. Analoges gilt für die Teil- und Unterbilanzen.

Für den rechnerischen Zusammenhang zwischen den vier Teilen der Zahlungsbilanz gilt folgende Gleichung:

Saldo der Leistungsbilanz + Saldo der Vermögensübertragungen	=	Saldo der Kapitalbilanz + Veränderungen der Währungsreserven der Deutschen Bundesbank (+ Saldo der statistisch nicht aufgliederbaren Tansaktionen)

Zahlungs-bilanz	Leistungs-bilanz	Außenbeitrag	Außenhandel (Waren)
			Dienstleistungen
		Erwerbs- und Vermögenseinkommen	
		Laufende Übertragungen	
	Bilanz der Vermögensübertragungen		
	Kapitalbilanz		
	Veränderung der Währungsreserven der Deutschen Bundesbank zu Transaktionswerten		
	Saldo der statistisch nicht aufgliederbaren Transaktionen		

Struktur der Zahlungsbilanz

Unterbilanzen und Gegenstände der Zahlungsbilanz	
Unterbilanz	**Gegenstände**
Außenhandel (Handelsbilanz)	Warenexporte – Warenimporte
Dienstleistungen (Dienstleistungsbilanz)	Verkäufe (Exporte) von Dienstleistungen – Käufe (Importe) von Dienstleistungen (u. a. Lohnveredelung, Transithandel, Auslandsreiseverkehr; Ausgaben deutscher Touristen für Auslandsreisen werden als Importe von Dienstleistungen gezählt)
Erwerbs- und Vermögenseinkommen (Einkommensbilanz)	Fremde Leistungen – Eigene Leistungen (Erwerbseinkommen und Kapitalerträge)
Laufende Übertragungen (Übertragungsbilanz)	Fremde Leistungen – Eigene Leistungen (Unentgeltliche Leistungen, „Schenkungen"; u. a. Nettozahlungen an internationale Organisationen, Heimatüberweisungen der Gastarbeiter)
Vermögensübertragungen (Vermögensbilanz)	Fremde Leistungen – Eigene Leistungen (u. a. Schuldenerlasse, Erbschaften, Schenkungen)
Kapitalbilanz	Kapitalimport – Kapitalexport (Direktinvestitionen, Wertpapiere, Kredite, Sonstiges)
Veränderung der Währungsreserven	Zu- und Abnahme der Auslandsaktiva der Deutschen Bundesbank zu Transaktionswerten (Gold, Devisen, Reserveposition im IWF, Forderungen an das EWI, Auslandsverbindlichkeiten)
Statistisch nicht aufgliederbare Transaktionen	Ungeklärte Beträge, Restposten, Saldenausgleich

Wie wird der grenzüberschreitende Warenverkehr erfasst?

Die statistische Erfassung des deutschen Warenverkehrs mit dem Ausland knüpfte bisher an die zollamtliche Abfertigung an den deutschen Grenzen an. Mit der Vollendung des Europäischen Binnenmarktes zum 1. Januar 1993 sind die Grenzkontrollen innerhalb der Europäischen Gemeinschaft entfallen. Da gleichwohl die Handels- und Leistungsbilanzdaten für die einzelnen Mitgliedsländer der EG weiter verfügbar sein sollen, mußte das statistische Erhebungsverfahren für den Handel mit EG-Ländern völlig neu konzipiert werden. ...

Im Handel mit EG-Ländern wird die statistische Erfassung des deutschen Außenhandels an der Grenze durch eine direkte Befragung der beteiligten Unternehmen ersetzt. Das Statistische Bundesamt hat zu diesem Zweck mit Hilfe der Finanzverwaltung ein Register erstellt, das alle umsatzsteuerpflichtigen Unternehmen enthält, die sich am Handel mit anderen EG-Staaten beteiligen.

Die Unternehmen müssen dem Statistischen Bundesamt monatlich ihre innergemeinschaftlichen Lieferungen und Bezüge mit den in der Außenhandelsstatistik üblichen detaillierten Angaben melden (u.a. Warenart, Menge, Wert, Bestimmungsmitgliedstaat bzw. Herkunftsmitgliedstaat). Erfaßt werden allerdings nur Unternehmen, die Waren im Wert von über 200.000 DM jährlich aus anderen EG-Ländern importieren oder in diese Staaten exportieren. Dafür entfällt die bisherige Erfassungsschwelle für Kleinsendungen im Wert von unter 1.000 DM. Privatpersonen sind nicht meldepflichtig. Mit der Umstellung der Erfassung des Außenhandels hat sich auch die zeitliche Zuordnung der Lieferungen und Bezüge geändert. Bisher war der Tag des Grenzübergangs beim Warenverkehr entscheidend. Ab Januar 1993 ist jede Transaktion demjenigen Monat zuzurechnen, in dem die Rechnungsstellung erfolgt.

Deutsche Bundesbank: Monatsbericht Juni 1993

- Die Zahlungsbilanz erfasst alle wirtschaftlichen Vorgänge zwischen Inländern und Ausländern in einem bestimmten Zeitabschnitt.
- Wichtigste Teilbilanzen der Zahlungsbilanz sind „Leistungsbilanz" und „Kapitalbilanz".
- In der Leistungsbilanz werden alle Vorgänge aufgezeichnet, die auf dem Verkehr von Waren, Dienstleistungen, Arbeit, Vermögen und auf unentgeltlichen Leistungen beruhen.
- In der Kapitalbilanz werden alle finanziellen Vorgänge aufgezeichnet, die zu Forderungen und Verbindlichkeiten bei privaten Wirtschaftseinheiten und öffentlichen Haushalten führen. Die Veränderungen von Verbindlichkeiten und Forderungen der Zentralbank werden separat in der Devisenbilanz erfasst.
- Nicht erfasste Transaktionen werden in einer Summe als Saldo der statistisch nicht aufgliederbaren Restposten festgehalten.

9.6.2 Die Zahlungsbilanz Deutschlands

Wie sieht die Situation der deutschen Zahlungsbilanz aus?

Außenhandel: Im Regelfall besitzt Deutschland eine **aktive Handelsbilanz**, d.h., die Warenexporte sind wertmäßig größer als die Warenimporte. Die Bewertungsverfahren **fob** und **cif** sind international gebräuchlich und sichern gleiche Zählweise in den verschiedenen Ländern. Bei einer Bewertung gemäß „fob" („free on board") sind im Warenwert die Transport- und Versicherungskosten bis zur Grenze des liefernden Landes mitenthalten. Bei „cif" („cost, insurance, freight") sind im Warenwert die Transport- und Versicherungskosten bis zur Grenze des Abnehmerlandes enthalten.

Dienstleistungen: Der Saldo von Einnahmen aus Dienstleistungsverkäufen und Ausgaben für Dienstleistungskäufe ist in den meisten Jahren negativ. Größter Posten in der Dienstleistungsbilanz sind Einnahmen und Ausgaben aus dem Reiseverkehr. Dieser Teilbereich ist in der deutschen Dienstleistungsbilanz traditionell hoch defizitär.

Erwerbs- und Vermögenseinkommen: Der Saldo aus empfangenen und geleisteten Kapitalerträgen und den Erwerbseinkommen ist in den letzten Jahren überwiegend negativ. Dies ist vor allem auf den Abbau des deutschen Netto-Auslandsvermögens zurückzuführen, was geringere Kapitalerträge zur Folge hat.

Laufende Übertragungen: Diese Bilanz ist traditionell passiv. Deutschland zahlt mehr unentgeltliche Leistungen ans Ausland, als es von dort empfängt. Größere Negativposten sind u.a.:

- Nettobeitrag zum Haushalt der EU.
- Überweisungen der Gastarbeiter in ihre Heimatländer.
- Entwicklungshilfe, soweit sie nicht in Form von Krediten gegeben wurde.
- Beiträge an internationale Organisationen wie UNO, UNESCO usw.

Deutscher Anteil am EU-Haushalt			
Jahr	Zahlungen	Rückflüsse	Nettobeitrag
	Mrd. EUR		
1995	21,0	7,6	13,4
1996	20,6	9,1	11,5
1997	21,8	10,3	11,5
1998	22,1	9,9	12,2
1999	20,7	9,9	10,8
2000	22,2	9,5	12,7

Zahlungsbilanz (in Mrd. Euro)				
Position	1997	1998	1999	2000
I. Leistungsbilanz	− 2,4	− 6,1	− 16,8	− 23,0
1. Außenhandel[1]	+ 63,4	+ 69,9	+ 66,6	+ 60,1
Ausfuhr (fob)[1]	452,3	487,5	509,7	596,6
Einfuhr (fob)[1]	389,0	417,6	443,1	536,5
2. Dienstleistungen	− 37,6	− 42,2	− 49,4	− 54,9
darunter: Reiseverkehr	− 27,0	− 28,0	− 29,9	− 32,0
3. Erwerbs- und Vermögenseinkommen	− 1,2	− 6,5	− 8,2	− 1,2
darunter: Kapitalerträge	− 0,3	− 5,7	− 7,4	− 0,3
4. Laufende Übertragungen	− 27,0	− 27,3	− 25,8	− 27,0
darunter: Nettoleistung zum EU-Haushalt[2]	− 14,3	− 15,1	− 13,3	− 14,9
Sonstige laufende öffentliche Leistungen an das Ausland (netto)	− 4,5	− 3,9	− 4,1	− 4,1
II. Vermögensübertragungen[3]	+ 0,0	+ 0,7	+ 0,2	− 15,3
III. Kapitalbilanz (Nettokapitalexport: −)	− 0,0	+ 16,4	− 35,3	+ 10,0
1. Direktinvestitionen	− 26,2	− 57,9	− 50,6	+ 138,4
Deutsche Anlagen im Ausland	− 37,1	− 79,7	− 103,1	− 52,7
Ausländische Anlagen im Inland	+ 10,9	+ 21,8	+ 52,5	+ 191,1
2. Wertpapiere	+ 1,0	+ 4,5	− 13,6	− 164,2
Deutsche Anlagen im Ausland	− 79,8	− 131,0	− 178,2	− 210,3
darunter: Aktien	− 34,0	− 61,9	− 67,9	− 107,7
Rentenwerte	− 41,9	− 56,6	− 94,7	− 72,4
Ausländische Anlagen im Inland	+ 80,8	+ 135,5	+ 164,6	+ 46,1
darunter: Aktien	+ 14,0	+ 51,8	+ 22,7	− 37,3
Rentenwerte	+ 62,6	+ 78,8	+ 97,7	+ 69,0
3. Finanzderivate	− 7,8	− 6,9	− 1,1	− 3,8
4. Kreditverkehr	+ 35,6	+ 80,8	+ 32,0	+ 41,7
Kreditinstitute	+ 33,0	+ 73,6	+ 52,3	+ 17,1
darunter kurzfristig	+ 34,7	+ 73,7	+ 59,8	+ 38,3
Unternehmen und Privatpersonen	+ 11,3	+ 6,2	+ 32,9	+ 1,5
darunter kurzfristig	+ 12,0	− 0,3	+ 30,9	+ 0,8
Staat	− 8,7	− 0,7	− 3,6	− 19,3
darunter kurzfristig	− 3,4	+ 4,4	+ 5,1	− 17,9
Bundesbank	− 0,1	+ 1,8	− 49,5	+ 42,4
5. Sonstige Kapitalanlagen	− 2,6	− 4,2	− 2,1	− 2,0
IV. Veränderung der Währungsreserven zu Transaktionswerten (Zunahme: −)[4]	+ 3,4	− 3,6	+ 12,5	+ 5,8
V. Saldo der statistisch nicht aufgliederbaren Transaktionen (Restposten)	− 1,0	− 7,4	+ 39,8	− 8,1

1 Spezialhandel nach der amtlichen Außenhandelsstatistik einschl. Ergänzungen; Einfuhr ohne Fracht- und Seetransportversicherungskosten, die in den Dienstleistungen enthalten sind.
2 Ohne Erhebungskosten, EAGFL (Ausrichtungsfonds) und Regionalfonds.
3 Einschl. Kauf/Verkauf von immateriellen nichtproduzierten Vermögensgütern.
4 Ohne SZR-Zuteilung und bewertungsbedingte Veränderungen.

Deutsche Bundesbank

Vermögensübertragungen: Hier werden Leistungen erfasst, die von mindestens einer der beteiligten Seiten als einmalig betrachtet werden. Der Umfang der Transaktionen ist gering; der Saldo zumeist positiv

Kapitalbilanz: Der Saldo weist in den meisten Jahren einen Überschuss aus. Allerdings hat der Saldo wenig Aussagefähigkeit, da er sich aus unterschiedlichen Teilbeträgen zusammensetzt. Ein gesamtwirtschaftlich besonders wichtiger Bestandteil der Kapitalbilanz sind die **Direktinvestitionen**.

Währungsreserven: In der Mehrzahl der Jahre ergibt sich eine Zunahme der Währungsreserven.

Direktinvestitionen gelten als wichtiges Merkmal für die **internationale Wettbewerbsfähigkeit** eines Landes. Länder, die in größerem Umfang ausländische Direktinvestitionen anziehen, gelten als attraktive Unternehmensstandorte.

Direktinvestitionen sind Auslandsinvestitionen (in der Regel von Unternehmen) mit dem Ziel,

- ausländische Immobilien zu erwerben,
- Betriebsstätten oder Tochterunternehmen im Ausland zu errichten,
- ausländische Unternehmen zu erwerben oder
- sich an ausländischen Unternehmen zu beteiligen.

Direktinvestitionen			
Ausländische Direktinvestitionen in Deutschland		**Deutsche Direktinvestitionen im Ausland**	
Bestand 1999 (Mrd. EUR)			
USA	41,0	USA	89,1
Niederlande	39,1	Großbritannien	31,1
Schweiz	17,5	Frankreich	23,2
Frankreich	15,4	Belgien	16,6
Großbritannien	11,5	Niederlande	14,5
Japan	8,3	Italien	13,3
Österreich	5,5	Luxemburg	12,7
Italien	5,1	Österreich	10,2
Sonstige	26,6	Sonstige	106,0
Gesamt	**170,0**	**Gesamt**	**316,7**

- Die deutsche Zahlungsbilanz weist traditionell einen Überschuss in der Handelsbilanz (aktive Handelsbilanz) und Defizite in der Dienstleistungsbilanz (passive Dienstleistungsbilanz) und in der Übertragungsbilanz (passive Übertragungsbilanz) aus. Da der Überschuss aus dem Warenverkehr in der Regel höher ist als das Defizit im Dienstleistungsverkehr und bei den Übertragungen, verfügt Deutschland zumeist über eine aktive Leistungsbilanz.

9.7 Zahlungsbilanzungleichgewichte

Eine Zahlungsbilanz ist – wie bereits mehrfach erwähnt – formell immer ausgeglichen. In einem in der Wirtschaftspraxis üblichen Sprachgebrauch wird speziell dann von einer **ausgeglichenen Zahlungsbilanz** gesprochen, wenn die Devisenbestände der Zentralbank unverändert bleiben. Von einer **aktiven Zahlungsbilanz** oder **positiven Zahlungsbilanz** wird gesprochen, wenn die Devisenbestände (Währungsreserven) zunehmen; eine **Zahlungsbilanz** gilt als **passiv** oder **negativ**, wenn die Devisenbestände abnehmen. Ablesbar ist das jeweilige Ergebnis aus dem Saldo der Veränderung der Auslandsposition der Bundesbank.

9.7.1 Ursachen von Zahlungsbilanzungleichgewichten

Wann ist eine Zahlungsbilanz im Ungleichgewicht und wodurch entsteht es?

Wird die gesamte Zahlungsbilanz betrachtet, sind sowohl Leistungs- als auch Kapitalbewegungen eingeschlossen. Kapitalbewegungen unterliegen jedoch oftmals Bedingungen, die mit der wirtschaftlichen Situation eines Landes nicht viel zu tun haben. So ergeben sich beispielsweise beträchtliche Kapitalbewegungen, wenn zwischen zwei Ländern vorübergehend ein größeres Zinsgefälle besteht. Daher beziehen sich Aussagen zu Ungleichgewichten in aller Regel auf den Leistungsverkehr. Eine Zahlungsbilanz wird dann als ausgeglichen bezeichnet, wenn der Leistungsbilanzsaldo gleich null ist, d. h. die Summe der Einnahmen gleich der Summe der Ausgaben ist. Es werden jeweils die Geldströme gezählt:

Einnahmen		Leistungsbilanz		Ausgaben
	aus Warenexport			für Warenimport
+	aus Dienstleistungsexport		+	für Dienstleistungsimport
+	aus erhaltenen Einkommen		+	für gezahlte Einkommen
+	aus empfangenen Übertragungen		+	für geleistete Übertragungen
	Summe Einnahmen	=		Summe Ausgaben

Ein **Leistungsbilanzüberschuss** entsteht, wenn in einer Wirtschaftsperiode die **Einnahmen** aus dem Verkauf inländischer Waren und Dienstleistungen sowie aus dem Empfang von Einkommen und Übertragungen **größer** sind als die **Ausgaben** für den Kauf ausländischer Waren und Dienstleistungen sowie für die Leistung von Einkommen und Übertragungen. Die Leistungsbilanz ist aktiv bzw. positiv. Ein **Leistungsbilanzdefizit** entsteht, wenn in einer Wirtschaftsperiode die entsprechenden **Einnahmen geringer** sind als die **Ausgaben.** Die Leistungsbilanz ist passiv bzw. negativ. Leistungsbilanzüberschüsse müssen verwaltet und Leistungsbilanzdefizite finanziert werden.

- Als Zahlungsbilanzungleichgewichte werden in der Regel Leistungsbilanzüberschüsse und Leistungsbilanzdefizite bezeichnet.
- Ein Leistungsbilanzüberschuss entsteht, wenn in einer Wirtschaftsperiode die Einnahmen aus Warenexport, Dienstleistungsexport und empfangenen Einkommen und Übertragungen höher sind als die Ausgaben für Warenimport, Dienstleistungsimport und geleistete Einkommen und Übertragungen.
- Ein Leistungsbilanzdefizit entsteht, wenn in einer Wirtschaftsperiode die Einnahmen aus Warenexport, Dienstleistungsexport und empfangenen Einkommen und Übertragungen geringer sind als die Ausgaben für Warenimport, Dienstleistungsimport und geleistete Einkommen und Übertragungen.

9.7.2 Folgen von Zahlungsbilanzungleichgewichten

Welche Auswirkungen haben Zahlungsbilanzungleichgewichte?

Zahlungsbilanzungleichgewichte in Form von Leistungsbilanzüberschüssen oder -defiziten wirken sich zunächst auf den Devisenmärkten aus. Bei einem Überschuss kommen mehr Devisen ins Inland als wieder hinausgehen: Das Angebot an Devisen steigt. Bei einem Defizit müssen mehr Devisen aufgebracht werden als hereinkommen: Die Nachfrage nach Devisen steigt. Wie bereits festgestellt wurde, wirken sich Angebot an und Nachfrage nach Devisen auf den Wechselkurs von Währungen aus.

■ Zahlungsbilanzungleichgewichte bei flexiblen Wechselkursen

Die konkreten Folgen, die aus einem Zahlungsbilanzungleichgewicht entstehen, hängen wesentlich von dem Wechselkurssystem ab, in dem sich die Währung befindet. In einem **System flexibler Wechselkurse** führt im Normalfall ein steigendes Devisenangebot zu sinkenden Kursen. Dadurch werden Exporte teurer und Importe billiger und der Leistungsbilanzüberschuss wird abgebaut. Umgekehrt führt steigende Nachfrage nach Devisen zu steigenden Wechselkursen. Dadurch werden Importe teurer und Exporte billiger und das Leistungsbilanzdefizit wird abgebaut. Bei flexiblen Wechselkursen sind Zahlungsbilanzungleichgewichte in der Regel nicht von Dauer, sie tendieren zu einem **automatischen Zahlungsbilanzausgleich.** Die im Modell sich schnell einstellende Anpassung wird allerdings in der Realität durch einige Faktoren gebremst (u. a. spekulative Währungsgeschäfte, freiwillige Interventionen von Zentralbanken, Zeitdifferenz zwischen Lieferung und Bezahlung von Exporten und Importen usw.). Außerdem unterstellt das Modell, dass beispielsweise bei einem Leistungsbilanzdefizit die Verteuerung der Importe zu einer Abnahme der Importe und die Verbilligung der Exporte zu einer Zunahme der Exporte führen. Das ist in der Realität oft nicht der Fall. Einerseits können oder wollen Länder aus vielerlei Gründen nicht auf Importe verzichten und zahlen dann einen höheren Preis; beispielhaft zeigte sich dies in den Jahren der Ölpreiserhöhungen. Andererseits setzt die Zunahme von Exporten voraus, dass ein Land auch über entsprechende weltmarktfähige Produkte verfügt und deren Export mengenmäßig auch steigern kann. Insofern können auch bei flexiblen Wechselkursen Leistungsbilanzungleichgewichte von Dauer sein.

■ Zahlungsbilanzungleichgewichte bei festen Wechselkursen

Schwerwiegender sind Zahlungsbilanzungleichgewichte in einem **System fester Wechselkurse.** Da Wechselkursanpassungen am Devisenmarkt nur in ganz geringem Umfange möglich sind, pflanzen sich die Folgen des Ungleichgewichts in die Binnenwirtschaft fort. Eine Korrektur findet erst im Zuge einer formellen Auf- oder Abwertung statt.

Bei einem **Zahlungsbilanzüberschuss** führt das höhere Devisenangebot zu sinkenden Devisenmarktkursen. Die inländische Zentralbank muss die Währung stützen und die überschüssigen Devisen durch die Hergabe von Inlandswährung aufkaufen. Dadurch erhöht sich die inländische Geldmenge, ohne dass ein entsprechendes Güterangebot gegenübersteht. Die Geldwertstabilität ist gefährdet. Dauerhafte Zahlungsbilanzüberschüsse bergen die Gefahr einer **importierten Inflation** in sich. Nach den Regeln des Marktes würde der wachsende Geldumlauf aber auch zu sinkenden Zinsen und damit zu positiven Beschäftigungseffekten führen. Bei dauerhaften Überschüssen sammeln sich durch den Aufkauf von Währungen u. U. beträchtliche Währungsreserven bei der Zentralbank an. Solange sie als Währungsreserven bei der Zentralbank lagern, sind sie in gewisser Weise wertlos; Banknoten sind so etwas wie bedrucktes Papier. Die Importländer haben das Geld mit geringen Kosten hergestellt und gegen Güter getauscht. Solange das ausländische Geld nicht wieder gegen Güter zurückgetauscht oder auf andere Weise ertragreich verwendet wird, gewährt das Exportland dem Importland in Höhe des Überschusses quasi einen zinslosen Kredit. Wird der Wechselkurs im Wege einer Abwertung angepasst, sinkt der Wert der von der Zentralbank angesammelten Devisen.

Bei einem **Zahlungsbilanzdefizit** führt die höhere Devisennachfrage zu steigenden Devisenmarktkursen. Zur Stützung der eigenen Währung muss die inländische Zentralbank das Devisenangebot erhöhen, d. h. die fremde Währung verkaufen. Sie muss das Defizit finanzieren. Durch den Verkauf der fremden Währung gegen inländisches

	Zahlungsbilanzüberschuss	Zahlungsbilanzdefizit
Flexible Wechselkurse	• Devisenangebot steigt, Wechselkurse sinken • Exporte werden teurer, Importe billiger • Zahlungsbilanz tendiert zum Ausgleich	• Devisennachfrage steigt, Wechselkurse steigen • Exporte werden billiger, Importe teurer • Zahlungsbilanz tendiert zum Ausgleich
Feste Wechselkurse	• Devisenangebot steigt, Wechselkurse drohen zu sinken • Zentralbank kauft Devisen gegen inländisches Geld auf • Inländischer Geldumlauf erhöht sich • Gefährdung der Geldwertstabilität • Tendenz zu sinkenden Zinsen und steigender Beschäftigung • Bei Abwertung der ausländischen Währung sinkt der Wert der Währungsreserven	• Devisennachfrage steigt, Wechselkurse drohen zu steigen • Zentralbank muss Devisen verkaufen • Inländischer Geldumlauf verringert sich • Tendenz zu steigenden Zinsen und sinkender Beschäftigung • Zentralbank muss sich Devisen für Stützungskäufe evtl. durch internationale Kredite besorgen • Gefahr zunehmender internationaler Verschuldung • Gefahr internationaler Zahlungsunfähigkeit

Geld verringert sich die inländische Geldmenge, was zu steigenden Zinsen und zu Beeinträchtigungen der Beschäftigung führen kann. Die Währungsreserven einer Zentralbank reichen in der Regel nicht aus, um ein Defizit über einen längeren Zeitraum zu finanzieren. Für begrenzte Zeit kann sich die Zentralbank internationale Liquidität über Kredite oder über Sonderziehungsrechte verschaffen. Das erhöht jedoch die internationale Verschuldung. Bei dauerhaftem Defizit droht internationale Zahlungsunfähigkeit.

- Zahlungsbilanzungleichgewichte führen über erhöhte Devisennachfrage bzw. erhöhtes Devisenangebot zu Wechselkursschwankungen.
- Bei flexiblen Wechselkursen führen steigende bzw. sinkende Wechselkurse theoretisch zu einem automatischen Zahlungsbilanzausgleich. In der Realität stehen einem Ausgleich jedoch oft beträchtliche Hindernisse im Weg.
- Bei festen Wechselkursen muss die inländische Zentralbank am Devisenmarkt intervenieren.
- Bei einem Zahlungsbilanzüberschuss muss die inländische Zentralbank Devisen aufkaufen. Die dadurch größer werdende inländische Geldmenge gefährdet die Geldwertstabilität.
- Ein Zahlungsbilanzdefizit muss von der Zentralbank über den Verkauf von Devisen finanziert werden. Reichen ihre Devisenreserven nicht aus, muss sie sich über Kredite internationale Liquidität besorgen.

9.7.3 Wirtschaftspolitische Möglichkeiten zur Behebung von Zahlungsbilanzungleichgewichten

Wer besitzt wirtschaftspolitische Möglichkeiten zur Behebung von Zahlungsbilanzungleichgewichten und was kann er tun?

Wichtige Aufgabe der Wirtschaftspolitik ist es, für eine ausgeglichene Zahlungsbilanz zu sorgen.[1] Zuständig für Korrekturen sind Regierung und Zentralbank. Grundsätzlich besteht Handlungsbedarf sowohl bei Zahlungsbilanzdefiziten als auch bei Zahlungsbilanzüberschüssen. In der wirtschaftspolitischen Realität gilt aber das Hauptaugenmerk den Zahlungsbilanzdefiziten.

■ Wirtschaftspolitische Möglichkeiten zur Behebung von Zahlungsbilanzdefiziten

Bei einem **Zahlungsbilanzdefizit** sind in der Regel die Importe höher als die Exporte. Wirtschaftspolitische Aufgabe ist also, die Importe zu mindern und/oder die Exporte zu erhöhen. Dies kann zum einen durch eine **Abwertung** versucht werden, die die Exporte verbilligt und die Importe verteuert. Kann hierdurch keine dauerhafte Verbesserung erreicht werden, müssen binnenwirtschaftliche Maßnahmen ergriffen werden. Die Exportchancen steigen und die Importe gehen zurück, wenn das inländische **Preisniveau** relativ zum Ausland sinkt, weil dann die inländischen Güter im Vergleich zu Auslandsgütern billiger werden. Eine Dämpfung des inländischen Preisniveaus ist zu erwarten, wenn die Inlandsnachfrage gedrosselt wird. Hierzu kann die Regierung bei-

---
[1] Vgl. auch die Überlegungen zum wirtschaftspolitischen Ziel „Außenwirtschaftliches Gleichgewicht", Kap. 7.

tragen, indem sie die **Staatsausgaben senkt** und dadurch ihre eigene Nachfrage zurückschraubt und/oder indem sie **Steuern erhöht** und dadurch die Nachfrage von privaten Haushalten und Unternehmen reduziert.

Die Zentralbank kann durch eine **Verringerung der Geldmenge** und/oder eine **Erhöhung des Zinsniveaus** zur Nachfragedämpfung beitragen. Der Rückgang der Nachfrage wird sich auch auf ausländische Produkte auswirken und somit die Importe reduzieren.

Die restriktiven Maßnahmen bewirken tendenziell einen Rückgang der Beschäftigung, was zu einem sinkenden Volkseinkommen führt. Wenn das Volkseinkommen sinkt, wird dies zu einem zusätzlichen Rückgang der Nachfrage sowohl nach inländischen als auch nach ausländischen Gütern führen. Zur Minderung der Importe könnte die Regierung auch die Zölle erhöhen. Dies wird in aller Regel aber entsprechende Gegenreaktionen der anderen Länder hervorrufen, sodass eventuellen Vorteilen bei den Importen Nachteile bei den Exporten gegenüberstehen.

Einem **Zahlungsbilanzdefizit** muss also in erster Linie mit einer **kontraktiven Wirtschaftspolitik** begegnet werden. Kontraktiv bzw. restriktiv wirkt eine Wirtschaftspolitik, die auf eine Dämpfung der Nachfrage gerichtet ist. Dies erfordert unpopuläre Maßnahmen und ist daher schmerzhaft. Besonders schwierig ist die Situation für ein Land, in dem bereits Arbeitslosigkeit herrscht. Es gerät in einen **Zielkonflikt** zwischen Zahlungsbilanzausgleich bzw. außenwirtschaftlichem Gleichgewicht und hohem Beschäftigungsstand. Maßnahmen zur Beseitigung des Zahlungsbilanzungleichgewichts vergrößern die Arbeitslosigkeit und Maßnahmen zur Beseitigung der Arbeitslosigkeit vergrößern das Zahlungsbilanzdefizit.

	Regierung	**Zentralbank**
Zahlungsbilanzdefizit	Förderung der Exporte, Minderung der Importe	
	• Abwertung • Staatsausgaben senken • Steuern erhöhen	• Geldmenge verringern • Zinsniveau anheben
Zahlungsbilanzüberschuss	Förderung der Importe, Minderung der Exporte	
	• Aufwertung • Staatsausgaben erhöhen • Steuern senken	• Geldmenge erhöhen • Zinsniveau senken

■ Wirtschaftspolitische Möglichkeiten zur Behebung von Zahlungsbilanzüberschüssen

Bei einem **Zahlungsbilanzüberschuss** sind in der Regel die Exporte höher als die Importe. Wenn ein Überschuss abgebaut werden soll – was nicht in gleicher Weise zwingend ist wie der Abbau eines Defizits –, besteht die allgemeine wirtschaftspolitische Aufgabe darin, die Importe zu fördern und die Exporte zu drosseln. Die nächstliegende Maßnahme ist eine **Aufwertung** der Währung. Ist dies nicht möglich oder bringt das keine Besserung auf Dauer, müssen weitere Maßnahmen ergriffen werden, damit die Exporte sinken und die Importe steigen. Eine solche Entwicklung tritt in der Regel ein, wenn nachfragesteigernde Maßnahmen ergriffen werden. Eine Erhöhung der inländischen Nachfrage führt in der Regel zu vermehrten Importen, aber auch zu einem Anstieg der Preise. Die Regierung kann zu einer Nachfragesteigerung beitragen, indem sie die **Staatsausgaben erhöht** und/oder die **Steuern senkt.** Die Zentralbank kann ihr geldpolitisches Instrumentarium einsetzen, um die **Geldmenge zu erhöhen** und/oder die **Zinssätze zu senken.**

Ein **Zahlungsbilanzüberschuss** erfordert also in erster Linie eine **expansive Wirtschaftspolitik.** Expansiv wirkt eine Wirtschaftspolitik, die auf eine Erhöhung der Nachfrage gerichtet ist. Diese ist innenpolitisch vergleichsweise leicht durchzusetzen, da sie in der Regel mit positiven Beschäftigungs- und Einkommenseffekten verbunden ist. Es ergibt sich jedoch ein **Zielkonflikt,** wenn in dem Land bereits eine hohe Inflationsrate herrscht. Maßnahmen zur Bekämpfung der Inflation erhöhen den Zahlungsbilanzüberschuss, Maßnahmen zur Bekämpfung des Zahlungsbilanzüberschusses erhöhen die Inflation.

- Die wirtschaftspolitischen Zuständigkeiten für die Behebung von Zahlungsbilanzungleichgewichten liegen bei der Regierung und der Zentralbank.
- Ein Zahlungsbilanzdefizit erfordert restriktive wirtschaftspolitische Gegenmaßnahmen.
- Ein Zahlungsbilanzüberschuss erfordert expansive wirtschaftspolitische Gegenmaßnahmen.

9.8 Internationale Organisationen zur Regelung außenwirtschaftlicher Beziehungen

Zur Regelung internationaler Wirtschaftsbeziehungen besteht eine Vielzahl von Organisationen und Abkommen. **„Weltwirtschaftsordnung"** und **„Weltwährungsordnung"** bilden kein geschlossenes System, sondern bezeichnen die Gesamtheit aller internationalen Vereinbarungen zur Regelung von Wirtschaft und Währung. Die wichtigsten Wirtschafts- und Währungssysteme, denen Deutschland angehört, sind EU, IWF, WTO und OECD.

Das Verständnis für Ziele und Aufgaben internationaler Organisationen und Abkommen zur Regelung der Wirtschaftsbeziehungen wird erleichtert, wenn zuvor einige grundlegende Aspekte internationaler Währungsprobleme betrachtet werden.

9.8.1 Internationale Währungsprobleme

Womit sollen bei internationalem Handel die Güter bezahlt werden?

Güter, die von anderen Ländern erworben werden, müssen bezahlt werden. Damit stellt sich unausweichlich die Frage, womit bezahlt werden soll. Früher bestand dieses Problem kaum. Da die Münzen über einen mehr oder weniger großen Anteil an Edelmetallen verfügten (Gold und Silber), ergab sich der Wert des Geldes aus seinem Material; wo die Münzen geprägt waren, spielte im Grunde keine Rolle. Heutiges Geld ist jedoch von seinem Herstellungsmaterial her faktisch wertlos. Es bezieht seine Geltung aus seiner allgemeinen Anerkennung und die wiederum hängt von seinem Tauschwert und seiner Tauschfähigkeit ab.

Jedes Land verfügt über eigenes Geld, das im anderen Land nicht gilt. Die Länder können sich natürlich darauf einigen, stets das Geld des Partnerlandes anzunehmen, die verschiedenen Währungen als gleichwertig anzusehen und untereinander zu tauschen. Wenn Deutschland Waren nach Italien verkauft, könnte Italien mit Lire bezahlen. Mit diesen Lire könnte Deutschland dann z. B. Waren aus Frankreich bezahlen. Ein solches Verfahren wäre vergleichsweise unproblematisch, wenn zum einen alle Länder über gleich starke Währungen verfügten und zum anderen sich Exporte und Importe eines Landes in etwa die Waage halten würden. Hat jedoch ein Land eine schwache Währung, so werden die anderen Länder sich weigern, diese Währung anzunehmen. Als „schwach" oder „weich" wird eine Währung dann bezeichnet, wenn ihr Tauschwert geringer wird. Dies kann zwei Ursachen haben: sinkender Binnenwert des Geldes aufgrund hoher Inflationsraten oder sinkender Außenwert des Geldes aufgrund von Abwertungen, wobei zwischen beiden Effekten gewisse Wechselbeziehungen bestehen.

Hat eine Land eine hohe Inflationsrate, so sinkt entsprechend die **Kaufkraft** des Geldes. Betroffen ist jeder, der dieses Geld besitzt; also auch ein anderes Land. Für den Handelspartner eines solchen Landes entstehen also gleich zwei Nachteile: Zum einen verliert das Geld an Wert, während man es besitzt, zum anderen werden dritte Länder dieses Geld aus gleichem Grund nicht als Tauschmittel annehmen wollen, sondern auf Bezahlung in wertbeständigen Zahlungsmitteln bestehen. Ein wesentliches Anliegen internationaler Währungsregelungen ist daher, international akzeptierte Zahlungsmittel **(„internationale Liquidität")** zu schaffen und bereitzustellen.

Hat ein Land einen Importüberschuss, so muss es für die Bezahlung der Importe mehr Geld aufbringen, als es durch Exporte einnimmt; die Zahlungsbilanz ist im Defizit. Das dadurch entstehende Problem lässt sich am Beispiel von zwei Ländern D (= Defizitland) und Ü (= Überschussland) verdeutlichen.

> **Beispiel**
>
> Land D (= Defizitland) liefert Güter im Werte von 90 an Land Ü (= Überschussland) und bezieht von Ü Güter im Werte von 100. In der Zahlungsbilanz von D ergibt sich ein Defizit von 10.
>
> Akzeptiert Ü die Währung von D als Zahlungsmittel, ist die Finanzierung des Zahlungsbilanzdefizits für D einfach, da es das Zahlungsmittel über die Notenpresse selbst herstellen kann. Bei dauerhaftem Importüberschuss von D wird sich jedoch bei Ü immer mehr Geld von D ansammeln, das kaum mehr Wert ist als bedrucktes Papier, da Ü dieses Geld im Umfang des Überschusses nicht gegen Güter von D zurücktauscht. Andere Länder, die in der gleichen Lage sind, werden ablehnen, wenn Ü seine Importe mit dem Geld von D bezahlen will. Ü wird sich weigern, weiterhin die Währung von D anzunehmen, und auf Bezahlung seiner Güter in international tauschfähigen Währungen bestehen. Dadurch entstehen für D gleich zwei Schwierigkeiten.
>
> Zum einen muss es nun für die Bezahlung seiner Importe Devisen aufbringen. Devisen erhält es jedoch nur im Umfang seiner Exporte; also zu wenig, um alle Importe damit bezahlen zu können; in D wird die Nachfrage nach Devisen steigen. Das Ungleichgewicht von Devisenangebot und -nachfrage wird zu steigenden Wechselkursen für ausländisches Geld und damit zu einer Abwertung der Inlandswährung in D führen. Das wird – aus Gründen, die oben schon angesprochen wurden – die Bereitschaft der übrigen Länder zur Annahme der Währung von D noch weiter mindern.
>
> Zum anderen muss D sich zur Finanzierung des Zahlungsbilanzdefizits internationale Liquidität besorgen, da es im Umfang des Importüberschusses keine Devisen durch Exporte einnimmt.

Zahlungsbilanzen sind nur selten im Gleichgewicht. Weltweit sind die Zahlungsbilanzdefizite auf der einen Seite genauso hoch wie die Zahlungsbilanzüberschüsse auf der anderen Seite. Zahlungsbilanzüberschüsse erhöhen die Währungsreserven; Zahlungsbilanzdefizite müssen aus bestehenden Währungsreserven beglichen werden. Zahlungsbilanzdefizite stellen also insbesondere für jene Länder ein Finanzierungsproblem dar, die nicht über ausreichende Währungsreserven verfügen. Ist ein Zahlungsbilanzdefizit dauerhaft, müssen wirtschaftspolitische Maßnahmen zu seiner Behebung ergriffen werden. Für kurz- oder mittelfristige Ungleichgewichte reicht es aus, wenn internationale Finanzierungsquellen zur Überbrückung der Defizitlagen zur Verfügung gestellt werden. Gegenseitige Hilfe bei der Finanzierung von Zahlungsbilanzdefiziten ist daher ein weiteres Hauptanliegen internationaler Währungsabkommen.

Für lange Zeit besaß Gold die Funktion eines international anerkannten Zahlungsmittels **(Gold-Standard)**. Im Prinzip funktionierte das so, dass die verschiedenen Währungen ein festes Tauschverhältnis zum Gold besaßen **(Gold-Parität)**. Führte nun wie im obigen Beispiel ein Land für 100 Goldeinheiten Güter ein, aber nur für 90 Goldeinheiten Güter aus, musste es für den Importüberschuss 10 Goldeinheiten an das Lieferland übergeben; die Goldbestände des einen Landes nahmen ab, die des anderen nahmen zu.

Die Abwicklung des internationalen Güterverkehrs auf Goldbasis konnte funktionieren, solange die Goldmenge mit der international gehandelten Gütermenge in etwa Schritt hielt. Mit der starken Zunahme des Welthandels bestand diese Bedingung jedoch nicht mehr. Neben das Gold traten daher mehr und mehr Währungen wirtschaftlich starker und stabiler Länder als weitere internationale Zahlungsmittel **(Gold-Devisen-Standard)**.

- Internationale Währungsvereinbarungen haben vor allem zwei Aufgaben. Sie sollen
    - allgemein akzeptierte Zahlungsmittel für den internationalen Güterverkehr schaffen und bereitstellen und
    - die Finanzierung von Zahlungsbilanzdefiziten erleichtern.

9.8.2 Europäische Union (EU)

Wie ist die EU entstanden, welche Ziele strebt sie an und wie ist sie organisiert?

■ Entwicklung der EU

Die wichtigste und in ihren Wirkungen weitreichendste internationale Organisation ist für Deutschland ohne Zweifel die Europäische Union (EU). Sie besteht aus drei „Säulen": **Europäische Gemeinschaft (EG), Gemeinsame Außen- und Sicherheitspolitik** (GASP) und **Kooperation in Justiz- und Innenpolitik.**

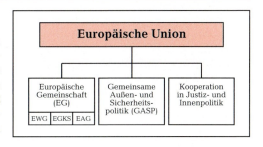

25.03.1957	Unterzeichnung der „Römischen Verträge"
01.01.1958	EWG tritt in Kraft
01.07.1958	Zollunion
01.01.1973	Dänemark, Großbritannien und Irland treten bei
13.03.1979	Europäisches Währungssystem (EWS) tritt in Kraft
01.01.1981	Griechenland tritt bei
01.01.1986	Spanien und Portugal treten bei
28.02.1986	Unterzeichnung der Einheitlichen Europäischen Akte (EEA)
09.12.1989	Beschluss zur Wirtschafts- und Währungsunion in drei Stufen
01.07.1990	Erste Stufe der Wirtschafts- und Währungsunion tritt in Kraft
03.10.1990	Die DDR wird durch den Beitritt zur Bundesrepublik Deutschland Teil der EG
22.10.1991	EG und EFTA beschließen gemeinsamen Europäischen Wirtschaftsraum (EWR)
07.02.1992	Unterzeichnung des Vertrages von Maastricht
01.01.1993	Gemeinsamer Europäischer Binnenmarkt
01.11.1993	„Vertrag über die Europäische Union (EU)", der so genannte **Vertrag von Maastricht** tritt in Kraft
01.01.1994	Zweite Stufe der Wirtschafts- und Währungsunion tritt in Kraft
01.01.1995	Finnland, Österreich und Schweden treten bei
01.01.1999	Beginn der Europäischen Währungsunion (EWU)
01.01.2002	Euro als Bargeld

Zeittafel zur EU

Die erste europäische Gemeinschaft wurde mit der **Europäischen Gemeinschaft für Kohle und Stahl (EGKS, Montanunion)** 1951 ins Leben gerufen. Ihr folgten am 1.1.1958 die **Europäische Atomgemeinschaft (EAG bzw. EURATOM)** und die **Europäische Wirtschaftsgemeinschaft (EWG),** deren Gründung 1957 durch die **Römischen Verträge** beschlossen wurde. Seit dem 1.7.1967 sind die Organe der drei Gemeinschaften aufgrund des Fusionsvertrages von 1965 miteinander verschmolzen, sodass seit dieser Zeit einheitlich von EG gesprochen wird. Mit dem Inkrafttreten des **Vertrages von Maastricht** am 01.11.1993 führen die bisherigen Europäischen Gemeinschaften die Bezeichnung **Europäische Union** (EU).

Von besonderer Bedeutung ist ohne Zweifel die EWG. Grundlage der EWG bilden die am 25.03.1957 von Belgien, Deutschland, Frankreich, Italien, Luxemburg und den Niederlanden in Rom unterzeichneten „Römischen Verträge", die am 01.01.1958 in Kraft traten. Als wichtige Vorstufe für eine wirtschaftliche Integration bestand von 1979 bis

Internationale Organisationen zur Regelung außenwirtschaftlicher Beziehungen 351

1998 das **Europäische Währungssystem (EWS),** in dem die Währungen der Mitgliedsländer in einem System fester Wechselkurse miteinander verbunden waren. Das langfristige Ziel einer Wirtschafts- und Währungsunion wurde in drei Stufen realisiert.

Stufen der Europäischen Wirtschafts- und Währungsunion
1. Stufe   01.07.1990   Enge Abstimmung in der Wirtschafts- und Währungspolitik
2. Stufe   01.01.1994   Errichtung des Europäischen Währungsinstituts
3. Stufe   01.01.1999   Errichtung der Europäischen Zentralbank und gemeinsame Europäische Währung Euro

Die erste Stufe mit einer Liberalisierung des Zahlungs- und Kapitalverkehrs und einer verstärkten Zusammenarbeit in Wirtschafts- und Währungsfragen, insbesondere einer engeren Kooperation der Zentralbanken, trat am 01.07.1990 in Kraft. Am 01.01.1993 trat der **Europäische Binnenmarkt** in Kraft, der einen Wegfall aller Grenzkontrollen in der EU vorsieht. Durch einen Beschluss von EG und **EFTA** (European Free Trade Association, Europäische Freihandelszone) vom 22.10.1991 sollen wichtige Bestandteile dieses Binnenmarktes für beide Organisationen gelten, sodass ab 1993 ein gemeinsamer **Europäischer Wirtschaftsraum** (EWR) „vom Nordkap bis Sizilien" besteht. Mit Beginn der zweiten Stufe am 01.01.1994 wurde das **Europäische Währungsinstitut** (EWI) in Frankfurt am Main als Vorläufer der **Europäischen Zentralbank** (EZB) errichtet. Die dritte Stufe, die Europäische Währungsunion (EWU) mit der gemeinsamen Währung Euro und der Europäischen Zentralbank (EZB), begann planmäßig am 01.01.1999.[1]

Die Länder der Europäischen Union			
Land	Fläche (1.000 km^2)	Bevölkerung 1999 (Mio.)	Bruttoinlandsprodukt 1999 Mrd. EUR
Belgien	31	10,2	234
Dänemark	43	5,3	164
Deutschland	357	82,0	1.982
Finnland	338	5,2	121
Frankreich	544	59,1	1.344
Griechenland	132	10,6	118
Großbritannien	244	59,2	1.304
Irland	70	3,7	88
Italien	301	57,4	1.099
Luxemburg	3	0,4	18
Niederlande	41	15,7	370
Österreich	84	8,1	197
Portugal	92	10,0	106
Schweden	450	8,9	223
Spanien	506	39,4	563
EU	**3.236**	**375,2**	**7.931**

---
1   Vergleiche hierzu ausführlich den Abschnitt über die Europäische Währungsunion (EWU).

■ Ziele der EU

Oberstes Ziel der EU ist die politische Union Europas. Für diese Zukunftsperspektive soll die wirtschaftliche Integration eine Vorreiterrolle spielen. Vorgesehen ist eine gemeinsame bzw. koordinierte Wirtschafts- und Währungspolitik der Mitgliedsländer mit einem gemeinsamen Binnenmarkt. Der gemeinsame Binnenmarkt umfasst die „vier Freiheiten"

- freier Warenverkehr
- freier Dienstleistungsverkehr
- freier Personenverkehr
- freier Geld- und Kapitalverkehr

Für die Verwirklichung dieser Ziele, die zwangsläufig Freizügigkeit und Niederlassungsfreiheit, Abschaffung der Grenzkontrollen und den Wegfall der vielfältigen Handelshemmnisse einschließt, müssen zahlreiche Voraussetzungen geschaffen werden, deren Realisierung mit erheblichen Problemen verbunden ist. Zu den Voraussetzungen gehören:

- Harmonisierung von Normen und technischen Vorschriften, Steuern, Umweltvorschriften, Wettbewerbsrecht, staatlichen Beihilfen usw.
- Anerkennung von Diplomen und Berufsabschlüssen
- Neuorganisation der Verbrechensbekämpfung nach Wegfall der Grenzen und der Grenzkontrollen.

Neben den Schrittmacherdiensten für Völkerverständigung und politische Integration sind vom gemeinsamen Markt auch konkrete wirtschaftliche Vorteile zu erwarten:

- höheres Wirtschaftswachstum
- zusätzliche Arbeitsplätze
- Dämpfung des Preisanstiegs

Organe der EU

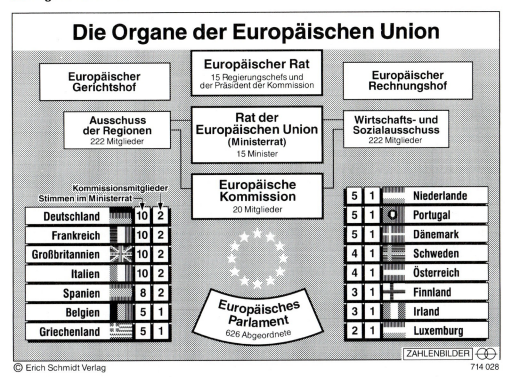

- Endziel der EU ist die politische Integration Europas. Die wirtschaftliche Integration stellt hierfür eine wichtige Vorstufe dar.
- Die wirtschaftliche Integration verlangt freien Verkehr von Personen, Waren, Dienstleistungen und Geld.
- Die währungspolitischen Ziele werden über das EWS und darin vor allem über den ECU und den Wechselkursmechanismus verwirklicht.
- Organe der EU sind: Europäisches Parlament, Europäischer Rat, Rat der Europäischen Union (Ministerrat), Europäische Kommission, Europäischer Gerichtshof und Europäischer Rechnungshof

9.8.3 Internationaler Währungsfonds (IWF)

Wie ist der IWF entstanden, welche Ziele strebt er an und wie ist er organisiert?

Entstehung des IWF

Der **Internationale Währungsfonds (IWF)**[1] wurde auf der „Internationalen Währungs- und Finanzkonferenz der Vereinten und Assoziierten Nationen" im Juli 1944 von 44

---
[1] Engl.: International Monetary Fund (IMF)

Staaten in **Bretton Woods** (USA) gegründet; er trat am 27.12.1945 in Kraft. Sitz ist Washington D.C. in den USA. Nach ihrem Gründungsort wird die damals vereinbarte Weltwährungsordnung auch als **„Bretton-Woods-System"** bezeichnet. Seit 1947 ist der IWF Sonderorganisation der UN. Die Bundesrepublik Deutschland trat 1952 bei. Zur Zeit hat der IWF über 150 Mitglieder. Er ist die größte internationale Währungsgemeinschaft und von seiner Konstruktion her ein Musterbeispiel für derartige Abkommen.

> „Der Internationale Währungsfonds (IWF) ist eine internationale Organisation, deren Mitgliedstaaten sich vertraglich zur Einhaltung vereinbarter Regeln und zu enger Zusammenarbeit in Fragen der internationalen Währungspolitik und des zwischenstaatlichen Zahlungsverkehrs verpflichtet haben (Verhaltenskodex) und sich gegenseitig finanzielle Hilfe zur Überwindung von Zahlungsbilanzdefiziten leisten"
>
> **Internationale Organisationen und Abkommen im Bereich von Währung und Wirtschaft.**
> **Sonderdrucke der Deutschen Bundesbank, Nr. 3, ⁴1992, S. 1**

In seiner ursprünglichen Form umfaßte der IWF auch ein System fester Wechselkurse. Leitwährung war der US-Dollar. Für jede Mitgliedswährung bestand ein fester Wechselkurs zum Dollar; damit bestanden auch zwischen den Mitgliedswährungen feste Paritäten. Die Kurse auf den Devisenmärkten durften nur gering (zunächst ± 1 %, später ± 2,25 %) von den vereinbarten Kursen abweichen. Während dieses Wechselkurssystem faktisch seit 1973 nicht mehr besteht, sind andere Elemente des IWF erhalten geblieben.

■ Ziele des IWF

Hauptziele des IWF sind:

- Förderung der internationalen währungspolitischen Zusammenarbeit
- Gewährung von Hilfen bei der Finanzierung und Behebung von Zahlungsbilanzdefiziten
- Förderung der Währungsbeziehungen und der Währungsstabilität der Mitgliedsländer

■ Organisation des IWF

Das oberste Leitungsgremium des IWF ist der **Gouverneursrat,** in den jedes Mitgliedsland einen Gouverneur entsendet. In der Regel ist dies der für die Währungspolitik zuständige Minister oder der Zentralbankpräsident. Deutschland wird durch den jeweiligen Präsidenten der Deutschen Bundesbank vertreten. Jährlich einmal treten die Gouverneure zu einer Jahresversammlung zusammen.

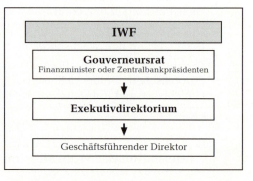

Die laufenden Geschäfte des IWF werden vom **Exekutivdirektorium** geführt. Es besteht derzeit aus 22 Direktoren. Vorsitzender des Exekutivdirektoriums und oberster Dienstherr der Mitarbeiter des IWF ist der **Geschäftsführende Direktor;** er wird von den Exekutivdirektoren für fünf Jahre gewählt.

■ Arbeitsweise des IWF

Der IWF gibt Mitgliedern, die Schwierigkeiten haben, ihren finanziellen Verpflichtungen gegenüber anderen Staaten nachzukommen, Kredite. Mit der Kreditvergabe sind i.d.R. Auflagen zur Beseitigung der Schwierigkeiten verbunden. Wichtigstes Instrument des IWF ist daher die Gewährung bzw. „Ziehung" von Krediten zur Gewährleistung internationaler Zahlungsverpflichtungen. Damit der IWF Kredite gewähren kann, benötigt er zunächst Mittel. Mittelaufbringung und Kreditgewährung stehen in einem engen Zusammenhang. Die wichtigsten Finanzierungsinstrumente sind **Quoten** und **Sonderziehungsrechte** (SZR). Sie werden unten noch erläutert. Weitere Möglichkeiten sind Kredite im Rahmen der **„Allgemeinen Kreditvereinbarungen" (AKV)** und verschiedene **Kreditfazilitäten.**

Land	Quote Mio. SZR	Quotenanteil in % der Quotensumme	Stimmrechtsanteile in % der Gesamtstimmen
USA	26.526,8	18,25	17,72
Deutschland	8.241,5	5,67	5,52
Japan	8 241,5	5,67	5,52
Großbritannien	7 414,6	5,10	4,96
Frankreich	7 414,6	5,10	4,96
Übrige Länder	87.479,8	60,20	61,32
Summe	145.318,8	100	100

Quoten, Quotenanteile und Stimmrechtsanteile im IWF (31.12.1996)

Die Mittelaufbringung des IWF geschieht über **Quoten.** Quoten sind Anteile der Mitgliedsländer am Grundkapital des IWF. Die Höhe der Quote eines Mitgliedslandes bemisst sich nach seiner Wirtschaftskraft (Bruttoinlandsprodukt, Währungsreserven, außenwirtschaftliche Transaktionen). Von der Quote hängen die Einzahlungsverpflichtungen, die Ziehungsrechte und das Stimmrecht des Mitgliedslandes ab. Die Quote wird in Sonderziehungsrechten (SZR) ausgedrückt. So besaßen beispielsweise am 01.01.1986 die USA eine Quote in Höhe 17.918,3 Mio. SZR und die Bundesrepublik von 5.403,7 Mio. SZR. Von der Gesamtsumme aller Quoten in Höhe von 89.305,1 Mio. SZR entfielen auf die USA somit 20,06 % und auf Deutschland 6,05 %. Die Stimmrechtsanteile entsprechen in etwa dem Quotenanteil. Um die Mittelausstattung des IWF zu verbessern, können die Quoten erhöht werden. Außerdem werden alle fünf Jahre die Quoten und das Quotengefüge überprüft, um Veränderungen des wirtschaftlichen Gewichts der Mitgliedsländer Rechnung tragen zu können.

Jedes Mitgliedsland muss in Höhe seiner Quote eine Einzahlung leisten. Ein Viertel der Einzahlungsverpflichtung muss in SZR (früher in Gold), der Rest in Landeswährung erfüllt werden; der IWF kann jedoch auch für das erste Viertel statt der Zahlung in SZR Erfüllung in eigener oder fremder Währung zulassen.

Die Einzahlungen eines Landes, soweit sie nicht in eigener Währung erfolgt sind, bilden die so genannte **Reservetranche** („echte" Finanzierungsleistungen). Hierbei handelt es sich gewissermaßen um Währungsreserven eines Landes, die beim IWF hinterlegt sind. In Höhe der Reservetranche besitzt das Mitgliedsland ein automatisches Ziehungsrecht. Ihre Inanspruchnahme stellt somit keine Kreditgewährung durch das IWF dar; Ziehungen in der Reservetranche sind gebührenfrei.

Sonderziehungsrechte (SZR) sind eine künstliche internationale Währung. Angesichts der Zunahme des internationalen Warenverkehrs wuchs in den sechziger Jahren die Sorge, dass die traditionellen Reservearten (vor allem Gold und Dollar) nicht mehr ausreichen würden. Daher wurde 1969 mit den SZR ein neues Reservemedium geschaffen. Bei den SZR handelt es sich um eine Korbwährung; d.h., der Wert eines SZR wird mithilfe eines

Währungskorbes ermittelt. In dem „Korb" sind die fünf wichtigsten Währungsländer vertreten: USA, Deutschland, Japan, Großbritannien, Frankreich. Seit der Einführung des Euro am 1. Januar 1999 sind Deutschland und Frankreich nicht mehr mit ihren nationalen Währungen in dem Währungskorb vertreten, sondern im gleichen Gegenwert in Euro:
Euro (für DEM) = 0,267 USD
Euro (für FRF) = 0,145 USD

Über die Höhe der vorhandenen SZR beschließt der IWF alle fünf Jahre. Die Gesamtsumme wird auf die Mitgliedsländer entsprechend ihren Quoten verteilt **(zugeteilte SZR).** Die Mitgliedsländer sind verpflichtet, SZR untereinander zu akzeptieren. Allerdings gelten sie nur im Zahlungsverkehr zwischen Zentralbanken; Privatpersonen können SZR weder erwerben noch verwenden.

Beispiel

Der Einsatz von SZR soll an einem Beispiel erläutert werden: Land A muss als Folge eines Zahlungsbilanzungleichgewichts am Devisenmarkt intervenieren. Hierzu kann es grundsätzlich SZR verwenden, die es im Wege der Zuteilung oder durch Kredite vom IWF erhalten hat. Allerdings kann es nicht mit den SZR direkt an den Devisenmarkt gehen. Es muss sie zunächst über den IWF gegen interventionsfähige Währungen anderer Länder, z. B. gegen Euro, eintauschen. Hierdurch erwirbt die Europäische Zentralbank SZR **(erworbene SZR),** die sie bei Bedarf wieder gegen andere Währungen, z. B. US-Dollar, umtauschen kann. Um zu vermeiden, dass Länder mit starken Währungen über Gebühr SZR erwerben müssen, besteht eine Annahmegrenze beim Dreifachen der zugeteilten SZR. Wenn also beispielsweise Deutschland aufgrund seiner Quote SZR im Werte von 3 Mrd. Euro zugeteilt werden, braucht es nur maximal 9 Mrd. Euro gegen SZR anderer Länder zu tauschen.

Ein Blick auf die Währungsreserven der Deutschen Bundesbank[1] lässt die Einbettung des IWF in die Reservehaltung erkennen. Zu den IWF-Reservemedien gehören die Reservetranche, die zugeteilten und die erworbenen SZR sowie die Kredite an die **Weltbank.**[2]

Die Kreditvergaben des IWF an Defizitländer geschehen zum Teil unter strengen Auflagen. Da Zahlungsbilanzdefizite nicht auf Dauer finanzierbar sind, sondern behoben werden müssen, knüpft das IWF die Gewährung von Krediten oft an einschneidende wirtschafts- und währungspolitische Maßnahmen des Empfängerlandes zur Behebung der Ursachen. Die in der Regel verlangten restriktiven Maßnahmen stoßen dabei nicht selten auf harten Widerstand des Empfängerlandes, da sie zumeist eine Eindämmung der Staatsausgaben verlangen, zu sinkender Beschäftigung führen usw.

- Der IWF ist ein internationales Währungssystem, das im Allgemeinen die währungspolitische Zusammenarbeit der Mitgliedsländer fördern und im Besonderen den Mitgliedsländern bei der Bewältigung von Zahlungsbilanzdefiziten helfen soll.
- Organe des IWF sind der Gouverneursrat, das Exekutivdirektorium und der Geschäftsführende Direktor.
- Die Mittelaufbringung des IWF geschieht im Wesentlichen über die Quoten, die die Mitgliedsländer beim IWF nach ihrer wirtschaftlichen Stärke einzahlen müssen.

---

[1] Vgl. den Abschnitt über die Zahlungsbilanz Deutschlands.
[2] Die Weltbank ist eine mit dem IWF eng verknüpfte Institution, deren Aufgabe vor allem die Hilfe für Entwicklungsländer, insbesondere die Finanzierung von Entwicklungsprojekten, ist.

- Wichtigste Finanzierungsinstrumente sind die quotenabhängigen Ziehungsrechte aus der Reservetranche sowie die Sonderziehungsrechte (SZR).

9.8.4 Welthandelsorganisation (WTO)

Wie ist die WTO entstanden, welche Ziele strebt sie an und wie ist sie organisiert?

■ Entwicklung der WTO

Die **Welthandelsorganisation (WTO)**[1] ist aus dem **Allgemeinen Zoll- und Handelsabkommen (GATT)**[2] hervorgegangen. Das GATT wurde im Oktober 1947 in Genf unterzeichnet und trat am 01.01.1948 in Kraft; die Bundesrepublik Deutschland gehört ihm seit 1951 an. Bereits 1948 war in der sogenannten „Havanna-Charta" die Gründung einer Internationalen Handelsorganisation (ITO) als Unterorganisation der Vereinten Nationen (ähnlich wie IWF und Weltbank) vorgesehen. Da diese Organisation nicht zustande kam, entwickelte sich das nur als Vorstufe gedachte Allgemeine Zoll- und Handelsabkommen (GATT) zu einer Dauereinrichtung mit eigener Organisationsstruktur. Nach mehr als siebenjährigen Verhandlungen („Uruguay-Runde") trat am 01.01.1995 an die Stelle des bloßen Abkommens GATT die internationale Organisation WTO. Bei Gründung gehörten der WTO 125 Mitgliedsländer an, von denen etwa zwei Drittel Entwicklungsländer sind.

■ Ziele der WTO

Ziele der WTO sind:
- Förderung des Welthandels durch freien Güteraustausch
- Abbau von Zöllen und sonstigen Handelshemmnissen
- Förderung des Lebensstandards und der Beschäftigung

Neu im Aufgabenkatalog der WTO ist der Schutz geistiger Eigentumsrechte einschließlich des Handels mit Nachahmungen und Fälschungen. Im entsprechenden Abkommen ist ein zeitlicher Mindestschutz für Urheberrechte von 50 Jahren vereinbart. Computerprogramme und Datenbankkonzeptionen werden in ihrer Schutzwürdigkeit Literaturwerken gleichgestellt. Auch Handelsmarken und Patente unterliegen diesem Schutz.

Vor allem aufgrund von Erfahrungen mit dem GATT ist die Streitschlichtung ausgebaut und formalisiert worden. Für Verfahren zur Beilegung handelspolitischer Konflikte steht eine besondere Schlichtungsstelle zur Verfügung; anhängige Verfahren sollen spätestens nach neun Monaten abgeschlossen sein.

■ Organisation der WTO

Sitz der WTO ist Genf. Die WTO besteht aus drei Teilorganisationen: dem bisherigen GATT, zuständig für den Warenhandel, dem GATS[3], zuständig für den Handel mit

---
1 Engl. WTO: World Trade Organization
2 Engl. GATT: General Agreement on Tariffs and Trade
3 Engl. GATS: General Agreement on Trade in Services

Dienstleistungen (Banken, Versicherungen usw.), und dem TRIPS[1], zuständig für den Schutz geistiger Eigentumsrechte. Oberstes Organ der WTO ist die **Ministerkonferenz,** die mindestens alle zwei Jahre zusammentritt und in der jedes Mitglied eine Stimme besitzt. Die laufenden Geschäfte führt der **Allgemeine Rat,** an dessen Spitze ein von der Ministerkonferenz gewählter **Generalsekretär** steht. Entscheidungen werden in der Regel mit einfacher Mehrheit getroffen. Die Beilegung handelspolitischer Konflikte obliegt dem **Streitschlichtungsausschuss.**

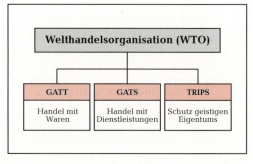

- Die WTO ist – ähnlich wie IWF und Weltbank – eine Unterorganisation der UNO.
- Durch Erleichterung und Ausweitung des internationalen Handels und durch Schutzregelungen und Streitschlichtung will die WTO die Wohlfahrt der Mitgliedsländer fördern.

9.8.5 Organisation für wirtschaftliche Zusammenarbeit und Entwicklung (OECD)

Wie ist die OECD entstanden, welche Ziele strebt sie an und wie ist sie organisiert?

■ Entwicklung der OECD

Die OECD (Organization for Economic Cooperation and Development) ist 1961 aus der Organisation für Europäische Wirtschaftliche Zusammenarbeit (OEEC) hervorgegangen. Sitz der OECD ist Paris. Zur Zeit gehören ihr 24 Mitgliedstaaten an (19 europäische Staaten sowie USA, Kanada, Japan, Australien und Neuseeland).

■ Ziele der OECD

Die wichtigsten Ziele der OECD sind:

- Abstimmung der Wirtschaftspolitik der Mitgliedstaaten
- Förderung des Wirtschaftswachstums der Mitgliedstaaten und Ausweitung des Welthandels
- Koordinierung der Entwicklungshilfe der Mitgliedstaaten
- Strukturpolitische und technische Zusammenarbeit (z. B. Umweltschutz, Technologie, Forschung, Arbeitsmarkt)

---
1 Engl. TRIPS: Agreement on Trade-Related Aspects of Intellectual Property Rights

Organisation der OECD

Leitungsgremium der OECD ist der **Rat.** In ihm sind alle Mitgliedsländer durch die Leiter von Ständigen Delegationen (Botschafter) vertreten. Einmal jährlich tagt der Rat auf Ministerebene. Beschlüsse müssen einstimmig gefasst werden. Beschlüsse stellen für die Mitgliedstaaten Empfehlungen dar. Der **Exekutivausschuss** bereitet die Sitzungen des Rates vor. Der größte Teil der praktischen Arbeit wird in den **Fachausschüssen** (z. B. Wirtschaftspolitik, Energiepolitik, Handel, Umweltschutz) geleistet. Die laufenden Geschäfte werden vom **Sekretariat** geführt, an dessen Spitze der Generalsekretär steht.

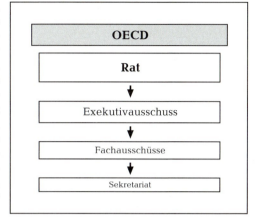

- Die OECD ist eine internationale Organisation, die die wirtschaftliche Entwicklung und die Zusammenarbeit der Mitgliedstaaten fördern soll.
- Organe der OECD sind der Rat, der Exekutivausschuss, die Fachausschüsse und das Sekretariat.
- Hauptziel der OECD ist ihrer Bezeichnung entsprechend die Förderung der wirtschaftlichen Entwicklung und der wirtschaftlichen Zusammenarbeit.

Aufgaben zum Üben und Vertiefen

1 Stellen Sie fest, mit welchen Ländern Deutschland einen positiven und mit welchen Ländern einen negativen Außenhandelssaldo erzielt. Versuchen Sie, die Ergebnisse zu erklären.

2 Bei den deutschen Aus- und Einfuhren dominieren nicht jeweils unterschiedliche Güter, sondern ähnliche Güter. Auch die größten Handelspartner sind Länder, die eine ähnliche Wirtschaftsstruktur aufweisen. Wie lässt sich das erklären?

3 Welche Kernaussage enthält die Theorie der komparativen Kosten?

4 Zwischen den Ländern 1 und 2 besteht bei zwei Gütern folgende Kostensituation:

	Kosten für 1 Mengeneinheit	
	Gut A	**Gut B**
Land 1	20	40
Land 2	30	70

a) Lohnt sich für die Länder ein Warenaustausch? Begründen Sie Ihre Antwort!

b) Beschreiben Sie allgemein die Situation, in der sich ein Warenaustausch nicht lohnt!

5 Worin unterscheiden sich Binnenwert und Außenwert des Geldes?

6 In einem System relativ fester Wechselkurse zeigt sich auf dem Devisenmarkt die nebenstehende Situation.

a) Wie werden K_0, K_1, K_2, K_3, bezeichnet?

b) Muss die Zentralbank eingreifen? Begründen Sie Ihre Antwort!

c) Welche geld- und währungspolitischen Folgen ergeben sich, wenn die Situation von Dauer ist? Begründen Sie Ihre Antwort!

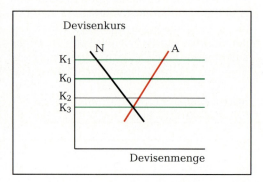

7 Beschreiben Sie, wie bei flexiblen Wechselkursen die Zahlungsbilanz zum Ausgleich tendiert („Wechselkursmechanismus"). Gehen Sie von einem bestehenden Exportüberschuss aus.

8 Wie wirkt sich die nebenstehende Situation am Devisenmarkt auf die Exporte und Importe des Inlands aus?

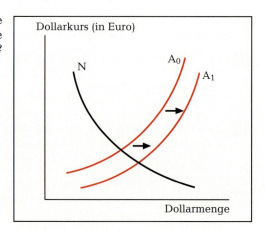

9 Nennen und erläutern Sie die drei Mechanismen bzw. Effekte, die zu importierter Inflation führen können!

10 Interpretieren Sie die nachstehende Zeitungsmeldung und stellen Sie den Zusammenhang zwischen den Einfuhrpreisen und der Inflation im Inland dar!

> **Importpreise stark gesunken**
> Wiesbaden (rtr) – Der Außenhandel wirkt beruhigend auf die deutsche Inflation. Die Preise für Einfuhren in das Bundesgebiet sanken im August gegenüber Juli um 1,1 Prozent und lagen um 4,7 Prozent unter dem Vorjahresniveau.

11 Was drücken die „Terms of Trade" aus?

12 Auszug aus einem Monatsbericht der Deutschen Bundesbank:

> „Die Verschlechterung der Terms of Trade durch die höheren Energie- und Rohstoffpreise im Verlaufe des Jahres hat dazu geführt, dass der Überschuss im deutschen Außenhandel, trotz der deutlichen Belebung der Exporttätigkeit, etwas niedriger als im Vorjahr ausgefallen ist."

a) Inwiefern führen höhere Energie- und Rohstoffpreise zu einer Verschlechterung der Terms of Trade?

b) Warum führt eine Verschlechterung der Terms of Trade zu einem Rückgang des Außenhandelsüberschusses?

13 Zwischen Land A und Land B bestehen intensive Handelsbeziehungen.

a) Land A weist eine Inflationsrate von 3 % und Land B von 8 % auf. Die Preissteigerungen gelten auch für die jeweiligen Exportgüter und können im Ausland durchgesetzt werden. Die Wechselkurse bleiben unverändert. Wie werden sich die Terms of Trade verändern?

b) Erörtern Sie allgemein die Chancen, Preissteigerungen im eigenen Land auch im Ausland durchzusetzen!

14 Erläutern Sie die nachstehende Zeitungsnotiz unter folgenden Gesichtspunkten:

a) Welche Beziehungen bestehen bei gleich bleibenden Wechselkursen zwischen den Inlandspreisen und den Auslandspreisen von Exportgütern?

b) Warum konnten Importe aus Deutschland in Spanien und Portugal als Inflationsbremse wirken?

> „Da die Preise der Ausfuhrgüter weniger gestiegen sind als die Inlandspreise der meisten EU-Länder, haben sich deutsche Produkte in den EU-Ländern relativ verbilligt. In den EU-Ländern Spanien und Portugal sind die Importe aus der Bundesrepublik mit 19 % und 30 % besonders stark gewachsen; dort wirkten die deutschen Exporte zweifellos als Inflationsbremse."

15 Ein deutsches Maschinenbau-Unternehmen schließt mit einem südkoreanischen Unternehmen einen Vertrag über die Lieferung von zwei Spritzgussmaschinen ab. Verkaufspreis je Maschine: 100.000 Euro

Der Vertrag lautet auf Dollar; Eurokurs (in Dollar) bei Vertragsschluss: 1,10

Die Lieferungen sollen in Abständen von 6 Monaten erfolgen.

Zahlung erfolgt bei Lieferung.

Kurs bei Lieferung der ersten Maschine: 1,15

Kurs bei Lieferung der zweiten Maschine: 1,05

a) Über welchen Preis lautet der Vertrag?

b) Wie viele Euro erhält das deutsche Unternehmen jeweils für die Maschinen?

c) Für wie viele Dollar hätte das Unternehmen die Maschinen anbieten können, wenn der Erlös dem Verkaufspreis in Euro entsprechen soll?

d) Welche allgemeinen Erkenntnisse über die Auswirkungen von Wechselkursänderungen auf Exporte lassen sich aus dem Beispiel ziehen?

16 Eine deutsche Hochschule kauft bei einem amerikanischen Unternehmen einen Computer. Preis des Computers: 100.000 USD. Zahlung erfolgt bei Lieferung in Dollar. Bei Vertragsabschluss beträgt der Eurokurskurs (in Dollar) 1,10.

Zum Zeitpunkt der vorgesehenen Lieferung beträgt der Eurokurs (in Dollar) 1,15. Wegen Terminschwierigkeiten wird das Gerät jedoch erst einen Monat später geliefert; zu diesem Zeitpunkt beträgt der Eurokurs (in Dollar) 1,05.

a) Von wie viel Euro muss die Hochschule bei Vertragsabschluss ausgehen?

b) Wie viel Euro hätte sie bei termingerechter Lieferung zahlen müssen?

c) Wie viel Euro muss sie tatsächlich zahlen?

d) Welche allgemeinen Erkenntnisse über die Auswirkungen von Wechselkursänderungen auf Importe lassen sich aus dem Beispiel ziehen?

17 Nennen und erläutern Sie die Teilbilanzen der Zahlungsbilanz!

18 Warum wird der Leistungsbilanz besondere Aussagefähigkeit im Hinblick auf die außenwirtschaftliche Lage eines Landes beigemessen?

19 Interpretieren Sie folgende Überschrift eines Zeitungsartikels

Zahlungsbilanz der Bundesrepublik seit Jahren erstmals im Minus

20 Wann wird

a) von aktiver Leistungsbilanz

b) von passiver Leistungsbilanz

gesprochen?

21 Beantworten Sie unter Verwendung des nebenstehenden Auszugs aus einem Jahresgutachten des Sachverständigenrates zur Begutachtung der gesamtwirtschaftlichen Entwicklung folgende Fragen:

> „Die Handelsbilanz hat sich in diesem Jahr weiter aktiviert. Während die Exportpreise leicht anzogen, sind die Importpreise in diesem Jahr deutlich gefallen."

a) Was bedeutet die Aussage, dass sich die Handelsbilanz weiter aktiviert hat?

b) Wie haben sich die Terms of Trade entwickelt?

22 Erstellen Sie aus folgenden Angaben eine Zahlungsbilanz:

	Mrd. Euro
Veränderung der Währungsreserven	17,8
Warenimporte	643,3
Empfangene laufende Übertragungen	35,3
Dienstleistungsexporte	112,6
Direktinvestitionen	− 37,1
Warenexporte	719,6
Kreditverkehr	55,8
Geleistete Vermögensübertragungen	3,3
Wertpapiere	41,8
Dienstleistungsimporte	162,9
Geleistete laufende Übertragungen	93,2
Sonstige Kapitalanlagen	− 4,3
Empfangene Vermögensübertragungen	2,4
Saldo aus Erwerbs- und Vermögenseinkommen	− 2,0

23 Welche Rückschlüsse lassen sich aus dem Zahlungsbilanzposten „Veränderungen der Währungsreserven" auf die außenwirtschaftliche Situation eines Landes ziehen?

24 „Die Deutsche Bundesbank ... unterstützt die allgemeine Wirtschaftspolitik der Bundesregierung" (§ 12 Bundesbankgesetz). Als notwendige Voraussetzung für eine konjunkturgerechte Geldpolitik nennt die Bundesbank eine ausgeglichene Leistungsbilanz. Erläutern Sie diesen Standpunkt.

25 Nehmen Sie zu folgenden Aussagen Stellung:

a) „Bei einer passiven Handelsbilanz lebt ein Volk auf Kosten anderer Völker."

b) „Bei einer aktiven Handelsbilanz werden Arbeitsplätze im Inland auf Kosten anderer Länder geschaffen bzw. gesichert."

26 Welche beiden Ziele streben internationale Währungsabkommen vorrangig an?

27 Erläutern sie die Rolle von Quoten und Sonderziehungsrechten (SZR) im IWF!

10 Beschäftigung, Konjunktur und Wachstum

10.1	**Beschäftigung**
10.1.1	Grundlagen der Beschäftigungstheorie und Beschäftigungspolitik
10.1.1.1	Begriff und Messung von „Beschäftigung"
10.1.1.2	Angebot und Nachfrage auf dem Arbeitsmarkt
10.1.1.3	Formen von Arbeitslosigkeit
10.1.2	Bestimmungsgrößen der Beschäftigung
10.1.2.1	Das Problem: Zusammenhang von Nachfrage, Produktion, Beschäftigung und Volkseinkommen
10.1.2.2	Gesamtwirtschaftliche Nachfrage
10.1.2.2.1	Nachfrage der Haushalte: Konsum- und Sparfunktion
10.1.2.2.2	Nachfrage der Unternehmen: Investitionsfunktion
10.1.2.3	Marktgleichgewicht und Gleichgewichtseinkommen
10.1.2.4	Nachfrageschwankungen
10.1.2.4.1	Multiplikator
10.1.2.4.2	Akzelerator
10.1.2.4.3	Verknüpfung von Multiplikator und Akzelerator
10.2	**Konjunktur**
10.2.1	Begriff und Messung von „Konjunktur"
10.2.2	Ursachen konjunktureller Schwankungen
10.2.3	Konjunkturphasen
10.2.4	Konjunkturindikatoren
10.2.5	Konjunkturpolitik
10.2.5.1	Aufgaben und Möglichkeiten staatlicher Konjunkturpolitik
10.2.5.2	Instrumente staatlicher Konjunkturpolitik
10.2.5.3	Grenzen staatlicher Konjunkturpolitik
10.2.5.4	Grundkonzepte der Konjunkturpolitik
10.2.5.4.1	Nachfrageorientierte Konjunkturpolitik
10.2.5.4.2	Angebotsorientierte Konjunkturpolitik
10.3	**Wachstum**
10.3.1	Begriff und Messung von „Wirtschaftswachstum"
10.3.2	Bedeutung von Wirtschaftswachstum
10.3.3	Bestimmungsfaktoren wirtschaftlichen Wachstums
10.3.4	Probleme quantitativen Wachstums
10.4	**Zum Zusammenhang von Wachstum und Beschäftigung**

Mit den Themen „Beschäftigung", „Konjunktur" und „Wachstum" werden in diesem Kapitel Aspekte aufgegriffen, die auch teilweise schon in anderen Zusammenhängen angesprochen wurden. Die drei Größen stehen zum einen untereinander in einem engen Zusammenhang und repräsentieren zum anderen Kernbereiche der Wirtschaftswissenschaft und Wirtschaftspolitik.

10.1 Beschäftigung

Wegen ihrer Bedeutung für die Menschen wird Fragen der Beschäftigung in der Volkswirtschaftslehre ein besonderes Gewicht beigemessen. Eine inhaltliche Auseinandersetzung mit dem Problembereich setzt zunächst die Klärung grundlegender Begriffe, Erfassungsmöglichkeiten und Zusammenhänge voraus.

10.1.1 Grundlagen der Beschäftigungstheorie und Beschäftigungspolitik

10.1.1.1 Begriff und Messung von „Beschäftigung"

> Was wird unter „Beschäftigung" verstanden und wie wird sie gemessen?

Beschäftigung bezeichnet allgemein die Auslastung der Produktionsfaktoren. Von besonderer Bedeutung ist die Auslastung der Faktoren „Arbeit" und „Kapital", wobei mit Kapital die technischen Produktionsanlagen einer Volkswirtschaft gemeint sind. Das Produktionspotenzial einer Volkswirtschaft wird sowohl durch die Menge als auch durch die Qualität der vorhandenen Produktionsfaktoren bestimmt.

Im Folgenden wird in erster Linie die Auslastung des Produktionsfaktors Arbeit betrachtet. Zwischen der Auslastung der Faktoren Arbeit und Kapital bestehen jedoch gewisse Beziehungen. Sind beispielsweise die technischen Produktionsanlagen nicht voll genutzt, so sind in der Regel auch die Arbeitskräfte nicht voll beschäftigt.

Zur Beschreibung der Beschäftigungslage in einer Volkswirtschaft dienen

- Personengruppen, die für den Arbeitsmarkt bedeutsam sind
- Kennziffern, die den Umfang der Beschäftigung ausdrücken.

■ Beschäftigungsgruppen

Das gesamte Beschäftigungspotenzial einer Volkswirtschaft besteht zunächst einmal aus der **Wohnbevölkerung.** Von der Wohnbevölkerung befindet sich allerdings nur ein Teil im erwerbsfähigen Alter. Als erwerbsfähiges Alter versteht die amtliche Statistik das Lebensalter von 15 bis unter 65 Jahren; dieser Teil der Wohnbevölkerung wird als **Erwerbsbevölkerung** bezeichnet.

Wohnbevölkerung		
Bis 15 Jahre	15 – 64 Jahre	65 Jahre und älter
	Erwerbsbevölkerung	

Von der Erwerbsbevölkerung ist nur ein Teil tatsächlich in den Erwerbsprozess eingeschaltet. Die in den Erwerbsprozess eingeschalteten Personen werden als **Erwerbspersonen** bezeichnet. Zu ihnen gehören die **Erwerbstätigen** (Selbstständige, Arbeitnehmer, mithelfende Familienangehörige) sowie die **Erwerbslosen** bzw. **Arbeitslosen.**[1] Bei den Arbeitnehmern wird zwischen Arbeitern, Angestellten und Beamten unterschieden.

Erwerbspersonen			
Arbeitnehmer	Selbstständige	Mithelfende Familienangehörige	Erwerbslose
Erwerbstätige			

---

[1] Mithelfende Familienangehörige sind Familienmitglieder, die im Betrieb mitarbeiten. Sie sind vor allem in landwirtschaftlichen Betrieben, im Gaststättengewerbe, bei Selbstständigen mit kleineren Betrieben (z. B. Handwerkern) und Freiberuflern (Ärzte, Rechtsanwälte usw.) zu finden.
Erwerbslose sind Personen ohne Arbeitsverhältnis, die sich jedoch um eine Arbeitsstelle bemühen, unabhängig davon, ob sie beim Arbeitsamt als Arbeitslose gemeldet sind. Als Arbeitslose zählen Personen ohne Arbeitsverhältnis, die sich als Arbeitssuchende beim Arbeitsamt gemeldet haben. Der Begriff der Erwerbslosen ist also umfassender als der Begriff der Arbeitslosen.

Erwerbsgruppen		
Personengruppe	**Beschreibung**	**Werte 2000 (Tausend)**
Wohnbevölkerung	Personen mit Wohnsitz im Inland	82.127
Erwerbsbevölkerung	Wohnbevölkerung im erwerbsfähigen Alter (15 – 64 J.)	55.616
Erwerbspersonen	Grundsätzlich an einer Beschäftigung interessierter Teil der Wohnbevölkerung (Erwerbstätige + Erwerbslose)	41.711
Erwerbstätige Inländer	Beschäftigte Erwerbspersonen (Inländer)	38.466
	Arbeitnehmer	34.522
	+ Selbstständige u. mithelfende Familienangehörige	3.994
Erwerbslose Inländer	Beschäftigungslose Erwerbspersonen	3.245
Erwerbstätige im Inland	Im Inland beschäftigte Personen	38.532
Arbeitslose	Personen, die sich beim Arbeitsamt als Arbeitssuchende gemeldet haben	3.889

Erwerbsentwicklung							
Jahr	Bevölkerung	Erwerbspersonen			Erwerbsquote		
		gesamt	männl.	weibl.	ges.	m	w
		1.000			v. H.		
1960	55.433	26.518	16.697	9.839	47,8	64,2	33,4
1970	60.651	26.817	17.179	9.638	44,2	59,5	30,3
1975	61.847	26.884	16.824	10.060	43,5	57,0	31,1
1980	61.538	27.217	16.926	10.291	45,4	57,5	32,0
1985	60.975	28.897	17.576	11.321	47,4	60,2	35,6
1990	63.254	30.378	18.050	12.328	48,0	59,0	37,7
1995	81.642	39.486	22.749	16.737	48,4	57,3	39,9
2000	82.127	41.711	23.370	18.341	50,8	56,6	41,9

■ Beschäftigungskennziffern

Für die **Beschäftigungsmessung** stehen verschiedene Indizes zur Verfügung. Das Verhältnis der Erwerbspersonen zur Wohnbevölkerung wird als **Erwerbsquote** bezeichnet. Der Anteil der Erwerbspersonen an der Zahl der im erwerbsfähigen Alter stehenden Personen wird als **Erwerbsintensität** bezeichnet. Bei einer getrennten Betrachtung nach Geschlechtern zeigt sich, dass die Erwerbsquote bei Männern höher ist als bei Frauen.

Das Maß der Arbeitslosigkeit wird in der amtlichen Statistik mit der **Arbeitslosenquote** erfasst. Diese Quote wird ermittelt als Anteil der Arbeitslosen an der Zahl der abhängigen Erwerbspersonen. Als Arbeitsloser wird gezählt, wer bei den Arbeitsämtern als arbeitslos registriert ist. Diese Zahl gibt kein völlig zuverlässiges Bild der tatsächlich Arbeitslosen, da einerseits etliche Arbeitsuchende sich nicht bei den Arbeitsämtern melden **(versteckte Arbeitslosigkeit)** und andererseits etliche gemeldete Arbeitslose – aus unterschiedlichen Gründen – nicht an einer Wiederbeschäftigung interessiert sind. Als abhängige Erwerbspersonen zählen die abhängigen Erwerbstätigen (Arbeiter, Angestellte, Beamte) und die Arbeitslosen.

Beschäftigung 367

Parallel zur Zahl der Arbeitslosen bestehen in den Betrieben aber auch **offene Stellen,** d. h. Arbeitsplätze, die die Betriebe gern besetzen möchten, aber nicht besetzen können. Das gleichzeitige Auftreten von offenen Stellen und Arbeitslosigkeit entsteht dadurch, dass Arbeitsnachfrage und Arbeitsangebot nicht vollständig zueinander passen. Die Gründe hierfür können z. B. in regionalen Diskrepanzen oder in einer mangelnden Passung von Qualifikationsbedarf und Qualifikationsangebot liegen. So suchen Betriebe oftmals Facharbeiter, während die Arbeitslosen zum beträchtlichen Teil keine abgeschlossene Berufsausbildung besitzen. Ohne diese Hindernisse würde sich die Zahl der Arbeitslosen um die Zahl der offenen Stellen vermindern. Das Verhältnis zwischen der Zahl der Arbeitslosen und der Zahl der offenen Stellen wird als **Anspannungsindex** bezeichnet.

Beschäftigungskennziffern		
Kennziffer	**Formel**	**Werte 2000 (Prozent)**
Erwerbsquote	$\dfrac{\text{Erwerbspersonen}}{\text{Wohnbevölkerung}} \cdot 100$	50,8
Erwerbsintensität	$\dfrac{\text{Erwerbspersonen}}{\text{Erwerbsbevölkerung}} \cdot 100$	75,0
Beschäftigungsniveau	$\dfrac{\text{Erwerbstätige}}{\text{Erwerbsbevölkerung}} \cdot 100$	69,2
Arbeitslosenquote	$\dfrac{\text{Zahl der registrierten Arbeitslosen}}{\text{Zahl der abhängigen Erwerbspersonen}} \cdot 100$	11,3
Anspannungsindex	$\dfrac{\text{Zahl der registrierten Arbeitslosen}}{\text{Zahl der offenen Stellen}}$	7,6

Beschäftigungsentwicklung						
Jahr	Erwerbs-personen	Erwerbstätige (Inländer)			Arbeits-lose	Arbeits-losenquote[2])
		insgesamt	Arbeit-nehmer	Selbstständige[1])		
		1.000				v. H.
1960	26.518	26.247	20.257	5.990	271	1,3
1970	26.817	26.668	22.246	4.422	149	0,7
1975	27.184	26.110	22.467	3.643	1.074	4,7
1980	27.948	27.059	23.897	3.162	889	3,8
1985	28.897	26.593	23.559	3.034	2.304	9,3
1990	30.378	28.486	25.460	3.026	1.883	7,2
1995	39.486	34.836	31.197	3.639	3.612	10,4
2000	41.711	38.466	34.522	3.994	3.889	11,3

1) Einschließlich mithelfende Familienangehörige
2) Arbeitslose in Prozent der abhängigen Erwerbspersonen (ohne Soldaten)

> - Mit Beschäftigung wird im Allgemeinen die Auslastung der Produktionsfaktoren einer Volkswirtschaft ausgedrückt; im engeren Sinne bezieht sich Beschäftigung auf den Produktionsfaktor Arbeit.
> - Zur Messung der Beschäftigung werden unterschiedliche Indizes verwendet. Die wichtigsten sind Erwerbsquote und Arbeitslosenquote. Die Erwerbsquote gibt das Verhältnis der Erwerbspersonen zur Wohnbevölkerung an. Die Arbeitslosenquote gibt den Anteil der (registrierten) Arbeitslosen an der Zahl der abhängigen Erwerbspersonen an.

10.1.1.2 Angebot und Nachfrage auf dem Arbeitsmarkt

Wovon hängt die Höhe von Arbeitsangebot und Arbeitsnachfrage ab?

Nachfrager nach dem Produktionsfaktor Arbeit sind Unternehmen, Anbieter von Arbeit sind die privaten Haushalte.[1] Nachfrage und Angebot treffen auf dem **Arbeitsmarkt** zusammen. Die Höhe sowohl der Arbeitsnachfrage als auch des Arbeitsangebots hängen – neben anderen Faktoren – vor allem vom Preis für Arbeit, also von der Lohnhöhe, ab. Entscheidend ist dabei der **Reallohn,** da er den Tauschwert der Arbeit bzw. des Lohnes widerspiegelt.

Am Arbeitsmarkt gelten im Prinzip die gleichen Mechanismen wie am Gütermarkt:

- Bei hohen bzw. steigenden Löhnen
  - steigt das Angebot an Arbeit, da jetzt mehr Personen bereit sind zu arbeiten, weil Arbeit sich mehr lohnt,
  - sinkt die Nachfrage nach Arbeit, da es für die Unternehmen kostengünstiger ist, bestimmte Arbeiten nicht von Menschen, sondern von Maschinen durchführen zu lassen oder Arbeitsplätze in kostengünstigere Länder zu verlegen.
- Bei niedrigen bzw. sinkenden Löhnen
  - sinkt das Angebot an Arbeit, da sich für viele Menschen das Arbeiten nicht mehr lohnt,
  - steigt die Nachfrage nach Arbeit, da es für die Unternehmen kostengünstiger ist, bestimmte Arbeiten nicht von Maschinen, sondern von Menschen durchführen zu lassen.

Das Arbeitsmarktmodell entspricht dem allgemeinen Marktmodell. **Vollbeschäftigung** liegt vor, wenn Arbeitsnachfrage (N_{Arb}) und Arbeitsangebot (A_{Arb}) gleich groß sind. Einerseits haben dann die Unternehmen so viele Arbeitskräfte, wie sie für ihre Produktion benötigen, und

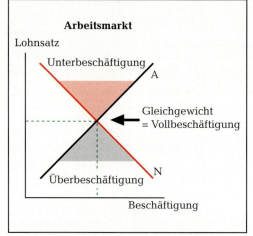

---
1 Im Vergleich zu Gütermärkten bedeutet das eine Umkehrung der beiden Marktseiten. Um diese Umkehrung zu vermeiden, wird in manchen Lehrbüchern daher von „Nachfrage nach Arbeitsplätzen" und „Angebot von Arbeitsplätzen" gesprochen.

andererseits hat jeder, der arbeiten will, auch einen Arbeitsplatz. In der Bevölkerung gibt es keine Arbeitslosigkeit und in den Betrieben keine offenen Stellen.

$N_{Arb} = A_{Arb}$

Überbeschäftigung liegt vor, wenn die Arbeitsnachfrage größer ist als das Arbeitsangebot. Die Betriebe können nicht alle Arbeitsplätze besetzen und müssen Produktionseinbußen hinnehmen.

$N_{Arb} > A_{Arb}$

Unterbeschäftigung liegt vor, wenn das Arbeitsangebot größer ist als die Arbeitsnachfrage. Nicht alle, die arbeiten wollen, haben auch einen Arbeitsplatz. Ein Teil der Bevölkerung ist arbeitslos.

$A_{Arb} > N_{Arb}$

Einschränkungen dieses Arbeitsmarktmodells sind u. a.:

- Aufgrund tarifvertraglicher u. a. Regelungen sind die Löhne nach unten weitgehend starr.
- Für Einzelpersonen kann sich bei sinkendem Reallohn die Notwendigkeit ergeben, mehr zu arbeiten, um die Familie ernähren zu können. Das würde bei sinkendem Lohn nicht zu einer Einschränkung, sondern zu einer Ausweitung des Arbeitsangebots führen. Für das hier betrachtete gesamtwirtschaftliche Arbeitsangebot gilt ein solches Verhalten jedoch nicht.
- Wenn der Reallohn aufgrund von Preissteigerungen sinkt, wird dies kaum wahrgenommen und führt daher auch nicht zu entsprechenden Reaktionen der Anbieter.

> - Arbeitsangebot und Arbeitsnachfrage treffen sich auf dem Arbeitsmarkt. Anbieter sind die privaten Haushalte, Nachfrager die Unternehmen.
> - Am Arbeitsmarkt gelten im Prinzip die gleichen Mechanismen wie am Gütermarkt.
> - Vollbeschäftigung liegt vor, wenn sich Arbeitsnachfrage und Arbeitsangebot ausgleichen. Überbeschäftigung liegt vor, wenn die Arbeitsnachfrage größer ist als das Arbeitsangebot. Unterbeschäftigung liegt vor, wenn das Arbeitsangebot größer ist als die Arbeitsnachfrage.

10.1.1.3 Formen von Arbeitslosigkeit

Wodurch entsteht Arbeitslosigkeit?

In der amtlichen Statistik zählen die Personen als arbeitslos, die bei den Arbeitsämtern als Arbeitslose registriert sind. Gründe für die Registrierung sind zum einen die Hoffnung auf Vermittlung eines Arbeitsplatzes durch das Arbeitsamt und zum anderen der Anspruch auf Transferleistungen (Arbeitslosengeld, Arbeitslosenhilfe).

Aus den beiden Registrierungsgründen ergeben sich gewisse Einschränkungen in der Aussagefähigkeit der amtlichen Arbeitslosenstatistik. Unter den registrierten Arbeitslosen befindet sich eine – in ihrer Größe nicht bekannte – Gruppe, die lediglich finan-

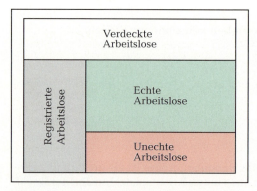

zielle Transferleistungen in Anspruch nehmen will, an der Vermittlung eines Arbeitsplatzes aber nicht (mehr) interessiert ist. Diese sogenannten **„unechten Arbeitslosen"** führen zu einer Überschätzung der tatsächlich Arbeitssuchenden.

Andererseits haben Personen den Wunsch nach Arbeit oder würden unter bestimmten Bedingungen arbeiten, lassen sich aber beim Arbeitsamt nicht registrieren. Weiterhin ist eine nicht unbeträchtliche Anzahl von Personen zwar dem Arbeitsamt als arbeitssuchend bekannt, wird aber vom Arbeitsamt nicht als arbeitslos geführt, weil sie sich in Arbeitsförderungs- oder Umschulungsmaßnahmen des Arbeitsamtes befinden. Diese so genannten **„verdeckten Arbeitslosen"** führen zu einer Unterschätzung der tatsächlichen Arbeitslosigkeit. Diejenigen Personen, die zu bestehenden Bedingungen (Löhnen, Arbeitszeiten usw.) nicht bereit sind zu arbeiten, jedoch bei besseren Bedingungen einen Arbeitsplatz suchen würden, werden auch als **„freiwillige Arbeitslose"** bezeichnet.

Formen von Arbeitslosigkeit werden in erster Linie nach den Ursachen der Arbeitslosigkeit unterschieden. In der Wirtschaftstheorie wird – in Anlehnung an das oben dargestellte Arbeitsmarktmodell – vor allem von zwei Formen der Arbeitslosigkeit gesprochen, die allerdings in der Realität nicht ohne weiteres auseinander gehalten werden können:

- **Klassische Arbeitslosigkeit** liegt vor, wenn der Reallohn höher ist als der Vollbeschäftigungs- oder Gleichgewichtslohn. Das Arbeitsangebot ist in diesem Fall höher als die Arbeitsnachfrage. Gleichzeitig ist das Güterangebot geringer als die Güternachfrage, da es sich wegen der hohen (Lohn-)Kosten für die Unternehmer nicht lohnt, so viel Güter zu produzieren, wie für eine Vollbeschäftigung notwendig wären. Ursache für klassische Arbeitslosigkeit ist also eine mangelnde Gewinnaussicht bei den Unternehmern.

- **Keynesianische Arbeitslosigkeit** geht zunächst von der gleichen Situation aus: Das Arbeitsangebot ist höher als die Arbeitsnachfrage. Am Gütermarkt besteht jedoch die umgekehrte Situation wie bei klassischer Arbeitslosigkeit: Das Güterangebot übersteigt die Güternachfrage bzw. Güterangebot und Güternachfrage sind gleich groß („Gleichgewicht bei Unterbeschäftigung"). Für die Unternehmer lohnt es sich in dieser Situation nicht, die Güterproduktion zu erhöhen, sodass der Überhang beim Arbeitsangebot nicht abgebaut wird. Ursache für keynesianische Arbeitslosigkeit ist also eine zu geringe Güternachfrage, zu gering, um Vollbeschäftigung zu erreichen.

In der Arbeitsmarktpolitik werden vor allem vier Formen von Arbeitslosigkeit unterschieden:

- **Konjunkturelle Arbeitslosigkeit** tritt als Folge konjunktureller Schwankungen auf. Wie unten bei der Erörterung von „Konjunktur" noch im Einzelnen zu zeigen sein wird, ist die wirtschaftliche Entwicklung durch ein typisches Auf und Ab, die sogenannten „Konjunkturzyklen", gekennzeichnet. Konjunkturelle Arbeitslosigkeit erfasst mehr oder weniger alle Bereiche der Volkswirtschaft. Allgemeine Ursache ist, dass als Folge des vorausgegangenen konjunkturellen Aufschwungs das Güterangebot die Güternachfrage übersteigt und die Unternehmen die Produktion drosseln und dabei die Beschäftigung reduzieren.

- **Strukturelle Arbeitslosigkeit** trifft vor allem Beschäftigte bestimmter Branchen. Hierbei handelt es sich in erster Linie um Wirtschaftsbereiche, die an Bedeutung verlieren (in Deutschland z. B. Bergbau, Werften, Stahlproduktion) oder in denen neue, arbeitssparende Technologien eingeführt werden. Durch Einführung neuer Technologien hervorgerufene Arbeitslosigkeit wird gelegentlich auch als **„technologische Arbeitslosigkeit"** bezeichnet.
- **Saisonale Arbeitslosigkeit** ergibt sich vor allem in Branchen, deren Güterproduktion stärkeren jahreszeitlichen Schwankungen unterliegt. Hierzu zählen vor allem Landwirtschaft, Gaststättengewerbe, Touristikindustrie und Baugewerbe.
- **Friktionelle Arbeitslosigkeit** hat individuelle Gründe. Kündigung und Suche eines neuen Arbeitsplatzes, Wohnungswechsel usw. führen oft zu Arbeitslosigkeit, die zumeist aber nur kurzfristig ist.

Formen von Arbeitslosigkeit	
Form	**Erläuterung**
Konjunkturelle Arbeitslosigkeit	Tritt als Folge konjunktureller Schwankungen auf. Erfasst alle Wirtschaftsbereiche.
Strukturelle Arbeitslosigkeit	Tritt in Branchen auf, die an wirtschaftlicher Bedeutung verlieren oder in denen neue, arbeitssparende Technologien eingeführt werden.
Saisonale Arbeitslosigkeit	Tritt in Branchen auf, in denen die Nachfrage stärkeren jahreszeitlichen Schwankungen unterliegt.
Friktionelle Arbeitslosigkeit	Tritt als Folge individueller Veränderungen auf (Arbeitsplatzwechsel, Wohnungswechsel usw.)

- Die Zahl der „registrierten" Arbeitslosen vermittelt kein exaktes Bild der Arbeitslosigkeit in einer Volkswirtschaft.
- Formen von Arbeitslosigkeit werden in erster Linie nach den Ursachen der Arbeitslosigkeit unterschieden.
- Formen von Arbeitslosigkeit sind:
    - Konjunkturelle Arbeitslosigkeit
    - Strukturelle Arbeitslosigkeit
    - Saisonale Arbeitslosigkeit
    - Friktionelle Arbeitslosigkeit

10.1.2 Bestimmungsgrößen der Beschäftigung

Angesichts der indviduellen, sozialen und letztlich auch politischen Bedeutung von Arbeitslosigkeit nimmt es nicht wunder, dass Fragen der Beschäftigung in der Ökonomie einen breiten Raum einnehmen. Anliegen der Wirtschaftstheorie ist es, die Ursachen von Beschäftigungshöhe und Beschäftigungsschwankungen zu ergründen. Aufgabe der Wirtschaftspolitik ist es, auf der Grundlage der theoretischen Erkenntnisse die Beschäftigungslage so zu steuern, dass diejenigen Menschen, die eine Beschäftigung suchen, auch eine angemessene Beschäftigung finden.

In der theoretischen Auseinandersetzung mit Fragen der Beschäftigung lassen sich vor allem zwei Ansätze unterscheiden: das „klassische" Modell und das keynesianische Modell.

Die **klassische Nationalökonomie** ging davon aus, dass sich auf Märkten automatisch ein Gleichgewicht einstellt. Da die Summe aller Einkommen in einer Volkswirtschaft dem Wert der hergestellten Güter entspricht, sind Gesamtnachfrage und Gesamtangebot gleich groß. Jede Produktion schafft sich über die durch sie erzielten Löhne ihre eigene Nachfrage (**SAYsches Theorem**).[1] Ungleichgewichtslagen auf dem Arbeitsmarkt stellen lediglich kurzzeitige Abweichungen vom Normalfall der Vollbeschäftigung dar. Anpassungsprozesse laufen über die Flexibilität des Arbeitslohnes und die Ausgleichsfunktion des Zinses.

- Ist das Arbeitsangebot beispielsweise größer als die Arbeitsnachfrage, sinken die Löhne. Das Arbeitsangebot nimmt ab, die Nachfrage zu und ein neues Gleichgewicht stellt sich ein.
- Geht die Konsumgüternachfrage der Haushalte zurück, erhöht sich entsprechend das Sparkapital. Das führt zu einer Zinssenkung, die ihrerseits die Unternehmer zu vermehrten Investitionen anreizt. Der Rückgang bei der Konsumgüternachfrage wird durch einen Zuwachs bei der Investitionsgüternachfrage ausgeglichen.

Vor allem unter dem Eindruck der andauernden Massenarbeitslosigkeit während der Weltwirtschaftskrise Ende der Zwanziger- und Anfang der Dreißigerjahre entwickelte **KEYNES**[2] eine umfassende Theorie der Beschäftigung, die – anders als die klassische Theorie – auch Stabilität, d.h. Dauerhaftigkeit von Ungleichgewichtslagen einschloss („Gleichgewicht bei Unterbeschäftigung"). Die heutigen – und im Folgenden dargestellten – Erklärungsansätze basieren überwiegend auf den Arbeiten von KEYNES.

10.1.2.1 Das Problem: Zusammenhang von Nachfrage, Produktion, Beschäftigung und Volkseinkommen

> Welche Wechselwirkungen bestehen zwischen Nachfrage, Produktion, Beschäftigung und Volkseinkommen?

Ausgangspunkt der keynesianischen Beschäftigungstheorie ist die Erkenntnis, dass die Höhe der Beschäftigung von der Höhe der gesamtwirtschaftlichen Nachfrage abhängt. Die Höhe der Produktion ist eine Zwischenvariable zwischen Nachfragehöhe und Beschäftigungshöhe:

- Werden mehr Güter nachgefragt, so werden mehr Güter produziert und die Beschäftigung steigt.
- Werden weniger Güter nachgefragt, so werden weniger Güter produziert und die Beschäftigung sinkt.

An die Erkenntnis, das die Höhe der gesamtwirtschaftlichen Nachfrage die Höhe der Beschäftigung bestimmt, schließt sich die Frage an, wovon die Höhe der Nachfrage abhängig ist. Ohne hier schon in Einzelheiten zu gehen, lässt sich sagen, dass die Nach-

---

[1] Jean Baptiste SAY (1767 – 1832), französischer Ökonom, Vertreter der klassischen Nationalökonomie.
[2] John Maynard KEYNES (1883 – 1946), engl. Politiker und Nationalökonom. Hauptwerk u.a. „General Theory of Employment, Interest and Money" (1936); dt.: Allgemeine Theorie der Beschäftigung, des Zinses und des Geldes, 1952

fragehöhe ganz wesentlich von der Einkommenshöhe bestimmt wird. Die Summe aller Einkommen in einer Volkswirtschaft ist das **Volkseinkommen.** Die Höhe des Volkseinkommens ist wiederum in erster Linie abhängig von der Höhe der Beschäftigung. Für ihre Mitwirkung im Produktionsprozess erhalten die Beschäftigten Einkommen. Wächst die Zahl der Beschäftigten, wächst auch die Summe der Einkommen. Somit ergibt sich für **Nachfrage, Produktion, Beschäftigung und Volkseinkommen** ein zirkulärer Zusammenhang.[1]

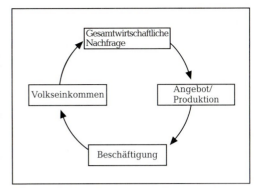

Tritt nun an einer Stelle dieses Systems eine Veränderung auf, so ändern sich im Regelfall auch die übrigen Größen. Erhöht sich beispielsweise die Güternachfrage, so erhöhen sich auch Produktion, Beschäftigung und Volkseinkommen. Das höhere Volkseinkommen erhöht nun seinerseits in der nächsten Periode zunächst die Güternachfrage und dann die übrigen Größen. Diese sich fortsetzende kumulative Wirkung eines Impulses wird **Multiplikatoreffekt** genannt; er wird weiter unten ausführlicher dargestellt. Tritt an einer Stelle des Systems ein mindernder Effekt auf, vermindern sich entsprechend auch die übrigen Größen.

Die Verflechtungen zwischen den Größen werden im Folgenden ausführlicher dargestellt. Das Verständnis der Zusammenhänge soll dabei durch drei Leitfragen und die Angabe der ihnen zugeordneten Abschnitte in diesem Buch erleichtert werden.

Erkenntnis:
Die Höhe der Beschäftigung hängt von der Höhe der gesamtwirtschaftlichen Nachfrage ab.

Leitfragen	**Thema im Buch**
• Wie setzt sich die Güternachfrage zusammen und wovon ist ihre Höhe abhängig?	Gesamtwirtschaftliche Nachfrage
• Wie hoch muss die Nachfrage bzw. das Volkseinkommen sein, damit Vollbeschäftigung erreicht wird?	Marktgleichgewicht und Gleichgewichtseinkommen
• Wodurch werden Schwankungen in der Nachfragehöhe und damit Schwankungen in der Beschäftigungshöhe hervorgerufen?	Multiplikator Akzelerator

- Die Höhe der Beschäftigung hängt von der Höhe der gesamtwirtschaftlichen Nachfrage ab.
- Zwischen Nachfrage, Angebot/Produktion, Beschäftigung und Volkseinkommen besteht ein zirkulärer Zusammenhang.
- Eine Veränderung bei einer Größe bewirkt, dass sich im Regelfall auch die anderen Größen entsprechend verändern; dabei setzt ein kumulativer Prozess ein.

---
1 Vgl. auch die Erweiterung der Grafik in den Abschn. 10.1.2.4 und 10.4.

10.1.2.2 Gesamtwirtschaftliche Nachfrage

Wie setzt sich die gesamtwirtschaftliche Nachfrage zusammen und welche Bedeutung kommt ihr zur Erklärung der Beschäftigungshöhe zu?

Für die Beschäftigung bedeutsam ist die **gesamtwirtschaftliche Nachfrage,** soweit sie bei Produktionsstätten im Inland wirksam wird. Die gesamtwirtschaftliche Nachfrage setzt sich zusammen aus der Nachfrage aller Wirtschaftssubjekte. Da gleichartige Wirtschaftssubjekte zu Wirtschaftssektoren zusammengefasst werden, ergeben sich vier Nachfragesektoren:

- Nachfrage der privaten Haushalte (C_H = Konsumnachfrage)
- Nachfrage der Unternehmen (I = Investitionsnachfrage)
- Nachfrage des Staates (C_{St} = Staatsnachfrage)
- Nachfrage des Auslands (Exporte – Importe = Ex – Im = **Außenbeitrag).**

Gesamtwirtschaftliche Nachfrage = C_H + I + C_{St} + (Ex – Im)

Die Verwendung lediglich des Außenbeitrags anstelle der Exporte zur Bestimmung der gesamtwirtschaftlichen Nachfrage bedarf der Erläuterung. Als gesamtwirtschaftliche Nachfrage wird die Nachfrage gezählt, die für die inländischen Produktionsstätten wirksam wird. Auslandsnachfrage wird in Höhe der **Exporte** wirksam. Von den Nachfragen der Haushalte, der Unternehmen und des Staates richtet sich jedoch ein Teil auf Auslandsgüter, die **Importe.** In diesem Umfang geht die Nachfrage für die inländischen Betriebe verloren. Nun könnte man die Nachfrage von Haushalten, Unternehmen und Staat aufspalten in Inlandsnachfrage und Importnachfrage und die Importnachfrage jeweils abziehen. Da dies aber mit erheblichen Schwierigkeiten verbunden wäre, werden üblicherweise die Exporte ohne weitere Differenzierung um die gesamten Importe verringert. Durch dieses Vorgehen ist sichergestellt, dass genau die Nachfrage berücksichtigt wird, die für inländische Produktionsstätten Bedeutung hat.

	Gesamtwirtschaftliche Nachfrage				
	Sektor	Nachfrage in Mrd. EUR			
		1998	1999	2000	2001
	Private Konsumausgaben	1.059	1.092	1.108	1.124
+	Bruttoinvestitionen	419	428	445	415,1
+	Konsumausgaben des Staates	369	375	379	384
=	**Inländische Nachfrage**	**1.848**	**1.895**	**1.932**	**1.923**
+	Außenbeitrag (Ex – Im)	29	16	36	57
=	**Gesamtwirtschaftliche Nachfrage (BIP)**	**1.877**	**1.911**	**1.968**	**1.980**

Die gesamtwirtschaftliche Nachfrage und deren Bestimmungsgrößen sind das zentrale Problem der Beschäftigungsanalyse. Da die Höhe der gesamtwirtschaftlichen Nachfrage von den Höhen der Einzelnachfragen abhängt, müssen die verschiedenen Nachfragekomponenten betrachtet werden. Das Nachfrageverhalten der Wirtschaftssektoren unterliegt jeweils spezifischen Bedingungen. Die Bestimmungsgrößen der Haushaltsnachfrage werden analysiert mithilfe der **Konsumfunktion** und der **Sparfunktion**[1], die Bestimmungsgrößen der Unternehmensnachfrage mit der **Investitionsfunktion,** die der Staatsnachfrage mit der **Staatsausgabenfunktion** und die der Auslandsnachfrage mit der **Exportfunktion.**

Im Interesse einer Konzentration auf die Grundelemente wird im Folgenden – wie auch bei KEYNES und in vergleichbaren anderen Darstellungen – eine Beschränkung auf das **Modell einer geschlossenen Wirtschaft ohne staatliche Aktivität** vorgenommen.[2] Staatsausgabenfunktion und Exportfunktion werden nicht behandelt.

> • Die gesamtwirtschaftliche Nachfrage ist die Summe der im Inland wirkenden Nachfragen von Haushalten, Unternehmen, Staat und Ausland.

10.1.2.2.1 Nachfrage der Haushalte: Konsum- und Sparfunktion

> Welcher Zusammenhang besteht zwischen der Höhe des Volkseinkommens und der Höhe der Konsumausgaben?

Bei der Darstellung der Nachfrage am Gütermarkt konnte bereits die **Nachfragefunktion**

$$N = f(p_1, p_2, ..., Y, U)$$

entwickelt werden. Danach ist die Haushaltsnachfrage abhängig von den Güterpreisen (p), dem Einkommen (Y) und der Präferenzordnung des Haushalts (U). Werden für einen kurzzeitigen Betrachtungszeitraum die Präferenzordnungen der Haushalte und die Güterpreise als konstant angenommen, ist die Nachfrage der Haushalte in erster Linie vom Einkommen abhängig.

Die Haushalte können ihr Einkommen (Y) auf zweierlei Weise verwenden: für Konsum (C) oder Ersparnis (S). Es gilt:

$$Y = C + S$$
$$C = Y - S$$
$$S = Y - C$$

Einkommen und Einkommensverwendung der privaten Haushalte					
Gegenstand	1960	1970	1980	1990	2000
	Mrd. EUR				
Verfügbares Einkommen	96	219	491	784	1.296
Private Konsumausgaben	88	189	428	675	1.180
Ersparnis	8	30	63	108	116
Konsumquote (%)	47	44	45	44	91
Sparquote (%)	4	7	7	7	9
Quelle: Statistisches Bundesamt; eigene Berechnungen					

---
1 Vgl. zur Haushaltsnachfrage ausführlich auch Kap. 3 „Nachfrage am Gütermarkt".
2 Zu diesem Modell vgl. auch die Darstellung zum Wirtschaftskreislauf, Kap. 2.

In der Regel werden mit wachsenden Einkommen sowohl die Konsumausgaben als auch die Ersparnisse ansteigen. Ein Blick auf die tatsächliche Entwicklung bestätigt diese Einschätzung.

Anders verhält es sich mit dem Anteil der Konsumausgaben und der Ersparnisse am Einkommen. Mit steigendem Einkommen nimmt die **Konsumquote** ab und die **Sparquote** nimmt zu. Die Abhängigkeit der Konsumhöhe von der Einkommenshöhe wird als **Konsumfunktion,** die Abhängigkeit der Ersparnishöhe von der Einkommenshöhe wird als **Sparfunktion** bezeichnet.

Für den allgemeinen Verlauf von Konsum- und Sparfunktion sind einige Erkenntnisse bedeutsam:
1. Wird das gesamte Einkommen für Konsumzwecke ausgegeben, stellt die Konsumfunktion in einem Einkommen-Konsum-Diagramm eine Winkelhalbierende dar. Für alle Punkte dieser Kurve gilt: Y = C. Eine Sparfunktion besteht nicht.
2. In der Realität wird nur ein Teil des Einkommens für Konsumzwecke ausgegeben (= **Konsumsumme**); der Rest wird gespart. Konsum und Ersparnis sind komplementäre Größen.
3. Mit wachsendem Einkommen steigen Konsumausgaben und Ersparnis.
4. Ein gewisser Mindestkonsum ist aus existenziellen Gründen unverzichtbar; die Konsumfunktion kann daher nicht null werden.

Auf der Grundlage dieser Erkenntnisse lassen sich nun Konsumfunktion und Sparfunktion in ihrem prinzipiellen Verlauf darstellen.

■ Konsumfunktion

Die Umsetzung der allgemeinen Erkenntnisse in ein exemplarisches Zahlenbeispiel macht einige Abhängigkeiten zwischen Einkommenshöhe und Konsumsumme deutlich. Die Konsumfunktion weist drei Bereiche auf:

Einkommen (Y)	Konsum (C)	Ersparnis (S)
0	15	– 15
100	100	0
200	185	15
300	270	30
400	355	45

- Beim theoretischen Fall eines Volkseinkommens von null ergibt sich ein Konsum von 15.
  Diese Konsumhöhe ist gewissermaßen das volkswirtschaftliche Existenzminimum und insoweit von der Einkommenshöhe unabhängig (C_a = **autonomer Konsum**). Die Finanzierung muss durch negatives Sparen (Kreditaufnahme oder Auflösung von Ersparnissen aus früheren Perioden) erfolgen.
- Bei einem Einkommen von 100 sind die Konsumausgaben voll abgedeckt, Ersparnis ist noch nicht möglich (**Basiseinkommen**).
- Erst wenn das Einkommen weiter ansteigt, können Teile für Ersparniszwecke verwendet werden.

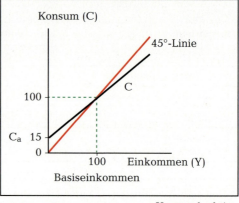

Konsumfunktion

Mit steigendem Einkommen wächst also der Konsum. Im Zahlenbeispiel führt eine Einkommenserhöhung von 100 zu einer Konsumerhöhung von 85. Das Verhältnis zwischen Einkommenszunahme und Konsumzunahme wird als **Grenzneigung zum Konsum (Grenzkonsumquote, marginale Konsumquote)** bezeichnet; sie gibt an, wie viel Prozent eines zusätzlichen Einkommens für Konsumzwecke verwendet wird.

$$\text{Grenzneigung zum Konsum} = \frac{\text{Zunahme Konsumsumme}}{\text{Zunahme Einkommen}}$$

$$c = \frac{\Delta C}{\Delta Y}$$

Im gewählten Zahlenbeispiel ist die Grenzneigung zum Konsum (c) ein proportionaler Faktor von 0,85. Als Konsumsumme ergibt sich: C = 15 + 0,85Y; die Konsumfunktion ist linear. In der Realität ist die Grenzneigung zum Konsum nicht proportional zur Einkommenshöhe. Mit wachsendem Einkommen nimmt die Konsumquote ab.

Die Konsumsumme (C) bei einem gegebenen Einkommen (Y) setzt sich zusammen aus dem Konsumsockel bzw. dem autonomen Konsum C_a und einem Einkommensanteil, der durch die Grenzneigung zum Konsum (c) und die Einkommenshöhe (Y) bestimmt wird.

Konsumfunktion: $C = C_a + c \cdot Y$
Die Konsumfunktion gibt die Konsumsumme bei alternativen Einkommenshöhen an.

■ Sparfunktion

Die Bestimmung der Sparfunktion geschieht in gleicher Weise wie die Bestimmung der Konsumfunktion. Es gilt:

$$\text{Grenzneigung zum Sparen} = \frac{\text{Zunahme Ersparnis}}{\text{Zunahme Einkommen}}$$

$$s = \frac{\Delta S}{\Delta Y}$$

Die **Grenzneigung zum Sparen (Grenzsparquote, marginale Sparquote)** gibt an, wie viel Prozent eines zusätzlichen Einkommens gespart werden. In Höhe des einkommensunabhängigen, autonomen Konsums (C_a) finden negative Ersparnisse statt. Die Sparsumme (S) bei einem gegebenen Einkommen ergibt sich aus Einkommenshöhe und Grenzneigung zum Sparen und Höhe des autonomen Konsums.

Im gewählten Zahlenbeispiel ist die Grenzneigung zum Sparen (s) ein proportionaler Faktor von 0,15. Als Ersparnis ergibt sich: S = 0,15Y – 15.

Sparfunktion: $S = s \cdot Y - C_a$
Die Sparfunktion gibt die Ersparnis bei alternativen Einkommenshöhen an.

Da das Einkommen nur für Konsum- und Sparzwecke verwendet werden kann, ergänzen sich Grenzneigung zum Konsum und Grenzneigung zum Sparen zu 1.

C + S = Y
c + s = 1

In der grafischen Darstellung entspricht c dem Steigungsfaktor der Konsumfunktion und s dem Steigungsfaktor der Sparfunktion. Wird als Hilfslinie die 45°-Linie eingezeichnet (Y = C), lassen sich Verläufe von Konsum- und Sparfunktion leichter interpretieren:

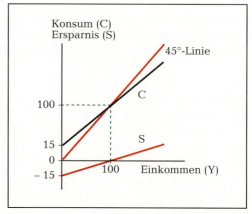

Konsum- und Sparfunktion

- Bei einem Einkommen von null finden Konsumausgaben und negative Ersparnis in Höhe des autonomen Konsums (C_a) statt.
- Bei einem Einkommen unterhalb des Basiseinkommens sind die Konsumausgaben höher als das Einkommen, es findet weiterhin negative Ersparnis statt.
- Bei einer bestimmten Einkommenshöhe, dem Basiseinkommen, sind Einkommen und Konsumausgaben gleich groß (Schnittpunkt von Konsumfunktion mit 45°-Linie); die Ersparnis ist null **(Sparschwelle)**.
- Oberhalb des Basiseinkommens verläuft die Konsumfunktion unterhalb der 45°-Linie, d. h., die Konsumausgaben sind geringer als das Einkommen. Es findet positive Ersparnis statt.
- Die Differenz zwischen Konsumfunktion und 45°-Linie ergibt die Sparfunktion.

Die KEYNESsche Konsumfunktion geht von einem linearen Verlauf aus. Das schlägt sich in einer gleich bleibenden Höhe der Konsumquote nieder. In der Realität steigt die Konsumfunktion jedoch degressiv.

Mit wachsendem Einkommen nehmen zwar die Konsumausgaben noch zu, ihre Zunahme ist aber geringer als die Zunahme der Einkommen.

Die Grenzneigung zum Konsum (c) nimmt in der Regel mit steigenden Einkommen ab. Entsprechend nimmt mit steigenden Einkommen die Grenzneigung zum Sparen (s) zu.

- Die Nachfrage der privaten Haushalte wird in ihrer Höhe wesentlich vom Einkommen bestimmt.
- Die Haushalte können ihr Einkommen für Konsumzwecke und für Ersparnisse verwenden (Y = C + S).
- Mit wachsendem Einkommen wachsen Konsumausgaben und Ersparnisse.
- Das Verhältnis zwischen Einkommenszunahme und Konsumzunahme wird als Grenzneigung zum Konsum (Grenzkonsumquote, marginale Konsumquote) bezeichnet. Die Konsumfunktion gibt die jeweilige Konsumsumme bei alternativen Einkommenshöhen an.
- Das Verhältnis zwischen Einkommenszunahme und Ersparniszunahme wird als Grenzneigung zum Sparen (Grenzsparquote, marginale Sparquote) bezeichnet. Die Sparfunktion gibt die jeweilige Ersparnis bei alternativen Einkommenshöhen an.

Beschäftigung

10.1.2.2.2 Nachfrage der Unternehmen: Investitionsfunktion

> Wovon hängt die Nachfrage der Unternehmen nach Investitionsgütern ab?

In dem hier zu Grunde gelegten Modell einer geschlossenen Wirtschaft ohne staatliche Aktivität fragen neben den privaten Haushalten auch Unternehmen Güter nach; die Nachfrage der Unternehmen richtet sich auf Investitionsgüter.

Die Investitionsbereitschaft der Unternehmen hängt von mehreren Größen ab:
- Die Höhe der Gewinne stellt für die Unternehmen eine wichtige Finanzierungsquelle für Investitionen dar und ist daher eine Grundlage ihrer *Investitionsfähigkeit*.
- Die Höhe der *erwarteten* Gewinne aufgrund geplanter Investitionen bestimmt wesentlich die *Investitionsbereitschaft*; je höher die mit einer Investition verbundenen Gewinnerwartungen sind, umso größer ist die Investitionsbereitschaft.
- Gewinne und Gewinnerwartungen der Unternehmen hängen u. a. von der Nachfragesituation ab. Eine – im Vergleich zum Angebot – hohe Nachfrage verspricht hohe Gewinne und wird die Unternehmen zu Investitionen anreizen.
- Schließlich hängt die Investitionsbereitschaft der Unternehmen auch von den Ertragsaussichten alternativer Gewinnverwendungen ab. Ein Unternehmen kann seinen Gewinn reinvestieren, aber auch in anderer Weise – z. B. bei Banken in Form von Wertpapieren – anlegen. Ein Unternehmen wird wahrscheinlich derjenigen Verwendungsmöglichkeit den Vorzug geben, die den größten Ertrag verspricht.
- Neben diesen Größen sind ohne Zweifel auch noch andere Aspekte bedeutsam, wie beispielsweise Kampf um Marktmacht, Prestigegründe usw., die aber nur schwer quantifizierbar sind.

Im Modell von KEYNES spielen die Zinsüberlegungen die entscheidende Rolle für die Investitionen der Unternehmen. Der Zins, der bei einer Anlage am Kapitalmarkt erzielt wird, wird **Marktzins** oder **externer Zins** genannt. Der Zins, der bei einer Anlage im Unternehmen erzielt wird, stellt den **internen Zins** dar. Er spiegelt die innerbetriebliche Verzinsung des eingesetzten Kapitals wider und wird auch **Grenzleistungsfähigkeit des Kapitals** genannt.

> **Beispiel**
>
> Einem Unternehmen stehen 10 Mio. € zur Verfügung. Bei einer Geldanlage in Wertpapieren ist eine Verzinsung von 7 % zu erzielen. Bei einer Investition im Unternehmen kann mit laufenden Kosten von jährlich 100.000 € und Erlösen von jährlich 600.000 € aus dieser Investition gerechnet werden.
>
> Den Nettoeinnahmen von jährlich 500.000 € steht durch die Anschaffungskosten ein Kapitaleinsatz in Höhe von 10 Mio. € gegenüber. Der interne Zins für die Investition beträgt also 5 %. Wenn sich das Unternehmen nur von Zinsüberlegungen leiten lässt, wird es das Geld am Kapitalmarkt anlegen und nicht im Betrieb investieren.

Investitionen (I) hängen von der Höhe des Marktzinses (i) ab. Aus dieser Abhängigkeit folgt: Ist der Marktzins (i) höher als der interne Zins (z), wird das Unternehmen seine Geldmittel am Kapitalmarkt anlegen; ist der interne Zins höher als der Marktzins, wird das Unternehmen investieren.

Zur Veranschaulichung der Investitionsnachfrage wird der interne Zins dem Marktzins gegenübergestellt. Angesichts der Vielzahl von Investitionen in einer Volkswirtschaft gibt es stets Investitionen, die hohe Renditen erwirtschaften, und solche, die geringere

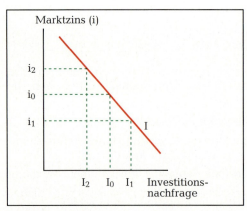

Investitionsfunktion

Renditen erwirtschaften. Hat der Marktzins eine bestimmte Höhe (i_0), so wird ein Teil der Investitionen eine höhere interne Verzinsung aufweisen und darum auch durchgeführt werden. Jener Teil der Investitionen, dessen interne Verzinsung unterhalb des Marktzinses (i_0) liegt, wird dagegen nicht realisiert. Die Investitionsnachfrage (I) bei einem Marktzins von i_0 wird also die Höhe von I_0 annehmen. Sinkt der Marktzins von i_0 auf i_1, werden auch weitere Investitionen lohnend und die Investitionsnachfrage steigt auf I_1. Steigt der Marktzins auf i_2, geht die Investitionsnachfrage zurück.[1]

Investitionsfunktion: I = f (i)
Die Investitionsfunktion spiegelt die Abhängigkeit der Investitionsnachfrage von der Höhe des Marktzinses wider.

- Die Investitionsnachfrage der Unternehmen hängt von zahlreichen Faktoren ab. Von besonderer Bedeutung sind Zinsüberlegungen.
- Als Marktzins (i) wird die Verzinsung bezeichnet, die das Unternehmen bei einer Geldanlage am Kapitalmarkt erzielen kann.
- Als interner Zins (z) wird die Verzinsung bezeichnet, die das Unternehmen bei einer Investition im Unternehmen erwirtschaften kann.
- Da die Unternehmen in der Regel die zinsgünstigere Anlage wählen, hängt die Investitionsnachfrage somit von der Höhe des Marktzinses ab.
- Ist der Marktzins höher als der interne Zins, werden die Unternehmen mehr Geldmittel am Kapitalmarkt anlegen und weniger investieren; ist der interne Zins höher als der Marktzins, werden die Unternehmen mehr investieren.

10.1.2.3 Marktgleichgewicht und Gleichgewichtseinkommen

Welche Bedeutung hat das Gleichgewicht auf dem Gütermarkt für die Beschäftigung?

Sowohl in dem klassischen Modell als auch in der keynesianischen Beschäftigungstheorie spielt das **Gütermarktgleichgewicht** eine zentrale Rolle. Marktgleichgewicht besteht, wenn gesamtwirtschaftliches Güterangebot und gesamtwirtschaftliche Güternachfrage gleich groß sind. Im klassischen Modell strebt der Gütermarkt stets zum Gleichgewicht und beim Gleichgewicht herrscht Vollbeschäftigung.

---

[1] Bei diesen Überlegungen bleibt das Risiko, das in der Regel mit Investitionen verbunden ist, unberücksichtigt. Soll das Risiko einbezogen werden, wird so verfahren, dass der Marktzins (i) um einen Risikoaufschlag erhöht wird. Dann ergibt sich der sogenannte **Kalkulationszinsfuß.** Beträgt – wie im Rechenbeispiel – der Marktzins 7 %, so wird der Investor ihn um eine Risikoprämie von beispielsweise 2 % erhöhen. Die risikobehaftete Investition müsste also mindestens einen internen Zins von 9 % erbringen, um zu der risikoarmen Geldanlage am Kapitalmarkt konkurrenzfähig zu sein.

KEYNES gelang jedoch der Nachweis, dass Unterbeschäftigung auch bei einem Gütermarktgleichgewicht möglich ist. Für ihn liegt die Ursache von Unterbeschäftigung nicht in Gütermarktungleichgewichten, sondern darin, dass die gesamtwirtschaftliche Nachfrage zu gering ist, um Vollbeschäftigung zu ermöglichen **(keynesianische Arbeitslosigkeit)**. Eine in diesem Sinne zu geringe gesamtwirtschaftliche Güternachfrage kann genauso groß sein wie das gesamtwirtschaftliche Angebot **(Gleichgewicht bei Unterbeschäftigung)**. Da Gleichgewichtslagen stabil sind und von sich aus keine Veränderungstendenzen besitzen, ist die Unterbeschäftigung prinzipiell von Dauer. Höhere Beschäftigung oder gar Vollbeschäftigung ist in dieser Situation nur durch wirtschaftspolitische Maßnahmen möglich, die das bestehende Gleichgewicht bei Unterbeschäftigung stören und

> „Insbesondere ist es ein hervorstechendes Merkmal unserer gegenwärtigen Wirtschaftsordnung, daß sie zwar großen Schwankungen in bezug auf Produktion und Beschäftigung unterworfen ist, aber daß sie doch nicht heftig unbeständig ist. Sie scheint in der Tat während eines beträchtlichen Zeitabschnittes in einem chronischen Zustand unternormaler Tätigkeit verbleiben zu können, ohne irgendeine ausgesprochene Neigung zum Anstieg oder zum vollständigen Zusammenbruch zu haben. Die Erfahrung weist überdies darauf hin, daß Vollbeschäftigung oder auch annähernde Vollbeschäftigung eine seltene und kurzlebige Erscheinung ist."
>
> **Keynes, J. M.: Allgemeine Theorie der Beschäftigung, des Zinses und des Geldes. – Berlin, 3. Aufl. 1966, S. 209**

ein Gleichgewicht auf einem höheren Niveau herbeiführen. Aus dieser Bedeutung des Marktgleichgewichts für die Beschäftigung ergibt sich die Notwendigkeit einer genaueren Analyse dieser Situation.

Für die Modellbetrachtung werden – in Anlehnung an KEYNES und die übliche Darstellung – vereinfachende Annahmen gemacht:

- Als gesamtwirtschaftliche Nachfrage wird nur die Konsumgüternachfrage der Haushalte und die Investitionsgüternachfrage der Unternehmen betrachtet. In einer solchen geschlossenen Wirtschaft ohne staatliche Aktivität entspricht das Güterangebot dem Volkseinkommen (Y).
- Die Konsumgüternachfrage setzt sich zusammen aus dem autonomen Konsum C_a und einem einkommensabhängigen Konsumanteil cY ($C = C_a + cY$).
- Die Investitionsgüternachfrage der Unternehmen bleibt gleich hoch und hängt nicht von anderen Größen ab **(autonome Investitionen)**.

Unter diesen Annahmen gilt die **Gleichgewichtsbedingung:**

Güterangebot	=	Konsumgüternachfrage	+	Investitionsgüternachfrage
Y	=	C	+	I

Durch Einsetzen und Umformen der beiden Ausgangsgleichungen

$Y = C + I$
$C = C_a + cY$

ergibt sich:

$Y = C_a + cY + I$
$Y - cY = C_a + I$
$Y(1-c) = C_a + I$
$Y = \dfrac{1}{1-c}(C_a + I)$ **(Gleichgewichtseinkommen)**

> Beim Gleichgewichtsvolkseinkommen sind nachgefragte und produzierte Gütermenge gleich groß.

Beispiel

Marktgleichgewicht und Marktungleichgewichte sollen an einem Zahlenbeispiel verdeutlicht werden. Folgende Werte werden angenommen:

$C_a = 20$
$c = 0{,}85$
$I = I_a = 10$

Y	C	$I_{geplant}$	$I_{ungeplant}$	$S_{geplant}$	Erläuterung	
Güter-angebot	Güter-nachfrage				Situation	Folgen
0	20	10	−30	−20	N > A	Ungleichgewicht (Angebotslücke)
100	105	10	−15	−5	$I_{gepl} > S_{gepl}$	⟶ Expansion; inflatorische Lücke
200	190	10	0	10	N = A $I_{gepl} = S_{gepl}$	Gleichgewicht, Stabilität
300	275	10	15	25	A > N	Ungleichgewicht (Nachfragelücke)
400	360	10	30	40	$S_{gepl} > I_{gepl}$	⟶ Kontraktion; deflatorische Lücke

Inflatorische und deflatorische Lücke

Die tabellarische Zusammenstellung für alternative Höhen des Volkseinkommens (Y) lässt drei exemplarische Situationen erkennen:

- **N > A: Ungleichgewicht 1**

  Bei einem Volkseinkommen von null realisieren die Haushalte nur den autonomen Konsum von 20 und die Unternehmen die autonomen Investitionen von 10. Die gesamtwirtschaftliche Nachfrage beträgt also 30. Dieser Nachfrage steht eine Produktion von null gegenüber. Da die Produktionsfaktoren keinerlei Einkommen bezogen haben, können sie auch nichts produziert haben. Die Nachfrage kann nur durch einen Zugriff auf die Produktion früherer Perioden befriedigt werden. Diese Produktion befindet sich – soweit sie nicht verkauft wurde – als Lagerhaltung bei den Unternehmen. Die Unternehmen müssen also ihre Lagerbestände um 30 reduzieren. Da Lagerbestände auch Investitionen darstellen **(Vorratsinvestitionen),** finden negative **ungeplante Investitionen** von −30 statt.

  Bei einem Volkseinkommen von 100 werden für 105 Konsumgüter nachgefragt (C_a + cY = 20 + 0,85 · 100) und für 10 Investitionsgüter. Die Gesamtnachfrage von 115 kann noch nicht durch die Produktionshöhe von 100 gedeckt werden; es finden negative ungeplante Investitionen von −15 statt.

  Für die Unternehmen wird der **Nachfrageüberhang (Angebotslücke)** Anlass sein, die Produktion zu erhöhen; es findet eine expansive Wirtschaftsentwicklung statt. Da aber die Produktionserhöhung nur mit einer zeitlichen Verzögerung stattfinden kann, führt der Nachfrageüberhang in der Regel auch zu Preissteigerungen. Er wird daher auch als **inflatorische Lücke** bezeichnet.

- **N = A: Gleichgewicht**

  Erreicht das Volkseinkommen das **Gleichgewichtseinkommen** in Höhe von 200, so werden für 190 Konsumgüter und für 10 Investitionsgüter nachgefragt. Angebot und

Nachfrage sind gleich groß. Es finden keine ungeplanten Investitionen statt. Der Markt befindet sich im Gleichgewicht.

- **N < A: Ungleichgewicht**
  Bei einem Volkseinkommen oberhalb der Gleichgewichtslage besteht wiederum ein Ungleichgewicht. Beträgt das Volkseinkommen (und damit das Güterangebot) z. B. 300, so werden Güter für 285 nachgefragt. Der Ausgleich findet wiederum über ungeplante Größen statt. Da die Unternehmen nicht alle produzierten Güter absetzen können, müssen sie ihre Lagerbestände erhöhen; es finden positive ungeplante Investitionen in Höhe von 15 statt. Auf den **Angebotsüberhang (Nachfragelücke)** werden die Unternehmen mit einem Rückgang der Produktion reagieren. Es finden kontraktive Prozesse statt. Bis zur Anpassung der Produktion an die geringere Nachfrage besteht ein Überangebot. Da eine solche Marktsituation zu Preissenkungen tendiert, wird sie auch als **deflatorische Lücke** bezeichnet.

Die Zusammenhänge können auch mithilfe einer Grafik veranschaulicht werden.

Die Investitionen erscheinen als Parallele zur x-Achse in gleich bleibender Höhe. Der autonome Konsum C_a verläuft ebenfalls parallel zur x-Achse, da er einkommensunabhängig und damit bei allen Einkommenshöhen gleich groß ist. Die Konsumfunktion C setzt sich zusammen aus dem autonomen Konsum und dem einkommensabhängigen Konsumanteil (cY). Die Gesamtnachfrage ergibt sich aus Konsumgüternachfrage und Investitionsgüternachfrage (C + I). Sie verläuft um den Betrag von I parallel versetzt zur Konsumfunktion. Die 45°-Linie spiegelt in allen Punkten die Gleichheit von gesamtwirtschaftlichem Angebot (Y) und gesamtwirtschaftlicher Nachfrage (C+I) wider. 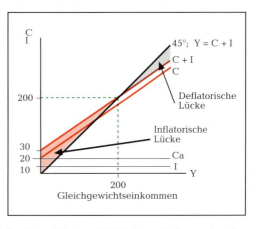 Im Schnittpunkt von 45°-Linie und Gesamtnachfrage ergibt sich das Gleichgewichtseinkommen. Unterhalb des Gleichgewichtseinkommens liegt zwischen 45°-Linie und Gesamtnachfrage die inflatorische Lücke, oberhalb des Gleichgewichtseinkommens die deflatorische Lücke.

- Marktgleichgewicht liegt vor, wenn gesamtwirtschaftliches Güterangebot und gesamtwirtschaftliche Güternachfrage gleich groß sind.
- Im Modell der geschlossenen Volkswirtschaft ohne staatliche Aktivität sind Güterangebot und Volkseinkommen gleich groß, da alle Erlöse den Produktionsfaktoren als Einkommen zufließen.
- Unterhalb des Gleichgewichtseinkommens ist das Güterangebot geringer als die Güternachfrage (inflatorische Lücke). Die Angebotslücke muss durch Lagerabbau (ungeplante negative Investitionen) geschlossen werden.
- Beim Gleichgewichtseinkommen sind Güterangebot und Güternachfrage gleich groß. Geplante Investitionen und geplante Ersparnisse sind ebenfalls gleich groß; ungeplante Größen entstehen nicht.
- Oberhalb des Gleichgewichtseinkommens ist das Güterangebot größer als die Güternachfrage (deflatorische Lücke). Die Nachfragelücke führt zur Lageraufstockung (ungeplante positive Investitionen).

10.1.2.4 Nachfrageschwankungen

Nach der keynesianischen Theorie hängt die Höhe der Beschäftigung von der Höhe der gesamtwirtschaftlichen Nachfrage ab. Eine für diese Theorie zentrale Frage ist daher, wodurch Veränderungen in der gesamtwirtschaftlichen Nachfrage hervorgerufen werden und welche Effekte durch diese Veränderungen eintreten. Die im Folgenden dargestellten Modelle von „Multiplikator" und „Akzelerator" dienen der Erklärung von Schwankungen in der gesamtwirtschaftlichen Nachfrage.

10.1.2.4.1 Multiplikator

> Wie verändert sich das Volkseinkommen, wenn sich die gesamtwirtschaftliche Nachfrage ändert?

Da bei einem bestehenden Gleichgewicht der Markt von sich aus keine Tendenz zu Veränderungen hat, muss der Anstoß zu einer Nachfrageänderung „von außen" kommen, also unabhängig von der Höhe des Volkseinkommens sein. Solche unabhängigen Größen sind die autonomen Investitionen, die Staatsnachfrage und die Exportnachfrage. Für die Wirkung ist es egal, durch welches dieser „Tore" die Nachfrageerhöhung auf den Markt kommt. KEYNES geht in seiner Beschäftigungstheorie von einer Erhöhung der autonomen Investitionen als Ursache für eine Steigerung der gesamtwirtschaftlichen Nachfrage aus. Die nachstehenden Ausführungen folgen dieser üblichen Darstellung. Für wirtschaftspolitische Eingriffe in den Markt kommt jedoch der Staatsnachfrage eine besondere Bedeutung zu. Während Investitionsnachfrage und Exportnachfrage vom Staat bestenfalls indirekt beeinflusst werden können, kann er sein „eigenes" Instrument, die Staatsausgaben, vergleichsweise leicht an wirtschaftspolitische Erfordernisse anpassen. Aus diesem Grunde werden Wirkungen einer Veränderung der Staatsausgaben ergänzend in einem kurzen Exkurs dargestellt.

■ Der Multiplikatoreffekt

Bei der Analyse des Zusammenhangs von Nachfrage, Produktion, Beschäftigung und Volkseinkommen wurde bereits deutlich, dass die Größen in einem zirkulären Zusammenhang stehen. Für den Fall einer Nachfrageerhöhung gilt:

Höhere Nachfrage → höhere Produktion → höhere Beschäftigung → höheres Volkseinkommen

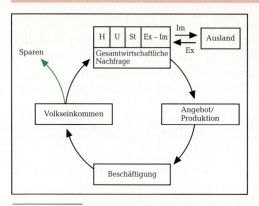

Die Analyse der Konsumfunktion ($C_a + cY$) ergab, dass die Höhe der Haushaltsnachfrage vom Volkseinkommen abhängig ist. In Höhe der Konsumquote (c) wird das Einkommen zur Konsumnachfrage verwendet. Führt nun eine Nachfrageerhöhung zu einem Zuwachs des Volkseinkommens, wird der Einkommenszuwachs in Höhe der Konsumquote in der nächsten Periode zu einer höheren Konsumnachfrage führen.[1] Dieser Prozess setzt sich über eine Vielzahl von Perioden fort. Eine einmalige Erhöhung der Nachfrage führt also

---
[1] Vgl. auch die Erweiterung der Grafik in Abschn. 10.4.

zu einem um ein Vielfaches höheren Einkommenszuwachs. Dieser Effekt wird als **Multiplikator** bezeichnet. Entsprechend den möglichen Ausgangspunkten gibt es den **Konsumausgabenmultiplikator**, den **Investitionsmultiplikator**, den **Staatsausgabenmultiplikator** und den **Exportmultiplikator**.

> **Multiplikatoreffekt:** Eine Erhöhung der Nachfrage führt zu einer Erhöhung des Volkseinkommens um ein Mehrfaches.

Wie stark der Multiplikatoreffekt ausfällt, hängt von der Konsumquote bzw. von der Sparquote ab (c = 1 – s). In Höhe des Sparens wandern Einkommensteile aus dem Multiplikatorkreislauf hinaus und stehen in der nächsten Periode nicht für Konsumzwecke zur Verfügung. Der Sparquote kommt daher für die Höhe der Multiplikatorwirkung eine entscheidende Bedeutung zu.

Das Multiplikatormodell wird im Folgenden tabellarisch, formelmäßig und grafisch dargestellt.

Modellprämissen:
- Wie üblich wird von einer Erhöhung der autonomen Investitionen ausgegangen.
- Die Nachfrage besteht aus der Konsumgüternachfrage der Haushalte und der Investitionsgüternachfrage der Unternehmen (geschlossene Wirtschaft ohne Staat).
- In einer geschlossenen Wirtschaft ohne staatliche Aktivität sind gesamtwirtschaftliches Angebot und Volkseinkommen (Y) gleich groß.

■ Tabellarische Darstellung des Multiplikators

Ausgangssituation:
Volkseinkommen (Y)   = 200
Autonomer Konsum (C_a)   = 20
Konsumquote (c)   = 0,85
Autonome Investitionen (I_a) = 10

In dieser Situation findet ein Nachfrageimpuls durch Erhöhung der autonomen Investitionen (ΔI_a) um 10 statt.

		Multiplikatoreffekt				
	Angebot		Nachfrage			
Periode	Y	C_a	cY	I_a	S	Y*
0	200	20	170	10	10	200
1	200	20	170	20	10	210
2	210	20	178,50	20	11,50	218,50
3	218,50	20	185,73	20	12,78	225,73
4	225,73	20	191,87	20	13,86	231,87
5	231,87	20	197,09	20	14,78	237,09
.	.	.	.	.	.	.
∞	266,66	20	226,66	20	20	266,66

In Periode 0 ist zunächst die Gleichgewichtssituation wiedergegeben. Dem Angebot/Volkseinkommen (Y) von 200 entspricht eine gleich große Nachfrage (C_a + cY + I_a); auch Ersparnisse (S) und Investitionen (I_a) sind mit jeweils 10 gleich groß.

In Periode 1 erfolgt die Erhöhung der Investitionen von 10 auf 20. Der Gesamtnachfrage von 210 steht das unveränderte Angebot von 200 gegenüber. Der Ausgleich erfolgt durch Abbau von Lagerbeständen (negative ungeplante Investitionen) und/oder durch Preiserhöhungen (ungeplantes Sparen). Da die gesamte wirksame Nachfrage sich im Einkommen niederschlägt, beträgt das Volkseinkommen am Ende der Periode (Y*) 210.

Dieses Einkommen steht in Periode 2 zur Verfügung. Von ihm werden 198,50 für Konsumzwecke und 11,50 für Ersparnisse verwendet usw. Im ersten „Durchlauf" ist das Einkommen um 10, also um den Betrag der Mehrinvestitionen, gewachsen. Von diesem Zuwachs sind entsprechend der Konsumquote von 0,85 im Kreislauf 8,50 geblieben und 1,50 sind dem Kreislauf durch Ersparnisse entzogen worden. Am Ende dieser Periode ist das Einkommen daher nur noch um 8,50 auf 218,50 angestiegen, die wieder die Ausgangslage für die nächste Periode darstellen.

Der Multiplikatorprozess setzt sich theoretisch über unendlich viele Perioden fort, bis ein neues Gleichgewicht erreicht ist. Der Prozess kommt an sein Ende, wenn der ursprüngliche Impuls von 10 durch die Ersparnisse wieder vollständig dem Kreislauf entzogen ist.[1] Am Ende des Prozesses hat sich ein Einkommenszuwachs ergeben, der ein Mehrfaches des ursprünglichen Nachfrageimpulses ausmacht; hiervon rührt die Bezeichnung „Multiplikator". Es wird aus der Tabelle auch erkennbar, dass die einkommenssteigernden Nachfragewirkungen zunächst von dem zusätzlichen Nachfrageimpuls (ΔI_a) und dann von einem sich selbst speisenden Prozess bewirkt werden, dessen Verlauf vom einkommensabhängigen Teil des Konsums (cY) bestimmt wird; die übrigen Nachfragekomponenten bleiben unverändert.

Das in der Tabelle enthaltene Ergebnis, wonach das Einkommen am Ende des Prozesses von 200 auf 266,66 angewachsen ist, kann aus der Tabelle nicht ohne weiteres entnommen werden. Die Aussage über die Höhe des Einkommenszuwachses ist Ergebnis einer Formelberechnung.

■ Mathematische Ermittlung des Multiplikators

Vorüberlegungen: Die Sparquote beträgt im gewählten Beispiel 0,15. In jeder Periode werden also dem Kreislauf 15 % des Einkommenszuwachses durch Ersparnisse entzogen. Der Multiplikatorprozess läuft so lange, bis der Nachfrageimpuls von 10 vollständig durch die Ersparniszuwächse aufgesogen ist. Wenn die Summe der Ersparniszuwächse 10 ist und dieser Betrag 15 % des Einkommenszuwachses entspricht, dann lässt sich bereits durch einfache Schlussfolgerung feststellen, dass der gesamte Einkommenszuwachs 66,66 betragen muss.

Dieses Ergebnis lässt sich auch – etwas aufwendiger – durch Formeln ermitteln.

Am Anfang des Prozesses steht ein Gleichgewicht, für das gilt:
$Y = C + I_a$
$Y = C_a + cY + I_a$

Für den Einkommenszuwachs gilt:
$\Delta Y = \Delta I_a + c\Delta Y$

Durch Umstellen ergibt sich:
$\Delta Y - c\Delta Y = \Delta I_a$
$\Delta Y(1 - c) = \Delta I_a$

$$\Delta Y = \frac{1}{(1-c)} \cdot \Delta I_a$$

---

[1] Eine vergleichbare Entwicklung ergab sich auch beim Geldschöpfungsmultiplikator; vgl. Kap. 8.

da 1 – c = s, ergibt sich

$$\underset{\substack{\uparrow \\ \text{Einkommens-} \\ \text{zuwachs}}}{\Delta Y} = \underset{\substack{\uparrow \\ \text{Multipli-} \\ \text{kator}}}{\frac{1}{s}} \cdot \underset{\substack{\uparrow \\ \text{Nachfrage-} \\ \text{impuls}}}{\Delta I_a}$$

Multiplikator: Faktor, um den das Volkseinkommen sich aufgrund eines autonomen Nachfrageimpulses erhöht. In seiner Höhe entspricht der Multiplikator dem Kehrwert der Sparquote.

■ Grafische Darstellung des Multiplikators

In der grafischen Darstellung zeigt sich der Multiplikatoreffekt als eine Parallelverschiebung der ursprünglichen Gleichgewichtsfunktion (C+I_a) um den autonomen Nachfrageimpuls (ΔI). Im Schnittpunkt mit der 45°-Linie ist das neue Gleichgewicht (C + I_a + ΔI) bei einem entsprechend höheren Volkseinkommen erreicht.

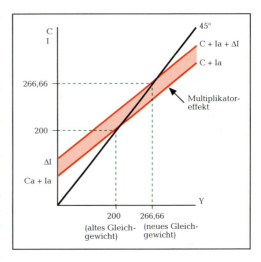

Ob die Nachfragesteigerung auch tatsächlich zu einer höheren Beschäftigung führt, hängt von der Kapazitätsauslastung ab. Bei Unterbeschäftigung findet in der Regel eine Produktionsausweitung mit entsprechenden positiven Effekten für Beschäftigung und Volkseinkommen statt. Herrscht jedoch bereits Vollbeschäftigung, wird die höhere Nachfrage lediglich zu Preissteigerungen führen. Die Beschäftigung kann nicht mehr zunehmen und das Volkseinkommen erhöht sich lediglich nominal.

Der hier mit positivem Einkommenseffekt dargestellte Multiplikator wirkt natürlich auch in der umgekehrten Richtung. Nehmen die Investitionen (oder andere Nachfragekomponenten) dauerhaft ab, ergeben sich entsprechende kontraktive Wirkungen auf Beschäftigung und Einkommen.

■ Exkurs: Staatsausgabenmultiplikator

Zu den wirtschaftspolitischen Aufgaben des Staates gehört es, für eine möglichst hohe Beschäftigung zu sorgen.[1] Wie die bisherigen Ausführungen gezeigt haben, können Nachfragesteigerungen zu einer höheren Beschäftigung führen. Der bisher an einer Erhöhung der Investitionsausgaben demonstrierte Multiplikatoreffekt kann in gleicher Weise durch eine Erhöhung der Staatsausgaben hervorgerufen werden. Bei Einbeziehung des Staates in das Modell setzt sich die Gesamtnachfrage (Y) aus dem Konsum der privaten Haushalte (C_H), den Investitionen der Unternehmen (I) und der Staatsnachfrage (C_{St}) zusammen: Y = C_H + I + C_H.

---

[1] Vgl. hierzu das wirtschaftspolitische Ziel „Hoher Beschäftigungsstand", Kap. 7.

Analog zur Ableitung des Investitionsmultiplikators lautet der **Staatsausgabenmultiplikator:**

$$\Delta Y = \frac{1}{1-c} \cdot \Delta C_{St}$$

Eine dauerhafte Erhöhung der Staatsausgaben führt also zu einem mehrfach höheren Volkseinkommen mit entsprechenden positiven Wirkungen für die Beschäftigung. Ein solcher Effekt wird durch die staatlichen Konjunkturprogramme angestrebt.

- Erhöht sich die Nachfrage eines Sektors und damit die gesamtwirtschaftliche Nachfrage dauerhaft um einen bestimmten Betrag, so erhöht sich das Volkseinkommen um ein Mehrfaches dieses Nachfrageimpulses.
- Der Multiplikator ist der Faktor, der angibt, um ein Wievielfaches des Nachfrageimpulses das Volkseinkommen zunimmt.
- Die Höhe des Multiplikators entspricht dem Kehrwert der Sparneigung (1/s).
- Die Höhe des Einkommenszuwachses (ΔY) ergibt sich aus Nachfragezuwachs (ΔN) mal Multiplikator: $\Delta Y = \Delta N(1/s)$.
- Reale Veränderungen von Beschäftigung und Volkseinkommen ergeben sich nur bei Unterbeschäftigung; bei Vollbeschäftigung steigt das Volkseinkommen nur nominal.
- Eine dauerhafte Verringerung der gesamtwirtschaftlichen Nachfrage hat einen negativen Multiplikatoreffekt zur Folge.

10.1.2.4.2 Akzelerator

> Wie wirken sich Änderungen der Konsumgüternachfrage auf die Investitionen aus?

Bei der Behandlung des Multiplikators wurde angenommen, dass sich die Investitionen autonom erhöhen und dann gleich bleiben. Als Effekt der Investitionserhöhung ergab sich ein höheres Volkseinkommen und daraus folgend eine höhere Konsumgüternachfrage. Bei Auslastung der Produktionsanlagen führt in der Realität eine höhere Konsumgüternachfrage in der Regel auch zu höheren Investitionen **(induzierte Investitionen).** Die gesamten Investitionen setzten sich dann zusammen aus autonomen und induzierten Investitionen: $I = I_a + I_i$. Der Zusammenhang von Nachfrageschwankungen und den durch sie hervorgerufenen Änderungen bei den Investitionen wird durch das **Akzelerationsprinzip** beschrieben (Akzelerator = Beschleuniger).

Beispiel

Die Nachfrage nach dem Produkt eines Unternehmens soll in einer bestimmten Periode 1.000 Geldeinheiten (GE) betragen. Die im Unternehmen eingesetzten Maschinen können je Maschine pro Periode Güter im Wert von 100 GE produzieren. Um die Nachfrage von 1.000 GE befriedigen zu können, sind 10 Maschinen eingesetzt. Das Unternehmen hat während seiner Aufbauphase jedes Jahr eine Maschine gekauft. Die Lebensdauer jeder Maschine beträgt 10 Jahre. Ab dem 11. Jahr muss also jedes Jahr eine Maschine ersetzt werden. Preis je Maschine: 500 GE. Das 11. Jahr entspricht in der tabellarischen Darstellung der Periode 1. Ab Periode 2 treten aus irgendwelchen Gründen Veränderungen in der Konsumnachfrage auf.

Akzelerationsprinzip							
Periode	Konsum			Investitionen			
	Nachfrage	Änderung		Bestand	Ersatz	Netto	Brutto
	GE	GE	%	Stück	GE	GE	GE	%
1	1000	0	–	10	500	0	500	–
2	1100	100	**10**	11	500	500	1000	**100**
3	1300	200	**18,18**	13	500	1000	1500	**50**
4	1500	200	**15,38**	15	500	1000	1500	**0**
5	1600	100	**6,67**	16	500	500	1000	**– 33,33**
6	1600	0	**0**	16	500	0	500	**– 50**
7	1500	– 100	**– 6,25**	15	500	– 500	0	**– 100**

Ein Vergleich der Entwicklung in den einzelnen Perioden ergibt folgende Abhängigkeiten zwischen Konsumgüternachfrage und den Investitionen:
- Wenn sich die Konsumgüternachfrage ändert, ändern sich auch die Investitionen.
- Für die Veränderung bei den Investitionen ist nicht die Höhe der Konsumausgaben ausschlaggebend, sondern deren Veränderung.
- Die Nettoinvestitionen ändern sich um einen bestimmten Faktor a im Verhältnis zu den Konsumänderungen (im Zahlenbeispiel um den Faktor 5).
- $\Delta I = a\, \Delta C$
- Die „Beschleunigung" der Investitionsänderungen im Verhältnis zu Konsumänderungen wird als **Akzelerator (Akzelerationsprinzip)** bezeichnet.

Akzelerationsprinzip: Schwankungen der Konsumgüternachfrage führen zu prozentual größeren Schwankungen bei den Investitionen.

Akzelerator: Faktor, um den sich die Nettoinvestitionen im Verhältnis zur Konsumgüternachfrage ändern.

Ursache für die Überreaktion der Nettoinvestitionen auf Konsumänderungen ist das Verhältnis zwischen der Menge bzw. dem Wert der hergestellten Güter und dem dafür benötigten Wert an Investitionsgütern. Dieses Verhältnis wird **Kapitalproduktivität** genannt. Der Kehrwert der Kapitalproduktivität wird **Kapitalkoeffizient** genannt. Er gibt an, welcher Kapitalwert zur Produktion einer Gütereinheit notwendig ist. Unter industriellen Produktionsbedingungen ist der Wert der Produktionsgüter in der Regel höher als der Wert der in einer Periode hergestellten Güter. Der Kapitalkoeffizient ist umso höher, je kapitalintensiver die Produktion ist.

$$\text{Kapitalproduktivität} = \frac{\text{Produktionsmenge bzw. Produktionswert}}{\text{Kapitaleinsatz}}$$

$$\text{Kapitalkoeffizient} = \frac{\text{Kapitaleinsatz}}{\text{Produktionsmenge bzw. Produktionswert}}$$

Im Zahlenbeispiel werden für die Herstellung von Konsumgütern pro Periode im Wert von 100 Investitionsgüter im Wert von 500 benötigt; die Kapitalproduktivität beträgt 1/5. Der Kapitalkoeffizient entspricht dem Akzelerator und beträgt 5. Steigt also die Nachfrage bzw. Produktion um einen bestimmten Betrag, z. B. 200, wird dafür das Fünffache, nämlich 1.000, an Nettoinvestitionen benötigt.

- Veränderungen der Konsumnachfrage beeinflussen die Nettoinvestitionen (induzierte Investitionen).
- Die Investitionsnachfrage reagiert überproportional auf Veränderungen der Konsumnachfrage.
- Der Akzelerator gibt den Faktor an, um den sich die Nettoinvestitionen im Verhältnis zur Konsumgüternachfrage ändern.

10.1.2.4.3 Verknüpfung von Multiplikator und Akzelerator

Welche Wirkungen ergeben sich, wenn sich Multiplikator und Akzelerator wechselseitig beeinflussen?

Multiplikator und Akzelerator sind in den vorhergehenden Abschnitten getrennt dargestellt worden. Werden die Wirkungen beider Effekte gleichzeitig betrachtet, ergeben sich jedoch wechselseitige Beeinflussungen. Es ist ein „Aufschaukeln" beider Effekte zu beobachten. Wird eine Erhöhung der autonomen Investitionen (I_a) als Ausgangspunkt gewählt, ergibt sich folgender Zusammenhang zwischen Volkseinkommen (Y), Konsumgüternachfrage (C) und induzierten Investitionen (I_i):

$$I_a \rightarrow \uparrow Y \quad \rightarrow \quad \uparrow C \rightarrow I_i \quad \rightarrow \quad \uparrow\uparrow Y \text{ usw.}$$
$$\uparrow \qquad\qquad\qquad \uparrow \qquad\qquad\qquad \uparrow$$
$$\text{Multiplikator} \quad\quad \text{Akzelerator} \quad\quad \text{Multiplikator}$$

Beispiel

Konsumquote:	0,50
Akzelerator:	2
Autonome Investitionen (I_a):	250
Erhöhung von I_a:	10

Multiplikator-Akzelerator-Effekt					
	Nachfrage				Angebot
Periode	Autonome Investitionen	Konsum	Konsumänderung	Induzierte Investitionen	Volkseinkommen
0	250	250,00	0	0	500,00
1	260	250,00	0	0	510,00
2	260	255,00	5,00	10,00	525,00
3	260	262,50	7,50	15,00	537,50
4	260	268,75	6,25	12,50	541,25
5	260	270,63	1,88	3,75	534,38
6	260	267,19	– 3,44	– 6,88	520,31
7	260	260,16	– 7,03	– 14,06	506,09
8	260	253,05	– 7,11	– 14,22	498,83
9	260	249,41	– 3,63	– 7,27	502,15
10	260	251,07	1,66	3,32	514,39
11	260	257,20	6,12	12,25	529,44
12	260	264,72	7,52	15,05	539,77
13	260	269,89	5,16	10,33	540,21
14	260	270,11	0,22	0,44	530,55
15	260	265,27	– 4,83	– 9,66	515,61
16	260	257,80	– 7,47	– 14,94	502,87
17	260	251,43	– 6,37	– 12,74	498,69

In Periode 0 besteht zunächst ein Gleichgewicht. Nachfrage und Angebot betragen je 500. Die Erhöhung der autonomen Investitionen in Periode 1 führt zu einem Anstieg des Volkseinkommens um 10 auf 510. Dies steht in Periode 2 zur Verfügung und führt dort zu einer Steigerung der Konsumnachfrage entsprechend der Konsumquote von 0,5.

Nach dem Akzelerationsprinzip wird dadurch Investitionsnachfrage induziert, die eine Erhöhung des Volkseinkommens und in der nächsten Periode nach dem Multiplikatorprinzip eine weitere Erhöhung der Konsumnachfrage bewirkt.

Dieser sich wechselseitig verstärkende Prozess „schaukelt" sich auf und führt zu steigendem Volkseinkommen. Die Konsumzuwächse nehmen jedoch ab und führen (nach dem Akzeleratorprinzip) ab Periode 4 zu einem Rückgang der Investitionen. Ab Periode 5 bewirkt dieser Prozess eine Senkung des Volkseinkommens. Es findet ein „Abschaukeln" statt. Ab Periode 9 gewinnen die Auftriebskräfte erneut die Oberhand.

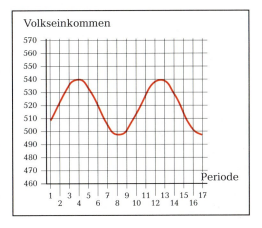

Unter den Annahmen des Zahlenbeispiels ergibt sich durch das Auf und Ab als Folge von Multiplikator- und Akzeleratoreffekt eine Wirtschaftsentwicklung, die durch ein ständiges Anschwellen und Absteigen in gewisser Weise typisch ist und im folgenden Abschnitt eingehender analysiert wird.

10.2 Konjunktur

10.2.1 Begriff und Messung von „Konjunktur"

Was wird mit „Konjunktur" bezeichnet und wie wird sie gemessen?

Messgröße für die Wirtschaftsentwicklung ist das reale Bruttoinlandsprodukt. Ein Blick auf seine Entwicklung in Deutschland lässt zwei Verlaufseigenschaften erkennen:

- In der weitaus überwiegenden Mehrzahl der Jahre liegt ein Zuwachs vor.
- Die Wirtschaftsentwicklung verläuft nicht gleichmäßig. Um den langfristigen Wachstumstrend herum treten mit einer auffallenden Regelmäßigkeit Schwankungen auf.

Jährliche Veränderung des realen Bruttoinlandsprodukts

> Pharao sagte zu Joseph: Mir träumte, ich stände am Ufer bei dem Wasser; und sahe aus dem Wasser steigen sieben schöne fette Kühe, und gingen an der Weide im Grase. Und nach ihnen sahe ich andere sieben dürre, sehr häßliche und magere Kühe heraus steigen. ...
>
> Das ist nun, was ich gesagt habe zu Pharao, ...
>
> Siehe, sieben reiche Jahre werden kommen in ganz Ägyptenland. Und nach denselben werden sieben Jahre teure Zeit kommen, daß man vergessen wird aller solcher Fülle in Ägyptenlande; und die teure Zeit wird das Land verzehren.
>
> *Die Bibel. Altes Testament*

Die zyklischen Verlaufsschwankungen in der wirtschaftlichen Entwicklung sind weder ein zeitlich noch regional begrenztes Phänomen, sondern sind eine ständige Begleiterscheinung wirtschaftlicher Abläufe. Sie werden als **Konjunktur** bezeichnet. Die wiederkehrenden Abschnitte der Verlaufskurve werden **Konjunkturzyklus** genannt. Obwohl der Rhythmus nicht völlig gleichmäßig verläuft, lässt sich doch ein typisches Grundmuster feststellen. Die Zeitdauer eines Konjunkturzyklus beträgt etwa 4 – 6 Jahre.[1] Der fachliche Sprachgebrauch unterscheidet sich hier etwas von der Alltagssprache. Umgangssprachlich wird mit „Konjunktur" die allgemeine Wirtschaftslage bezeichnet („gute Konjunktur", „schlechte Konjunktur").

- „Konjunktur" ist im allgemeinen Sprachgebrauch eine Bezeichnung für die gesamtwirtschaftliche Lage.
- In der Fachsprache sind mit „Konjunktur" die zyklischen kurzfristigen Schwankungen um den langfristigen Trend der wirtschaftlichen Entwicklung gemeint.
- Kurzfristige Schwankungen haben in der Regel einen Zyklus von 4 bis 6 Jahren.

10.2.2 Ursachen konjunktureller Schwankungen

Worauf sind die zyklischen Konjunkturschwankungen zurückzuführen?

Von besonderem Interesse ist die Frage nach den Ursachen der rhythmischen Schwankungen. Während man in früheren Zeiten auch externe Anlässe zur Erklärung heranzog (so wurde unter anderem versucht, die Schwankungen durch die Veränderungen der Sonnenflecken zu erklären), sind die Ursachen heute besser bekannt. Schwankungen in der wirtschaftlichen Entwicklung sind Ausdruck von Störungen des **gesamtwirtschaftlichen Gleichgewichts.** Marktungleichgewichte bestehen, wenn gesamtwirtschaftliche Nachfrage und gesamtwirtschaftliches Angebot nicht übereinstimmen.

In der Realität ist ein völliges Gleichgewicht bestenfalls eine ganz kurzfristige Erscheinung, die sich eher zufällig auf dem Weg zwischen oberem und unterem Ausschlag einer konjunkturellen Phase ergibt. Verantwortlich für die nichtparallele Entwicklung von Nachfrage und Angebot ist u.a. die zeitliche Verzögerung, mit der die eine Seite auf Veränderungen der anderen Seite reagiert. Hinzu kommen Selbstverstärker, die einen in Gang gekommenen Prozess beschleunigen. Dieses Phänomen wurde beson-

---

[1] Nach Alois SCHUMPETER (1883 – 1950), österr. Nationalökonom, werden nach der zeitlichen Dauer drei Arten von Konjunkturzyklen unterschieden, die nach ihren jeweiligen „Entdeckern" benannt sind: **Kitchinwellen** von etwa 4 bis 6 Jahren Dauer, **Juglarwellen** von etwa 10 Jahren Dauer und **Kondratieffwellen** von etwa 50 Jahren Dauer.

ders deutlich bei der Behandlung des Multiplikator-Akzelerator-Prozesses, der von sich aus unter bestimmten Bedingungen bereits zu zyklischen Schwankungen führt. Neben **Akzelerator** und **Multiplikator** führen auch die zumeist nachträgliche Anpassung der Einkommensentwicklung an die Wirtschaftsentwicklung **(Lohn-lag)** und die Erwartungen der Wirtschaftssubjekte hinsichtlich der zukünftigen wirtschaftlichen Entwicklung zu zeitlich versetzten Anpassungen und verstärken somit die Schwankungen.

> - Konjunkturschwankungen haben ihre Ursachen in Ungleichgewichten zwischen gesamtwirtschaftlicher Nachfrage und gesamtwirtschaftlichem Angebot.
> - Die Ungleichgewichtslagen entstehen bzw. werden verstärkt durch zeitliche Anpassungsverzögerungen sowie durch Verstärker wie Multiplikator und Akzelerator.

10.2.3 Konjunkturphasen

Welche Eigenschaften weisen die einzelnen Phasen eines Konjunkturzyklus auf?

Der Konjunkturzyklus lässt vier Phasen erkennen. Nach einem Tiefpunkt beginnt zunächst der **Aufschwung,** der nach Durchgang durch den Wendepunkt in den **Boom** übergeht. Nach dem Umkippen der Wirtschaftsentwicklung setzt ab dem oberen Scheitelpunkt der **Abschwung** ein, der nach dem Wendepunkt in die **Rezession** mündet. Mit dem Wirksamwerden der Auftriebskräfte am unteren Scheitelpunkt beginnt ein neuer Aufschwung.

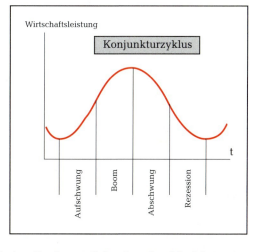

Von besonderem Interesse sind die Tief- und Hochpunkte des Konjunkturzyklus. An diesen Stellen kehrt sich die Wirtschaftsentwicklung um. Wodurch wird die Umkehr hervorgerufen?

Im Zuge der Rezession passt sich die Angebotsseite der zurückgehenden Nachfrage an und baut Produktionskapazitäten ab. Unterstützt durch Selbstverstärker, erreicht dieser Abbau – zumindest in Teilbereichen der Wirtschaft – ein Niveau, bei dem das Angebot unterhalb der Nachfrage liegt.

Dies ist das Signal, den Abbau zu stoppen und die Angebotsmöglichkeiten wieder auszuweiten. Gefördert wird diese Entwicklung in der Regel durch niedrige Zinsen und stabile Preise zu diesem Zeitpunkt. Der Aufschwung beginnt.

In der Boomphase sind Preise und Zinsen hoch. Die Konsumnachfrage stagniert und geht evtl. zurück. Aufgrund des Akzeleratoreffekts bewirkt dies einen überproportionalen Rückgang der Investitionsnachfrage.

Die vorhandenen Produktionskapazitäten sind zu hoch und ihr Abbau beginnt; der Abschwung wird eingeleitet.

Konjunkturphasen	
Phase	**Merkmale**
Aufschwung	• **Nachfrage ist größer als Angebot** • Produktion, Kapazitätsauslastung und Investitionen nehmen zu • Nachfrage und Beschäftigung steigen • Einkommen und Gewinne wachsen • Preise und Zinsen steigen teilweise an • Optimistische Zukunftserwartungen
Boom	• **Nachfrage ist größer als Produktionspotenzial** • Hohe Produktion, hohe Investitionen, erste Engpässe; Kapazitätsauslastung erreicht ihre Grenze • Hoher Beschäftigungsstand • Preise und Zinsen steigen deutlich • Zu Beginn noch optimistische, gegen Ende vermehrt pessimistische Zukunftserwartungen
Abschwung	• **Nachfrage ist geringer als Produktionspotenzial** • Nachfrage, Produktion, Kapzitätsauslastung und Investitionen nehmen ab • Beschäftigung, Einkommen und Gewinne gehen zurück • Preis- und Zinssteigerungen gehen zurück • Pessimistische Zukunftserwartungen
Rezession	• **Nachfrage ist geringer als Angebot** • Nachfrage, Produktion, Kapazitätsauslastung und Investitionen nehmen weiter ab • Beschäftigung, Einkommen und Gewinne sinken • Zinsen sinken deutlich, Preise sinken bzw. beruhigen sich • Erste Anzeichen optimistischer Zukunftserwartungen

- Ein Konjunkturzyklus weist die vier Phasen Aufschwung, Boom, Abschwung und Rezession auf.
- Die Umkehr der wirtschaftlichen Entwicklung setzt ein, wenn die Anpassungsprozesse so weit fortgeschritten sind, dass aus einer Übernachfrage eine Unternachfrage bzw. aus einer Unternachfrage eine Übernachfrage geworden ist.

10.2.4 Konjunkturindikatoren

Welche Größen können Auskunft über den Verlauf der wirtschaftlichen Entwicklung geben?

Zur Beschreibung der Konjunkturphasen wurden bereits bestimmte Merkmale wie Produktion, Investitionen, Beschäftigung und Preise sowie deren Veränderungen zu Hilfe genommen. Solche Größen, die den Zustand einer Volkswirtschaft beschreiben und anzeigen, werden **Konjunkturindikatoren** genannt. Konjunkturforscher nutzen Zeitreihen dieser Indikatoren und versuchen, aus deren Verlauf Aussagen über die konjunkturelle Entwicklung zu gewinnen. Die Aussagen beinhalten Daten zum gegenwärtigen Status der Wirtschaft **(Präsensindikatoren),** Prognosen für den zukünftigen Verlauf **(Frühindikatoren)** und Folgen vorausgegangener Entwicklungen **(Spätindikatoren).**

Konjunktur

Frühindikatoren signalisieren im Voraus den zukünftigen Wirtschaftsverlauf. Sie sind daher in besonderer Weise Grundlage von Konjunkturprognosen. Etliche wirtschaftliche Größen stehen in einem Abhängigkeitsverhältnis zueinander und die Veränderung einer Größe bewirkt – oft mit zeitlicher Verzögerung – die Veränderung einer anderen Größe. Sowohl bei der Behandlung des Multiplikators als auch des Akzelerators konnten solche Zusammenhänge festgestellt werden.

Wichtige Frühindikatoren sind Auftragseingänge, Investitionen (insbesondere Veränderungen der Lagerhaltung) und die Zukunftserwartungen der Unternehmer.

Präsensindikatoren geben den derzeitigen Stand der wirtschaftlichen Entwicklung an. Da der Konjunkturverlauf durch das reale Bruttoinlandsprodukt und dessen Veränderung gemessen wird, ist das reale Bruttoinlandsprodukt auch der bedeutsamste Präsensindikator.

Daneben werden aber auch andere Indikatoren wie Kapazitätsauslastung und Produktivität zur Kennzeichnung der gegenwärtigen Situation verwendet.

Spätindikatoren sind Folgeerscheinungen vorausgegangener Veränderungen. So reagiert beispielsweise der Arbeitsmarkt mit deutlicher zeitlicher Verzögerung auf Veränderungen des realen Bruttoinlandsprodukts.

Auch die Preisentwicklung passt sich in der Regel erst nach einer gewissen Zeit den Veränderungen im Angebots-Nachfrage-Verhältnis an.

Konjunkturindikatoren		
Art	Merkmal	Größen
Frühindikatoren	Besitzen zeitlichen Vorlauf zur Wirtschaftsentwicklung.	• Auftragseingänge • Investitionen einschl. Lagerhaltung • Geschäftserwartungen
Präsensindikatoren	Geben den gegenwärtigen Zustand an.	• Reales Bruttoinlandsprodukt • Kapazitätsauslastung • Produktivität
Spätindikatoren	Zeigen Folgeerscheinungen wirtschaftlicher Schwankungen an.	• Beschäftigung • Preise

Der **Sachverständigenrat zur Begutachtung der gesamtwirtschaftlichen Entwicklung** (**„Fünf Weise"**) hat für Beschreibung und Prognose der Wirtschaftsentwicklung einen Gesamtindikator entwickelt, der aus insgesamt 12 Zeitreihen besteht (mehrere Zeitreihen über Auftragseingänge, Fertigwarenlager, industrielle Nettoproduktion, Geldvolumen, kurzfristige Kreditgewährung, Lohnniveau, Lohnsumme je geleistete Arbeiterstunde, Zahl der Arbeitslosen).

- Konjunkturindikatoren beschreiben die wirtschaftliche Situation und erlauben, in Grenzen die zukünftige Entwicklung zu prognostizieren.
- Unterschieden werden Präsens-, Früh- und Spätindikatoren.
- Frühindikatoren signalisieren im Voraus den Wirtschaftsverlauf; Präsensindikatoren geben den gegenwärtigen Zustand an und weisen auf Schwankungen hin; Spätindikatoren stellen sich als Folgen vorausgegangener Entwicklungen ein.

10.2.5 Konjunkturpolitik

Konjunkturpolitik ist Teil der Wirtschaftspolitik. Sie ist in erster Linie Aufgabe des Staates. Da der Staat Konjunkturpolitik vor allem über die Steuerung seiner Einnahmen und Ausgaben betreibt, wird sie auch als **Fiskalpolitik**[1] bezeichnet. Die Deutsche Bundesbank ist nach § 12 des Bundesbankgesetzes verpflichtet, unter Wahrung ihrer Aufgaben im ESZB die allgemeine Wirtschaftspolitik der Bundesregierung zu unterstützen. Die Sozialpartner (Arbeitgeber und Gewerkschaften) nehmen über die Gestaltung von Tarifverträgen ebenfalls Einfluss auf die Konjunktur. So beeinflussen beispielsweise die Lohnabschlüsse die Höhe des Volkseinkommens.

10.2.5.1 Aufgaben und Möglichkeiten staatlicher Konjunkturpolitik

> Welche Aufgabe hat staatliche Konjunkturpolitik und welche Möglichkeiten hat der Staat zur Erfüllung dieser Aufgabe?

In Anlehnung an das Stabilitätsgesetz kann das allgemeine Ziel der Konjunkturpolitik formuliert werden als möglichst hoher Beschäftigungsstand bei Geldwertstabilität und außenwirtschaftlichem Gleichgewicht. **Konjunkturpolitik** ist also in erster Linie **Beschäftigungspolitik**.

Der Staat besitzt vergleichsweise geringe Möglichkeiten, aktive Beschäftigungspolitik zu betreiben. Unmittelbaren Einfluss auf die Beschäftigungslage hat er nur in seinem eigenen Bereich, dem sogenannten „öffentlichen Dienst". Auf die Beschäftigung in den Betrieben hat er keinen direkten Zugriff. Über Einstellungen und Entlassungen entscheiden die Betriebe selbst. Wesentliche Bedingungen für die Beschäftigung (Lohnhöhe, Arbeitszeiten, Arbeitsbedingungen usw.) werden von den Sozialpartnern ausgehandelt, die dabei strikt auf ihre Tarifautonomie achten.

Der Staat kann gesamtwirtschaftlich nur mittelbar Einfluss auf die Beschäftigungslage nehmen, indem er durch eine entsprechende Wirtschaftspolitik „beschäftigungsfreundliche" Rahmenbedingungen schafft. Hier liegt die zentrale Aufgabe der Konjunkturpolitik.

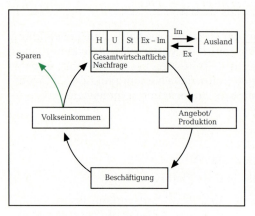

Zum besseren Verständnis der staatlichen Möglichkeiten, durch Konjunktursteuerung Beschäftigungspolitik zu betreiben, ist ein Rückgriff auf den bereits behandelten Zusammenhang zwischen Nachfrage, Angebot/Produktion, Beschäftigung und Volkseinkommen zweckmäßig.[2] Unmittelbarer Faktor für die Höhe der Beschäftigung ist die Höhe der Produktion. Nimmt die Produktion zu, steigt prinzipiell die Beschäftigung. Eine Zunahme der Produktion bedeutet Wirtschaftswachstum. Beschäftigungspolitik ist also eng verknüpft mit Wachstumspolitik.

---

1 Fiskus (lat. = Geldkorb); heute allgemeiner Begriff für den Staat, insbesondere soweit seine Geldangelegenheiten, also staatliche Einnahmen und Ausgaben, gemeint sind.
2 Vgl. auch die Erweiterung der Grafik in Abschn. 10.4.

Konjunktur

> Konjunkturpolitik ist Wachstumspolitik. Wachstumspolitik ist Beschäftigungspolitik.

Die Höhe der Produktion ist abhängig von der Höhe der gesamtwirtschaftlichen Nachfrage. Diese wiederum hängt in beträchtlichem Maße von der Höhe des Volkseinkommens ab, die ihrerseits durch die Höhe der Beschäftigung bestimmt wird.

Gegenstand staatlicher Konjunkturpolitik ist es, diese zirkuläre Beziehung so zu steuern, dass eine möglichst hohe Beschäftigung erreicht wird. Theoretisch können Wachstumsimpulse über alle vier Größen in das System eingehen. Als realistische Eingänge für Wachstumsimpulse bestehen jedoch nur noch die Pforten „Gesamtwirtschaftliche Nachfrage" und „Angebot/Produktion".

Die Pforte „Gesamtwirtschaftliche Nachfrage" verfügt gewissermaßen über vier „Klappen": Haushalte, Unternehmen, Staat und Exporte. Die Nachfrage des Auslands, der Haushalte und der Unternehmen kann vom Staat nur indirekt beeinflusst werden, da die Entscheidungen bei anderen Wirtschaftssubjekten liegen. Eine gezielte Beeinflussung der gesamtwirtschaftlichen Nachfrage ist also insbesondere über die Staatsnachfrage möglich.

Insgesamt verfügt der Staat also gesamtwirtschaftlich über folgende Möglichkeiten zur Konjunktursteuerung:
- Direkte Steuerung der staatlichen Nachfrage.
- Indirekte Steuerung des Konsums der Haushalte, der Investitionen der Unternehmen und der Exportnachfrage des Auslands.
- Schaffung günstiger Angebots- und Produktionsbedingungen für die Unternehmen.

Für die Umsetzung dieser Möglichkeiten stehen dem Staat bestimmte Instrumente zur Verfügung.

> - Aufgabe der Konjunkturpolitik ist es, die Wirtschaft so zu steuern, dass hohe Beschäftigung bei stabilen Preisen erreicht wird.
> - Die Schwierigkeit staatlicher Konjunkturpolitik besteht vor allem darin, dass zwischen den Größen Nachfrage, Angebot/Produktion, Beschäftigung und Volkseinkommen eine zirkuläre Abhängigkeit besteht und die einzelnen Größen durch den Staat nur indirekt beeinflusst werden können.

10.2.5.2 Instrumente staatlicher Konjunkturpolitik

> Welche Mittel besitzt der Staat zur Beeinflussung der Konjunktur?

Für den Einsatz staatlicher Instrumente zur Konjunktursteuerung stellen sich stets die Fragen, welche Instrumente eingesetzt werden sollen und wann sie eingesetzt werden sollen. Die Antworten auf beide Fragen hängen davon ab, welche konjunkturellen Wirkungen in der aktuellen Situation angestrebt werden.

■ Prozyklische und antizyklische Konjunkturpolitik

Anliegen staatlicher Konjunkturpolitik ist, dass sich die Wirtschaft in einem angemessenen und stetigen Aufwärtstrend entwickelt und dass die zwangsläufig auftretenden konjunkturellen Schwankungen möglichst gering sind, um ein hektisches Auf und Ab bei Arbeitsplätzen, Preisen usw. zu vermeiden.

Befindet sich die Wirtschaft am Beginn eines Aufschwungs, wird der Staat seine Mittel so einsetzen, dass der Aufschwung sich verstärkt und festigt. Er fördert mit seinen Instrumenten den internen Trend **(Parallelpolitik, prozyklische Konjunkturpolitik).** Befindet sich die Wirtschaft in einem Boom und besteht die Gefahr der Überhitzung der Konjunktur, wird der Staat ebenso wie im Abschwung und in der Rezession versuchen, dem „natürlichen" Zyklus der Wirtschaftsentwicklung entgegenzusteuern **(antizyklische Konjunkturpolitik).**

Die staatlichen Möglichkeiten zur Beeinflussung der gesamtwirtschaftlichen Nachfrage- und Angebotsströme bestehen vor allem in einer Steuerung der Staatseinnahmen und -ausgaben **(Fiskalpolitik).** Die ebenfalls wichtige **Zinspolitik** liegt für Deutschland in den Händen der EZB. Setzt der Staat seine Mittel zur Dämpfung des Wachstums ein, wird von **kontraktiver Fiskalpolitik** gesprochen, setzt er sie zur Förderung des Wachstums ein, wird von **expansiver Fiskalpolitik** gesprochen.

▪ Kontraktive Fiskalpolitik

Ansatzpunkt zu einer Dämpfung der Konjunktur ist die Verringerung der gesamtwirtschaftlichen Nachfrage. Erhöht der Staat die Steuern, sinken das verfügbare Einkommen der privaten Haushalte und die Gewinne der Unternehmen. Im Regelfall sinken dadurch auch der private Konsum und die Investitionen. Gibt jedoch der Staat die Steuermehreinnahmen wieder aus, verändert sich die gesamtwirtschaftliche Nachfrage nicht; es findet lediglich eine Nachfrageverschiebung vom privaten auf den öffentlichen Sektor statt. Die gewünschten Entzugseffekte treten also nur auf, wenn der Staat die Mehreinnahmen stilllegt. Dies ist z. B. bei der **Konjunkturausgleichsrücklage** (§ 5 Stabilitätsgesetz) vorgesehen.

Ebenfalls kontraktiv wirken Abschreibungserschwernisse bzw. die Rücknahme von Abschreibungserleichterungen, weil dadurch im Regelfall die Gewinne der Unternehmen sinken, wodurch sich deren Investitionsfähigkeit verringert.

Der Staat muss aber nicht nur der Verlockung widerstehen, die Mehreinnahmen wieder auszugeben, er sollte sogar seine Ausgaben senken. Das kann durch Reduktion der Nachfrage nach Gütern und Dienstleistungen und/oder durch geringere Zahlungen von Transfers an private Haushalte und Subventionen an Unternehmen (z. B. Subventionsabbau) geschehen.

Angesichts dieser Maßnahmen ist einsichtig, dass der Staat bei Einsatz kontraktiver Instrumente mit erheblichen politischen Widerständen rechnen muss. Weiterhin ist für die Wirksamkeit notwendig, dass der private Sektor seine Nachfrage tatsächlich einschränkt und nicht durch Rückgriffe auf Ersparnisse oder durch vermehrte Kreditaufnahme die Absichten des Staates unterläuft. Hier zeigt sich, wie wichtig eine Koordination der Instrumente von Staat und Zentralbank sein kann. Verknappt die Zentralbank die Geldmenge, steigen in der Regel die Zinsen; bei höheren Zinsen sinkt aber die Kreditneigung. Denkbar ist auch, dass der Staat seine fiskalischen Instrumente um Mittel der **psychologischen Beeinflussung** ergänzt, indem er versucht, die Bürger durch Appelle an die wirtschaftliche Vernunft zu einem konjunkturgerechten Verhalten zu bewegen. Die Wirkungen von Maßhalteappellen müssen jedoch als gering eingeschätzt werden.

▪ Expansive Fiskalpolitik

Will der Staat einen Wirtschaftsabschwung vermeiden, greift er zu Mitteln der **expansiven Fiskalpolitik.** Steuersenkungen verbessern die Nachfragemöglichkeiten der Haushalte und Unternehmen. Sofern die Haushalte nicht den Einnahmezuwachs den

Ersparnissen zuführen, steigt die gesamtwirtschaftliche Nachfrage an. Der Staat kann aber letztlich nur Anreize geben, eine Gewähr für konjunkturgerechtes Verhalten gibt es nicht.

Expansiv wirken auch Abschreibungserleichterungen, weil sich dadurch die Gewinnsituation und die Investitionsfähigkeit der Unternehmen verbessern.

Parallel zu den Einnahmesenkungen sollte der Staat zur Erzielung expansiver Impulse die Ausgaben erhöhen, d. h. vermehrt Güter und Dienstleistungen nachfragen und/oder die Zahlungen von Transfers an Haushalte und von Subventionen an Unternehmen (z. B. Investitionsprämien) erhöhen. Eine solche Politik fördert allerdings die **Staatsverschuldung,** da die Finanzierung höherer Ausgaben bei sinkenden Steuereinnahmen letztlich nur über Kredite möglich ist **(deficit spending).** Sofern der Staat in Zeiten guter Wirtschaftsentwicklungen Reserven angesammelt und stillgelegt hat, kann er auch auf diese Rücklagen zurückgreifen.

Konjunktur-politik	Fiskalpolitische Instrumente	
	Einnahmen	Ausgaben
Kontraktiv	• Steuererhöhungen • Abschreibungserschwernisse	Senkung der Staatsausgaben
Expansiv	• Steuersenkungen • Abschreibungserleichterungen	Erhöhung der Staatsausgaben

■ Instrumente des Stabilitätsgesetzes

Der Staat muss in der Lage sein, die als notwendig oder zweckmäßig erkannten Maßnahmen auch tatsächlich durchzuführen. Das **Gesetz zur Förderung der Stabilität und des Wachstums der Wirtschaft (Stabilitätsgesetz)** von 1967 enthält etliche Instrumente, die dem Staat eine Erreichung der in § 1 niedergelegten Ziele (Preisniveaustabilität, hoher Beschäftigungsstand, stetiges und angemessenes Wirtschaftswachstum, außenwirtschaftliches Gleichgewicht) ermöglichen soll.

Entsprechend den allgemeinen konjunkturpolitischen Maßnahmen mit kontraktiver oder expansiver Wirkung beziehen sich die Instrumente des Stabilitätsgesetzes im Wesentlichen auf Steuern, Abschreibungen und Investitionen sowie auf die Staatsausgaben.

Darüber hinaus sollen zur Dämpfung einer – gemessen am Produktionspotenzial – zu großen Nachfrage staatliche Mittel zur zusätzlichen Tilgung von Schulden verwendet oder einer Konjunkturausgleichsrücklage zugeführt werden. Schwächt sich die allgemeine Wirtschaftsentwicklung ab, soll zusätzliche Nachfrage zunächst durch Entnahme aus der Konjunkturausgleichsrücklage finanziert werden.

Neben diesen direkten Instrumenten sieht das Stabilitätsgesetz auch indirekte Mittel vor. Hierzu gehören der jährlich im Januar von der Bundesregierung vorzulegende **Jahreswirtschaftsbericht** (§ 2) und insbesondere der fünfjährige Finanzplan (§ 9). Dieser Finanzplan ist Kernstück der **mittelfristigen Finanzplanung ("Mifrifi").** In ihm sollen für die Haushaltswirtschaft des Bundes für einen fünfjährigen Zeitraum Umfang und Zusammensetzung der voraussichtlichen Ausgaben und deren Deckungsmöglichkeiten dargelegt werden. Dieser Finanzplan ist jährlich der Entwicklung anzupassen und fortzuschreiben.

> **§ 5 Bundeshaushalt, Konjunkturausgleichsrücklage** ... Bei einer die volkswirtschaftliche Leistungsfähigkeit übersteigenden Nachfrageausweitung sollen Mittel zur zusätzlichen Tilgung von Schulden bei der Deutschen Bundesbank oder zur Zuführung an eine Konjunkturausgleichsrücklage veranschlagt werden. ...
>
> **§ 6 Einwilligungsverfahren bei Nachfrageüberhitzung.** (1) Bei der Ausführung des Bundeshaushaltsplans kann im Falle einer die volkswirtschaftliche Leistungsfähigkeit übersteigenden Nachfrageausweitung die Bundesregierung den Bundesminister der Finanzen ermächtigen, die Verfügung über bestimmte Ausgabemittel, den Beginn von Baumaßnahmen und das Eingehen von Verpflichtungen zulasten künftiger Rechnungsjahre von dessen Einwilligung abhängig zu machen. ...
>
> (2) Die Bundesregierung kann bestimmen, daß bei einer ... Abschwächung der allgemeinen Wirtschaftstätigkeit zusätzliche Ausgaben geleistet werden; ...
>
> (3) Der Bundesminister der Finanzen wird ermächtigt, zu dem in Absatz 2 bezeichneten Zweck Kredite über die im Haushaltsgesetz erteilten Kreditermächtigungen hinaus bis zur Höhe von fünf Milliarden Deutsche Mark, ..., aufzunehmen.
>
> **§ 19 Beschränkung von Kreditermächtigungen.** Zur Abwehr einer Störung des gesamtwirtschaftlichen Gleichgewichts kann die Bundesregierung ... anordnen, daß die Beschaffung von Geldmitteln im Wege des Kredits ... (für die öffentlichen Haushalte) beschränkt wird.
>
> **Gesetz zur Förderung der Stabilität und des Wachstums der Wirtschaft (Stabilitätsgesetz) vom 8. Juni 1967**

Instrument	Wirkung	
	kontraktiv	expansiv
Steuern	• Heraufsetzung der Einkommen- und Körperschaftssteuer um bis zu 10 % • Anpassung der Steuervorauszahlungen nach oben	• Ermäßigung der Einkommen- und Körperschaftssteuer um bis zu 10 % • Anpassung der Steuervorauszahlungen nach unten
Abschreibungen/ Investitionen	• Aussetzung der degressiven Abschreibung • Wegfall von Sonderabschreibungen	Gewährung einer Investitionsprämie von bis zu 7,5 % der Anschaffungskosten
Staatsausgaben	• Verzögerung der Ausgaben • Einschränkung von Kreditaufnahmen	Zusätzliche Ausgaben, die durch Entnahme aus der Konjunkturausgleichsrücklage oder durch zusätzliche Kredite finanziert werden

Fiskalpolitische Instrumente des Stabilitätsgesetzes

Schließlich sieht § 18 des Stabilitätsgesetzes vor, dass bei der Bundesregierung ein **Konjunkturrat** für die öffentliche Hand gebildet wird. Ihm gehören die Bundesminister für Wirtschaft und für Finanzen, je ein Vertreter jedes Bundeslandes sowie vier Vertreter der Gemeinden und Gemeindeverbände an. Der Konjunkturrat berät über alle erforderlichen konjunkturpolitischen Maßnahmen und über den Kreditbedarf der öffentlichen Haushalte. Ein weiteres Koordinationsgremium ist die so genannte **Konzertierte Aktion** (§ 3). Sie bezeichnet ein aufeinander abgestimmtes Verhalten von Gebietskörperschaften, Gewerkschaften und Unternehmensverbänden. Insbesondere soll das preis- und lohnpolitische Verhalten aufeinander abgestimmt werden. Seit 1977 wird die Konzertierte Aktion von den Gewerkschaften wegen der Verfassungsklage der Arbeitgeber gegen das Mitbestimmungsgesetz boykottiert.

- Zur aktiven Gestaltung der Wirtschaft benötigt der Staat ein angemessenes konjunkturpolitisches Instrumentarium.

- Die Instrumente zur Dämpfung der Konjunktur (kontraktive Konjunkturpolitik) dienen der Senkung der Nachfrage; die wichtigsten sind Steuererhöhungen, Abschreibungserschwernisse und Senkung der Staatsausgaben.

- Die Instrumente zur Ankurbelung der Konjunktur (expansive Konjunkturpolitik) dienen der Ausweitung der Nachfrage; die wichtigsten sind Steuersenkungen, Abschreibungserleichterungen und Erhöhung der Staatsausgaben.

- Für die Bundesrepublik Deutschland sind die Instrumente staatlicher Konjunkturpolitik vor allem im Stabilitätsgesetz niedergelegt.

10.2.5.3 Grenzen staatlicher Konjunkturpolitik

Die Möglichkeiten staatlicher Konjunkturpolitik stoßen bei ihrer Realisierung auf eine Reihe von Schwierigkeiten, von denen die wichtigsten kurz angedeutet werden sollen:

- Expansive Maßnahmen fördern zwar die Beschäftigung, gefährden jedoch die Preisstabilität. Insbesondere bei bereits bestehender hoher Inflation ergibt sich ein **Zielkonflikt.** Umgekehrt fördern kontraktive Maßnahmen die Geldwertstabilität, mindern jedoch die Beschäftigung; bei bestehender Arbeitslosigkeit ergibt sich ebenfalls ein Zielkonflikt.

- Belastungen bzw. Rücknahmen von Erleichterungen sind politisch nur schwer durchzusetzen.

- Etliche staatliche Maßnahmen sind lediglich Anreize und wirken nur, wenn sie auch zu entsprechenden Verhaltensänderungen führen.

- Staatliche Maßnahmen wirken oft erst mit einer zeitlichen Verzögerung. Steuersenkungen oder -erhöhungen wirken sich zumeist erst in Folgeperioden aus. Unter Umständen hat sich die Wirtschaftsentwicklung dann aber bereits umgekehrt und die staatlichen Maßnahmen wirken kontraproduktiv.

- Möglicherweise bewirken die staatlichen Maßnahmen einen **Verdrängungseffekt (Crowding-out-Effekt).** Der Zuwachs staatlicher Ausgaben ist dann mit einem Rückgang privater Ausgaben verbunden.
  Dies kann z. B. der Fall sein, wenn die höhere Kreditnachfrage des Staates zu einem Zinsanstieg führt und die privaten Wirtschaftssubjekte daraufhin ihre Kreditnachfrage reduzieren.

- Staatlichen Maßnahmen zur Konjunktursteuerung stehen etliche Probleme gegenüber (Zielkonflikte, politische Durchsetzbarkeit, zeitliche Verzögerung, Verdrängung privater Aktivitäten usw.).

10.2.5.4 Grundkonzepte der Konjunkturpolitik

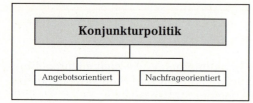

Es besteht kein Zweifel, dass in einer **Sozialen Marktwirtschaft** der Staat zu einer aktiven Gestaltung der Wirtschaft aufgerufen ist und dass er hierfür ein angemessenes Instrumentarium benötigt. Wie der Staat seinen Einfluss ausübt, hängt entscheidend davon ab, welches Konzept seiner Politik zugrunde liegt. Für die Konjunkturpolitik lassen sich im Wesentlichen zwei Grundpositionen unterscheiden: die **nachfrageorientierte** und die **angebotsorientierte Konjunkturpolitik.** Trotz deutlicher Unterschiede zwischen beiden Ansätzen ist es für die Wirtschaftstheorie nicht möglich, einem der Konzepte eindeutig den Vorrang einzuräumen.

Die entscheidenden Unterschiede zwischen nachfrage- und angebotsorientiertem Ansatz liegen darin, welcher Marktseite die größere Bedeutung für die wirtschaftliche Entwicklung beigemessen wird, und in der Auffassung darüber, welche Rolle der Staat spielen soll. Wird die Nachfrageseite als ausschlaggebend für die Wirtschaftsentwicklung betrachtet, wird von **nachfrageorientierter Konjunkturpolitik** gesprochen. Liegt jedoch die Annahme zugrunde, dass die wirtschaftliche Entwicklung vor allem von der Angebotsseite bestimmt wird, wird von **angebotsorientierter Konjunkturpolitik** gesprochen.

> **Angebots- oder Nachfragepolitik: Hat Keynes noch Chancen?**
> **Wissenschaftler diskutieren über Strategien für die achtziger Jahre**
>
> Köln, 11. Juni. Kaum ein anderer Nationalökonom hat das wirtschaftspolitische Denken und Handeln dieses Jahrhunderts so nachhaltig beeinflußt wie John Maynard Keynes. Seine Theorie der Nachfragesteuerung hat nicht nur eine ganze Schule übernommen, die vor allem in Großbritannien und den Vereinigten Staaten die Lehren in die wirtschaftspolitische Praxis umzusetzen versuchte, sie hat auch immer wieder zu heftigen Auseinandersetzungen Anlaß gegeben. Zwar haben die negativen Auswirkungen der Nachfragesteuerung in Gestalt von wachsenden Staatsdefiziten und hohen Inflationsraten das Lager der Keynesianer dezimiert, doch tot sind die Gedanken des britischen Lords nicht. In der Bundesrepublik fordern Gewerkschaften und Sozialdemokraten unverdrossen neue staatliche Milliardenprogramme. Ihnen steht allerdings die breite Schar der Angebotspolitiker gegenüber, die auf der Basis einer restriktiven Notenbankpolitik und maßvoller Lohnsteigerungen die Produktion rentabel machen wollen.
>
> *Frankfurter Allgemeine Zeitung vom 12. Juni 1982, S. 12*

10.2.5.4.1 Nachfrageorientierte Konjunkturpolitik

> Welche Merkmale und Probleme weist eine nachfrageorientierte Konjunkturpolitik auf?

Nachfrageorientierte Konjunkturpolitik hat ihren Namen von der Bevorzugung der Nachfrageseite, d.h. von der Überzeugung, dass vor allem eine ausreichend hohe Nachfrage notwendig ist, um jenes Wachstum zu sichern bzw. zu erreichen, das Vollbeschäftigung beschert.

Der nachfrageorientierte Ansatz geht in seinen Grundzügen vor allem auf Arbeiten von John Maynard KEYNES in den Dreißigerjahren zurück. Daher wird diese Position auch **Keynesianismus** oder **Post-Keynesianismus** und werden seine Verfechter auch **Keynesianer** oder auch **Post-Keynesianer** genannt. Von der bis dahin vorherrschenden Lehre der Klassiker unterschied sich KEYNES' Auffassung u. a. in drei wichtigen Punkten:[1]

1. Eine sich selbst überlassene Volkswirtschaft tendiert keineswegs automatisch zu einem Gleichgewicht bei Vollbeschäftigung. Der Markt ist zwar zur Selbstregulierung fähig, das Gleichgewicht kann sich jedoch auch bei Unterbeschäftigung einpendeln.
2. Unterbeschäftigung ist in erster Linie auf eine nicht ausreichende gesamtwirtschaftliche Nachfrage zurückzuführen **(keynesianische Arbeitslosigkeit).**
3. Ursachen für die konjunkturellen Schwankungen liegen in Instabilitäten des privaten Sektors, insbesondere in Ungleichgewichten zwischen den Investitionsplänen der Unternehmen und den Sparplänen der privaten Haushalte.

Aus diesen Erkenntnissen ergeben sich folgende Schlussfolgerungen:

1. Da der Markt nicht von sich aus zu den gewünschten Ergebnissen führt, bedarf die Wirtschaft der Steuerung.
2. Da Vollbeschäftigung nur bei genügend hoher Nachfrage erreicht werden kann, muss die Nachfrage beeinflusst werden.
3. Da gezielt und relativ schnell vor allem die Nachfrage des Staates verändert werden kann, kommt dem Staat in erster Linie die Aufgabe zu, die Wirtschaft „anzukurbeln". Reicht die normale Nachfrage nicht aus, hat der Staat die Pflicht, in die Bresche zu springen und durch zusätzliche eigene Nachfrage die Lücke zu schließen.
4. Reichen die vorhandenen Einnahmen oder Rücklagen zur Finanzierung der zusätzlichen Nachfrage nicht aus, soll sich der Staat verschulden **(deficit-spending).**

Es wird erkennbar, dass in diesem Konzept dem Staat eine wichtige Rolle bei der Steuerung der Wirtschaft zugewiesen wird. In gewisser Weise rangiert staatliche Steuerung vor dem Markt. Eindeutig wird auch der Finanzpolitik der Vorrang vor der Geldpolitik eingeräumt. Geldpolitische Maßnahmen werden als wenig effizient angesehen, da sie die Nachfrage nicht direkt beeinflussen können. Aufgabe der Geldpolitik ist es, genügend Liquidität für Kreditaufnahmen zur Verfügung zu stellen und im Übrigen durch Beeinflussung von Geldmenge und Geldkosten die finanzpolitischen Maßnahmen zu flankieren.

„Der Staat wird einen leitenden Einfluss auf den Hang zum Verbrauch teilweise durch sein System der Besteuerung, teilweise durch die Festlegung des Zinsfußes und teilweise vielleicht durch andere Wege ausüben müssen. Ich denke mir daher, dass eine ziemlich umfassende Verstaatlichung der Investitionen sich als das einzige Mittel zur Erreichung einer Annäherung an Vollbeschäftigung erweisen wird."

Keynes, J. M.: Allgemeine Theorie der Beschäftigung, des Zinses und des Geldes. – Berlin, 3. Aufl. 1966, S. 318

Wegen der Bevorzugung finanzpolitischer Maßnahmen des Staates wird die nachfrageorientierte Position auch **Fiskalismus** genannt und ihre Anhänger als **Fiskalisten** bezeichnet.

---
1 Vgl. hierzu auch die Ausführungen über Grundlagen der Beschäftigungstheorie und Beschäftigungspolitik.

Die wichtigsten Instrumente zur Behebung einer bestehenden Unterbeschäftigung sind:

- Steuersenkungen, da dadurch die Nachfrage der privaten Haushalte erhöht wird.
- Zinssenkungen, da dadurch die Investitions- und Konsumnachfrage erhöht wird.
- Erhöhung der staatlichen Investitionen. Diese sind nicht im gleichen Maße wie private Investitionen von Renditeüberlegungen abhängig. Ein höherer Staatsanteil an den Investitionen führt zu einer Verstetigung der Konjunktur.
- Ausgleich privaten Nachfrageausfalls durch höhere Staatsnachfrage.

Liegt Überbeschäftigung vor, sollen die Instrumente zur Dämpfung der Konjunktur mit umgekehrten Wirkungen eingesetzt werden. Letztlich ist es das Ziel, die finanzpolitischen Maßnahmen so zu dosieren, dass ein dauerhafter Zustand der Vollbeschäftigung erreicht wird.

Nachfrageorientierte Konjunkturpolitik		
Prämissen	Folgerungen	Instrumente
• Marktgleichgewicht nicht nur bei Vollbeschäftigung, sondern auch bei Unterbeschäftigung. • Unterbeschäftigung ist auf eine nicht ausreichende Nachfrage zurückzuführen. • Die Instabilitäten kommen in erster Linie aus dem privaten Sektor.	• Der Markt kann nicht sich selbst überlassen werden; er bedarf im Interesse der Vollbeschäftigung der Steuerung. • Die Nachfrage muss so reguliert werden, dass sie hoch genug ist, um Vollbeschäftigung zu sichern. • Die gesamtwirtschaftliche Nachfrage ist in erster Linie über die Staatsnachfrage zu regulieren. • Damit die Staatsnachfrage hoch genug wird, muss sich der Staat gegebenenfalls verschulden.	• Steuersenkungen und -anhebungen zur Beeinflussung der Konsumnachfrage. • Variation des Zinssatzes zur Beeinflussung der Konsum- und Investitionsnachfrage. • Erhöhung und Verstetigung der staatlichen Investitionen. • Kompensation privater Nachfrage durch Staatsnachfrage.

Werden die Instrumente der nachfrageorientierten Konjunkturpolitik mit den Instrumenten des Stabilitätsgesetzes verglichen, zeigt sich eine weitgehende Übereinstimmung. Das 1967 verabschiedete **Stabilitätsgesetz** ist insofern ein typisches Kind jener Epoche, in der in Deutschland die nachfrageorientierte Wirtschaftspolitik dominierte.

Die vor allem in den sechziger und siebziger Jahren in Deutschland praktizierte nachfrageorientierte Konjunkturpolitik hat nicht zu den erhofften Wirkungen geführt. Nicht zuletzt die wachsenden Staatsausgaben führten zu einer für deutsche Verhältnisse hohen Inflationsrate. Das Hauptziel, die Sicherung der Vollbeschäftigung, wurde nicht erreicht. Im Gegenteil: Die Arbeitslosigkeit nahm in der ersten Hälfte der Siebzigerjahre drastisch zu. Die konjunkturellen Schwankungen wurden weder beseitigt noch gedämpft. Die gesamtwirtschaftliche Entwicklung stagnierte. Das gleichzeitige Auftreten von Stagnation und Inflation führte zu der neuen Wortschöpfung **Stagflation**.

Aus diesen realen Erfahrungen, aber auch aus grundsätzlichen Beurteilungen speist sich die **Kritik** am nachfrageorientierten Ansatz. Die wichtigsten Kritikpunkte sind:

- Durch die staatliche Steuerung wird die Wirkung von Marktmechanismen herabgesetzt und sogar gefährdet; Ansätze zu einer Verplanung der Wirtschaft.

- Antizyklische Fiskalpolitik trägt nicht zur Verstetigung bei, sondern bewirkt durch zeitliche Verzögerungen und ihre Hektik **(„stop-and-go-policy")** eher das Gegenteil.
- Das ständige Vor und Zurück verunsichert die Unternehmen und mindert deren Investitionsbereitschaft.
- Gefahr einer zu hohen Staatsverschuldung.
- Durch hohen Kreditbedarf des Staates werden inflationäre Wirkungen hervorgerufen.
- Durch größeren Staatseinfluss wächst die Bürokratie.
- Durch eine höhere Staatsquote breitet sich eine Versorgungsmentalität aus und die individuelle Leistungsbereitschaft wird gemindert.

> - Nachfrageorientierte Konjunkturpolitik sieht in der gesamtwirtschaftlichen Nachfrage die bestimmende Wachstumskomponente; Vollbeschäftigung kann nur bei einer ausreichend großen Nachfrage erreicht werden.
> - Da die marktgegebene Nachfrage in der Regel nicht zur Vollbeschäftigung führt, muss der Staat die Nachfrage, insbesondere über die staatliche Nachfrage, steuern.
> - Zur Erreichung seiner Ziele soll der Staat vor allem finanzpolitische Instrumente einsetzen.
> - Die Kritik bezieht sich zum einen auf mangelnde Effizienz und zum anderen auf Gefährdungen, die durch eine entsprechende Politik verstärkt oder gar hervorgerufen werden.

10.2.5.4.2 Angebotsorientierte Konjunkturpolitik

Welche Merkmale und Probleme weist eine angebotsorientierte Konjunkturpolitik auf?

Aus der Kritik am nachfrageorientierten Ansatz und aus den Erfahrungen mit seiner Anwendung entwickelte sich gewissermaßen das Gegenstück. Genau genommen müssen dabei zwei Varianten bzw. Stufen unterschieden werden. Die Bezeichnungen sind nicht einheitlich. Zum Teil wird der Vorschlag von TOBIN[1] aufgegriffen, der die beiden Stufen Monetarismus vom Typ I und Monetarismus vom Typ II genannt hat. Gelegentlich werden beide Varianten auch unter dem Oberbegriff **„Neue Klassische Makroökonomik (NKM)"** zusammengefasst. Im Folgenden wird dem Sprachgebrauch gefolgt, nach dem das Gesamtkonzept als **angebotsorientierte Konjunkturpolitik** bezeichnet wird. Der Ansatz greift in weiten Teilen auf Grundlagen der klassischen Nationalökonomie zurück; daher wird er auch **Neoklassizismus** genannt und seine Vertreter als **Neoklassiker** bezeichnet.

Aus der klassischen Nationalökonomie stammt insbesondere der Grundsatz: möglichst wenig Staat und möglichst viel Markt. Damit ist eine Absage an die weitgehende Steuerung der nachfrageorientierten Politik verbunden. Für die dennoch notwendige Steuerung soll nicht die (Staats-)Nachfrage, sondern die **Geldmenge** die zentrale Steuerungsgröße sein. Die Bevorzugung der Geldmenge hat dem Konzept auch den Namen **Monetarismus** eingetragen. Da es sich gleichzeitig um eine Weiterentwicklung der Quantitätstheorie des Geldes handelt, wird die Position auch als **Neoquantitätstheorie** bezeichnet.

---
[1] James TOBIN, (*1918) amerikanischer Nationalökonom, Nobelpreis für Wirtschaftswissenschaften 1981

Die Grundzüge dieser Position wurden in den Fünfzigerjahren entwickelt und gehen vor allem auf Arbeiten von FRIEDMAN[2] zurück. In den Sechziger- und Siebzigerjahren wurde die Position von immer mehr Wirtschaftswissenschaftlern aufgegriffen, verfeinert und erweitert. In der Bundesrepublik hat nicht zuletzt der **Sachverständigenrat zur Begutachtung der gesamtwirtschaftlichen Entwicklung** zur Verbreitung angebotsorientierten Gedankengutes beigetragen; in seinem Jahresgutachten 1976 hat er die Grundposition umrissen und seither auf die praktische Wirtschaftspolitik angewandt.

Die angebotsorientierte Konjunkturpolitik knüpft vor allem an drei Prämissen an:
1. Wachstumsschwäche hat ihre Ursache in Störungen der Angebotsseite.
2. Unterbeschäftigung ist vor allem auf unzureichende Investitionen zurückzuführen.
3. Die Veränderung des realen Volkseinkommens und damit die Nachfrageentwicklung hängt in erster Linie von der Veränderung der Geldmenge ab.
4. Die Instabilitäten kommen nicht vom privaten Sektor, sondern rühren von den staatlichen Eingriffen her.

Aus diesen Erkenntnissen ergeben sich Schlussfolgerungen:
1. Zur Beseitigung von Wachstumsschwäche und damit Unterbeschäftigung müssen die Bedingungen des Angebotssektors verbessert werden. Produktion schafft Einkommen, Einkommen schafft Nachfrage.
2. Investitionshemmnisse müssen beseitigt werden; Produktion und Investitionen müssen rentabel sein. „Investitionen müssen sich lohnen." Da hierfür insbesondere das Preis-Kosten-Verhältnis verantwortlich ist und die Preise unter Wettbewerbsbedingungen für den Anbieter marktgegeben sind, müssen die Kosten, z. B. die Lohnkosten, in einem angemessenen Verhältnis stehen.
3. Steuerungen sollten über die Geldpolitik und nicht über die staatliche Fiskalpolitik erfolgen. Um einerseits eine ausreichende Liquidität und andererseits Geldwertstabilität sicherzustellen, hat sich die Geldmengenpolitik am Wachtumspotenzial der Wirtschaft zu orientieren. In enger

> „Die Fiskalpolitik ist sehr wichtig – nur nicht für die Steuerung der Konjunktur"
>
> *Friedman, M.: Kapitalismus und Freiheit. – Stuttgart 1971, S 11*

Beziehung zur Forderung nach einer Geldmengenkontrolle steht die Forderung nach flexiblen Wechselkursen, da durch sie die Gefahr importierter Inflation geringer wird.

Die Betonung von Individualismus und Leistungsprinzip berührt auch die Gestaltung des sozialen Netzes. Angebotsorientierte Konjunkturpolitik wendet sich gegen eine zu weit gehende Einkommensumverteilung durch den Staat **(Sekundärverteilung)**[2], da hierdurch Leistungsanreize verschüttet werden.

Sofern die Geldpolitik einer unabhängigen Zentralbank übertragen wird, werden dem Staat vor allem folgende Aufgaben zugewiesen:
- Beseitigung von Investitionshemmnissen.
- Förderung privater Investitionsfähigkeit und -bereitschaft.
- Stärkung der Antriebskräfte des Marktes durch Verzicht auf Interventionen sowie durch Abbau von Subventionen und leistungshemmenden Steuern.
- Konsolidierung der Staatsfinanzen durch Abbau der Staatsverschuldung und die Bevorzugung investiver statt konsumtiver Ausgaben.

---

1 Milton FRIEDMAN, (*1912), amerikanischer Nationalökonom; Hauptvertreter der „Chicagoer Schule"; Nobelpreis für Wirtschaftswissenschaften 1976
2 Zur Einkommensverteilung vgl. Kap. 11.

Angebotsorientierte Konjunkturpolitik		
Prämissen	Folgerungen	Instrumente
• Wachstumsschwäche und Unterbeschäftigung sind auf Störungen der Angebotsseite, insbesondere auf unzureichende Investitionen zurückzuführen. • Reales Volkseinkommen und damit die Nachfrage hängen in ihrer Höhe in erster Linie von der Geldmenge ab. • Instabilitäten rühren vor allem von staatlichen Eingriffen her.	• Möglichst wenig Eingriffe des Staates. • Soweit Steuerungen notwendig sind, müssen sie über die Geldpolitik und nicht über die Fiskalpolitik erfolgen. • Zur Beseitigung von Unterbeschäftigung müssen die Wachstums- und Ertragsbedingungen der Produktion verbessert werden. • Hierzu müssen in erster Linie die Investitionsbedingungen verbessert werden.	• Förderung privater Investitionen. • Stärkung der Antriebskräfte des Marktes. • Konsolidierung der Staatsfinanzen.

Der nicht zuletzt aus der Kritik am nachfrageorientierten Ansatz entstandene angebotsorientierte Ansatz ist seinerseits nicht ohne Kritik geblieben. Die wichtigsten Kritikpunkte sind:

- Eine Verbesserung der Gewinnsituation der Unternehmen erhöht zwar deren Investitions*fähigkeit*, nicht jedoch zwangsläufig deren Investitions*bereitschaft*. Investitionen werden nur bei genügend guten Ertragserwartungen vorgenommen.
- Entscheidend für den Ertrag von Investitionen ist das Preis-Kosten-Verhältnis. Die angebotsorientierte Wirtschaftspolitik betont bei der Investitionsbereitschaft einseitig die Kosten der Investitionen. Ein angemessener Preis für das Produkt ist aber nur zu erzielen, wenn eine entsprechend große Nachfrage vorhanden ist. Investitionen lohnen sich nur, wenn auch Absatzchancen für die Produkte vorhanden sind.
- Bei mangelnder Kapazitätsauslastung bzw. zu geringer Nachfrage ist die Neigung, Erweiterungsinvestitionen vorzunehmen, gering. Investitionsförderungen führen in dieser Situation dazu, dass die Unternehmen Rationalisierungs- statt Erweiterungsinvestitionen durchführen und dadurch die Arbeitsplätze nicht vermehren, sondern vermindern.
- Löhne sind nicht nur ein Kostenfaktor, sondern auch ein Nachfragefaktor. Steigende Löhne bewirken nicht nur steigende Kosten, sondern auch steigende Nachfrage.
- Bei vorhandener Unterbeschäftigung führt eine Reduzierung der Staatsausgaben nicht zu sinkender, sondern zu steigender Arbeitslosigkeit.
- Angebotspolitik gefährdet die zum Teil hart erkämpften sozial- und wohlfahrtsstaatlichen Strukturen und führt u. a. zu einer Umverteilung der Einkommen zugunsten der Besitzer von Produktivvermögen.
- In einer angebotsorientierten Wirtschaftspolitik kommen Belange der Umwelt und des Umweltschutzes (umweltverträgliche Produkte und Produktionsverfahren) zu kurz.

Werden die beiden konjunkturpolitischen Konzepte miteinander verglichen, ist insbesondere den beiden Kernthesen ihre Plausibilität nicht abzusprechen. Einerseits leuchtet ein, dass private Investitionen vor allem dann vorgenommen werden, wenn mit ihnen – gemessen am Marktzins für alternative Geldanlagen – eine angemessene Rendite verbunden ist; andererseits ist nachzuempfinden, dass bei unausgelasteten Kapazitäten, also bei zu geringer Nachfrage, wenig Neigung besteht, die Produktionsanlagen auszuweiten. Insofern kann keines der beiden Argumente für sich allein den konjunkturellen Wachstumspfad vollständig begründen. Notwendig sind sowohl ausreichende Absatzperspektiven als auch hinreichend hohe Gewinnerwartungen, wobei zwischen beiden Aspekten Abhängigkeiten bestehen: Gute Gewinnaussichten ergeben sich in der Regel dann, wenn gute Absatzbedingungen bestehen. Für die praktische Wirtschaftspolitik ergibt sich daraus die – nicht leichte – Aufgabe, beide Ansätze zu einem optimalen Ganzen zu verbinden **(policy-mix).**

- Angebotsorientierte Konjunkturpolitik sieht in der Angebotsseite die bestimmende Wachstumskomponente; Vollbeschäftigung kann nur bei einer ausreichend hohen Produktion erreicht werden.
- Damit die Produktion hinreichend hoch ist, müssen vor allem die private Investitionsfähigkeit und -bereitschaft gefördert werden.
- Der staatliche Einfluss auf die Konjunkturentwicklung soll gering gehalten werden; notwendige Steuerungen sollen über die Geldpolitik erfolgen.
- Die Kritik bezieht sich insbesondere auf die einseitige Bevorzugung des Angebotssektors und die möglichen Nachteile, die sich dadurch für Einkommensverteilung, Umwelt, soziales Netz usw. ergeben.

10.3 Wachstum

Unmittelbare Bestimmungsgröße für die Höhe der Beschäftigung ist die Höhe der Produktion. Gesamtwirtschaftlich äußert sich eine Zunahme der Produktion in einem entsprechenden Wirtschaftswachstum. Staatliche Beschäftigungspolitik ist in erster Linie Wachstumspolitik. Dieser Zusammenhang lenkt das Augenmerk auf die Kennzeichen und die Bedingungen von Wirtschaftswachstum.[1]

10.3.1 Begriff und Messung von „Wirtschaftswachstum"

Was ist „Wirtschaftswachstum" und wie wird es gemessen?

Mit **Wirtschaftswachstum** wird im ökonomischen Sprachgebrauch sowohl die Entwicklung der Produktionsmöglichkeiten einer Volkswirtschaft, also ihres **Produktionspotenzials,** als auch die Entwicklung des Produktionsvolumens bezeichnet. Über längere Sicht entwickeln sich Produktionspotenzial und tatsächliche Produktion gleich, da wechselseitige Anpassungsprozesse stattfinden. Die tatsächliche Produktion entspricht dem realen **Bruttoinlandsprodukt.**

Die Entwicklung des realen Bruttoinlandsprodukts wird in Deutschland als Messgröße für das Wirtschaftswachstum verwendet.[2] Die jährlich ermittelte Veränderungsrate des

---

[1] Vgl. zu Fragen des Wirtschaftswachstums auch Kap. 7; dort vor allem die Ausführungen über das wirtschaftspolitische Ziel „Stetiges und angemessenes Wirtschaftswachstum".

[2] Zu den verschiedenen Inlands- und Sozialprodukten, ihrer Messung und ihrer Aussagefähigkeit vgl. ausführlich auch Kap. 2 „Kreislauf und Volkswirtschaftliche Gesamtrechnung".

Bruttoinlandsprodukts enthält auch die konjunkturellen Schwankungen. Werden diese Schwankungen um die kurzfristigen Wirkfaktoren bereinigt, ergibt sich der mittel- bis langfristige Trend.

Er spiegelt die Entwicklung des Produktionspotenzials wider.

Die konjunkturbedingten Ausschläge um diesen Trend stellen unterschiedliche Auslastungsgrade des vorhandenen Produktionspotenzials dar.

Bei der Veränderungsrate des realen Bruttoinlandsprodukts (im Vergleich zum Vorjahr) werden unterschieden:

Reales Bruttoinlandsprodukt			
Jahr	Gesamt	je Erwerbstätigen	je Einwohner
	Mrd. EUR[1]	EUR	EUR
1950	218,2	11.146	4.364
1960	511,3	19.634	9.224
1970	789,0	29.706	13.009
1975	878,7	33.745	14.208
1980	752,6	38.245	12.230
1985	1.092,1	41.210	17.911
1990	1.288,7	45.249	20.373
1995	1.801,3	48.164	22.063
2000	1.963,8	50.976	23.907

1) in Preisen von 1995

- Nominales Wachstum: Zunahme des Bruttoinlandsprodukts, bewertet in jeweiligen Preisen (Marktpreise)
- Reales Wachstum: Zunahme des Bruttoinlandsprodukts, bewertet zu konstanten Preisen (Preise eines Basisjahres)
- Nullwachstum: Keine Veränderung des realen Bruttoinlandsprodukts
- Negativwachstum: Verringerung des realen Bruttoinlandsprodukts

- Unter Wirtschaftswachstum wird sowohl die langfristige Entwicklung des Produktionspotenzials als auch die Entwicklung des tatsächlichen Produktionsvolumens einer Volkswirtschaft verstanden.
- Das Wirtschaftswachstum wird durch die Entwicklung des realen Bruttoinlandsprodukts gemessen.

10.3.2 Bedeutung von Wirtschaftswachstum

Ist wirtschaftliches Wachstum wichtig?

Wachstum ist kein Zweck an sich, was bereits bei der Behandlung der entsprechenden wirtschaftspolitischen Zielsetzung festgestellt wurde. Wirtschaftliches Wachstum wird als notwendig angesehen, damit andere Ziele und Vorstellungen leichter und besser verwirklicht werden können.

Die wichtigsten Argumente zur Begründung von Wachstum sind:
- Erhöhung des Volkseinkommens und damit des Wohlstands der Bevölkerung.
- Höheres Güterangebot und damit bessere Güterversorgung der Bevölkerung.
- Sicherung bzw. Schaffung von Arbeitsplätzen.
- Erleichterung der Umverteilung von Einkommen und Vermögen.
- Erhöhung der Staatseinnahmen und dadurch bessere Finanzierungsmöglichkeit für öffentliche Aufgaben.

Die beiden erstgenannten Aspekte sind ohne weiteres einleuchtend; in gewisser Weise stellen sie nur eine andere Formulierung für den Sachverhalt „Wirtschaftswachstum" dar. Die übrigen Gründe bedürfen – auch wegen ihrer Bedeutung – einer Erläuterung.

Wirtschaftswachstum wird vor allem damit begründet, dass es für die **Beschäftigung** von ausschlaggebender Bedeutung ist. Aus diesem Grund bedarf der Zusammenhang zwischen Wachstum und Beschäftigung einer ausführlicheren Analyse; er wird daher weiter unten in einem besonderen Kapitel behandelt.

Eine Korrektur der marktgegebenen **Einkommensverteilung** durch den Staat **(Einkommensumverteilung)** ist bei Wachstum weniger konfliktträchtig. Wenn der Zuwachs so verteilt wird, dass die bisher benachteiligten Gruppen stärker profitieren als andere, ergeben sich im Laufe der Zeit Angleichungen, ohne dass dies mit Einbußen für die bisher bevorteilten Gruppen verbunden ist. Bleibt jedoch das Nationaleinkommen konstant, können Zuwächse bei bestimmten Gruppen nur durch entsprechende Abstriche bei anderen Gruppen realisiert werden.

Der Staat ist an der Güterproduktion und an den Einkommen in vielerlei Weise über Steuern und Sozialbeiträge beteiligt. Wachsen Güterproduktion, Beschäftigung und Einkommen, so steigen auch die Einnahmen des Staates, und seine Fähigkeit zur Erfüllung öffentlicher Aufgaben verbessert sich. Ein Mehrangebot an öffentlichen Gütern durch den Staat erhöht den Wohlstand der Bevölkerung insbesondere im sozialen Bereich.

- Wirtschaftliches Wachstum ist notwendig, damit andere Ziele und Vorstellungen leichter und besser verwirklicht werden können.
- Die wichtigsten Argumente zur Begründung von Wachstum sind:
  - Erhöhung des Volkseinkommens und damit des Wohlstands der Bevölkerung.
  - Höheres Güterangebot und damit bessere Güterversorgung der Bevölkerung.
  - Sicherung bzw. Schaffung von Arbeitsplätzen.
  - Erleichterung der Umverteilung von Einkommen und Vermögen.
  - Erhöhung der Staatseinnahmen und dadurch bessere Finanzierungsmöglichkeit für öffentliche Aufgaben.

10.3.3 Bestimmungsfaktoren wirtschaftlichen Wachstums

Welche Größen bewirken längerfristig die Veränderung des Inlandsprodukts?

Die Produktionsmöglichkeiten einer Volkswirtschaft (Y^a) hängen zunächst einmal von der Menge und der Qualität der **Produktionsfaktoren** Boden (B), Arbeit (A) und Kapital (K) ab. Wird das vorhandene technische und ökonomische Wissen (W) nicht als Teil des Produktionsfaktors Arbeit, sondern als eigenständiger Bestimmungsfaktor verstanden, ergibt sich als **Wachstumsfunktion:**

$$Y^a = f(B, A, K, W)$$

Die Produktionshöhe hängt also ab von den Faktoreinsätzen. Der Bestand an Boden und natürlichen Ressourcen verändert sich in der Regel auch längerfristig nicht, sodass er eine konstante Größe darstellt.[1] Die Menge des Faktors Arbeit kann sich durch Bevöl-

---

[1] Ertragszuwächse beim Boden, die durch Düngemittel bewirkt werden, sind nicht dem Produktionsfaktor „Boden", sondern dem Produktionsfaktor „Kapital" zuzurechnen.

kerungswachstum oder -minderung verändern. Da aber letztlich das Inlandsprodukt pro Kopf die ausschlaggebende Größe für echtes Wachstum ist, verbleiben der Bestand an Produktionsgütern (Kapitalstock) und das technische und ökonomische Wissen als entscheidende Bestimmungsfaktoren für wirtschaftliches Wachstum.

Der **Kapitalstock** einer Volkswirtschaft stellt den Bestand an Produktionsgütern dar; er verändert sich also durch Investitionen. Mit einem höheren Kapitalbestand können – unter sonst gleichen Bedingungen – mehr Güter hergestellt werden.

Das **technische und ökonomische Wissen** wird vor allem durch Bildung (Allgemeinbildung, berufliche Aus- und Weiterbildung) geschaffen und vermehrt. Seine Auswirkungen zeigen sich insbesondere in der Fähigkeit, komplexe Güter herzustellen und neuartige Güter zu entwickeln **(Produktinnovation),** und darin, komplexe Produktionsverfahren anzuwenden und neuartige Verfahren zu entwickeln **(Prozessinnovation).**

Einfluß auf die langfristige Entwicklung einer Volkswirtschaft haben ohne Zweifel auch das **Sozialsystem** (S) und dessen Wandlungen. Wirtschafts- und Rechtsordnung eines Staates, soziale Schichtung, gesellschaftliche Einstellungen zu Arbeit und Leistung, Mentalität der Bevölkerung usw. können fördernd, aber auch hemmend wirken.

Die quantitative Ausweitung der Produktion und der Produktionsmöglichkeiten ist jedoch nicht grenzenlos möglich. Wie im folgenden Abschnitt noch ausgeführt wird, ergeben sich insbesondere durch die Inanspruchnahme der **Umwelt** (U) Grenzen des Wachstums.

Werden alle Bestimmungsfaktoren zusammengefasst, ergibt sich als vollständige **Wachstumsfunktion:**

$$Y^a = f(B, A, K, W, S, U)$$

- Bestimmungsfaktoren des wirtschaftlichen Wachstums sind Menge und Qualität der Produktionsfaktoren Boden (B), Arbeit (A) und Kapital (K), das technische und ökonomische Wissen (W) und das Sozialsystem (S).
- Grenzen für wirtschaftliches Wachstum ergeben sich aus den Belastungsmöglichkeiten der Umwelt (U).
- Die Wachstumsfunktion lautet: $Y^a = f(B, A, K, W, S, U)$.

10.3.4 Probleme quantitativen Wachstums[1]

Welche Gefahren ergeben sich aus einem andauernden quantitativen Wachstum?

Wirtschaftliche Betrachtungen neigen dazu, die Umwelt in erster Linie in ihrer wirtschaftlichen Bedeutung zu sehen, und vernachlässigen dabei, dass sie Lebensgrundla-

---

[1] Zu den Problemen wirtschaftlichen Wachstums vgl. auch die Ausführungen zu dem wirtschaftspolitischen Ziel „Stetiges und angemessenes Wirtschaftswachstum", Kap. 7 und Kap. 12: Ökonomie und Ökologie.

ge der Menschen ist und als solche nicht nur irgendwie, sondern so erhalten bleiben muss, dass sie ein möglichst hohes Maß an Lebensqualität zu gewähren vermag. Diese umfassende Bedeutung der Umwelt gewinnt spätestens seit den sechziger Jahren auch in wirtschaftlichen Überlegungen ein zunehmendes Gewicht.

Das Verhältnis zwischen Wirtschaftssystem und Umweltsystem lässt sich vor allem durch drei Beziehungen charakterisieren:

- Die Umwelt stellt wichtige Güter wie Wasser, Luft, Wald, Erholung usw. zur Verfügung.
- Die Umwelt liefert Rohstoffe und Energie, durch die im Produktionsprozess Konsum- und Investitionsgüter hergestellt werden.
- Die Umwelt nimmt die aus Güterproduktion und Güterverwendung entstehenden Abfallstoffe auf.

Aus der zweiten und dritten Beziehung ergeben sich gravierende Gefährdungen der Umwelt:

- Verlust und Beeinträchtigung von Landschaft.
- Gefährdung der Tier- und Pflanzenwelt.
- Ausbeutung von Rohstoffen und Bodenschätzen.
- Verunreinigung von Luft, Wasser und Boden.

Diese Folgen haben die Lebensqualität auf der Erde bereits so nachhaltig beeinträchtigt, dass eine dauerhafte Fortsetzung der bisherigen Entwicklung nicht möglich ist. Durch ökologische Katastrophen im wirtschaftlichen und im militärischen Bereich sind heute bereits große Landstriche verseucht und für Generationen unbewohnbar.

Die zweifellos vorhandenen Ansätze zu einem umweltverträglichen Wirtschaftswachstum müssen angesichts der Bevölkerungsexplosion und der zunehmenden Industrialisierung von immer mehr Ländern ohne Zweifel noch erheblich verstärkt werden. Derzeit scheinen die weltweiten Bedürfnisse nach Erhalt bzw. Erhöhung des materiellen Lebensstandards auf der einen Seite und die Bedürfnisse nach Erhalt einer lebenswerten Umwelt auf der anderen Seite noch unvereinbar zu sein. Notwendig sind insbesondere Investitionen und Wachstumsverlagerungen in Bereiche, die – wie große Teile des Dienstleistungssektors – umweltneutral sind oder die geeignet sind, Umweltbelastungen zu verringern **(qualitatives Wachstum)**.

Hierzu gehören Produkte und Produktionsverfahren, die den Verbrauch an Rohstoffen und Energien reduzieren, die weniger Schadstoffe an die Umwelt abgeben, das Recycling von Rohstoffen usw.

- Die Umwelt ist sowohl ein bedeutender Wirtschaftsfaktor als auch Lebensgrundlage der Menschen.

- Ein andauerndes quantitatives Wachstum kann die Umwelt nicht verkraften.

- Die wirtschaftlichen Bedürfnisse und die Umweltbedürfnisse lassen sich – wenn überhaupt – nur durch vermehrtes qualitatives Wachstum in Einklang bringen.

10.4 Zum Zusammenhang von Wachstum und Beschäftigung

Die Abhängigkeit der Beschäftigung von der Entwicklung des realen Bruttoinlandsprodukts (BIP), und damit vom Wirtschaftswachstum, wurde bereits mehrfach festgestellt. Zusätzliche Arbeitsplätze entstehen in der Regel nur, wenn auch die Produktion wächst. Eine Gegenüberstellung beider Verläufe macht nachhaltig deutlich, dass dieser Zusammenhang in der Realität auch tatsächlich besteht.

Bei einem Vergleich der Entwicklungen fällt zweierlei auf:

- Der Zuwachs bei den Beschäftigten fällt geringer aus als die Wachstumsrate. Liegt das Wirtschaftswachstum unterhalb einer bestimmten Zuwachsrate, werden Arbeitsplätze abgebaut.
- Die Entwicklung bei den Arbeitsplätzen hinkt der Entwicklung beim Bruttoinlandsprodukt zeitlich nach.

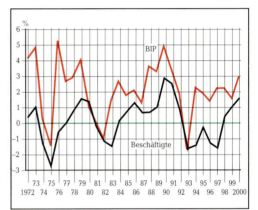

Die Erklärung für beide Phänomene liegt in der **Produktivität**.[1]

Gesamtwirtschaftlich bezeichnet die Produktivität die Wirtschaftsleistung je Erwerbstätigen.

$$\text{Produktivität} = \frac{\text{Bruttoinlandsprodukt}}{\text{Zahl der Erwerbstätigen}}$$

Die Produktivität wächst ständig (im Zeitraum von 1980 bis 1990 betrug der gesamtwirtschaftliche Produktivitätszuwachs in Deutschland 1,6 % pro Jahr). Ursachen hierfür sind vor allem technischer Fortschritt und Rationalisierungen. Durch den Produktivitätszuwachs steigt die durchschnittliche Arbeitsleistung jedes Beschäftigten von Jahr zu Jahr an.

	Produktivitätsentwicklung			
Jahr	BIP_{real}	Erwerbstätige	Produktivität	Für Güter von 1 Mio. EUR wurden benötigt
	Mrd. EUR[1])	TSD	EUR	Beschäftigte
1950	218,2	21.153	10.314	97
1960	511,3	26.063	19.618	51
1970	789,0	26.560	29.707	34
1980	1.031,8	26.980	38.243	26
1985	1.092,1	26.489	41.229	24
1990	1.288,7	28.479	45.249	22
1995	1.801,3	37.382	48.186	21
2000	1.963,8	38.532	50.965	20

1) in Preisen von 1995

---

1 Vgl. hierzu auch die Ausführungen zu den Erfolgskennziffern in Kap. 1.

Bleiben andere Einflussgrößen auf die Beschäftigtenzahl (Arbeitszeiten usw.) unberücksichtigt, werden für eine gleich bleibende Produktion von Jahr zu Jahr weniger Beschäftigte benötigt. Soll die Beschäftigung erhalten bleiben, muss die Wirtschaft im Umfang des Produktivitätszuwachses wachsen; soll die Beschäftigung steigen, muss das Wirtschaftswachstum größer sein als der Produktivitätszuwachs.

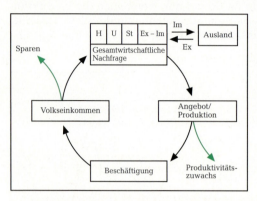

Ein Teil des Wirtschaftswachstums wird also durch den Produktivitätszuwachs „aufgefressen". Wachstum ist daher nicht nur notwendig für die Schaffung zusätzlicher Arbeitsplätze, sondern auch für den Erhalt der bestehenden Arbeitsplätze. Die Wirkung des Produktivitätszuwachses erweist sich im Zusammenhang von Nachfrage, Produktion, Beschäftigung und Volkseinkommen als eine Verlustquelle, die bei der Umsetzung von Produktionszuwächsen in Beschäftigungszuwächse auftritt.

Beschäftigungsentwicklung = Wirtschaftswachstum – Produktivitätszuwachs

Die Wachstumsrate, die benötigt wird, um die bestehende Beschäftigung zu erhalten, wird **Beschäftigungsschwelle** genannt. Im Zeitraum von 1980 bis 1990 betrug sie in Deutschland 0,7 %. Erst ein Wirtschaftswachstum oberhalb der Beschäftigungsschwelle schafft neue Arbeitsplätze. Ein Wachstum unterhalb der Beschäftigungsschwelle setzt Arbeitskräfte frei. Das Verhältnis zwischen Wirtschaftswachstum und Beschäftigungsentwicklung oberhalb der Beschäftigungsschwelle wird **Beschäftigungsintensität** genannt. Die Beschäftigungsintensität drückt aus, um wie viel Prozent die Beschäftigung zunimmt, wenn die Wirtschaft um ein Prozent wächst. Für die Jahre von 1980 bis 1990 betrug die Beschäftigungsintensität in Deutschland 0,6; d. h., dass 1 % Wirtschaftswachstum eine Zunahme der Beschäftigung um 0,6 % bewirkte.

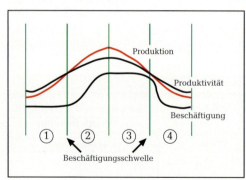

Das zeitliche Nachhinken der Beschäftigungsentwicklung hinter dem Wirtschaftswachstum lässt sich am besten durch die Entwicklung von Produktion, Produktivität und Beschäftigung innerhalb eines Konjunkturzyklus verdeutlichen. Gesamtwirtschaftlich entspricht die Produktion dem realen Bruttoinlandsprodukt.

Phase 1: Nach dem Tiefpunkt beginnt der Aufschwung. Die Kapazitäten sind nicht voll ausgelastet. Die höhere Produktion kann durch höhere Auslastung der Kapazitäten bewältigt werden. Durch die höhere Auslastung der Kapazitäten steigt die Produktivität. Eine Ausweitung der Arbeitsplätze ist nicht erforderlich; die Beschäftigung stagniert.

Phase 2: Die Produktion steigt weiter. Die Kapazitäten sind ausgelastet. Der Produktivitätszuwachs ist nur noch gering und liegt unter dem Produktionszuwachs. Zur Bewältigung der Produktion müssen jetzt neue Arbeitskräfte eingestellt werden. Die Beschäftigungsschwelle wird überschritten, die Beschäftigung nimmt zu.

Phase 3: Die Produktion geht zurück. Die Produktivität geht zurück, da die Beschäftigtenzahl zunächst noch gehalten wird (Unsicherheit über zukünftige Entwicklung, Kündigungsfristen).

Phase 4: Die Produktion sinkt weiter. Die Rezession ist offenkundig. Die Beschäftigungsschwelle wird unterschritten. Die Unternehmen reduzieren die Beschäftigtenzahl.

- Zwischen Wirtschaftswachstum und Beschäftigungsentwicklung besteht ein enger Zusammenhang.
- Die Arbeitsleistung pro Erwerbstätigen nimmt von Jahr zu Jahr zu (Produktivitätszuwachs).
- Ceteris paribus nimmt die Beschäftigtenzahl im Umfang des Wirtschaftswachstums zu und gleichzeitig im Umfang des Produktivitätszuwachses ab: Beschäftigungsentwicklung = Wirtschaftswachstum – Produktivitätszuwachs
- Die Wachstumsrate, die benötigt wird, um die bestehende Beschäftigung zu erhalten, wird Beschäftigungsschwelle genannt.
- Die Beschäftigungsintensität drückt aus, um wie viel Prozent die Beschäftigung zunimmt, wenn die Wirtschaft um ein Prozent wächst.
- Die Beschäftigungsentwicklung hinkt dem Wirtschaftswachstum zeitlich hinterher.

Aufgaben zum Üben und Vertiefen

1 Geben Sie an, welcher Teil der Wohnbevölkerung jeweils unter die folgenden Größen fällt:
- Erwerbsbevölkerung
- Erwerbspersonen
- Erwerbslose
- Erwerbstätige
- Arbeitslose

2 Geben Sie an, wie die nachstehenden Beschäftigungskennziffern gemessen werden:
- Erwerbsquote
- Erwerbsintensität
- Beschäftigungsniveau
- Arbeitslosenquote
- Anspannungsindex

3 Das Statistische Amt eines Landes gibt folgende Zahlen (in Tausend) für ein bestimmtes Jahr bekannt:

Bevölkerung	Erwerbspersonen	Erwerbsbevölkerung	Erwerbstätige		Registrierte Arbeitslose	Offene Stellen
				davon abhängig		
40 000	15 000	30 000	14 000	12 000	900	100

Ermitteln Sie: Erwerbsquote, Erwerbsintensität, Beschäftigungsniveau, Arbeitslosenquote und Anspannungsindex.

4 Erläutern Sie die Situationen:
- Vollbeschäftigung
- Überbeschäftigung
- Unterbeschäftigung

und stellen Sie die Situationen in einem Arbeitsmarktmodell grafisch dar.

5 Diskutieren Sie die Aussagefähigkeit der Messgröße „Registrierte Arbeitslose"!

6 Nennen und erläutern Sie die vier wichtigsten Formen von Arbeitslosigkeit!

7 Stellen Sie den Zusammenhang von Nachfrage, Produktion, Beschäftigung und Volkseinkommen grafisch dar und erläutern Sie die Beziehungen zwischen diesen Größen!

8 Interpretieren Sie den nachstehenden Ausschnitt aus einem Monatsbericht der Deutschen Bundesbank unter folgenden Gesichtspunkten:

a) Was wird über die Zusammensetzung der gesamtwirtschaftlichen Nachfrage ausgesagt?

b) Welcher Zusammenhang wird zwischen gesamtwirtschaftlicher Nachfrage und gesamtwirtschaftlicher Produktion hergestellt?

c) Welche Folgen für die Beschäftigungslage sind in der beschriebenen Situation zu erwarten?

> Gegenüber dem entsprechenden Vorjahreszeitraum hat die gesamtwirtschaftliche Produktion um 2,5 % zugenommen. Ausschlaggebend hierfür war eine zügig steigende Nachfrage aus dem In- und Ausland, wobei jedoch die Abschwächung der privaten Verbrauchsnachfrage dämpfend wirkte.

9 Erläutern Sie die folgenden Begriffe:
- Konsumsumme
- Konsumfunktion
- Grenzneigung zum Konsum
- Autonomer Konsum
- Basiseinkommen

Aufgaben zum Üben und Vertiefen 417

10 Für eine Volkswirtschaft sind die nebenstehenden Abhängigkeiten bekannt:

Einkommen	Konsum
0	20
100	108
200	196
300	284
400	
500	

a) Ergänzen Sie die Tabelle!

b) Wie hoch ist der autonome Konsum (C_a)?

c) Wie hoch ist die Grenzneigung zum Konsum (c)?

d) Stellen Sie die Konsumfunktion in einem Diagramm dar!

e) Vergleichen Sie den Verlauf der Konsumfunktion aus diesem Beispiel mit dem wahrscheinlichen Verlauf einer realen Konsumfunktion!

11 Für eine Volkswirtschaft sind folgende Größen bekannt:

- Autonomer Konsum (C_a): 20
- Grenzneigung zum Konsum (c): 0,85

Einkommen	Konsum	Sparen
0		
100		
200		
300		
400		
500		

a) Wie hoch ist die Grenzneigung zum Sparen (s)?

b) Ergänzen Sie die nebenstehende Tabelle!

c) Stellen Sie Konsum- und Sparfunktion in einem Diagramm dar!

12 Stellen Sie die Abhängigkeit der Investitionsnachfrage vom Marktzins grafisch dar!

13 Erläutern Sie die Begriffe inflatorische und deflatorische Lücke!

14 Stellen Sie das Gleichgewichtseinkommen sowie inflatorische und deflatorische Lücke in einem Diagramm grafisch dar!

15 a) Beschreiben Sie in allgemeiner Form den Multiplikatoreffekt!

b) In einer Volkswirtschaft findet eine Erhöhung der autonomen Investitionen (I_a) um 15 statt. Die Sparquote beträgt 0,20. Wie hoch ist der Einkommenszuwachs?

16 Beschreiben Sie in allgemeiner Form das Akzelerationsprinzip!

17 Nennen Sie die Phasen eines Konjunkturzyklus und geben Sie für jede Phase mindestens zwei typische Merkmale an.

18 Der nachstehende Ausschnitt aus einem Monatsbericht der Deutschen Bundesbank macht Aussagen über die Konjunkturlage in Deutschland.

> Die deutsche Wirtschaft befindet sich seit dem Jahresbeginn in einem kräftigen Aufschwung. Das Wachstum betrug im ersten Halbjahr 2,2 % gegenüber der entsprechenden Vorjahreszeit.

a) Durch welche Größe wird die Wachstumsrate gemessen?
b) Was drückt diese Größe genau aus?
c) Zeichnen Sie einen typischen Konjunkturzyklus und geben Sie an, wo sich die deutsche Wirtschaft nach dieser Aussage zur Zeit etwa befindet!

19 Beschreiben Sie die Situationen, die am Tiefpunkt und am Hochpunkt eines Konjunkturzyklus jeweils zu einer Umkehr der konjunkturellen Entwicklung führen!

20 Zur genaueren Beschreibung der konjunkturellen Situation werden Konjunkturindikatoren verwendet. Nennen Sie die drei Arten der Konjunkturindikatoren und geben Sie für jede Art mindestens zwei Beispiele an!

21 Nennen und beschreiben Sie die wichtigsten Instrumente des Staates

a) zur Förderung
b) zur Dämpfung

der konjunkturellen Entwicklung!

22 Erläutern Sie die Begriffe „antizyklische Konjunkturpolitik" und „deficit spending"!

23 Die Möglichkeiten des Staates für eine aktive Beschäftigungspolitik werden oft überschätzt.
Beschreiben Sie in allgemeiner Form Möglichkeiten und Grenzen staatlicher Beschäftigungspolitik!

24 Beschreiben Sie die Grundzüge

a) nachfrageorientierter
b) angebotsorientierter

Konjunkturpolitik!

25 a) Welche Größe wird in Deutschland für die Messung des Wirtschaftswachstums verwendet?

b) Erläutern Sie die folgenden Begriffe im Zusammenhang mit Wirtschaftswachstum:
- Nominelles Wachstum
- Reales Wachstum
- Nullwachstum
- Negativwachstum

26 Nennen und erläutern Sie die Faktoren, von denen Wirtschaftswachstum langfristig abhängt!

27 Im Zusammenhang mit zunehmenden Umweltzerstörungen und Umweltbelastungen wird quantitatives Wirtschaftswachstum heute recht kritisch gesehen.

a) Nennen Sie mindestens vier Gründe, die für quantitatives Wirtschaftswachstum sprechen!

b) Erläutern Sie, was unter qualitativem Wirtschaftswachstum verstanden wird!

28 Bei einer Gegenüberstellung von Wirtschaftswachstum und Beschäftigung zeigt sich eine weitgehende Übereinstimmung der Entwicklungen. Es fällt jedoch auf, dass in der Regel

a) die Zuwachsrate bei den Beschäftigten geringer ausfällt als die Wachstumsrate des Bruttoinlandsprodukts

b) die Entwicklung bei den Arbeitsplätzen der Entwicklung des Bruttoinlandsprodukts zeitlich nachhinkt.

Erklären Sie diese Abweichungen!

29 Interpretieren Sie den nachstehenden Zeitungsausschnitt unter folgenden Aspekten:

a) Wie ist es zu erklären, dass eine Verbesserung auf dem Arbeitsmarkt erst einige Zeit nach einer Verbesserung der Konjunkturlage zu erwarten ist?

b) Erläutern Sie den Begriff „Beschäftigungsschwelle"!

c) Stellen Sie für einen Konjunkturzyklus den typischen Verlauf von gesamtwirtschaftlicher Produktion, Produktivität und Beschäftigung grafisch dar!

d) Beschreiben Sie die Verläufe für die einzelnen Konjunkturphasen!

Konjunktur zieht an

Bonn (...) – Der Wirtschaftsminister äußerte sich optimistisch über den Konjunkturverlauf. Für das laufende Jahr geht er von einem Wachstum des realen Bruttoinlandsprodukts von 2,8 Prozent aus. Eine spürbare Besserung auf dem Arbeitsmarkt ist nach seiner Einschätzung jedoch erst ab Mitte des nächsten Jahres zu erwarten.

11 Einkommensverteilung

11.1	**Grundbegriffe der Einkommensverteilung**
11.1.1	Einkommensentstehung
11.1.2	Formen der Einkommensverteilung
11.1.2.1	Primärverteilung
11.1.2.1.1	Funktionelle Einkommensverteilung
11.1.2.1.2	Personelle Einkommensverteilung
11.1.2.2	Sekundärverteilung
11.2	**Messung der Primärverteilung und ihre Beschaffenheit in Deutschland**
11.2.1	Lohnquote und Arbeitseinkommensquote als Maßstäbe der funktionellen Einkommensverteilung
11.2.2	Pro-Kopf-Einkommen, Lorenz-Kurve und Gini-Koeffizient als Maßstäbe der personellen Einkommensverteilung
11.3	**Ursachen ungleicher Einkommensverteilung**
11.4	**Zum Problem „Verteilungsgerechtigkeit"**
11.5	**Verteilungskriterien**
11.5.1	Leistungsprinzip
11.5.2	Bedarfsprinzip
11.6	**Maßnahmen zur Beeinflussung der Einkommensverteilung**
11.6.1	Maßnahmen der Tarifpartner zur Beeinflussung der Primärverteilung
11.6.2	Maßnahmen des Staates zur Einkommensumverteilung (Sekundärverteilung)

Überlegungen zur Einkommensverteilung knüpfen von der Fachsystematik her an die Aussagen zur Verteilungsrechnung innerhalb der Volkswirtschaftlichen Gesamtrechnung an.

Aufgabe der Volkswirtschaftlichen Gesamtrechnung ist es, ein zahlenmäßiges Gesamtbild der wirtschaftlichen Aktivitäten aller Wirtschaftseinheiten einer Volkswirtschaft zu geben. Gegenstand der Verteilungsrechnung ist die Verteilung des Volkseinkommens.

Fragen der Einkommensverteilung berühren sowohl die Wirtschaftstheorie als auch die Wirtschaftspolitik.

Aufgabe der Wirtschaftstheorie ist es, Größen zur Messung der Einkommensverteilung zu entwickeln und eine bestehende Verteilung möglichst exakt zu messen.

Auftrag für die Wirtschaftspolitik ist es, Kriterien für eine möglichst gerechte Einkommensverteilung zu entwickeln und die Verteilung entsprechend zu steuern. „Verteilungsgerechtigkeit" wurde als eines der wirtschaftspolitischen Ziele erkannt und dargestellt.[1]

Auseinandersetzungen über eine angemessene Verteilung von Einkommen sind keineswegs neu. Zu allen Zeiten hat dieses Problem sowohl individuell als auch gesamtwirtschaftlich eine bedeutsame Rolle gespielt. Verteilungsprobleme sind auch kein typisches Problem armer Volkswirtschaften. Im Gegenteil: Die Verteilungskämpfe sind in reichen Volkswirtschaften viel ausgeprägter. Offenbar nimmt die Verteilungsproblematik mit der Größe des zu verteilenden „Kuchens" zu.

---

[1] Zum wirtschaftspolitischen Ziel „Verteilungsgerechtigkeit" vgl. Kap. 7.

Grundbegriffe der Einkommensverteilung 421

11.1 Grundbegriffe der Einkommensverteilung

11.1.1 Einkommensentstehung

Wie entsteht das zu verteilende Einkommen?

Bevor Einkommen verteilt werden können, müssen sie erst einmal entstehen. Die Einkommen in einer Volkswirtschaft entstehen im und durch den **Produktionsprozess.**

Im Produktionsprozess werden durch die Kombination von **Produktionsfaktoren** Sachgüter und Dienstleistungen hergestellt.

Besitzer der Produktionsfaktoren sind vor allem die **privaten Haushalte,** die den Unternehmen diese Produktionsfaktoren zur Verfügung stellen und dadurch Ansprüche auf die entstehenden Einkommen erwerben.

Für den Produktionsfaktor Boden entstehen Bodeneinkommen **(Bodenrente),** für den Produktionsfaktor Kapital entstehen Kapitaleinkommen **(Zinsen, Gewinne)** und für den Produktionsfaktor Arbeit entstehen Arbeitseinkommen **(Löhne, Gehälter).**

Aus Gründen der Vereinfachung werden im Zusammenhang mit Überlegungen zur Einkommensverteilung die Produktionsfaktoren Boden und Kapital zumeist gebündelt.

Auf dieser Betrachtungsebene sind nur Haushalte und Unternehmen am Wirtschaftsprozess beteiligt.

Staat und Ausland bleiben unberücksichtigt. Dies entspricht einer geschlossenen Wirtschaft ohne staatliche Aktivität.

Die Nutzung der Produktionsfaktoren ist nicht unentgeltlich. Die Einkommen der Faktorbesitzer (Haushalte) sind gleichzeitig die Kosten für die Faktornutzer (Unternehmen); andere Kosten als Faktorkosten entstehen nicht.

- Einkommen entstehen durch Produktion. Im Produktionsprozess werden Produktionsfaktoren eingesetzt und miteinander kombiniert.

- Einkommen sind die Entgelte, die die Besitzer der Produktionsfaktoren für den Faktoreinsatz erzielen.

11.1.2 Formen der Einkommensverteilung

Eine Betrachtung der Einkommensverteilung ist unter zwei Gesichtspunkten möglich:

- Nach dem Zeitpunkt, zu dem die Verteilung betrachtet wird, werden **Primärverteilung** und **Sekundärverteilung** unterschieden.
- Nach den bei der Primärverteilung beteiligten Größen werden weiterhin **Funktionelle Einkommensverteilung** und **Personelle Einkommensverteilung** unterschieden.

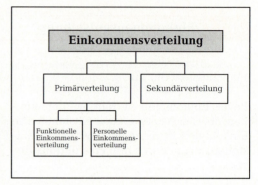

11.1.2.1 Primärverteilung

Einkommen entstehen dadurch, dass für den Einsatz von Produktionsfaktoren an deren Besitzer Entgelte gezahlt werden. Gegenstand der Einkommensverteilung ist das **Volkseinkommen**. Die Verteilung, die sich als Ergebnis der gezahlten Faktorentgelte ergibt, wird **Primärverteilung** oder **Primäre Einkommensverteilung** genannt.

Je nachdem, ob bei der Frage, *wer* Einkommen bezogen hat, die Produktionsfaktoren oder die Besitzer der Produktionsfaktoren betrachtet werden, ergeben sich zwei unterschiedliche Verteilungsgesichtspunkte:

- Die Verteilung des Einkommens nach Produktionsfaktoren, für deren Einsatz Einkommen bezogen wurden, wird als **funktionelle Einkommensverteilung** bezeichnet.
- Die Verteilung des Einkommens nach den Besitzern der Produktionsfaktoren, also nach den Personen, die Einkommen bezogen haben, wird als **personelle Einkommensverteilung** bezeichnet.

11.1.2.1.1 Funktionelle Einkommensverteilung

> Wie verteilt sich das Volkseinkommen auf die Produktionsfaktoren?

Für die im Produktionsprozess eingesetzten Produktionsfaktoren wird Faktoreinkommen gezahlt. Die Produktionsfaktoren sind Arbeit, Boden und Kapital. Die Höhe des Faktoreinkommens ergibt sich als Produkt aus abgegebener Faktormenge und Faktorpreis. Für den Produktionsfaktor Arbeit ergibt sich die Entlohnung z. B. aus Arbeitsstunden mal Stundenlohn. Der Faktorpreis hängt von der Knappheit des Faktors ab, beim Arbeitslohn auch von den Tarifvereinbarungen zwischen Arbeitgebern und Gewerkschaften.

Die **funktionelle Einkommensverteilung** betrachtet die Aufteilung des Volkseinkommens auf die Produktionsfaktoren Kapital (einschl. Boden) und Arbeit. Eine genaue Aufteilung des Volkseinkommens auf die Produktionsfaktoren ist statistisch außerordentlich schwierig. Daher werden bei den Faktoreinkommen nur zwei Einkunftsarten unterschieden:

- Arbeitnehmerentgelt (Produktionsfaktor Arbeit)
- Unternehmens- und Vermögenseinkommen (Produktionsfaktoren Boden und Kapital).

> Arbeitnehmerentgelt (Einkommen aus unselbstständiger Tätigkeit)
> + Unternehmens- und Vermögenseinkommen
> = Volkseinkommen

Das **Arbeitnehmerentgelt** umfasst alle Beträge, die die Unternehmen für die Beschäftigten aufwenden. Neben den Bruttoeinkünften der Erwerbstätigen also auch die Arbeitgeberbeiträge zur Sozialversicherung und evtl. weitere Aufwendungen der Arbeitgeber, z. B. für die betriebliche Altersversorgung.

Das **Unternehmens- und Vermögenseinkommen** ist ein Sammelbecken für unterschiedliche Einkommen. Es enthält:

- die Einkommen aus selbstständiger Tätigkeit (Landwirte, Handwerker, Freiberufler)
- sämtliche Vermögenseinkommen (Zinsen, Pachten, Mieten, einschl. unterstellter Miete für eigengenutzte Wohnungen)
- die ausgeschütteten Gewinne
- einen kalkulatorischen Unternehmerlohn[1]

Besitzer der Produktionsfaktoren und damit Empfänger der Faktoreinkommen sind in erster Linie die Haushalte. In geringem Umfang beziehen auch der Staat und die Unternehmen Faktoreinkommen. Faktoreinkommen des Staates sind die **staatlichen Vermögenseinkommen,** die die Unternehmen, z. B. in Form von Dividenden, an den Staat zahlen. Faktoreinkommen der Unternehmen sind die **unverteilten Gewinne** der Unternehmen; also Gewinne, die die Unternehmen nicht an Haushalte oder Staat ausschütten, sondern selbst behalten. Unternehmereinkommen entstehen bei den freiberuflich tätigen Selbstständigen, in Einzelunternehmungen, Personengesellschaften und Kapitalgesellschaften. Grundsätzlich können in allen vier Gruppen unverteilte Gewinne auftreten. Da aber bei Freiberuflern, Einzelunternehmen und Personengesellschaften wegen der engen Verflechtung von Betrieb und Inhabern eine Trennung zwischen Unternehmenseinkommen und Haushaltseinkommen statistisch kaum möglich ist, erfasst das Statistische Bundesamt nur die unverteilten Gewinne der **Unternehmen mit eigener Rechtspersönlichkeit,** also der **Kapitalgesellschaften.**

Unverteilte Gewinne und staatliche Vermögenseinkommen müssen vom Volkseinkommen abgezogen werden, um das auf die privaten Haushalte entfallende Faktoreinkommen zu ermitteln. Im Zusammenhang mit der Einkommensverteilung werden die kleinen Anteile von Staat und Unternehmen in der Regel vernachlässigt und Volkseinkommen und Faktoreinkommen der privaten Haushalte gleichgesetzt.

> Volkseinkommen
> − Unverteilte Gewinne
> − Staatliche Vermögenseinkommen
> = Faktoreinkommen der privaten Haushalte

---

[1] Beim **kalkulatorischen Unternehmerlohn** handelt es sich um ein (unterstelltes) Entgelt für Arbeitsleistungen, die der Unternehmer im Unternehmen erbringt. Gewinn wird im vorliegenden Zusammenhang als eine Restgröße verstanden **(Residualeinkommen),** die sich am Ende einer Periode als Differenz zwischen Umsatzerlösen und Kosten (einschl. kalkulatorischen Unternehmerlohns) ergibt. Dieser Gewinn stellt ein Entgelt dar für das ins Unternehmen eingebrachte Kapital (Eigenkapitalverzinsung) und für das unternehmerische Risiko.

11.1.2.1.2 Personelle Einkommensverteilung

Wie verteilt sich das Volkseinkommen auf die Personen in einer Volkswirtschaft?

In der Realität bezieht eine bestimmte Person oder ein bestimmter Haushalt zumeist Einkünfte aus mehreren Quellen. Ein durchschnittlicher Arbeitnehmerhaushalt beispielsweise erzielt sowohl Arbeitseinkommen als auch Vermögenseinkünfte aus Geldanlagen. Die Verteilung des Volkseinkommens auf Personen, auf Haushalte oder auf Haushaltsgruppen (Rentnerhaushalte, Arbeitnehmerhaushalte, Unternehmerhaushalte) unabhängig davon, aus welchen Produktionsfaktoren die Einkommen stammen, wird als **personelle Einkommensverteilung** bezeichnet. Eine Aussage aus der personellen Einkommensverteilung wäre beispielsweise, wie viel Prozent des Volkseinkommens auf Rentnerhaushalte entfallen.

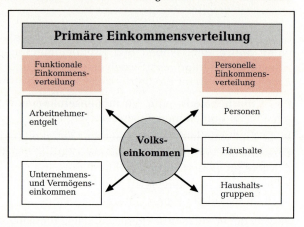

- Als primäre Einkommensverteilung wird die Aufteilung des Volkseinkommens bezeichnet, die sich aufgrund der Beteiligung am Produktionsprozess ergibt. Unterschieden werden dabei funktionelle und personelle Einkommensverteilung.

- Die funktionelle Einkommensverteilung betrachtet die Aufteilung des Volkseinkommens auf die Produktionsfaktoren Arbeit, Kapital und Boden.

- Die personelle Einkommensverteilung betrachtet die Aufteilung des Volkseinkommens auf Personen, Haushalte oder Haushaltsgruppen.

11.1.2.2 Sekundärverteilung

Durch wen findet eine zweite Verteilung der Einkommen statt und welche Absichten werden damit verfolgt?

Die **primäre Einkommensverteilung** ergibt sich als unmittelbares Ergebnis des Produktionsprozesses. Die Einkommenshöhe hängt wesentlich von der Knappheit der Faktoren und beim Arbeitseinkommen von den Vereinbarungen der Tarifparteien ab. Für den Produktionsfaktor Arbeit ist das Bruttoeinkommen ein Ergebnis der Primärverteilung.

Nun weiß aber zumindest jeder Steuerzahler, dass das verdiente Geld nicht identisch ist mit dem Geld, das man ausgeben kann. Der Staat schaltet sich ein. Unter anderem erhebt er Steuern und Sozialbeiträge von den Haushalten. Auf der anderen Seite zahlt der Staat Transferleistungen an die Haushalte (z. B. Renten). Wird das Faktoreinkommen der privaten Haushalte um diese Zu- und Abflüsse ergänzt, ergibt sich das **verfügbare Einkommen** der privaten Haushalte, das für Konsum- und Sparzwecke zur Verfügung steht.

> Faktoreinkommen der privaten Haushalte
> + Empfangene Transferzahlungen
> − Direkte Steuern
> − Sozialbeiträge
> = Verfügbares Einkommen der privaten Haushalte

Die Erhebung von Steuern dient der Finanzierung der Staatsausgaben. Ein Teil dieser Staatsausgaben besteht aus Transferleistungen an die privaten Haushalte (Kindergeld, Wohngeld, Sozialhilfe usw.). Der Staat nimmt also Geld von den Haushalten, gibt aber einen Teil davon direkt wieder zurück.

Mit diesem „Verschiebebahnhof" verfolgt der Staat bestimmte Absichten: Er will die Einkommensverteilung, die sich im Wege der Primärverteilung ergeben hat, korrigieren. Von denen, die bei der Primärverteilung viel mitbekommen haben, nimmt er überproportional und gibt denen überproportional, die bei der Marktverteilung schlechter weggekommen sind. Für den Bezieher von Lohneinkommen äußert sich die Umverteilung in der Differenz zwischen Bruttolohn und Nettolohn zuzüglich staatlicher Leistungen. Die im Anschluss an die Primärverteilung stattfindende **staatliche Einkommensumverteilung** zugunsten der sozial Schwächeren wird **Sekundärverteilung** genannt.

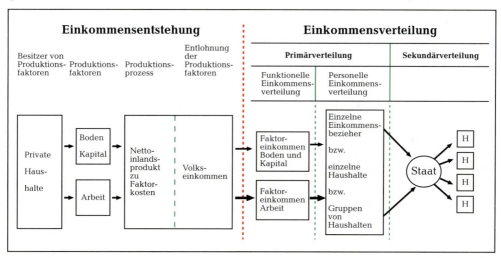

> • Als sekundäre Einkommensverteilung wird die staatliche Umverteilung von Teilen der Primäreinkommen bezeichnet. Absicht der Umverteilung ist eine „gerechtere" Verteilung der Einkommen.

11.2 Messung der Primärverteilung und ihre Beschaffenheit in Deutschland

Für die in der Primärverteilung enthaltene funktionelle und personelle Einkommensverteilung bestehen unterschiedliche Messinstrumente.

11.2.1 Lohnquote und Arbeitseinkommensquote als Maßstäbe der funktionellen Einkommensverteilung

Wie werden Lohnquote und Arbeitseinkommensquote ermittelt und welche Aussagefähigkeit besitzen sie?

Bei der funktionellen Einkommensverteilung werden die beiden Einkommensarten „Arbeitnehmerentgelt" sowie „Unternehmens- und Vermögenseinkommen" unterschieden.

Der Anteil des Arbeitnehmerentgelts am Volkseinkommen wird als **Lohnquote** bezeichnet. Der Anteil der Unternehmens- und Vermögenseinkommen wird als **Gewinnquote** bezeichnet.

$$\text{Lohnquote} = \frac{\text{Arbeitnehmerentgelt}}{\text{Volkseinkommen}} \cdot 100$$

$$\text{Gewinnquote} = \frac{\text{Unternehmens- und Vermögenseinkommen}}{\text{Volkseinkommen}} \cdot 100$$

Jahr	Lohnqote
1960	60,1
1970	68,0
1980	75,8
1985	73,0
1990	69,9
1995	71,6
2000	72,0
Bruttolohn	

Ein Blick auf die Entwicklung der Lohnquote im Zeitablauf zeigt, dass sie Schwankungen unterliegt. Nach einem annähernd kontinuierlichen Anstieg in den fünfziger und sechziger Jahren, ergab sich in der zweiten Hälfte der Siebzigerjahre nach einem leichten Rückgang ein erneuter Anstieg, der für das Jahr 1982 zu dem bisherigen Höchststand von 76,9 % führte.

Die Aussagefähigkeit der Lohnquote, vor allem im Hinblick auf das Abschneiden von Arbeitnehmern und Unternehmern im Verteilungskampf, ist jedoch begrenzt. Die wichtigsten Einwände gegen eine undifferenzierte verteilungspolitische Argumentation sind:

- Auch Arbeitnehmer haben Vermögenseinkommen.
- Die Abgrenzung zwischen Arbeitnehmer und Unternehmer ist teilweise unbefriedigend. So zählen beispielsweise Gehälter der Vorstandsmitglieder von Großunternehmen, da sie in der Regel angestellt sind, zu den Arbeitseinkommen, die Einkommen der Besitzerin einer kleinen Boutique, da sie selbstständige Freiberuflerin ist, aber als Unternehmereinkommen.
- Die Anteile von Arbeitnehmern bzw. Unternehmern an der Gesamtheit der Erwerbstätigen verändern sich. Wenn beispielsweise in einem bestimmten Zeitraum der Anteil der Arbeitnehmer von 65 % auf 70 % zunimmt, so würde eine entsprechende Erhöhung des Anteils der Arbeitseinkommen am Volkseinkommen auf eine unveränderte Verteilung, nicht aber auf eine Umverteilung zu Gunsten der Arbeitnehmer hindeuten.
- Auch Unternehmer, z. B. die Boutiquenbesitzerin, erbringen Arbeitsleistungen im Unternehmen. Ihr Einkommen wird jedoch nicht als Arbeitseinkommen, sondern als Unternehmereinkommen gezählt.

Während das Abgrenzungsproblem kaum lösbar ist, sind für die Korrektur der beiden anderen Schwächen besondere Indizes entwickelt worden.

■ Anteile von Arbeitnehmern und Unternehmern werden konstant gehalten

Um Veränderungen bei den Anteilen von Arbeitnehmern und Unternehmern bei der Berechnung der Lohnquote zu berücksichtigen, wird die **bereinigte Lohnquote** ermittelt. Hierbei wird die Verteilung von Arbeitnehmern und Unternehmern eines bestimmten Jahres (Basisjahr) für einen längeren Zeitraum festgeschrieben und für die Folgejahre als gleich bleibend unterstellt. Wird auf diese Weise beispielsweise der Anteil der Arbeitnehmer an den Erwerbstätigen im Jahre 1960 konstant gehalten, zeigt sich, dass die so bereinigte Lohnquote deutlich geringer gestiegen ist als die unbereinigte Lohnquote.

Jahr	Deutsche Lohnquoten	
	unbereinigt	bereinigt
1960	60,1	69,7
1970	68,0	72,9
1980	75,8	76,8
1985	73,0	73,7
1990	69,9	69,7
1995	71,6	73,3
2000	72,0	72,8

Bruttolohn; Basis für bereinigte Lohnquote: 1991

Bereinigte Lohnquote international	
Land	Lohnquote 2000
Großbritannien	72,7
Japan	72,3
USA	69,4
Frankreich	66,2
Spanien	66,0
Deutschland	64,7
Italien	64,2

Basis für bereinigte Lohnquote: 1990

■ Berücksichtigung der Arbeitsleistung von Unternehmern

Um die Arbeitsleistung des Unternehmers in seinem Unternehmen als „Arbeitslohn" berücksichtigen zu können, wird mit der **Arbeitseinkommensquote** gearbeitet. Hierbei wird der **kalkulatorische Unternehmerlohn,** der definitionsgemäß zu den Unternehmens- und Vermögenseinkommen zählt, mit dem Arbeitnehmerentgelt zum sogenannten **Arbeitseinkommen** zusammengefasst. Die so ermittelte Größe „Arbeitseinkommen" enthält sämtliche arbeitsbezogenen Einkommen. Für die Berechnung des kalkulatorischen Unternehmerlohns wird unterstellt, dass jeder Selbstständige und mithelfende Familienangehörige das durchschnittliche Bruttoeinkommen eines beschäftigten Arbeitnehmers erhält.

Die Arbeitseinkommensquote

Unter der Arbeitseinkommensquote wird das Verhältnis aus gesamtwirtschaftlichem Arbeitseinkommen und Volkseinkommen verstanden. Das gesamtwirtschaftliche Arbeitseinkommen ist die Summe aus dem Arbeitnehmerentgelt (Inländerkonzept) und dem kalkulatorischen Arbeitseinkommen der selbstständigen Erwerbstätigen einschließlich der mithelfenden Familienangehörigen.

Bei der Berechnung des kalkulatorischen Unternehmerlohns wird angenommen, dass der zu veranschlagende Durchschnittslohn eines Selbstständigen in gleicher Höhe anzusetzen ist wie das Bruttoeinkommen aus unselbstständiger Arbeit je Beschäftigten.

Die Arbeitseinkommensquote dient dem Sachverständigenrat zur Analyse der funktionalen Einkommensverteilung.

Auszug aus dem Jahresgutachten 1991/92 des Sachverständigenrates zur Begutachtung der gesamtwirtschaftlichen Entwicklung, S. 270, 92.

Arbeitnehmerentgelt
+ kalkulatorischer Unternehmerlohn
= Arbeitseinkommen

$$\text{Arbeitseinkommensquote} = \frac{\text{Arbeitseinkommen}}{\text{Volkseinkommen}} \cdot 100$$

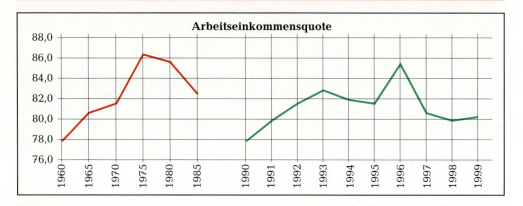

- Die Lohnquote gibt an, welcher Anteil des Volkseinkommens auf Einkommen aus unselbstständiger Tätigkeit entfällt.
- Die Aussagefähigkeit der Lohnquote im Hinblick auf die Einkommensverteilung ist begrenzt.
- Die bereinigte Lohnquote hält den Anteil der Arbeitnehmer an den Erwerbstätigen auf der Basis eines bestimmten Jahres konstant.
- Die Arbeitseinkommensquote berücksichtigt den kalkulatorischen Unternehmerlohn bei den arbeitsbezogenen Einkommen.

11.2.2 Pro-Kopf-Einkommen, Lorenz-Kurve und Gini-Koeffizient als Maßstäbe der personellen Einkommensverteilung

Wie lässt sich die Verteilung der Einkommen auf bestimmte Personen oder Personengruppen messen?

Gegenstand der personellen Einkommensverteilung ist die Verteilung der Einkommen unabhängig von ihrer Entstehungsart. Das statistisch einfachste Verteilungsmaß ist das **Pro-Kopf-Einkommen.** Hierzu wird das Volkseinkommen durch die Anzahl der Personen in der Volkswirtschaft dividiert:

$$\text{Pro-Kopf-Einkommen} = \frac{\text{Volkseinkommen}}{\text{Einwohnerzahl}}$$

Das Pro-Kopf-Einkommen wird des Öfteren als Ausdruck des Wohlstandes eines Volkes verwendet. Zu Vergleichszwecken werden häufig auch die Pro-Kopf-Einkommen in verschiedenen Staaten miteinander verglichen. Für solche Aussagen ist der Ausdruck jedoch ein viel zu grobes Maß, da er als statistischer Mittelwert nichts über die tatsächliche Verteilung aussagt. Ein hohes durchschnittliches Pro-Kopf-Einkommen schließt nicht aus, dass ein beträchtlicher Teil der Bevölkerung in Armut lebt.

Aussagefähiger als eine Querschnittsbetrachtung über mehrere Länder hinweg ist eine Längsschnittbetrachtung. Dabei wird die Entwicklung des Pro-Kopf-Einkom-

Jahr	Pro-Kopf-Einkommen in Deutschland (EUR)
1960	2.215
1965	3.127
1970	4.471
1975	6.620
1980	9.464
1985	11.787
1990	15.295
1995	16.383
2000	18.355

mens über einen längeren Zeitraum innerhalb einer Volkswirtschaft betrachtet. Steigt das Pro-Kopf-Einkommen im Zeitablauf an, so kann zumindest gesagt werden, dass das Volkseinkommen schneller gestiegen ist als die Bevölkerung und somit günstige Bedingungen für eine allgemeine Verbesserung des Lebensstandards bestehen.

Die **Lorenz-Kurve**[1] stellt ein häufig verwendetes Verfahren zur Darstellung der personellen Einkommensverteilung dar. Dabei werden die Haushalte einer Volkswirtschaft nach ihrer Einkommenshöhe, beginnend mit den niedrigsten Einkommen, geordnet. Auf der y-Achse werden die kumulierten Einkommen, auf der x-Achse die kumulierten Einkommensbezieher abgetragen. Wird diese Aufstellung mit dem Volkseinkommen verglichen, ergibt sich ein Maß für die Einkommenskonzentration.

Als Hilfslinie wird die 45°-Linie verwendet. Sie stellt die Kurve der Gleichverteilung dar. Auf ihr entsprechen sich stets die Anteile der Haushalte und des Volkseinkommens. 30 % des Volkseinkommens entfallen auf 30 % der Haushalte, 50 % des Volkseinkommens auf 50 % der Haushalte, 70 % des Volkseinkommens auf 70 % der Haushalte usw.

Aus der Lorenz-Kurve lässt sich ablesen, wie viel Prozent des Volkseinkommens auf wie viel Prozent der Einwohner entfallen. In dem hier gewählten Beispiel einer fiktiven Einkommensverteilung entfallen auf die ärmeren 50 % der Bevölkerung lediglich 25 % des Volkseinkommens. Am oberen Ende der Einkommensskala können die reichsten 10 % der Bevölkerung ebenfalls 25 % des Volkseinkommens auf sich ziehen. Entsprechend müssen sich im unteren Einkommensbereich 75 % der Bevölkerung die eine Hälfte des Volkseinkommens teilen, während die andere Hälfte des Einkommens den restlichen 25 % der Bevölkerung zur Verfügung steht.

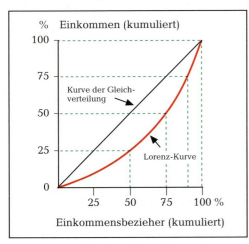

Die Abweichung der Lorenz-Kurve von der Kurve der Gleichverteilung zeigt somit den Grad der Ungleichheit der Einkommensverteilung an. Je weiter sich in einer Volkswirtschaft die Lorenz-Kurve der Gleichverteilung anschmiegt, umso gleichmäßiger ist das Volkseinkommen verteilt; je bauchiger die Kurve ausfällt, umso ungleichmäßiger ist das Einkommen verteilt.

---

[1] LORENZ, M. C., amerikanischer Statistiker, stellte erstmals 1905 die Einkommensschichtung mit der später nach ihm benannten Methode dar.

Der **Gini-Koeffizient** ist ein Konzentrationsmaß, mit dessen Hilfe die Abweichung der tatsächlichen Verteilung von der Gleichverteilung in einer Kennziffer ausgedrückt werden kann. Hierzu wird die Fläche zwischen Gleichverteilungskurve und Lorenz-Kurve (Fläche A) ins Verhältnis gesetzt zur gesamten Dreiecksfläche unterhalb der Gleichverteilungskurve (Fläche B):

$$\text{Gini-Koeffizient} = \frac{\text{Fläche A}}{\text{Fläche B}}$$

Beispiel

Beträgt die Fläche A 45 und die Fläche B 150, so ergibt sich ein Gini-Koeffizient von 0,3.

Je größer der Gini-Koeffizient ist, umso größer ist die Ungleichverteilung bzw. die Konzentration der Einkommen in wenigen Händen. Der Gini-Koeffizient gibt allerdings nur ein Gesamtmaß der Ungleichverteilung an. Er sagt nichts über die Beschaffenheit der Fläche, z. B. darüber aus, ob die Lorenz-Kurve in ihrem unteren Teil oder ihrem oberen Teil bauchiger ist. Der Gini-Koeffizient für die Bundesrepu-

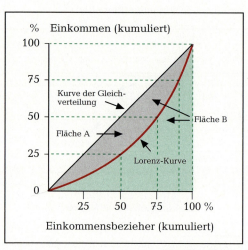

Gini-Koeffizient

blik Deutschland beträgt in den meisten Jahren knapp über 0,3 und liegt damit international im Mittelfeld.

> - Maßstäbe für die personelle Einkommensverteilung sind u. a. das Pro-Kopf-Einkommen, die Lorenz-Kurve und der Gini-Koeffizient.
> - Das Pro-Kopf-Einkommen gibt an, welcher Anteil des Volkseinkommens auf einen Einwohner im Durchschnitt entfällt.
> - Die Lorenz-Kurve zeigt an, wie sich die tatsächliche Verteilung der Einkommen von der Gleichverteilung unterscheidet.
> - Der Gini-Koeffizient ist ein allgemeines Konzentrationsmaß für den Umfang der Ungleichverteilung.

11.3 Ursachen ungleicher Einkommensverteilung

Warum gibt es reiche und warum arme Personen?

Analysen zu den Ursachen ungleicher Einkommen basieren auf der personellen Einkommensverteilung. Betrachtet wird also die Gesamtheit der Einkommen eines Haushalts oder einer Person, egal ob das Einkommen durch den Faktor Kapital oder den Faktor Arbeit entstanden ist. Entscheidend ist also nicht die Quelle, sondern die Höhe der Einkommen.

Einkommen entstehen dadurch, dass die Haushalte Produktionsfaktoren für den Produktionsprozess zur Verfügung stellen. Das Entgelt für einen Produktionsfaktor ergibt sich aus dem Produkt von Faktormenge und Faktorpreis. Die durch Messung feststellbare Ungleichverteilung ist letztlich darauf zurückzuführen, dass die von den einzelnen Haushalten bzw. Personen angebotenen Produktionsfaktoren in **Menge** und **Preis** unterschiedlich sind.

Für eine Betrachtung möglicher Ursachen von Einkommensunterschieden ist es hilfreich, nach den verschiedenen Einkommensarten „Arbeitnehmerentgelt", „Einkommen aus Unternehmertätigkeit" und „Einkommen aus Vermögen" zu differenzieren.

■ Arbeitnehmerentgelt

Das Arbeitnehmerentgelt ist Entgelt für den Produktionsfaktor Arbeit. Auch wenn die täglichen, wöchentlichen oder monatlichen Arbeitszeiten der Erwerbstätigen nicht völlig gleich sind, ist die Faktor*menge* pro Person dennoch nicht sonderlich unterschiedlich. Die Ursachen für die zum Teil beträchtlichen Einkommensunterschiede müssen also im *Preis* für den Produktionsfaktor Arbeit liegen. In der Tat liegt das Entgelt, das beispielsweise der Vorstandsvorsitzende eines Großunternehmens umgerechnet pro geleistete Arbeitsstunde erzielt, erheblich über dem Stundenlohn beispielsweise eines Facharbeiters. Unter Marktgesichtspunkten sind entsprechende Managerqualitäten offenbar knapper als Facharbeiterqualitäten, was zu dem höheren Preis führt. Wenn man akzeptiert, dass höhere Qualifikationen knapper sind als geringere Qualifikationen, dann ist es beim Produktionsfaktor Arbeit vor allem die *Qualität*, die zu Einkommensunterschieden führt.[1] Wenn weiterhin akzeptiert wird, dass unterschiedliche **Qualifikationen** auch zu unterschiedlichen Leistungen befähigen, dann ergeben sich **Leistungsunterschiede** als wesentliche Ursache der Einkommensunterschiede. Diese Grundaussage wird nicht dadurch falsch, dass Qualifikation nur bedingt objektiv messbar ist und dass sich Qualifikationshöhe und Einkommenshöhe nicht unbedingt proportional zueinander verhalten. Qualifikations- und Leistungsunterschiede sind u. a. auf Begabung, Ausbildung und Leistungsbereitschaft zurückzuführen.

■ Einkommen aus Unternehmertätigkeit

Für das Einkommen aus Unternehmertätigkeit gilt Ähnliches wie für die Arbeitseinkommen. Der nach Marktgesichtspunkten tüchtigere, qualifiziertere Unternehmer oder Selbstständige wird auf Dauer ein höheres Einkommen erzielen als der weniger tüchtige. Bestehende Unterschiede müssen, damit sie wirksam werden, auch durchgesetzt werden können. Insofern spielen auch **Machtstrukturen** und **Marktstrukturen** eine Rolle für die tatsächliche Einkommensverteilung. Marktmacht wirkt sich insbesondere bei fehlendem oder unzureichendem Wettbewerb aus.

■ Einkommen aus Vermögen

Beim Einkommen aus Vermögen ist die Situation jedoch anders. Wenn einmal davon abgesehen wird, dass das Geld in unterschiedlich ertragreichen Formen angelegt werden kann (was in gewisser Weise auch ein Ausdruck von Tüchtigkeit ist), sind die Zinssätze für alle Faktorbesitzer prinzipiell gleich. Einkommensunterschiede aus Vermögen ergeben sich somit vor allem aus der **Menge des vorhandenen Vermögens.**

- Einkommensunterschiede ergeben sich aufgrund unterschiedlicher Faktorpreise und Faktormengen.
- Unterschiede beim Arbeitseinkommen und bei Einkommen aus Unternehmertätigkeit sind vor allem auf unterschiedliche Qualifikationen und Leistungen zurückzuführen.
- Unterschiede beim Vermögenseinkommen ergeben sich vor allem aus der Menge des Vermögens.

11.4 Zum Problem „Verteilungsgerechtigkeit"

Wann ist die Einkommensverteilung gerecht?

Die bestehende Verteilung der Einkommen ist ungleich. Dieser objektiven Erkenntnis schließt sich zwangsläufig die Frage an, ob die Verteilung so, wie sie ist, auch „richtig", d. h. gerecht ist. Das Problem der „Verteilungsgerechtigkeit" ist sicher so alt wie die Menschheit selbst. Es spielt sowohl in allgemeinen Überlegungen als auch im speziellen Zusammenhang mit der Einkommensverteilung ein wichtige Rolle.

---

1 Eine solche Aussage mag gesellschaftlich problematisch erscheinen. Ihre Gültigkeit ergibt sich daraus, dass höhere Qualifikationen in der Regel auch geringere Qualifikationen einschließen, dies aber nicht umgekehrt gilt. So kann beispielsweise ein hoch qualifizierter Ingenieur zur Not auch die Werkstatt ausfegen, die Reinigungskraft jedoch kaum die Stelle des Ingenieurs einnehmen. Volkswirtschaftlich gesehen sind also geringere Qualifikationen sehr viel zahlreicher vorhanden als höhere.

Die Frage, wie die Einkommensverteilung beschaffen sein sollte bzw. wie Einkommen verteilt werden müssen, damit sie gerecht verteilt sind, lässt sich letztlich nicht wissenschaftlich, sondern nur normativ, d.h. unter Einbezug bestimmter Wertvorstellungen, beantworten.

Das Gleichnis von den Arbeitern im Weinberg

Denn mit dem Himmelreich ist es wie mit einem Gutsbesitzer, der früh am Morgen sein Haus verließ, um Arbeiter für seinen Weinberg anzuwerben. Er einigte sich mit den Arbeitern auf einen Denar für den Tag und schickte sie in seinen Weinberg. Um die dritte Stunde ging er wieder auf den Markt und sah andere dastehen, die keine Arbeit hatten. Er sagte zu ihnen: Geht auch ihr in meinen Weinberg! Ich werde euch geben, was recht ist. Und sie gingen. Um die sechste und um die neunte Stunde ging der Gutsherr wieder auf den Markt und machte es ebenso. Als er um die elfte Stunde noch einmal hinging, traf er wieder einige, die dort herumstanden. Er sagte zu ihnen: Was steht ihr hier den ganzen Tag untätig herum? Sie antworteten: Niemand hat uns angeworben. Da sagte er zu ihnen: Geht auch ihr in meinen Weinberg! Als es nun Abend geworden war, sagte der Besitzer des Weinbergs zu seinem Verwalter: Ruf die Arbeiter, und zahl ihnen den Lohn aus, angefangen bei den letzten, bis hin zu den ersten. Da kamen die Männer, die er um die elfte Stunde angeworben hatte, und jeder erhielt einen Denar. Als dann die ersten an der Reihe waren, glaubten sie, mehr zu bekommen. Aber auch sie erhielten nur einen Denar. Da begannen sie, über den Gutsherrn zu murren, und sagten: Diese letzten haben nur eine Stunde gearbeitet, und du hast sie uns gleichgestellt; wir aber haben den ganzen Tag über die Last der Arbeit und die Hitze ertragen. Da erwiderte er einem von ihnen: Mein Freund, dir geschieht kein Unrecht. Hast du nicht einen Denar mit mir vereinbart? Nimm dein Geld und geh! Ich will dem letzten ebensoviel geben wie dir. Darf ich mit dem, was mir gehört, nicht tun, was ich will? Oder bist du neidisch, weil ich zu anderen gütig bin?

Die Bibel, Matthäus 20, 1–15

Vermögen deutscher Privathaushalte			
Position	**1990**	**1995**	**1997**
	Mrd. EUR		
Immobilienvermögen	2.598	3.440	3.626
Geldvermögen	1.573	2.301	2.646
Gebrauchsvermögen	574	765	827
Bruttovermögen insgesamt	**4.745**	**6.507**	**7.100**
Kredite	548	807	917
Reinvermögen	**4.197**	**5.700**	**6.183**

Deutsche Bundesbank

Das Problem der Verteilungsgerechtigkeit ist umfassend und nicht nur auf die Verteilung von Einkommen beschränkt. Zur allgemeinen Wohlfahrt gehören zahlreiche weitere Faktoren, die weder in Geld noch in anderen quantitativen Kategorien darstellbar sind (Arbeitsplatzsicherheit, Arbeitszeit bzw. Freizeit, Wohngegend und Wohnraum, Gesundheit, soziale Sicherheit usw.). Im Interesse umfassender Gerechtigkeit müssten Arbeit, Lebensraum usw. „verteilt" werden. Verteilungsgerechtigkeit wäre – vielleicht – dann erreicht, wenn am Ende jedes Individuum über das gleiche Maß an Lebensqualität verfügt.

Auch die Vermögensverteilung ist unmittelbar und mittelbar als Quelle zukünftiger Einkommen von Bedeutung. Während über die bestehende Verteilung der Einkommen vergleichsweise zuverlässige Zahlen vorliegen, ist die tatsächliche Verteilung der Vermögen nur ungenau bekannt. Das liegt zum einen daran, dass die Vermögen statistisch, z. B. steuerlich, nicht so exakt erfasst werden (können) wie die Einkommen und zum anderen liegt es daran, dass für viele Vermögensteile (z. B. Schmuck, Antiquitäten, Kunstgegenstände, Grundstücke) nur sehr schwer der jeweilige Geldwert anzugeben ist. Soweit Erhebungen zur Vermögensverteilung vorliegen, zeigen sie, dass bei den Vermögenswerten die Konzentration erheblich größer ist als bei den Einkommen.

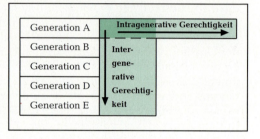

Vor allem die Diskussion um eine lebenswerte Umwelt hat auch den Blick dafür geschärft, dass zu einer umfassenden Verteilungsgerechtigkeit zum einen zahlreiche „Güter" gehören und zum anderen das Problem nicht auf die Verteilung innerhalb einer Generation begrenzt werden kann. Durch Abbau von Ressourcen, langfristig wirkende Belastungen der Umwelt usw. beeinflussen heutige Generationen auch die Lebensbedingungen zukünftiger Generationen. Die bisher im Vordergrund stehende **„Intragenerative Gerechtigkeit",** die auf Verteilungsgerechtigkeit *innerhalb* einer Generation gerichtet ist, muss daher ergänzt werden um eine **„intergenerative Gerechtigkeit",** die eine Verteilungsgerechtigkeit *zwischen* mehreren Generationen anstrebt.

Im Interesse einer umfassenden Verteilungsgerechtigkeit muss ohne Zweifel den Aspekten einer intergenerativen Gerechtigkeit in Zukunft ein weitaus größeres Augenmerk gewidmet werden als bisher. Im engeren Bereich der Einkommensverteilung ist jedoch die intragenerative Sichtweise vorherrschend.

11.5 Verteilungskriterien

Wenn eine bestehende Verteilung verändert werden soll, müssen Vorstellungen darüber existieren, wie die neue Verteilung aussehen soll, d. h., es müssen Kriterien für eine Umverteilung entwickelt werden. Anerkannter Grundsatz für eine Verteilung bzw. Umverteilung ist „Gerechtigkeit". Mit diesem Konsens enden aber auch schon die Gemeinsamkeiten. Darüber, wann eine Verteilung gerecht ist, gehen die Auffassungen weit auseinander.

Als Anhaltspunkte für eine möglichst gerechte Verteilung der Einkommen dienen die sog. **Verteilungskriterien.** Die in gewisser Weise einfachste Verteilung wäre, allen Personen den gleichen Anteil am Volkseinkommen zukommen zu lassen. Begründen ließe sich ein solches Vorgehen damit, dass alle Menschen gleich sind. In der Realität ist dieses **Gleichheitsprinzip (Egalitätsprinzip)** in reiner Form nie ernsthaft verfochten worden. Ansätze finden sich im Kommunismus und im Sozialismus. Die Zahl möglicher Befürworter dürfte durch den Niedergang des realen Sozialismus in den Ländern Osteuropas und in der ehemaligen Sowjetunion eher noch geringer geworden sein. Hauptargument gegen eine vollständige oder weitgehende Nivellierung der Einkommen ist der fehlende Anreiz zur Leistungserbringung. Ein Mindestmaß an Leistung stellt aber sowohl individuell als auch gesellschaftlich eine Überlebensbedingung dar.

Somit bleiben als diskussionswürdige Prinzipien der Einkommensverteilung das Leistungs- und das Bedarfsprinzip.

11.5.1 Leistungsprinzip

Was ist „Leistung" und wie kann eine Einkommensverteilung nach Leistung aussehen?

Verteilungsobjekt ist das Volkseinkommen. Der Gedanke liegt nahe, das Volkseinkommen nach dem Beitrag zu verteilen, den der Einzelne zur Entstehung des Volkseinkommens geleistet hat **(Leistungsprinzip).**

Dabei wird gleich ein erstes Problem erkennbar: Wer keinen Beitrag zur Entstehung des Volkseinkommens leistet (z. B. Kinder, Kranke, Arbeitslose usw.), bekommt auch nichts.

Einen weiteren Problemkreis stellt die Leistungsmessung dar. Wenn das Einkommen der Leistung entsprechen soll, muss die Leistung gemessen werden. Das setzt voraus, dass klar ist, was „Leistung" ist und wie „Leistung" gemessen werden kann.

■ Was soll als Leistung gemessen werden?

Im Volkseinkommen schlagen sich nur die Tätigkeiten nieder, die an der Herstellung von Marktgütern beteiligt sind. Zahlreiche andere Tätigkeiten, die gesellschaftlich ebenfalls wertvoll sind, aber nicht über den Markt abgewickelt werden (z. B. Arbeit in Haus, Haushalt, Garten, Vereinen usw.), werden bei der Erfassung des Volkseinkommens nicht berücksichtigt und sind somit auch nicht in Verteilungsüberlegungen einbezogen. Ähnliches gilt für den nicht unbedeutenden Bereich der sog. **Schattenwirtschaft** (vor allem Schwarzarbeit). Bei ihr werden weder die Leistungen erfasst noch die damit erzielten Einkommen. Darüber hinaus verursachen zahlreiche Tätigkeiten, die das Volkseinkommen steigern, Umweltschäden, die jedoch nicht von der Leistung bzw. vom Einkommen abgezogen werden.

■ Wie kann Leistung gemessen werden?

Eine Orientierung der Leistungsmessung am Marktpreis der erbrachten Leistung ist problematisch, wie bereits die Überlegungen zu den Ursachen der Ungleichverteilung deutlich gemacht haben. Es ist auch kaum möglich, den Beitrag einzelner Personen zum Produktionsergebnis einigermaßen exakt festzustellen. Produktionsergebnis ist beispielsweise ein Auto, das einen Marktpreis von 20.000,00 € erzielt. Wie soll objektiv ermittelt werden, welchen Anteil daran der Vorstandsvorsitzende hat, ein Entwicklungsingenieur, ein Buchhalter, ein Montagearbeiter oder sonst einer von den vielen Beschäftigten, die direkt und indirekt zum Produktionsergebnis beigetragen haben?

Mess- und Zurechnungsprobleme stellen sich bereits bei rein **manueller Tätigkeit.** Ungleich schwieriger ist aber noch die Messung **geistiger Arbeit,** die in modernen Produktionsprozessen und im Dienstleistungsbereich einen immer größeren Anteil am gesamten Arbeitsvolumen ausmacht.

Schließlich konkurrieren auch eine **subjektive** und eine **objektive** Sichtweise von Leistung miteinander. Wenn zwei Personen A und B jeweils ihre bestmögliche Leistung geben, so erbringen sie subjektiv die gleiche Leistung **(Input-Gleichheit).** Wenn beide Personen das gleiche Arbeitsergebnis haben, erbringen sie objektiv die gleiche Leistung **(Output-Gleichheit).** Was soll aber der Leistungsbewertung zu Grunde gelegt werden, wenn bei gleicher Input-Leistung unterschiedliche Output-Leistungen – z. B. aufgrund unterschiedlicher körperlicher oder geistiger Leistungsfähigkeit – zu Stande kommen?

Es stellt sich also die Frage, inwieweit bei der erbrachten Leistung auch die persönliche Leistungsfähigkeit berücksichtigt werden soll. In der Realität geschieht dies unter anderem dadurch, dass Leistungen mit höheren Qualifikationsanforderungen in der Regel besser bezahlt werden. Da Leistungen zur Bewältigung höherer Qualifikationsanforderungen zumeist auch eine höhere und längere Ausbildung verlangen, werden in gewisser Weise die zu einem früheren Zeitpunkt erbrachten Ausbildungsleistungen den erbrachten Arbeitsleistungen hinzugerechnet.

Einerseits zeigt sich, dass eine strikte Anwendung des Leistungsprinzips zur Erreichung einer „gerechten" Einkommensverteilung kaum lösbare Schwierigkeiten aufweist. Andererseits erscheint eine leistungsorientierte Einkommensgestaltung sowohl individuell als auch gesellschaftlich unumgänglich zu sein. Dabei geht es nicht nur darum, bereits erbrachte Leistungen möglichst leistungsgemäß zu entlohnen, sondern – was noch wichtiger ist – durch die Aussicht auf höhere Entlohnung Anreize zu höheren Leistungen zu bieten.

11.5.2 Bedarfsprinzip

Was ist „Bedarf" und wie kann eine Einkommensverteilung nach Bedarf aussehen?

Dem **Bedarfsprinzip** liegt die Vorstellung zu Grunde, dass jeder so viel Einkommen erhält, wie er zur Deckung seiner „berechtigten" Bedürfnisse benötigt.

Auf den ersten Blick erscheint eine am Bedarf orientierte Einkommensverteilung durchaus einleuchtend zu sein. Wenn jeder das bekommt, was er braucht, scheint die Gerechtigkeit ein Stück näher gerückt zu sein. Bei genauerem Hinsehen zeigen sich jedoch zahlreiche Probleme.

Ein am Bedarf orientiertes Einkommen ist in seiner Höhe nicht mehr individuell bestimmbar, sondern müsste nach irgendwelchen Bedarfsgesichtspunkten zugewiesen werden. Dazu bedürfte es einer „Verteilungsinstanz". Ein erstes Problem wäre bereits, wie eine solche Instanz zusammengesetzt sein soll und nach welchen Kriterien sie entscheiden soll.

Die „Verteilungsinstanz" müsste nicht nur über eine allgemeine Höhe des „berechtigten" Bedarfs, sondern auch über seine Struktur entscheiden. Zwar ließe sich sicher noch relativ leicht Einigkeit darüber erzielen, dass ein Vier-Personen-Haushalt im Hinblick auf Nahrung, Wohnung usw. einen größeren Bedarf hat als ein Ein-Personen-Haushalt. Ein Vier-Personen-Haushalt mit vier Erwachsenen hat jedoch bereits eine andere Bedürfnisstruktur als ein Vier-Personen-Haushalt mit zwei Erwachsenen und zwei Kindern. Auch bei gleicher Personenstruktur ergeben sich aufgrund individueller Besonderheiten weitere Unterschiede bei den Bedürfnissen. Eine Familie mit musikbegabten Kindern hat beispielsweise höhere Ausgaben für die Ausbildung der Kinder als eine andere Familie. Soweit die Verteilung nicht in Sachgütern, sondern in Geld vorgenommen wird, müssten die Bedarfsunterschiede nicht nur festgelegt, sondern auch in Heller und Pfennig ausgedrückt werden. Weiterhin müsste sichergestellt werden, dass die Empfänger das Geld auch tatsächlich entsprechend dem festgestellten Bedarf verwenden usw.

Für eine Realisierung des Bedarfsprinzips wäre es also notwendig, die berechtigten Bedürfnisse jedes Menschen objektiv festzustellen. Bedürfnisse sind jedoch ihrem

Wesen nach subjektiv und entziehen sich dadurch einer irgendwie gearteten objektiven Festlegung durch eine fremde Instanz. Wie soll es sich in einer bedarfsgerechten Einkommensverteilung etwa niederschlagen, dass der eine gutes Essen schätzt, der andere lieber Reisen unternimmt? Es wäre überhaupt grundsätzlich zu fragen, warum Personen unterschiedliche Bedürfnisse zugebilligt werden sollen. Nach welchen Gesichtspunkten soll beispielsweise dem einen eine lange und teure Ausbildung zugebilligt werden, einem anderen aber nicht?

Aus dem Postulat von der Gleichheit aller Menschen folgt, dass alle auch das gleiche Recht auf Wohlfahrt haben. Zwar haben nicht alle Menschen die gleichen Bedürfnisse, jedoch steht jedem prinzipiell das gleiche Recht auf die Befriedigung seiner Bedürfnisse zu. In letzter Konsequenz läuft das Bedarfsprinzip somit auf das **Egalitätsprinzip** zu. Es wäre nur zu realisieren, wenn jeder vom Volkseinkommen den gleichen Anteil erhielte und diesen Anteil nach seinen individuellen Bedürfnissen verwenden würde.

Verteilungskriterien			
Kriterium	**Gegenstand**	**Pro**	**Kontra**
Leistung	„Jedem nach seiner Leistung"	• Belohnt erbrachte Leistungen. • Spornt zu höheren Leistungen an.	• Lässt Personen unberücksichtigt, die keine Leistung erbringen können. • Unklar, was als Leistung gemessen werden soll. • Unklar, wie Leistung „gerecht" gemessen werden soll.
Bedarf	„Jedem nach seinen Bedürfnissen"	Berücksichtigt unterschiedliche Bedarfsstrukturen.	• Unklar, welche Bedürfnisse und Bedürfnisbefriedigungen einzelnen Individuen zuzubilligen sind. • Läuft auf Gleichverteilung hinaus und vernachlässigt Leistungsanreize.

Den vom allgemeinen Menschenbild abgeleiteten Argumenten für eine gleichmäßige Verteilung der Einkommen steht jedoch entgegen, dass damit die notwendigen Anreize entfallen würden für die individuelle Entwicklung, für Leistungserbringung, für den Erhalt gesellschaftlicher Einrichtungen und für gesellschaftlichen Fortschritt.

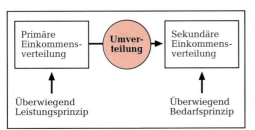

Zusammenfassend kann festgehalten werden, dass eine allen Vorstellungen entsprechende „Gerechtigkeit" bei der Einkommensverteilung nicht zu erreichen ist. Letztlich muss man sich damit begnügen, entstandene Ungleichheiten im Wege der **Einkommensumverteilung** zu verringern, ohne jedoch die Ungleichheiten völlig einzuebnen. Erreichbar wird dies durch eine Verknüpfung von Leistungs- und Bedarfsprinzip. In der Realität geschieht denn auch die **primäre Einkommensverteilung** vorwiegend nach dem **Leistungsprinzip** und die **sekundäre Einkommensverteilung** vorwiegend nach dem **Bedarfsprinzip**.

- Allgemeiner Maßstab für die Verteilung des Volkseinkommens ist die gerechte Verteilung.
- Als Kriterien für eine „gerechte" Verteilung existieren das Leistungs- und das Bedarfsprinzip.
- Dem Leistungsprinzip liegt der Gedanke zu Grunde, die Einkommen entsprechend der erbrachten Leistung zu verteilen. Hierbei entstehen jedoch unüberwindliche Probleme, die sich vor allem daraus ergeben, was als Leistung und wie die Leistung gemessen werden soll.
- Dem Bedarfsprinzip liegt der Gedanke zu Grunde, die Einkommen entsprechend den „berechtigten" Bedürfnissen zu verteilen. Hierbei entstehen Probleme insbesondere durch die Frage, welche Bedürfnisse bzw. welche Bedürfnisbefriedigungen den Personen zugebilligt werden sollen. Letztlich läuft das Bedarfsprinzip auf das Egalitätsprinzip hinaus, nach dem die Einkommen gleichmäßig verteilt werden.
- Angesichts der Probleme einer gerechten Einkommensverteilung muss sich die Einkommensumverteilung darauf beschränken, bestehende Einkommensunterschiede zu verringern, ohne sie aber einzuebnen.

11.6 Maßnahmen zur Beeinflussung der Einkommensverteilung

Die Tatsache, dass gezielte Maßnahmen zur Beeinflussung der Einkommensverteilung ergriffen werden, deutet darauf hin, dass eine sich selbst bzw. dem Markt überlassene Verteilung nicht zu einem sozial erwünschten Ergebnis führt. Maßnahmen zur Beeinflussung der Einkommensverteilung finden auf zwei Stufen statt:

- Auf der Stufe der Primärverteilung kämpfen Arbeitnehmer und Arbeitgeber um ihre Anteile am Volkseinkommen.
- Durch die Sekundärverteilung versucht der Staat, durch Umverteilung der Primäreinkommen eine gerechtere Verteilung der verfügbaren Einkommen zu erreichen.

11.6.1 Maßnahmen der Tarifpartner zur Beeinflussung der Primärverteilung

Welche Möglichkeiten bestehen, die Anteile von Arbeitnehmereinkommen und Unternehmereinkommen am Volkseinkommen zu beeinflussen?

Die Gestaltung der Primärverteilung ist vor allem Aufgabe der **Tarifparteien (Sozialpartner).** Tarifparteien sind Arbeitnehmer und Arbeitgeber. Die Tarifauseinandersetzungen führen sie über ihre Verbände, die **Gewerkschaften** und die **Arbeitgeberverbände.** Aus ihren Verteilungskämpfen hält sich der Staat weitgehend heraus. Die **Tarifpartner** sind nach Artikel 9 des Grundgesetzes von staatlichen Weisungen unabhängig **(Tarifautonomie);** bereits Mahnungen oder Hinweise von staatlicher Seite werden als unzulässige Einmischung angesehen.

Allgemeine Aufgabe der Tarifpartner ist die **Tarifpolitik.** Ihr Hauptgegenstand ist die Einkommensverteilung. Daneben umfasst sie auch die Gestaltung der Arbeitszeiten und der Arbeitsbedingungen.

Wesentlicher Inhalt der Tarifauseinandersetzungen ist die Suche nach einem Kompromiss zwischen den Anliegen der Arbeitnehmer und der Arbeitgeber. Die Arbeitnehmer wünschen einen möglichst großen Anteil des Volkseinkommens für die Einkommen aus unselbstständiger Tätigkeit. Da diese Einkommen für die Unternehmen zum einen Kosten darstellen und zum anderen den Anteil der Einkommen aus Unternehmertätigkeit schmälern, möchten die Arbeitgeber sie geringer halten. Die Ergebnisse der Tarifauseinandersetzungen werden im **Tarifvertrag** niedergelegt. Ausdruck der erreichten Verteilung ist vor allem die **Lohnquote,** die den Anteil der Arbeitnehmerentgelte am gesamten Volkseinkommen angibt. Ein Blick auf die Entwicklung der Lohnquote[1] zeigt, dass die beiden Tarifpartner in der Vergangenheit ihre Anliegen mit wechselndem Erfolg vertreten haben.

Instrumente der Tarifpolitik sind Tarifverhandlungen, Schlichtung, Streik und Aussperrung.

Tarifverhandlungen sind Gesprächsrunden zwischen Gewerkschaften und Arbeitgebervertretern, in denen zunächst Forderungen der Gewerkschaften erhoben und Angebote der Arbeitgeber unterbreitet werden. Wird auf dem Verhandlungswege keine Einigung über die beiderseitigen Vorstellungen erzielt, ergreifen die Tarifparteien weitere Maßnahmen.

Das **Schlichtungsverfahren** ist ein Versuch, doch noch zu einer Einigung ohne härtere Arbeitskämpfe zu gelangen. Für das Schlichtungsverfahren bestimmen Gewerkschaften und Arbeitgeberverbände eine jeweils gleiche Zahl von Beratern und benennen einen unparteiischen Schlichter. Der Schlichter unterbreitet in der Regel einen Kompromissvorschlag, der beiden Tarifparteien vorgelegt wird. Wird er von einer Tarifpartei nicht akzeptiert, werden die Tarifverhandlungen als gescheitert erklärt. Zur Durchsetzung von Forderungen stehen jetzt noch Kampfmaßnahmen zur Verfügung.

Mittel des **Arbeitskampfes** sind der Streik auf der Arbeitnehmerseite und Aussperrung auf der Arbeitgeberseite. Dem **Streik** muss eine Urabstimmung in den Betrieben vorausgehen, in der sich mindestens 75 % der gewerkschaftlich organisierten Arbeitnehmer des Tarifgebietes für einen Arbeitskampf aussprechen. Streikende haben keinen Anspruch auf Arbeitslosenunterstützung; die Gewerkschaftsmitglieder erhalten jedoch aus der Streikkasse der Gewerkschaften Streikgelder.

Auf Streiks reagieren die Unternehmen zum Teil mit **Aussperrung.** Dadurch werden Arbeitnehmer zeitweilig von der Arbeit – und natürlich auch vom Lohn – ausgeschlossen.

Ziel der wechselseitigen Arbeitskampfmaßnahmen ist, die jeweils andere Seite mürbe zu machen und zu Zugeständnissen zu zwingen, die dann zu erneuten Verhandlungen und gegebenenfalls zu einem neuen Tarifvertrag führen.

Während die Rechtmäßigkeit des Streiks als Waffe der Arbeitnehmer unbestritten ist, gehen die Meinungen über die Rechtmäßigkeit der Aussperrung auseinander. Die Arbeitgeber beanspruchen im Interesse der „Waffengleichheit" das Recht auf Aussperrung. Die Gewerkschaften bestreiten jedoch dieses Anrecht mit dem Argument, die Arbeitgeberseite sei ohnehin in einer stärkeren Position; durch das Streikrecht ergäbe sich Waffengleichheit, die jedoch durch das Aussperrungsrecht wieder beseitigt werde. Das Bundesarbeitsgericht hat in mehreren Entscheidungen das Recht auf Aussperrung grundsätzlich bejaht; die hessische Landesverfassung beispielsweise schließt Aussperrungen jedoch aus.

---

1 Vgl. hierzu die Ausführungen zur funktionellen Einkommensverteilung.

11.6.2 Maßnahmen des Staates zur Einkommensumverteilung (Sekundärverteilung)

Welche Möglichkeiten besitzt der Staat, die primäre Verteilung der Einkommen durch Umverteilung zu korrigieren?

Die staatliche Umverteilung stützt sich auf drei Säulen:

- Erhebung von Steuern
- Zahlung von Transfers
- Angebot an öffentlichen Gütern

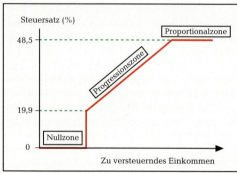

Steuertarif

Bei den Steuern dient insbesondere die **Einkommensteuer** der Einkommensumverteilung. Der **Steuertarif,** der die Höhe der Einkommensteuer bestimmt, folgt dem Grundsatz, dass von höheren Einkommen auch höhere Steuern bezahlt werden können. Durch einen entsprechenden Aufbau des Steuertarifs wird angestrebt, einerseits geringe Einkommen gar nicht oder nur gering steuerlich zu belasten, andererseits höhere Einkommen nicht nur absolut, sondern auch prozentual höher zu besteuern.

Beispiel

Arbeitnehmer A ist verheiratet und kinderlos. Er bezieht ein jährliches Bruttoeinkommen von 50.000 €. Arbeitnehmer B ist verheiratet und hat zwei Kinder; er bezieht ein jährliches Bruttoeinkommen von 30.000 €. Zunächst beträgt das Einkommen von B 60 % des Einkommens von A. Nach der Umverteilung durch Steuern beträgt es 63 % des Einkommens von A.

	Arbeitnehmer A verheiratet, kinderlos	Arbeitnehmer B verheiratet, zwei Kinder	Einkommen von B in % von A
Bruttoeinkommen	50.000 €	30.000 €	60
Steuern	11.000 €	5.350 €	
Nettoeinkommen*)	39.000 €	24.650 €	63
Steuersatz	22 %	18 %	

*) Beiträge zur Sozialversicherung bleiben im Beispiel unberücksichtigt

Der Staat leistet auch ein Vielzahl von **Transferzahlungen** (u.a. Kindergeld, Ausbildungsbeihilfen, Wohngeld, Sozialhilfe). Von diesen Transferzahlungen profitieren bestimmte Bevölkerungsgruppen, z.B. Familien mit Kindern, einkommensschwache Personen usw., stärker als andere Bevölkerungsgruppen.

> **Beispiel**
>
> Der oben genannte Arbeitnehmer B erhält monatlich 75 € Wohngeld sowie je Kind 150 € Kindergeld. Er bezieht also im Jahr Transferzahlungen von 4.500 €. Nach dieser erneuten Umverteilung beträgt das Einkommen von B 75 % des Einkommens von A.

	Arbeitnehmer A verheiratet, kinderlos	Arbeitnehmer B verheiratet, zwei Kinder	Einkommen von B in % von A
Bruttoeinkommen	50.000 €	30.000 €	60
Steuern	11.000 €	5.350 €	
Nettoeinkommen*)	39.000 €	24.650 €	63
Transferzahlungen	0 €	4.500 €	
Verfügbares Einkommen	39.000 €	29.150 €	75

*) Beiträge zur Sozialversicherung bleiben im Beispiel unberücksichtigt

Schließlich stehen einkommensschwächeren Personen (Rentnern, Kindern usw.) auch zahlreiche **öffentliche Güter** billiger zur Verfügung als anderen Personen (z. B. Verkehrsmittel, Eintritt in öffentliche Einrichtungen usw.). Diese sogenannten **Realtransfers** verbessern noch einmal – wenn auch oft nur geringfügig – die finanzielle Situation einkommensschwächerer Bevölkerungsgruppen. Der Umverteilungseffekt durch Realtransfers ist jedoch äußerst schwer zu messen; verlässliche Zahlen über seine Wirkung liegen nicht vor.

- Einkommensverteilungsmaßnahmen finden auf der Stufe der Primärverteilung vor allem durch Tarifauseinandersetzungen der Sozialpartner statt.
- Instrumente der Tarifpolitik sind Tarifverhandlungen, Schlichtung, Streik und Aussperrung. Das Ergebnis des Verteilungskampfes ist u. a. an der Lohnquote ablesbar.
- Durch Umverteilung versucht der Staat, eine gerechtere Verteilung der verfügbaren Einkommen zu erreichen (Sekundärverteilung).
- Umverteilungsinstrumente des Staates sind die direkten Steuern, die Transferzahlungen und – in geringerem Umfang – die öffentlichen Güter.
- Grundsätzlich gilt, dass einkommensstärkere Personen höhere Steuern zahlen müssen und weniger Transferzahlungen erhalten. Dadurch wird eine teilweise Angleichung der verfügbaren Einkommen bewirkt.

Aufgaben zum Üben und Vertiefen

1 Nennen und erläutern Sie die Gesichtspunkte, nach denen die Verteilung der Einkommen betrachtet werden kann, und nennen Sie die dazugehörigen Formen der Einkommensverteilung!

2 Nennen und beschreiben Sie die Einkommensgrößen, die der funktionellen Einkommensverteilung zu Grunde liegen!

3 Das Statistische Bundesamt hat für Haushalte mit unterschiedlichen Einkommen folgende monatliche Durchschnittswerte (in €) ermittelt:

	Haushalt 1	Haushalt 2
Pflichtbeiträge zur Sozialversicherung	437	300
Bruttoeinkommen aus unselbstständiger Arbeit	2.579	4.086
Einnahmen aus staatlichen Übertragungen	135	85
Einkommen- und Vermögenssteuern	281	664
Einnahmen aus Untervermietung	122	200
Bruttoeinkommen aus selbstständiger Arbeit und Einnahmen aus Vermögen	321	505

a) Welche Größen gehören zur Primärverteilung und welche zur Sekundärverteilung?

b) Ermitteln Sie das verfügbare Haushaltseinkommen für beide Durchschnittshaushalte!

c) Um wie viel (€ und Prozent) weicht jeweils das Haushaltseinkommen nach der Sekundärverteilung von dem der Primärverteilung ab?

d) Interpretieren Sie Ihre Ergebnisse!

4 Erläutern Sie folgende Verteilungsgrößen:
- Unbereinigte Lohnquote
- Bereinigte Lohnquote
- Gewinnquote
- Arbeitseinkommensquote

5 Nennen Sie mindestens zwei Gründe, die die Aussagefähigkeit der unbereinigten Lohnquote einschränken!

6 Einer Tageszeitung sind folgende Angaben über Pro-Kopf-Einkommen in verschiedenen Ländern zu entnehmen (Angaben in €):

Großbritannien	14.042
Vereinigte Arabische Emirate	11.366
Katar	11.342
Spanien	10.410
Portugal	5.030

Interpretieren Sie die Zahlen und berücksichtigen Sie dabei – soweit Ihre Landeskenntnisse ausreichen – den Lebensstandard der Bevölkerung in den dargestellten Ländern!

7 Beschreiben Sie, was

a) die Lorenz-Kurve

b) der Gini-Koeffizient

aussagt!

8 Der nachstehende Zeitungsausschnitt enthält Aussagen über die Einkommensverteilung in Deutschland.

> **Ungleich = ungerecht?**
> Wiesbaden (...) – Das verfügbare Einkommen ist in Deutschland ungleich verteilt. Im vergangenen Jahr entfielen auf das obere Drittel der Haushalte 57 Prozent vom Einkommenskuchen und auf das mittlere Drittel 27 Prozent, während sich das untere Drittel der Haushalte mit 16 Prozent begnügen musste.

a) Stellen Sie die Zahlenangaben in einer Lorenz-Kurve dar!

b) Setzen Sie sich mit der in der Überschrift angedeuteten Problematik auseinander!

9 Erläutern Sie Ursachen ungleicher Einkommensverteilung für

a) Einkommen aus unselbstständiger Tätigkeit

b) Einkommen aus Unternehmertätigkeit

c) Einkommen aus Vermögen

10 Erläutern Sie die Begriffe „intragenerative Gerechtigkeit" und „intergenerative Gerechtigkeit"!

11 Einkommen können nach dem Leistungsprinzip verteilt werden.

a) Was bedeutet eine Einkommensverteilung nach Leistung?

b) Welche Probleme ergeben sich bei einer Anwendung des Leistungsprinzips?

c) Erläutern Sie die Begriffe „Input-Gleichheit" und „Output-Gleichheit"!

12 Einkommen können nach dem Bedarfsprinzip verteilt werden.

a) Was bedeutet eine Einkommensverteilung nach Bedarf bzw. Bedürfnissen?

b) Welche Probleme ergeben sich bei einer Anwendung des Bedarfsprinzips?

13 Wird in der Realität bei der Einkommensverteilung vorwiegend nach dem Leistungsprinzip oder vorwiegend nach dem Bedarfsprinzip verfahren?

14 Beschreiben Sie, durch welche Maßnahmen der Staat eine Umverteilung der Primäreinkommen vornimmt!

12 Ökonomie und Ökologie

12.1	Das Spannungsverhältnis zwischen Ökonomie und Ökologie
12.2	Das Problem: Ökonomie und Umwelt
12.3	Ursachen des Umweltproblems
12.3.1	Bevölkerungswachstum und Industrialisierung
12.3.2	Externe Kosten: Umwelt zum Nulltarif?
12.3.3	Wettbewerb und Wettbewerbsfähigkeit
12.4	Umweltprinzipien
12.4.1	Nachhaltigkeitsprinzip („Sustainable Development")
12.4.2	Vorsorgeprinzip
12.4.3	Verursacherprinzip
12.5	Grundlagen und Instrumente staatlicher Umweltpolitik

Wirtschaftliches Handeln ist in der Regel nicht umweltneutral. Herstellung und Nutzung von Gütern greifen in die Umwelt ein und schädigen sie häufig. In der jüngeren Vergangenheit haben diese Schäden ein bedrohliches Ausmaß angenommen.

Parallel zu dieser Entwicklung hat sich in den letzten Jahren und Jahrzehnten in breiten Bevölkerungskreisen ein verschärftes Umweltbewusstsein herausgebildet. Das Verständnis für ökologische Zusammenhänge ist gewachsen und hat zu entsprechenden Einsichten in die prinzipielle Notwendigkeit umweltgerechten Verhaltens geführt. Dieses Bewusstsein hat sich zwar zum Teil, jedoch noch nicht in vollem Umfange, in tatsächliches Verhalten umgesetzt. Einerseits sortieren und entsorgen wir fleißig Abfälle, andererseits handeln wir in vielen anderen alltäglichen Situationen entgegen unserer Einsicht und nehmen – oftmals unnötige – Umweltschädigungen in Kauf.

> „Jeder will zurück zur Natur, aber niemand will dabei zu Fuß gehen."

Umweltprobleme sind ein weltweites Phänomen. In ihren Grundstrukturen (schädigende Einflüsse auf Menschen, Tiere und Pflanzen, auf Luft, Klima, Boden usw.) weisen sie weitgehende Ähnlichkeiten auf. Daneben bestehen auch regionale Besonderheiten (z. B. Abholzung des Regenwaldes). Umweltprobleme in industrialisierten Ländern und in Entwicklungsländern entspringen zum Teil gegensätzlichen Ursachen. In den industrialisierten Ländern ist der überwiegende Teil der Umweltprobleme eine Folge des Wohlstands und der Art und Weise, wie dieser Wohlstand produziert und verwendet wird. In Entwicklungsländern sind Umweltprobleme dagegen oft eine Folge von Armut.

Die Analyse des Verhältnisses von Ökonomie und Ökologie wird zeigen, dass zum einen ein grundlegendes Spannungsverhältnis besteht und dass zum anderen konkrete Ursachen für eine Verschärfung des Problems verantwortlich sind. Da das grundlegende Spannungsverhältnis nicht beseitigt werden kann, müssen Überlegungen zu einer Minderung des Problems vor allem bei den konkreten Ursachen ansetzen.[1]

---

[1] Vgl. zum Verhältnis von Wirtschaft und Umwelt auch die Ausführungen zum wirtschaftspolitischen Ziel „Umweltschutz" und zur Problematik des Ziels „Wirtschaftswachstum" in Kapitel 7.

12.1 Das Spannungsverhältnis zwischen Ökonomie und Ökologie

Warum stehen ökonomisches Handeln und ökologische Erfordernisse so oft im Widerspruch zueinander?

Ökonomie: Gesamtheit aller Einrichtungen und Aktivitäten, die durch Herstellung und Nutzung von Gütern der Befriedigung menschlicher Bedürfnisse dienen.

Ökologie: Wechselbeziehungen zwischen Lebewesen und ihrer Umwelt.

Ökosystem: Aus Lebensgemeinschaften und Lebensraum bestehende Einheit.

Ökonomie und Ökologie sind zwei unverzichtbare Bestandteile menschlicher Existenz. Beide brauchen wir zum Leben und zum Überleben.

Das „Spannungsverhältnis zwischen Ökonomie und Ökologie" drückt sich darin aus, daß wirtschaftliches Handeln und ökologische Belange in einem Gegensatz zueinander stehen. Wir befinden uns häufig in dem Dilemma, dass ein bestimmtes Verhalten für das eine Anliegen zweckmäßig und vorteilhaft ist, aber gleichzeitig dem anderen Anliegen schadet. Wirtschaftliche Interessen und Umweltinteressen sind häufig unvereinbar. Es ist auch nicht möglich, im Konfliktfalle auf einen Interessenbereich zu verzichten und nur den anderen gelten zu lassen. Wir sind darauf angewiesen, beide Gesichtspunkte in einer verträglichen Weise miteinander zu verknüpfen und sowohl die berechtigten Belange der Ökonomie als auch die berechtigten Belange der Ökologie zu berücksichtigen. Zur „Aussöhnung von Ökonomie und Ökologie" gibt es keine Alternative.

Das Spannungsverhältnis zwischen Ökonomie und Ökologie läßt sich vor allem auf drei Unvereinbarkeiten zurückführen.

Spannungsverhältnis zwischen Ökonomie und Ökologie

Ökonomie		Ökologie
Eigennutzprinzip		Gemeinnutzprinzip
Ökonomische Ziele		Ökologische Ziele
Umwelt ist Produktionsfaktor		Umwelt ist Lebensgrundlage

■ Ökonomisches Eigennutzprinzip und ökologisches Gemeinnutzprinzip

Die ökonomische Verhaltenstheorie geht davon aus, dass wirtschaftliches Verhalten in erster Linie durch das Streben nach eigenem Nutzen, nach Vorteilen, nach Gewinn usw. bestimmt wird **(Eigennutzaxiom).** Die Aussicht auf eigenen Nutzenzuwachs ist Motor wirtschaftlichen Handelns und Triebfeder individueller Leistungsbereitschaft.

Dem **Eigennutzprinzip** steht das **Gemeinnutzprinzip** gegenüber. Es verlangt einerseits Leistungsbereitschaft im Interesse des Gemeinwohls und andererseits den Verzicht auf Eigennutz, wenn die Belange anderer dadurch unangemessen betroffen sind. Das Gemeinnutzprinzip ist also geprägt durch die Rücksichtnahme auf andere Menschen und auf die Umwelt (Tiere, Pflanzen, Luft, Wasser, Boden).

> Jeder Einzelne ist stets darauf bedacht, die vorteilhafteste Anlage für das Kapital, über das er zu gebieten hat, ausfindig zu machen. Er hat allerdings nur seinen eigenen Vorteil im Auge; aber gerade die Bedachtnahme auf den eigenen Vorteil führt ganz von selbst dazu, dass er diejenige Anlage bevorzugt, welche zugleich für die Gesellschaft die vorteilhafteste ist. ...
>
> Nicht von dem Wohlwollen des Fleischers, Brauers oder Bäckers erwarten wir unsere Mahlzeit, sondern von ihrer Bedachtnahme auf ihr eigenes Interesse. Wir wenden uns nicht an ihre Humanität, sondern an ihren Egoismus und sprechen ihnen nie von unseren Bedürfnissen, sondern von ihren Vorteilen.
>
> *Adam Smith: Untersuchung über das Wesen und die Ursachen des Volkswohlstandes (1776). Berlin 1905, Bd. II, S. 227 ff.*

Für die Wirtschaftsklassiker bestand zwischen Eigennutz und Gemeinnutz kein Widerspruch. Sie gingen davon aus, dass der Nutzen für die Allgemeinheit dann am größten sei, wenn jeder einzelne bestrebt sei einen möglichst großen eigenen Nutzen zu erzielen. Der Bäcker, der sich bemüht, möglichst gute Brötchen zu backen, tut dies zunächst aus Eigennutzinteresse. Er möchte möglichst viele Brötchen verkaufen und seinen Gewinn mehren. In Form höherer Güterqualität kommt dieses Verhalten aber auch der Allgemeinheit zugute. Der Nutzen für die Allgemeinheit wurde wie ein Gesamtnutzen als Summe der Einzelnutzen verstanden.

Diese Auffassung findet heute keine ungeteilte Zustimmung mehr. Vor allem die immer deutlicher sichtbar werdenden Folgen zunehmender Umweltzerstörung und -schädigung durch eigennutzbestimmtes Handeln haben zu einer neuen Sichtweise geführt. Ökologisches Verhalten verlangt eben nicht Betonung des Eigennutzes, sondern vielmehr Rücksichtnahme und damit häufig Verzicht auf Eigennutz und auf wirtschaftliche Vorteile.

Das Streben nach Eigennutz ist einerseits Voraussetzung für individuelle Leistungsbereitschaft und für wirtschaftlich-technischen Fortschritt, aber andererseits auch Quelle für ein Gewinnstreben, welches die notwendige Rücksichtnahme auf andere Menschen und auf die Umwelt außer Acht lässt.

Eine extreme Form eigennutzbestimmten Verhaltens sind die **Umweltstraftaten.** In dem Bemühen, Kosten zu sparen, werden z.B. umweltgefährdende Stoffe unzulässig abgelagert statt vorschriftsmäßig entsorgt, wird Müll wild abgelagert, werden Gewässer, Boden und Luft verunreinigt usw. Die Zahl derartiger Umweltdelikte ist in den vergangenen Jahren ständig gestiegen; sie stellen kein „normales" wirtschaftliches Verhalten dar, sondern sind eindeutig kriminelle Handlungen.

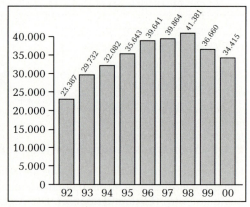

Bekannt gewordene Umweltdelikte (ab 1993 Gesamtdeutschland)

■ Konflikte zwischen ökonomischen und ökologischen Zielen

Nicht immer ist individueller Eigennutz die Ursache von Konflikten zwischen ökonomischen und ökologischen Interessen. Oftmals stehen prinzipiell als gut und wichtig einzustufende wirtschaftliche Ziele und ökologische Anliegen in einem Gegensatz zueinander. Auf Dauer scheinen Wirtschaftswachstum und Wohlstandsmehrung auf der einen Seite und Umwelterhaltung auf der anderen Seite nicht miteinander vereinbar zu sein.

> **Auflösung der Gemeinde Horno von Brandenburgs Regierung beschlossen**
>
> POTSDAM (...) Die brandenburgische Landesregierung hat den Entwurf des „Braunkohlegrundlagengesetzes" beschlossen. Das Gesetz sieht die Auflösung der Gemeinde Horno mit dem Tag der nächsten Kommunalwahl vor. Horno, das auf dem Kohleflöz des Tagebaus Jänschwalde liegt, muß dem Braunkohleabbau weichen. ...
>
> Die rund 300 Einwohner der Gemeine Horno wehren sich seit Jahren erbittert gegen die Abbaggerung des Ortes und ihre Umsiedlung. ...
>
> Die Landesregierung ist der Auffassung, dass es keine praktikable Alternative zur Fortführung des Tagebaus bei Horno gibt. Aus energie-, struktur- und arbeitsmarktpolitischer Sicht hält die Landesregierung den Erhalt der Braunkohlenutzung für unverzichtbar. Die Nutzung der wirtschaftlich gewinnbaren Lagerstätten, vor allem eben auch des Tagebaus bei Horno, sei als Beitrag für eine zuverlässige, langfristig wettbewerbsfähige und subventionsfreie Energieversorgung Brandenburgs notwendig. Ohne die hiermit verbundenen Arbeitsplätze und ohne die Wertschöpfung aus diesem Industriezweig sei auch der Strukturwandel in dieser Region nicht möglich.

Konflikte dieser Art bestehen in vielen Bereichen: Energieversorgung, Ansiedlung von Betrieben, Bau von Verkehrswegen, Gentechnik und vieles andere mehr. Die wirtschaftliche Zielsetzung der Versorgung der Menschen mit Gütern und der Bereitstellung von Arbeitsplätzen kollidiert mit ökologischen Anliegen wie Luft-, Klima-, Boden- und Lärmschutz. In diesen Fällen ist eine einfache Entscheidung aufgrund von Vor- und Nachteilen nicht möglich. Es müssen Bewertungen, Folgenabschätzungen und Abwägungen vorgenommen werden. Da hierbei immer auch Überzeugungen mitspielen, ist das Ergebnis von Person zu Person und von Gruppe zu Gruppe oft unterschiedlich.

Vor allem in wirtschaftlich schwierigen Zeiten besteht die Gefahr, dass ökologische Anliegen gegenüber ökonomischen Zielen wie mehr Beschäftigung, Wirtschaftswachstum usw. zurückstehen müssen. Das trägt der Umweltpolitik gelegentlich den Vorwurf ein, eine Schönwetter-Politik bzw. eine Feiertags-Politik zu sein.

■ Die Umwelt ist gleichzeitig Produktionsfaktor und Lebensgrundlage

Die Menschen haben eine Vielzahl und Vielfalt von Bedürfnissen. Ein Teil dieser Bedürfnisse richtet sich auf Güter, die im Subsystem „Wirtschaft" hergestellt werden. Wir brauchen die Wirtschaft, um leben und überleben zu können.

Ein anderer Teil der menschlichen Bedürfnisse richtet sich auf die Umwelt. Die Umwelt ist als natürliche Lebensgrundlage für die menschliche Existenz ebenfalls unverzichtbar und darüber hinaus wesentliche Quelle unseres Wohlbefindens.

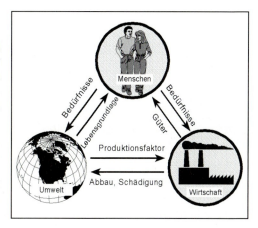

Das Dilemma besteht darin, dass das die Menschen mit Gütern versorgende Subsystem Wirtschaft eben für diesen Vorgang die Umwelt als Produktionsfaktor benötigt. Durch die Herstellung der Güter wird die Umwelt abgebaut (z. B. Rohstoffe), bebaut (Straßen, Häuser usw.) und geschädigt (Boden, Wasser, Luft).[1] Die Güter werden von den Menschen genutzt. Auch der Vorgang der Güternutzung ist oft nicht umweltneutral (Autofahren usw.).

Herstellung und Nutzung von Gütern (= wirtschaften) greifen also in die Umwelt ein; die Umwelt wird abgebaut, zerstört und geschädigt. Als natürliche Lebensgrundlage der Menschen ist jedoch ein Erhalt auf quantitativ und qualitativ hohem Niveau notwendig und wünschenswert. Aus dieser wechselseitigen und konflikthaften Beziehung ergibt sich das **Ökonomie-Ökologie-Dilemma:** Durch im Prinzip notwendiges wirtschaftliches Handeln zerstören bzw. schmälern wir die ebenso notwendigen Lebensgrundlagen für uns und für die kommenden Generationen.

- Ökonomie und Ökologie sind zwei unverzichtbare Bestandteile menschlicher Existenz.
- Durch wirtschaftliches Handeln greifen die Menschen in vielfältiger Weise in die Umwelt ein. Wirtschaft und Ökologie stehen in einem Spannungsverhältnis zueinander.
- Wirtschaftliches Handeln ist durch Eigennutz geprägt, ökologische Anliegen erfordern gemeinnütziges Denken.
- Ökonomische Zielsetzungen stehen oft im Widerspruch zu ökologischen Zielen.
- Die Umwelt ist einerseits Produktionsfaktor für die Wirtschaft und andererseits natürliche Lebensgrundlage für die Menschen.
- Durch den Produktionsvorgang wird die Umwelt abgebaut, zerstört und geschädigt; als Lebensgrundlage ist jedoch ihr Erhalt auf quantitativ und qualitativ hohem Niveau notwendig.

12.2 Das Problem: Ökonomie und Umwelt

Worin äußert sich das Umweltproblem und wie wird es erfasst?

Durch wirtschaftliches Handeln greifen die Menschen in vielfältiger Weise in die Umwelt ein. Die Liste der so genannten „Umweltsünden" ist lang. Pro Tag

- sterben etwa 50 Tierarten aus
- werden 55 Hektar Tropenwald abgeholzt
- werden rund 100 Millionen Tonnen Treibhausgase in die Luft geblasen
- werden 86 Millionen Tonnen Erdreich abgeschwemmt

> Wenn ihr den letzten Fluß verschmutzt, wenn ihr den letzten Baum gefällt und den letzten Fisch getötet habt, sagt mir: „Werdet ihr all das Geld auf euren Banken essen können?"
>
> *Sioux-Häuptling Kleiner Wolf 1881 an den Senat der USA*

---

[1] Vgl. hierzu auch die Ausführungen zu den Produktionsfaktoren in Kap. 1, insbesondere zum Produktionsfaktor Boden/Natur.

Die Umwelt wird abgebaut, zerstört und geschädigt. Leidtragende sind sowohl Lebewesen als auch materielle Umweltgüter.

Umwelteingriffe	
Formen	**Betroffene**
Umweltabbau Umweltzerstörung Umweltschädigung	Menschen Tiere, Pflanzen Boden, Wasser, Luft, Landschaft Kulturgüter, sonstige Sachgüter

Umweltabbau und -zerstörung finden in vielfältigen Formen statt. Ein wachsender Bedarf an Rohstoffen, an Wohn- und Verkehrsflächen, steigende Grundwasserentnahmen, Abholzung von Tropen- und Regenwäldern usw. führen zu riesigen Verlusten an Naturflächen und natürlichen Werten. Die Landschaft wird zunehmend zersiedelt und zubetoniert, zumindest aber in ihrem natürlichen Zustand nachhaltig verändert. Damit geht nicht nur ein Qualitätsverlust einher; durch die Eingriffe werden auch sensible weltweite Ökosysteme (Klima, Wassersysteme usw.) in ihrem Gleichgewicht gestört.

Sowohl bei der Produktion als auch der Verwendung von Gütern werden **Emissionen**[1] an die Umwelt abgegeben (Abgase, Abwässer, Abwärme, Abfälle, Strahlungen, Stäube, Erschütterungen usw.). Etliche dieser Emissionen verbinden sich in Luft, Wasser und Boden zu neuen, teilweise gefährlichen Schadstoffen („Saurer Regen"). Die zahlreichen Schadstoffemissionen verschlechtern die Luft-, Boden- und Wasserqualität und richten an Gebäuden und anderen Gütern riesige und kaum reparable Schäden an. Waldsterben, Ozonloch, drohende Klimakatastrophe und Schäden an Baudenkmälern sind besonders markante Beispiele hierfür.

Die rasch wachsende Bevölkerung macht darüber hinaus eine immer intensivere Nutzung der Böden notwendig. Düngung, übermäßige Bewässerung, Rodung, maschinelle Anbaumethoden usw. führen dazu, dass die Böden auslaugen, veröden und schließlich unfruchtbar werden. Nach einschlägigen Schätzungen geht auf diese Weise jähr-

	Siedlungs- und Verkehrsflächen (1000 ha)	Anteil an der Gesamtfläche
1965	2.265	9,2
1975	2.475	10,0
1985	2.885	11,6
1989	3.033	12,2
1997	4.205	11,8

Quelle: Statistisches Bundesamt; bis 1989: früheres Bundesgebiet

	Vernichtete Waldflächen 1990-1995 (1000 km^2)	Anteil an der Waldfläche von 1990
Brasilien	127,7	2,3
Indonesien	54,2	4,7
Mexiko	25,4	4,4
Malaysia	20,0	11,5
Philippinen	13,1	16,2

Quelle: FAO

---

[1] Emission: Abgabe von Schadstoffen.
Immission: Aufnahme von Schadstoffen; Einwirkung von Schadstoffen auf Menschen, Tiere, Pflanzen, Bauten usw.

lich weltweit mehr Anbaufläche verloren als durch Kultivierungsmaßnahmen hinzugewonnen werden kann.

Eine Umweltbeeinträchtigung, die vor allem Menschen und Tiere trifft, stellt die **Lärmbelastung** dar. Verkehr, Industrieanlagen, Freizeiteinrichtungen usw. emittieren Lärm, der oftmals die Grenzen einfacher Belästigung überschreitet und – vor allem in Ballungsgebieten und in besonderen Lagen – eine Gesundheitsgefährdung darstellt.

Von je 100 Menschen in Westdeutschland fühlen sich stark belästigt durch	
Autolärm und -abgase	57
Luftverschmutzung	44
Wasserverschmutzung	37
Kernkraftwerke	26
Fluglärm	19

Quelle: Umweltbundesamt

Als Folge der Herstellung und Verwendung von Gütern entstehen **Abfälle.** Problematisch für die Umwelt sind zum einen die Mengen des Abfalls und zum anderen die Gefährlichkeit bestimmter Abfälle. Vor allem in den wohlhabenden Industriestaaten fallen riesige Abfallmengen an („Wohlstandmüll"). Ein wachsender Anteil des Abfalls wird wiederverwertet **(„Recycling");** nicht verwertbare Abfälle müssen so entsorgt werden, dass von ihnen weder jetzt noch in Zukunft schädliche Wirkungen auf die Umwelt ausgehen. Hierfür müssen Deponien bereitgestellt und unterhalten oder sonstige Entsorgungsmöglichkeiten geschaffen werden (z. B. Verbrennung). Ein besonderes Problem stellen die zum Teil hochgiftigen Gefahrstoffe dar. Für sie sind sowohl beim Transport als auch bei der Lagerung und/oder Vernichtung aufwendige Maßnahmen erforderlich.

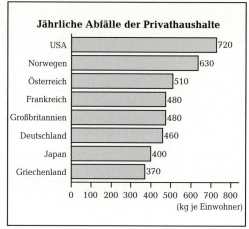

Quelle: OECD

■ Erfassung von Umweltschäden

Über das Ausmaß der Umweltschäden liegt eine Vielzahl von Einzeldaten vor. Einer systematischen, exakten und möglichst vollständigen Erfassung stehen jedoch zahlreiche Schwierigkeiten entgegen:

- Viele Schäden treten erst nach längerer Zeit auf.

- Bisherige Erfassungsversuche betreffen zumeist nur Entwicklungen innerhalb eines Landes; zahlreiche Umweltwirkungen sind jedoch grenzüberschreitend (z. B. Luft- und Wasserverschmutzung, klimatische Veränderungen usw.).

- Sowohl Ursachen bestimmter Umweltschädigungen als auch Folgen bestimmter Vorgänge sind oft in ihren Zusammenhängen noch nicht vollständig bekannt.

- Für statistische Erfassungen müssen Umweltschäden in Zahlen ausgedrückt werden. Um sie zusammenfassen oder bewerten zu können, müssten die Verluste und Schäden in einem Geldwert ausgedrückt werden. Das ist für viele Umweltschäden kaum möglich.

Das Problem: Ökonomie und Umwelt

> Das mit den Volkswirtschaftlichen Gesamtrechnungen ermittelte Bruttosozialprodukt ... ist mit einer Reihe von konzeptionellen Mängeln behaftet. So werden die Eigenproduktion der privaten Haushalte und die Schwarzarbeit ... nicht erfaßt, während Ausgaben, die zur Kompensation, Behandlung und Reparatur von Schäden dienen (sogenannte „Defensivausgaben") sich positiv in der ausgewiesenen Wertschöpfung niederschlagen. Unberücksichtigt bleibt überdies die Abnutzung und die Zerstörung des Naturvermögens.
> *Sachverständigenrat: Jahresgutachten 1996/97, S. 69*

Ein Ziel umweltökonomischer Berechnungen ist die Ermittlung des sogenannten **Ökoinlandsprodukts.** Das Bruttoinlandsprodukt gilt als die wichtigste Kennziffer für Leistung und Leistungsfähigkeit und das Bruttonationaleinkommen als wichtigste Kennziffer für den Wohlstand einer Volkswirtschaft. Schwächen bei der Erfassung und Mängel in der Aussagefähigkeit solcher Indikatoren sind bereits dargestellt worden.[1] Der Versuch, Umweltentwicklungen in das volkswirtschaftliche Rechnungswesen einzubinden, hat zu verschiedenen Bemühungen geführt.

Mit dem Konzept eines Ökoinlandsprodukts wird versucht, zumindest einem Teil dieser Schwächen zu begegnen. Das auf traditionelle Weise ermittelte Bruttoinlandsprodukt wird dabei vermindert um die so genannten **Umweltabschreibungen.** Das sind Minderungen des Wertes der Umwelt durch Abbau, Zerstörung und Schädigung, die durch die Herstellung eben dieses Inlandsprodukts entstanden sind. Weitergehende Konzepte sehen vor, auch jene Ausgaben abzuziehen, die lediglich eine Beseitigung und Reparatur von Umweltschäden darstellen (**„Defensivausgaben"**) und sich im traditionellen Bruttoinlandsprodukt als positive Leistung niederschlagen. Nach einschlägigen Schätzungen entfallen rund 20 Prozent des Wirtschaftswachstums auf die Behebung von Umweltschäden.

	Bruttoinlandsprodukt
−	Umweltabschreibungen
−	Behebung von Umweltschäden
=	Ökoinlandsprodukt

Die Absicht, durch entsprechende Ergänzungen das Inlandsprodukt in seiner Gesamtheit in ein Ökoinlandsprodukt überzuführen, erweist sich methodisch als überaus schwierig. Daher dominiert seit einigen Jahren der Ansatz, die bestehenden Volkswirtschaftlichen Gesamtrechnungen durch den Aufbau umweltbezogener Konten zu ergänzen (**„Satellitenkonten", „Satellitenrechnungen").** 1993 hat die UNO ein Konzept für eine entsprechende Umwelt-Satellitenrechnung („System for Integrated Environmental and Economic Accounting") vorgeschlagen. Auch die Europäische Kommission hat in ihren Leitlinien für die Schaffung eines europäischen Rahmens für die Umweltökonomischen Gesamtrechnungen den Aufbau von Satellitenkonten empfohlen.

Das Statistische Bundesamt bietet auf der Grundlage des „Gesetzes über Umweltstatistiken" von 1980 seit einigen Jahren neben der Volkswirtschaftlichen Gesamtrechnung auch **„Umweltstatistiken"** und eine **„Umweltökonomische Gesamtrechnung (UGR)"** an. Anliegen der UGR ist es, in einer volkswirtschaftlichen **Ökobilanz** die Wechselwirkungen zwischen Wirtschaft und Umwelt zu erfassen und in einem Gesamtsystem übersichtlich darzustellen. Im Kern geht es darum, zu quantifizieren, wie viel Natur bei der Herstellung und Verwendung von Gütern eingesetzt und verbraucht wird. Insbesondere soll Auskunft darüber gegeben werden, welche Umweltbelastungen durch mensch-

---

1 Vgl. hierzu die Ausführungen über die Aussagefähigkeit von Inlandsprodukt und Nationaleinkommen im Kapitel „Wirtschaftskreislauf und Volkswirtschaftliche Gesamtrechnung".

liche Aktivitäten entstehen, wie sich der Zustand der Umwelt verändert und welche Maßnahmen zum Schutz der Umwelt ergriffen werden.

In den **„Umweltstatistiken"** werden Daten über Investitionen für Umweltschutz, die Abfallbeseitigung sowie die Wasserversorgung und Abwasserbeseitigung dargestellt.

Der Aufbau der **„Umweltökonomischen Gesamtrechnungen"** erfolgt im Rahmen von fünf Themenbereichen:[1]

- Material- und Energieflussrechnung
- Nutzung von Fläche und Raum
- Indikatoren des Umweltzustandes
- Maßnahmen des Umweltschutzes
- Vermeidungskosten

26	Umwelt
	Umweltstatistiken
26.1	Investitionen für Umweltschutz im Produzierenden Gewerbe
26.3	Wasserversorgung und Abwasserbeseitigung
	Umweltökonomische Gesamtrechnungen
26.7	Entnahmen, Abgaben und Verbleib von Material
26.8	Einsatz von Umweltressourcen
26.9	Verwendung von Energie
26.10	Luftemissionen nach Produktionsbereichen und Energieträgern
26.11	Emissionen nach Emittentengruppen
26.12	Produktion, Ein- und Ausfuhr sowie Inlandsabsatz an Wirkstoffen in Pflanzenschutzmitteln
26.15	Bodenflächen nach Bedeckungsarten
26.16	Waldschäden
26.17	Rote Liste der gefährdeten Farn- und Blütenpflanzen
26.19	Naturschutz
26.21	Straftaten gegen die Umwelt

Auszug aus dem Statistischen Jahrbuch 2001 (gekürzt)

Der *Sachverständigenrat zur Begutachtung der Gesamtwirtschaftlichen Entwicklung* veröffentlicht seit 1991 „Ausgewählte Umweltindikatoren" im Statistischen Anhang seiner Jahresgutachten.

---

[1] Die Umweltstatistiken sowie die bereits aufgebauten Teile der Umweltökonomischen Gesamtrechnungen werden jährlich vom Statistischen Bundesamt in den Statistischen Jahrbüchern veröffentlicht.

Das Problem: Ökonomie und Umwelt 453

Ausgewählte Umweltindikatoren											
	Einheit	1990	1991	1992	1993	1994	1995	1996	1997	1998	1999
Für Umweltschutzaktivitäten[1]											
Investitionen[2], insgesamt											
In jeweiligen Preisen	Mio DM	16.660	19.030	22.290	20.620	19.300	17.040	14.710	11.890	10.500	...
davon:											
nach Umweltbereichen (Anteil)											
– Abfallbeseitigung	vH	13,6	15,2	16,9	13,5	11,1	12,0	12,4	11,3	10,6	...
– Gewässerschutz	vH	61,4	64,7	64,6	66,3	66,9	67,8	64,6	70,3	70,5	...
– Lärmbekämpfung	vH	3,7	2,9	2,5	2,8	2,9	3,0	3,2	4,4	6,0	...
– Luftreinhaltung	vH	21,3	17,2	16,0	17,4	19,1	17,2	19,8	14,0	12,9	...
Nachrichtlich:											
Anteil an den Investitionen der Gesamtwirtschaft	vH	3,3	2,7	2,9	2,8	2,5	2,2	1,9	1,5	1,3	...
Gesamtaufwendungen[3], insgesamt											
In jeweiligen Preisen	Mio DM	28.950	33.910	37.100	39.100	40.890	42.540	42.510	40.380	36.810	...
davon:											
nach Umweltbereichen (Anteil)											
– Abfallbeseitigung	vH	26,6	30,5	31,5	31,3	31,4	32,0	32,8	31,5	32,5	...
– Gewässerschutz	vH	48,7	46,9	46,7	47,1	47,2	46,2	45,2	46,1	48,3	...
– Lärmbekämpfung	vH	1,2	1,1	1,1	1,0	1,0	1,0	1,1	1,1	1,2	...
– Luftreinhaltung	vH	23,4	21,5	20,7	20,6	20,4	20,8	20,9	21,3	17,9	...
Bruttoanlagevermögen zu Wiederbeschaffungspreisen[4]											
Insgesamt	Mio DM	291.430	351.140	383.990	416.320	440.110	457.730	467.610	469.840	469.730	469.600
davon:											
nach Umweltbereichen (Anteil)											
– Abfallbeseitigung	vH	6,1	6,2	6,5	7,0	7,2	7,3	7,5	7,7	7,7	7,7
– Gewässerschutz	vH	77,4	79,0	78,9	78,7	78,5	78,3	78,1	77,7	77,7	77,8
– Lärmbekämpfung	vH	2,1	1,9	1,9	1,9	2,0	2,0	2,0	2,1	2,1	2,2
– Luftreinhaltung	vH	14,3	12,9	12,7	12,4	12,3	12,4	12,4	12,5	12,5	12,3
Bodennutzung[5]											
Gesamtfläche	km[2]	.	.	.	356.970	.	.	.	357.028	.	.
darunter (Anteil):											
Siedlungs- und Verkehrsfläche	vH	.	.	.	11,3	.	.	.	11,8	.	.
Energieintensität[6]	95 = 100	103,0	102,2	99,9	102,7	100,2	100,0	102,6	100,2	97,7	93,8
Emission ausgewählter Schadstoffe nach Verursachergruppen[7]											
Schwefeldioxid (SO_2)[8]	Mio t	5,3	4,0	3,3	2,9	2,5	2,0	1,4	1,1	0,9	0,8
darunter (Anteile):											
– Kraft- und Fernheizwerke[9]	vH	52,2	59,1	63,8	64,8	66,4	63,5	57,4	53,0	47,5	49,2
– Industriefeuerungen[10]	vH	24,3	21,9	19,0	17,6	16,1	17,2	20,2	23,4	26,0	25,2
– Haushalte	vH	8,4	7,7	6,7	7,3	7,9	7,2	9,2	9,7	9,9	3,7
– Verkehr	vH	2,1	1,9	2,4	2,8	3,3	4,1	3,1	3,0	3,6	3,7
Stickstoffoxide (NO_x berechnet als NO_2)[8]	Mio t	2,7	2,5	2,3	2,2	2,0	2,0	1,9	1,8	1,7	1,6
darunter (Anteile):											
– Kraft- und Fernheizwerke[9]	vH	21,3	21,0	19,6	18,3	16,9	16,6	16,7	16,0	15,9	15,3
– Industriefeuerungen[10]	vH	14,2	12,8	12,1	11,8	12,3	12,4	12,5	13,3	13,0	13,1
– Haushalte	vH	3,9	4,2	4,2	4,7	4,8	4,8	5,6	5,4	5,3	5,0
– Verkehr	vH	56,9	58,6	61,1	62,3	63,2	63,2	62,0	62,4	62,8	63,8
Kohlenmonoxid (CO)[8]	Mio t	11,2	9,5	8,4	7,7	7,1	6,7	6,2	5,8	5,3	5,0
darunter (Anteile):											
– Kraft- und Fernheizwerke[9]	vH	1,4	1,5	1,6	1,6	1,7	1,8	1,9	1,9	2,0	2,1
– Industriefeuerungen[10]	vH	7,6	8,0	8,4	8,5	10,1	10,6	10,6	11,9	12,0	12,6
– Haushalte	vH	21,1	16,6	17,5	17,5	17,7	16,4	17,4	16,4	15,6	16,1
– Verkehr	vH	61,9	63,3	64,2	63,5	60,7	60,4	59,4	57,8	58,0	56,4
Kohlendioxid (CO_2)[8]	Mio t	1.014	976	928	918	904	904	925	894	888	859
darunter (Anteile):											
– Kraft- und Fernheizwerke[9]	vH	39,2	39,8	39,7	38,8	39,2	38,6	37,9	37,6	38,2	38,0
– Industriefeuerungen[10]	vH	21,0	18,8	18,1	17,2	17,6	17,5	16,5	17,2	16,8	16,8
– Haushalte	vH	12,6	13,4	13,3	14,6	14,2	14,3	15,8	15,8	15,3	14,6
– Verkehr	vH	17,0	17,8	19,2	19,8	19,9	20,2	19,7	20,5	21,1	22,2

1) Ab 1991 Deutschland und ohne Baugewerbe. In den Bereichen Produzierendes Gewerbe und Staat nach den Volkswirtschaftlichen Gesamtrechnungen. – 2) Bruttoanlageinvestitionen. Ergebnisse ohne integrierte Umweltschutzinvestitionen. – 3) Laufende Ausgaben und Abschreibungen. – 4) Bestand am Jahresanfang. – 5) Ab 1993 Deutschland. – 6) Primärenergieverbrauch je Einheit Bruttoinlandsprodukt in Preisen von 1995 (Quelle für Energieverbrauch: Arbeitsgemeinschaft Energiebilanzen). – 7) Deutschland. – Quelle: Umweltbundesamt. – 8) Ohne natürliche Quellen. – 9) Einschließlich Stromproduktion der Industriekraftwerke. – 10) Einschließlich der Umwandlungsbereiche (im wesentlichen Raffinerien, Kokereien, Brikettfabriken).

Quelle: Sachverständigenrat zur Begutachtung der gesamtwirtschaftlichen Entwicklung: Jahresgutachten 2001/02, S. 451

■ Versöhnung von Ökonomie und Ökologie?

Ökonomische und ökologische Interessen schließen sich nicht immer aus. Als Beispiel wird oft die Entwicklung der sogenannten **„Umweltindustrie"** angeführt. Damit werden Herstellung und Betrieb von Gütern bezeichnet, die dem Schutz der Umwelt dienen. Dieser zu den sogenannten Zukunftsindustrien zählende Wirtschaftszweig weist seit Jahren beträchtliche Wachstumsraten auf und stellt inzwischen eine große Zahl von Arbeitsplätzen zur Verfügung.

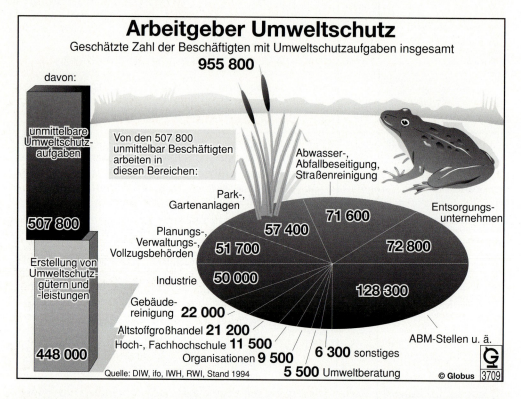

Bei einer Würdigung dieser Effekte muss jedoch berücksichtigt werden, dass nur ein Teil der Leistungen dem vorbeugenden Umweltschutz zugute kommt und damit Umweltschäden erst gar nicht entstehen lässt (z. B. Filteranlagen). Ein beträchtlicher Teil der Leistungen dient jedoch der Reparatur von Umweltschäden. Diese Leistungen entstehen nur, *weil* vorher Umweltschäden eingetreten sind; wenn sie wachsen, bedeutet dies, dass auch die Umweltschäden zugenommen haben.

- Durch wirtschaftliches Handeln wird die Umwelt in vielfältiger Weise abgebaut, zerstört und geschädigt.
- Schadstoffemissionen verschlechtern die Luft-, Boden- und Wasserqualität und zerstören Gebäude und andere Güter.
- Durch immer intensivere Nutzung der landwirtschaftlichen Flächen werden Böden ausgelaugt, veröden und werden unfruchtbar.
- Lärm und Abfälle beeinträchtigen Menschen, Tiere und Umwelt.

- Die exakte Erfassung von Umweltschäden, vor allem die Ermittlung eines Ökoinlandsprodukts, ist schwierig und steckt noch in den Anfängen.
- In der Volkswirtschaftlichen Gesamtrechnung wird versucht, Umweltschäden über zusätzliche, ergänzende Konten („Satellitenkonten") zu erfassen. Das Ergebnis sind Umweltstatistiken und eine Umweltökonomische Gesamtrechnung.
- In Teilbereichen kann es zu einer „Versöhnung von Ökonomie und Ökologie" kommen; dies gilt vor allem für die Umweltindustrie, die einerseits Wachstum und Arbeitsplätze schafft und deren Produkte andererseits dem Umweltschutz dienen.

12.3 Ursachen des Umweltproblems

Umweltzerstörung und -schädigung sind nicht nur ein Phänomen des Industriezeitalters. Entsprechende Entwicklungen reichen bis ins Altertum zurück. Für den Bau früher Tempel, für die sich entwickelnde Schifffahrt, vor allem im Mittelalter, wurden die Wälder rund um das Mittelmeer in weiten Teilen abgeholzt. Von den Folgen wie Verkarstung, Bodenerosion usw. haben sich die Mittelmeerregionen bis heute nicht erholt.

Umweltprobleme sind auch nicht begrenzt auf bestimmte Wirtschaftssysteme. Die Situation auch und gerade in den Zentralverwaltungswirtschaften der früheren Ostblockstaaten macht deutlich, dass Umweltversagen nicht vorrangig ein Problem kapitalistischer bzw. marktwirtschaftlicher Systeme ist. Ökologisches Fehlverhalten ist offensichtlich nicht nur eine Folge privatwirtschaftlichen Gewinnstrebens.

„Kein Industrieland dieser Erde hat seine Ressourcen und seine Menschen so hemmungslos ausgebeutet wie die ehemalige Sowjetunion. Weite Teile Russlands sind heute ökologische Notstandsgebiete. Die Luft ist verpestet, das Land vergiftet, Wälder sind kahlgeschlagen."

STERN Nr. 4/1993, S. 3

Während in früheren Zeiten häufig Unkenntnis zumindest über die langfristigen umweltschädlichen Folgen wirtschaftlichen Handelns bestand, kann sich die heutige Generation hierauf nicht mehr berufen. Die Ursachen des Umweltproblems liegen zum Teil in globalen Entwicklungen, zum Teil darin, dass umweltfreundliches Verhalten oft mit ökonomischen Nachteilen, zumindest aber mit dem Verzicht auf ökonomische Vorteile verbunden ist. Oftmals führen auch Bequemlichkeit und Gleichgültigkeit zu umweltschädlichem Verhalten.

12.3.1 Bevölkerungswachstum und Industrialisierung

Tragen Bevölkerungswachstum und Industrialisierung zur Umweltbelastung bei?

Während die Zahl der Menschen in den ersten 1500 Jahren unserer Zeitrechnung kaum zugenommen hat, ist sie vor allem in den letzten 150 Jahren explosionsartig gewachsen. Diese Entwicklung wird auch in absehbarer Zeit noch nicht zum Stillstand kommen.

Entwicklung der Weltbevölkerung				Länder der Erde		
Jahr	Mrd.	Jahr	Mrd.		Einwohner (Mill.)	
-5000	0,02	1960	3,0	Land	1995	2050*
- 750	0,1	1970	3,7	China	1.200	1.606
0	0,3	1980	4,4	Indien	936	1.640
1000	0,3	1990	5,3	USA	263	349
1500	0,5	2000	6,2	Indonesien	198	319
1750	0,8	2010	7,0	Brasilien	162	264
1800	1,0	2020	7,9	Pakistan	140	381
1850	1,2	2030	8,7	Bangladesch	120	239
1900	1,6	2040	9,3	Nigeria	112	339
1950	2,5	2050	9,8	* Schätzung der UNO		

Die dramatische Entwicklung der Weltbevölkerung wird vor allem in einer grafischen Darstellung anschaulich.

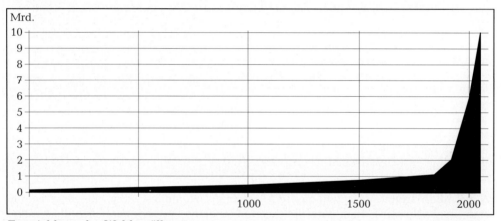

Entwicklung der Weltbevölkerung

Die wachsende Zahl der Menschen auf dem „Planeten Erde" benötigt Lebensraum, Arbeitsraum, Rohstoffe, Energie, Verkehrswege usw. Als Folge werden Bodenschätze und Wälder immer schneller abgebaut und die natürlichen Lebensgrundlagen immer stärker geschädigt.

Diese Entwicklung ist schon dann absehbar, wenn die derzeitige wirtschaftliche Situation in den Ländern dieser Erde beibehalten wird. Das zukünftige Bevölkerungswachstum findet jedoch vor allem in Asien, Afrika und Südamerika statt. In Regionen also, die heute zumindest zum Teil noch als wirtschaftlich unterentwickelt gelten. Noch immer wächst in einem Teil dieser Länder – vor allem in Afrika – die Bevölkerung schneller als die Nahrungsmittelproduktion; das bedeutet, dass trotz aller Anstrengungen die existenzielle Versorgung der Bevölkerung von Jahr zu Jahr schlechter wird. Findet in diesen Ländern neben dem Bevölkerungswachstum auch ein entsprechendes wirtschaftliches Wachstum statt, lässt sich leicht vorstellen, welche Belastungen für die Umwelt (Ernährung, Industrialisierung, Verkehr usw.) damit verbunden sind.

Die bisher industriell weniger entwickelten Länder haben zur Aufholjagd angesetzt. Sie streben – verständlicherweise – einen Lebensstandard an, der dem der hochentwickelten Industrieländer gleicht. Damit verbunden sind Ansprüche auf entsprechende Anteile an Rohstoffen, Wasser usw. Wenn aber schon unter gegenwärtigen Lebens- und

„Die Industrieländer plündern die Welt mit der Mentalität von Bankräubern: Die Regenwälder werden abgeholzt, die Meere leergefischt, der Himmel mit Treibhausgasen vollgepumpt, die Energievorräte verbrannt."

ZEIT-Punkte 6/1995, S. 41

Produktionsbedingungen und bei knapp 6 Milliarden Menschen der Naturverbrauch entschieden zu hoch ist, ist er für 10 Milliarden Menschen vollends nicht mehr verkraftbar.

Die sich aus Bevölkerungswachstum, zunehmender Industrialisierung und wachsendem Lebensstandard für die Umwelt ergebenden Probleme zwingen auch die alten Industrieländer, mehr als bisher über Lebens- und Produktionsformen und über eine angemessene weltweite Verteilung der natürlichen Ressourcen nachzudenken.

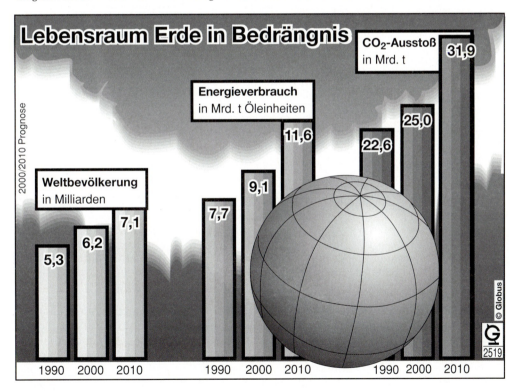

12.3.2 Externe Kosten: Umwelt zum Nulltarif?

Was sind externe Kosten und welche Wirkungen haben sie auf die Umwelt?

Ökonomische Aktivitäten können positive und negative Wirkungen haben. Im Normalfall ist das handelnde Wirtschaftssubjekt auch Träger der Wirkungen. Angestrebte positive Wirkungen (Nutzen, Gewinn usw.) sind in der Regel der Auslöser für das Handeln. Bei zahlreichen Aktivitäten treten aber Wirkungen nicht nur beim Handelnden, sondern auch bei anderen Wirtschaftssubjekten oder der Umwelt auf.

Beispiel 1: In einem Industrieunternehmen ist die Güterproduktion mit hohen Lärmemissionen verbunden.

                Handelnder: Unternehmen   Betroffene: Menschen in der Nachbarschaft

Beispiel 2: Durch Autofahren werden Abgase in die Luft abgegeben.

                Handelnder: Menschen   Betroffene: Menschen und Umwelt

Beispiel 3: Ein Braunkohleunternehmen wandelt einen ehemaligen Tagebau in ein Naherholungsgebiet um.

                Handelnder: Unternehmen   Nutznießer: Menschen und Umwelt

Fallen Handelnde und Betroffene auseinander, wird von sogenannten **externen Effekten** gesprochen. Externe Effekte können für andere Vorteile oder Nachteile darstellen. Externe Vorteile werden auch **externe Nutzen** und externe Nachteile werden **externe Kosten** genannt. Träger externer Kosten können andere Personen oder andere Wirtschaftssubjekte **(private Kosten)**, die Allgemeinheit oder die Umwelt sein **(soziale Kosten)**.

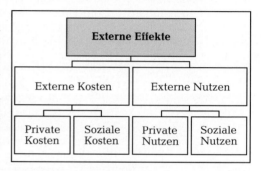

> **Externe Kosten:** Kosten der Produktion und Verwendung von Gütern, die von anderen getragen werden müssen.
>
> **Soziale Kosten:** Kosten der Produktion und Verwendung von Gütern, die zu Lasten der Allgemeinheit oder der Umwelt gehen.

Durch Herstellung und Verwendung von Gütern entstehen unterschiedliche Kosten. Der Produzent erfasst alle bei der Herstellung im Betrieb anfallenden Kosten in der Kostenrechnung; sie gehen in den Preis des Gutes ein und müssen vom Käufer getragen werden. Bei der Verwendung von Gütern anfallende Kosten für Energie, Reparaturen usw. müssen als laufende Kosten vom Benutzer getragen werden.

Neben Herstellkosten und laufenden Kosten fallen jedoch häufig auch Umweltkosten an. **Umweltkosten** entstehen durch die Inanspruchnahme der Natur. Eine Nutzung der Natur gilt nicht nur im Sinne betrieblicher Kostenrechnungen, sondern auch in einem weit verbreiteten allgemeinen Verständnis nicht als Kostenfaktor. Selbst wenn dabei die Umwelt zerstört und geschädigt wird, wenn Lärm entsteht usw., werden solche Folgen in der Regel weder bei der Herstellung noch bei der Verwendung von Gütern als Kosten erfasst; sie müssen weder vom Hersteller noch vom Verbraucher direkt getragen werden.

Umweltkosten sind also in aller Regel soziale Kosten. Sie gehen zu Lasten der Allgemeinheit; entweder in Form von weniger Umwelt oder verminderter Umweltqualität oder in einer durch Steuern finanzierten Beseitigung der Schäden.[1]

---

[1] Zu den Schwierigkeiten einer zahlenmäßigen Erfassung externer Kosten vgl. den Abschnitt über das Verursacherprinzip in diesem Kapitel.

Auch ein externer Effekt

Da Umweltkosten nicht in Form höherer Güterpreise oder Umweltabgaben vom Verursacher getragen werden müssen, erscheint für ihn die Umweltnutzung weitgehend kostenlos. Durch die Verfügbarkeit über die Natur zum **„Nulltarif"** besteht jedoch kaum ein Anreiz zur Vermeidung von Umweltnutzungen und Umweltbelastungen und zum sparsamen Umgang mit dem knappen Gut „Umwelt". Die Vorstellung von Umwelt bzw. Natur als so genanntes „freies Gut", das in beliebiger Menge und ohne direkte Kosten zur Verfügung steht, ist eine der Hauptursachen für das Umweltproblem.

12.3.3 Wettbewerb und Wettbewerbsfähigkeit

Kann Wettbewerb zur Umweltbelastung beitragen?

In marktwirtschaftlichen Systemen stehen Betriebe in der Regel unter Wettbewerbsdruck. Ein wichtiger Wettbewerbsfaktor sind die Kosten. Zur Stärkung ihrer Wettbewerbsposition streben Unternehmen daher möglichst geringe Kosten an.

Eine umweltfreundliche Produktion ist für Betriebe häufig mit höheren Kosten verbunden als eine umweltunfreundliche Produktion. Die Verwendung umweltverträglicher Materialien, der Einbau von Anlagen zur Reduzierung von Emissionen usw. verlangen in der Regel zusätzlichen Aufwand. Dieser Mehraufwand führt c.p. zu höheren Güterpreisen. Umweltfreundlich produzierende Unternehmen laufen daher Gefahr, gegenüber umweltunfreundlich produzierenden Betrieben kostenmäßig in Wettbewerbsnachteil zu geraten. Aus betrieblicher Sicht besteht also zunächst wenig eigenes Interesse an einer umweltfreundlichen Produktion.

Anstöße zu einer umweltverträglicheren Produktion müssen daher in erster Linie von außen kommen. Zwar können auch Verbraucher ihren Beitrag dazu leisten, indem sie die Anbieter umweltfreundlicher und umweltfreundlich hergestellter Güter mit entsprechender Nachfrage honorieren. In erster Linie ist jedoch der Staat gefordert, durch Subventionen, **Umweltschutzauflagen** usw. die Betriebe zu einer umweltverträglicheren Produktion anzuregen. Da insbesondere Umweltschutzauflagen für alle Betriebe gelten, führen sie innerhalb einer Volkswirtschaft auch nicht zu Wettbewerbsnachteilen einzelner Betriebe.

Nicht selten sind kostensenkende betriebliche Maßnahmen mit größeren Umweltbelastungen verbunden. So führt die produktionssynchrone Lieferung nach dem „Just-in-Time"-Verfahren zwar zu sinkenden Lagerkosten, erhöht aber den umweltbelastenden Gütertransport auf der Straße.

Oft werden weit entfernte, aber preisgünstigere Lieferanten oder besonders

> **Industrie warnt vor zu viel Umweltschutz**
>
> BONN (...) – Der Chef des Bundesverbandes der deutschen Industrie warnte davor, durch eine zu anspruchsvolle Umweltpolitik die Wirtschaft zu überfordern. Bei der Ökologie dürften sich die Fehler der Sozialpolitik nicht wiederholen: „Die Auszehrung der deutschen Wirtschaft durch überzogene Sozialleistungen darf in ökologischer Hinsicht keine Parallele finden."

> **Just-in-Time (JIT)**
>
> Form der Logistik, bei der die Anlieferung von Material fertigungssynchron erfolgt, d. h., Produktionsfaktoren, meist nur Werkstoffe, sollen erst zum Zeitpunkt des Produktionseinsatzes angeliefert werden. Abweichend von der Vorratspolitik durch Lagerhaltung sollen durch eine wechselseitige Anpassung der Lieferanten Lagerkosten eingespart werden. Eine geringere Kapitalbindung ist die Folge. ... Volkswirtschaftlich und ökologisch ist JIT höchst umstritten.
>
> *Lexikon der Betriebswirtschaft. Verlag C. H. Beck*

kostengünstige Produktionsstätten gewählt. Das mindert zwar die betrieblichen Kosten, führt aber wegen des höheren Transportaufwandes auch zu mehr Straßenverkehr, stärkerer Abnutzung der Straßen, höheren Schadstoffemissionen, mehr Lärm usw.

Gelegentlich führt das Bestreben, Kosten zu sparen, auch zu Handlungen, die nicht mehr betriebswirtschaftlich zu rechtfertigen sind. So besteht ein beträchtlicher Teil der **Umweltstraftaten** in der illegalen – und weitgehend kostenlosen – Entsorgung von Abfällen.

Die Aussage, Umweltschutz sei zwangsläufig mit höheren Kosten und Wettbewerbsnachteilen für Betriebe verbunden, muss aus zweierlei Gründen relativiert werden:

- Zum einen gilt der Zusammenhang oft nur bei einer kurzfristigen Betrachtungsweise. Langfristig kann es sich durchaus positiv auf die Wettbewerbsposition sowohl eines einzelnen Betriebes als auch ganzer Volkswirtschaften auswirken, wenn es gelingt ressourcensparende und umweltverträglichere Produkte und Produktionsverfahren zu entwickeln.

- Zum anderen unterscheiden sich einzelwirtschaftliche und gesamtwirtschaftliche Sichtweise oft erheblich voneinander. In betrieblicher Perspektive zählen nur die

Kosten, die vom Unternehmen zu tragen sind. In gesamtwirtschaftlicher Sicht müssen jedoch auch die ökonomischen und ökologischen Wirkungen auf andere und die Umwelt in Betracht gezogen werden. Dann zeigt sich oft, dass die betriebliche Kostenrechnung nur deswegen so günstig aussieht, weil ein mehr oder weniger großer Teil der externen Kosten sozialisiert wird, d. h. von der Allgemeinheit oder der Umwelt getragen werden muss.

Nicht nur Betriebe innerhalb einer Volkswirtschaft stehen untereinander im Wettbewerb. Im Zeitalter der **Globalisierung** konkurrieren Betriebe und auch ganze Volkswirtschaften weltweit miteinander. So wird beispielsweise immer wieder die Frage nach der Wettbewerbsfähigkeit des Wirtschaftsstandortes Deutschland gestellt. Der **internationale Wettbewerb** um Arbeitsplätze, Industrieansiedlungen usw. wird mit verschiedenen Mitteln geführt: Arbeitskosten, Unternehmenssteuern, Infrastruktur, Subventionen usw. Da **Umweltschutzauflagen** auch einen Kostenfaktor darstellen und unter Umständen die Standortentscheidung eines Unternehmens beeinflussen können, besteht die Gefahr, dass Umweltschutzauflagen auch zu einem Mittel des internationalen Wettbewerbs werden. Um dies zu vermeiden und umweltschutzbedingte Wettbewerbsverzerrungen nicht aufkommen zu lassen, ist die Vereinbarung **internationaler Umweltstandards** unerlässlich.

Umweltschutzauflagen beeinflussen nicht nur die Kosten an einem bestimmten Produktionsstandort. Sie entscheiden manchmal auch darüber, ob überhaupt eine bestimmte Produktion stattfinden kann. Beispielsweise haben die international unterschiedlichen Regelungen hinsichtlich gentechnischer Forschung und gentechnischer Produktion dazu geführt, dass diese Bereiche vornehmlich in jene Länder wandern, in denen großzügige Regelungen bestehen.

- Umweltzerstörungen und Umweltschädigungen durch wirtschaftliches Handeln hat es zu allen Zeiten und in allen Wirtschaftssystemen gegeben.
- In der Neuzeit haben die Umwelteingriffe jedoch ein die Menschheit bedrohendes Ausmaß angenommen.
- Hauptursachen für die heutigen Umweltprobleme sind:
  - Die rasche Bevölkerungsentwicklung und die zunehmende Industrialisierung.
  - Die Verfügbarkeit der Natur zum „Nulltarif" bzw. ohne nutzungsgerechte Kosten.
  - Der durch nationalen und internationalen Wettbewerb entstehende Kostendruck.

12.4 Umweltprinzipien

Anliegen aller umweltschützenden Bemühungen ist es, Umweltschäden möglichst gar nicht erst auftreten zu lassen bzw. sie in vertretbaren Grenzen zu halten. Hierfür ist zweierlei notwendig.

- Zum einen müssen weltweit geltende Standards entwickelt werden, die näher bestimmen, was „vertretbar" ist und es müssen allgemeine Handlungsmuster geschaffen werden, die sicherstellen, dass sich die Umwelteingriffe in den so bestimmten Grenzen halten. Für beide Anliegen sind **Umweltprinzipien** bzw. **Umweltkonzepte** entwickelt worden.

- Zum anderen müssen die Staaten mit konkreten **Umweltinstrumenten** ausgestattet werden, die es ihnen erlauben, die Konzepte so umzusetzen, dass sowohl die ökonomischen als auch die ökologischen Belange ausreichend gesichert sind.

12.4.1 Nachhaltigkeitsprinzip („Sustainable Development")

Was bedeutet „nachhaltige Entwicklung" und wie ist sie zu erreichen?

Ein erfolgreicher und dauerhafter Umweltschutz benötigt einen Maßstab, der deutlich macht, welche Umwelteingriffe von der Natur verkraftet werden können. Darüber hinaus ist es erstrebenswert, dass die Nutzung des Naturvermögens zwischen den Menschen, die zur gleichen Zeit auf der Erde leben, gerecht verteilt ist **(intragenerative Verteilungsgerechtigkeit).** Wegen der zum Teil sehr langfristigen Wirkungen von Umwelteingriffen kann aber nicht nur an die gegenwärtig lebenden Menschen gedacht werden. Die Nutzung des Naturvermögens muss auch zwischen den Generationen gerecht verteilt werden, d. h. dass auch für zukünftige Generationen eine ausreichende natürliche Lebensgrundlage und eine angemessene Nutzung des Naturvermögens gesichert sein muss **(intergenerative Verteilungsgerechtigkeit).**

Ein diesem Anliegen dienendes Konzept ist das **Nachhaltigkeitsprinzip.** Mit „Nachhaltigkeit" bzw. **„nachhaltiger Entwicklung" („Sustainable Development")** wird ein Prinzip bezeichnet, bei dem die wirtschaftliche Entwicklung im Einklang mit der Natur erfolgt.

Bei Naturvölkern war und ist ein nachhaltiges Wirtschaften eine Selbstverständlichkeit. In industrialisierten Ländern wurde und wird vor allem in der Forstwirtschaft eine diesem Prinzip entsprechende Art des Wirtschaftens angewandt. Im Zusammenhang mit globalen Umweltproblemen wurde das Prinzip erstmals 1987 im Abschlussbericht der Weltkommission für Umwelt und Entwicklung auf die Umweltnutzung allgemein ausgedehnt und als Leitvorstellung für eine umweltverträgliche wirtschaftliche Entwicklung formuliert.

Nachhaltige Entwicklung (Sustainable Development)

Nachhaltigkeit im wirtschaftlichen Sinne bedeutet allgemein, dass innerhalb einer Periode die Abgänge an Vermögensgütern nicht größer sind als die Zugänge; daß der Vermögensbestand also erhalten bleibt. „Sustainable Development bezeichnet eine Entwicklung, die die Bedürfnisse der Gegenwart befriedigt, ohne zu riskieren, dass künftige Generationen ihre eigenen Bedürfnisse nicht befriedigen können." *(Weltkommission für Umwelt und Entwicklung („Brundtland-Bericht"), 1987).*

Agenda 21

Auf dem Weltumweltgipfel 1992 in Rio de Janeiro wurde ein weltweites Entwicklungs- und Aktionsprogramm für das 21. Jahrhundert verabschiedet: *Agenda 21.* Darin ist das Leitbild einer nachhaltigen bzw. naturverträglichen Entwicklung („Sustainable Development") konkretisiert worden. Die Länder werden verpflichtet, ihre Energie-, Verkehrs-, Wirtschafts-, Agrar- und Handelspolitik so auszurichten, dass die natürlichen Lebensgrundlagen nicht zerstört werden und auch künftigen Generationen ungeschmälert zur Verfügung stehen.

Grundanliegen einer nachhaltigen Entwicklung ist es, zukünftige Generationen bei der Versorgung mit natürlichen Ressourcen, vor allem bei der Umweltqualität, nicht schlechter zu stellen als die gegenwärtige Generation. Im ökonomischen Sprachgebrauch bedeutet dies, dass der „natürliche Kapitalstock" konstant bleibt. Der Verwirklichung dieses Anliegens sollen insbesondere vier Verhaltensregeln dienen:

- Erneuerbare Ressourcen dürfen nur im Umfang ihrer Regenerationsfähigkeit genutzt werden; d. h., es darf nur soviel abgebaut werden, wie wieder nachwächst.
- Die Nutzung nicht erneuerbarer Ressourcen soll möglichst sparsam sein. Ihr Abbau ist nur erlaubt, wenn erkennbar ist, dass späteren Generationen Alternativen zur Verfügung stehen.
- Neue Techniken für alternative Energien, Rohstoffe usw. sowie für eine stärkere Nutzung erneuerbarer Ressourcen müssen entwickelt werden.
- Die Emissionen in Luft, Wasser und Boden sowie die Deponierung von Abfällen dürfen die Aufnahmefähigkeit der Natur nicht überschreiten.

12.4.2 Vorsorgeprinzip

Warum ist Vorsorge besser als Nachsorge?

Die Beseitigung von Umweltschäden ist eine wichtige und ohne Zweifel auch in Zukunft unverzichtbare Aufgabe. Wie in vielen anderen Bereichen gilt jedoch auch hier, dass es weitaus besser ist, wenn Schäden erst gar nicht entstehen. Daher wird in umweltpolitischen Konzepten verstärkt an die Stelle der Schadensbeseitigung die Schadensvermeidung gesetzt. Das **Vorsorgeprinzip** rangiert vor dem **Nachsorgeprinzip:** Vorbeugen statt Reparieren.

Für das Vorsorgeprinzip spricht – außer der allgemeinen Plausibilität – auch, dass die Beseitigung von Umweltschäden oft mit sehr hohen, zumeist von der Allgemeinheit zu tragenden Kosten verbunden ist und dass es nicht immer möglich ist, den ursprünglichen Zustand wieder herzustellen.

Zahlreiche Umweltschädigungen sind auch – wenn überhaupt – nur in langen Zeiträumen wieder rückgängig zu machen. Während dieses Zeitraums müssen Menschen, Tiere und Pflanzen die Schäden ertragen. Ein Beispiel hierfür ist das so genannte **Ozonloch**.

Die später noch darzustellenden staatlichen Umweltschutzmaßnahmen orientieren sich überwiegend am Vorsorgeprinzip. Durch entsprechende gesetzliche Regelungen, durch Gebote und Verbote, sollen Umweltschäden möglichst von vornherein vermieden, zumindest aber in engen Grenzen gehalten werden.

> **Ozonloch**
>
> Vor allem durch die als Treibgase verwendeten Fluor-Chlor-Kohlenwasserstoffe (FCKW) wird die Ozonschicht der Erde reduziert. Über den Polgebieten haben sich bereits Ozonlöcher gebildet. Die 20 bis 50 km hoch gelegene Ozonschicht bildet einen natürlichen Schutzschild gegen die gefährliche Ultraviolettstrahlung. In Gebieten mit geringerer Ozonkonzentration steigt beispielsweise die Hautkrebsrate bei Menschen deutlich an. Weltweit gibt es inzwischen Bemühungen, die Emissionen von FCKW zu reduzieren. Selbst wenn ab sofort vollständig auf den Einsatz von FCKW verzichtet würde, würde es Jahrzehnte dauern, bis der Ozonschild wieder vollständig aufgebaut ist.

> **Vorsorgeprinzip:** Umweltschutz ist zunächst *Gefahrenabwehr*. Der Staat muß schützend eingreifen, wenn menschliche Eingriffe erkennbar geeignet sind, Schäden für Mensch und Umwelt herbeizuführen. Die Verhütung von diesbezüglichen Umweltbelastungen ist seit jeher unverzichtbarer Bestandteil der Umweltpolitik.
>
> Verantwortliche Umweltpolitik beschränkt sich jedoch nicht auf die Abwehr von Gefahren; sie handelt vielmehr bereits im Vorfeld der Gefahren. Sie muss die Risiken für Mensch und Umwelt entsprechend dem Fortschreiten wissenschaftlicher Erkenntnisse und technischer Entwicklungen so gering wie möglich halten. Eine so verstandene *Risikovorsorge* verlangt umweltpolitische Entscheidungen vielfach auch schon da, wo noch keine Gefahr, sondern nur ein begründeter Gefahrenverdacht besteht.
>
> *Umweltprogramm der Bundesregierung*

12.4.3 Verursacherprinzip

Wer soll für Umweltschäden aufkommen?

Durch die Inanspruchnahme der Umwelt entstehen Kosten:

- Unmittelbare Schäden, die in der Wertminderung der geschädigten Güter bestehen (z. B. Wald durch das Waldsterben)
- Kosten der Beseitigung von Umweltschäden
- Verluste nicht materieller Art (Gesundheitsschäden oder weniger Umwelt- und Lebensqualität durch Lärm, durch Luft-, Wasser- und Bodenverschmutzung usw.).

Ein Kernproblem der Umweltpolitik besteht in der Frage, wer diese Kosten tragen soll. Bei der Betrachtung der **externen Kosten** wurde festgestellt, dass ein beträchtlicher Teil der Umweltkosten von der Allgemeinheit zu tragen ist: entweder in Form verminderter Umweltqualität oder in Form steuerfinanzierter Beseitigung von Umweltschäden.[1]

Gehen Umweltnutzung und Umweltschädigung zu Lasten der Allgemeinheit, wird vom **Gemeinlastprinzip** gesprochen. Die Tatsache, dass derjenige, der die Umwelt nutzt oder schädigt, hierfür nicht die Kosten tragen muss, wurde als eine wichtige Ursache für einen oftmals leichtfertigen Umgang mit dem Naturvermögen erkannt. Im Gegenzug ist anzunehmen, dass eine Inanspruchnahme der Umwelt sorgfältiger überlegt wird und das Ausmaß von Umweltnutzungen und Umweltschädigungen zurückgehen wird, wenn der Nutzer bzw. Schädiger dafür bezahlen muss.

Entsprechend geht das **Verursacherprinzip** davon aus, dass Umweltkosten von demjenigen zu tragen sind, der sie verursacht hat. Wer Schaden anrichtet, muss ihn auch beseitigen bzw. für die Kosten der Beseitigung aufkommen. Das Verursacherprinzip ist also ein Kostenzuweisungsprinzip. Verursacher kann ein Produkt oder eine Wirtschaftseinheit (Unternehmen, Haushalt, staatliche Stelle) sein.

> „Jeder, der die Umwelt belastet oder sie schädigt, soll für die Kosten dieser Belastung oder Schädigung aufkommen."
>
> *Umweltprogramm der Bundesregierung*

---

[1] Vgl. zu externen Kosten und ihren Zusammenhang mit Umweltproblemen den Abschnitt über „Externe Kosten".

Die Auffassungen darüber, was „Kosten" in diesem Sinne sind, gehen auseinander. In einem weiten Verständnis umfasst das Verursacherprinzip jegliche Form der Umweltnutzung. Wer in irgendeiner Weise die Natur in Anspruch nimmt, soll dafür eine Nutzungsabgabe bezahlen. In einem engeren – und vorherrschenden – Verständnis bezieht sich das Verursacherprinzip auf Umweltbelastungen und Umweltschädigungen. Wer die Umwelt belastet oder schädigt, soll für die dadurch entstehenden materiellen und immateriellen Schäden aufkommen.

> **Verursacherprinzip:** Das Verursacherprinzip im Umweltschutz ist Kostenzurechnungsprinzip und ökonomisches Effizienzkriterium: Derjenige muß die Kosten der Vermeidung oder Beseitigung einer Umweltbelastung tragen, der für ihr Entstehen verantwortlich ist.
>
> Das Verursacherprinzip entspricht dem Grundgedanken der Sozialen Marktwirtschaft. Denn in einer marktwirtschaftlichen Ordnung sollen grundsätzlich alle betrieblichen und außerbetrieblichen Kosten den Produkten oder den Leistungen zugerechnet werden, die diese einzelnen Kosten verursachen. Diese Kosten schlagen sich letztlich in den Preisen nieder.
>
> Eine volkswirtschaftlich effiziente und schonende Nutzung der Naturgüter wird am ehesten erreicht, wenn die Kosten zur Vermeidung, zur Beseitigung oder zum Ausgleich von Umweltbelastungen möglichst vollständig dem Verursacher zugerechnet werden.
>
> *Umweltprogramm der Bundesregierung*

Nach dem Verursacherprinzip sind alle Umweltbelastungen, die mit der Herstellung und Entsorgung eines Produktes verbunden sind, vom Hersteller aufzubringen. Auf diese Weise gehen neben den betrieblichen auch die außerbetrieblichen Kosten (externe Kosten) in die Kalkulation des Herstellers ein und erhöhen prinzipiell den Preis des Produktes. Der Preis des Produktes wird umso höher, je höher die mit ihm verbunden Umweltkosten sind.

Auch die mit der Nutzung eines Produkts verbundenen Umweltbelastungen sind verursachungsgerecht zuzuweisen. Die Umweltkosten, die beispielsweise aus der Verbrennung des Kraftstoffes beim Autofahren entstehen, müssten in den Kraftstoffpreis eingehen und diesen entsprechend erhöhen.

Durch das **Verursacherprinzip**

- werden externe Kosten zu internen Kosten
- wird ein Produkt umso teurer, je mehr es die Umwelt belastet

> *Auszug aus dem Umwelthaftungsgesetz:*
>
> § 1 Wird durch eine Umwelteinwirkung ... jemand getötet, sein Körper oder seine Gesundheit verletzt oder eine Sache beschädigt, so ist der Inhaber der Anlage verpflichtet, dem Geschädigten den daraus entstehenden Schaden zu ersetzen.
>
> § 3 (1) Ein Schaden entsteht durch eine Umwelteinwirkung, wenn er durch Stoffe, Erschütterungen, Geräusche, Druck, Strahlen, Gase, Dämpfe, Wärme oder sonstige Erscheinungen verursacht wird, die sich in Boden, Luft oder Wasser ausgebreitet haben.
>
> § 6 (1) Ist eine Anlage nach den Gegebenheiten des Einzelfalles geeignet, den entstandenen Schaden zu verursachen, so wird vermutet, daß der Schaden durch diese Anlage verursacht ist.

Das Verursacherprinzip erfreut sich hoher Plausibilität und großer Zustimmung in breiten Bevölkerungskreisen. Kaum jemand wird der Forderung widersprechen, dass derjenige für die Kosten aufkommen muss, der die Schäden verursacht hat. Bei der praktischen Umsetzung des Verursacherprinzips ergeben sich jedoch im Detail zahlreiche Probleme.

Voraussetzung für die Realisierung des Verursacherprinzips ist zunächst, dass die mit der Herstellung und Verwendung von Gütern verbundenen externen Kosten zahlenmäßig erfasst werden. Am ehesten lassen sich noch die unmittelbaren Kosten einer Beseitigung von Umweltschäden ermitteln. Ist beispielsweise Erdreich verseucht worden, können die Kosten für Aushub und sachgerechte Entsorgung genau festgestellt werden. Wurde zusätzlich auch Grundwasser geschädigt, wird die Kostenermittlung schon erheblich schwieriger. Nahezu unmöglich ist es, z. B. Kosten langfristiger Gesundheitsschädigungen zu ermitteln oder kostenmäßige Größen für Lärmbelästigung, Schädigungen des Ozonschildes, des Weltklimas usw. festzulegen. Auch der mit Umweltschädigungen verbundene Verlust von Lebensqualität ist kaum zu beziffern.

> **Pestizide im Trinkwasser**
>
> FRANKFURT/MAIN (...) Ein Drittel des Grundwassers in der Bundesrepublik ist mit Pestiziden und deren Abbauprodukten verschmutzt. Diese Aussage entnimmt der WWF dem gemeinsamen Pflanzenschutzbericht der Bundesländer. Der WWF fordert eine Beteiligung der Pestizidhersteller und der Landwirtschaft an der Sanierung der belasteten Gewässer. Die Reinigung des Trinkwassers von Pflanzenschutzmitteln koste jährlich 150 Millionen Euro. Bisher zahlten dafür allein die Verbraucher.

Auch eine eindeutige Identifizierung des Verursachers von Umweltkosten bereitet in der Realität häufig Schwierigkeiten:

- Bei zahlreichen Umweltschädigungen lässt der derzeitige wissenschaftliche Erkenntnisstand noch keine eindeutige Zuordnung von Ursachen zu.

- An zahlreichen, vor allem den großen Umweltschäden sind verschiedene Ursachen, verschiedene Produkte und unterschiedliche Wirtschaftssubjekte beteiligt. Die Anteile, die auf eine bestimmte Ursache zurückzuführen sind, die auf ein bestimmtes Produkt entfallen oder einem einzelnen Wirtschaftssubjekt anlastbar sind, lassen sich kaum exakt ermitteln. So sind z. B. am Waldsterben Kraftwerke, Autofahrer, Hausheizungen, Industrieanlagen usw. beteiligt.

- Umweltschäden treten oft erst nach langer Zeit auf oder werden erst spät erkannt. Bei diesen sogenannten „Altlasten", d. h. den vor längerer Zeit verursachten Umweltschäden, lässt sich der Verursacher oft nicht mehr ermitteln oder ist nicht mehr greifbar.

- Bei vielen Umweltschädigungen muss sofort gehandelt werden (z. B. bei einer drohenden Verseuchung des Grundwassers). Dann müssen zunächst staatliche Stellen für die Beseitigungskosten aufkommen und die Suche nach dem Verursacher muss auf später verschoben werden.

Die ohne Zweifel vorhandenen Schwierigkeiten, das Verursacherprinzip umzusetzen, sollten nicht davon abhalten, es im Rahmen des Möglichen anzuwenden. Wie kaum ein anderes Instrument ist es geeignet, Umweltnutzungen und Umweltschädigungen über den Markt und damit über den Preis abzuwickeln. Nach allen Erfahrungen wirken Maßnahmen, die ans Portemonnaie gehen, mehr als noch so eindringlich ausgesprochene Appelle. Nicht zuletzt aufgrund dieser Einsicht hat die Bundesregierung das Verursacherprinzip zu einem ihrer wichtigsten wirtschaftspolitischen Handlungsgrundsätze gemacht.

- Umweltprinzipien sind allgemeine Leitlinien, die das umweltpolitisches Handeln steuern sollen.
- Die wichtigsten Umweltprinzipien sind das Nachhaltigkeitsprinzip, das Vorsorgeprinzip und das Verursacherprinzip.
- Das Nachhaltigkeitsprinzip („Sustainable Development") strebt eine wirtschaftliche Entwicklung an, die im Einklang mit der Natur erfolgt. Grundanliegen ist es, zukünftige Generationen bei der Versorgung mit Naturgütern nicht schlechter zu stellen als die gegenwärtige Generation (intergenerative Verteilungsgerechtigkeit).
- Das Vorsorgeprinzip soll mithilfe geeigneter und rechtzeitiger Maßnahmen dafür sorgen, dass Umweltschädigungen möglichst erst gar nicht eintreten.
- Das Verursacherprinzip strebt an, dass jeder, der die Umwelt belastet oder schädigt, für die Kosten dieser Belastung oder Schädigung aufzukommen hat.
- Durch das Verursacherprinzip gehen Umweltkosten in die Produktkosten und damit in den Preis ein.
- Bei einer Anwendung des Verursacherprinzips ergeben sich Schwierigkeiten bei der genauen Ermittlung von Umweltkosten und bei der eindeutigen Identifizierung des Verursachers.

12.5 Grundlagen und Instrumente staatlicher Umweltpolitik

Was kann der Staat zum Schutze der Umwelt tun?

■ Grundlagen staatlicher Umweltpolitik

Die Umweltproblematik ist ein Hinweis auf ein **Marktversagen.** Von Marktversagen wird dann gesprochen, wenn der Markt von sich aus nicht zu einem optimalen Ergebnis, d. h. insbesondere, zu einem optimalen Einsatz von Ressourcen und zu einer optimalen Verteilung der Güter führt. Ein solcher Fall tritt vor allem dann auf, wenn der **Preismechanismus** versagt.[1]

Im Zusammenhang mit der Umwelt besteht das Marktversagen in einem nicht ausreichenden Schutz der Umwelt vor Abbau, Zerstörung und Schädigung. Der wichtigste Grund hierfür wurde schon genannt: Umweltkosten gehen nicht in die Herstell- und Verwendungskosten und damit in die Preise der Güter ein. Damit ist der Preis als wichtigster Regelmechanismus einer Marktwirtschaft ausgeschaltet.

Marktversagen deutet stets auf die Notwendigkeit staatlicher Eingriffe hin. Aufgrund des ökologischen Marktversagens ist der Staat zu einer entsprechenden **Umweltpolitik**

---
[1] Vgl. hierzu auch die Ausführungen zum Preismechanismus in Kap. 5: Markt und Preisbildung.

aufgerufen. Menschen können bei widerstreitenden Interessen ihre Belange selbst einbringen und vertreten. Dennoch bedürfen zahlreiche Gruppen (Verbraucher, Mieter, Arbeitnehmer, Kinder, Jugendliche usw.) des besonderen Schutzes und der Unterstützung durch den Staat **(Schutzfunktion)**. Noch stärker gilt die staatliche Schutzverpflichtung für die Umwelt. Sie kann sich nicht selbst schützen. Umweltschutz gehört daher im heutigen Staatsverständnis zu den wichtigsten Aufgaben der Politik.[1]

Mit **Umweltpolitik** wird die Gesamtheit aller staatlichen Maßnahmen bezeichnet, die dem Ziel dienen, die Umwelt zu schützen. Gegenstand des Umweltschutzes ist die Erhaltung der natürlichen Lebensgrundlagen, auch für die zukünftigen Generationen. Wichtiger Ansatzpunkt marktwirtschaftlicher Umweltpolitik ist es, die bei der Herstellung und Verwendung von Gütern auftretenden Umweltbelastungen und -schädigungen nicht als externe Kosten auf die Allgemeinheit umzulegen, sondern durch entsprechende staatliche Auflagen in die Güterpreise zu integrieren und damit dem Verursacher anzulasten **(Verursacherprinzip)**.

> „Umweltpolitik ist die Gesamtheit aller Maßnahmen, die notwendig sind, um dem Menschen eine Umwelt zu sichern, wie er sie für seine Gesundheit und für ein menschenwürdiges Dasein braucht, um Boden, Luft, Wasser, Pflanzen- und Tierwelt vor nachteiligen Wirkungen menschlicher Eingriffe zu schützen und um Schäden oder Nachteile aus menschlichen Eingriffen zu beseitigen."
>
> *Umweltprogramm der Bundesregierung*

Umweltschutz ist weniger als andere Ziele national zu verwirklichen. Nicht erst die Atomkatastrophe von Tschernobyl hat den buchstäblich grenzüberschreitenden Charakter von Umweltschädigungen deutlich gemacht. Wirksame Umweltschutzpolitik ist daher auf internationale Kooperation angewiesen.

Ein wichtiger Meilenstein auf dem Wege zu einer globalen Umweltpolitik war die **Konferenz der Vereinten Nationen für Umwelt und Entwicklung (UNCED)** im Jahre 1992 in Rio de Janeiro. In einer gemeinsamen Resolution haben dort 178 Staaten auf den dringenden Handlungsbedarf zur Rettung der Erde hingewiesen und grundlegende Vereinbarungen über die Förderung einer nachhaltigen Entwicklung und eine weltweite Zusammenarbeit in der Umwelt- und Entwicklungspolitik getroffen.

Neben allgemeinen Einsichten in die Notwendigkeit staatlichen Handelns ergibt sich die Verpflichtung zu staatlichem Umweltschutz auch aus einer Reihe von Gesetzen. Die grundlegende Verpflichtung ist seit 1995 im Grundgesetz für die Bundesrepublik Deutschland verankert. Weitere Bestimmungen finden sich in speziellen gesetzlichen Regelungen.

> **Artikel 20a**
>
> Der Staat schützt auch in Verantwortung für die künftigen Generationen die natürlichen Lebensgrundlagen im Rahmen der verfassungsmäßigen Ordnung durch die Gesetzgebung und nach Maßgabe von Gesetz und Recht durch die vollziehende Gewalt und die Rechtsprechung.
>
> *Grundgesetz für die Bundesrepublik Deutschland*

■ Instrumente staatlicher Umweltpolitik

Der Staat benötigt zur Wahrnehmung seiner umweltpolitischen Aufgabe und zur Umsetzung seiner Zielvorstellungen angemessene Instrumente. Die Vielzahl umwelt-

---

[1] Vgl. hierzu auch die Ausführungen zur Rolle des Staates in der Sozialen Marktwirtschaft in Kap. 6.

Grundlagen und Instrumente staatlicher Umweltpolitik

politischer Instrumente lässt sich einteilen in Ordnungsrecht, ökonomische Instrumente, staatliche Ausgaben, planerische Instrumente und Umwelterziehung.

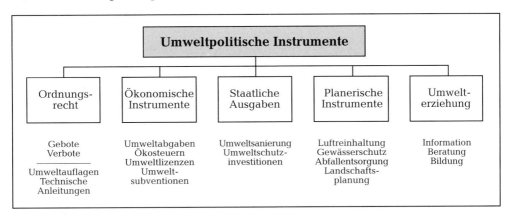

Das **Ordnungsrecht** setzt in Form von Geboten und Verboten einen verbindlichen Rahmen für Produzenten und Konsumenten. Wesentliche Elemente des Ordnungsrechts sind Umweltauflagen und Technische Anleitungen. **Umweltauflagen** gehören in Deutschland zu den bevorzugten Umweltinstrumenten; sie enthalten umweltbezogene Verhaltensvorschriften in Form von Umweltgeboten und Umweltverboten (z. B. Emissionsauflagen, Produktionsauflagen, Transportauflagen, Lagerungsauflagen, Entsorgungsauflagen). **Technische Anleitungen** enthalten detaillierte Vorschriften für bestimmte Bereiche. Es existieren u. a. die Technische Anleitung zum Schutz gegen Lärm (TA Lärm), die Technische Anleitung zur Reinhaltung der Luft (TA Luft), die Technische Anleitung zur Lagerung, chemisch/physikalischen, biologischen Behandlung, Verbrennung und Ablagerung von besonders überwachungsbedürftigen Abfällen (TA Abfall).

Wichtige Umweltschutzgesetze und -verordnungen

- Bundes-Immissionsschutzgesetz
- Abfallgesetz
- Bundesnaturschutzgesetz
- Umwelthaftungsgesetz
- Umweltverträglichkeitsprüfungsgesetz
- Abwasserabgabegesetz
- Gesetz über die Umweltverträglichkeit von Wasch- und Reinigungsmitteln
- Verordnung für Großfeuerungsanlagen
- Verordnung über Kleinfeuerungsanlagen
- Abfallverbrennungs-Verordnung
- Verpackungsverordnung

Das Ordnungsrecht enthält u. a. zahlreiche Regelungen zur Begrenzung des Schadstoffausstoßes. Unternehmen werden u. a. verpflichtet, die Herstellverfahren, z. B. durch den Einbau von Filteranlagen, umweltverträglicher zu gestalten. Verstöße gegen ordnungsrechtliche Vorschriften werden mit Sanktionen geahndet, die von Bußgeldern bis zu Betriebsstilllegungen reichen können.

Ökonomische Instrumente stellen Anreize dar, mit deren Hilfe gewünschtes Umweltverhalten herbeigeführt werden soll. Über zumeist finanzielle Begünstigungen umweltfreundlichen Verhaltens und finanzielle Belastungen umweltunfreundlichen Verhaltens sollen Eigeninteresse und Eigenverantwortlichkeit der Umweltnutzer gestärkt werden. Eingesetzt werden hierzu Umweltabgaben (Steuern, Gebühren, Beiträge) und Subventionen.

> **Bundes-Immissionsschutzgesetz** (Auszug)
>
> **§ 1 Zweck des Gesetzes**
> Zweck dieses Gesetzes ist es, Menschen, Tiere und Pflanzen, den Boden, das Wasser, die Atmosphäre sowie Kultur- und sonstige Sachgüter vor schädlichen Umwelteinwirkungen ... zu schützen und dem Entstehen schädlicher Umwelteinwirkungen vorzubeugen.
>
> **§ 3 Begriffsbestimmungen**
> (1) Schädliche Umwelteinwirkungen im Sinne dieses Gesetzes sind Immissionen, die nach Art, Ausmaß oder Dauer geeignet sind, Gefahren, erhebliche Nachteile oder erhebliche Belästigungen für die Allgemeinheit oder die Nachbarschaft herbeizuführen.
>
> (2) Immissionen im Sinne dieses Gesetzes sind auf Menschen, Tiere und Pflanzen, den Boden, das Wasser, die Atmosphäre sowie Kultur- und sonstige Sachgüter einwirkende Luftverunreinigungen, Geräusche, Erschütterungen, Licht, Wärme, Strahlen und ähnliche Umwelteinwirkungen.

Durch **Umweltabgaben** werden jene zu Zahlungen verpflichtet, die durch Inanspruchnahme der Umwelt, durch Schadstoffemissionen usw. die Umwelt belasten. Der Umweltnutzer wird im Einzelfall abwägen, ob es für ihn kostengünstiger ist, die Umweltabgabe zu zahlen oder durch angemessene Aufwendungen die Emissionen zu verringern. Eine solche Umweltabgabe ist die seit 1978 in Deutschland erhobene Abwasserabgabe. Diskutiert wird die Einführung von Luftschadstoffabgabe, Abfallabgabe und Naturschutzabgabe.

Besonders intensiv wird seit einigen Jahren die Einführung von **Ökosteuern (Umweltsteuern)** diskutiert. Grundgedanke ist es, durch eine höhere Besteuerung umweltschädigender Produkte deren Marktpreise zu erhöhen und somit die Nachfrage nach diesen Produkten zu verringern. Wer dennoch diese Produkte verwendet, soll im Sinne des **Verursacherprinzips** die damit verbundenen Umweltkosten tragen. Ökosteuern könnten eine spezielle Energiesteuer, eine Schadstoffsteuer (z.B. auf Benzin) usw. sein. Neben diesem Einsatz als umweltpolitisches Lenkungsinstrument finden sich in neuerer Zeit auch Überlegungen, Ökosteuern verstärkt als fiskalpolitische Einnahmequelle zu nutzen. Da der Staat zur Erfüllung seiner Aufgaben auf jeden Fall Steuern erheben muss, soll er dies bevorzugt über die Besteuerung umweltschädlicher Produkte tun.

> **Pigou-Steuer**
>
> Schon der englische Volkswirtschaftler *A.C. Pigou* (1877–1959) hat darauf hingewiesen, dass die üblichen Gewinn- und Nutzenüberlegungen verzerrt sind. Da die externen Kosten nicht in die Kalkulation des Produktes eingehen, ergibt sich ein zu geringer Preis. Dadurch werden von dem Gut größere Mengen erzeugt, als aus gesamtwirtschaftlicher Sicht wünschenswert ist. Nach Pigou lässt sich dieser Mangel beheben, indem das Gut mit einer Steuer belastet wird, die in ihrer Höhe genau den externen Kosten entspricht.

Umweltlizenzen sind handelbare Emissionsrechte. Grundvorstellung ist, dass für eine bestimmte Region das Ausmaß der zulässigen Gesamtverschmutzung mit einem bestimmten Schadstoff festgelegt wird. Die Gesamtmenge wird in Anteile zerlegt, die von Unternehmen erworben werden können und ihnen erlauben, im „gekauften" Umfang die Umwelt zu verschmutzen **(Emissionszertifikate).** Die Lizenzen werden an einer Art Börse gehandelt. Unternehmen, die umweltschützende Investitionen vorgenommen oder auf sonstige Weise ihren Schadstoffausstoß verringert haben, können Zertifikate verkaufen und haben einen finanziellen Vorteil. Unternehmen, die ihr Kontingent überschreiten oder ihren Schadstoffausstoß vergrößern, müssen zusätzliche Zertifikate kaufen. Vorteile eines solchen Verfahrens sind, dass sich die Emissionen im Rahmen der zulässigen Höchstgrenze bewegen und umweltschützende Investitionen belohnt, Umweltverschmutzungen hingegen bestraft werden. Nachteile liegen zum einen in der Schwierigkeit, eine ökologisch vertretbare Verschmutzungsobergrenze festzulegen, und zum anderen in den kaum durchführbaren Kontrollen der betrieblichen Emissionen. In Deutschland werden Umweltlizenzen bisher nur diskutiert; in den USA dürfen Umweltzertifikate bereits gehandelt werden.

Mit **Umweltsubventionen** werden in Form von Zuschüssen oder Steuererleichterungen Haushalte und Unternehmen gefördert, die umweltschützende Maßnahmen ergreifen (z. B. Wärmeschutzdämmung bei Gebäuden).

Der Staat versucht nicht nur, das Verhalten anderer Wirtschaftseinheiten zu beeinflussen, er tätigt auch direkt **staatliche Ausgaben** im Interesse des Umweltschutzes. Im Wege der **Umweltsanierung** werden öffentliche Gelder eingesetzt um eingetretene Umweltschäden zu verringern oder zu beseitigen oder um Ökosysteme wieder funktionsfähig zu machen (z. B. Renaturierung von Flusslandschaften). **Umweltschutzinvestitionen** dienen in erster Linie der Vorsorge und sollen Schäden oder Belästigungen vermeiden (z. B. Bau von umweltsicheren Abfalldeponien und Recyclinganlagen, Verwendung von „Flüsterasphalt" und Bau von Lärmschutzwänden beim Straßenbau usw.).

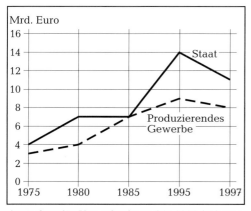

Ausgaben für Umweltschutz (bis 1990 früheres Bundesgebiet)
Quelle: Statistisches Bundesamt

Quelle: iw

| Umweltschutzausgaben 2000 international ||
Land	in Prozent des Bruttoinlandprodukts
Polen	2,4
Österreich	2,1
Niederlande	1,9
Frankreich	1,6
Deutschland	1,0
Großbritannien	0,9
Belgien	0,8
Irland	0,7

Planerische Instrumente dienen durch vorsorgende Umweltmaßnahmen dem langfristigen Schutz knapper Ressourcen und der Bewahrung einer lebenswerten Umwelt. Luftreinhalteplanung, Gewässerschutzplanung, Abfallentsorgungsplanung und Landschaftsplanung (z. B. Einrichtung von Naturschutzgebieten, Verkehrswegeplanung usw.) dienen der Verwirklichung dieser Ziele.

Der Staat ist aufgefordert, für den Aufbau einer **Ökosozialen Marktwirtschaft** alles in seiner Macht Stehende zu tun, um die Umwelt zu schützen. Der Staat kann aber oft nur die Ziele vorgeben und die dafür erforderlichen Rahmenbedingungen schaffen. Erfüllt werden muss der Umweltschutz letztlich durch die Menschen. Ein umfassender Schutz der Umwelt ist nur möglich, wenn alle Menschen über entsprechende Einsichten verfügen und – was besonders wichtig ist – bereit sind, sich auch entsprechend diesen Einsichten zu verhalten. Daher gewinnt die **Umwelterziehung** zunehmend an Bedeutung. Durch Information und Beratung in Umweltfragen und durch Einbezug des Umweltschutzes in Bildungsprozesse sollen Einsicht, Verantwortung, Eigeninitiative und schließlich umweltbewusstes Verhalten der Bürger gestärkt werden.

- Aus dem Marktversagen im Umweltbereich ergibt sich die Notwendigkeit umweltpolitischer Eingriffe des Staates.
- Staatliche Eingriffe zum Umweltschutz entsprechen dem Verständnis von der Rolle des Staates in der Sozialen Marktwirtschaft (Schutzfunktion).
- Mit Umweltpolitik wird die Gesamtheit aller staatlichen Maßnahmen bezeichnet, die dem Ziel dienen, die Umwelt zu schützen.
- Instrumente staatlicher Umweltpolitik sind das Ordnungsrecht, ökonomische Instrumente, staatliche Ausgaben, planerische Instrumente und Umwelterziehung.
- Das Ordnungsrecht setzt verbindliche Gebote und Verbote zur Einhaltung von Umweltauflagen.
- Ökonomische Instrumente geben Anreize, mit deren Hilfe gewünschtes Umweltverhalten herbeigeführt werden soll. Solche Instrumente sind: Umweltabgaben, Ökosteuern, Umweltlizenzen und Umweltsubventionen.
- Staatliche Ausgaben dienen dem Umweltschutz durch Umweltsanierung und Umweltschutzinvestitionen.
- Planerische Instrumente dienen durch vorsorgende Planung dem Umweltschutz (z. B. Gewässerschutzplanung, Landschaftsplanung).
- Umwelterziehung versucht, durch Informationen, Beratung und Bildung bei den Bürgern Einsicht, Verantwortung, Eigeninitiative und umweltgerechtes Verhalten hervorzurufen.

Aufgaben zum Üben und Vertiefen

1 Eigennutzprinzip und Gemeinnutzprinzip konkurrieren oft miteinander.

a) Setzen Sie sich kritisch mit der Auffassung auseinander, menschliches Verhalten sei in erster Linie durch Eigennutzstreben geprägt.

b) Prüfen Sie die Auffassung, Eigennutzstreben sei für die Allgemeinheit vorteilhaft.

2 Nennen Sie aus Ihrem Erfahrungsbereich Beispiele, in denen ein Konflikt zwischen wirtschaftlichen Anliegen und Umweltschutz besteht. Stellen Sie gegenüber, was aus wirtschaftlicher Sicht für und was aus ökologischer Sicht gegen die jeweilige Maßnahme spricht.

Aufgaben zum Üben und Vertiefen 473

3 Aus einem Zeitungskommentar:

„Die Umweltpolitik hat es schwer. Vor dem Hintergrund hoher Arbeitslosigkeit und leerer Staatskassen gerät die Forderung nach einem ökologischen Umbau der Industriegesellschaft noch stärker unter Rechtfertigungsdruck als in Zeiten konjunkturellen Wohlbefindens."

Nehmen Sie zu dieser Äußerung unter Berücksichtigung umweltpolitischer und wettbewerbspolitischer Belange Stellung!

---

4 **Das falsche Maß**

Das Sozialprodukt ist eine Messlatte, die nur Zahlungen registriert, egal welchem Zweck sie dienen. So kommt eine ökonomisch widersinnige Rechnung zu Stande:

- Das Sozialprodukt registriert nicht, wenn durch Umweltverschmutzung Gebäude beschädigt werden, Menschen häufiger krank werden, der Wald stirbt, Gewässer verschmutzt werden. Nach ökonomischer Logik müsste der Schaden abgeschrieben werden, das Sozialprodukt müsste sinken – tut es aber nicht, denn Umweltgüter haben keinen Preis.

- Wenn aber die Gebäude repariert werden, wenn die Kranken zum Arzt gehen, wenn im Wald Kalk gestreut wird und wenn in Kläranlagen das Wasser gesäubert wird, steigt das Sozialprodukt. Verkehrte Welt: Je mehr ausgegeben wird, um den früheren, besseren Zustand wiederherzustellen oder gegen die weitere Verschlechterung anzukämpfen, umso stärker wächst das Sozialprodukt.

ZEIT-Punkte

a) Setzen Sie sich kritisch mit der Aussagefähigkeit des Bruttosozialprodukts als Wohlstandsmaßstab auseinander. Gehen Sie dabei besonders auf die Berücksichtigung von Umweltschäden und von Leistungen zur Beseitigung von Umweltschäden ein.

b) Erläutern Sie den Begriff „Defensivausgaben" anhand des Textes.

---

5 Seit längerer Zeit bemühen sich die Statistischen Ämter um den Aufbau einer umweltökonomischen Gesamtrechnung (UGR).

a) Beschreiben Sie Anliegen und Schwierigkeiten einer UGR.

b) Nennen Sie einige Gegenstände der UGR des Statistischen Bundesamtes.

---

6 Die Landfläche der Erde beträgt (ohne Antarktis) 134,7 Mill. km².

a) Errechnen Sie in der Tabelle über die Entwicklung der Weltbevölkerung (Abschn. 12.3.1) jeweils für die verschiedenen Jahre die durchschnittliche Bevölkerungsdichte pro km².

b) Interpretieren Sie Ihre Ergebnisse.

7 **Familienplanung notwendig**

RIO DE JANEIRO (...) – Auf der Tagesordnung der Uno-Gipfelkonferenz für Umwelt und Entwicklung (Unced) fehlt nach Auffassung von Ex-Bundeskanzler Helmut Schmidt ein wesentliches Thema: die Bevölkerungsexplosion. Schmidt erklärte am Montag in der brasilianischen Hafenstadt, eine Zunahme der Weltbevölkerung von rund 100 Millionen Menschen jährlich führe in die Katastrophe. Wenn der Familienplanung nicht höchste Priorität eingeräumt werde, werde jede Übereinkunft über Umweltschutz auf der Rio-Konferenz von der sich abzeichnenden Bevölkerungsexplosion erdrückt.

Erläutern Sie anhand vorstehender Zeitungsnotiz den Zusammenhang zwischen Bevölkerungsentwicklung, Industrialisierung und Lebensstandard auf der einen Seite und Umweltentwicklung auf der anderen Seite.

8 Im Zusammenhang mit Umweltproblemen wird oft der Begriff „externe Kosten" verwendet.

a) Erklären Sie den Begriff und erläutern Sie, was er im Rahmen der Umweltproblematik bedeutet.

b) Nennen Sie für Ihren eigenen Bereich der privaten Güterverwendung mindestens zwei Beispiele, in denen Sie externe Kosten verursachen.

9 **Ein Joghurt kommt in Fahrt**

„Rechnet man das (Anmerkung: alle mit der Produktion zusammenhängenden Fahrstrecken) anteilig auf einen einzigen 150-Gramm-Erdbeerjoghurt um, lautet das Ergebnis: Pro Becher fährt ein LKW 14,2 Meter. ... Dabei sind 0,006 Liter Diesel verbrannt worden – und allein für den Jahrestransport der Zutaten werden 500 Kilo Stickoxide, 35 Kilo Ruß und 32,5 Kilo Schwefeldioxid in die Luft geblasen. Betriebswirtschaftlich, also aus der Sicht des Unternehmens, rollen die Lastwagen nicht einen Meter zuviel. ... Gesamtwirtschaftlich und ökologisch nimmt sich der Verkehrsstrom in deutschen Landen ganz anders aus."

R. Hoppe: Ein Joghurt kommt in Fahrt. In: Zeit-Magazin Nr. 5

Nehmen Sie zu der vorstehenden Aussage Stellung:

a) aus der Sicht eines Betriebes,

b) aus gesamtwirtschaftlicher und ökologischer Sicht.

10 Stellen Sie an einem selbstgewählten Beispiel dar, dass sich vor allem im Spannungsfeld von Ökonomie und Ökologie die betriebliche Sichtweise von der gesamtwirtschaftlichen Sichtweise unterscheiden kann.

11 Im Rahmen von Umweltschutz-Kompensationen investieren westliche Industrieländer in Umweltschutz-Vorhaben in der Dritten Welt. Ausgangspunkt hierfür ist die Überzeugung, dass es sinnvoller ist, Geld für Umweltschutz in den Regionen einzusetzen, in denen die Gefahr für Boden, Wasser und Luft besonders groß ist. Begründen Sie ein solches Vorgehen mithilfe von Grenznutzen-Überlegungen!

12 Auszug aus einem Umweltbericht der Bundesregierung:

„Ziel der Umweltvorsorge ist es, die natürlichen Lebensgrundlagen zu schützen und zu entwickeln und im Sinne eines ökologischen Generationenvertrages zu sichern beziehungsweise neu zu schaffen."

a) Erläutern Sie das Prinzip der Umweltvorsorge.

b) Erläutern Sie, was mit „ökologischem Generationenvertrag" gemeint ist.

13 Laut Umweltschutzprogramm folgt die Umweltschutzpolitik dem Prinzip der Umweltvorsorge und dem Verursacherprinzip.

a) Erläutern Sie beide Prinzipien.

b) Begründen Sie, warum sich die Bundesregierung für diese Prinzipien entschieden hat.

14 Aus einem Umweltbericht der Bundesregierung:

„Umweltnutzung muß sich zunehmend in den Marktpreisen niederschlagen. Nur so erhalten die Unternehmen und privaten Haushalte die umweltpolitisch richtigen Preissignale als Grundlage für ihre Entscheidungen."

Interpretieren Sie diese Aussage

a) unter Berücksichtigung ökologischer Aspekte,

b) im Hinblick auf die Funktionen von Marktpreisen.

15 Nach dem Wasserhaushaltsgesetz können die Bundesländer zur Sicherung des Grundwassers Wasserschutzgebiete ausweisen. In diesen Gebieten ist die zulässige Düngung durch die Landwirte stark eingeschränkt. Die betroffenen Landwirte erhalten für die geringeren Ernteerträge einen Ausgleich. Die finanziellen Mittel hierfür werden durch eine Gebühr, den so genannten **„Wasserpfennig",** von den Wasserverbrauchern erhoben.

Entspricht diese Regelung dem Verursacherprinzip? Begründung.

16 In ihrem Umweltprogramm betont die Bundesregierung, dass das Verursacherprinzip dem Grundgedanken der Sozialen Marktwirtschaft entspreche und dass bei Anwendung dieses Prinzips eine volkswirtschaftlich effiziente und schonende Nutzung der Naturgüter am ehesten erreicht werde.

Begründen Sie den von der Bundesregierung hergestellten Zusammenhang zur Sozialen Marktwirtschaft und zum Umgang mit Naturgütern.

17 Nennen Sie mindestens drei Aspekte, die eine Anwendung des Verursacherprinzips erschweren.

18 Kennzeichnen Sie Anliegen und Gegenstand der Umweltpolitik.

19 Nennen und erläutern Sie kurz die umweltpolitischen Instrumente.

20
> „Die Idee ist einfach: Gelänge es, die Energiepreise zu erhöhen und mit diesen Einnahmen die Arbeitskosten zu senken, könnte man zwei Fliegen mit einer Klappe schlagen: die Umweltbelastung verringern und neue Arbeitsplätze schaffen. Das Rezept, das Ökonomen und Ökologen verordnen, um die beiden gravierendsten Probleme der Industriegesellschaft – Arbeitslosigkeit und Umweltzerstörung – zu lösen, heißt ökologische Steuerreform."
> *ZEIT-Punkte*

Interpretieren Sie den vorstehenden Textauszug unter folgenden Gesichtspunkten:

a) Erläutern Sie Anliegen und Grundzüge einer ökologischen Steuerreform.

b) Begründen Sie, warum eine ökologische Steuerreform zu einer höheren Beschäftigung führen kann.

21 Erläutern Sie, was Umweltlizenzen sind und nennen Sie Vor- und Nachteile.

22 Durch Beschluss vom 17.10.1980 hat die Kultusministerkonferenz die Umwelterziehung zu einem Unterrichtsprinzip deklariert. Das bedeutet, dass in allen Unterrichtsfächern der Umweltschutzgedanke gefördert und bei geeigneten Fachinhalten der Bezug zum Umweltschutz hergestellt werden soll.

Nennen Sie Argumente, die den KMK-Beschluss unterstützen.

Stichwortverzeichnis

A

Abbaufaktor 19
Abfall 450
  -entsorgung 450
Abgestimmtes Verhalten 203
Abschreibungen 48, 53
Abschwung 393
Abwertung 322
Agenda 21 462
Aggregate, monetäre - 237
Aggregation 44, 93
Akzelerationsprinzip 388
Akzelerator .... 388 f., 390 f., 393
Allgemeines Zoll- und
Handelsabkommen (GATT) 357
Allokationsfunktion d. Preises 176
Amerikanisches Verfahren 290, 292
Anbaufaktor 19
Angebot .... 103 ff., 135 ff.
  Bestimmungsgrößen des -s ..... 105 f.
  gesamtwirtschaftliches - 103, 136
  Gesetz des -s 106
  -selastizität .... 129 f.
  -sfunktion 105, 126
  -skurve 126
  -skurve, Typ A .... 125 f.
  -skurve, Typ B .... 126 f.
  -kurve, Verschiebung der - . 128, 142 f.
  -slücke 140, 382
  -stheorie .... 104 ff.
  -süberhang .... 140 f., 156, 383
Anlageinvestitionen 21
Anspannungsindex 367
Arbeit 20
  -geberverbände 210, 438
  -seinkommen 427
  -seinkommensquote .... 427 f.
  -skampf 439
  -skosten, internationale - 312
Arbeitnehmerentgelt .... 48 f.
Arbeitslose 365
Arbeitslosenquote 217, 366
Arbeitslosigkeit
  Formen der - .... 369 ff.
  freiwillige - 370
  friktionelle - 371
  keynesianische - 370, 381, 403
  klassische - 370
  konjunkturelle - 370
  saisonale - 371
  strukturelle - 371
  technologische - 371
  unechte - 371
  verdeckte - 370
  versteckte - 371
Arbeitsmarkt .... 368 f.
Arbeitsproduktivität 28
Arbeitsteilung .... 22 ff.
  betriebliche - 23
  horizontale - 23
  innerbetriebliche - 23
  internationale - 24, 304, 310
  personale - 22
  regionale - 24
  territoriale - 24
  vertikale - 23
  zwischenbetriebliche - 23
Arbeitszerlegung 23
Arbitrage 323
Aufschwung 393
Aufwertung 322
Ausbringungsmenge,
  gewinnmaximale .... 169 ff.
Ausgleichsfunktion d. Preises 176

Ausland 35, 41, 71
Ausländer 50
Außenbeitrag . 41, 48, 219, 307, 336, 339
Außenhandel .... 304 ff., 328 ff.
  Bedeutung des -s .... 304 ff.
  Beweggründe für - 309
  Struktur des -s .... 304 ff.
  Umfang des -s .... 304 ff.
Außenverflechtung .... 41, 307 f.
Außenwert 317
Außenwirtschaft .... 303 ff.
  -liches Gleichgewicht ..... 218 f.
  -spolitik 304
  -stheorie .... 304 ff.
  -stheorie, monetäre - 304
  -stheorie, reale 304
Aussperrung 439

B

Bandbreite 321
Banken 238
Banknote .... 235 f.
Bargeld 237
  -quote 237
  -umlauf 237
Basiseinkommen 376
Basisjahr 56, 246
Basistender s. Tender
Bedarf 15
  freier - 83
  Grund- 83
  -sprinzip .... 223, 436 f.
Bedürfnisse .... 14 ff.
Bedürfnisstruktur 91
Beschäftigung .... 364 ff.
  -sentwicklung 414
  -sintensität 414
  -sniveau 367
  -spolitik 396
  -sschwelle 414
  -sstand .... 217 f.
Beschäftigte, abhängig 365
Betriebsüberschuss 48
Betriebswirtschaftslehre 11
Bevölkerungswachstum .... 455 f.
Bilanz
  -gerade .... 87 ff.
  -gleichung 87
Boden .... 19 f.
  -produktivität 28
Boom 391
Börse .... 153 ff.
Bretton-Woods-System 354
Bruttoinlands-
  produkt ..... 47, 52 ff., 58 f., 220, 408
  nominales - 55
  reales - 56
Bruttoinvestitionen .... 21 f., 48
Bruttonationaleinkommen ...... 52 ff.
Bruttowertschöpfung 47
Buchgeld .... 235 f., 260
Budgetbeschränkung .... 86 f.
Budgetgerade 88
Bundesbank s. Deutsche Bundesbank
Bundeskartellamt 203

C

Ceteris-paribus-Klausel 11
Cobweb-Modell 156
COURNOT, Antoine Augustin ... 172
  -scher Punkt 172
Crowding-out-Effekt s.
  Verdrängungseffekt

D

Deckungsvorschrift 240
Defensivausgaben 63, 451
Deficit spending 399, 403
Deflation .... 258 f.
Deflatorische Lücke 258, 383
Deutsche Bundesbank .... 280 f.
Devisen 318
  -angebot .... 324 ff.
  -bewirtschaftung 320
  -börse 323
  -leitkurs 321
  -markt 323
  -marktkurs 321
  -nachfrage .... 324 ff.
Dezentralität 189
Dienstleistungen 16
Dienstleistungsbilanz 339
Direktorium der EZB 279

E

Effekte, externe - .... 458 f.
EFTA 351
EG s. Europäische Gemeinschaft
Egalitätsprinzip 434
Eigenarbeit 62
Eigenkapitalrentabilität 29
Eigennutzaxiom 445
Eigennutzprinzip 445
Eigentum, gesellschaftliches - 189
Einkommen .... 56 ff.
  Gleichgewichts- 381
  Primär- s. Primäreinkommen
  Residual- 423
  verfügbares - 57
  -sbilanz 341
  -seffekt 254
  -selastizität 99
  -sentstehung 421
  -steuer 440
  -sumverteilung 410, 425
  -sverteilung ..... 222 f., 410, 420 ff.
  -sverteilung, funktionale - .... 422 f.
  -sverteilung, personelle - ... 424
  -sverteilung, primäre - .... 422 ff.
  -sverteilung, sekundäre - 424 f., 440 ff.
  -sverteilung, Ungleichheit der - 431 f.
Einkommens-Konsum-Kurve (EKK) 89
Einlagen 237
Einzelkosten 150
Elastizität .... 94 ff., 129 f.
Emissionen 449
Emissionszertifikate 470
ENGEL, Ernst 83
  -sches Gesetz 83
Entstehungsrechnung 58
Erfolgskennziffern .... 28 f.
ERHARD, Ludwig 199
Erkenntnisobjekt .... 9 f.
Erlös 104, 121
  Gesamt- 121
  Grenz- 121
  -funktion 121
Ersatzinvestitionen 21
Ertrag .... 108 ff.
  Durchschnitts- 109, 111
  Gesamt- 109, 111
  Grenz- 109, 111
  -sgesetz .... 108 ff.
Erweiterungsinvestitionen 21
Erwerb
  -sbevölkerung 365
  -sintensität 366
  -slose 365

-spersonen 365
-squote 366
-stätige 365
Erziehungsfunktion d. Preises 176
ESVG siehe Europäisches System Volkswirtschaftlicher Gesamtrechnungen
EU s. Europäische Union
Eurokurs 317
Europäische
 - Gemeinschaft (EG) 350
 - Union (EU) .... 349 ff.
 - Währungsunion (EWU) ..... 274 ff.
 - Wirtschaftsgemeinschaft (EWG) 351
 - Zentralbank
   (EZB) .... 210, 237, 278 f., 282 ff., 351
 -s System der
   Zentralbanken (ESZB) .... 277 f.
 -s Währungssystem 275, 281, 351
Eurosystem .... 261, 276 f.
EWG s. Europäische Wirtschaftsgemeinschaft
EWS s. Europäisches Währungssystem
EWU s. Europäische Währungsunion
Existenzbedürfnisse 15
Exporte .... 41, 48, 307 f.
Exportfunktion 375
Exportquote 307
EZB s. Europäische Zentralbank
EZB-Rat 279

F

Faktoreinkommen 36
Faktorkosten 54
Familienangehörige, mithelfende - . 365
Fazilität
 Einlage- .... 295 f.
 Kredit- 295
 Spitzenrefinanzierungs- ...... 295 f.
 ständige -en .... 295 ff.
Feinsteuerungsoperationen 294
Finanzplanung, mittelfristige 399
FISHER, Irving 243
 -sche Verkehrsgleichung .. 243 f., 282
Fiskalismus 403
Fiskalisten 403
Fiskalpolitik .... 396 ff.
 expansive - 398
 kontraktive - 398
Fixing 318
FRIEDMAN, Milton 406

G

GATT s. Allgemeines Zoll- und Handelsabkommen
Gebietskörperschaften 71
Gebrauchsgüter 17
Geld .... 231 ff.
 Außenwert des -es 241
 Bar- 260
 Barren- 235
 Binnenwert des -es .... 241 ff.
 Buch- s. Buchgeld
 Geschäftsbanken- 260
 Giral- 236
 Kaufkraft des -es .... 242 ff.
 Papier- .... 235 f.
 Stoff- 236
 Wäge- 235
 Waren- 235
 Zentralbank- .... 237, 260 ff.
 -angebot .... 271 f.
 -angebotskurve 272
 -arten .... 235 ff.
 -definition 232
 -eigenschaften 234
 -entwertung 243
 -ersatzmittel .... 235 ff.
 -formen .... 235 ff.
 -funktionen .... 232 ff.
 -grad 237
 -kapital 20

-kreislauf 36
-nachfrage .... 273 f.
-produzenten 259
-ströme 36
-surrogate s. Geldersatzmittel
-theorie 232
-vernichtung 259, 261
-wert .... 241 ff.
-wertschwankungen .... 248 ff.
Geldmarkt 270
-fondsanteile .... 237 f.
-papiere .... 237 f., 271
Geldmenge .... 236 f.
 nachfragewirksame - 238
 -ngensteuerung .... 283 ff.
 -ngenziel .... 283 f.
Geldpolitik .... 282 ff.
Geldpolitische Instrumente ..... 286 ff.
Geldschöpfung .... 259 f.
 aktive - 262
 passive - 262
 -smultiplikator .... 267 ff.
 - der Zentralbank .... 260 f.
 - der Geschäftsbanken ...... 262 f.
Gemeinkosten 150
Gemeinlastprinzip 464
Gemeinnutzprinzip 445
Gerechtigkeit
 intergenerative - 434
 intragenerative - 434
Gesamt
 -angebot .... 127 f.
 -kapitalrentabilität 29
 -wirtschaftliches Gleichgewicht 212 f.
Geschäfte, bilaterale - 289
Geschäftsbanken 262
Gesellschaftsordnung 187
Gesetz der Massenproduktion 117
Gewerkschaften 210, 438
Gewinn 150
 unverteilte -e 423
 -maximale Menge, Typ A .... 122 f.
 -maximale Menge, Typ B .... 123 f.
 -maximum .... 104, 122 ff.
 -quote 426
 -schwelle 122
 -schwelle 171
 -zone 171
GIFFEN, R. 85
Giffen-Fall 85
Gini-Koeffizient 430
Gleichgewicht
 gesamtwirtschaftliches - 392
 -seinkommen 382
 -smenge 139
 -spreis 139
Gleichheitsprinzip 434
Globalisierung 461
Gold
 -parität 240, 321, 349
 -smith Notes 236
 -standard 349
 -währung 321
GOSSEN, Hermann Heinrich 75
 -sche Gesetze .... 75 ff.
Grenz
 -anbieter 127
 -erlös 153
Güter .... 14, 16 ff.
 freie - 16
 Gebrauchs- 17
 heterogene - 17, 157
 homogene - 17
 immaterielle - 16
 Individual- 17
 inferiore - 86
 knappe - 16
 Kollektiv- 17
 Komplementär- 18, 91, 97
 Konsum- 16
 materielle - 16

öffentliche - 441
Produktions- 16
Substitutions- 18, 90, 97
superiore - 86
wirtschaftliche - 16
Verbrauchs- 17
-kreislauf 36
-steuern 47
-ströme 36

H

Harmonisierter Verbrauchpreisindex (HVPI) .... 247 f.
Hauptrefinanzierungsgeschäfte
 s. Refinanzierung
Haushalt ...... 34 ff., 45, 70, 81 ff.
 -sgleichgewicht 88
 -snachfrage .... 72 f.
 -soptimum 79
Höchstpreis 177
Holländisches Verfahren 292
HVPI s. Harmonisierter Verbrauchpreisindex
Hypothese 11

I

I-S-Gleichheit .... 37 ff.
Importe .... 41, 48, 307 ff.
Importquote 307
Indifferenzkurven .... 80 f.
Indikatoren
 Früh- .... 394 f.
 Konjunktur- .... 394 f.
 Präsens- .... 394 f.
 Spät- .... 394 f.
Individualbedürfnisse 15
Individualismus 189
Industrialisierung .... 455 f.
Inflation .... 243, 248 ff.
 angebotsinduzierte - .... 252 f.
 Auslandsnachfrage- .... 252 f.
 Binnennachfrage- 252
 cost-push 252
 demand-pull 250
 Exportüberschuss- 254
 galoppierende - 250
 Gewinn- 253
 hausgemachte - 252
 Hyper- 249
 importierte - .... 254 f., 327
 Importpreis- 255
 Investitionsnachfrage- 252
 Konsumnachfrage- 252
 Kosten- 252
 nachfrageinduzierte - ...... 250 f.
 offene - 249
 permanente - 249
 schleichende - 249
 Staatsnachfrage- 252
 Steuer- 253
 temporäre - 249
 trabende - 250
 verdeckte - 249
 -sarten .... 249 f.
 -sfolgen .... 255 ff.
 -sursachen .... 250 ff.
Inflatorische Lücke 251, 382
Informationsfunktion d. Preises .. 176
Inländer 50
 -konzept 50
 -produkt 51
Inlandskonzept 50
Inlandsprodukt s.a. Bruttoinlandsprodukt .... 49 ff.
 Netto- 53
 nominales - .... 55 f.
 reales - 56
 -sprodukt, Aussagefähigkeit . 60 f.
Input 18
Internationaler Währungsfonds .. 351 ff.
Intervention

Stichwortverzeichnis

oberer -spunkt 321
unterer -spunkt 321
-spflicht 321
-spreis 178
Investition .... 21 f., 37 f., 48
  Anlage- 21, 48
  autonome - 379
  Brutto- .... 21 f., 48
  Ersatz- 21
  Erweiterungs- 21
  induzierte - 388
  Lager- 21
  Netto- .... 21 f., 48
  ungeplante - 39, 382
  Vorrats- 21, 382
  -sfunktion .... 375, 379 f.
Isokostenlinie 119
Isoquante .... 118 ff.
IWF s. Internationaler Währungsfonds

J

Jahreswirtschaftsbericht 214, 399
Juglarwellen 392
Just-in-Time-Verfahren 460

K

Kalkulationszinsfuß 380
Kapital .... 20 ff.
  -bilanz 337, 341
  -koeffizient 389
  -markt s. Markt
  -produktivität 28
  -stock 411
Kapitalgesellschaften
  finanzielle - 45
  nichtfinanzielle - 45
Kardinalskala 74
Kartell
  -gesetz 203
  -verbot 203
Kaufkraft .... 242 ff.
  -paritäten 56, 332
  -paritätentheorie 327
  -standards 56
KEYNES, John Maynard 372
Keynesianismus 403
Kitchinwellen 392
KKS s. Kaufkraftstandards
Knappheit 18
Kollektiv
  -bedürfnisse 15
  -güter 17
Kollektivismus 189
Komplementärelastizität 98
Kondratieffwellen 392
Konjunktur .... 391 ff.
  -ausgleichsrücklage 398
  -indikatoren .... 394 f.
  -phasen .... 393 f.
  -rat 400
  -schwankungen .... 392 f.
  -zyklus 392
Konjunkturpolitik .... 396 ff.
  angebotsorientierte - .... 405 ff.
  antizyklische - .... 397 f.
  nachfrageorientierte - .... 402 ff.
  prozyklische - .... 397 f.
Konsum
  autonomer - 376
  Grenzneigung zum - 377
  optimaler -plan 72
  -ausgaben 48
  -funktion .... 375 f.
  -güter 16
  -quote .... 57, 376 f.
  -summe 72, 376
  -verzicht 38
Konsumentenrente 156, 174
Konten in der VGR 46
Konvergenzkriterien 275

Konzertierte Aktion 400
Koordinationsfunktion 137
Kosten .... 104, 113 ff., 150
  Durchschnitts- 114
  externe - .... 457 f.
  fixe - 113
  Gesamt- 114, 153
  Grenz- 114
  private - 458
  soziale - 458
  Stück- 114
  variable - 113
  -begriffe .... 113 ff.
Kostenfunktion .... 115 ff.
  - Typ A .... 115 f.
  - Typ B .... 116 f.
Kostenvorteile
  absolute - 310
  komparative 311
Kredit .... 262 f.
  -angebot .... 286 ff.
  -fazilität 355
  -institute s. Geschäftsbanken
  -nachfrage .... 286 ff.
  -schöpfung 263
Kreislauf s. Wirtschaftskreislauf
Kreuzpreiselastizität .... 97 f.
Kulturbedürfnisse 15

L

Lagerinvestitionen 21
Laissez-faire-Prinzip 190
Lärmbelastung 450
LASALLE, Ferdinand 191
Lebenshaltungskostenindex . 215, 245 f.
Lebensstandard 245
Leistung
  -sbilanz .... 219, 336 f., 341
  -sbilanzdefizit .... 342 ff.
  -sbilanzüberschuss .... 342 ff.
  -sprinzip .... 223, 435 f.
Leitwährung 349
Leitzins, erster 291
Leitzinsen 296
Lenkungsfunktion d. Preises 176
Liberalismus 189
Liquidität .... 286 f.
  -seffekt 254
  -sverzicht 73
Lohn .... 244 ff.
  Nominal- 244
  Real- 244
  -kaufkraft .... 244 f.
  -quote .... 60, 426 f., 439
  -quote, bereinigte 427
Lohn-lag 393
Lohn-Preis-Spirale 253
LORENZ, M.C. 429
Lorenz-Kurve 429
Luxusbedürfnisse 15

M

M1 s. Geldmengen
M2 s. Geldmengen
M3 s. Geldmengen
Maastricht, Vertrag von 350
Magisches Viereck .... 213 ff.
Makroökonomie .... 10 f.
Manchestertum 191
Markt .... 134 ff.
  Faktor- 69, 144
  Geld- und Kapital- 69, 144
  Güter- 69, 144
  Kredit- .... 270 f.
  Produkt- 144
  Renten- 271
  unvollkommener - .... 145 f.
  vollkommener - .... 145 f.
  -abgrenzung 147, 168
  -angebot 136
  -arten .... 143 f.

-begriff 135
-formen .... 146 f.
-funktionen .... 137 f.
-gegenstand 143
-gleichgewicht .... 139, 156, 380 ff.
-konforme Maßnahmen 204
-konträre Maßnahmen .... 204 f.
-mechanismus .... 140 f.
-modell .... 138 ff.
-nachfrage 72, 136
-preis .... 137, 176 f.
-räumungsfunktion d. Preises 176
-recht 134
-transparenz 145
-ungleichgewichte .... 139 f.
-verhalten 145
-versagen 138, 467
-versagen 467
-verträglichkeit 204
Marktwirtschaft .... 187 f.
  freie - .... 188 ff.
  ökosoziale - .... 471 f.
  soziale - .... 198 ff.
MARX, Karl 193
Mengenanpasser 125, 149, 151, 153
Mengenfixierer 167
Mengennotierung 316
Mengentender s. Tender
MFI s. Monetäre Finanzinstitute
Mikroökonomie .... 10 f.
Mindest
  -bietungssatz .... 290 ff.
  -preis 177
  -reserve .... 264, 297 f.
  -reserve-Soll 265
  -reservesatz 264
Minimalkostenkombination ..... 119 f.
Mitläufereffekt 91
Mode 91
Modell 11
Monetäre Finanzinstitute s. Banken
Monetarismus 405
Monopol .... 147, 151, 166 ff.
  Quasi- 168
  -gewinne 159
  -istischer Preisspielraum .. 159, 165
MÜLLER-ARMACK, Alfred 199
Multiplikatoreffekt
.... 373, 384 ff., 390 f., 393
Münzen 235
  Kurant- 235
  Scheide- 235

N

Nachbarschaftshilfe 62
Nachfrage .... 135 ff.
  gesamtwirtschaftliche - 72, 136, 374 f.
  Gesetz der - 84
  -elastizitäten .... 94 ff.
  -funktion 85, 375
  -funktion, spezifische 73
  -funktion, allgemeine 73
  individuelle - 72
  -kurve .... 84 f.
  -kurve, doppelt geknickte 159
  -kurve, Verschiebung der 142
  -lücke 140, 383
  -reaktion, normale 84
  -reaktion, anomale .... 85 f.
  sektorale - 72
  -überhang .... 140 f., 156, 382
Nachhaltigkeitsprinzip .... 462 f.
Nachsorgeprinzip 463
Nachtwächterstaat 191
Nationaleinkommen ...... 43, 49, 51 ff.
  Aussagefähigkeit des -s ... 60, 63 f.
Naturaltausch 232, 235
Neoklassiker 405
Neoklassizismus 405
Neoquantitätstheorie 405
Nettoinvestitionen .... 21 f., 48

Nettonationaleinkommen 53
Nicht-Monetäre-Finanzinstitute
  s. Nichtbanken
Nichtbanken .... 237 f.
Note s. Banknote
Notenbank 236, 278
Nutzen .... 74 f.
  externe .... 457, 464 ff.
  Gesamt- 75
  Grenz- 75
  Grenz-, gewogene 78
  -abwägung .... 80 ff.
  -ausgleich 79
  -index 80
  -maximierung .... 72, 74 ff.
  -maximum .... 75 ff.
  -messung .... 74 f.

O

OECD s. Organisation für wirtschaftliche
  Zusammenarbeit und Entwicklung
Offenmarktgeschäfte .... 288 ff.
Ökobilanz 451
Ökoinlandsprodukt 63, 451
Ökologie .... 225, 444 ff.
Ökonomie-Ökologie-Dilemma 448
Ökonomie und Ökologie,
  Verhältnis .... 445 ff.
Ökonomisches Prinzip 27
Ökosteuern 470
Ökosystem 445
Oligopol .... 147, 151, 160 ff.
  Angebots- 161
  heterogenes - .... 165 f.
  homogenes - .... 161 f.
Operationen, strukturelle - ..... 294 f.
Opportunitätskosten 26
Ordinalskala 74
Ordnungspolitik 209
Organisation für wirtschaftliche Zusammenarbeit und Entwicklung .... 358 f.
Output 18
Ozonloch 463

P

PARETO, Vilfredo 75
Parität 321
PHILLIPS-Kurve 228
Pigou-Steuer 470
Plan 194
  -bilanzen 194
  -erfüllung 195
  -kontrolle 195
Planungsinstanzen 194
Planwirtschaft s. Zentralverwaltungswirtschaft
Polypol 147, 151
  vollkommenes - .... 152 ff.
  unvollkommenes - .... 157 ff.
Präferenzvielfalt .... 312 f.
Präferenzordnung 74
Prämisse 12
Preis .... 148 f.
  Angebots- .... 148 ff.
  gewinnmaximaler - ... 167 ff., 171f.
  jeweiliger - 56
  konstanter - 56
  Markt- .... 149, 151 ff.
  -absprachen .... 162 f.
  -basis 56
  -differenzierung .... 174 f.
  -diskriminierung .... 174 f.
  -fixierer 149, 151, 167
  -führerschaft 162, 164
  -funktionen .... 176 f.
  -indizes 245
  -kampf 163
  -kartell 164
  -mechanismus .... 140 f., 467

-niveau .... 214 f.
-niveaustabilität .... 214 f.
-notierung 316
-ruhe 162
-setzung 177
-zusammenhang, direkter internationaler 255, 332
-zusammenhang, indirekter internationaler 254
Preisbildung .... 148 f.
  - im Monopol .... 166 f.
  - im Oligopol .... 160 ff.
  - im Polypol .... 151 ff.
  - im unvollkommenen Polypol . 157 ff.
  - im vollkommenen Polypol ... 152 ff.
  -sfunktion 137
  -sinstanzen .... 148 f.
Preiselastizität
  direkte - .... 94 f.
  indirekte - 98
  Kreuz- .... 97 f.
  - der Nachfrage ...... 94 f., 179 f.
  - des Angebots .... 129 f.
Preis-Absatz-Funktion
  doppelt geknickte - ... 159, 165
  geknickte – .... 162 f.
Preis-Mengen-Diagramm ... 85, 139
Primäreinkommen .... 49, 56 f.
Primärverteilung s. Einkommensverteilung, primäre -
Privateigentum 189
Produktdifferenzierung 159 f., 312 f., 411
Produktinnovation 411
Produktion 18
  -sgüter 16
  -sindikator 50
  -skonto, gesamtwirtschaftliches . 46 ff.
  -spotenzial 392, 408
  -sumweg 20
  -swert 47
Produktionsfaktoren .... 18 ff., 29 ff., 410
Produktionsfunktion ... 19, 107 ff.
  limitationale - 107, 111
  substitutionale - .... 107 ff.
  Typ A .... 107 ff.
  Typ B .... 107, 110 ff.
Produktions- und Importabgaben .. 48
Produktivität 28, 413
  Kapital- 389
Produktwettbewerb 166
Produzentenrente 156
Prozessinnovation 411
Prozesspolitik 209

Q

Quantitätsgleichung 243
Quoten im IWF 355

R

Realkapital 20
Recheneinheit .... 233 f.
Recycling 450
Referenzwechselkurs 318
Referenzwert .... 283 f.
Refinanzierung ...... 261, 284 f.
  Haupt-sgeschäfte .... 289 f.
  längerfristige -sgeschäfte ... 291 f.
  -sfähige Sicherheiten 289
  -sgeschäfte .... 289 ff.
Rentabilität .... 28 f.
Repogeschäfte .... 237 f.
Reserve, s. a. Mindestreserve
  Bar- 264
  Überschuss- 264
  -haltung 264
  -tranche 355
  -überschuss 264
Rezession 393
Römische Verträge 350

S

Sachgüter 16
Sachkapital 20
Sachverständigenrat 223
SAMUELSON, Paul A. 10
Sättigungsgrenze 75
SAY, Jean Baptiste 372
  -sches Theorem 372
Schattenwirtschaft 62, 435
Scheck 236
Schlichtung 439
Schlüsselzinssätze s. Leitzinsen
Schuldverschreibungen ...... 237 f.
SCHWABE, Hermann 83
  -sches Gesetz 83
Schwankungsbreite 321
Schwarzarbeit 62
Sektor, s. a. Wirtschaftssektor .. 44 f.
  primärer - 23
  sekundärer - 23
  tertiärer - 23
Sekundäreinkommen 49
Sekundärverteilung,
  s. a. Einkommensverteilung ... 406
Selbstständige 365
Selbstständigeneinkommen ... 48
Selbstversorgungswirtschaft .. 62
Shift-Faktoren 141
Sicherheiten 289
Sichteinlagen .... 237 f.
Signalfunktion d. Preises 176
SMITH, Adam 76
Snob-Effekt 91
Sonderziehungsrechte 355
Sorten 318
Soziale Marktwirtschaft s.
  Marktwirtschaft, Soziale
Sozialismus 189
Sozialpartner 210, 438
Sozialprodukt s. Nationaleinkommen
Sozialversicherung 71
Sparen .... 37 f.
  ungeplantes - 39
  Grenzneigung zum - 377
Sparfunktion .... 375 ff.
Sparquote .... 57, 375 f.
Sparschwelle 378
Spekulation 323
Staat .... 35, 40, 45, 71, 177 f.
  -sausgabenfunktion 375
  -sausgabenmultiplikator ... 387 f.
  -squote 71
  -sverbrauch 71
  -sverschuldung 399
Stabilitäts- und Wachstumspakt ... 276
Stabilitätsgesetz .... 213 f., 399
Stabilitätspolitik 209, 212, 214
Stagflation 252, 404
Standort
  freier - 20
  gebundener - 20
  -faktor 19
Stellen, offene 367
Steuern .... 150, 178 f.
Steuertarif 440
Streik 439
Strukturpolitik 209
Substanzerhaltungsprinzip 53
Substitution
  Grenzrate der - 81, 118
  -selastizität 98
  -sschwelle 159, 165
Subventionen 48, 179
Sustainable Development s. Nachhaltigkeitsprinzip

T

Tarif
  -autonomie 210, 438
  -parteien 438
  -partner 210

Stichwortverzeichnis

-politik 438
-verhandlungen 439
-vertrag 439
Tauschmittelfunktion . . . . 232 f.
Tauschwirtschaft 232
Tauschwünsche, Entsprechung der . 312
Tender
  Basis- . . . . 291 ff.
  Haupt- . . . . 289 f.
  Mengen- . . . . 292 f.
  Schnell- 292
  Standard- 292
  -Technik 292
  -verfahren . . . . 289, 292 f.
  Zins- . . . . 290, 292 f.
Termingelder . . . . 237 f.
Terms of Trade . . . . 333 ff.
TOBIN, James 405
ToT s. Terms of Trade
Transaktionen 34
  befristete 288
  definitive - 288
Transfer
  -leistungen 40
  -zahlungen 440
Transfers 57
  Real- 441
Transformationskurve . . . . 25 f.

U

Überbeschäftigung . . . . 368 f.
Übertragungen . . . . 40, 56 f.
Übertragungsbilanz 339
Überweisung 236
Übrige Welt 35, 41, 45
Umlaufgeschwindigkeit
  des Geldes . . . . 243 f., 284
Umwelt . . . . 411, 424 ff.
  -abbau 449
  -abgaben 470
  -abschreibungen . . . . 62 f., 451
  -delikte 446, 460
  -eingriffe 449
  -erziehung 472
  -industrie 454
  -kosten 458
  -lizenzen 470
  -politik . . . . 467 ff.
  -prinzipien . . . . 461 ff.
  -problem . . . . 455 ff.
  -sanierung 471
  -schäden . . . . 448 ff.
  -schutz . . . . 224 ff.
  -schutzauflagen . . . . 460 f.
  -schutzinvestitionen 471
  -standards 461
  -statistiken . . . . 451 f.
  -steuern 470
  -subventionen 471
  -zerstörung 449
Umweltökonomische
  Gesamtrechnung . . . . 451 f.
Unterbeschäftigung . . . . 370 f.
Untergrundwirtschaft 62
Unternehmen . . . . 34 ff., 70
Unternehmens-
  und Vermögenseinkommen . . . . 48 f.
Unternehmerlohn,
  kalkulatorischer 48, 423, 427

V

VEBLEN, Thorstein B. 91
  -Effekt 91
Verbrauchssteuern . . . . 178 f.
Verbrauchsstichproben 246
Verdrängungseffekt 401
Verkehrsgleichung 243
Vermögen 90
  -sänderungskonto 37
  -sbilanz 341
  -sübertragungen 336
  -sverteilung . . . . 223 f.
Versorgungsfunktion 137
Verteilungsfunktion 137
Verteilungsgerechtigkeit . . . . 222 f.
  intergenerative - 462
  intragenerative - 462
  Problem der - . . . . 432 f.
Verteilungsrechnung 60
Verursacherprinzip . . . . 464 ff., 468, 470
Verwendungsrechnung 58
VGR siehe Volkswirtschaftliche
  Gesamtrechnung
Volkseinkommen 54, 60, 371, 422
Volkswirtschaftliche
  Gesamtrechnung . . . . 43 ff.
Volkswirtschaftslehre . . . . 9 f.
Volkswirtschaftsplan 194
Vollbeschäftigung 368
Vorleistungen 48
Vorratsinvestitionen 21
Vorratsveränderungen 48
Vorsorgeprinzip . . . . 463 f.

W

Wachstum . . . . 220 ff., 408 ff.
  Negativ- 409
  nominales - 409
  Null- 409
  qualitatives - 222, 412
  quantitatives - . . . . 411 f.
  reales - 409
  -sfunktion . . . . 410 f.
  -sproblematik . . . . 221 f.
Wägungsschema 246
Währung . . . . 232, 239 ff.
  bimetallistische - 239
  freie - 241
  gebundene - . . . . 239 f.
  Golddevisen- 240
  Goldkern- 240
  Goldumlauf- 240
  manipulierte - 241
  monometallistische - 239
  -sreserven 337, 341
  -ssysteme . . . . 239 ff.
Warenbilanz 339
Warenkorb . . . . 245 f.
Wasser-Diamanten-Paradoxon 76
Wechselkurs . . . . 314 ff., 328 ff.
  absolut fester - 321
  flexibler - . . . . 322, 327 f.
  Gleichgewichts- 321
  relativ fester - . . . . 321 f.
  -bildung 324
  -mechanismus . . . . 330 f.
  -mechanismus II (WKM II) . . 277, 281
  -rechnung . . . . 319 f.
-systeme . . . . 320 ff.
Weltbank 356
Welthandelsorganisation (WTO) . . 357 f.
Weltwährungsordnung 320, 347
Weltwährungssystem 320
Wertaufbewahrungsfunktion 234
Wertpapierpensionsgeschäfte 289
Wertparadoxon 76
Wertschöpfung 47
Wettbewerb . . . . 203, 459 ff.
  internationaler - 461
  -sfähigkeit . . . . 459 f.
  -spolitik 203
Wirtschaft
  evolutorische - 37
  geschlossene - 35
  informelle - 62
  offene - 35
  stationäre - 37
Wirtschaften 19
Wirtschaftlichkeit 28
Wirtschaftsbereiche . . . . 45 ff.
Wirtschaftseinheit 70
Wirtschaftskreislauf . . . . 34 ff.
  einfacher - . . . . 36 f.
  vollständiger - . . . . 39 f.
Wirtschaftsordnungen . . . . 186 f.
Wirtschaftsplan 194
Wirtschaftspolitik . . . . 208 ff.
  Träger der - . . . . 209 f.
  Ziele der - . . . . 212 ff.
Wirtschaftssektoren 70
Wirtschaftssubjekt 70
Wirtschaftssysteme . . . . 187 f.
Wirtschaftsverfassung 187
Wirtschaftswachstum s. Wachstum
Wirtschaftswissenschaft 10
WKM II s. Wechselkursmechanismus II
Wohnbevölkerung 365
WTO s. Welthandelsorganisation

Z

Zahlungsbilanz . . . . 336 ff.
  aktive - 337, 342
  passive - 337, 342
  -ausgleich 327, 343
  -defizit . . . . 344 f.
  -überschuss . . . . 346 f.
  -ungleichgewichte 342
Zahlungsmittel, gesetzliches 233
Zentralbankautonomie 278
Zentralität 189
Zentralverwaltungs-
  wirtschaft . . . . 187 f., 193 ff.
Ziel
  -beziehungen . . . . 227 f.
  -harmonie 227
  -konflikt . . . . 227 f., 401
Zins . . . . 271 ff., 286 ff.
  externer - 379
  interner - 379
  Markt- 379
  -kanal 296
  -satz, marginaler - 292
  -tender s. Tender
Zölle 357
Zwei-Säulen-Strategie . . . . 282 f.